建築設計シリーズ ❺

超図解でよくわかる建築現場用語

建築知識 編

X-Knowledge

写真1｜枠組足場

写真2｜ブラケット一側足場

写真3｜工事用シート

写真4｜仮囲い

腕木｜うでぎ──足場材における建地間を幅方向に設ける、仮設的な防護工。一般的に繋ぐ横materialのことで繋ぐ横材のこと。**ころばし**と呼ばれることもある。部などで墜落の恐れのある個所に設ける、仮設的な防護工。一般的には、**ガードポスト**（取付金具付束柱）と呼ばれる。

作業床｜さぎょうゆか──単管や建枠、吊りチェーンなどによって人が乗って作業ができるように、足場板（布板）などを張りつくられた足場の床のこと。

壁つなぎ｜かべ──足場の安定を保つために、建築物と足場の建地をつなぐ物のこと。

登り桟橋｜のぼりさんばし──足場に設けられる昇降用仮設通路のこと。

スタンション──通路、作業床などの縁および開口部などで墜落の恐れのある個所に設ける、仮設的な防護工。

単管ジョイント｜たんかん──足場用鋼管を長手方向につなぐときに用いる金具。継手金具とも。

安全ネット｜あんぜん──開口部や作業床端などで作業者の墜落災害防止のために水平に張り使用する。**水平養生ネット**とも。

工事用シート｜こうじよう──建築工事現場で飛来物防止用として用いられるシートのこと［写真3］。

メッシュシート──工事用シートの1つ。帆布製シートと異なり、通気性があり、風圧力を減少させる効果がある。

ベース金具｜かなぐ──建地の脚部に取り付け、建地が沈下しないように上部からの荷重を地盤、または床面に分散し伝えることを目的とした金具。

朝顔｜あさがお──建築工事などにおいて、落下物防止のために、足場の外側の側面から、斜め上方に突き出してつくる庇状の防護棚。

梁枠｜はりわく──枠組足場の構面の1部のスパン層について、開口部を設け、さらに、その上層に枠組足場を組み立てる場合に使用される。

鉄骨用クランプ｜てっこつよう──主としてH型鋼の鋼材に足場組用単管を取り付けることを目的とした、緊結金具のこと。

根がらみ｜ねがらみ──足場の建物や型材のパイプサポート下部を連結して足元を固める横木。

仮設工事｜かせつこうじ──直接建物に関わる工事ではなく、工事を行うにあたり仮に設備する工事。同一敷地内に数棟建築する場合に共通して必要な仮設や複数の工事種目に共通して使用され、分解することが不可能な工事を**共通仮設工事**という。厳密には分けきれない場合もあるが、各工事科目を専用の仮設に区分けできるものを**直接仮設工事**という。

仮囲い｜かりがこい──工事現場と隣地、道路などの間を塞ぎ、危険防止や盗難対策のため第三者の場内への出入りを制限する仮の囲いのこと［写真4］。

躯体 2

木造躯体工事

躯体 1

現在ではプレカットによる躯体加工が主流になりつつあるが、使用される部材や現場での施工方法は、大工が墨付け、刻みをして建てる場合とほとんど変わらない。

基本用語

軸組 | じくぐみ
土台・柱・梁・筋かいなど軸部材の組合せで構成し、屋根・床などの荷重を支持し、地震力や水平力を基礎に伝達し抵抗する骨組[図1･2]。近年、筋かいなどの斜材を用いない面材耐力壁や、軸組の仕口に金物を使用する金物構法が普及している。

建方 | たてかた
構造部材の組立て作業。材寸や継手・仕口が加工された柱、梁材などの材料を、機械または人力により組み立て、火打ち、束、母屋、棟木まで建込み[たてこみ]を行う。下げ振りや水準器で垂直を確認した後、仮筋かいにて固定する[写真]。

| 写真3 | 上棟

| 写真2 | 仮筋かい

| 写真1 | 建方

図1 | 木造の主要部材

垂木(たるき)
棟木から母屋、軒桁にかけて設置する材で、野地や屋根材を支える。断面寸法は、母屋間隔や軒の出などによって決定する

棟木(むなぎ)
軸部材の最上部に使われている横架材。屋根の荷重を小屋束や梁へと伝える役目がある

梁(はり)
柱と柱の間に水平にかけ渡される横架材。2階や3階の床を支える

桁(けた)
2階柱や最上階の柱にかける横架材のうち、梁と直交方向にかけるもの

母屋(もや)
垂木を受ける部材で、垂木と直行して配置する

筋かい(すじかい)
耐力壁に設置する部材で、地震力や風圧力などの水平力に抵抗し、軸組の変形を防ぐ

火打ち梁(ひうちばり)
2階床組や小屋梁、胴差の隅に水平方向に入れる斜材。地震などによる建物の変形を防ぎ、水平耐力を確保する

管柱(くだばしら)
通し柱とは違い、桁などの横架材で分断されて各階ごとに分かれる柱

通し柱(とおしばしら)
1階と2階を継ぐことのない1本の柱のこと。土台から立ち上がり、胴差を支え、梁と桁に接合されて屋根を支える

束(つか)
床下から大引を支える短い部材。基礎の上に据えられた束石の上に載っている

胴差(どうざし)
2階や3階の床組高さの外周に配置する横架材の呼び名。床梁を受ける役割を果たす

土台(どだい)
柱から伝達された力を基礎へ伝える役割の部材

大引(おおびき)
1階の根太を受ける水平材。根太と直交方向に3尺(910mm)間隔で設置する

間柱(まばしら)
柱と柱の間に入れる壁下地材。耐力壁に構造用面材を使うようになったため、構造的に重要な役割を担っている

注　図の建物は総2階、片流れ屋根、根太レス工法採用の住宅である

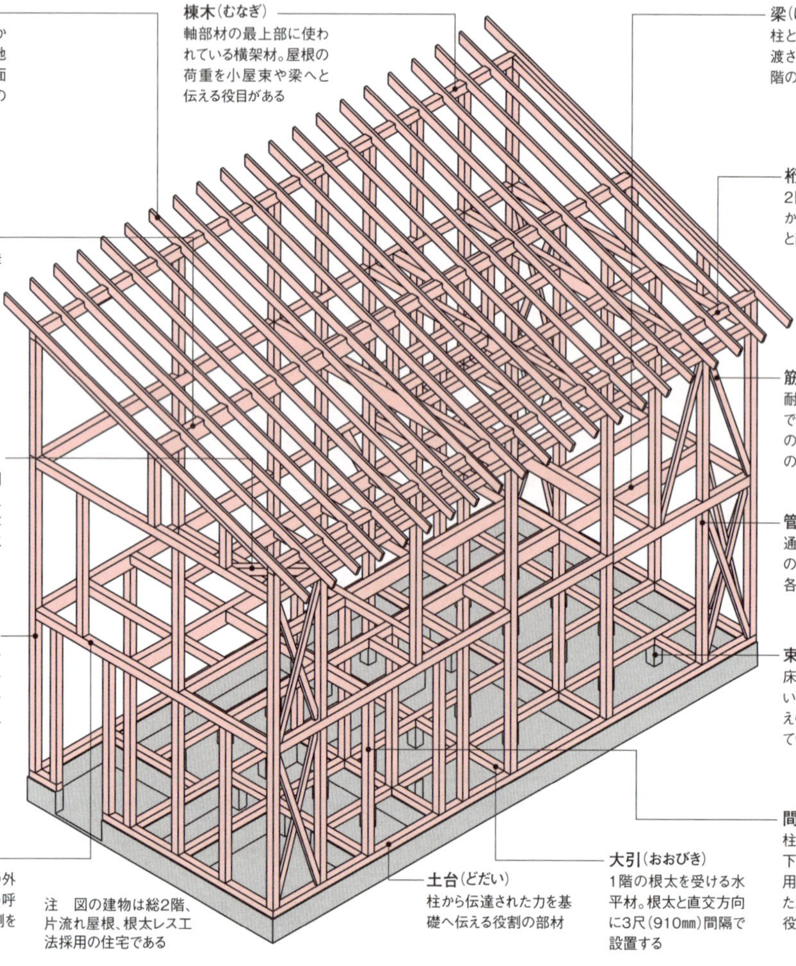

1・2。柱梁接合部などを羽子板ボルト、かすがいで緊結し、屋根垂木、野地板まで1日で建て上げる。建築物規模の大小にもよるが、建方は1〜2日で完了し、主要な骨組みの立ち上げが終わった状態を上棟という[写真3]。最近は、必ずしも行われるわけではないが、上棟後に**上棟式**［じょうとうしき］［106頁参照］。**プレカット**の普及で、各業者により荷積み・番付も異なるため、建方作業に支障がないよう事前に確認する。

継手｜つぎて
2つ以上の材を長手方向に接合すること、その接合部のこと[図3]。継手には**鎌継ぎ・蟻継ぎ、追掛け継ぎ**などがあり、梁や桁、胴差などの接合に使用される。プレカットなどで構造上問題を表す場合、継ぎ方の確認が必要。

仕口｜しぐち
2つ以上の材を角度をもたせて接合すること、その接合部のこと[図3、写真4]。仕口は蟻掛け、腰掛け継ぎなどが代表的で、プレカットなどでも頻繁に使われる。羽子板金物など接合金物の取付けに注意する。材の継目は強度的な問題が出やすいため、用途や部位に応じて選択する。

図3｜継手・仕口

大入れ（おおいれ）

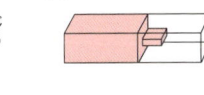

造作に多用され、ねじれに強く、長さ方向の伸縮が目立たない

ホゾ

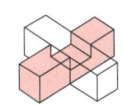

ホゾ、込み栓との併用で機能を発揮する

相欠き（あいがき）

楔型ジョイントでは簡単で優れている。施工的に寸法調整も楽で、木造の基本である

蟻（あり）

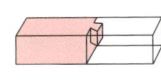

ずれ、引張りに抵抗するポピュラーな仕口・継手。主要構造部ではせん断、ねじれの補強が必要である

殺ぎ（そぎ）

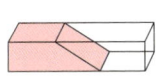

加工が簡単であり、ホゾ差しを加えれば、優れた仕口になる。造作、見え掛かり上、有効である

鎌（かま）

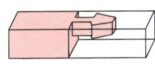

基本的継手として各応力への対応が優れている

腰掛け（こしかけ）

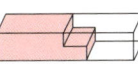

ほかの仕口と併用することで自重に対する抵抗力の強いものとなる

片鎌（かたかま）

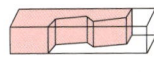

栓、金物などの補助材との併用により、大きな力を発揮する。重要な大梁などの継手に使用する

目違い（めちがい）

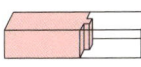

木材のねじれに対応して考えられている。補強として使用されることが多い

図2｜軸組工法の工程

基礎工事完了
↓
基礎コンクリートに墨出し
↓
土台敷き
↓
建方開始
↓
通し柱・管柱・胴差・梁の建入れ
↓
仮筋かい（羽子板ボルトの取付け）
↓
2階管柱・桁・梁の建入れ
↓
小屋束（かすがい取付け）
↓
母屋・棟木（かすがい・小屋筋かい取付け）
↓
垂木取付け（ひねり金物取付け）
↓
野地板取付け
↓
上棟
↓
筋かい・筋かいプレート取付け
↓
間柱・ホールダウン金物取付け
↓
外部合板張り
↓
屋根防水（ルーフィング敷き）・屋根工事
↓
1階根太組
↓
1階床捨張り
↓
2階根太組
↓
1階床捨張り

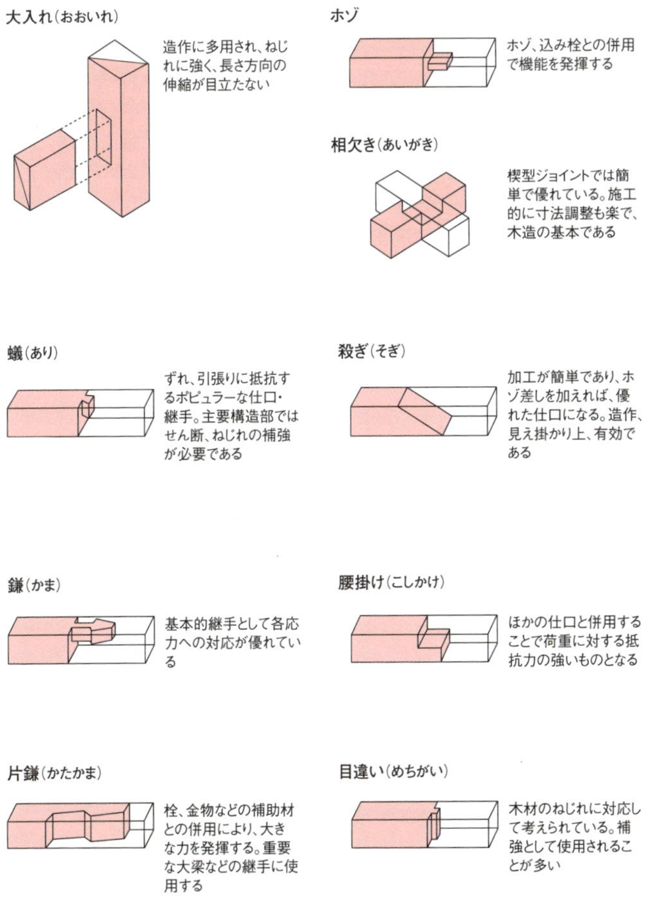

図4｜1階床組

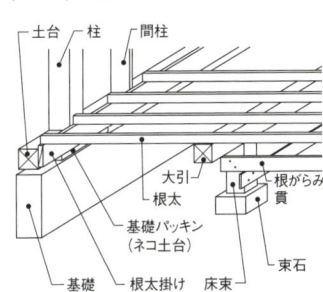

写真4｜梁の継手と仕口

梁どうしの継手を掛矢で打ち込んでいくところ。このあと短ざく金物が取り付けられる

床組｜ゆかぐみ　床を構成する部材の総称。1階では根太・大引・束などをいい、2階では梁・根太などをいう[39頁図4]。最近は根太を省略した根太レスが普及しつつある。根太の場合は、根太が転ばないように2本の釘で留めるなど適切な施工を行う。

小屋組｜こやぐみ　屋根を支える骨組のことで、棟木・垂木・母屋・小屋束などで構成される。また、和小屋と洋小屋に分類される[図5・6]。屋根の荷重は垂木・母屋を通して小屋組・柱などを経て基礎に伝達する。そのため屋根荷重を受ける柱の位置を上下階で揃えるなど、力の伝達を考慮した構造計画が望ましい[図7・8・9]。**雨仕舞い**（雨水の進入を防ぐこと）をよくするために屋根には勾配を付けるのが一般的。

耐力壁｜たいりょくへき　柱・梁に緊結された筋かいや構造用合板で構成された壁のことで、地震・風などの水平力、および建物の自重などに抵抗する構造耐力を負担する壁のこと。木造軸組の場合、筋かいや構造用合板が入っている壁がこれに当たる[図10・11]。耐力壁不足や配置に偏りがあると、地震時や、暴風時に耐力壁の少ない個所に力が集中し、倒壊しやすくなるだけでなく、経年的な建物

| 図7 | 地震に強い小屋組

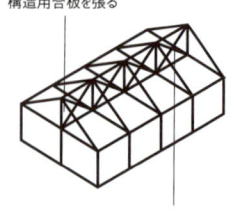

| 図5 | 小屋組

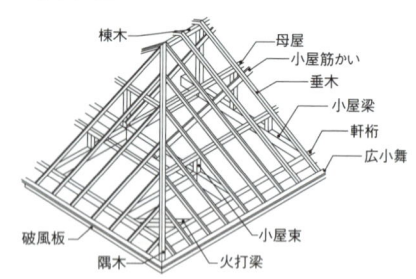

| 図6 | 小屋組の種類

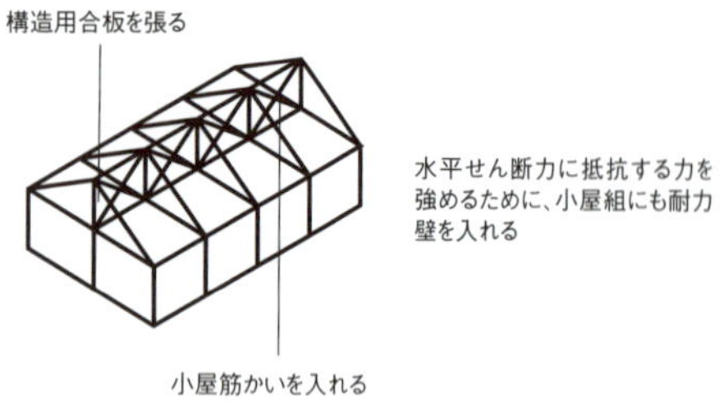

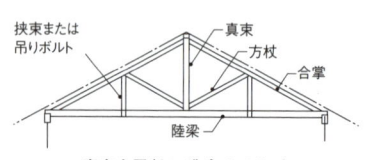
真束小屋（キングポスト・トラス）

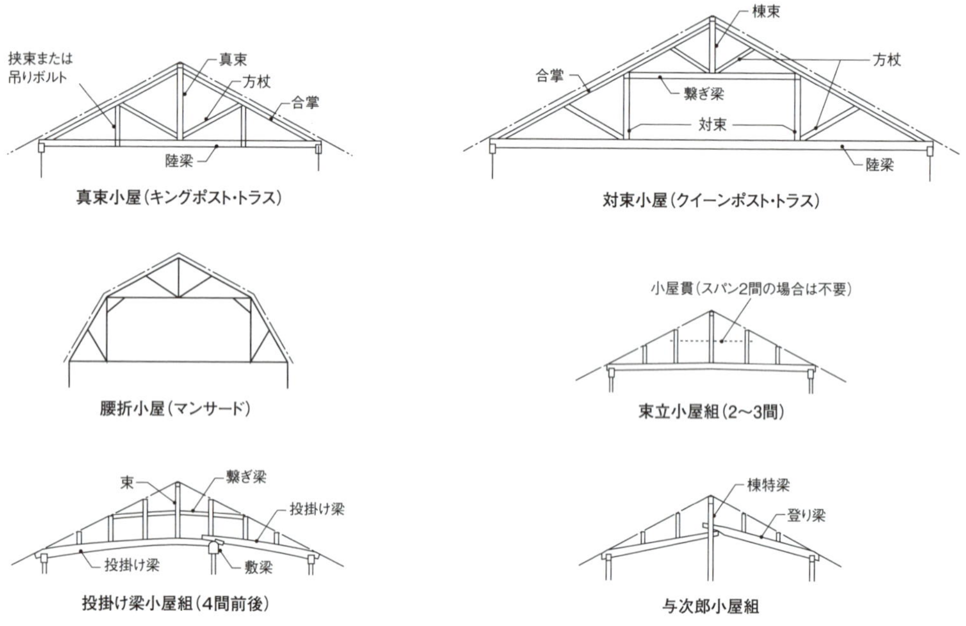

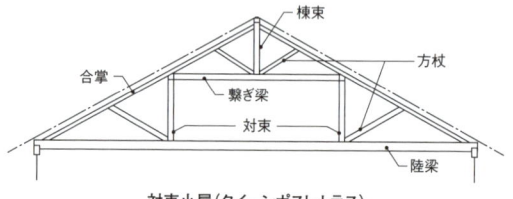
対束小屋（クイーンポスト・トラス）

腰折小屋（マンサード）

束立小屋組（2〜3間）

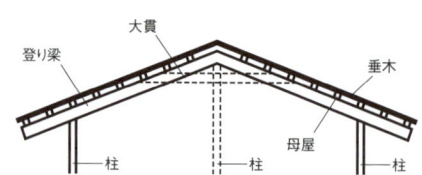
投掛け梁小屋組（4間前後）

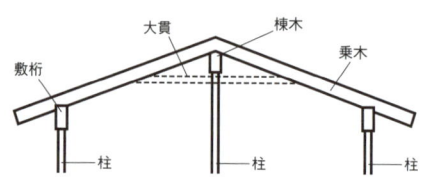
与次郎小屋組

| 図9 | 登り梁構造

勾配天井にするため、斜めに登り梁を架ける構造のこと

| 図8 | 垂木構造

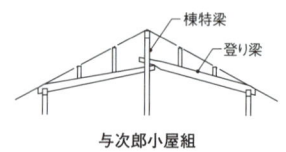
垂木のせいを大きくして中間に母屋や梁を入れない小屋組のこと

図11 | 耐力壁は水平力に抵抗するもの

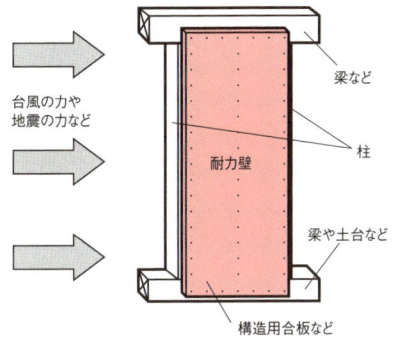

① 耐力壁は、梁や土台と柱に留め付けられた面材や筋かいで構成される
② 耐力壁が水平力に持ちこたえる強さは倍率で表されている（＝壁倍率）
③ 壁倍率1は200Kgf（1.96KN）の耐力をもつことを表し、単独でも組み合わせでも最大5倍まで

図10 | 木造住宅と耐力壁の関係

床面積・見付け面積が大きく階数が増えれば必要壁量も増える

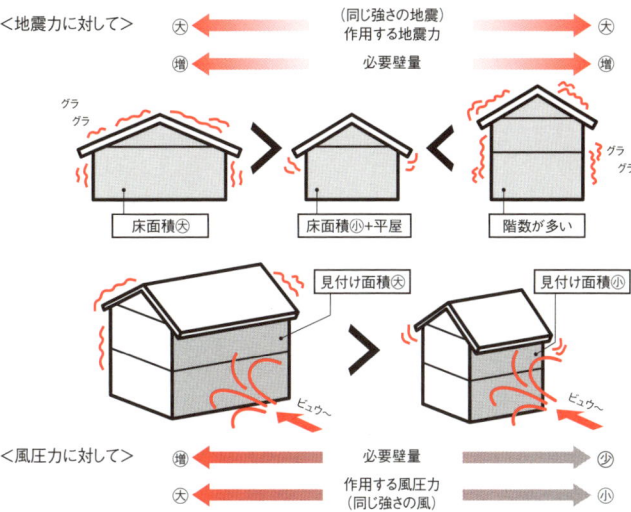

図13 | 床の耐力の大小

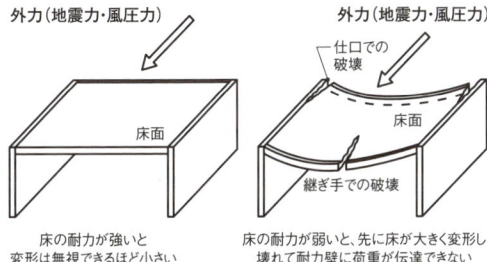

床の耐力が強いと変形は無視できるほど小さい

床の耐力が弱いと、先に床が大きく変形し壊れて耐力壁に荷重が伝達できない

図14 | 耐力壁と建物の変形

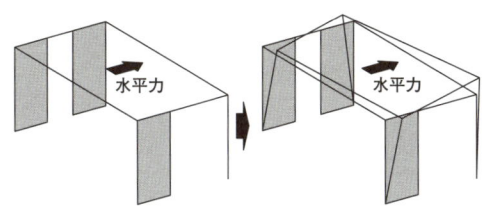

耐力壁が片寄っている建物に水平力が加わると、ねじれながらゆがむ変形が発生する

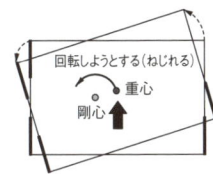

水平構面の剛性が高いと、剛心を中心として回転しようとする

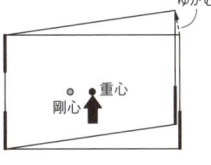

水平構面の剛性が低いと、水平構面自体が変形してしまう

表1 | さまざまな種類の耐力壁がある

耐力壁	壁倍率
石膏ボード（12mm厚以上）	0.9
土塗り壁（両面塗り）	1
筋かい（30×90mm以上）	1.5
ハードボード（5mm厚）	2
筋かい（45×90mm以上）	2
構造用合板（7.5mm厚）	2.5
構造用パネル（7.5mm厚）	2.5
筋かい（90×90mm以上）	3
筋かい（45×90mm以上）のたすき掛け	4
筋かい（90×90mm以上）のたすき掛け	5

図12 | 壁倍率1倍の定義

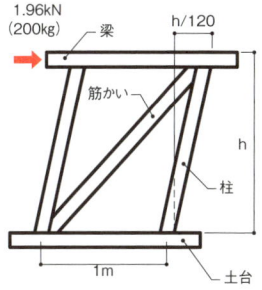

壁倍率1倍
→P＝1.96kN、H＝1／120
（P＝水平力、H＝変形量）

壁倍率1とは、図のように長さ1mの壁が水平力1.96kNの力を受けたときに、その層間変形角が1／120までの変形で耐える強さをいう。倍率が大きくなるほど、接合部にかかる力が大きくなり、金物も大きなものが必要になる

耐力壁線 たいりょくへきせん 枠組壁工法において、耐力壁を構成する開口部を含む壁体の壁心の線。耐力壁がバランスよく配置されているかどうかを耐力壁線で囲んだ矩形から見定める。

水平構面 すいへいこうめん 外力に抵抗する水平方向の平面骨組のこと。床組や小屋組などが該当し、これらが変形を生じないよ

うのゆがみも招いてしまう。建築基準法では、壁の材料や仕様によって**壁倍率**［かべばいりつ］［図12、表1］が定められている。面材耐力壁の場合は、壁倍率や釘の間隔・太さなどを確認しておきたい。

うに火打ちや構造用合板によって剛性を高める。水平構面と耐力壁などの垂直構面は密接な関係にあり、耐力壁を有効に働かせるためにも重要である[41頁図13・14]。なお、床同様、屋根なども一定の仕様にすることで、火打ち梁の省略が可能。

剛床｜ごうしょう（ごうゆか）

根太レスとほぼ同義で使われる。床面を剛に固めることによって、地震力や風などの外力に抵抗し、建物の水平変形を抑える床組。木造2階建てであれば、2階床面が対象となる。耐力壁に比べておろそかになりがちだが、耐震性を考えるうえで重要な要素である。

根太レス工法｜ねだ―こうほう

厚さ24㎜や28㎜の構造用合板を梁の上に直接張り、根太を省略する床組[図15]。根太組に比べ、施工性、剛性ともに向上するため、主流となりつつある。露し構法などの場合は、音の問題と配線などが困難なため、床の仕上げや2重天井部の併用など、計画を十分に検討する。

パネル

壁や屋根などの下地部材をユニット化したもので、施工の合理化を目的に利用される。**壁パネル**は構造用合板や間柱、断熱材を、**屋根パネル**は野地合板や垂木、断熱材をそれぞれ工場で一体化したものが多い。特に後者は一般の施工では手間がかかるため、パネル化の効果が高い。パネルを導入することで、建方作業時に屋根・壁下地が完了できるため、建方自体やその後の工程が短縮できる。合理化・省力化を目的に断熱材と合板が一体化されたパネルなどを使うことが増えてきている。

門型ラーメン｜もんがた―

筋かいを用いず、柱・梁の接合強度で耐力を確保する構造[図16・17]。実験・試験結果から得た耐力をもとに壁倍率などに置き換えるものもある。各メーカーの構・工法により門型断面、スパン、接合金物が異なり耐力も異なる。鉄骨造を採用せずに、大開口・狭小地でのビルトインガレージなどを可能とする

図15｜根太レス工法

平面
柱
N50
床梁
胴差
断面
構造用合板の端部と釘打ち位置のあき寸法20㎜以上
構造用合板㋐24
構造用合板の釘打ち間隔150㎜以下
胴差
床梁

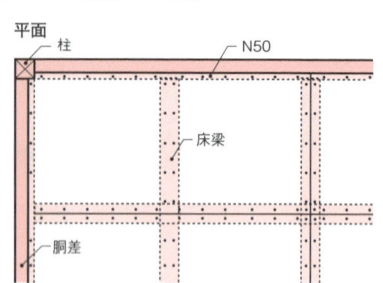

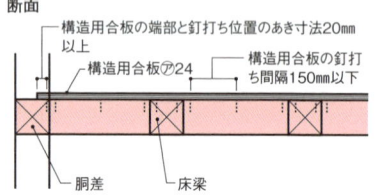

図16｜門型ラーメン

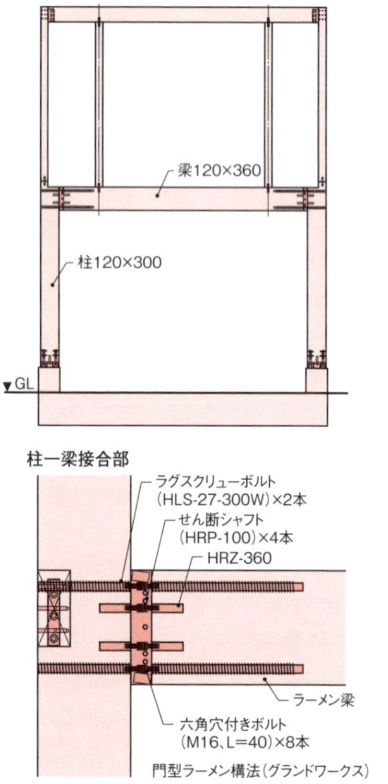

梁120×360
柱120×300
GL
柱－梁接合部
ラグスクリューボルト（HLS-27-300W）×2本
せん断シャフト（HRP-100）×4本
HRZ-360
ラーメン梁
六角穴付きボルト（M16、L=40）×8本

門型ラーメン構法（グランドワークス）

図17｜門型ラーメンの接合方法の種類

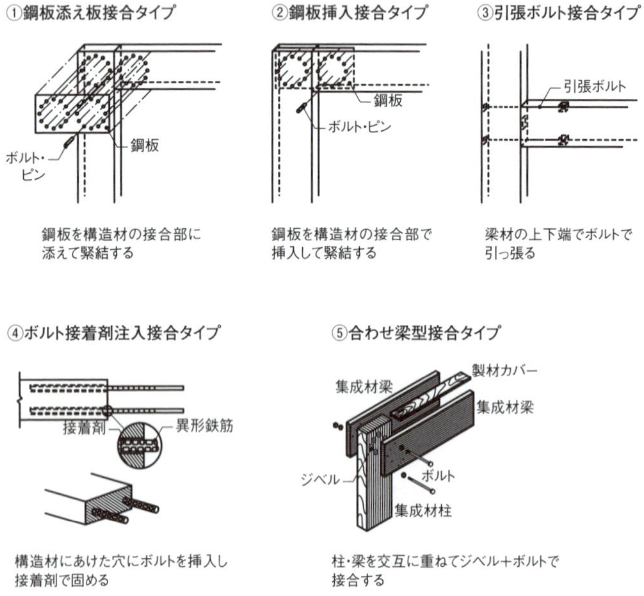

①鋼板添え板接合タイプ
ボルト・ピン
鋼板
鋼板を構造材の接合部に添えて緊結する
②鋼板挿入接合タイプ
鋼板
ボルト・ピン
鋼板を構造材の接合部で挿入して緊結する
③引張ボルト接合タイプ
引張ボルト
梁材の上下端でボルトで引っ張る
④ボルト接着剤注入接合タイプ
接着剤
異形鉄筋
構造材にあけた穴にボルトを挿入し接着剤で固める
⑤合わせ梁型接合タイプ
製材カバー
集成材梁
集成材梁
ジベル
ボルト
集成材柱
柱・梁を交互に重ねてジベル＋ボルトで接合する

④、⑥、⑦：『図説 木造建築事典［基礎編］』（木造建築研究フォラム編、学芸出版社）をもとに作成
⑤：『大断面木造建築物接合部設計マニュアル』（財日本住宅・木材技術センター）をもとに作成

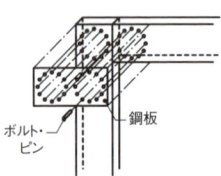

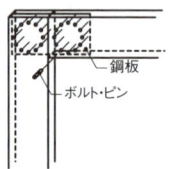

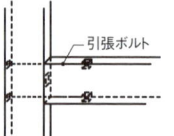

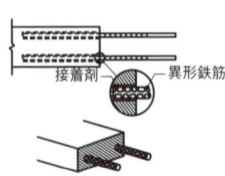

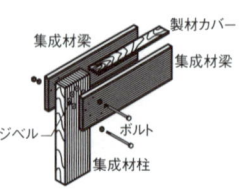

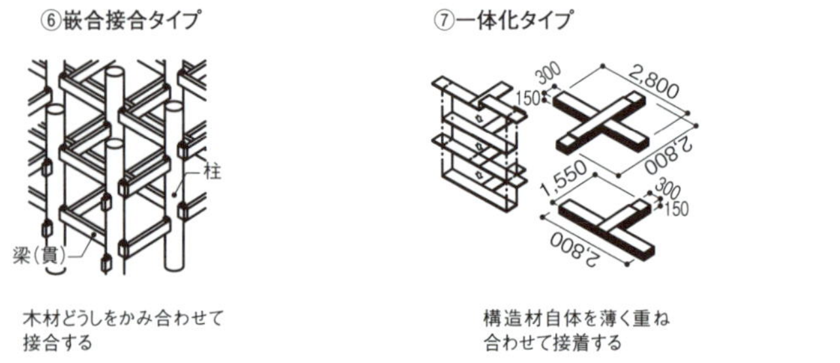

⑥嵌合接合タイプ
柱
梁（貫）
木材どうしをかみ合わせて接合する
⑦一体化タイプ
300
150
2,800
2,800
1,550
300
150
2,800
構造材自体を薄く重ね合わせて接着する

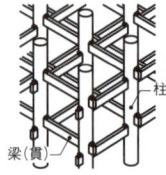

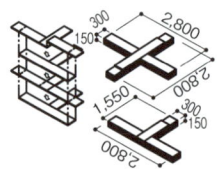

図18｜広葉樹の断面

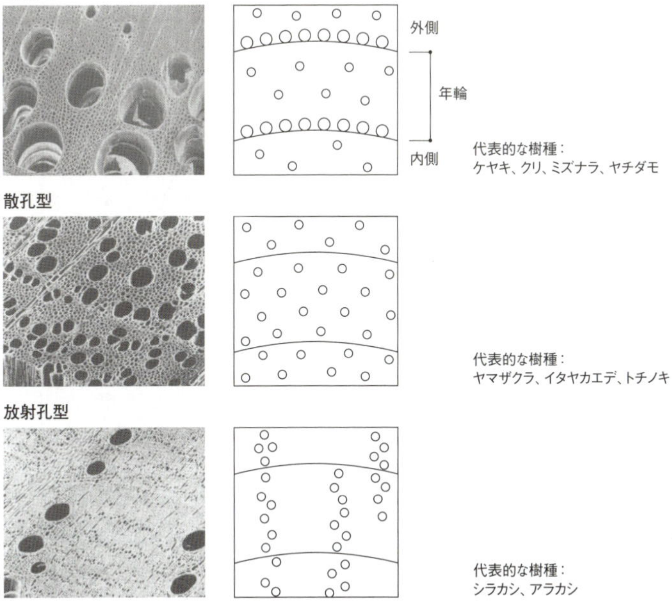

環孔型
外側
年輪
内側
代表的な樹種：
ケヤキ、クリ、ミズナラ、ヤチダモ
散孔型
代表的な樹種：
ヤマザクラ、イタヤカエデ、トチノキ
放射孔型
代表的な樹種：
シラカシ、アラカシ

写真5｜針葉樹の断面

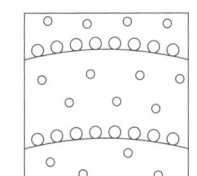

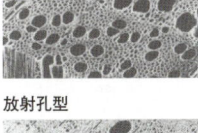

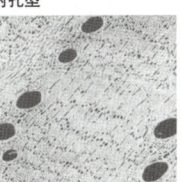

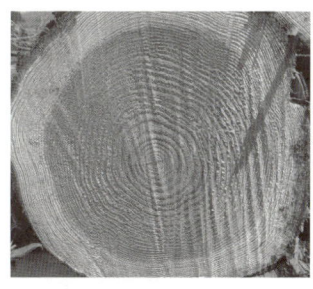

写真6｜広葉樹の断面

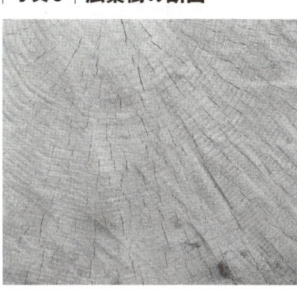

図19｜木の構造

辺材
心材
髄
木口
柾目
繊維方向(L)
年輪
樹皮
形成層
春材
夏材
板目
接線方向(T)
半径方向(R)

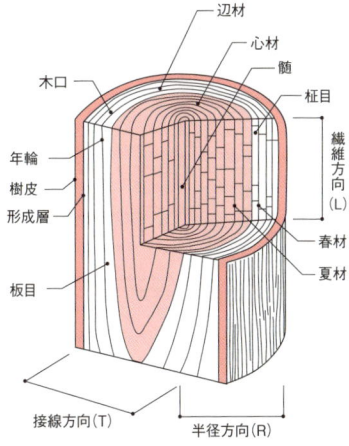

若齢木であるほど心材率が下がる。しかしそれだけでなく、木取りの仕方が性能に大きく関わる

木構造である。

木材

針葉樹・広葉樹｜しんようじゅ・こうようじゅ

細胞の構成からみると、導管の有無が大きな違いとなる。針葉樹は導管がなく、年輪模様がはっきりしているのが特徴である。広葉樹は導管があり、その配列によって**環孔材**、**散孔材**、**放射孔材**の3つに分けられ、木目模様も樹種によって多様である[写真5・6、図18]。日本の木造住宅の構造材に使われるのは針葉樹が圧倒的に多く、広葉樹では環孔材の樹種（クリ・ケヤキなど）が多い。針葉樹は一般に幹がまっすぐだが、広葉樹は枝分かれが著しく幹と枝の区別が付きにくいような木が多く、柱など通直な構造材がとりにくい。そのため、広葉樹は造作材に多く使われるようになってきた。

針葉樹材は、年輪の幅が狭く目が詰まっているほど、密度の高い晩材部分（夏から秋にかけてつくられる年輪の部分）が多く、強度が高い。逆にケヤキなどの広葉樹材は目が詰まっていればいるほど強度が低くなる。

国産材・外国産材｜こくさんざい・がいこくさんざい

国産材に対して、外国産材は**外材**ともいわれる。国産材は日本の自然的風土に合わせて適材適所に使用されてきたが、現在は価格、品質、供給面で立ち遅れているため、国産材の普及率は20％以下である。木造住宅の構造材においても外国産材が主流となっており、北米のほか、欧州などからの集成材も広く流通している。適材適所に使用されれば、国産材であろうと外国産材であろうと材質面で優劣はほとんどない。しかし、森林の適切な育成のために国産材を使用する必要性が叫ばれており、**地域材**や県産材、**地場材**を使用するという動きも出てきている。

樹齢｜じゅれい

樹木は樹齢の増加に伴い、材内で強度性能が未熟な未成熟材比率が減り、耐久性の高い心材率が増える。そのため**若齢木**（ほぼ樹齢30年以下）は、高樹齢のものより強度や耐久性などの性能が低いといえ、構造材として用いる際には注意が必要である。しかし、木造住宅部材としての木材の性能は樹齢そのものではなく、材内のどこから木取りされたか、どのように使用されたかに大きく依存するといえる。

心材（赤身）・辺材（白太）｜しんざい（あかみ）・へんざい（しらた）

木材のうち、樹心に近く色の濃い部分を心材、外周に近く色の薄い部分を辺材と呼ぶ[図19]。心材の色はその樹種特有の色だが、スギのように、ときには同じ樹種でも色調に違いがあるものもあるし、トドマツ、エゾマツ、ベイツガなど

色調の差がないものもある。辺材は樹木の生理活動を行う部位で、心材は樹体の支持という構造的な役割を負う。樹木がある程度以上の太さになると、材の内部の細胞や組織に生理的な変化が生じ、細胞が死んで変質し赤茶色に変色しているため、赤身ともいわれる。腐りにくく、耐久性を求められる部位に適する。

辺材はどの樹種も耐久性が低いため、構造材としての価値は低い。JASの耐久性区分ではハザードクラスも心材の耐久性で比較している。

心材と辺材では耐久性に大きな差があり、特にヒノキやヒバなどは特定の化学成分が心材に蓄積して耐久性を高めている。心材と辺材の細胞や組織の配列の仕方から、性質が異なること。木材は構成する細胞や組織の配列の仕方から、性質が異なること。木材は構成する3つの方向(繊維方向：L、接線方向：T、半径方向：R)が存在する。LR面を柾目面、LT面を板目面、RT面を小口面と呼ぶ[図20]。

この3面で性質は大きく異なり、各方向の収縮率の比は、およそT：R：L＝10：5：0.5～1である。収縮率は樹種によってもかなり異なる。丸太や芯持ち材の乾燥割れ、板目材の反りはこの収縮バランスが異なるために起こる。

また、強度の異方性において、3方向の強度比はT：R：L＝0.5：1：10と、収縮率の場合とは逆の傾向になる。このため、木構造では繊維方向に力がかかるようにする。

異方性｜いほうせい
方向によって、収縮や強度などの性質が異なること。

ち材は、未成熟材を含む部分が多くなればそれだけ強度が低下する。構造材の性能バランス(強度と寸法安定性と耐久性)の観点からすると、成熟材と心材の比率が重要になる。

カビによって材の品質低下が激しくなる場合が多い。なお、現在は年間を通じて出材されるため、切り旬は守られていないのが現状である。

元玉・2番玉｜もとだま・にばんだま
山で木を所定の長さに切るときに丸太(原木)を所定の長さに切るときに丸太(原木)を所定の長さに切るが[玉切り]、山で木を伐採することを[玉切り]という。切り出された原木のうち最も根に近いものを元玉(1番玉)といい、元玉の上から2番玉、3番玉と順に続く。元玉は太くて節のない良材が得られやすく、造作材や化粧柱(役物)を取ることが多い。原木の大きさや樹齢にもよるが、2番玉も未成熟材部分が少なく、比較的優良な管柱が取れる[図21]。

磨き丸太｜みがきまるた
スギやヒノキの樹皮をはがして砂などで磨かれた丸太のこと。

太鼓落とし｜たいこおとし
丸太の両側面を挽き落として材の断面を和太鼓形に製材すること。また、この挽き方を太鼓引き[たいこびき]という[写真8]。

元口・末口｜もとくち・すえくち
丸太の根に近いほうを元口、反対側の梢に近いほうを末口(裏)と表す。丸太の大きさは通常末口で表す。製材後も元末の使い分けは大切で、柱や束は木立木の

源平｜げんぺい
スギ材は赤身と白太の色の差が大きく、赤身と白太が表面に現れた材、混ざった色合いの材を源平という[写真7]。

未成熟材・成熟材｜みせいじゅくざい・せいじゅくざい
丸太の中心(髄)周辺の木材は若い未成熟な細胞で構成されているため未成熟材と呼ばれ、収縮率な、ヤング率などの性質が安定せず、ヤング率なの強度も小さい。成熟材が形成されるのは、針葉樹造林木で15年程度はかかるとされている。芯持

切り旬｜きりしゅん
樹木の伐採に適した時期をいい、冬場が最適期である。この時期は樹木の生長活動がわずかになり、辺材部の糖分が減少して虫害やカビによる被害も少ない。春先から夏にかけて伐採された木は害虫やカビ

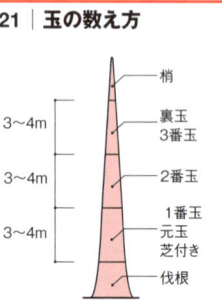

| 図22 | 木の構造

A:最大径
B:最小径
C:平均径(元口と末口の平均)
D:長さ

元口 末口

| 図21 | 玉の数え方

梢
3~4m
裏玉
3番玉
3~4m
2番玉
3~4m
1番玉
元玉
芝付き
伐根

| 写真7 | 源平

末
樹心
腹
背
年輪間隔が広く節が多い
年輪間隔が狭い
元

| 写真8 | 太鼓落としの梁材

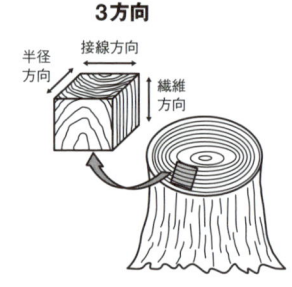

| 図20 | 木材が異方性を表す3方向

半径方向　接線方向
繊維方向

図23 ｜ 木取りと木目の見え方

状態と同じように元口を下に立て、横物の継手は下木（女木）は元口、上木（男木）は末口にするのが原則とされ、これと逆にすることは**逆木**［さかき］と呼ばれ、忌み嫌われる。

カスケード・コースト

米材丸太の産出される場所を指す。米国北西部を横断するカスケード山脈の高地で産出される丸太をカスケード材といい、年輪が細かい。カスケード山脈の西側から海岸部に広がる低地がコースト地域で、カスケード材と対比してコースト材と呼ばれる。コースト材は植林木で生育が早く、年輪が粗い。応じた形状に加工する製材工程のこと。同じ丸太でも、木取りの仕様から判断して、柱などの用途に応じた形状に加工する製材工程のこと。同じ丸太でも、木取りの仕在は大半がコースト材である。

木取り｜きどり

丸太や大型の製材品を、外観の特徴から判断して、柱などの用途に応じた形状に加工する製材工程のこと。同じ丸太でも、木取りの仕様によって得られる材木の量（材積歩留まり）や、製品価値（価値歩留まり）も変わる［図23］。単に求める大きさや節を隠すために無理な木取りを行うことは、その後の製品の品質低下に大きく影響する。木材取引のプロ向け単価表示である。製材品1本当りの材の値段は、その材積に立米価格を乗じて求めることができる。たとえば、立米価格10万円のヒノキ3m120mm角（材積0.0432）の場合、1本単価は4千320円になる。

立米単価・㎡単価｜りゅうべいたんか

原木や製材の単価を表す単位で、その材積（体積：㎥）を基準とした取引単価。木材取引のプロ向け単価表示である。製材品1本当りの材の値段は、その材積に立米価格を乗じて求めることができる。たとえば、立米価格10万円のヒノキ3m120mm角（材積0.0432）の場合、1本単価は4千320円になる。

芯持ち材・芯去り材｜しんもちざい・しんさりざい

芯持ち材は1本の丸太から1本の材がとれる丸太を木取りすることである。この特性に合わせて1本1本異なる丸太の特徴が比較的似ているため、無人の製材機がコンピュータ制御で木取りを行っている。製材する丸太の特徴が比較的似ているため、無人の製材機がコンピュータ制御で木取りを行っている。

芯持ち材が基本だが、意が必要である。小口面の中心から外れたところに髄（中心）がある芯持ち材や、髄から少し外れただけの芯去り材では、軸方向の収縮のバランスが崩れるため、曲がったり反ったりしやすい。また、芯を取った材料で、丸太の芯（髄）を含む材をいう。芯去り材は丸太の芯（髄）を外したところで取る［写真9］。芯持ち材の最大の短所は、乾燥に伴って材面に割れが生じることである。この表面割れによる強度低下はあまり大きくないが、見栄えがよくないため、あらかじめ背割りを入れて割れが生じないようにすることが多い。構造材は芯持ち材が基本だが、小口面の中心に注意が必要である。小口面の中心から外れたところに髄（中心）がある芯持ち材や、髄から少し外れただけの芯去り材では、軸方向の収縮のバランスが崩れるため、曲がったり反ったりしやすい。また、芯を取った材料で、丸太の芯（髄）を含む材をいう。芯去り材は丸太の芯（髄）を外したところで取る太い丸太が必要になる［図24・写真9］。芯持ち材が必要になるところで取る太い丸太は未成熟材を多く含むと狂いやすく、強度も低くなる。芯去り材は表面割れが入りづらいが、価格は高くなる。

生地｜きじ

塗装していない木材などの表面を指す。素木ともいう。生地仕上げという場合は、木材本来の杢目・色・肌合いなどを活かして仕上げたものを指し、一般にうずくり（木目が浮き上がるように表面を削った仕上げ）などの表面加工や、拭き漆、オイルステイン、クリアラッカーなどの塗装で仕上げられる。塗装の際は、手あかや木部の汚れを取り除くことが重要。

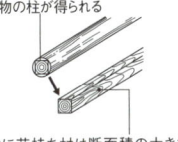
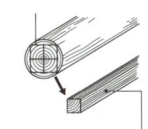

図24 ｜ 芯持ち材・芯去り材

この木取りでは4面はすべて板目となる。小径木から最大の正角をとれば並物の柱が、節を避けて小さめにとれば役物の柱が得られる

この木取りでは4面とも柾目になる。木表側に隣接した2面からは、役物に適した良材が得られやすい

一般に芯持ち材は断面積の大きな材に使用され、背割りが施される

丸太の中心部を除いた芯去り材は、乾燥による割れが少ない

写真9 ｜ 芯持ち材

図25 ｜ 小口と木表・木裏

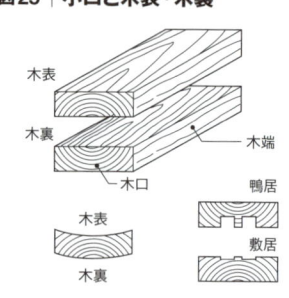

木口 ｜こぐち
木材の繊維の断面（年輪）が見える部分［図25］。意匠的に美しく仕上げにくいので、なるべく表面に見えないような納まりにするのが基本である。同じ読みでも、木材に限らず部材の断面を指す。木材の繊維方向に切断した面を木端と呼ぶ。

木表・木裏 ｜きおもて・きうら
板目材で立木のときに樹心側を木裏、樹皮側を木表という。乾燥すると幅・長さ方向とも木表側に凹状に反る。欠点ともいえるが、この性質を利用した取付け例も多く、鴨居は木裏を上にして取付け垂れ下がりにくく取り付ける［図25］。敷居はその反対の使い方になる。

背割り ｜せわり
木材の繊維の断面（年輪）にあらかじめ材面評価の低い面に、樹心にまで達する溝を1面に通して入れて収縮を吸収し、ほかの3面への割れを防ぐ［図26］。心挽きと目切れ［めぎれ］など製材品の加工や強度上の欠点となる。

図26 ｜ 背割り

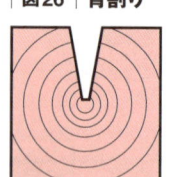
背割り
1方向の場合、溝の深さがあり、断面の変形も大きい

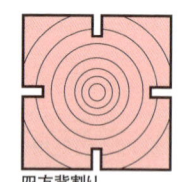
四方背割り
溝の深さがなく断面の変形が小さいが、真壁は不可

もう。背割りが開いていれば材が乾燥している一応の目安にもなる。化粧柱では必ず行うが、大壁用管柱では反対に背割り側を配置するので、室内側からは見えない。背割りに引抜き金物を取り付けても効果がないので注意する。また最近では、大壁用管柱の人工乾燥材で表面割れを少なくする乾燥技術が発達し、背割りない柱製品が増えている。背割りが入った側には金物が取り付けにくいなどの問題が生じることがある。

節 ｜ふし
枝が幹のなかに巻き込まれてできたもの。節は乾燥による割れや、目切れ［めぎれ］など製材品の加工や強度上の欠点となる。

生き節 ｜いきぶし
生き枝の木質部に表れる組織の生きている節［写真10］。葉などが付き、枯れていない枝が幹のなかに巻き込まれてできたもの。節の繊維が周囲の材と連結しているので抜けにくい。強度上の欠点とはならない。板、造作材では欠点となる。

抜け節 ｜ぬけぶし
製材品の節が抜け落ちて穴になったもの。製材品の加工や強度上の欠点とされる［写真12］。床材など抜け節部分に埋め木などの補修を施している材もある。構造材では問題ない。

埋め木 ｜うめき
木材のキズや節などをノミで掘り、木片をはめこむこと、またその木片を指す。

死に節 ｜しにぶし
枯れた枝が幹のなかに巻き込まれてできたもの［写真11］。生き節とは反対に、節の繊維が周囲の材と連結していないので、のちに抜けやすい。節の繊維が周囲の材と連結していない側に木材の繊維が入ったほうに見える。

もめ
製材品の欠点の1つで、立木のときに風や雪などの外力や生長時の内部応力（成長応力）によって、木材の繊維が局部的に座屈し破断しているものをいう。この座屈部

写真10 ｜ 生き節

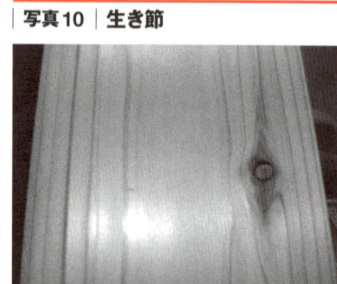

写真11 ｜ 死に節

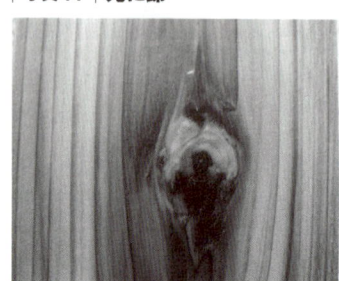

写真12 ｜ 補正した抜け節

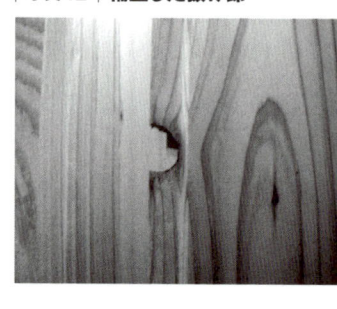

を組織が包み込んで生長するため、製材してからでないと分からない。台風などで倒木にならず、外観上は異常がなくても、内部ではもめが生じていることがある。これらは市場で風倒木［ふうとうぼく］といわれる。製材所でないとなかなか分からない厄介な欠点で、もめをもった材料は強度が低下していることがある。

柾目 ｜まさめ
原木を接線と直角に近い角度で製材したときに、材面に現れる通直な縦縞の木目をいう［写真13］。板目と比べ変形しにくい特徴をもつ。

板目 ｜いため
原木を接線方向に製材したときに、材面に現れる山形や波形の木目をいう［写真13］。幅反りなど狂いが生じやすいため、よく乾燥した材を使用するとともに、取付け時は裏

木理 ｜もくり
木目［もくめ］または目［め］ともいう。年輪など、木材の表面に見える模様のこと。

芯持ち材は、乾燥に伴って年輪の接線方向の収縮が大きくなるので、

写真13｜板目（左）と柾目（右）

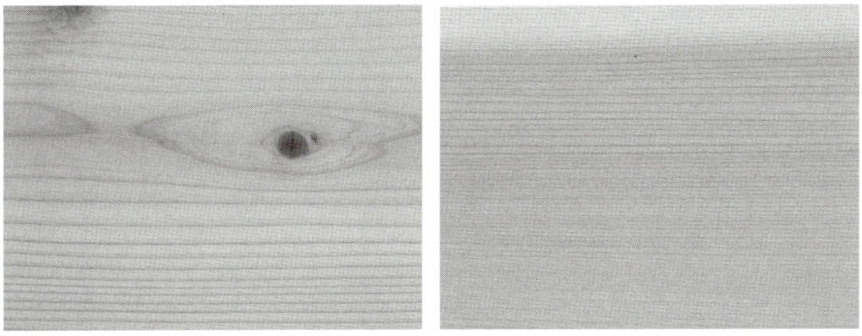

図27｜製材寸法

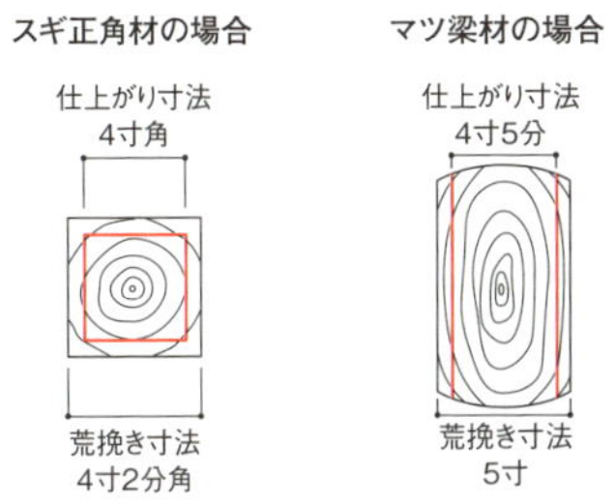

スギ正角材の場合
仕上がり寸法 4寸角
荒挽き寸法 4寸2分角

マツ梁材の場合
仕上がり寸法 4寸5分
荒挽き寸法 5寸

写真14｜木材の強度を測定するグレーティングマシーン

図28｜集成材

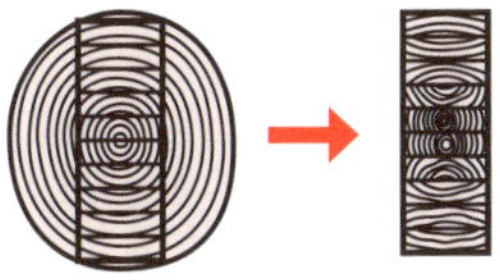

図は単一の樹種で構成した集成材。異樹種を組み合わせることもある

種類	品質、用途
構造用集成材	柱、梁、アーチなどの構造体に使われるもので、大断面やわん曲材もつくれる
化粧梁構造用集成材	突き板を表面に張ったもので、強度、耐水性は構造用集成材と同様。主に柱、梁などの直線材に使われる
造作用集成材	積層面が見える独特の美しさをもつ。梁、階段の手摺、カウンターなどにも使われる
化粧梁造作用集成材	内部造作（長押、鴨居、敷居など）に使われる

側に吸付桟（反り防止を目的とした桟木）を施すとよい。

歩留まり｜ぶどまり
原材料から有効に生産される製品などの割合。製材では丸太の径や欠点（傷・腐れ・曲がりなど）の程度から、目的とする角材や板材を効率よく木取りすることが歩留まりをよくすることになる。特に、長さ方向の材の無駄がないように長さをよくすることになる。

製材工場｜せいざいこうじょう
メーカーである製材工場の生産工程は、工場規模、使用丸太（原木）、生産品目、生産量などによってかなり異なる。柱などの単一製品量産工場や小口受注生産に特化する工場など、その種類は多様。最近では製材だけでなく、人工乾燥機や仕上げ加工機（モルダー：自動四面鉋盤）、推定強度測定器（グレーディングマシーン）を使って付加価値ある製品を生産する工場が増えている[写真14]。現状では製材工場によって品質や性能が異なるため、求める品質の材料を確保するには、信頼できる製材工場を指定する必要がある。

製材寸法｜せいざいすんぽう
構造材の材の断面寸法は丸太（原木）の大きさに左右されるが、おおむね材の幅が4寸（120mm）か、3寸5分（105mm）が基準寸法になっている。また材のせい（材断面の高さ）は360mmぐらいまでが一般的である。国内で製材する内地挽きの構造材は、丸太があればそれ以外の寸法にも対応可能であるが、乾燥材の場合は、あらかじめ狂いや乾燥による収縮を予測して、仕上がり寸法よりオーバーサイズに製材されている[図27]。

構造材｜こうぞうざい
屋根や床の重さ、あるいは荷重など構造にかかる力を負担する部材。JAS規格による丸太のうち直径24cm前後の中丸太を指す。柱や梁など。

造作材｜ぞうさくざい
建物の主要な構造材以外で敷居・鴨居、壁下地の胴縁など大工工事で行う仕上げ材のこと。

化粧材｜けしょうざい
長押や敷居・鴨居、真壁造の柱など目に見える場所に使う材のことで、カンナ掛けなどの仕上げが必要な材のこと。**見え掛かり材**［みえがかりざい］ともいう。また、**並材**［なみざい］に相対する言葉として、節が少ない材料のことを指す場合もある。隙や割れが生じてはいけないので乾燥材を使う。

定尺・乱尺｜ていじゃく・らんじゃく
一般に流通している木材製品の基準長さを定尺という。柱の場合、定尺は3m、6m、母屋や土台の場合4m、梁や桁では4m、5m、6m材を指す。ただし、東北地方などの製材品は3m、3.65mが定尺である。スギの梁などは4mを超えると定尺ではなくなり、一般に割高となる。木拾い表を作成する際には、継手の位置や種類を検討する際に定尺材を有効に使うことがコスト削減の大きなポイントになる。

集成材｜しゅうせいざい
薄い挽き板であるラミナに圧力をかけ、樹脂系の接着剤を張り合わせた木材のこと[図28]。用途により構造用集成材と造作用集成材があり、構造用集成材は**金物構法**や**門型ラーメン**では欠かせない。基本的な扱い方はムク材と変わらない。構造用の場合、一般的にはムク材と比較してやや割高である。

ムク材｜ざい
木そのものを使っている材のこと。**正物**［しょうもの］ともいう。

中目材｜なかめざい

| 図31 | 2度挽き |

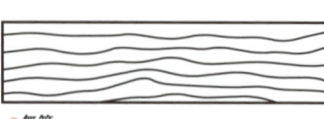

丸太から歩増しして製材する

製材時の内部応力や乾燥により木材に変形が生じる

目的の製品寸法に修正挽きする

| 図30 | 節による等級 |

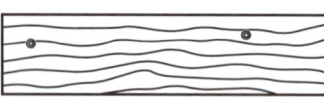

●小節
広い材面を含む1材面以上の材面において、節の長径が20mm(生き節以外の節にあっては10mm)以下で、材長2m未満にあっては5個(木口の長辺が210mm以上のものは8個)以内であること

●上小節
広い材面を含む1材面以上の材面において、節の長径が10mm(生き節以外の節にあっては5mm)以下で、材長2m未満にあっては4個(木口の長辺が210mm以上のものは6個)以内であること

●無節
広い材面を含む1材面以上の材面に節がないこと

| 図29 | JASマークの表示例 |

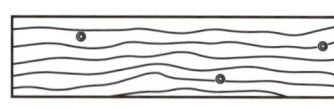

構造用製材

樹種名	スギ
	JAS
	登録認定機関名
等　　級	★★
保存処理	性能区分	K3
	薬剤名	CUAZ
構造材の種類	乙
寸法	105mm×105mm×3m
乾燥処理	SD20
材面の美観	二方無節
製造業者名	(株)○○製材所

見え隠れ材［みえがくれざい］とも いう。

野物材［のものざい］小屋裏や壁のなかに納まる間柱や胴縁など、仕上げなどに隠れて目に見えない場所に使う材のこと。

羽柄材［はがらざい］**端柄材**［はがらざい］とも表記する。元来は定義がはっきりしない言葉だが、最近は**羽柄プレカット**［はがら─］の普及から、根太や垂木などの構造と下地を兼ねる小断面材部材のことを指すと徐々に定着しつつある。構造材同様、乾燥材を使用し内部仕上げに亀裂、劣化など影響のない材を使用する。

並材・役物［なみざい・やくもの］製材品の品質区分の1つ。節がある製材品、もしくは製材した製品に節が出そうな丸太のことを**並材**、並物［なみもの］という。節がないか、とても少ない製材品、もしくは製材した製品に節が出そうにないか、出ても非常に少ししか出ない丸太のことを役物という。役物は通常、大工が仕上げることを前提に、ラフ面のままの仕上がりサイズで製品化されている。そのため通常モルダー掛けされておらず、仕上がり寸法よりも大きなものである。通常は5～

10mmアップの範囲である。大壁用管柱は並材を使用し、真壁の化粧柱は主に役物を使用する。しかし、乾燥による収縮や内部応力の解放による大きめに製材して大きめに製材してあらかじめ予測して落ち着いてから目的の寸法に挽き立てること［図31］。**八面挽き**とも挽き立てること［図31］。八面挽きの荒挽き後の寸法は仕上げ寸法よりは悪いが、良質な製品を得るには重要な工程である。東濃ヒノキの乾燥材柱製品が2度挽きで有名。

生材［なまざい］人工乾燥や天然乾燥を行っていない未乾燥材のことで、**グリーン材**ともいう。乾燥材に比べ狂いや割れが発生しやすく、梁のたわみ、壁仕上げの亀裂などの原因となる。そのため搬入や建方後に乾燥期間を設けたり、ゆがみ調整を適宜行う必要がある。構造材に使うことは、もはや非常識な材料といえる。伐採時期や樹種、心材か辺材かによって含水率が異なるが、通常含水率が25%以上の材料すべてを指す（JAS規格）。グリーン材とはもともと北米産製材品の用語で、最近では国産材もこの用語を使用する。

上小節［じょうこぶし］JASの針葉樹造作用製材の品質基準で、無節と小節の間の等級のものをいう。節の直径が20mm以下のものをいう。節の直径が20mm以下

等級［とうきゅう］役物の見た目の等級区分。JAS規格では、用材の節、腐れ、割れなどの傷の程度の基準がある［図29］。角材の4面の節の程度で小節（1～4面）、上小節（1～4面）、無節（1～4面）に分けられる［図30］。挽割類、挽角類については、四方、三方、二方、一方と材面数の化粧基準と併せて等級が判定される。製材所によって節の程度などの選別基準は若干異なる。また節のほか、丸身や割れ、変色などによっても評価される。現在JASによる規格は「級」に変わっているが、今でも一般的には「等」が使われており、一等・特一等・特等の3つに分けられている。

2度挽き［にどびき］定められた寸法の製材品を得るのが壁板類では、無節と小節の間の等級のものをいう。節の直径が20mm以下生材を使用すると、その後乾燥による収縮、曲がり、反り、割れなど

表2 ｜ 針葉樹構造用製材と下地用製材の含水率と寸法許容差

①含水率

区分		表示	含水率
構造用製材	仕上げ材	SD15	15%以下
		SD20	20%以下
	未仕上げ材	D15	15%以下
		D20	15%以下
		D25	25%以下
下地用製材	仕上げ材	SD15	15%以下
		SD20	20%以下
	未仕上げ材	D15	15%以下
		D20	20%以下

②寸法許容差

区分		表示	寸法許容差（mm）
構造用製材	仕上げ材	75mm未満	+1.0 -0
		75mm以上	+1.5 -0
	未仕上げ材	75mm未満	+1.0 -0
		75mm以上	+1.5 -0
下地用製材	仕上げ材	75mm未満	+1.0 -0
		75mm以上	+1.5 -0
	未仕上げ材	75mm未満	+2.0 -0
		75mm以上	+3.0 -0

注 JAS規格の定義では、構造用製材のうち乾燥処理を施した後、材面調整を行い、寸法仕上げをしたものを「仕上げ材」といい、材面調整、寸法仕上げを行っていないものを「未仕上げ材」という

写真15 ｜ 蒸気加熱式木材乾燥装置

写真16 ｜ スギ板材の桟積み乾燥

図32 ｜ 人工乾燥

除湿式乾燥法の仕組み

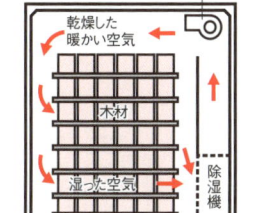

写真17 ｜ 伐採後の葉枯らし風景

が生じやすい。安価なため一般に広く流通しているが、近年品質の面から使用頻度は減ってきている。

乾燥材｜かんそうざい

木材の含水率が規定の数値まで下がっている材料［表2］。構造用・造作材とも15〜20％が一般的で、数値が低いほど水分が少ないことを示す。構造材だけでなく、下地材なども仕上げの割れなどに影響を及ぼすため、乾燥材の使用が望ましい。

天然乾燥｜てんねんかんそう

寸法安定性能を向上させるため、屋外や屋内など自然の気象条件下で機械を使わずに木材を徐々に乾燥させる方法。天然乾燥させた材を**AD材**という。人工乾燥と違って材質変化を起こす恐れはないが、乾燥期間や乾燥度合いは気象条件に大きく左右される。天然乾燥材の含水率は、長期間かけてもその気候に釣り合う平衡含水率までしか下がらない。

しかし、市場の天然乾燥材は平衡含水率まで乾いているものはまれで、天然乾燥材の乾燥レベルもまちまちであるのが現状である。葉枯らし乾燥材などの林内で丸太の状態で乾燥させる方法と、桟積み乾燥などの製材後に乾燥させる方法がある。

人工乾燥｜じんこうかんそう

人工的に温度・湿度・風速の調節を行いながら木材を所定の含水率まで乾燥させる方法。**人乾**［じんかん］と略すこともある。人工乾燥させた材を**KD材**という。人工乾燥は、枝葉を付けたまま放置し、葉から水分を減少させて天然乾燥させ、木材から水分を抜く。人工乾燥のように燃料、電気を使わないため環境負荷がない。木に負担のない乾燥方法なので、色つやを損なわず乾燥できる。

しかし、人工乾燥ほど含水率を下げることは難しいため、扱いには相応の手間がかかる。予備乾燥であると考えたほうがよい。

葉枯らし乾燥｜はがらしかんそう

伐採手法の1つ。山で伐採した木材を、枝葉を付けたまま放置させ、葉から水分を抜く。天然乾燥させた材質に合致し適切な乾燥方式を選べば、対象となる製材品の材質や用途に合致した乾燥処理ができ、目的とする含水率まで比較的短時間で仕上げられる。また、平衡含水率以下まで下げることも可能である。

しかし、強制的に短い時間で木材を乾燥させるため、乾燥による応力が生じて材の損傷を伴うこともある。ボイラーの蒸気を利用する蒸気式乾燥［写真15］や、乾燥室内の温度を高めて乾燥時間を短縮させる高温乾燥、室内の湿度を下げて乾燥させる除湿乾燥［図32］、室内の気圧を下げて乾燥を早める減圧（真空）乾燥、太陽熱を利用した乾燥装置による太陽熱利用乾燥などがある。

どの乾燥方式がよいのかは一概にはいえないが、木材の材質変化が大きくなる乾燥方式は、その樹種を使用する意味を失っているわけでありお勧めできない。

桟積み乾燥｜さんづかみかんそう

製材後に桟木をかませて積み、天然乾燥させる手法［写真16］。

AD材｜えーでぃーざい

天然乾燥による製材のこと。Air Driedの略。

葉枯らし材｜はがらしざい

伐倒した木を、枝葉を切らずにそのまま数カ月間放置し、葉の蒸散作用を利用して幹の水分を蒸発させて含水率を下げたもの［写真17］。日本古来の原木乾燥方法であり、

図33 | 木材の含水率計算方法

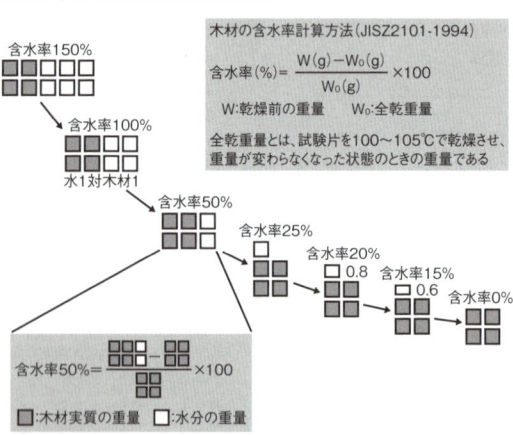

木材の含水率計算方法(JISZ2101-1994)
$$含水率(\%) = \frac{W(g) - W_0(g)}{W_0(g)} \times 100$$
W:乾燥前の重量　W_0:全乾重量
全乾重量とは、試験片を100～105℃で乾燥させ、重量が変わらなくなった状態のときの重量である

■:木材実質の重量　□:水分の重量

表3 | 各種建築仕様書にみられる木材の含水率

仕様書	品名	含水率仕様	
日本建築学会 建築工事標準仕様書 (2005) (JASS11 木工事)	構造材 造作材 仕上げ材	20%以下 15%以下 13%以下	
国土交通省大臣官房官庁 営繕部 公共建築工事標準仕様書 (2007)	構造材 下地材 造作材	A種 20%以下 15%以下 15%以下	B種 25%以下 20%以下 18%以下
住宅金融支援機構 木造住宅工事仕様書 (2007)	構造材	針葉樹の構造用製材のJASによる15%以下、20%以下、25%以下の3段階	
住宅金融支援機構 枠組壁工法住宅工事 仕様書(2007)	構造材 筋かい等	構造材は、含水率19%以下の乾燥材または含水率25%以下の未乾燥材とする。構造材以外の木材にあっても、十分に乾燥したものを用いる	
日本建築学会 木質構造設計規準(2006)	構造材	施工後直ちに大きな荷重を受ける部材については、少なくとも平均含水率20%以下の材を使用することを推奨	

図34 | 国内の年間平均平衡含水率分布

(拡張アメダス気象データ[(社)日本建築学会編]を用いて平衡含水率を求めたもの)

平衡含水率
20%
15%
10%

木の肌つやもよいが、それだけでは乾燥材とはいえず、製材後の乾燥過程も必要である。

KD材｜けーでぃーざい
人工乾燥により所定の含水率に乾燥させた材料。Kiln Driedの略。構造材・造作材など、使用する部位により乾燥率が異なる。「KD20」は人工乾燥で含水率20％の材料を指す。

含水率・含水率計｜がんすいりつ・がんすいりつけい
木材の含む水分量を、木材そのものの重さ（全乾重量）をもとにして百分率で表した比率を含水率という［図33］。含水率が同じでも密度が異なれば材内に含まれている水分量も異なる。木材は含水率が25～35％を下回るあたりから各種の物理的性能が変化し始めるため、非常に重要な性能判断指標となっている。それを現場で確認する含水率計は、ハンディな高周波式認定含水率計を用いて確認したいが、必ず値を正しく設定したうえで測定してもその値は材の表面から10～20mmまでの含水率の推定値でしかないことを認識したい。木材は内部と表面部との含水率が極端に違うこともあり得るので、含水率計の数値をうのみにせず、重さや製造工程の確認などからも判断しなければならない。構造材に普通に使う場所での木材は、平衡含水率より1～2％低く乾かした乾燥材が寸法安定性が高く、理想的である［図35］。

平衡含水率｜へいこうがんすいりつ
水分量の多い木材が、置かれた環境（温度・湿度）に応じて変化し、やがて一定に達したときの含水率の値。乾燥材の目標含水率で、絶えず変動している。平衡含水率は、製品が使われる場所や冷暖房の有無などによってかなり異なるが、日本では屋外の平均的な値が15％で、屋内ではこれよりやや低くなる［図34］。そのため構造材の理想的な含水率は15～20％である。構造材に限らず、普通に使う場所での木材は、平衡含水率より1～2％低く乾かした乾燥材が寸法安定性が高く、理想的である［図35］。

乾燥割れ｜かんそうわれ
木材が乾燥することにより生じる割れで、干割れともいう。乾燥際に、材の表面も内部も一様に乾燥するのであれば、全体が収縮するだけで割れは生じないはずである。しかし、断面の大きい構造材などを乾燥させるときは、表面と内部で含水率と乾燥過程が異なるため、**水分傾斜**（含水率の差）が存在し、さまざまな乾燥応力が生じて表面割れなどの割れが生じる。木材の割れは、現れる位置や深さ、長さ、力のかかり方によっては強度に影響を及ぼすことも考えられるが、比較的浅く、長さも短い表面割れの場合には、柱のような表面方向に平行の力が作用する部材で

インサイジング
防腐防虫薬剤を、材表面から深くかつ均一に浸透させる注入処理をする前に、前加工として刃物などにより表面から切り込み、人為的な繊維切断加工をすること。耐久性の低い樹種で、注入処理が難しい製材品への薬剤吸収率や、浸潤度を向上させる有効な手段となる。

は、強度への影響はほとんどない。

エンジニアードウッド

EWと略され、強度性能が明確に保証された構造材をいう。具体的には、曲げヤング係数や許容応力度が最低限保証されているものをいう。EWは、集成材や木質材料と同義ではない。たとえば構造用集成材はEWであるが、造作用集成材はEWではない。ムク材でも1本1本強度が保証されれば、エンジニアードウッドの範疇に入る。しかし、JASの目視等級区分材はEWとはいえない。JASの機械等級区分材がこれにあたる。

図35 | 乾燥のメカニズム

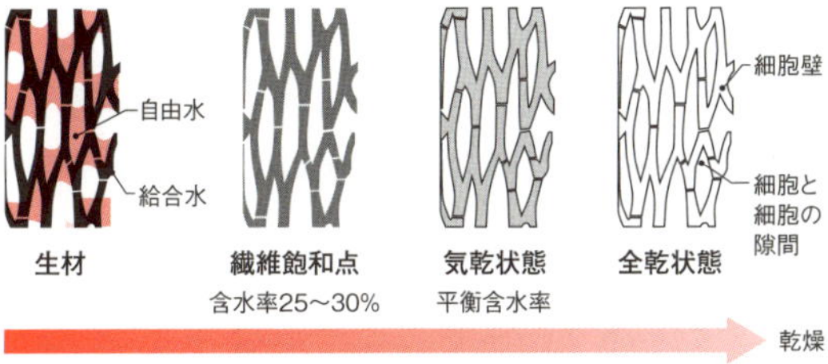

生材 / 繊維飽和点 含水率25～30% / 気乾状態 平衡含水率 / 全乾状態
自由水 / 給合水 / 細胞壁 / 細胞と細胞の隙間
乾燥→

無等級材 | むとうきゅうざい

構造用製材の強度性能は、構造用製材のJASに定められている強度等級区分法（目視等級区分法・機械等級区分法）による格付けがなされていない無検査の製材品が大半で、それらは無等級材と呼ばれている。
無等級材でも構造設計上の許容応力度は与えられているが、強度的に十分評価されていないために、構造材料としての信頼性に乏しい。

ヤング係数（E） | けいすう

材料によって異なる、変形しにくさを表す係数。数字が大きいほど変形しにくく、曲げ強度は統計的にヤング係数と高い相関関係が認められている。一般に、曲げによって測定する曲げヤング係数が用いられることが多い。製材工場でも、グレーディングマシーンによって非破壊的に曲げヤング係数を1本1本測定し、その数値を表示するところが増えてきた。
なお、構造用製材においては、JASに機械等級区分法という強度等級区分があり、ヤング係数によって基準強度が詳細に定められている。構造計算においては、主に梁桁などの横架材で重要な値となる。

AQ認証 | えーきゅーにんしょう

Approval Qualityの略で、日本住宅・木材技術センターが規定した住宅・木材技術センターのJASに定められていない木質建材の認証制度［図36］。JASを補完する優良木質建材の目印といえる。「高耐久性機械プレカット部材」「保存処理材」「乾燥処理機械プレカット部材」「防腐・防蟻処理構造用集成材」などが定められている［表4］。

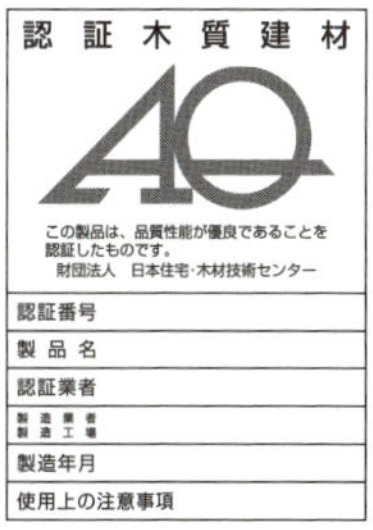

4面モルダー仕上げ | よんめん―しあげ

乾燥材の最終仕上げ加工として、仕上げ工場でよく使われる仕上げ方法。自動四面鉋盤で仕上がり寸法に加工すること。外国産材ではS4S（Surfaced Four Side）ともいう。大量産工場でよく使われる仕上げ方法で、自動四面鉋盤で仕上がり寸法に加工すること。外国産材ではS4S（Surfaced Four Side）ともいう。大工が加工したり、プレカット工場で再加工する必要性がほとんどないため、乾燥材製品はほとんど4面モルダー仕上げ（乾燥仕上げ材）である。乾燥材でも、表面が未仕上げの製品はラフと呼ばれる。ちなみに、JAS製品で含水率20%以下の乾燥仕上げ材はSD20、乾燥未仕上げ材はD20と表記して区別される。

プレカット

木造住宅の構造材や造作材を含めた部品の加工や製造を、機械によって工場生産することによって行うシステム。構造材の加工や製造を、機械によって工場生産することによって行っている。CAD・CAM［きゃど・きゃむ］により全自動化するシステムが一般的である。スピードと正確さがメリットで、住宅建築の工期短縮と寸法精度の向上、大工不足の解消などに貢献した。首都圏での普及率は80％以上といわれる。
ただし、寸法精度がよいため、良質な乾燥材でないと、プレカット加工後の木材の変形により、現場で木材の施工がうまくいかないことが多い。機械ではできない木材の細工や仕上げ、選別などを大工の技術により補っているプレカット工場も多い。

部位

基礎パッキン | きそ―

床下の通気を目的に、基礎と土台との間に挟む約20㎜厚の部材で樹脂製、または化学工業）の商品名が定着したものとの間に挟む約20㎜厚の部材で樹脂製、または金属製の既製品［52頁図37・写真19］。「キソパッキン」（城東化学工業）の商品名が定着した呼び方。ねこ土台ともいい、モルタ

図36 | 認証のマーク

認証木質建材 AQ
この製品は、品質性能が優良であることを認証したものです。
財団法人 日本住宅・木材技術センター
認証番号	
製品名	
認証業者	
製造年月日	
製造年月	
使用上の注意事項	

表4 | 認証品目別性能区分

認証品目	性能区分	JAS保存処理性能区分
保存処理材	1種	K4相当
	2種	K3相当
	3種	K2相当
高耐久性機械プレカット部材	2種	K3相当
	3種	K2相当
防腐・防蟻処理構造用集成材	2種	K3相当
	3種	K2相当
防腐・防蟻処理構造用合板（加圧注入・単板処理）	2種	K3相当
	3種	K2相当
防腐・防蟻処理構造用単板積層材（加圧注入・単板処理）	2種	K3相当
	3種	K2相当

写真18 | 軸組材用の加工機

| 図38 | 床下換気口

4m以内に1カ所以上の取付けが義務付けられている。ネズミ、虫の侵入を防ぐためスクリーンを取り付ける

| 写真19 | 施工後の基礎パッキン

| 図37 | 基礎パッキン

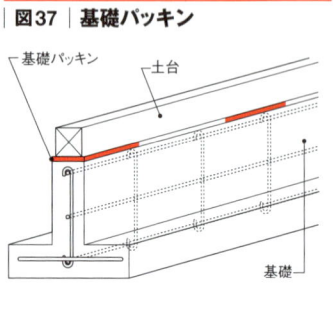

| 図39 | 束立て床

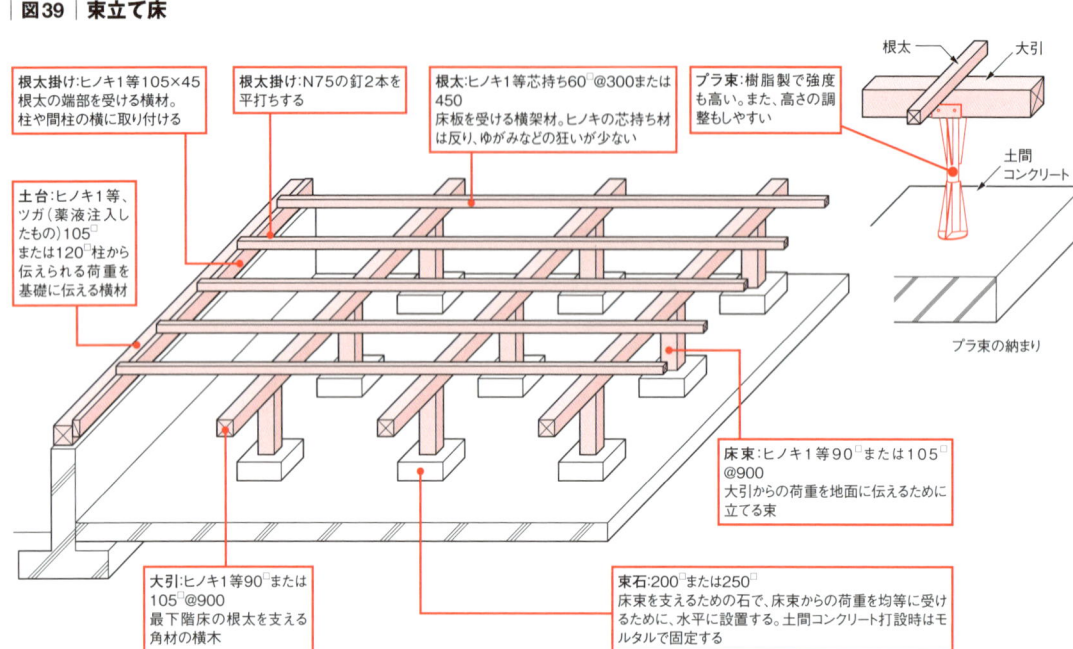

根太掛け：ヒノキ1等105×45　根太の端部を受ける横材。柱や間柱の横に取り付ける

根太掛け：N75の釘2本を平打ちする

根太：ヒノキ1等芯持ち60□@300または450　床板を受ける横架材。ヒノキの芯持ち材は反り、ゆがみなどの狂いが少ない

プラ束：樹脂製で強度も高い。また、高さの調整もしやすい

土台：ヒノキ1等、ツガ（薬液注入したもの）105□または120□柱から伝えられる荷重を基礎に伝える横材

床束：ヒノキ1等90□または105□@900　大引からの荷重を地面に伝えるために立てる束

大引：ヒノキ1等90□または105□@900　最下階床の根太を支える角材の横木

束石：200□または250□　床束を支えるための石で、床束からの荷重を均等に受けるために、水平に設置する。土間コンクリート打設時はモルタルで固定する

プラ束の納まり

束・床束｜つか・ゆかづか　床下から大引を支える短い部材［図39］。基礎の上に据えられた束石の上に載っている。束には**根絡み貫**［ねがらみぬき］を設け、足元を固定する。樹種はヒノキ、ツガ、スギなどとし、寸法は85mm角または90mm角で長さは40mmが適するが、耐久性・防蟻性に不安があり、今ではプラスチック束（**プラ束**）、鋼製束などが主流である。これらは束の長さが調節でき、施工後の木材の収縮による床鳴りや床の不陸を直せる。大引との接合は、斜め釘打ちなどにかすがい打ちとする。束には根絡み貫を取り付け、転止めを施す。設置間隔は910mmが標準である。

鋼製束｜こうせいづか　鋼製の床束［写真20］。プラ束に比べるとやや高価だが強度に優れている。

束立て床｜つかだてゆか　床束で支えられた床のこと。

火打ち土台｜ひうちどだい　土台の変形を防止するため、隅部分に45度に入れる部材のことで、土台の水平面方向が変形するのを防ぐ。土台は柱からの軸力を受けることから、めり込み耐力を考慮した材種・材寸を選定する［図40］。

土台｜どだい　基礎の上に設置される軸組最下部の水平材。基礎から出たアンカーボルトによって、基礎と緊結される［写真21］。断面寸法は、管柱と同等か、ひとまわり大きいものが用いられる。基礎と緊結する際、その間に基礎パッキンを入れる場合もある。構造材で最も地面に近いため、ヒバやヒノキなど防腐性・防蟻性の高い材料を選定する必要がある。

大引受け｜おおびきうけ　大引が土台に載せられない場合に用いる部材で、柱に添わせる横木のこと。

大引｜おおびき　1階床組みを支える部材で、その上に根太がかかる。断面寸法は、90mm角程度で設置間隔は3尺（910mm）が標準である。根太と直交方向に設置する。

束石｜つかいし　束の根元に据えられる石またはコンクリートのこと。

床下換気孔［図38］ゆかしたかんきこう｜基礎コンクリートに床下換気孔をあけるとその周辺から基礎にひび割れ（クラック）が入ることがあるため、近年では多く使用されていない。従来のようにモルタル、クリ、石などでつくる方法もある。

052

図40 | 柱と土台の仕口

正面から見た図／断面図

柱にかかる荷重／柱／土台／基礎

ほぞ穴を基礎まで貫通させると柱にかかる荷重が基礎へ伝達しやすくなり、土台の圧縮を防ぐ

写真21 | 土台施工風景

写真20 | 鋼製床束

図41 | 転ばし根太による施工

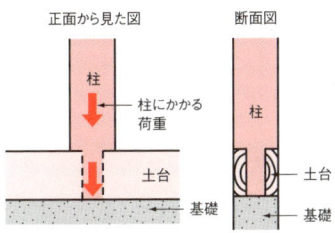

転び止め／根太／床梁／床梁

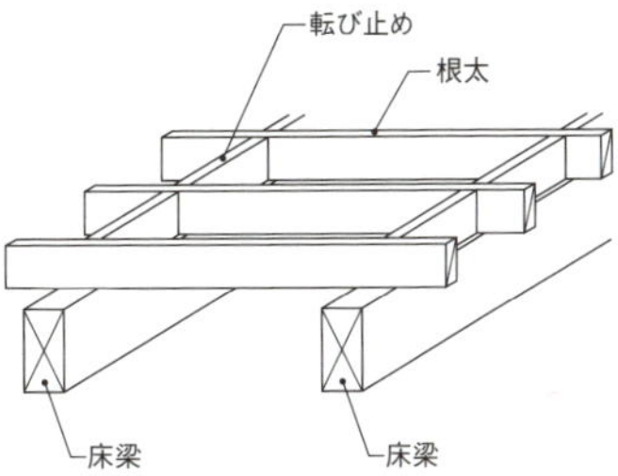

図42 | 根太彫りによる施工

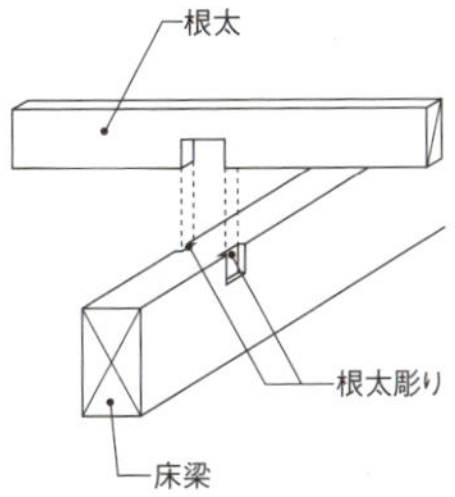

根太／根太彫り／床梁

根太彫りの場合は転び止めは不要

図43 | 通し柱は断面欠損に注意
（四方から梁が柱に取り付く場合）

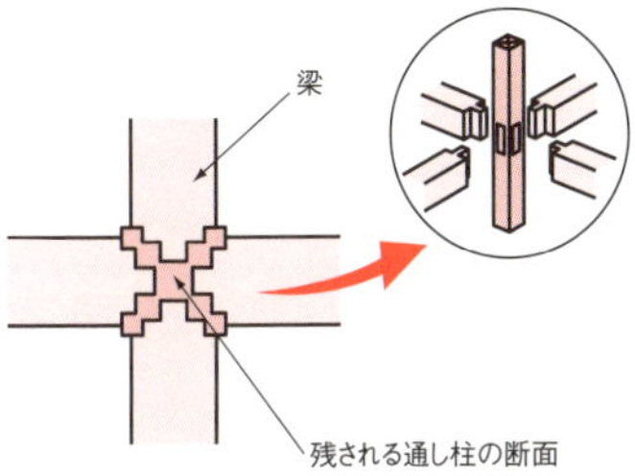

梁／残される通し柱の断面

写真22 | 火打ち梁

防ぐために入れられる。断面寸法は、45×90㎜程度のものが用いられる。

根太｜ねだ

床板を張るための下地になる材で、大引や根太掛けの上部に直交方向に設置される。断面寸法は、36×45㎜、45×45㎜程度のベイツガ、ベイマツが多く用いられている。設置間隔は洋室床の場合、1尺（303㎜）が標準だが、ピアノなどの重いものが載る個所は間隔を狭くすることもある。和室で荒床下地の根太の場合は、1尺5寸（455㎜）に設置されることもある。根太間には床暖房などの配管、配線類、断熱材などを施工することもある。継手は受材芯で突き付け、N90釘を平打ちし、大引などの取合いはN75釘を2本斜め打ちとする。2・3階床に厚さ24、28㎜の構造用合板などを直接梁上に張り大引と平行に設置され、根太の端

根太掛け｜ねだがけ

壁際などの床面の1番端に設置される根太。1階については土台の側面、2階については胴差の側面に並行に載せられる。壁パネルや面材耐力壁を先行して入れ下地を後施工するときなどにも使われる。

際根太｜きわねだ

て根太を省略する**根太レス工法**［ねだれすこうほう］も増えている。1階については土台の上、2階については1階パネル（壁）の上に載せる床荷重を支える材料。側根太［がわねだ］、**端根太**［はしねだ］と区別して**床根太**［ゆかねだ］といい、それらを総称して**床枠組**［ゆかわくぐみ］と呼ぶ。

使用する材寸は204、206、208、210、212が中心。

根がらみ貫｜ねぬき

床束相互間に打ち付ける貫板のことで、床束の転倒やぐらつきを防ぐ。断面寸法は、15×90㎜程度のものが用いられる。

2階根太｜にかいねだ

2階の床板を張るための材で、床梁などの上に直交方向で設置される。断面寸法は、45×105㎜程度のものが多く用いられる。設置間隔は、1尺（303㎜）が標準である。

転ばし根太｜ころばしねだ

床梁の上部にそのまま根太を載せて、釘やビスで留める施工方法のこと［図41］。一方、床梁などの側面に、根太のかかる根太彫りを施し、そこに根太をかける施工方法

根太受け金物｜ねだうけかなもの

軸組工法で、床根太が壁パネルに掛けられない場合に用いる金物のこと。受ける断面形状によって種類がある。

部を壁を支えるための部材。主に壁の際に設置される。断面寸法は、約30×105㎜のものを使用。

もある［図42］。転ばし根太による施工は根太彫りをしない分、手間がかからないともいえるが、同時に構造的に弱いともいえる。転ばし根太で施工することは近ごろ少ない。プレカットが主流となりつつある現在、根太彫りは標準仕様になっているようだ。

転び止め｜ころびどめ

転ばし根太で施工した場合に、根太が倒れないように根太間に入れる材料のこと。床、壁、屋根の枠組の補強に用いられるほか、間仕切壁の頭つなぎ上部に設ける転び止めはファイアーストップと呼ぶ。

写真23 | 火打ち金物

通し柱｜とおしばしら
1階から2階まで通して立てられた1本物の柱のこと［53頁図43］。通し柱は、管柱よりも断面の大きいものがよく用いられる。土台から立ち上がり、梁と桁に接合されて屋根を支える。樹種ではヒノキ、スギ、ヒバ、ベイマツ、アカマツなどが用いられることが多い。断面寸法は、120㎜角の柱が適している。平面図上では、通し柱の位置を○で囲んで示す。

管柱｜くだばしら
通し柱とは違い、桁などの横架材で分断されて各階ごとに分かれる柱のこと。1階の管柱は、2階から屋根・小屋組の荷重、および梁・桁・胴差から2階床荷重（積載荷重を含む）を受ける。2階にある場合、小屋梁にかかる屋根の荷重・桁・胴差から2階床組の荷重、積載荷重を含む）を受ける。2階には、105×210㎜、105×240㎜、105×300㎜

胴差｜どうざし
2階床高さの、外壁廻りに入る部材。1、2階の柱を緊結したり、床梁を受けたりする役目を果たしている。断面寸法は、幅が管柱と同等かそれよりも少し大きいもので、高さは、直下にある柱の間隔や2階に架かる床や柱の積載加重を考慮して、構造計算により決まる。主にスギ、ツガ、マツ、ベイマツ材で105㎜角または120㎜角で長さ4000㎜を用いる。

梁・床梁｜はり・ゆかばり
床荷重、床根太を支える構造材。2つ以上の支点で水平あるいは斜めに支えて荷重を受ける横木の総称。使用部位や形状によってさまざまな名称があり、**大梁**［おおばり］、**小梁**［こばり］、**小屋梁**［こやばり］などがある。

妻梁｜つまばり

荷重を受け下階に伝達する役割がある。軸組工法では105㎜角または120㎜角で長さ3000㎜の製材されたヒノキ、スギ、ツガ、ヒノキ集成材など、枠組壁工法では主に204材を使用し、床荷重、屋根荷重を支える材料。206材を使用する場合もある。また、構造上荷重がかかる部位は、現場で204材や206材を重ねね合わせてつくる。

小屋梁｜こやばり
小屋組の下にある梁のことで、小屋の荷重を支える部材。材種はねばり力のあるマツが多く使われている。自然の反りをそのまま使った太鼓梁を利用することもある。

火打ち梁｜ひうちばり
2階胴差高さや軒桁高さの水平面の隅部分に45度に入れる部材のこと［53頁写真22］。地震や風圧力による建物の水平面方向の変形を防ぐために入れられる。鋼製の金物も使われる［写真23］。剛床により床倍率［※］を確保することで、火打ち梁を省略できる。

母屋梁｜もやばり
軸組工法では、屋根垂木、屋根葺き材を支える90×90㎜のスギ、ツガ材。910㎜間隔に入れる。枠組壁工法では屋根荷重（積雪、屋根葺き材）による屋根垂木のたわみが起こらないように入れる構造材で屋根垂木、屋根葺き材の種類により集成材または208、210、212材を必要に応じて現場加工する。

桁・軒桁｜けた・のきげた
2階柱や最上階の柱にかける横架材のうち、梁と直交方向にかける

105×360㎜、板幅115、120㎜と各種ある。枠組工法では、208、210、212の材料を2～3枚重ねてつくる。集成材を使用することも多い。集成材の正面（桁行方向）から見て側妻側方向に架ける外部に面する梁側面のことをいう。なお、妻側とは建物の正面（桁行方向）から見て側面のことをいう。1間（1820㎜）以下になるように配置し、その上を根太が渡り2階床組が構成される。梁間隔が1間（1820㎜）以下になるように配置し、その上を根太が渡り2階床組が構成される。梁せい（断面寸法）は、床にかかる積載荷重や配置状況、2階床組の有無により構造計算をして決まる。

登り梁｜のぼりばり
梁自体が水平ではなく、屋根勾配などに合わせて斜めに架けられている梁のことをいう。

梁せい｜はり－
梁の上端から下端までの高さ。

差し鴨居｜さしがもい
鴨居の高さで差し込む横架材のこと。構造材として働くので、通常の鴨居とは区別が必要。

頭つなぎ｜あたま－
パネル同士を連結する部材。

ものをいう。小屋梁や垂木などの屋根荷重を柱に伝達する役割を果たす。現場では垂木欠きの有無や勾配などを確認する。垂木と桁は吹上げに対するため、［図44］を設置する。**ひねり金物**
軸組工法では2階管柱上部および屋根垂木と接する部分の横架材の呼び名。胴差と同様な種類の木材。枠組壁工法では、この呼称はない。

筋かい｜すじ－
地震や風圧力などの水平荷重による軸組の変形を防ぐために、柱の壁間に対角線方向に入れる部材のこと。入れる場所や方向、本数は構造計算（筋かい計算）によって決められ、建物にバランスよく配置することが求められる。断面寸法は使用場所によっても異なるが、45×90～105㎜程度のものが多く用いられる［図45］。筋かい端部は、筋かい金物とホー

図44｜垂木と桁の接合

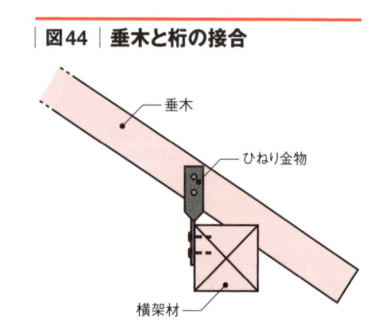

※：壁倍率と同様に床面の水平剛性を表す数値。水平構面の耐力を確保するために品確法の性能評価基準で定められている

図45 | 筋かいの種類と接合方法

壁倍率	木材の断面	接合方法	平12建告1460号一号
1	厚さ15mm以上、幅90mm以上	釘N65（10本）	ロ
1.5	厚さ30mm以上、幅90mm以上	筋かいプレートBP 太め鉄丸釘 ZN65（10本） ボルトM12（1本）	ハ
2	厚さ45mm以上、幅90mm以上	筋かいプレートBP2 スクリュー釘 ZS50（17本） ボルトM12（1本）	ニ
3	厚さ90mm以上、幅90mm以上	ボルトM12（1本）	ホ

筋かいの仕様や部位によって使用する接合金物が平12建告1460号にて定められている（上表ロ、ハ、ニ、ホ）

図46 | 圧縮筋かいと引張筋かい

実際は1本の筋かいであるが、構造的な抵抗形式の違いにより「圧縮」と「引張」に分けるものとする

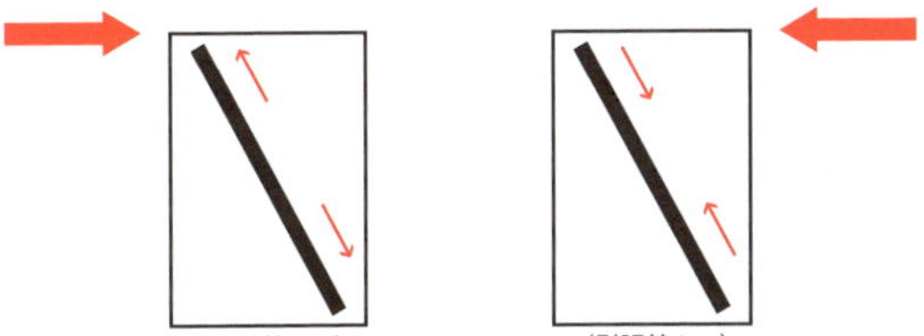

（圧縮筋かい）　（引張筋かい）

水平力が作用する向きで、筋かいの抵抗形式が異なる

写真24 | 棟木

写真25 | 野地板（構造用合板の例）

ルダウン金物が干渉しやすいため、ボルト高さや筋かい金物の種別に注意する。力のかかり方によって使うような耐力壁に構造用面材を使うようになり、間柱へ留める釘の太さや間隔が指定されたため、構造的な役割としても重要な部材となっている。大壁の間柱の場合、幅は管柱と同じで厚みは30mm程度のものが用いられる。真壁の場合は、裏側の壁が大壁ならば貫の面から45mm角程度の間柱が用いられる。設置間隔は大壁、真壁ともに1尺5寸（455mm）が標準である。

圧縮筋かい［あっしゅくすじかい］と**引張筋かい**［ひっぱりすじかい］がある［図46］。

貫｜ぬき

真壁の和室で壁下地の1部として柱の中心に入れられる板状部材のこと。伝統工法の建物では太い通し貫を使用して、構造耐力とする場合もある。

間柱｜まばしら

柱と柱の間に入れる壁下地材。本来、間柱自体に構造耐力は求められていないが、耐力壁に構造用面材を

胴縁｜どうぶち

壁材を取り付けるための下地となる部材のこと。壁材を張る方向によって縦胴縁と横胴縁がある。

垂木｜たるき

軸組工法で窓や開口部の上部で柱間に渡して小壁を支えたり、枠組壁工法で開口部上の荷重を支える構造材。取り付けるカーテン、ブラインドが特殊な納まりである場合は、事前に下地材を入れる必要がある。集成材または現場加工した材料を使用し、開口部の大きさにより材せいを検討して使用する。

まぐさ

軸組工法で窓や開口部の上部で柱間に渡して小壁を支えたり、枠組壁工法で開口部上の荷重を支える構造材。取り付けるカーテン、ブラインドが特殊な納まりである場合は、事前に下地材を入れる必要がある。集成材または現場加工した材料を使用し、開口部の大きさにより材せいを検討して使用する。

窓台｜まどだい

外部サッシなどが取り付く開口部下端の横部材のこと。

棟木｜むなぎ

棟木から母屋、軒桁にかけて設置する材で、野地や屋根材を支える。断面寸法は、母屋間隔や軒の出などによって決定され、設置間隔は455mmが一般的。最近では母屋間隔を大きくし、2×6（38×140mm）や2×8材（38×184mm）などのツーバイ材を使用することも多くなっている。

母屋｜もや

垂木を受ける材で、垂木と直交方向に設置される。断面寸法は、90mm角程度が多く用いられ、設置間隔は3尺（910mm）が標準である。

小屋束｜こやづか

母屋を支える材料で、材寸などは母屋材と同じ。

隅木｜すみぎ

寄せ棟屋根などの場合に、屋根勾配なりに軒桁や母屋に対して四方に45度に取り付けられる部材のこと。

広小舞｜ひろこまい

軒先の先端に取り付ける板状の部材のこと。

野地板｜のじた

軸部材の最上部に使われる部材［写真24］。棟木を取り付けた時点を棟上げや上棟と呼び、建方が完了したことになる。構造的には、屋根の荷重を小屋束や梁へと伝える役目がある。小屋束のスパンも大きくすると、棟木の梁せいも大きくなる。断面寸法は、90mm角や105mm角が多く用いられる。

表5 | 枠組工法に使う木材の種類・寸法・用途（乾燥材）

寸法形式（呼び名）	厚さ×幅（㎜：乾燥寸法）	主な用途
204（ツーバイフォー）	38×89	柱材
206（ツーバイシックス）	38×140	床根太、屋根垂木、柱材
208（ツーバイエイト）	38×184	床根太、まぐさ、梁、棟木
210（ツーバイテン）	38×235	床根太、まぐさ、梁、棟木
212（ツーバイトゥエルブ）	38×286	床根太、まぐさ、梁、棟木
406（フォーバイシックス）	89×140（集成材）	まぐさ
408（フォーバイエイト）	89×184（集成材）	まぐさ、梁
410（フォーバイテン）	89×235（集成材）	まぐさ、梁
412（フォーバイトゥエルブ）	89×286（集成材）	まぐさ、梁

材料の定尺長さ（Fはフィート）

8F	2,440	16F	4,880
10F	3,050	18F	5,490
12F	3,660	20F	6,100
14F	4,270		

表6 | 構造用集成材の区分

区分	定義
大断面集成材	集成材のうち、短辺が15㎝以上、断面積が300㎠以上のもの
中断面集成材	集成材のうち、短辺が7.5㎝以上、長辺が15㎝以上のものであって、大断面集成材以外のもの
小断面集成材	集成材のうち、短辺が7.5㎝未満、または長辺が15㎝未満のもの

垂木の上に張る屋根を葺くための下地になる板[55頁写真25]。厚さ12㎜程度のスギ板や合板が多く使われる。釘間隔など所定の基準を満たすことで屋根の水平構面が確保でき、火打ち梁などを省略可。

雲筋かい｜くもすじかい

小屋組が歪んだり倒れたりするのを防ぐため、小屋組の桁方向に配置する筋かい。筋かいを斜めに緊結する部材。小屋束と同様、横揺れに大きく抵抗し、屋根の変形を防ぐ。形状にもよるが、屋根勾配

ツーバイ材・集成材

ツーバイ材｜ざい

枠組壁工法の構造用木材のこと。断面規格が統一されており、2×4、2×6と呼ばれる。樹種には、マツ（パイン）系の白木材類のSPFのほか、ダグラスファー、ヘムファーなどが使われる。安価で大断面の材料もとれるため、木造軸組構法の垂木から下地材まで幅広く使われている。

ディメンションランバー

枠組壁工法用の構造用製材のこと。一般製材とは別のJAS規格があり、断面規格が統一された材料で、多くの場合北米で使われている呼称（ツーバイフォー、ツーバイシックスなど）が用いられる[表5]。乾燥材と未乾燥材の区分があるが、未乾燥材は乾燥収縮が激しいため、通常は用いない。これらの樹種に

よる分類では、D Fir[ダグラスファー]、Hem-Fir[ヘムファー]、S-P-F[スプルースパインファー]などがある。

このほかに、枠組材として認められているものに構造用集成材や構造用単板積層材（LVL）、MSRランバー、枠組壁工法構造用たて継ぎ材などがある。

D Fir｜だぐらすふぁー

北米から輸入される針葉樹のこと。主にベイマツを指す。この木材は粘りがあり、せん断、圧縮強度が極めて強いが、釘打ち時に小口（先端部分）が割れてしまうことがある。また、長く放置すると、ねじれが出て使用できなくなることが多い。

Hem-Fir｜へむふぁー

ベイツガとモミ類をまとめた総称。ダグラスファーより少々強度が劣るが、加工しやすい。現在では乾燥材の輸入が少なく未乾燥材が多い。

S・P・F｜すぷるーすぱいんふぁー

スプルース類とパイン類をまとめた総称。ヘムファーより少々強度が落ちるが比較的素直な木材であるため多く使用されている。

構造用集成材｜こうぞうようしゅうせいざい

構造用の耐力部材として使われる集成材。長さ方向にスカーフジョイント、フィンガージョイント、またはこれらと同等以上の接合性能を有する継手を用いて接合したラミナを5枚以上積層した集成材。断面寸法によって構造用大断面集成材、構造用中断面集成材、構造用小断面集成材に分けられる[表6]。構造用集成材の表面に化粧単板（突き板）を張り合わせ、美観をよくしたものを化粧張り構造用集成材という。

ラミナ

写真26 | LVL

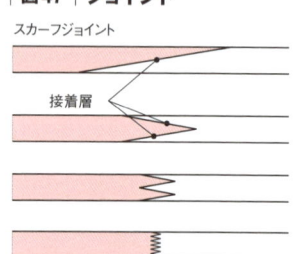

図47 | ジョイント
スカーフジョイント
接着層
フィンガージョイント

写真28 | I型ビーム

写真27 | PSL
写真提供：ウェアーハウザージャパン

表7 | JAS規格による合板の種類と性能区分

種類	品等・区分 耐水性能板面・強度		標準寸法(mm) 厚さ	幅	長さ	含水率(%)
普通合板	1類 2類 3類	1等 2等	ラワン 2.7、3、4、5、5.5、6、9、12、15、18、21	910	1,820	14%以下
			2.7、3	1,000	2,000	
			3、4、5.5	910	2,130	
			4、5.5	1,220	2,430	
			3.5	910	910	
			4、6、9、12	610	1,820	
			4、6	760	1,820	
			国産樹種 3、3.5、4、6、9、12、15、18、19、21、24	910	1,820	
			4、6、9、12	1,220	1,820	
			4	850	2,000	
			4、6	1,000	2,000	
			4、6、9、12	910	2,130	
			4、6、12、15、18、19、21、24	1,220	2,430	
特殊合板	天然木化粧合板	1類 2類	板面の品質基準に合格 3.2、4.2、6	910	1,820、2,130	12%以下
			4.2、6	610、1,220	2,430	13%以下
	特殊加工化粧合板	1類 2類 3類	Fタイプ FWタイプ Wタイプ SWタイプ 2.7、3、3.2、4.2、5、6	910	1,820	
			3、3.2、4	1,220	1,820	
			4、4.2、4.8、5.5、6	610、1,220	2,430	
コンクリート型枠用合板(コンパネ)	1類	板面の品質基準に合格	12、15、18、21、24	500	2,000	
				600	1,800、2,400	
				900	1,800	
				1,000	2,000	
				1,200	2,400	
構造用合板	特類 1類	1級(曲げ試験1級合格品)	5、6、7.5、9、12、15、18、21、24	910	1,820、2,130、2,440、2,730	14%以下
				955	1,820	
				1,000	2,000	
				1,220	2,440、2,730	
		2級(曲げ試験2級合格品)		900	1,800、1,818	
				910	1,820、2,130、2,440、2,730	
				955	1,820	
				1,000	2,000	
				1,220	2,440、2,730	
難燃合板	1類、2類	板面の品質	5.5以上	—	—	
防炎合板	2類	基準に合格	5.5未満	—	—	

合板・ボード

合板 | こうはん

ベニヤ板、プライウッドともいう。丸太を巻紙を伸ばすように薄く剥いだ単板(ベニヤ)を木の繊維方向が互いに直交するよう奇数枚(3、5、7および7枚以上)を接着剤で張り合わせて製造される。

各方向の強度や寸法安定性に優れる。使用する接着剤によって3タイプあり、Pタイプ(フェノール樹脂系)、Mタイプ(メラミン・ユリア共縮合樹脂系)、Uタイプ(ユリア樹脂系)の順に耐水性は劣る。用途、表面仕上げなどによってJAS規格で等級が規定される[表7]。また、合板については、ホルムアルデヒド放散量が少ない順にF☆☆☆☆、F☆☆☆、F☆☆、F☆の4段階が規定される。

集成材 | しゅうせいざい

ひき板(ラミナ)や小角材などを繊維方向をそろえて集成接着した材料。1つの層を構成する材のこと。1つの挽き板の場合と、挽き板などを縦継ぎ、幅はぎして一定の長さと幅に集成接着した挽き板の場合とがある。

フィンガージョイント

縦継ぎの1種[図47]。強度的な差異が少なく、安定している。スカーフジョイントより歩留まりがよい。

スカーフジョイント

縦継ぎの1種。接合面を斜めに切削して広い面積で接着したもの[図47]。

構造用単板積層材(LVL) | こうぞうようたんばんせきそうざい(えるぶいえる)

3mm内外の薄いエレメントを繊維方向をほぼ平行にして接着形成した木質材料。ベイマツ、カラマツ、ベイツガ、ラジアータパインなどを原料としており、国内ではラジアータパインの流通が多い。寸法精度は非常に高いが、吸水・吸湿しやすいので、現場における養生に気を付ける必要がある[写真26]。

PSL | ぴーえすえる

商品名の「パララム」(トラス・ジョイストマックミラン社)で知られる。

MSRランバー | えむえすあーる

規格製材の材料強度を測定し、分類することで一定の許容範囲で強度をもつことが認められているランバー。

単板の代わりに細い割り箸状の木片を接着剤で固めたもの[写真27]。LVLと同程度の強度があり、製品性能は安定しているが、加工性にはやや劣るため、刃をこまめに替えるなどの対策が必要である。

I型複合梁(I型ビーム) | あいがたふくごうばり(あいがた—)

上下のフランジ材(LVL、MSRランバー)にウェブ材(合板、OSB)を鉄骨のI形鋼のように厚入接着した軽量根太材の材料[写真28]。軽くて寸法安定性がよく、電動工具による孔あけも自在だが、施工前に横置きすると、材料が歪むことがあるので注意すること。

参考 | 尺貫法を用いた部分寸法の呼び方※

呼称	読み方	尺寸表記	mm換算	該当する材料
一五	いんご	1寸5分	45	
		1尺5寸	455	
		1尺×5尺	303×1,515	
三五	さんご	3寸5分	105	
		3尺5寸	1,050	
一二三	いーにっさん	1寸2分×1寸3分	36×40	胴縁、天井下地(実際の流通寸法は30×40m)
三五の一五	さんごのいんご	3寸5分×1寸5分	105×45	間柱
一六	いちろく	1尺×6尺	303×1,820	コンパネ(コンクリートパネル)
二六	にろく	2尺×6尺	610×1,820	パネルなどの材料
三六	さぶろく	3尺×6尺	910×1,820	定尺合板や定尺パネル
三八	さんぱち	3尺×8尺	910×2,420	大判ものの合板
四六	しろく(よんろく)	4尺×6尺	1,220×1,820	定尺合板や定尺パネル

※ 参考(mm換算) 1分≒3.03 5分≒15 1寸≒151.5 1尺≒303 3尺=半間[はんげん]≒910 6尺=1間[いっけん]≒1,820

写真29｜ファイバー（繊維）のエレメント

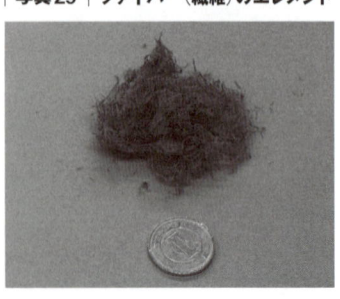

表8｜合板の分類

特類合板	建築物の構造用耐力部材で、常時湿潤状態の場所でも使える合板
1類合板（タイプ1）	屋外および長期間湿潤状態の場所でも使える合板
2類合板（タイプ2）	主として屋内で、多少の水のかかりや湿度の高い場所でも使える合板
3類合板（タイプ3）	屋内で湿気のない場所に使う合板

写真30｜MDFを耐力壁に使用した例

デヒドの放出量に関するJAS規格がある。厚さは5.5mm以上で、6.0、7.5、9.0、12、15、18、21、24mmがある。幅と長さは910×1820mmの三六版［さぶろくばん］が最も多い［57頁参照］。表面に塗装などをせず、張り合わせた木地のまま一般用途に使うものを普通合板という。

構造用合板｜こうぞうようごうはんには「ネダノン」などの20mm以上の厚さをもつ構造用合板が使われる。

耐水ベニヤ｜たいすい―。Kプライ［けー―］ともいう。躯体を支える構造として用いられる合板。構造用合板は接着強度によって1級と2級の等級があり、耐水性能によりJASによって4段階に分けられている［表8］。

積層材｜せきそうざい―薄い板材（ラミナ）を何層にも繊維方向を変えて積層させ、接着剤で1本にした板材。薄い板材の繊維方向が直交するためムク材より強く変形しにくい。

ベイマツ合板｜―ごうはん　ベイマツを張り合わせた面材。ベイマツ合板と針葉樹合板は輸入品で、3層（3プライ）の積層材になっている。1枚の板材が厚いため、比較的水に弱い。

ラワンベニヤ・ラワン合板｜―ごうはん　南洋材のラワンを張り合わせた面材。ラワン合板5層の積層材は、水に比較的に強い合板であるため床や屋根の野地板に適している。最近は流通量が減少傾向。

シナベニヤ・シナ合板｜―ごうはん　普通合板の1つで、基材はラワン系の南洋材でできており、表面にシナの単板を張っている。熱圧接着しているため含水率が低く、温度による膨張・収縮が小さい。また、木口への釘が効きにくい。木肌の美しさが好まれ、収納家具や建具などの材料として広く使われている。芯材、面材ともにシナを使ったものはシナ共芯合板［―ともしんごうはん］という。

針葉樹合板｜しんようじゅごうはんロシアや中国の北洋カラマツやスプルースでつくられる合板。北洋層のものから3層以上の多層のものまである。構造用面材としては厚さ12mm以上が必要。寸法安定性が高く、木材の端材の有効利用となり、コストも低い。最近は廃木材の原料化が進められており、エコマテリアルとして再評価されつつある。

一方で木口が粗い、釘やネジの保持力が弱い、水や湿度に弱いなどの欠点がある。

ラーチ合板｜―ごうはん　北洋カラマツを原料とする合板。価格が安いため多用される。

ランバーコア合板｜―ごうはん　コアボードともいう。シナ、ラワンなどの薄い板を小角材を寄せ集めた芯材（コア）の両面に張った3層構造で、表面の見え方は合板と同じだが、木口の見え方が異なる。ドアや家具、間仕切に使用される。コアにはところどころ隙間があるため木口はきれいとはいえず、強度も合板より落ちるが、価格は合板より安い。

OSB｜おーえすびー　Oriented Strand Boardの略。原木から切削された長方形の薄い木片（ストランド）を繊維方向が直交するよう配列し、液体接着剤で高温圧縮した構造用木質ボード。交差積層により合板と同じような強度と剛性を備えている。構造用とカンナ掛けされた化粧用がある。重量が大きいのが難点だが、安価で入手できる。

パーティクルボード　木片の削り片、または細片に接着剤を加えて熱圧成型した板材。単層のものから3層以上の多層のものまである。

ハードボード　硬質繊維板［こうしつせんいばん］。ファイバーボードの1種で、比重が0.8以上のもの。製造時に接着剤をほとんど使用しない。耐水性に優れるため外壁や湿気の多いところで使えるが、厚さ7mm以下のものに関しては、施工の1〜2日前に裏面に十分に水打ちした後、裏面と表面を合わせて平積みしてシート養生し、吸湿による伸び

生じるたるみを防止する必要があるが、建築ではあまり使用せず、養生材などに用いることが多い。

硬質木片セメント板｜こうしつもくへんばん

JISに規定される木片セメント板の1種。商品名の「センチュリーボード」（三井木材工業）が代名詞的存在。表面は緻密で、準不燃材で熱抵抗もある。強度は木毛セメント板より大きく、厚さ12mm以上のものは枠組壁工法の構造用面材に使われる。

フレキシブルボード

繊維強化セメント板の1種。フレキとも略される。セメントと補強繊維を原料に高圧プレスした不燃建材で、軽量で燃えない。木材なみの加工性をもち、寸法安定性がよいため、反り・暴れがない。

[写真31] 火山性ガラス質複層板

[写真32] 石膏ボード

シージングボード

インシュレーションボードにアスファルト処理を施し、吸水性を下げたもの。SN40の釘打ちで施工する。

ファイバーボード

木の繊維[写真29]を集めて合成樹脂で固めたボードの総称。繊維板ともいう。ファイバーボードは密度により、ハードボード、MDF、インシュレーションボードに分類される。

インシュレーションボード

軟質繊維板[なんしつせんいばん]のこと。ファイバーボードの1種。畳床に使用され、かつては断熱材としても用いられた。最近ではスギの樹皮を主原料とした「フォレストボード」（アキモク）というエコ断熱材も商品化されている。インシュレーションボードにアスファルト処

石膏ボード｜せっこう―

プラスターボードともいい、図面などではPBと表記される[写真32]。芯材にボード用紙を入れ、その両面を耐火・防火・遮音性能をもち、施工面をボード用紙で被覆した板。耐性、寸法安定性もよいため、コストも安い。室内の仕上げ材下地として最もよく使われる。リサイクルが今後の課題。

ケイ酸カルシウム板｜さんーばん

ケイカル板ともいわれる。石灰とケイ石を主原料とする不燃材料。耐火被覆材などに利用されるが、住宅用建材として外装に使われるこ

理を施し耐水性を向上させたものがシージングボードで、外壁や屋根下地として使われる。

MDF｜えむでぃーえふ

Medium Desity Fiberboardの略。中質繊維板[ちゅうしつせんいばん]ともいう。細かく砕いた木材を合成樹脂とともに成型したもので、家具の芯材から構造用面材や造作材まで幅広く使われる[写真30]。

火山性ガラス質複層板｜かざんせい―しつふくそうばん

VSボード[ぶいえすー]ともいう[写真31]。火山性ガラス質堆積物質と人造鉱物繊維保温材を主原料にする建築用ボードで、難燃性、防蟻性を兼ね備える。商品名の「ダイライト」（大建工業）でも知られる。

木毛セメント板｜もくもうーばん

木材をリボン状に切削し、セメントと混練して圧縮成型したボード。耐火野地板などに用いられる。

木片セメント板｜もくへんばん

木毛セメント板と同様に、比較的短い木片とセメントを混練圧縮成型したボード。製品の密度の高い硬質木片セメント板では「センチュリーボード」（三井木材工業）が有名。硬質木片セメント板は住宅サイディング用途での使用が多い。

ラスボード

石膏ラスボード[せっこう—]ともいう。ボード用紙に剥離防止の引掛け孔をあけたもの。内装塗り下地として最も一般的に使用されている。

コンパネ

コンクリートパネルの略。コンクリート型枠用につくられた合板で、より釘の種類や打ち方、ピッチなどが決められているので注意を要する。面は粗く反りも大きい。サイズは900×1800mmと三六版（3×6尺）よりひとまわり小さい。

金物・金物工法

釘｜くぎ

接合部の固定に使われる金具のこと。建設省告示1100号では使用する部位や負担する耐力などにより釘の種類や打ち方、ピッチなどが決められているので注意を要する。

ビス

建築用ネジの総称。全ネジや半ネジなどがある。ビスの大半はコーススレッドといわれる、かつての木ネジより溝の粗いタイプのものが一般的。釘に比べて引抜き強度に優れ、またインパクトドライバーの普及により、施工手間もかからなくなったため、釘の代わりとして使われることが多い。締付け具合によりビスが部材にめり込んだり、トルクの強さによりビス頭をつぶしてしまう場合があり、これらは引抜き強度の低下につながるので注意して確認する。

N釘｜エヌくぎ

Nailの頭文字をとったもので、鉄丸釘のこと[60頁写真33上]。一般に木造軸組構法の接合部や面材耐力壁などに使用する。釘頭に寸法が入っているものもある。耐力壁

として取り付ける構造用合板にエアー釘打ち機を使用する場合、釘のめり込みなどが起きやすいため、エアーの圧力を調整する。

CN釘 しーえぬくぎ
Common Nailの略称で、枠組壁工法用の鉄釘のこと[写真33中]。N釘に比べ太いのが特徴で、比較的強度に優れているため、木造軸組構法などで特別にCN釘を指定して使うことも多い。類似名の**NC釘**[写真33下]はN釘、CN釘に比べ、釘径が細く強度も小さい。太さによって色分け（緑、黄、青、赤）されている。

BN釘 びーえぬくぎ
細め鉄丸釘。太さによって色分け（緑、黄、青、赤）されている。

GN釘 じーえぬくぎ
石膏ボード用の釘。

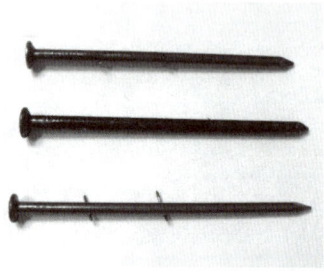

写真33｜N釘・CN釘・NC釘

SN釘 えすえぬくぎ
シージングボードに使う釘。

SFN釘 えすえふえぬくぎ
ステンレス鋼釘。

ZN釘 ぜっとえぬくぎ
亜鉛めっき釘。軸組工法の接合金物の留付けに使われる。

WSN釘 だぶるえすえぬくぎ
十字穴付き木ネジ。

DTSN釘 でぃーてぃーえすえぬくぎ
ドリリングタッピングネジ。

全ネジ ぜん－
押しネジともいう。ビスの軸の部分全体にねじ山が切られている[写真34]。薄い材を木下地に固定すると締付けに比べ締付けに使う。半ネジに比べ締付けに

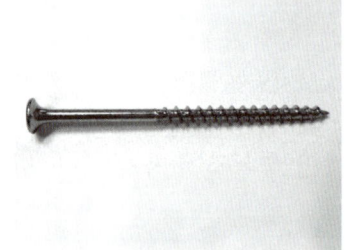

写真34｜全ネジ

劣る。

半ネジ はん－
ビスの軸部分半分にねじ山が切られているビス[写真35]。ネジが切られていない部分の長さが固定される材の厚みになるのが望ましい。ねじ山が切られていない部分があることから、締付けが可能で胴縁のほか、厚みのある下地材や造作材を締め付けるのに使用する。外張り断熱で通気胴縁と断熱材を固定する外張り断熱用ビスも半ネジの1種である。

写真35｜半ネジ

Zマーク表示金物 ぜっと－ひょうじかなもの
（財）日本住宅・木材技術センターが認定する木造軸組構法用金物のこと。ホールダウン金物、筋かいプレート、羽子板金物などが指定されている。**Cマーク金物**は枠組壁工法の同センター認定金物のこと[写真36、表10]。

Cマーク表示金物 しー－ひょうじかなもの
枠組壁工法における接合、補強金物のこと。Zマークと同様、（財）日本住宅木材センターが定める規格に適するもの[写真36、表10]。

アンカーボルト
木造建築の土台を基礎に緊結するために用いられるボルトで、平12建告1460号により、耐力壁両端の柱の近く、土台の端部や継手などに設置する。土台の締付け金物により、アンカーボルト高さも

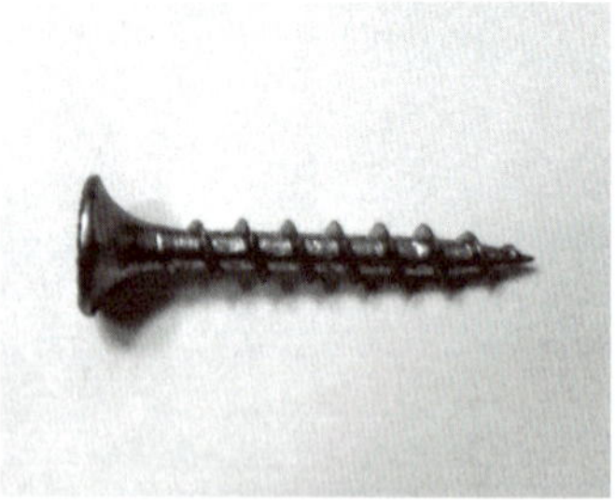

表9｜軸組工法に使用される金物

金物の種類	留付け部材	使用部位
短ざく金物S	六角ボルトM12、六角ナット、角座金W4.5×40、スクリュー釘ZS50	1、2階管柱、胴差相互の連結
ひら金物SM-12.SM-40	太め釘ZN65	かすがいと同様の使い方で主に管柱の連結
かね折り金物SA	六角ボルトM12、六角ナットM12、座金W4.5×40、スクリュー釘Z550	通し柱と胴差の取合い
スクリュー釘ZS50		通し柱と胴差の取合い
ひねり金物ST-9、ST-12、ST-15	太め釘ZN40	垂木と軒桁の接合
折曲げ金物SF		同上
くら金物SS		同上
かど金物CP-L、CP-T	太め釘ZN65	柱と土台、胴差などの接合部
山形プレートVP	太め釘ZN90	同上
羽子板ボルトSB-F、SB-E	六角ボルトM12、六角ナットM12、座金W4.5×40、スクリュー釘ZS50	小屋梁と軒桁、梁と柱胴差と通し柱の連結
火打金物HB	六角ボルトM12、六角ナットM12、座金W4.5×40または小型座金W2.3×30	床組・小屋組の隅角部
筋かいプレートBP、BP-2	角根平頭ボルトM12、六角ナットM12、座金W2.3×30、太め釘ZN65	土台および胴差、桁と筋かいを接合
ホールダウン金物HD-B10、HD-B15、HD-B20、HD-B25、HD-N5、HD-N10、HD-N15、HD-N20、HD-N25、S-HD10、S-HD15、S-HD20、S-HD25	HD-B、S-HDシリーズは六角ボルトM12、HD-Nシリーズは太め釘ZN90	柱と土台、管柱相互の緊結

090

表10 | 枠組壁工法に使用される金物

金物の種類	留付け部材	使用部位
帯金物S50	太め釘ZN65	床根太204、404材使用時に土台、床根太、壁を緊結するのに使用する。風圧、地震に対処できる
帯金物S65	太め釘ZN65	根太、上枠および頭繋ぎを緊結するのに使用。地震に対処できる
帯金物S90	太め釘ZN40	床根太の隅部・角部の緊結、棟木部分の相互の緊結に使用する。地震、風圧に対処できる
帯金物SW67	太め釘ZN65	隅部・角部に両面開口があるときの緊結に使用する
あおり止め金物TS・TE-23・TW30	太め釘ZN40	垂木と上枠との緊結。風圧に対処する金物
根太受け金物JH-S、JH204・206	太め釘ZN40　JH2-204・206 太め釘ZN65 JH208.210、JH212 太め釘ZN65・ZN40 BH2-212 太め釘ZN90・ZN65 BH3-208、210、212 太め釘ZN90	梁の接合部に支持点がない場合に使用する 下部の壁上に梁が載らない場合に使用する
梁受け金物	BH2-208、BH2-210	(下部の壁上に梁の接合部が載っていないときに使用)
ホールダウン金物	HD-B10、HD-B15、HD-B20、HD-B25、HD-N5、HD-N10、HD-N15、HD-N20、HD-N25	縦枠、基礎および縦枠相互を緊結する。地震、風圧に対処する。ボルトなど金物は軸組工法と同じ

写真36 | 根太受け金物

写真37 | ホールダウン金物

写真39 | カットスクリュー（本体と施工後の様子）

写真38 | ビス留めホールダウン

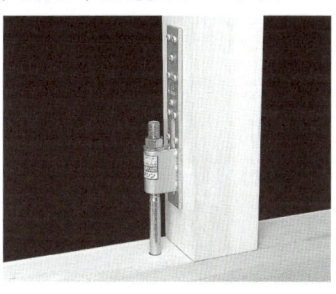

カットスクリュー──カネシンの製品名で、アンカーボルトなどのネジ山に取り付ける座金[写真39]。インパクトレンチで締め付けることで、材面とフラットに仕上げられる。土台の天端に合板を直張りする工法の普及により使われるようになった。従来は、土台を座彫りすることでアンカーボルトを土台に納めていた。耐力壁の強さ・バランスにより引抜き力も変わる。筋かいなどの斜材と干渉しやすいため、ボルト高さ、設置位置に注意。

ホールダウン金物──かなもの構造躯体と基礎を固定するために、柱と土台、柱と柱などを緊結するための金物[写真37]。平12建告1460号により、1.0トン以上の強い浮き上がりが発生する柱に取り付けることになっている。

ビス留めホールダウン──どめ専用四角穴ビスを採用して柱に留めるホールダウン金物[写真38]。ボルトや座金が不要になるなど、施工性が高い。また、柱の欠損が最小限に抑えられ、引抜き耐力も高い。最近主流になりつつあるホールダウン金物である。引抜き強度により、アンカーボルトの埋込み寸法なども異なる。

ホールダウン位置調整金物──いちちょうせいかなもの一般的にはくるピタ（エイム）の製品名で知られる。アンカーボルトとホールダウン金物の孔の位置が合わない場合に柱から70mmまでであれば、同製品を使うことで接続が可能になる。アンカーボルトの精度不良のほか、筋かい金物からホールダウンを逃がす場合にも使用可能。

筋かいプレート──すじかい筋かいと柱、梁などを緊結する構造金物。筋かいの倍率や強度により使用する筋かいプレートの種類が異なる。ホールダウンと干渉しやすいため、事前にホールダウンのボルト高さなど必要干渉を避ける筋かいプレート位置で対応できる。最近では、ボルト位置を調整しておく必要がある。

山形プレート──やまがた柱と土台や胴差などの接合部分に取り付け、緊結させる金物[62頁写真40]。

Dボルト──でぃーディープランヨネザワの製品名で、耐震効果のある接合金物[62頁図

写真41｜羽子板ボルト

図48｜Dボルト

ナット
皿ボルト
ワッシャ
（ディープランヨネザワ）

写真40｜山形プレートを取り付けた様子

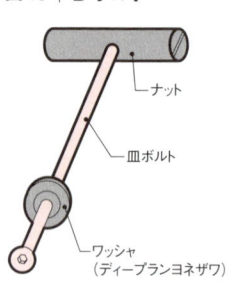

写真43｜小屋組の監理ポイント

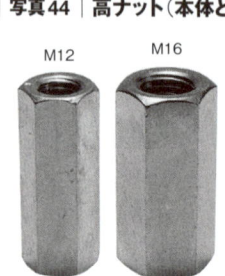

写真42｜かすがい

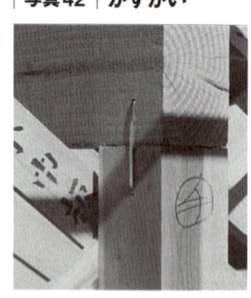

写真44｜高ナット（本体と施工後の様子）

M12　M16

48］。現在はハンマーナットという製品名になっている。羽子板ボルトと同じ用途に使用できる。構造材の内側に金物を納めるため、構造材の表面にはボルト孔しか見えず、構造を露す表現に適する。同様の機構をもつ製品は他メーカーからも発売されている。

ナット｜ボルトを締めるための金物。

座金｜ざがね
ナットを締めるときに構造材との間に挟む金物。

ボルト｜羽子板金物やそのほかの金物を取り付けるために使われる金物。

羽子板金物｜はごいたかなもの
梁などの端部に取り付け、梁が抜け落ちないようにする金物［写真41］。

かすがい｜大引と床束、母屋と小屋束などの緊結に使うコの字形の金物［写真42］。

コーチボルト｜木ネジ状の、頭がナットタイプの金物。ホールダウン金物などの留付けに用いる。

垂木留め｜たるきどめ
ひねり金物ともいう。垂木と軒桁や母屋の緊結に使う金物［写真43］。

かど金物｜かどかなもの
柱と土台、柱と横架材を接合するための金物。土台の側面に取り付けたタイプやドリフトピンホールダウンタイプ、クレテック金物を使いボルトとドリフトピンで接合する木造

軸組構法の補強金物とは大きく異なる。特に梁を受ける**梁受け金物**などに顕著である。梁受け金物は、断面欠損が少なく、また羽子板金物などの取付けが不要などのメリットがある。

クレテック工法｜こうほう
タツミの合理化認定工法の1つ。柱脚部や柱梁接合部などにホゾパイプやドリフトピンホールダウン金物、クレテック金物を使いボルトとドリフトピンで接合する木造現場作業では腰掛けとドリフトピンの打込みだけを行うため、施工

金物構法｜かなものこうほう
部材の接合部分に専用の接合金物を使用して固定する方法。継手・仕口などを使用せず金物そのもので接合するため、使用する金物は、木造軸組構法の補強金物とは大きく異なる。特に梁を受ける**梁受け金物**などに顕著である。梁受け金物は、断面欠損が少なく、また羽子板金物などの取付けが不要などのメリットがある。

高ナット｜たかー
全ネジどうしのジョイントに使う金物。M6〜M16程度の製品が一般的。引抜き力や製品仕様によるが、ホールダウンの高さ調整などにも使用できる［写真44］。

SE工法｜えすいーこうほう
エヌ・シー・エヌの合理化認定工法の1つ。集成材と、独自に開発したSE金物で緊結されるハードジョイントによる木造金物工法。NCNが販売している。3階建てにも対応可能。

プレセッター｜
カネシンの金物構法［図51］。梁受け金物を本体とプレートに分割しているのが最大の特徴。これにより金物の出幅と梁への落とし込みしやすさを実現している。構造材に金物を先付けし、

め、構造用合板などによる面材耐力壁の普及とともに、金物が面材取付けのじゃまにならないよう、金物の板厚を薄くしたさまざまな同等認定品が市販されている。金物の板厚を薄くしたタイプとしてエーステンプレート（カネシン）、壁内に納めるようにしたタイプとしてスリムプレート（タナカ）などが挙げられる。

HS金物｜えいちえすかなもの
グランドワークスの金物構法［図50］。柱頭・柱脚部にはホゾパイプ、柱梁には梁受け金物などが取り付く。金物の下がりを制御できる。金物の塗装には、耐食性に優れたカチオン電着塗りを採用しているため、長年の使用による劣化が防げる。また、断面欠損がほかの金物構法に比べ少ないのも特徴。オプションで門型ラーメン構法も用意されている。

オープン工法［図49］。省力化が図れ耐久性も高いが、構造材にKD材か集成材を使う必要がある。

| 図50 | HS金物

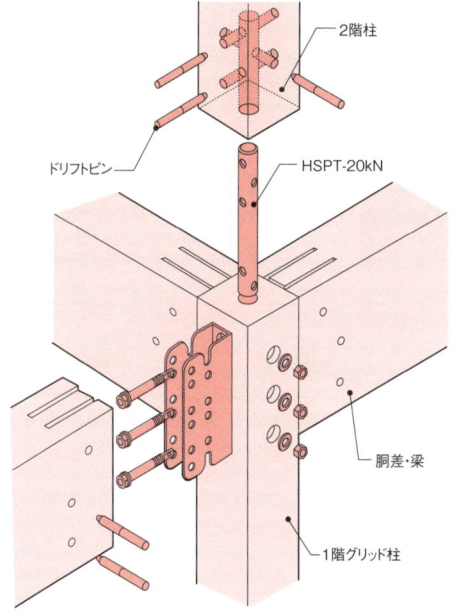

| 図49 | クレテック工法

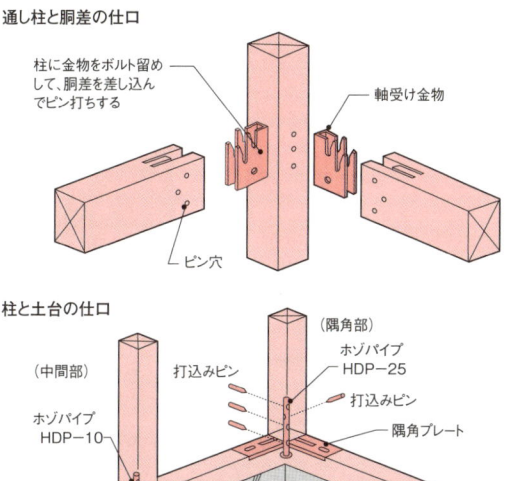

| 図51 | プレセッター

| 図52 | ハウテック金物

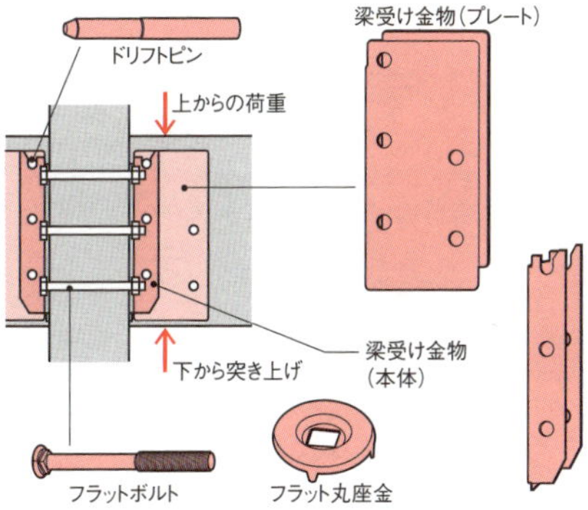

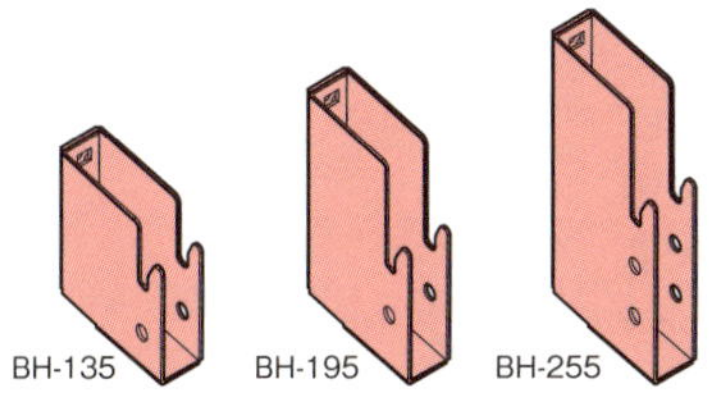

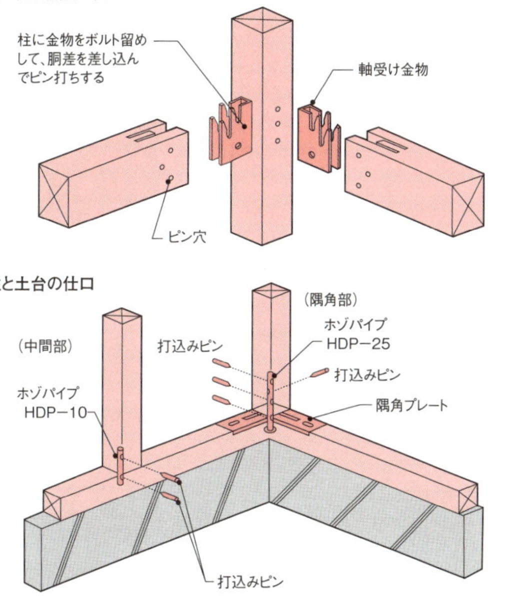

手配・発注・加工

木拾い | きびろい
木造の工事で必要となる構造部材、造作部材など、使用するすべての木材の樹種、寸法、等級、数量などを設計図から拾い出す作業のこと。その結果を記したものを**木拾い帳**[きびろいちょう]という。

刻み | きざみ
墨付けされた材木の継手、仕口などを加工すること[64頁写真45]。工場加工であるプレカットに対して、大工による刻みを指して手刻み[てきざみ]と呼ぶこともある。

ハウテック金物 | かなもの
日本住宅木材技術センター（HOWTEC [ハウテック]）が開発した梁受け金物[図52]。Zマーク金物として規格化している。多数ある金物構法の標準化・単純化を図っている。

クレテック金物の加工ができるプレカット工場で対応できるため、急速に普及している。

が簡単で工具や作業量を簡略化できる。

番付 | ばんづけ
建方前に柱、梁、桁などの部材に付けられる符丁のこと。

板図 | いたず
番付表。**手板**[ていた]ともいう。大工が墨付けをする前に、平面図

羽柄プレカット｜はがら－
羽柄材や羽柄材の納まりなどを考慮した3次元プレカットのこと。

CAD・CAM｜きゃど・きゃむ
CAMともいう。CADデータを加工情報として使ったプレカット生産システムのこと。

桁行方向｜けたゆきほうこう
屋根が切妻屋根の場合、小屋梁（**梁間方向**）に直角な方向を桁行方向という[64頁図53]。棟木や母屋と同じ方向である。

や伏図の部材情報を元にして合板などに書く墨付け用の図面状の板[64頁写真46]。

建入れ直し｜たていれなおし
柱などの倒れや水平垂直を矯正すること。

建入れ｜たていれ
取り付けられたあるいは組み立てられた部材の垂直度のこと。[64頁図54]。

建込み｜たてこみ
地組みした軸組などを所定位置に建て起こして組み立てること。

仮筋かい｜かりすじかい
木造の建物を建方時や工事中に、建物全体が歪まないよう、釘で仮留めする筋かいのこと。**建方**

| 図53 | 桁行方向と梁間方向

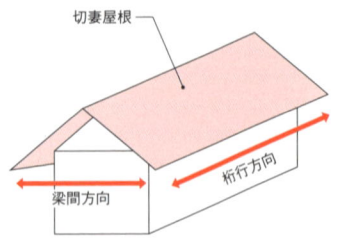

| 写真46 | 土台の板図

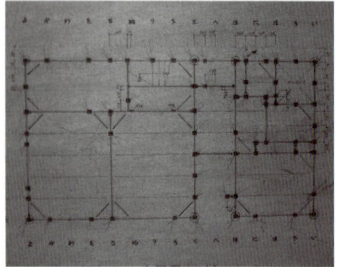

| 写真45 | 刻み。鑿で加工している様子

| 図55 | 大入れと相欠き

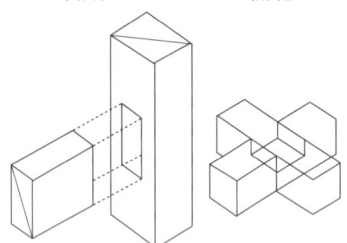

| 図54 | 建入れの許容差

名　称	図	管理許容差	限界許容差
建物の倒れ		$e \leq \dfrac{H}{4,000} + 7\text{mm}$ かつ $e \leq 30\text{mm}$	$e \leq \dfrac{H}{2,500} + 10\text{mm}$ かつ $e \leq 50\text{mm}$
柱の倒れ		$e \leq \dfrac{H}{1,000}$ かつ $e \leq 30\text{mm}$	$e \leq \dfrac{H}{700}$ かつ $e \leq 15\text{mm}$

| 写真49 | 土台に差し込まれた柱のホゾが抜けないように、込み栓が打ち込まれる様子

| 写真48 | 胴差の継手に打たれた割楔

| 写真47 | 桁の上端まで貫通した柱のホゾに、楔を打ち込み、抜けないようにしている様子

光る｜ひかる　材同士が取り合うときに一方の形状を他方へ写し取ることをいう。

金輪継ぎ｜かなわつぎ　継手の１つ。左右ともに同じ形状である。左右の目違い部分にそれぞれの部材をはめ込み中央にそれぞれの部材をはめ込み中央に込み栓を打ち込むことで両材が閉まり緊結され一体となる。強度、耐力ともに大きく、土台や梁、柱の継ぎなどにも使われる。一般の家ではあまり使われない継ぎ方であり、加工に手間もかかるため、上級の仕事といえる。

追掛け大栓継ぎ｜おっかけだいせんつぎ　継手の１つ。上木、下木があり、中央に滑り勾配が付いている。上から滑り勾配によってやがて締まり勾配によってやがて締まり一体となる。さらに抜けなくするために側面から込み栓が打ち込まれる。胴差や桁などに使われる。

相欠き｜あいがき　２つの部材それぞれに欠込みを入れ、直交して組み合わせる接合方法のこと[図55]。

大入れ｜おおいれ　梁材や根太材などがかかる程度の深さで受ける部材側をほり込み、両者を取り付ける加工方法[図55]。

楔｜くさび　ホゾの仕口や貫などを固定するためにホゾに打ち込む、三角形の堅木の小片[写真47・48]。

ホゾ｜２つの部材を接合するために、片方には突起をつくり、もう片方には孔をつくり、その組合せによって接合すること。柱をつなぐときに加工する仕口だが、ただ差し込まれているだけなので引抜けに弱く、それを強化するために込み栓[こみせん]や楔[くさび]などによって緊結させる[写真49]。

ダボ｜材の位置決めや緊結、ずれを防ぐために２つの材の接触面にそれぞれ孔をあけて打ち込む材のこと。堅木などが用いられる。

込み栓｜こみせん　ホゾの仕口において材の引抜けを防ぐために打ち込む部材。通常、ナラやカシ、クリなどの**堅木**[かたぎ]を使う[写真49]。

斜め打ち｜ななめうち　釘で接合しようとする面に対して、ほぼ60度の角度で釘を打つ打ち方[図56]。

写真51｜オーバーハング

写真50｜千鳥張り

図56｜釘打ち

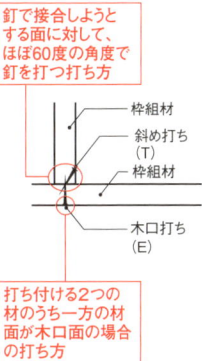

釘で接合しようとする面に対して、ほぼ60度の角度で釘を打つ打ち方

枠組材
斜め打ち（T）
枠組材
木口打ち（E）

打ち付ける2つの材のうち一方の材面が木口面の場合の打ち方

枠組材
平打ち（F）

枠組材の側面同士を合わせる打ち方

写真52｜スパン表が記載された出版物

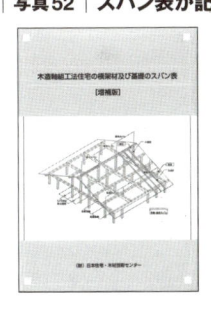 

木口打ち［こぐちうち］打ち付ける2つの材のうち一方の材面が木口面の場合の打ち方［図56］。

平打ち［ひらうち］枠組材の側面同士を合わせる打ち方［図56］。

脳天打ち［のうてんうち］根太に板を釘打ちする場合などの打ち方で、真上から打ち込むこと。造作工事では粗雑な工法とされている。

千鳥張り［ちどりばり］継目を揃えずに、互い違いに配置すること［写真50］。

オーバーハング外壁よりはね出した屋根やバルコニーの部分をいう［写真51］。枠組壁工法では、下階より持ち出した上階の部分で、2階の耐力壁線が1階の耐力壁線よりも外側に出ている部分を指す。この場合の寸法は91cm以内が標準。

セットバック建物を道路から後退させて建てること。また、枠組壁工法では、2階外壁を後退させて建てること。

性能

工具・機械

レンチアンカーボルトのナットを締める工具。電動工具もある。

金槌［かなづち］**玄能**［げんのう］、とんかちともいう。枠組壁工法で釘打ちに使用。軸組工法で使用する金槌は殴打面が凸凹しており、形状に違いがある。

電動工具［でんどうこうぐ］電動モーターを動力とした工具で、切断や削り、孔あけ、釘留めなど、用途によってさまざまな種類がある［66頁表11］。現場でよく使われるものに、木材の孔あけやネジ・ボルト類の締付けが容易にできるインパクトドライバーがある。

木工機械［もっこうきかい］木工用の工作機械。加工工場や現場で使うものなど、その種類はさまざまである［66頁表11］。

ちょうな軸組工法などで鉋で削ることができないような太く曲がっている梁、柱の木材の表面を削って仕上げる工具。

鉋［かんな］材料の不陸（高さ違い、目違い）をとる工具。**電気鉋**［でんきがんな］（プレーナー）を使用することも多い［66頁写真54］。通常、見え掛かり材は、鉋掛けをして仕上げる。

鑿［のみ］木材を小さく切り欠くときに使用する工具［66頁写真53］。

バール（釘抜き）［くぎぬき］不要な釘を抜くときに使用する道具。

N値計算［えぬちけいさん］接合部の簡易計算法。建設省告示1460号のただし書きにより、この計算法で求めた数値に従って軽妙な金物を選択できる。

スパン表［ひょう］木造住宅の小屋組、床組などの横架材の断面寸法を決定するための早見表。横架材間のスパンと間隔によって部材断面が表記されている［写真52］。

断面欠損［だんめんけっそん］継手・仕口など部材同士が取り合うために切欠きされ、断面寸法が小さくなること。これによって耐力が劣ることもあるため、部材寸法は欠損分を見込んで選びたい。

| 写真55 | インパクトドライバー |

| 写真54 | 電気鉋 |

| 写真53 | 鑿(のみ) |

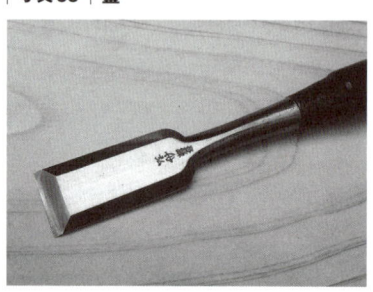

| 写真60 | スタッフポール |

| 写真58 | スリング（パネル吊り上げ） |

| 表11 | 主な電動工具 |

名称	用途
電動鋸[でんどうのこ]、ジグソー、ルーター	切断に使う道具類。材の切抜きや曲線の切断に使う
チェーンソー	鎖状の鋸歯をベルト状に回転して木材を切断する
電動鉋[でんどうかんな]、プレーナー	削る工具。材の不陸や厚みを削りとったり、揃えたりする
サンダー	表面を平滑にする研磨に使う。木工事以外にも左官仕上げなどにも使われる
電気ドリル[でんきー]	孔あけ、ねじ締めなどに使う工具
角鑿[かくのみ]	木材の孔あけに使うドリル刃。大工の主要道具の一つ
電動釘打ち機[でんどうくぎうちき]	圧縮空気などを利用した釘打ちのための機械。てっぽうともいう
万能木工機[ばんのうもっこうき]	板材の切断や面取り、鉋掛けなどができる装置

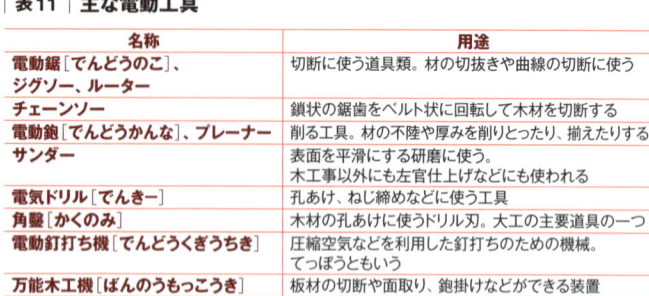

| 写真59 | 掛矢（パネル入込み） |

| 写真57 | スリング |

| 写真56 | 吊りクランプ |

インパクトドライバー

ビス打ちやネジ・ボルト締め、穴あけなどを行う電動工具[写真55]。打ち込む際にビスなどに負荷がかかると瞬時に回転を反転して打ち直すようになっている。回転トルクが高いため、飼い木などを介して叩くと材料に損傷を与えるので、露し架構などでは注意を促したい。

エアー釘打ち機 ｜くぎうちき｜

コンプレッサーのエアーを利用し、エアーの圧力で釘を打ち付ける電動工具。圧力を強くしすぎると、合板などのめり込みが大きくなり、釘の引抜き耐力が小さくなるので、圧力値の設置に注意する。

吊りクランプ ｜つり｜

木造住宅の梁やパネルの吊り上げ、移動に利用する工具[写真56]。2つのクランプを天秤状に吊る、天秤セットを取り付け、クレーンで吊り上げる。

スリング

玉掛け作業用のロープ道具[写真57・58]。スリングは吊り上げる物や荷物を傷つけることなく固定でき、作業現場に移動できる。金属製吊り具に比べて軽量かつ柔軟で、作業効率が向上する。最近では木造建方時のパネル吊上げに利用されている。

ばか棒 ｜ばかぼう｜

高さの測定に使う物差し代わりの棒。現場などで垂木などの手近な木材に目盛りを付けて使用する。スタッフポールなどの製品ではない、現場で製作する測量棒。

スタッフポール

目盛りの付いた棒状のはかりで、主に高低差を確認するのに使用する[写真60]。ばか棒の代わりになる。アルミ製で伸縮できるものが主流で、標尺・ロットともいう。

ラフタークレーン

ラフター(rough terrain)は、荒れた地形、不整地の意味で、4輪駆動で悪路でも走行し作業できるクレーンを指す。ホイールクレーンともいい、移動式クレーンの大半がこのタイプである。狭い路地への進入も可能で、公道を走行して作業現場に移動できる。木造では、構造材、パネル、屋根下地材など大型ペアガラスサッシ、屋根下地材など重量の大きなものを吊り上げる必要が増えてきており、使用率が増えている。

掛矢 ｜かけや｜

木槌を大型にしたもの。建方時に梁の落とし込みやパネル建入れ補助に使用する。徐々に叩くか、飼い木などを介して叩いて、ねじ山の小さいビスや締付けの少ないネジには不向き。

066

躯体

RC躯体工事 2

RC造は、コンクリートが圧縮力に抵抗し、鉄筋が引張力に抵抗する、複合材料による構造である。構造システム別では、鉄筋コンクリートラーメン構造、鉄筋コンクリート構造 [てっきん—こうぞう]、壁式鉄筋コンクリート構造 [かべしきてっきん—こうぞう]、ボイドスラブ構造 [—こうぞう]、鉄骨鉄筋コンクリート構造 (SRC造) [てっこつてっきん—こうぞう] などがある。現在では、木造やS造であっても基礎はRC造であることが一般的である [図1・2]。

コンクリート

セメント

水・セメント・骨材と、必要に応じた混和材料を調合し、練混ぜしたもの。セメントと水の化学反応により硬化する。使用材料や製法などによって種類がある [68頁図3]。

石灰石と粘土を主原料として焼成した水硬性結着材、無機質粉末である（焼成したものをクリンカーと

呼びこのクリンカーに石膏を加え細粉砕したものがセメントとなる）。ポルトランドセメント、混合セメント、特殊セメントなどがある。

ポルトランドセメント

一般的にセメントと呼ぶのはポルトランドセメント（略してポセとも言う）のことである。主に建築で使用するのは普通ポルトランドセメント・早強ポルトランドセメント・中庸熱・低熱ポルトランドセメントである [68頁表1]。

混合セメント｜こんごう—

ポルトランドセメントに各種混合材を混合してつくったセメント。

高炉セメント [68頁表1]、シリカ分を含む石粉を混入したシリカセメント、フライアッシュ（ボイラーから排出した灰）を混入した**フライアッシュセメント** [68頁表1] がある。現在、混合セメントでは高炉セメントの使用量が多い。高炉セメントは混合材が微粒子のため水量・セメント量を少なくでき、ワーカビ

リティーも良好である。また、乾燥収縮が小さいため打放しコンクリートに適している。混入量の少ない順にA・B・Cの3種類ある。

骨材｜こつざい

コンクリートやモルタルをつくるために混ぜる砂、砂利、砕石の総称。コンクリート体積の7割程度を占めるため、コンクリートの性質に大きな影響を与える。

材料の種類には、天然骨材・人工骨材・人工軽量骨材・再生骨材があり、丸みがある砂利は天然骨材、角張った砕石は人工骨材に分類される。粒度の分類から**細骨材**（砂）、**粗骨材**（砂利、砕石）があり、コンクリートの耐久強度に大きく影響する。

ひび割れ対策としては、
① 細・粗骨材ともふるい分け試験で粗粒率を確認する
② 細骨材の粒度を所定の範囲で粗にする
③ 実績率の大きい骨材とする
④ アルカリ骨材反応抑制の骨材を使用する

などが行われる。また、川砂、川砂利の確保が非常に困難になり、陸砂利・山砂利・山砂・海砂・砕石・砕砂の使用割合が増えている。これらのなかには塩分を含んでいるものもあるため、塩化物量試験を行い、許容値以内であることを確認しなければならない。

| 図1 | RCラーメン構造

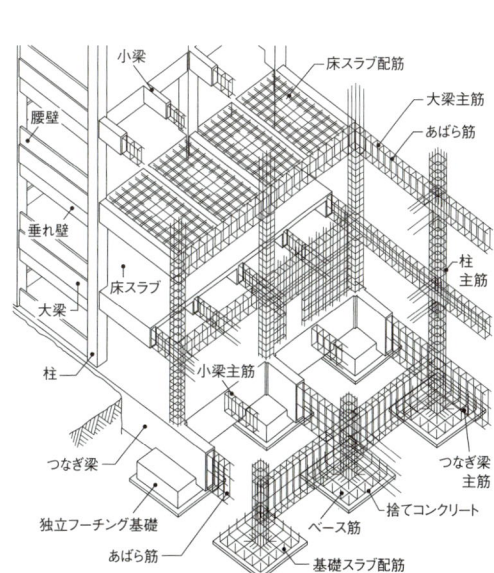

| 図2 | RC壁式構造

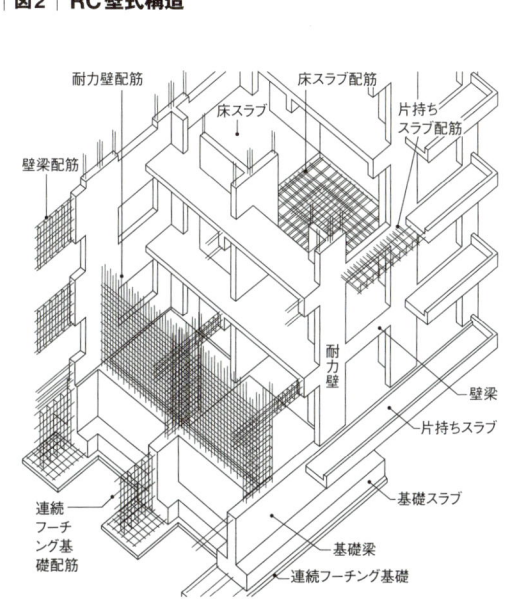

図3 | セメントの調合

① セメントペースト（骨材を使用しないもの）： セメント ＋ 水

② モルタル（粗骨材を用いないもの）： セメント ＋ 水 ＋ 細骨材（砂など）

③ コンクリート（骨材が7割から8割を占める）： セメント ＋ 水 ＋ 骨材（細骨材（砂など）・粗骨材（砂利など））

RC造の場合、使用箇所によって粗骨材の最大寸法が定められている［表2、図4］。

普通骨材｜ふつうこつざい 自然作用によって岩石からできた砂・砂利・または砕砂・砕石高炉スラグ砕石・スラグ砂など。

軽量骨材｜けいりょうこつざい コンクリートの軽量化や、断熱性の付与などの目的で用いる普通骨材よりも比重の小さい骨材。

粗骨材｜そこつざい コンクリートの調合に使用する砂・利砕石のことで、JASS5では、5mmふるいに85％以上残留することとしている。最大粒径は地方によって異なり、20mmもしくは25mmとしているところが多い。

細骨材｜さいこつざい コンクリートの調合に使用する砂のことで、JASS5では、5mmふるいを85％以上通過するもの、としている。

モルタル｜セメントに砂と水を加えて混練したもの［図3］。

海砂｜うみずな 海岸で採取された砂。塩分を含むため、コンクリート調合に使用するには洗浄処理が必要。一方、山砂・川砂は塩分を含まないため、コンクリート調合に適す。

セメントペースト｜セメントを水で混練した糊状のもの［図3］。

表乾状態｜ひょうかんじょうたい 正確には表面乾燥飽水状態のこと。骨材の含水状態をいい、表面は乾燥状態で、内部の空隙部に水が満

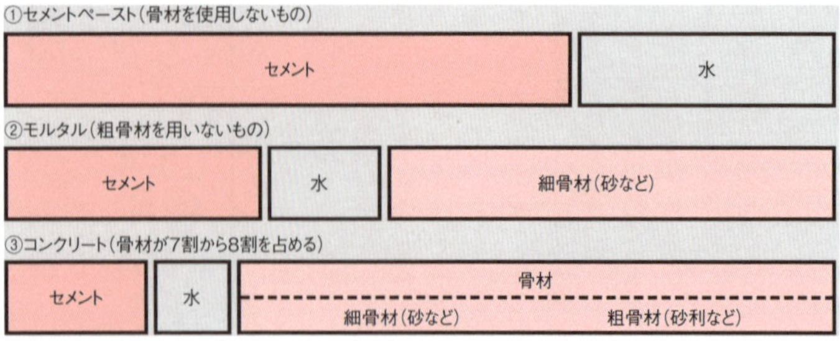

表1 | 各種セメントの特性と主な用途

種類		特性	用途
ポルトランドセメント	普通ポルトランドセメント	一般的なセメント	一般のコンクリート工事
	早強ポルトランドセメント	a. 普通セメントより強度発現が早い b. 低温でも強度を発揮する	緊急工事・冬期工事・コンクリート製品
	超早強ポルトランドセメント	a. 早強セメントより強度発現が早い b. 低温でも強度を発揮する	緊急工事・冬期工事
	中庸熱ポルトランドセメント	a. 水和熱が小さい b. 乾燥収縮が小さい	マスコンクリート 遮蔽用コンクリート
	低熱ポルトランドセメント	a. 初期強度は小さいが長期強度が大きい b. 水和熱が小さい c. 乾燥収縮が小さい	マスコンクリート 高流動コンクリート 高強度コンクリート
	耐硫酸塩ポルトランドセメント	硫酸塩を含む海水・土壌・地下水・下水などに対する抵抗性が大きい	硫酸塩の浸食作用を受けるコンクリート
高炉セメント	A種	普通セメントと同様の性質	普通セメントと同様に用いられる
	B種	a. 初期強度はやや小さいが長期強度は大きい b. 水和熱が小さい c. 化学抵抗性が大きい	普通セメントと同様な工事 マスコンクリート・海水・硫酸塩・熱の作用を受けるコンクリート、土中・地下構造物コンクリート
	C種	a. 初期強度は小さいが長期強度は大きい b. 水和発熱速度はかなり遅い c. 耐海水性が大きい	マスコンクリート・海水・土中・地下構造物コンクリート
フライアッシュセメント	A種 B種	a. ワーカビリティがよい b. 長期強度が大きい c. 乾燥収縮が小さい d. 水和熱が小さい	普通セメントと同様な工事 マスコンクリート・水中コンクリート
白色ポルトランドセメント		a. 白色 b. 顔料を用い着色ができる	着色コンクリート工事 コンクリート製品

出典：「建築工事標準仕様書・同解説 JASS5 鉄筋コンクリート工事」（社）日本建築学会

表2 | 使用個所による粗骨材の最大寸法

使用個所	砂利	砕石・高炉スラグ粗骨材
柱・梁・スラブ・壁	20、25	20
基礎	20、25、40	20、25、40

単位：mm

ちている状態を指す。骨材の含水状態はコンクリートの強度を左右するので、生コンの骨材は表乾状態での使用を原則とする。骨材の含水状態の管理には十分注意したい。表乾と略すこともある。

普通コンクリート | ふつう——
普通セメント・川砂（陸砂）・川砂利（陸砂利）を使用した場合の体積比が、セメント：水：骨材＝1：2：7のコンクリートの総称。現在、川砂・川砂利の確保が非常に困難で、砂は砕石・海砂、砂利は砕石利用が一般的といえる。その ため骨材の塩化物量試験は重点管理項目である。

軽量コンクリート | けいりょう——
人工軽量骨材を使用し、比重を通常の2.3よりも軽くしたコンクリート。一般的には1.8〜2.0の間の比重が多い。強度は普通コンクリートより少ないため、強度は普通コンクリートが多い。

高強度コンクリート | こうきょうど——
JISで呼び強度が50〜60N/㎟のコンクリート。高強度コンクリート施工指針では設計基準強度が36N/㎟を超え120N/㎟以下を言う。高性能AE減水剤の使用により水セメント比が20％程度といわれている。

と大きく変わることはないが、たわみは著しく増大する。煙突や、建築面積に対して建物高さが高い建築物の場合などに有効。

流動化コンクリート | りゅうどうか——
混和剤として流動化剤を添加し、これを撹拌して流動性を増大させて施工性を向上させたコンクリート。スランプ値が大きくなる。通常値の＋3cm程度が多い。

高流動コンクリート | こうりゅうどう——
ワーカビリティーが最も優れた自己流動コンクリート。バイブレーターが不要なため、工事の騒音防止、合理化作業のメリットがある。配合計画では普通コンクリートより細骨材を増やし、粗骨材を減らす。また、AE減水剤を添加するため、水も少なくなる。配合決定においては試験練りで各分量を決めることが重要である。

フレッシュコンクリート | ——
練り上がり後のまだ固まらないコンクリートのこと。

生コン | なま——
コンクリート昆練工場（バッチャープラント）で昆練された「まだ固まらないコンクリート」を言う。レディーミクストコンクリート、フレッシュコンクリートとも言う。

AEコンクリート | えい——
AE剤（空気連行剤）を添加したコンクリート。ワーカビリティがよく耐久性に富み品質に優れる。凍結・融解防止にも適する。気泡が入るため初期強度に達するのは遅いが、減水効果が5〜10％程度あるなど品質上のメリットのほうが大きい。

スラッジ水 | すい——
バッチャープラントでミキサー車などのタンク内の洗い水を、骨材と分離したうえで回収した懸濁水のこと。生コン混練水に再利用する場合があるが、スラッジ固形分多量に用いるものを混和材、比較的少量に用いるものを混和剤[こんわざい]、コンクリート混和剤[こんわざい]、フライアッシュのように比較的多量に用いるものを混和材[こんわ

混和材料 | こんわざいりょう——
生コン硬化後の品質を改善する目的で混練状態のときに添加する化学調合添加材（水溶液）。混和材料のうち、使用量が少なく薬品的に用いるものを混和剤[こんわざい]、コンクリート混和剤[こんわざい]、フライアッシュのように比較的多量に用いるものを混和材[こんわ

率の限度管理が必要で、耐久設計基準強度の計画供用期間が長期（30N/㎟）の場合は使用してはならない。

図4 | 骨材（骨材試験成績表の見方）

骨材試験成績表

骨材品種産地	山砂	千葉県君津
骨材品種産地		
骨材品種産地	砕石	栃木県葛生

項目／種類	細骨材	粗骨材	粗骨材	寸法	細骨材	粗骨材	粗骨材
最大寸法(mm)	5		20	50.00	100		100
絶乾比重	2.55		2.66	40.00	100		100
表乾比重	2.59		2.69	30.00	100		100
吸水率(%)	1.16		0.77	25.00	100		100
単位容積質量(ℓ/㎥)			1.61	20.00	100		95
実績率(%)			60.5	15.00	100		75
洗い試験(%)	濃くない		0.76	10.00	100		46
有機不純物	0.6			5.00	97		4
粘土塊量	0.000		0.02	2.50	37		0
塩分含有量	0.1			1.30	76		0
比重				0.60	42		0
骨材軟石量			(2.3)	0.30	27		0
安定性	(3.6)		(4.9)	0.15	3		0
すりへり量			(21.1)				
粒形判定			59.3	FM	2.63	0.00	6.55

注釈:
- 比重: 普通骨材→表乾、軽量骨材→絶乾
- 砕石の実績率は、60.5％となっており58％以上を達成している
- 細骨材の塩分
- 粗粒率

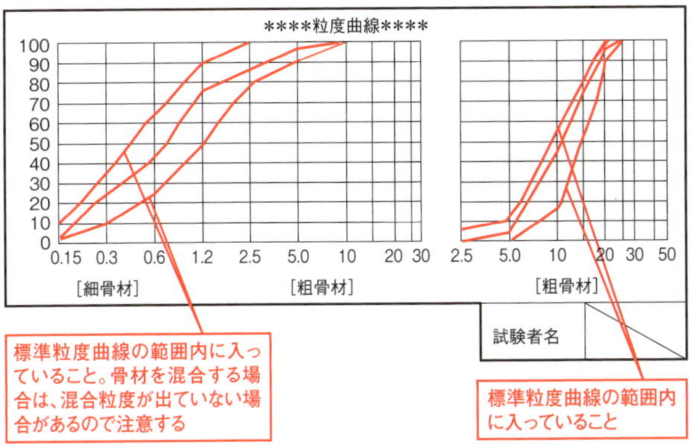

****粒度曲線****
[細骨材] 0.15 0.3 0.6 1.2 5
[粗骨材] 5 10 20 30
[粗骨材] 5 10 20 30 50

試験者名

注釈:
- 標準粒度曲線の範囲内に入っていること。骨材を混合する場合は、混合粒度が出ていない場合があるので注意する
- 標準粒度曲線の範囲内に入っていること

表3 | コンクリート混和剤の種類とその特徴

AE剤	表面活性作用により気泡を発生させ、ワーカビリティーを良好にする
減水剤	配合内の水の量を減らす
AE減水剤	AE剤と減水剤の両方の作用を併せ持つ。現在最も一般的
高性能AE減水剤	AE減水剤のなかでも、減水能力が高い。高強度(高流動)コンクリートを使用する場合は、水の量を減らす必要があるため同剤を用いることが多い
流動化剤	添加することによりコンクリートのスランプ値を大きくし、ワーカビリティーを良好にする

表4 | コンクリート混和材の種類とその性能・効果

種類	性能・効果	種類	性能・効果
フライアッシュ	・水密性 ・長期強度増進 ・アルカリシリカ反応抑制	シリカフューム	・高強度化 ・高耐久化
膨張剤	・ひび割れ抵抗性 ・ケミカルプレストレス ・水和熱低減	石灰石微粉末	・高流動化 ・水和熱低減
高炉スラグ微粉末	・硫酸塩抵抗性 ・海水への抵抗性 ・アルカリシリカ反応抑制 ・高強度化 ・高流動化	高炉徐冷スラグ	・流動性保持 ・中性化抑制 ・水和熱低減

出典:「建築工事標準仕様書・同解説JASS5」(社)日本建築学会、「コンクリート技師研修テキスト」日本コンクリート工学協会

混和剤は、薬のように少量を添加するもので、減水剤、AE剤、AE減水剤、高性能AE減水剤などがある[表3]。混和材は生コンの数%から数十%ほど添加するもので、フライアッシュ、膨張材、高炉スラグ微粉末などがある[表4]。単位水量を低減でき、ワーカビリティ・水密度の改善効果を有し、タイプによっては水和作用の促進・遅延が可能、凍結予防になるなどの長所があるが、一般にコスト増となる。

表面活性剤｜ひょうめんかっせいざい

コンクリートに混入すると水の表面張力が低下するもの。

AE剤｜えーいーざい

独立した無数の微細な空気泡をコンクリートに含ませることによりコンクリートのワーカビリティーと耐久性を向上させる。**空気連行剤**[くうきれんこうざい]とも。

減水剤｜げんすいざい

セメント粒子を分散させて水との接触面積を増大させることでワーカビリティーをよくさせ、かつ強度を変えずに水を減少させることができるので減水剤という。減水剤には**標準形、促進形、遅延形**の3種類がある。

AE減水剤｜えーいーげんすいざい

AE剤と減水剤の両方の効果をもつ混和剤。標準形、促進形、遅延形の3種類がある。

高性能AE減水剤｜こうせいのうえーいーげんすいざい

高流動コンクリートに用いられ、AE減水剤よりも高い減水性能とスランプ保持性能を有する。最近は、この混和剤の使用が多い。

標準形減水剤｜ひょうじゅんけいげんすいざい

促進形減水剤｜そくしんけいげんすいざい

促進形は、減水剤としての効果とコンクリートの硬化を早める効果をもつ。コンクリートの凍害を防いだり、型枠の脱型時期を早めることも可能。しかし一般に水和熱が急激に上昇し、硬化後の収縮率が大きくなり、長期強度の低下をきたす恐れもある。

遅延形減水剤｜ちえんけいげんすいざい

遅延形は減水剤としての効果をもちつつコンクリートの硬化を遅くする。生コンの運搬時間が長引く場合や打込みまでの時間が長引く場合、気温の高い夏期施工の場合などに用いる。使用量によっては、異常

写真1｜ジャンカ

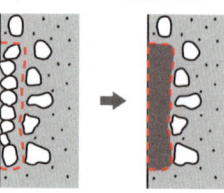

図5｜ジャンカの補修方法

カッターなどで不良部分を除去し、水洗いをする

硬練りモルタルを塗り込む。また、必要に応じて打ち継ぎ用接着剤を塗る

写真2｜コールドジョイント

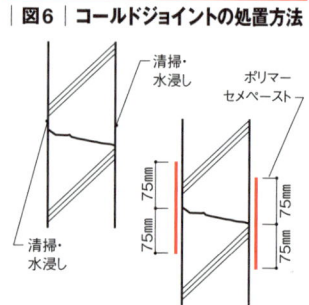

図6｜コールドジョイントの処置方法

清掃・水浸し
ポリマーセメペースト
75mm
75mm
75mm
75mm
清掃・水浸し

表5｜RC造で見られるコンクリートのトラブル

名称	説明
クラック	躯体に生じるひび割れ。水とセメントの量を減らすことで発生を減少させることはできるが、完全になくすことは難しい
ジャンカ	打設時に型枠表面に空隙が残り、コンクリートが回らない部分が残ってしまった状態。骨材が豆のように露出するため豆板とも呼ばれる。ジャンカが発生した付近は、見た目よりも脆弱なことが多いため注意
コールドジョイント	打設間隔が長く、先に打設したコンクリートと後に打設したコンクリートの間が完全に一体化せず、打継ぎ状になること。軽微な場合はあまり支障がないが、重大な場合で、かつ部材にかかる力が大きい場合はコンクリート全体を斫ってやり直さなければならないこともある
レイタンス	打設後、セメントや砂が原因で表面に生じる薄膜状の泥状物質。強度が低いため、打継ぎ面に残っていると躯体が一体とならない
エフロレッセンス（白華）	コンクリート中のセメント硬化により生成する水酸化石灰が、大気中の炭酸ガスと反応して炭酸カルシウムを生じること。表面に白い物質が析出し、壁面を垂れる現象を引き起こす
ばり	コンクリートの角などにモルタルが針状や板状に飛び出した現象。仕上げの阻害となるので、ヤスリなどで削る必要がある
斫り	コンクリートの表面を削り取ること。何らかの誤りや表面に脆弱部があった場合、斫りを行う必要が生じる

凝結を起こすことがあるので、使用量の十分な管理が必要である。

クラック｜コンクリートが乾燥するときに収縮して生じるひび割れのこと。特にコンクリートで生じる0.1～0.5 mmくらいの細かいひび割れをヘアクラックという。

レイタンス｜コンクリートの表面にできる泥質の薄膜。打継ぎ面の密着性や水密性を阻害するため、打継ぎ前に取り除く。これは、コンクリートに使われた水が分離して表面に浮き上がる**ブリージング**という現象に伴って生ずるもので、水セメント比の大きいコンクリートに発生しやすい。レイタンスの除去には**ワイヤブラシやサンダー、高圧洗浄機**などが使用される。

ジャンカ｜コンクリートの外面に現れる、砂利が分離したまま硬化したもの［**写真1、図5**］。**豆板、あばた**ともいう。

巣｜コンクリートの内部に発生する、ジャンカに似た不良部。

コールドジョイント｜先に打ち込まれたコンクリート上に、時間をおいて打ち込んだコンクリートとの間にできる打継ぎ面

エフロレッセンス｜れんがやタイルの目地、コンクリート表面に現れる白色の物質で、セメントの硬化で生じた水酸化カルシウムが空気中の炭酸ガスと化合して炭酸カルシウムになったもの。

ばり｜せき板の継目の隙間から流れ出たセメントペーストが硬化し、堰板解体後、コンクリートの表面に突起物として残っているもの。打放しコンクリートの場合は取り除かなければならない。

アルカリ骨材反応｜こつざいはんのう
コンクリート中のアルカリと骨材に含まれるシリカ鉱物が反応し、コンクリートにひび割れなどが発生し、長期的に劣化する現象。アルカリシリゲートという成分が生じ、これが水分を吸収して膨張するためコンクリートが劣化する。

流動化剤｜りゅうどうかざい
高流動コンクリートに用いられる混和剤。流動化剤は高い分散性能をもつと同時に大量使用が可能なため、大きな減水効果がある。添加後のスランプ低下が早いため、現場で添加する場合が多い。添加量、撹拌時間、添加から打設完了までの時間などの管理が必要。

ばれる｜コンクリート打設中あるいは存置期間中に型枠がコンクリート側圧などを支えきれずに壊れること。**パンク**するとも。型枠保持のセパレータや支柱の間隔が過大だったり、コンクリート打設時の急激な打込みなどが原因で生じる。

のこと［**写真2、図6**］。

斫り｜はつり
コンクリートの不要な部分をノミなどで削り取ること。大規模な場合は、圧縮空気による振動ハンマーが使われる。小規模な場合は電動ピックが使われる。手で斫ることを**手斫り**［**てはつり**］というが、最近は少なくなってきている。

ケレン｜床や壁、型枠材などに付着したモルタルやセメントペーストを剥がすこと。先がヘラになった**ケレン棒**という専用の工具がある。

砂縞｜すなじま
特に出隅部などで型枠の隙間からコンクリート中の水が抜け、セメントペーストが流出して、コンクリート表面に砂が縞状に現れる現象。砂縞を防ぐにはノロ止めテープなどで型枠の隙間を塞ぐ。

打設

ワーカビリティー
コンクリートの打込み、締固め、仕上げなどの施工難易度を示すコンクリートの性質。施工軟度［**せこうなんど**］とも。ワーカビリティーを1つの数値で表現することは難しいが、一般的には**スランプ値**で示される。一般的には施工上の条件が許す範囲で、できるだけ小さなスランプ値とすることが原則で、スランプ値が大きいことをワーカ

水洗いでは取れない。**白華**［はっか］、**鼻垂れ**［はなたれ］ともいう。

中性化｜ちゅうせいか
コンクリートからのアルカリ成分の溶出、またはコンクリート表面からの炭酸成分の浸透などで、コンクリートが強アルカリ性から中性へと変質すること。コンクリート中の鉄筋は強アルカリによって錆から保護されているため、中性化が進行すると鉄筋に錆が生じ、躯体は劣化する。そのほかのトラブルについては、**表5**参照。

表6 | 生コンクリート現場試験における許容値

	値	許容値
空気量	4〜5%	±1.5%
スランプ値	8〜18cm	±2.5cm
	21cm	±1.5cm
塩化物	0.30kg/㎥以下	—

図7 | ワーカビリティの考え方

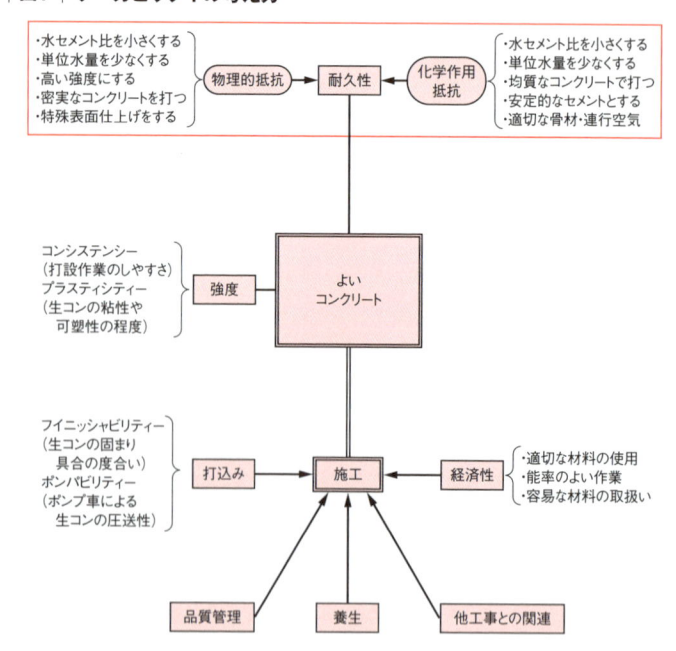

耐久性
- 物理的抵抗
  - 水セメント比を小さくする
  - 単位水量を少なくする
  - 高い強度にする
  - 密実なコンクリートを打つ
  - 特殊表面仕上げをする
- 化学作用抵抗
  - 水セメント比を小さくする
  - 単位水量を少なくする
  - 均質なコンクリートで打つ
  - 安定的なセメントとする
  - 適切な骨材・連行空気

強度
- コンシステンシー（打設作業のしやすさ）
- プラスティシティー（生コンの粘性や可塑性の程度）

よいコンクリート

施工
- 打込み
  - フイニッシャビリティー（生コンの固まり具合の度合い）
  - ポンパビリティー（ポンプ車による生コンの圧送性）
- 経済性
  - 適切な材料の使用
  - 能率のよい作業
  - 容易な材料の取扱い
- 品質管理
- 養生
- 他工事との関連

図8 | スランプ試験

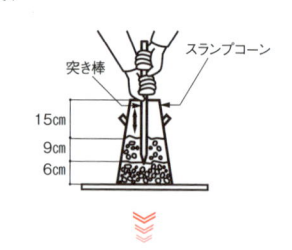

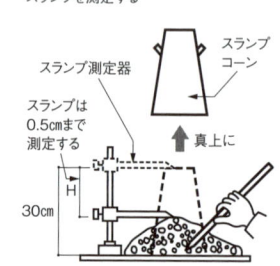

① 3層に分けてコンクリートを入れ、突き棒の先端が前層に接する程度に各層25回突く

突き棒／スランプコーン／15cm／9cm／6cm

② 詰め終わったらコーンを真上に持ち上げ、スランプを測定する

スランプ測定器／スランプコーン／スランプは0.5cmまで測定する／30cm／H／真上に

フレッシュコンクリートの検査

ビリティがよいと考えている者が多いが誤りである。現場では打設開始から打設中まで随時良好性が保たれているかを確認する。

スランプ（値）──（ち）　フレッシュコンクリートの軟度のことで、JISで規定されたスランプ試験で求められる[表6]。この試験はスランプコーンにコンクリートを詰め、コーンを上部に抜き取った後のコンクリートの下がりをcmで示すもので、スランプ値が大いほど軟らかく粘り気が少ないコンクリートである[図8]。スランプはコンクリートの水セメント比によって決まる。

配合表──はいごうひょう　所要品質のコンクリートを得るのに極めて重要な事項である。建築では調合表ともいうが、各プラント工場より提出される計画書は配合表で統一されている。

細骨材率──さいこつざいりつ　細骨材および粗骨材の絶対容積の和に対する細骨材の絶対容積の百分率。S/aで表す。細骨材率はコンクリートの適正なワーカビリティを得るのに極めて重要な事項である。50％以下が望ましく、平均は約47％である。

セメント水比──みずひ　フレッシュコンクリートに含まれる水量に対するセメントの重量百分率。フレッシュコンクリートに含まれる各材料の割合や単位容積のコンクリート中に含まれる各材料の量を記した表のこと。建築では調合表ともいうが、各プラント工場よ

水が多いほど練り混ぜしやすく、型枠にも打ち込みやすい。半面、コンクリートの強度は低下し、乾燥収縮も大きくなる。各プラントでは呼び強度を保証する配合強度に即して数値が決まる。

空気量──くうきりょう　コンクリート内に含まれる空気の体積比。4.5％程度が標準[表6]。

単位水量──たんいすいりょう　生コンクリート1㎥内に含まれる水量のこと。ただし、骨材内に含まれる水分は含まない。185kg/㎥以下が一般的。

単位セメント量──たんいセメントりょう　生コンクリート1㎥内に含まれるセメント量。JASS5で270kg/㎥以上と規定されている。

水セメント比──みずセメントひ　フレッシュコンクリートに含まれるセメントペースト中のセメントに対する水の重量百分率。水の重量／セメントの重量（W/C）で表す。『JASS5鉄筋コンクリート工事』では、普通コンクリート40〜65％、軽量コンクリート40〜70％、重量コンクリートの範囲と規定している[表7]。コンクリートの強度を表す指標の1つで、

表7 | 水セメント比の最大値

セメントの種類	水セメント比の最大値(%)
ポルトランドセメント※	65
高炉セメントA種	
フライアッシュセメントA種	
シリカセメントA種	
高炉セメントB種	60
フライアッシュセメントB種	
シリカセメントB種	

※ 低熱ポルトランドセメントを除く

図9 | 打設手順と工事の流れ

```
コンクリート圧送車        打設計画の指示
(ポンプ車)の設置    →    朝礼
    ↓                    ・人員配置
ポンプ車のブーム          ・打設位置と間隔
配管                      ・打設順序
                          ・注意事項など

コンクリートの手配  →    コンクリート配合確認
    ↓                    練混ぜ
運搬
打設間隔と総数量
(~m³まで出すか)
昼は何時までで何時
から開始するか確認

    ↓
コンクリートの打設  →    受入れ検査の実施
    ↓                    ・納入時刻(発/着)確認
・打継ぎ                  ・ワーカビリティー
・目地廻り                ・スランプ
・開口・吹出し部など      ・供試体の採取

    ↓
型枠存置養生        →    湿潤養生など
                          ・散水
                          ・直射日光からの保護など

コンクリートの強度
発現を待って解体
をする
    ↓
圧縮強度試験        →    検査機関の試験
                          圧縮強度が所定の強度を
                          得たことを確認

梁やスラブの支保
工は設置を続ける
    ↓
型枠解体            →    サッシ廻り
                          サッシ廻りは解体時に抱き
                          を欠損してしまう可能性が
                          あるので斫りカッターで型
                          枠との縁を切ってから外す
    ↓
検査                →    補修
                          ジャンカ、コールドジョイント、ピンホールなどをチェックし、
                          必要があれば補修を行う。補修方法を検討すること
```

写真3 | コンクリート打設

写真4 | コンクリート打設前の床スラブ

率。C/Wで表す。コンクリートの強度を表す指標の1つで、セメント水比が大きいほど強度が大きい。一般には1.5～2.5程度。

打設 | だせつ
コンクリートをあらかじめ組まれた型枠のなかに打ち込むこと[図9、写真3・4]。締固めをしっかり行い、隅々までコンクリートが回るように考慮しないと、不良個所を生じる。

ポンプ打ち | うち
コンクリートポンプ車(ブーム車、配管車など)を使用した生コンクリートを型枠内に打ち込む方法。ホースによりいろいろな方向にコンクリートを送ることができるため、現状で最も一般的な打設方法となっている。また、ミキサー車から直接カートにコンクリートを取り、型枠内に打ち込むことをカート打ちという。輸送管は呼び径100A(100mm)と125A(125mm)があり、生コンの種類、骨材の最大寸法、生コンの圧送性、単位時間当たりの圧送量などを考慮し決定する。

配管車 | はいかんしゃ
ポンプ車から打設場所まで短いパイプをつないで配管する圧送方式のポンプ車。

ブーム車 | しゃ
伸縮するブーム(腕木)を備えたポンプ車。ブームの届く範囲であれば、打設のための配管は不要となる。

ポンパビリティ
ポンプ車施工による生コンの圧送性。圧送性向上には、配合計画や現場打設条件などによりポンプ車の機種の選定や打設計画が重要になる。ポンプ配管計画も、曲がりが多いと閉塞の原因ともなるため、曲がり配管を少なくし配管距離は短く計画するとよい。

先送りモルタル | さきおくり—
ポンプ打ちの際に輸送管内部の潤滑性保持のため、生コンより先に輸送管内を通すモルタルのこと。ただし、先送りモルタル自体は生コンに比べ強度が低く、スランプ値が大きいため、1カ所に集中して流し込むと、その部分に強度上の問題がでてしまう。構造的に重要でない壁などに分散して流し込んだり、モルタル層自体が薄くなるように工夫する。

流し込み | ながしこみ
コンクリート打設用の管(シュート)を使い、ミキサー車から直接型枠に打設すること[74頁図10]。ただし、流し込みによる落下距離が大きいとコンクリートの混和材料が分離を起こす危険があるため、小型のホッパー(**提灯ホッパー**)で生コンを受け、ホッパーの下に付けた提灯(円筒形で1mぐらいの長さ)をつなぎ合わせて縦型シュートを通して落下させる。シュートの距離が長ければ分離する可能性があるので、シュートの向きを変えて流れの速度を緩める。砂利などが分離する可能性があるので、原則として行ってはならない。

回し打ち | まわしうち
均一のコンクリート高さになるよう、打設区画内を順番に移動しながらコンクリートを打ち込むこと[74頁図11]。コンクリートの正

しい打ち方とされる。水平打ちとの連続打ちになるような片押しや横流し打ちは、コンクリートの側圧が大きくなり、型枠の変形の原因となるだけでなく流込み距離が長くなり、生コンの材料分離が起きやすい。

自由落下高さ｜じゆうらっかたかさ
ポンプ打ちの筒先ホースやシュート(生コンクリートを目的の荷卸し位置へ導くための樋)などからコンクリートが離れてから落ちるまでの高さ[図12]。一般に階高3.5mを超えるとコンクリートの分離が起きやすい。そのため事前にコンクリートを分離しにくくするよう、粘性を高めた配合計画としたり、打設計画では打込み用配管やシュートを用意し打込み高さを1.5〜2.0m程度に調整する。躯体断面の小さい壁では、高さの途中に打込み開口を設け2段打ちなどを計画する。

カート打ち｜うちコンクリートの打設において、打設高さを2〜3回に区切って打設する方法。片寄った打込みによる型枠全体の歪みなどを防ぐ。

片押し｜かたおし
建物平面の片側からコンクリートを流し込み、最終の高さまで打ち上げながら移動するコンクリート

の打設方法[図13]。打設時間が短縮でき、配筋の乱れも少なくてすむが、型枠全体が歪む危険がある。

構造体コンクリート｜こうぞうたい
構造体とするために打ち込まれ、環境条件や水和熱による温度条件のもとで硬化したコンクリート。

バイブレータ
コンクリート打設時に振動をかける機材[写真5]。フレッシュコンクリートに振動を与えて型枠の隅々まで行き渡らせ、不要な空気を除去し、骨材が均等に分布した密実なコンクリートをつくることができ

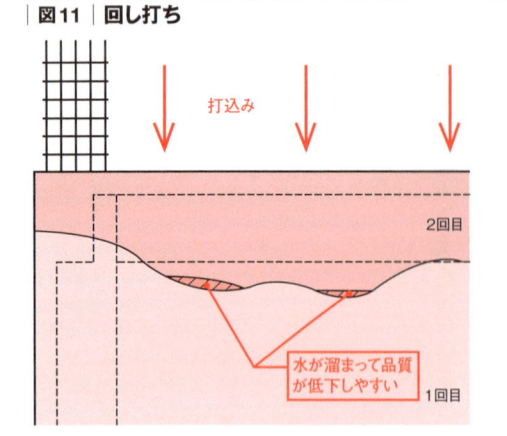

| 図11 | 回し打ち

打込み

水が溜まって品質が低下しやすい

2回目
1回目

| 図12 | 自由落下高さ

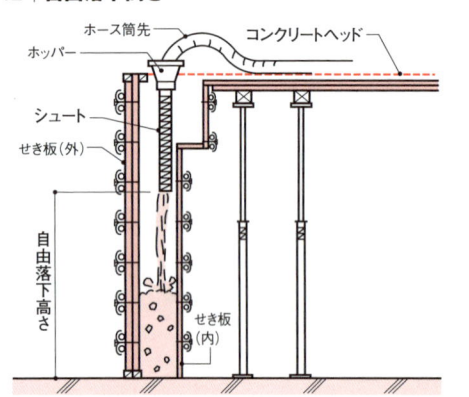

ホース筒先
コンクリートヘッド
ホッパー
シュート
せき板(外)
自由落下高さ
せき板(内)

| 図13 | コールドジョイント対策

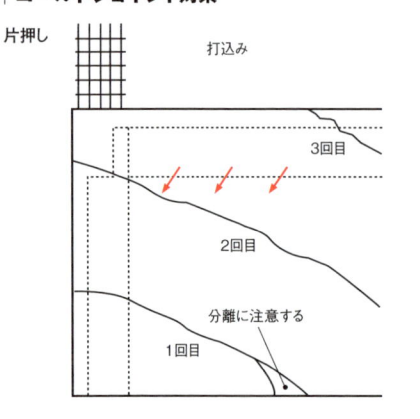

片押し
打込み
3回目
2回目
分離に注意する
1回目

| 図10 | 流し込み

コンクリートの流し込み順序の例

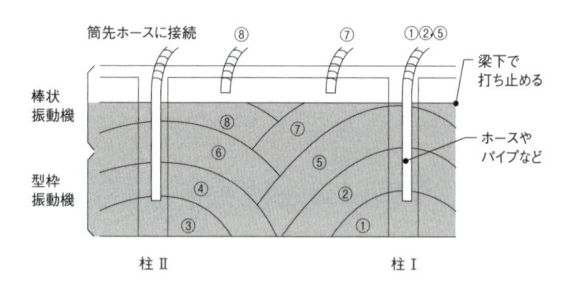

筒先ホースに接続
棒状振動機
型枠振動機
梁下で打ち止める
ホースやパイプなど
柱Ⅱ　柱Ⅰ

片側からのみ流し込んでしまうと型枠への側圧が過大となり、型枠にパンク(破壊やパイプ締固めが外れてしまうこと)が生じてしまうので図のように分けて行う

階高のある場合の打設

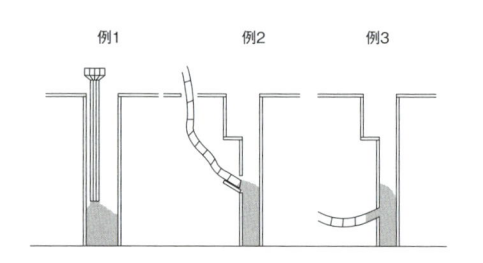

例1　例2　例3

上部からのコンクリートの打込みはブリーディングや材料分離を招き、また打ち重ね部分でのコールドジョイントも発生する可能性が出てくるので4m以上の階高の場合は図のような打設方法をとる

写真5｜高周波バイブレータ

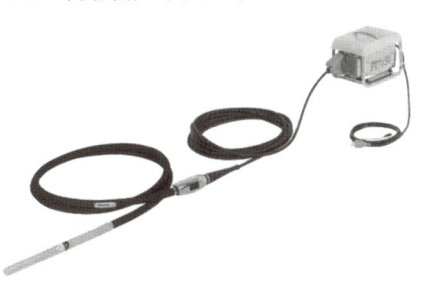

ようにコンクリートが充填された部分の型枠を木槌で叩くこと[写真6]。バイブレータと同様、ジャンカなどの不具合を防ぐために行う。窓枠周辺や配管周囲で叩きが足りないと、空隙となり後に補修の必要が生じる。

沈み｜しずみ
コンクリート打設後、コンクリートの分離によるブリーディング（浮き水）が起き、表面のコンクリートが沈み込む現象。沈降コンクリートともいう。原因としては、①水セメント比・スランプ値が大きいコンクリートによる打設の場合、②打込み速度が速く、梁上・スラブ上まで一気に打設した場合、③締固め・タンピングが不十分な場合、などが挙げられる。
なお、コンクリート上面近くに鉄筋があると、コンクリートの沈下が鉄筋に拘束されるため、鉄筋に沿ってひび割れが生じることがある。また、梁下と壁、梁上とスラ

コンクリートヘッド
コンクリート打ち上がり高さのこと[図12]。

きる。コンクリート中に差し込む棒状のもの（30〜50mmが一般的）、型枠に押し付ける板状のものなどがある。1カ所で長時間かけ過ぎるとコンクリートと骨材の分離を招くため1カ所で10〜20秒とし、鉄筋に直接振動を与えてはならない。

タンピング
打設したコンクリートに含まれる水分の急激な蒸発や、コンクリートの沈下などによって起こる初期ひび割れを防ぐために、打設完了後30〜60分の間に表面を均すこと。木ゴテや金ゴテで行う。

つつき
コンクリート打設時に、上部から竹竿などを刺し込み攪拌すること[写真7]。竹の棒がよい。バイブレータの普及により行うことは少なくなってきたが、竿を上下に移動する際にコンクリート中から空気を追い出せるので密実なコンクリートが打設できるという意見も多い。

打継ぎ｜うちつぎ
前に打ったコンクリートに継ぎ打ちすること。打継ぎ前に打継ぎ面のレイタンスやぜい弱なコンクリートを取り除いておく。

叩き｜たたき
コンクリート打設時に、型枠とコンクリートの間に隙間が残らない

いってこい
一般に材料を往復させること。手前から奥、手前と、順にコンクリートを打つこと。

写真6｜叩き

写真7｜つつき

表7｜型枠の存置機関（JASS5）
a. 基礎・梁側・柱および壁のせき板の存置期間は、コンクリートの圧縮強度が5N／mm²以上に達したことが確認されるまでとする。ただし、せき板存置期間中の平均気温が10℃以上の場合は、コンクリートの材齢が下記に示す日数以上経過すれば、圧縮強度試験を必要とすることなく取り外すことができる
b. 床スラブ下・屋根スラブ下および梁下のせき板は、原則として支保工を取り外した後に取り外す

基礎・梁側・柱および壁のせき板の存置期間を定めるためのコンクリートの材齢（日）

	早強ポルトランドセメント	普通ポルトランドセメント 高炉セメントA種 シリカセメントA種 フライアッシュセメントA種	高炉セメントB種 シリカセメントB種 フライアッシュセメントB種
20℃以上	2	4	5
20℃未満 10℃以上	3	6	8

c. 支保工の存置期間は、スラブ下・梁下とも設計基準強度の100％以上のコンクリート圧縮強度が得られたことが確認されるまでとする
d. 支保工除去後、その部材に加わる荷重が構造計算書におけるその部材の設計荷重を上回る場合には、上述の存置期間にかかわらず、計算によって十分安全であることを確かめた後取り外す
e. 上記c項より早く支保工を取り外す場合には、対象とする部材が取外し直後、その部材に加わる荷重を安全に支持できるだけの強度を適切な計算方法から求め、その圧縮強度を実際のコンクリートの圧縮強度が上回ることを確認しなければならない。ただし、取外し可能な圧縮強度は、この計算結果にかかわらず、最低12N／mm²としなければならない
f. 片持梁または庇の支保工の型枠は上記c、d項に準ずる

写真8｜養生上屋を設けた例

写真9｜散水養生中

図14 | 型枠の名称

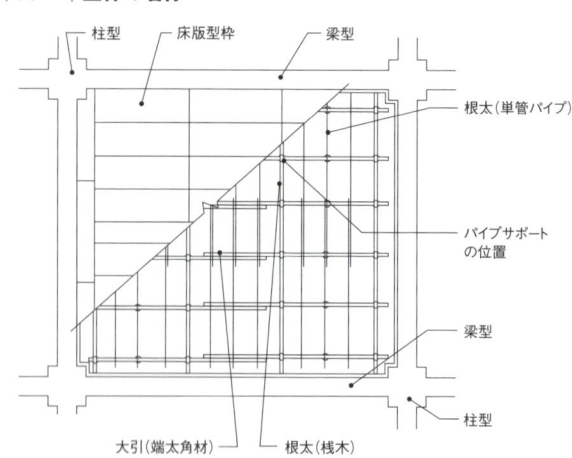

（図：柱型、床版型枠、梁型、根太（単管パイプ）、パイプサポートの位置、梁型、柱型、大引（端太角材）、根太（桟木））

（図：梁型枠、コンクリートスラブ、大引（端太角材）、合板パネル、根太（パイプ）、根太（桟木）、とんぼ、柱型枠、ターンバックル、筋かい（ワイヤロープまたはチェーンワイヤ）、パイプサポート、水平つなぎ（単管パイプ）、根がらみ（単管パイプ））

暑中コンクリート｜しょちゅう──

コンクリートの打込み後の養生期間に、コンクリートが凍結する恐れのある時期に施工されるコンクリートのこと。シート掛けなどで表面の凍結を防ぐ[75頁写真8]。

寒中コンクリート｜かんちゅう──

コンクリートの打込み後の養生期間に、コンクリートが凍結する恐れのある時期に施工されるコンクリートのこと。シート掛けなどで表面の凍結を防ぐ[75頁写真8]。

ブの境界線には、沈み量の差によってひび割れが生じやすい。これらのひび割れをタンピングを十分に行うことで防止できる。

気温が高く、水分の急激な蒸発などの恐れのある時期に施工されるコンクリートの硬化後に型枠を解体することになる。また、コンクリート強度の発現が遅い冬季は長く、逆に強度の発現が早い夏季は短くなる。

型枠存置期間｜かたわくぞんちきかん

コンクリートを打設した後、型枠をそのまま取り付けておく期間のこと。『JASS 5鉄筋コンクリート工事』では、型枠の存置期間を[75頁表7]のように定めており、スラブの支保工はコンクリート強度が必要な強度に達するまで支持する仮設構造物の総称。一般的に存置期間を経た後、取り外される[図14]。

型枠｜かたわく

打設されたコンクリートを設計上の形状や寸法に保ち、コンクリートが必要な強度に達するまで支持する仮設構造物の総称。

殺し型枠｜ころしかたわく

打設が完了した後も脱型せずにそのまま躯体にそのまま残しておく型枠のこと。**打込み（捨て）型枠**「うちこみ（すて）かたわく」ともいい、一般には周囲の建物と近すぎたり、地中になる場合など、型枠が脱型が困難な場合、やむを得ず行う。ただし、基礎型枠でラス網・スレート板・波板鋼板などの材料を使用し、そのまま仕上げとする工法もある。施工精度が高いため工期が短縮でき、省資源化の面でも注目されている。材料は鋼製、プラスチックなどで、仕上げ材や断熱材を兼ねたものもある。

鋼製型枠｜こうせいかたわく

鋼鉄製の型枠で、規格サイズは300×600㎜。規定の寸法が小さく、単価が高いことなどから、使用できる機会は限られる[写真10]。ただし再利用ができ、住宅の布基礎など、いろいろな建物で同じ断面を使用する機会が多い場合は、結果としてローコストとなる。

ボイド型枠｜かたわく

円柱・円形用空洞紙型枠。特殊な紙を積層した型枠で、円柱の打放しに使用される。径は既成品で50～

写真12｜単管（横端太）を渡す

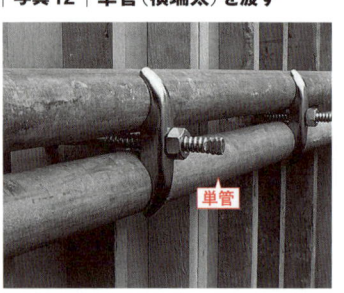

単管

写真11｜ボイド型枠

写真10｜木造住宅の基礎で使われる鋼製型枠

076

図15 | 単管の入れ方

型枠のコーナーは単管の配置によってはセパレータの高さ(割付け)が平行にそろわない。打放しなどで割付けに配慮したい場合は、あらかじめ現場に単管の組み方を指示しておく

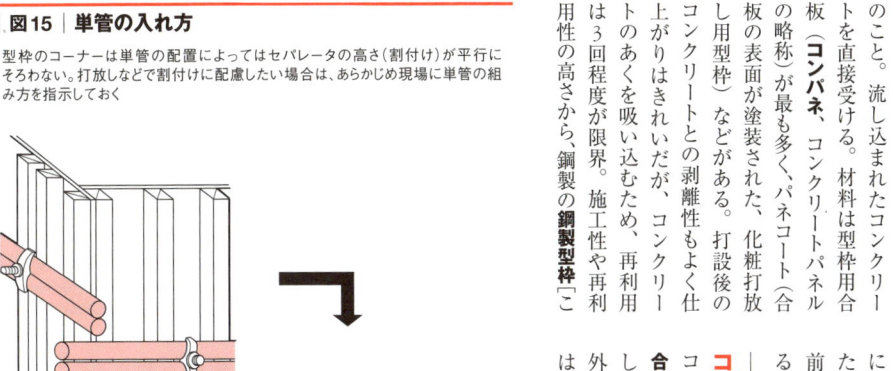

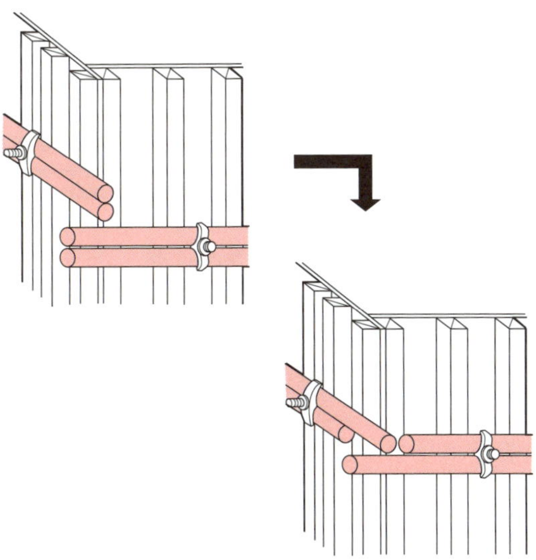

図16 | スラブ受けテーパー金物

型枠
端太材
大引
0〜45°
パイプサポート
釘止め
スラブ受けテーパー金物

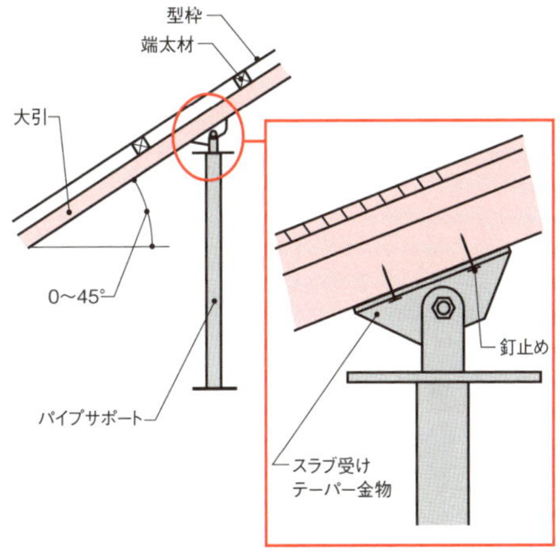

図17 | パーマネントサポート

▼SFL
スラブせき板⑦12
スラブコン
根太パイプφ48.6@≒300
端太角100
釘止め
パーマネントサポート
一般スラブ支保工(サポート)@900

せき板──いた型枠の構成部材の1つで、コンクリート躯体を整形する板状の部材のこと。流し込まれたコンクリートを直接受ける。材料は型枠用合板(**コンパネ**、コンクリートパネルの略称)が最も多く、パネコート(合板の表面が塗装された、化粧打放し用型枠)などがある。打設後のコンクリートとの剥離性もよく仕上がりはきれいだが、コンクリートのあくを吸い込むため、再利用は3回程度が限界。施工性や再利用性の高さから、鋼製の**鋼製型枠**[こ

の前パネコート(昭和油研)で呼ばれることも多い。表面に塗る塗料の名放し用にはコンパネの表面を塗装したものがある。ウレタン系・アクリル系などがある。梁などの側面に使われるせき板を側板[がわいた]という。表面に塗る塗料の名前パネコート(昭和油研)で呼ばれることも多い。

コンパネ──コンクリートパネルの略で、型枠用合板のこと。JASでは一種(打放しコンクリート用)と二種(一種以外のもの)に分類され、一般的には厚さ12×900×1800mm(さぶ

外径48.6mm、肉厚2.3mmの鋼管パ方向のものを縦端太[たてばた]とまたは腹起こし[はらおこし]、縦横方向のものを横端太[よこばた]、角の角材で、スギ、マツ、ヒノキなどの約10cm型枠の側面を固めるために使用す**端太角**──ばたかくる。単管を用いることが多い。るため30cmほどの間隔で並べられスラブ型枠においてせき板を受け**根太**──ねだ**単管**──たんかん

1200mmまであり、大きいものを特に**チューブ**ともいう[写真11]。うせいかたわく]やアルミ製、プラスチック製FRP、ダンボール型枠なども使われてきている。打放し用にはコンパネの表面を塗装したものがある。ウレタン系・アクリル系などがある。梁などの側面に使われるせき板を側板[がわいた]という。表面に塗る塗料の名前パネコート(昭和油研)で呼ばれることも多い。

ろく)、600×1800mm(にろく)、1000×2000mm(メーターサイズ)が使われる。表面がウレタン系やアクリル系樹脂塗料で塗装された**塗装合板**は、合板とコンクリートの化学的反応を防止するほか、コンクリートの剥離が容易になるため型枠の転用回数が増大する。

大引──おおびきスラブ型枠において根太を受ける設部材のこと。一般的にはパイプサポートが使われる。ため90cmほどの間隔で並べられる部材。**端太角**や60mm角の鋼製角パイプを多く用いる。規格化されたアルミ製の大引材もある。

鋼製仮設梁──こうせいかせつばりビーム、ペコビーム、ペコともいう。根太や大引、パイプサポートを必要としないスラブ型枠。使用材料が少なくなり、効率化が図れる[78頁写真13]。

支保工──しほこう工事途中において荷重を支える仮設部材のこと。一般的にはパイプサポートが使われる。

パイプサポート──鋼管製のコンクリート型枠支柱[78頁写真14]。支保工の支柱でスラブ

イプ。長さは50cm刻みで5mまでが用意されている[写真12、図15]。

いう。

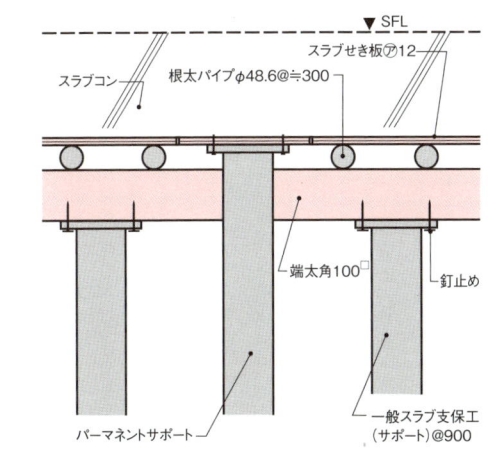

写真15 | 口止めテープ

写真14 | パイプサポート

写真13 | スラブ型枠の上に断熱材を施工する

図19 | アンコ

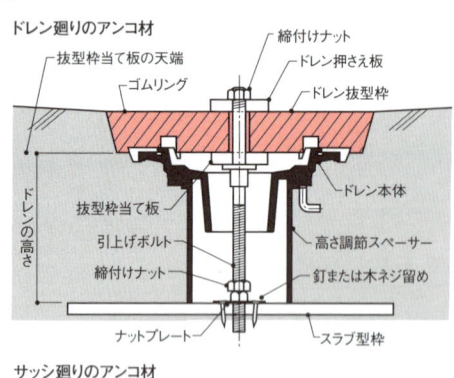

ドレン廻りのアンコ材
- 締付けナット
- 抜型枠当て板の天端
- ドレン押さえ板
- ゴムリング
- ドレン抜型枠
- 抜型枠当て板
- ドレン本体
- 引上げボルト
- 高さ調節スペーサー
- 締付けナット
- 釘または木ネジ留め
- ナットプレート
- スラブ型枠
- ドレンの高さ

サッシ廻りのアンコ材
- サッシアンカー
- サッシ欠込み用アンコ材
- 脱型後

写真16 | フォームタイ

図18 | 型枠の断面

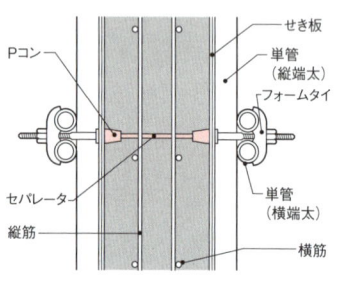

- せき板
- 単管（縦端太）
- Pコン
- フォームタイ
- セパレーター
- 単管（横端太）
- 縦筋
- 横筋

型枠剥離剤 かたわくはくりざい｜型枠解体の脱型を容易にするため、せき板の表面に塗布する塗布剤。コンクリート表面に悪影響（コンクリート表面の色ムラ、色素・せき板バリの付着、仕上げ材の付着力低下）を及ぼす。打放し面積が少ない場合はほとんど使用しないが、一般に基礎や一般壁、各アンコ材に塗布する。水溶性系、油性系に分類されるほか、鋼製型枠用・木製型枠用など多くの製品があるが、吟味して使用しないとコンクリート表面に悪影響（コンクリート表面の色ムラ、色素・せき板バリの付着、仕上げ材の付着力低下）を及ぼす。

ノロ止めテープ ーどめ｜窓廻りや出隅など、型枠の隙間から染み出るノロ（セメントペースト）をふさぐためのテープ［写真15］。打放し仕上げなどで使用する。テープ以外に金属製のノロ止めアングルがあるが、これは敷桟木とスラブとの隙間からノロが噴出するのを防止するためのものである。

サポート ｜梁などの型枠を支持する。サポートともいう。腰管（60・5㎜径）と差し管（48・6㎜径）からなり、30㎝～7mくらいまで長さの調整ができる。最大長さ1200㎜の調整サポートを**ベビーサポート**という。一般サポート最長は3500㎜程度であり、それ以上の長さが必要な場合は、補助サポートでつなぐ。勾配屋根・梁では、パイプサポートを直立使用するため、サポート先端に**スラブ受けテーパー金物**［77頁図16］を取り付ける。また、スラブや束の型枠材の転用［※］を目的として**パーマネントサポート**［77頁図17］や支保工の間引き存置などの方法がしばしば使われる。

パーマネントサポート ｜スラブの支保工はそのままで大引・根太・せき板のみを解体できる特殊なパイプサポート。

根がらみ ｜ねー｜脚部が移動しないように水平材や斜め材を用いてパイプサポートの足元を連結固定すること、その部材。

水平つなぎ ｜すいへいー｜コンクリート打設時の型枠の変形や座屈を防ぐため、中間の高さでパイプサポートを端太角や鋼管などで緊結すること、その部材。高さ2mごとに2方向に設けねばならない。

とんぼ ｜梁下の根太を受ける大引。

フォームタイ ｜せき板と縦・横の端太を型枠として一体化させるためのボルト［写真16］。横端太を締めるための座金があり、端太の材料や締付け方法の違いにより種類が異なる。W型が一

※：在置期間の短いせき板・根太を早期に解体し、上階へ使用していくこと

| 写真19｜箱抜き | 写真18｜角締め | 写真17｜Pコン |

表8｜生コンの受入れ検査

検査項目	検査時期・回数	試験方法	実施者・立会者	合格判定値
スランプ空気量	圧縮強度試験用供試体採取時	JIS A 1101	実施：生コン会社 立会：施工責任者	スランプ 指定したスランプ(㎝) 許容差(㎝) 8未満 ±1.5 / 8以上18以下 ±2.5 / 18超える ±1.5
	構造体コンクリートの強度検査用供試体採取時	JIS A 1128	実施：施工管理者 立会：工事監理者	空気量 区分 許容差(%) 普通コンクリート ±1.0 / 軽量コンクリート ±1.5
(塩素イオン量) 塩化物量	1回／1日 注1	JASS 5 T-502（評価を受けた測定器を用いる）	実施：施工管理者 立会：工事監理者	防錆対策がない場合：0.30kg/m²以下 / 防錆対策がある場合：0.60kg/m²以下
圧縮強度	打込み工区ごと、打込み日ごとに、1回かつ1回／約150m² 注2（3回／1検査ロット）	JIS A 1108標準養生材齢28日	実施：生コン会社 立会：施工管理者	下記(1)、(2)をともに満足する (1)1回の試験結果は、指定した呼び強度の85%以上 (2)3回の試験の平均値は、呼び強度以上

注1　測定は、同一試料から採った3個の分取試料について各1回測定し、その平均値で判定する
注2　1回の試験に用いる供試体は3本で、任意の1運搬車

セパレータ　向かい合う2枚のせき板で構成される型枠の間隔を一定に保つために壁や柱梁の側面に使用する金物［図18］。セパレータと型枠の間に入る切断円錐状の埋めものをPコンという。両側に座金のあるものはコンクリート表面にその跡が残る。

Pコン　ぴーセパの端部に付けるプラスチック製のせき込みのこと［写真17］。木製の木コン［もっ－］もあるが、現在はあまり使用されていない。

返し壁　かえしかべ壁型枠の内壁（または外壁）の反対側の型枠を指す。また、対向して構成される壁の場合、1枚を先に組み、次に配筋してから残りの1枚の壁を組むこと。

角締め　かどじめ建物の角にはコンクリートの側圧が急激にかかりやすいため、壁、柱などのあたる部分の型枠をチェーンやターンバックルなどを使って補強すること［写真18］。角引［かどびき］ともいう。

うってがえし　同一現場において、型枠材をほかの場所に再利用すること。型枠の転用と同義語。うたて返しともいう。「窓のアンコ材を打って返しするから丁寧にばらしてくれ」といった具合に使う。

アンコ　コンクリートに溝や欠込みをつくること。またはその材料［図19］。大きめに加工した型枠のせき板にコンパネやポリスチレンフォームなどを入れて型枠の複雑さを軽減する。

盗み（板）　ぬすみ（いた）［箱抜き］はこぬき］ともいう。合板や木材で現場加工したもののほか、ドレン型枠・排水溝型枠など、用途別に既製品がある。打放しの場合、アンコ材をプレーナー加工するなどシャープに仕上げれば、取付け材の周りもシャープに仕上がる。

箱抜き　はこぬき窓など、コンクリートに箱形の欠込みをつくるため、打設後に箱形のせき板につくった型枠をスラブや壁き板の開口部になる部分に取り付けること。ダクトや配管のための開口を設けるときに行われる［写真19］。

釘仕舞　くぎじまい解体後の型枠材を再利用するために、パネルやコンパネに打ち込んだ釘を抜き取る作業のこと。

桟木　さんぎ仮設用として用いる25×50㎜角で長さは3～4mが一般的。補助桟［ほじょさん］ともいわれる。型枠専用として規格化されたアルミ製の桟木もある。

ばら板　いた仮設用として用いる厚さ12～15mm、幅10cm程度の板。補助板［ほじょいた］ともいわれる。

スリーブ　コンクリート躯体に打ち込む配管などの貫通孔［80頁写真20］。

ばらす　型枠を解体すること（JASS5によって決められている）。建築全般で工事の職人が使用する（鳶：足場をばらす・造作大工：間仕切をばらすなど）。

品質管理

写真20｜スリーブを入れた壁

写真21｜テストピース

写真22｜モールド

図20｜鉄筋の表面形状
①丸鋼
②異形鉄筋

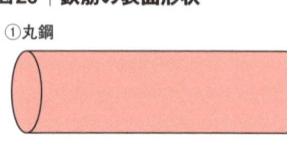

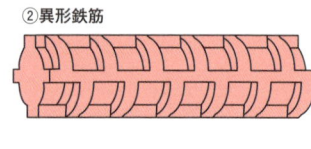

受入れ検査｜うけいれけんさ
生コンクリートが現場に搬入される際、発注どおりのコンクリートがきているかの確認、品質管理のために行う試験。スランプフロー試験、空気量測定、塩化物測定が一般的[79頁表8]。

呼び強度｜よびきょうど
JISに規定されたレディミクストコンクリートの強度区分を示す呼称で、生コンの発注においてN/㎜を加えた値を呼び強度とし、スランプとの組合せで指定する。呼び強度が36N/㎜を超える場合、特に打ち重ね時間の間隔を重点監理しないとコールドジョイントやジャンカの原因となりやすい。打放しの場合、温度補正値の割増しをする

などして打設の時期によって呼び強度が変わると、階によってコンクリートの色が均一にならないので注意する。ほかには**設計基準強度、調合強度、基本補正強度**がある。

設計基準強度｜せっけいきじゅんきょうど
構造計算時に設定したコンクリートの圧縮強度。21〜27N/㎜が一般的だが、軽微な基礎などでは18N/㎜を使用したり、また、大きな建物ではさらに高強度な数値を設定することもある。

調合強度｜ちょうごうきょうど
コンクリートの強度を決める場合に目標とする圧縮強度のことで、打設の際に現場でミキサー車よりコンクリートを採取し作成する供試体[写真21]。JIS A 1132に規定される。養生方法には、**標準養生、現場水中養生、現場封緘養生**などがある。

基本補正強度｜きほんほせいきょうど

設計基準強度に打込みから構造体コンクリートの強度管理材齢までの期間の予想平均気温によるコンクリート強度の補正値を加えた値。気温によるコンクリート強度の補正値は、管理材齢が28、42、56、91日の場合についての規定がある。現在は3N/㎜。

筒先管理｜つつさきかんり
生コンの品質管理のための試料採取を型枠に打ち込まれる直前にポンプの筒先で行うこと。

テストピース
コンクリートの圧縮強度を管理するために、打設の際に現場でミキサー車よりコンクリートを採取し作成する供試体[写真21]。JIS A 1132に規定される。養生方法は21±3℃に保たれた養生。生コンの調合管理のために行う圧縮強度試験用。生コン会社が行う。

モールド
テストピースをつくる鉄製の円筒形の型枠のこと[写真22]。また、モールドに詰めたコンクリートの天端をセメントペーストで平らに仕上げることをキャッピングという。

養生｜ようじょう
打設完了後に表面に亀裂が生じないように湿潤保持を行ったり、凍結が生じないように工事完了部分を保護すること。

標準養生｜ひょうじゅんようじょう
テストピースの圧縮強度試験が実施されるまでの間の養生方法の1つ。水中または湿度が100％近くに保たれた空気中で、その温度が常に21±3℃に保たれた養生。生コンの調合管理のために行う圧縮強度試験用。生コン会社が行う。

現場封緘養生｜げんばふうかんようじょう
打設したコンクリートの強度管理で使われる言葉で、コンクリート打設日からの経過日数を示す。いわゆる養生日数のこと。現場水中養生の場合は材齢28日の4週強度、現場封緘養生（水分が飛ばないようにビニル袋などで供試体を養生したもの）の場合は、材齢91日以前のテストピースの圧縮強度が、設計基準強度以上であれば合格となる。

材齢｜ざいれい
打設したコンクリートの強度管理で使われる言葉で、コンクリート打設日からの経過日数を示す。いわゆる養生日数のこと。現場水中養生の場合は材齢28日の4週強度、現場封緘養生の場合は、材齢91日までにより材齢が42、56、91日までの延長やコンクリートの温度補正値を小さくすること、高炉セメントの採用などが可能となる。

現場封緘養生｜げんばふうかんようじょう
ビニル袋などに密閉し、水分の吸湿や排出をなくすテストピースの養生方法。現場封緘養生の採用により材齢が42、56、91日までの延長やコンクリートの温度補正値を小さくすること、高炉セメントの採用などが可能となる。

現場水中養生｜げんばすいちゅうようじょう
テストピースの養生方法で、現場内に用意された水槽に入れ、気温または水温の最高・最低を毎日記録する。実際に打ち込まれたコンクリートの品質管理あるいは型枠の解体時期判定のための圧縮強度試験用で、施工者が実施する。

カンタブ
生コン中の塩分量を測定する試験

鉄筋

紙。10分ほどで測定結果が出る。

鉄筋｜てっきん
丸鋼と異形鉄筋[図20]があり、鉄鉱石を熔解して銑鉄を製造する溶鉱炉からつくられる鋼材を**高炉物**[こうろもの]、電熱によって加熱する電気炉からつくられる鋼材を**電炉物**[でんろもの]という。材質としての異型鉄筋が一般的。節付きの異型鉄筋は、SD295A、SD345、SD390などが主流。

結束｜けっそく
配筋（鉄筋を図面通りに並べること）後、**番線**（軟鋼の鋼線。太さは21番線が一般的）により鉄筋同士を結ぶことを結束という[写真23]。

ミルシート
製鉄所の鉄筋の品質を証明する鋼材検査証明シート。鋼材メーカーが発行する。鉄筋などの鋼材納入時に添付される品質保証書で、製造番号、鋼種、チャージナンバー、化学成分、機械的性質などが記されている。住宅規模では単独でメーカーから鋼材を購入することはまずなく、ミルシートのみに品質証明を頼るのは望ましくない。現場で鋼材の刻印を確認するとよい[写真24]。

呼び径｜よびけい
異型鉄筋は節があり直径が一定でないため、直径の平均的な値を取り、それを呼び径として規格化している。呼び径13㎜はD13、19㎜はD19と呼ぶ。

デーコン
異形鉄筋のこと。鉄筋とコンクリートの付着強度を高めるために鉄筋の表面に節状の突起が付いている。デーコンは商品名の1つ。

継手｜つぎて
鉄筋のジョイント。工法よって**重ね継手、ガス圧接継手**[写真25]、**機械式継手、溶接継手**[写真26]、アーク溶接継法などに分けられる。アーク溶接法は作業性がよく、鉄筋の収縮量が少ないため、先組みの鉄筋の接合などに用いられる。機械式継手にはねじ付き鉄筋、スリーブ圧着継法、スリーブ充填法、スリーブねじ締付け法がある。重ね継手で太径鉄筋の場合、特に耐圧盤配筋で配筋ピッチが狭いと、太径鉄筋相互の所定のあきがとれなくなるので、あきを考慮した水平重ね、上下重ねを検討する。

直組み鉄筋｜じかぐみてっきん
現場で組み立てられた鉄筋。

インチ
異形鉄筋D25の呼び名。鉄筋工が

先組み鉄筋｜さきぐみてっきん
現場以外で組み立てられた鉄筋。

定着｜ていちゃく
鉄筋が引き抜けないようコンクリート中に端部を埋め込んで固定させること。梁の場合、**アンカー、のみ込み**ともいう。溶接法などに分けられる。アーク溶接法に所定の長さのみ込ませて応力を確実に伝達させる。

定着長さ｜ていちゃくながさ
コンクリート内に埋め込んだ鉄筋に力が作用しても引き抜けないように固定するために必要な長さ。一般に鉄筋は支点において鉄筋を重ねることで接合を行う。その際、鉄筋を接合したい部材に飲み込ませなくてはならない長さをいう。

主筋｜しゅきん
RC造で主に曲げに効くように配置される鉄筋のこと。柱では縦筋、梁では横に走る鉄筋、床では短辺方向の鉄筋を指す。

フープ（帯筋）｜（おびきん）
柱筋・梁筋の主筋を束ねる状態で、主材に対して直角に帯状に配置されている鉄筋。柱に使用されるものをいう。最近はフープを1本ずつ溶接したものもある[82頁図21]。一般に150㎜以下の間隔で巻き付ける。梁の場合は、スタラップという。間隔は、250㎜以下かつ梁せいの3/4以下。

スパイラルフープ
らせん状に加工されたフープの1種。SRC造などで使われること

よく使う。呼び名はヤード法の1インチ（25.4㎜）に由来。

| 写真23 | 結束の様子 |

| 写真24 | 刻印（SD345） |

| 写真25 | ガス圧接継手 |

| 写真26 | 溶接継手の施工 |

図21 | 柱の配筋

- 主筋（柱筋）
- 帯筋（フープ）
- 帯筋（たが式135°フック）
- フック部
- 主筋（柱筋）
- 帯筋（フープ）
- 帯筋（溶接閉鎖式）
- 溶接部

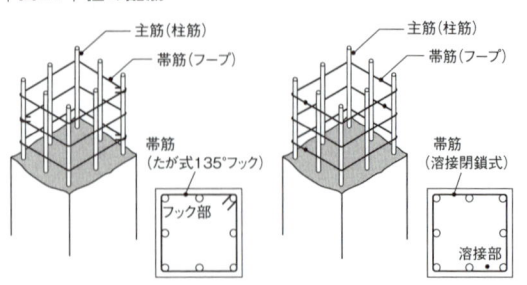

図22 | スパイラルフープの種類

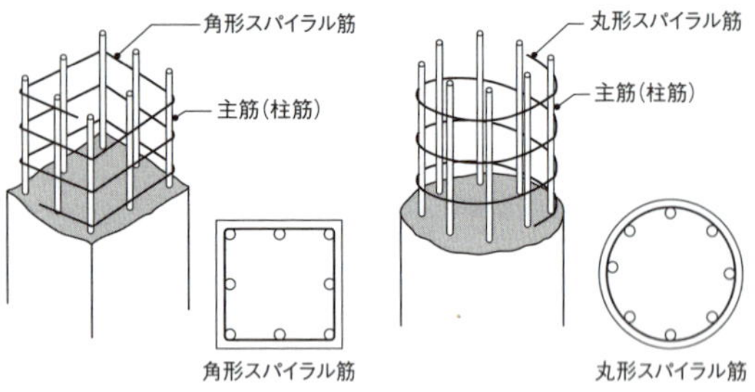

- 角形スパイラル筋
- 主筋（柱筋）
- 丸形スパイラル筋
- 主筋（柱筋）
- 角形スパイラル筋
- 丸形スパイラル筋

図23 | RCラーメン構造の配筋詳細

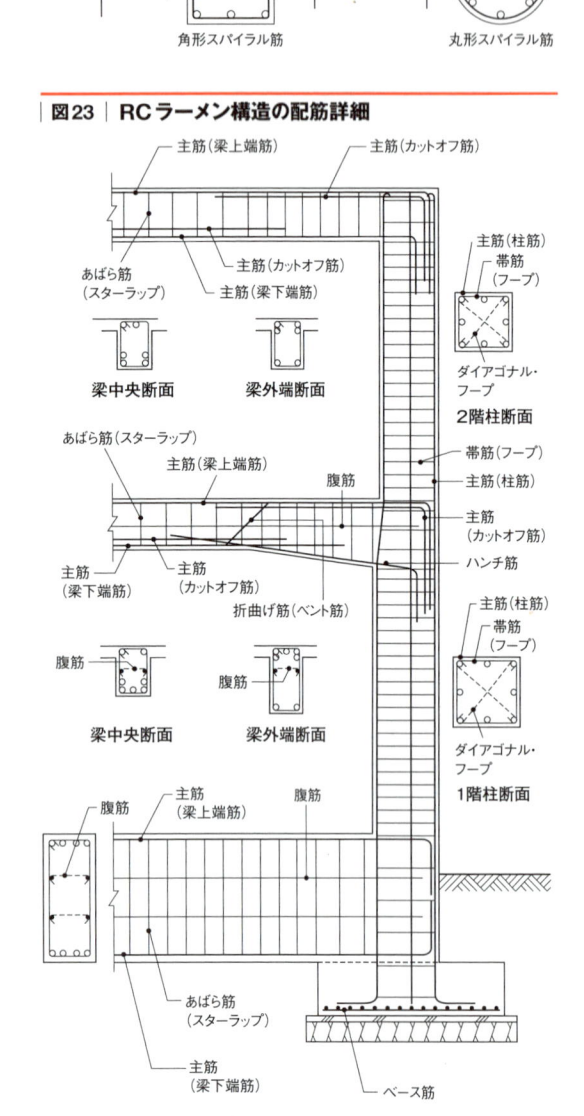

- 主筋（梁上端筋）
- 主筋（カットオフ筋）
- あばら筋（スタラップ）
- 主筋（カットオフ筋）
- 主筋（梁下端筋）
- 梁中央断面
- 梁外端断面
- 帯筋（フープ）
- ダイアゴナル・フープ
- 2階柱断面
- あばら筋（スタラップ）
- 主筋（梁上端筋）
- 腹筋
- 帯筋（フープ）
- 主筋（柱筋）
- 主筋（カットオフ筋）
- ハンチ筋
- 主筋（梁下端筋）
- 折曲げ筋（ベント筋）
- 梁中央断面
- 梁外端断面
- 腹筋
- 主筋（柱筋）
- 帯筋（フープ）
- ダイアゴナル・フープ
- 1階柱断面
- 腹筋
- 主筋（梁上端筋）
- 腹筋
- あばら筋（スタラップ）
- 主筋（梁下端筋）
- ベース筋

が多い[図22]。

スターラップ（あばら筋）｜（あばらきん）

柱のフープに対し、梁に使用される鉄筋のこと[図23]。

腹筋｜はらきん

梁せいが大きくなると、スタラップが平行四辺形状に変形し、きれいに配筋が行えない。そのような時に、腹筋を配筋する。腹筋は、梁の上下の主筋と平行な呼び径の小さい鉄筋であり、形を整えやすくする効果がある。

幅止め筋｜はばどめきん

梁のスタラップの間隔を一定に保つ配筋や、スラブ上下の鉄筋の間隔を一定に保つ配筋を指す。1mピッチ程度が一般的。

補強筋｜ほきょうきん

各種スリーブや開口部の隅などには大きな引張力が生じるため、壁や床の中央部の鉄筋では負担しきれなくなることが多い。そのため補強筋として径の太い鉄筋を多めに配筋し、ひび割れが生じたり破壊が起こったりしないようにする。構造体の強度を維持するために必須である。窓開口部の四隅に発生する斜めクラックを防ぐための補強筋や、仮設重量物を載せるスラブ補強筋などがある。

割りバンド｜わり

帯筋やあばら筋の寸法が大きいなどの理由で取付けが不可能な場合、帯筋やあばら筋をL型・U型に2分割して取付け可能にしたもの[図24]。

ラッキョ

あばら筋の上部にキャップタイ（拘束筋）として被せるようにしたもの[図25]。梁せいが大きく1本物のあばら筋では配筋が困難な場合に使われる。

はかま筋｜はかまきん

独立基礎の外周に取り付ける割裂防止筋[図26]。D10・13・16がよく使われる。鉄筋が混み合う場所などでフーチングの幅・高さの余裕をみた被り厚さの鉄筋寸法やベース筋への定着長さを確認する。特に平面的に偏心する場合、柱筋・

中子｜なかご

柱・梁のせん断補強である帯筋・あばら筋だけでは強度不足の場合に柱・梁内に設けるせん断補強筋。副帯筋・副あばら筋。

かんざし

梁筋上端主筋を所定の位置に固定支持する鉄筋[図27]。梁主筋と同径か1サイズ小径のものが使用される。かんざし受けのスペーサーには堅固なもの（パテントスペーサー）を使用し、動かないよう固定する。

中吊り筋｜ちゅうづりきん

梁主筋の2段配筋のこと[図28]。2段筋ともいう。梁駆体幅内に主筋本数が多く1段では梁幅に納らない場合、2段まで配筋とする

ブ補強筋などがある。

居」と表し、物事の決まること、落ち着くことをいう。地中梁筋と干渉しあうので配筋手順を十分検討する。筋を135度にフックとすると納まらない場合、漢字では「落

が、この2段目の内側配筋のこと。本数が多い場合、受け用幅止め筋で保持する。

用心鉄筋｜ようじんてっきん｜構造計算によらない鉄筋で、構造上部分的・全体的に安全性の確保を目的としたもの。片持ちスラブの上筋が下がらないようにするための受け筋、梁スターラップ上端とスラブ上筋の間のあばれ止め筋、階段の段鼻筋の位置を保持するための昇筋などが相当する。

壁せん断補強筋｜かべせんだんほきょうきん｜耐力壁の縦筋・横筋のこと。特に壁構造の場合、壁全体で応力を負担するため、継手・かぶりなどを確認したい。

壁曲げ補強筋｜かべまげほきょうきん｜耐力壁の周辺交差部、開口部端部の曲げ補強筋のこと。壁せん断補強筋と同様に継手・かぶりなどを確認したい。継手は原則1カ所とし、継手位置は耐力壁の1層下部に設ける。

設計かぶり厚さ｜せっけい―あつさ｜最も外側の鉄筋からコンクリート表面までの距離のこと。かぶり厚さが確保できていないと躯体の強度など性能に問題が生じる[84頁表9]。柱、梁、壁版、床版などの部位によってかぶり厚さは異なる。設計かぶり厚さは施工誤差を考慮し、ある程度の数値を差し引いたものを**最小かぶり厚さ**という。

最小かぶり厚さ｜さいしょう―あつさ｜鉄筋コンクリート部材の各面、またはそのうちの特定の箇所において最も外側にある鉄筋の最小限度のかぶり厚さのこと。

スペーサー

図26｜はかま筋

- ベース筋
- はかま筋
- ベース筋との定着やかぶり厚を十分に検討する
- ベース筋
- 基礎筋
- はかま筋
- はかま筋のない場合／はかま筋のある場合

図24｜割りバンド（あばら筋の例）

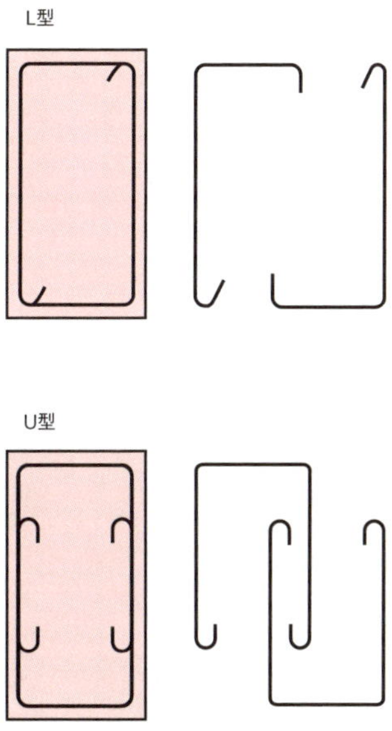

L型

U型

図25｜ラッキョと中子

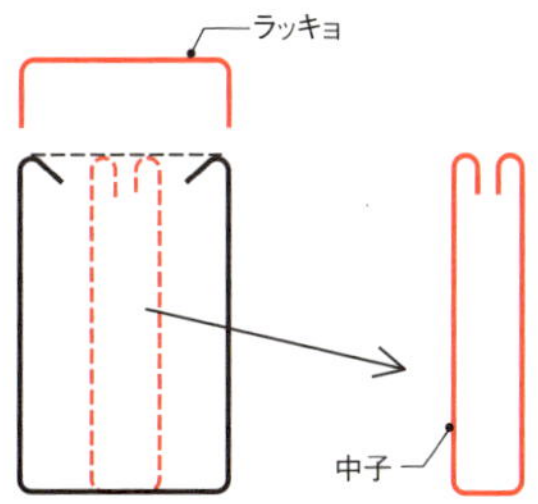

- ラッキョ
- 中子

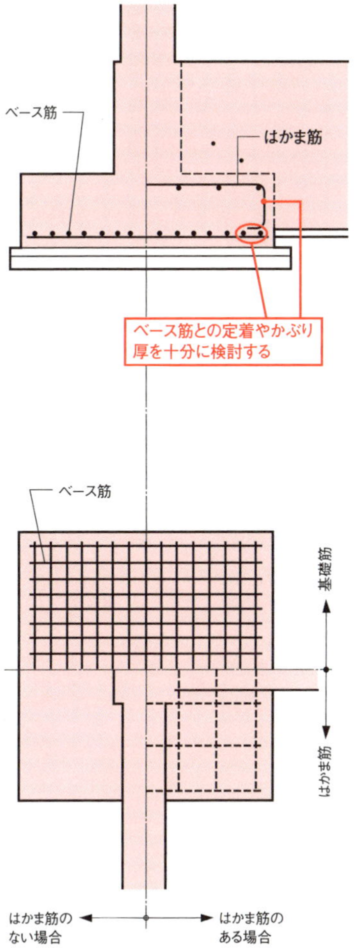

図27｜かんざし（柱廻りの断面）

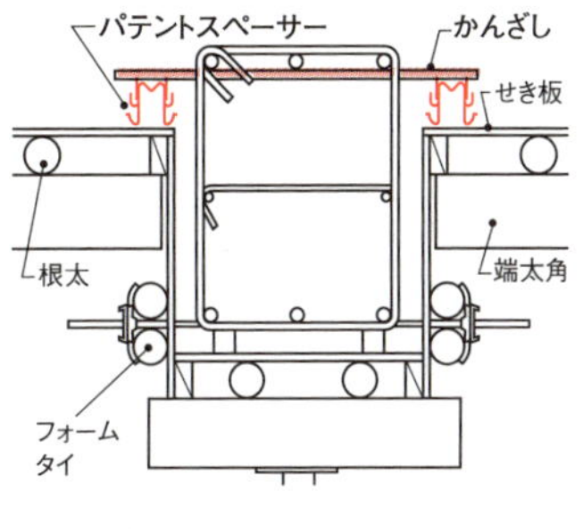

- パテントスペーサー
- かんざし
- せき板
- 根太
- 端太角
- フォームタイ

図28｜中吊り筋（梁の断面）

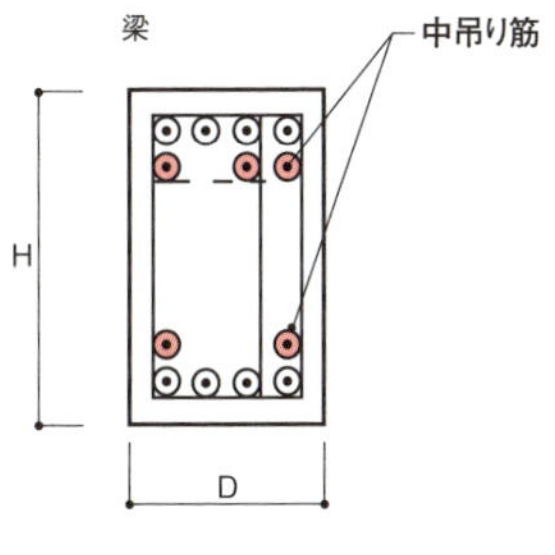

- 梁
- 中吊り筋
- H
- D

図29｜壁曲げ補強筋

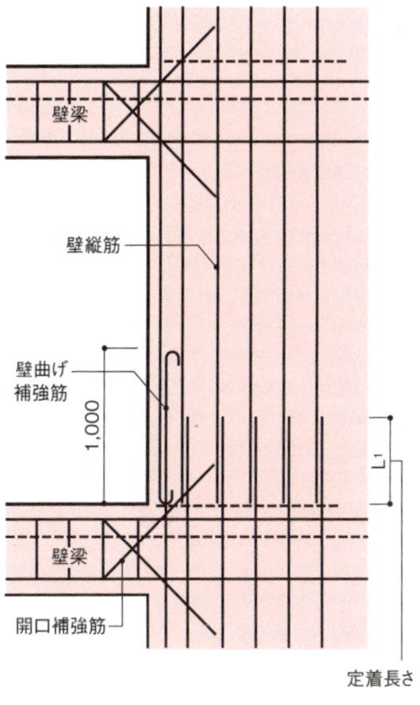

- 壁梁
- 壁縦筋
- 壁曲げ補強筋
- 1,000
- 壁梁
- 開口補強筋
- 定着長さ

表9 | 設計かぶり厚さの標準値

部位			設計かぶり厚さ（mm）	
			仕上げあり注1	仕上げなし
土に接しない部分	床スラブ、屋根スラブ、非耐力壁	屋内	30	30
		屋内	30	40
	柱、梁、耐力壁	屋内	40	40
		屋内	40	50
	擁壁		50	50
土に接する部分	柱・梁・床スラブ・壁・布基礎の立上がり部分		—	70注2
	基礎・擁壁			70注2

注1：耐久性上有効な仕上げのある場合
注2：計量コンクリートの場合は10mm増しの値とする

図30 | 台直し

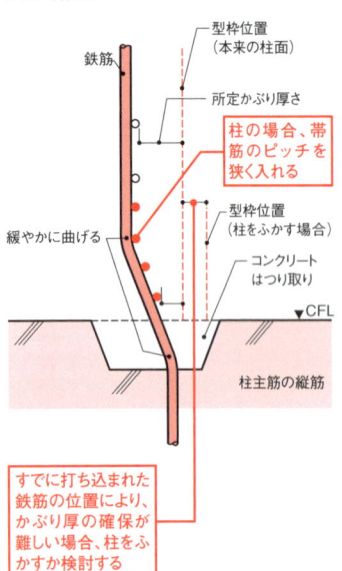

正しい台直し
- 型枠位置（本来の柱面）
- 鉄筋
- 所定かぶり厚さ
- 柱の場合、帯筋のピッチを狭く入れる
- 緩やかに曲げる
- 型枠位置（柱をふかす場合）
- コンクリートはつり取り
- ▼CFL
- 柱主筋の縦筋
- すでに打ち込まれた鉄筋の位置により、かぶり厚の確保が難しい場合、柱をふかすか検討する

悪い例：急角度に折り曲げている
- 急角度の折曲げを行ってはいけない
- ▼CFL

写真27 | ドーナッツ

重ね継手｜かさねつぎて
鉄筋を延長する方法の1つ。部材同士の端を、一定の長さで重ね合わせて継ぐ。呼び径が16mm以下の場合に行う。そのほか、**ガス圧接継手**や機械式継手などがある。

かぶり厚さの確保のため、型枠や捨てコンクリートと鉄筋の間に差し入れ、間隔を確保する仮設材。

ドーナッツ｜
柱・梁・壁筋のかぶり厚さを確保するために鉄筋にはめておくドーナッツ状のスペーサーのこと。[写真27]

キャラメル｜
スラブのかぶり厚さを確保するためにスラブ筋の下端に置くサイコロ状のセメントブロックのこと。スペーサーの1種。

ハッキング｜
鉄筋をなまし鉄線で結束すること。このときに使う、カギ状の工具をハッカーという。

台直し｜だいなおし
設計図書・施工図に示された位置からずれて施工されている鉄筋を、コンクリート硬化後に正規の位置に正すこと［図30］。本来好ましくない。修正の際は、慎重に検討し施工する。

差し筋｜さしきん
コンクリートの打継ぎ個所において鉄筋を接合させるためにスラブまでを打設する際、そのスラブより上に立ち上がってくる壁や柱の配筋を下に差し込んでおくこと。

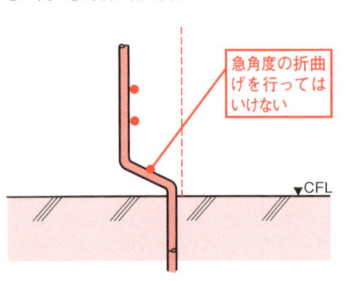

田植え｜たうえ
スラブコンクリートを打設しながら壁の位置に壁筋を接合するために床に差し筋をしたり、大引の取付け金物を埋め込んだりすること。鉄筋の周りに気泡が生じ、鉄筋とコンクリートの付着力が低下し、火災に弱い接着剤が多いので注意。

プラキャップ｜
配筋が完了した後、安全対策として差し筋など立上がり筋の上部に被せて目立たせて不慮の怪我が生じないようにかぶせるためのプラスチック製のキャップ。

ケミカルアンカー｜
エポキシアンカーともいう。打ち上がったコンクリート表面にドリルで穴をあけ、アンカーボルトをエポキシ樹脂など化学凝固剤で固定させる方法をいう。日本デコラックスの商品名。一般名称は**樹脂系後**

施工アンカー｜という。アンカーボルトの耐力は、接着剤の強度よりも孔近くのコンクリートの破壊で決まることが多い。振動などには強いが、火災に弱い接着剤が多いので注意。

ホールインアンカー｜
後施工アンカー。接着剤を使用せず、ねじをコンクリートに噛み込ませるなど機械式に固定する方法をとり、**機械式後施工アンカー**とも呼ばれる。振動などが発生する場所では、緩みを生じる可能性が高いので望ましくない。

仕上げ

コンクリート打放し仕上げ｜
うちはなしあげ
単に打放しともいう。コンクリート表面を仕上げ材料で覆わずに型枠を外したままを仕上げとするもの。型枠の種類やコンクリート打設の精度が仕上げに影響するため、施工手間がかかり、専門業者の補修を要することが多い。

モノリシック仕上げ｜しあげ
床コンクリート打設後、硬化しないうちにモルタル仕上げをして躯体コンクリートと一体になるようにする表面仕上げの手法とその仕上げを指す。

躯体

鉄骨躯体工事 3

鉄骨造「てっこつぞう」は、鉄骨製作工場で加工、組立てされた鋼板や形鋼の部材を建設現場で建て、ボルトや溶接で接合してつくられる［図1］。構造システム別には鉄骨ラーメン構造「てっこつ-こうぞう」［図2］や、軽量鉄骨系プレハブ構造［けいりょうてっこつけい-こうぞう］、コンクリートを流し込んだ鋼管を柱とするCFT構造［しーえふてぃーこうぞう］などがある。

部位

継手｜つぎて
鉄骨造の場合は、部材相互をその材軸方向、主に長手方向に継ぐ場合の接合部分のことを指す。角度をもって接合する仕口と区別して用いられる。

仕口｜しぐち
2つの部材を直交させて組み立てるとき、構造的に堅固となるように接合された部分、またはその接合方法のこと。鉄骨工事では柱と梁の接合部などがその代表。

パネルゾーン
柱と梁の仕口部分のこと［86頁図3］。柱に取り付く梁のせいが異なる場合は、製作前にダイアフラムの取付け方法が異なる場合もパネルゾーンの形状を十分に検討したい。
溶接部の収縮で折れ曲がりが生じやすいので、製品検査時は、主に溶接部の品質とダイアフラムの変形量を確認する。

ウェブ
鋼材のH形断面やI形断面などの上下のフランジをつなぐ部分のこと。BHの場合はウェブの板厚に要注意。薄すぎるとフランジとウェブを溶接するときに変形が生じる。直角になっているかを確認する。

フランジ
鋼材のH形断面やI形断面などのウェブを挟む上下の張出し部分の鋼材のこと。ウェブとフランジがもつ接合部分、または接合の部合方法のこと。鉄骨工事では柱と

ダイアフラム
柱梁の仕口において、柱の中空部分の剛性を高めるために取り付ける板状の補強材。略してダイアと

写真1｜建方中の梁ブラケット

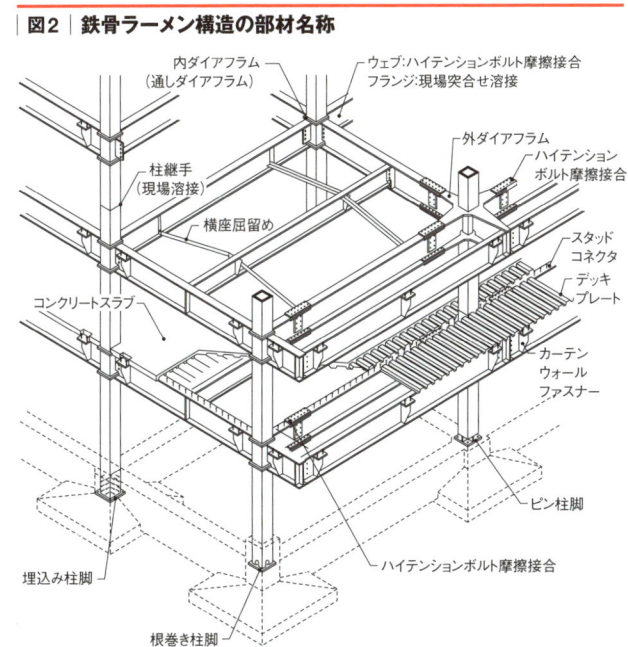

図1｜鉄骨造の工程

```
着工〜根切り工事
  境界確認、遣方
  根切り
  捨コン
  地墨出
     ↓
基礎躯体工事／鉄骨工場製作
  現場・基礎躯体工事
  アンカーボルトセット
  地中梁・基礎配筋
  地中梁・基礎型枠
  基礎コンクリート打設
  鉄骨工場製作
  工作図作成
  加工（けがき・切断など）
  組立・溶接
  工場溶接部超音波探傷（UT）検査
  錆止め塗装
     ↓
鉄骨建方〜デッキスラブコンクリート
  ベースモルタル
  鉄骨建方／建入れ直し
  本締め
  デッキプレート敷き
  スタッド溶接
  スラブ配筋
  コンクリート止め
  デッキスラブコンクリート打設
     ↓
仕上げ工事
  外壁材取付け工事
  耐火被覆
  防水工事
  電気・機械設備工事
  建具工事
     ↓
  竣工
```

図2｜鉄骨ラーメン構造の部材名称

（図中ラベル）
- 内ダイアフラム（通しダイアフラム）
- ウェブ：ハイテンションボルト摩擦接合
- フランジ：現場突合せ溶接
- 外ダイアフラム
- ハイテンションボルト摩擦接合
- 柱継手（現場溶接）
- 横座屈留め
- スタッドコネクタ
- デッキプレート
- コンクリートスラブ
- カーテンウォールファスナー
- ピン柱脚
- ハイテンションボルト摩擦接合
- 埋込み柱脚
- 根巻き柱脚

085

呼ぶこともある。最も一般的な通しダイアは、柱面より外側に飛び出すので外壁下地を検討する際には出寸法を考慮しておくこと。

ブラケット

柱梁仕口部などの交差部分、または壁などから水平に跳ね出した部分［85頁写真1、図4］。ブラケット工法は鉄骨を現場で組み立てるときの梁の接続の方法の1つで、1本の梁を3分割し、両端の梁は工場溶接で柱に接続され、中央の梁は現場で接続される。

工場製作した柱で、溶接などで梁が取り付けられているものを梁ブラケット［はり—］という。運搬上、柱中心からブラケット先端までを1.5m以内とする。

ノンブラケット

柱にブラケットを付けないで、柱と梁を現場で直接接合する工法。工場で柱に溶接されたガゼットプレートなどを使って、梁ウェブとガゼットは高力ボルト摩擦接合、梁フランジと柱（ダイアフラム）は溶接が多い。

工場製作の簡素化や運搬費の低減が図れる反面、現場の監理はやや手間がかかる。

ノンブラケット工法 ──こうほう

ブラケット工法に相対する工法。

カバープレート

応力が大きい構造材の仕口などに使用する補強材の当て板［図5］。梁ウェブのスリーブ貫通部をはじめとする断面欠損の補強や食違い・ずれなどが生じた部分の補強に使われる。

スプライスプレート

柱や梁の継手で部材に添える鋼板［写真2］。添え板［そえいた］ともいう。スプライスプレートで挟み、ボルト接合で応力を伝達する。また、厚さが異なる部材を接合する鉄骨を現場で組み立てるとき、仕口のない柱と梁を溶接やボルトによって現場で接合する工法。工場製作の簡素化や運搬費の軽減を図ることができる。

るときに、隙間（はだすき）が1mm超6mm以下の場合に挟む厚さ調整用の薄い鋼板をフィラープレートまたはフィラーという。

リブプレート

柱梁のフランジやウェブの局部的な変形を防止するために取り付ける補強用の鋼板［図6］。柱脚の補強にもよく使われる。溶接の品質にも確認したい。

エレクションピース

現場の本溶接のために工場製作で取り付けておく仮設用のプレート［図7］。本溶接施工中または本溶接後に切断する。本溶接が終えるまで、応力を負担させる目的で柱に取り付ける。

図3 ｜ 鉄骨造の基本構造

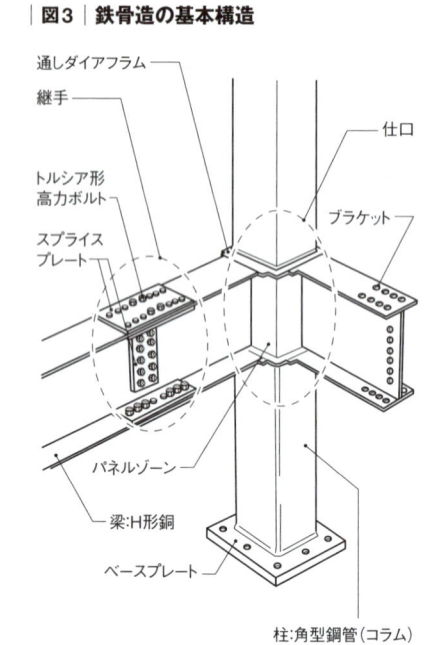

通しダイアフラム／継手／仕口／トルシア形高力ボルト／スプライスプレート／ブラケット／パネルゾーン／梁:H形鋼／ベースプレート／柱:角型鋼管（コラム）

図6 ｜ リブプレート
リブプレート／柱脚

図5 ｜ カバープレート
カバープレート

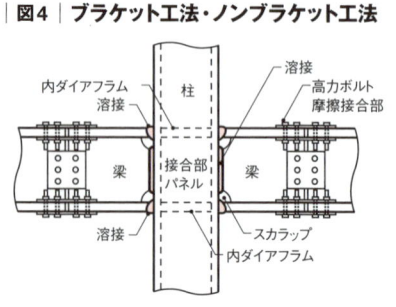

図4 ｜ ブラケット工法・ノンブラケット工法

ブラケット工法：内ダイアフラム／溶接／柱／溶接／高力ボルト摩擦接合部／接合部パネル／梁／スカラップ／内ダイアフラム

ノンブラケット工法：内ダイアフラム／溶接／柱／スカラップ／高力ボルト／接合部パネル／梁／シアープレート／溶接／内ダイアフラム

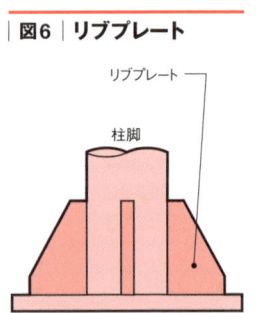

図7 ｜ エレクションピース

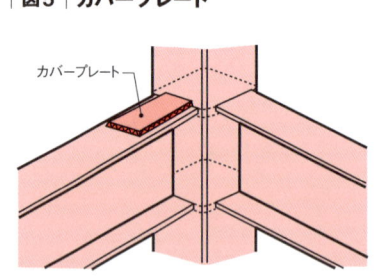

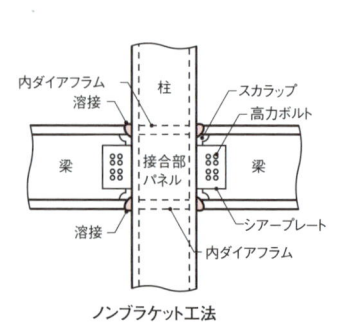

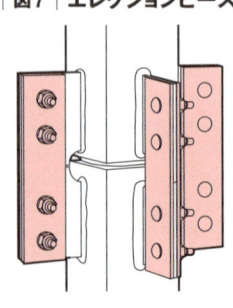

写真2 ｜ スプライスプレート
スプライスプレート／スプライスプレート

鋼材

鋼材｜こうざい
鋼材は純粋な鉄ではなく炭素などを含んでいる合金で、炭素量により鋼材の硬さを調整している。住宅でよく使われるSS400などは炭素の含有量が0.2％程度で**低炭素鋼**などと呼ばれる。

H形鋼｜えっちがたこう
断面がH形をした形鋼。H鋼［えっちこう］ともいう。断面性能に強軸、弱軸がある部材。その特性を理解して部材の配置を行う必要がある。主にウェブを梁材として使用する。せん断力をウェブが、曲げ応力はフランジが受けもつ。フランジ厚やウェブの高さが豊富で外形寸法を一定に保たれている**外法一定H形鋼**の登場で断面の種類が豊富になった。

BH鋼｜びるどえっちこう
H形鋼に対して、フランジとウェブの板厚・板幅・材質の組合せが限定されるため、自由度を増したいとき用いられる。BHに対しブを溶接組立てで構成したH形鋼［図10］。BHはビルトアップH形鋼の略。既製のH形鋼はフランジとウェブの板厚・板幅・材質の組合せが限定されるため、自由度を増したいとき用いられる。BHに対し鋼材の配置を行う必要がある。せん断力をウェブが、曲げ応力はフランジ...（略）、形鋼をRH［ろーるえっち］ともいう。

ボックス
角形鋼管のことで**コラム**ともいう［図11］。断面に方向性がなく軸方向の力に強いので、主に柱材として使用される。**溶接組立箱形断面柱**（BB）と**冷間成形角形鋼管**（BCP、BCR）が主流である。冷間成形角形鋼管の角部は、曲げ加工で塑性変形が生じているため、溶接には注意を要する。4面溶接組立て材などがある。

I形鋼｜あいがたこう
断面がI形をした形鋼。

パイプ
鋼管のこと。

炭素鋼｜たんそこう
炭素量のみを調整して、特に合金元素を加えていない鉄鋼。少量のケイ素、マンガン、リン、硫黄が入っており、炭素含有量、各化学成分の基準値が定められている［表1］。

鋳鉄鋼｜ちゅうてつこう
鉄、炭素合金銑鉄よりつくる。圧延はできないが、鋳造性に富む。

SM材｜えすえむざい
溶接構造用圧延鋼材。衝撃性能にも最もよく使われる鋼材。強度を増すために炭素量を増やしているため、溶接性が悪くSS490以上の鋼材は溶接構造用には使用しない。

SS材｜えすえすざい
一般構造用圧延鋼材。リンや硫黄などの規定がなく、溶接には不向きといわれているが、国産のSS材は通常の溶接によって割れが生じることはほとんどない。鋼材種類の表記は、SSやSMは鋼材規格を、数値は鋼材の引張強度をN/㎟で表している。SS材は一般構造用鋼材のなかも最もよく使われる鋼材。強度を増すために炭素量を増やしているため、溶接性が悪くSS490以上の鋼材は溶接構造用には使用しない。

ステンレス鋼
ニッケル・クロムを含んだ炭素量が非常に少なく、耐食性に優れた特殊鋼。

スチフナー
柱や梁のウェブの局部座屈を防止するため、ウェブに取り付ける補強用の鋼板［図8］。比較的小さいものをリブという。

| 図8 | スチフナー |

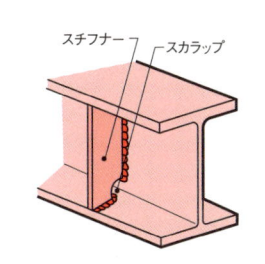

ガセットプレート
主に大梁と小梁の接合の際に、大梁のウェブに取り付ける添え板［図9］。ガセットプレートが大梁のスプライスプレートと緩衝していないかを確認する。ブレースの接合にも使う。

| 図9 | ガセットプレート |

| 図10 | RHとBH |

| 図11 | ボックス |

| 表1 | 鋼材の性質に影響する化学成分 |

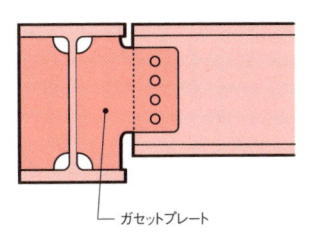

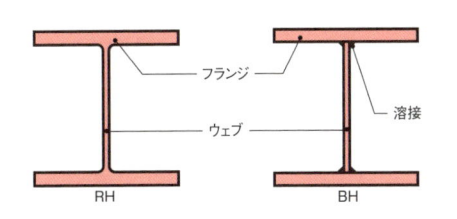

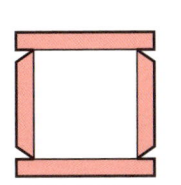

	成分が増えると	
	改善する性質	悪化する性質
炭素（C）	強度	延性・衝撃性・溶接性
ケイ素（Si）（0.5％以内）	強度・脱酸素作用	延性・衝撃性
マンガン（Mn）（1.6％以内）	強度・脱酸素作用	延性・衝撃性
リン（P）（0.07％以上）	耐候性	溶接性・冷間加工性・衝撃性
硫黄（S）	切削性	衝撃特性・割れの原因増加

上記5成分は鋼材の性質に影響するため、鋼材の使用目的ごとに含有量を制限している

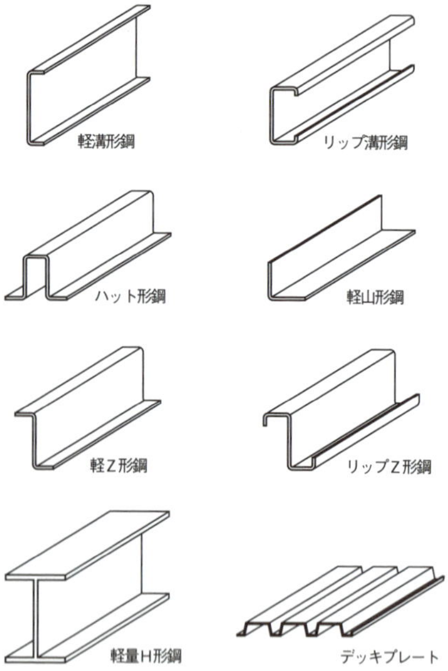

| 図13 | チャンネル

| 図12 | LGSの種類

軽溝形鋼　　　リップ溝形鋼
ハット形鋼　　軽山形鋼
軽Z形鋼　　　リップZ形鋼
軽量H形鋼　　デッキプレート

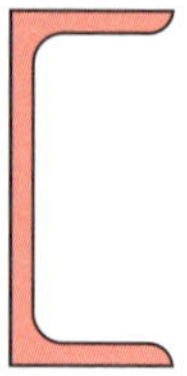

| 図14 | アングル

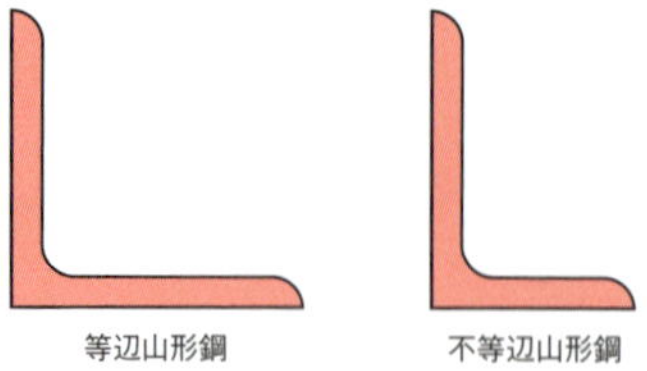

等辺山形鋼　　不等辺山形鋼

| 図15 | デッキプレート

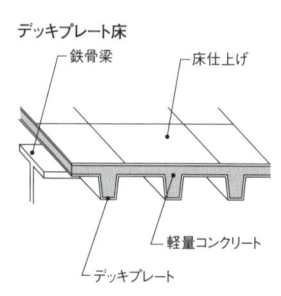

デッキプレート床
鉄骨梁
床仕上げ
軽量コンクリート
デッキプレート

| 図16 | デッキプレートの種類

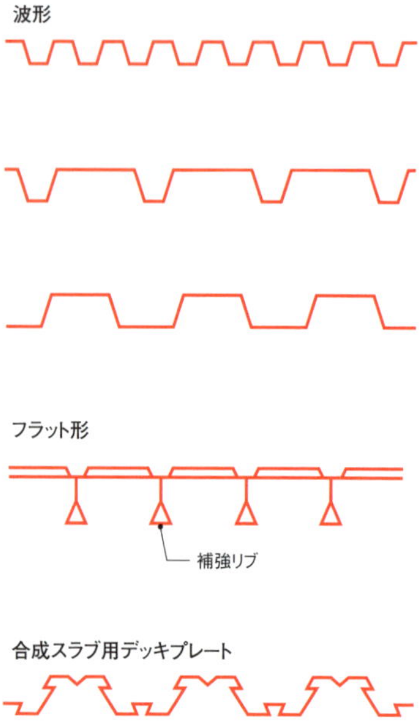

波形

フラット形

補強リブ

合成スラブ用デッキプレート

SN材｜えすえぬざい
鉄骨造建築物を対象とした建造用圧延鋼材。1994年にJIS規格に制定された。SS材、SM材に比べて材料特性が優れているため、価格は高い。靱性や絞り性能などによりA、B、Cの等級がある。熱間圧延した型鋼、平鋼、鋼板で、溶接割れなどの問題に対応したもの。

よりA、B、Cの等級がある。Cが最も靱性に富むが、Aがよく使用される。

STKR｜えすてぃーけーあーる
SS材を使用した柱用の冷間成形角形鋼管の規格。JIS規格品。正方形断面と長方形断面があり、サイズは50×50mm、板厚は1.6mmからある。正方形断面は方向性がないのでラーメン構造の柱に用いられることが多い。

STK｜えすてぃーけー
SS材に類似した鋼管のJIS規格材。

なお、当初SS・SM材に比べ高性能な材料で入荷の問題もあったが、2008年JIS規格が大幅に改定されたため、日本市場ではSS・SM・SN材における性能差はほとんどない。

BCP｜びーしーぴー
SN材に相当するものとして規格された角形鋼管（柱）用の冷間成形角形鋼管の規格で、プレス成形品。BPと類似の規格だが、製法が異なり、強度も違う。

BCR｜びーしーあーる
BPと類似の規格だが、製法が異なり、強度も違う。

TMCP鋼｜てぃーえむしーぴーこう
熱加工製造によってつくられた高性能の鋼材。超高層ビル用の構造用鋼材として採用されている。

Gコラム｜じー
柱に用いられる継目なしの遠心鋳造鋼管の商品名（製造：クボタ）

ビルドボックス
鋼鈑から自動溶接機を用い任意のサイズでつくる**ボックスコラム**（溶接組立箱型断面柱）のこと。

CFT｜しーえふてぃー
コンクリートを内部に充填した鋼管で、通常の鋼管に比べ、変形に耐えうる。CFTを用いた構造をCFT（コンクリート充填鋼管）構造という。

FR鋼｜えふあーるこう
耐火鋼。一般鋼材の耐力が350℃であるのに対し、600℃まで保証した鋼材。耐火被覆の軽減が図れるが、高価である。成分にニッケル、クロム、モリブデンを加え、高温時でも降伏点が下がらないように強度を高めたもの。耐火被覆量が少なくなるようなデザインが可能となる。法37条2項による大臣認定材。公共建築などを中心に需要が増加している。

写真4 | 合成スラブ

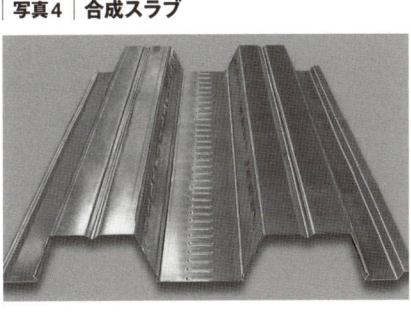

写真3 | フラットデッキ

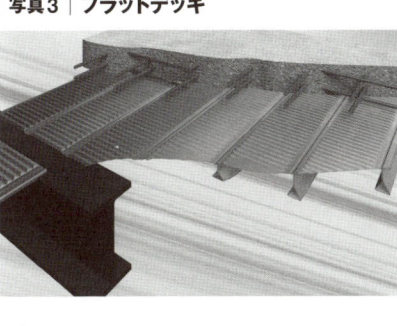

LGS えるじーえす

厚さ1.6～4.0mm程度の薄板を冷間ロールしてつくった**軽量形鋼**。形状は溝形、山形、Z形などがあり、小規模建築物のほか、胴縁や母屋など、用途が広い[図12]。

このうちC形形状の溝形のもの（リップ溝形鋼）を特に**チャンネル**、**Cチャン**［しー─］という。板厚が薄いため局部座屈や錆に対する注意が必要。

なおLGSは防錆処理がされた状態で工場生産される。ボルト接合か隅肉溶接によって取り付けられる。

いう使用法も可能。建築構造用にはSUS304Aなどが適当。

フラットバー 帯状の肉厚の薄い鋼材。幅は25～300mm、肉厚は6～30mm程度。**平鋼**［ひらこう］ともいう。

アングル 山形鋼[やまがたこう]のこと[図14]。L形の断面をした形鋼。山形鋼ともいう。

ブレース、母屋、取付けピースなどに使用され、ボルト接合か隅肉溶接で取り付けられる。

デッキプレート コンクリートスラブの型枠や床板として用いられる波形の鋼板。鋼板をさまざまな型に通して断面性能を上げている[図15・16]。デッキプレート自体を構造体にする合成デッキと、型枠の代わりに取り付けするものがある。鉄骨梁には型枠天端に載せて釘留めして取り付ける。

キーストンプレート 鉄骨造のスラブ型枠として使われる溝形鋼板。デッキプレートより凹凸が小さい。

表面処理

黒皮 くろかわ
鋼材を熱間圧延するときに表面に生じる黒い光沢のある硬い酸化皮膜で、防錆効果をもつ。ただし、高力ボルト接合面の摩擦面や溶融亜鉛めっきにおける障害になるため、これらを行う部位では必要に応じてグラインダーやブラスト処理、酸洗いなどで除去する。**ミルスケール**ともいう。

赤錆状態 あかさびじょうたい
黒皮の剥がされた鋼材表面が屋外に自然放置され、一様に赤く発生した錆の色が赤色を呈している状態のこと。高力ボルト摩擦接合において必要な摩擦係数が得られる。

溝形鋼 みぞがたこう
溝形の断面をした形鋼[図13]。Cチャンともいう。LGSのリップ溝形鋼もチャンネルと呼ぶことがあるが、こちらは特にCチャンという。

溝形鋼は主に小規模建物の構造部材に使用される。ボルト接合か隅肉溶接で取り付ける。山形鋼と2つ合わせて、さまざまな部位に使用できる。単材でも使いやすく、2次部材の受け材、母屋などにも頻繁に使われる。

軽量形鋼 けいりょうがたこう
板厚を薄くして端部を曲げ、断面性能の効率を上げたもの。単材で母屋や胴縁などに使われる。

構造用ステンレス鋼 こうぞうようステンレス鋼
ステンレスは意匠用に使われているが、錆びにくいため構造材に使用しメンテナンスを少なくするというこう。

合成スラブ ごうせい─
上表面が平らで下側に補強リブが付いた**フラットデッキ**[写真3]がよく使われている。

単に型枠として使うのではなく、コンクリートと一体となりスラブを構成する構造材として使うデッキプレート。中小規模の鉄骨造によく見られる[写真4]。

耐火構造として認められており、耐火時間は使用条件で異なる。デッキの山形部分にひび割れが入りやすいため、その部分には補強筋が必要。

浮き錆の状態は、錆皮状となって剥がれ適なので、ワイヤブラシなどを用いて軽く取り除く（面が光るほどワイヤブラシをかけてはいけない）。赤錆状態になるには半月ほどかかる。

図17 | 溶融亜鉛めっきの作業工程フロー

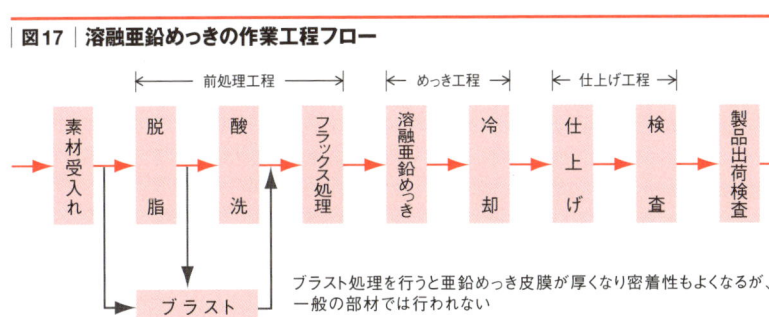

素材受入 → [前処理工程: 脱脂 ⇄ ブラスト → 酸洗] → フラックス処理 → [めっき工程: 溶融亜鉛めっき → 冷却] → [仕上げ工程: 仕上げ → 検査] → 製品出荷検査

ブラスト処理を行うと亜鉛めっき皮膜が厚くなり密着性もよくなるが、一般の部材では行われない

防錆処理

溶融亜鉛めっき | ようゆうあえん

JIS H 8641に規定される鉄骨製品に施す防食めっき方法の一種。亜鉛を溶融しためっき槽に製品を浸漬して（**どぶ漬け**ともいう）めっきし、鋼材表面に合金層をつくるため、防食効果が非常に高い薄い鋼板の防食に用いられる[89頁図17]。

亜鉛めっき[でんきあえん─]に比べて亜鉛付着量が多い。めっき槽の温度は400℃程度あるため、鉄骨部材の寸法や鋼種などによっては、めっきにムラや応力負担による割れが生じやすく、対策が必要。また、めっき槽の大きさによっては、部材の寸法形状などの制約がある。なお、電気亜鉛めっきは、鋼材にはほとんど使われない。

高濃度亜鉛粉末塗料 | こうのうどあえんふんまつとりょう

常温で亜鉛めっきができる塗料。**ジンク**ともいう。めっきの部分的な補修として刷毛塗りやスプレーで塗布される。

ブラスト

錆や黒皮を取り除く処理。圧縮空気で吹き付ける粉粒の材種や大小により表面の仕上がりが異なる。粉粒の材料別に、鋼球による**ショットブラスト**、砂による**サンドブラスト**、鋳鉄の細片による**グリッドブラスト**がある。サンドブラストはガラスや大理石、金属などの仕上げ手法でもある。

工作

けがき

現寸作業で作成した型板や定規を使って、鋼材表面に切断線や孔の位置など、工作に必要な情報を書き込む作業[写真5]。最近は自動けがき装置が普及している。

開先

開先 | かいさき

母材の溶接面に加工して付ける角度や面のこと[図18]。溶接棒や溶接ワイヤから出るアークが、溶接部の隅々に行き届き、母材と溶着金属が十分に融合するように設ける。**グループ**ともいう。溶接条件と母材の板厚に応じた適正な開先形状とすることが重要。開先形状は、開先標準図を参考に決定される。

ノッチ

鋼材切断面にできた凹み。ガス切断の場合、ノッチ深さは1㎜以内とする。

エッジ

ボルト孔の中心から鋼材端部までの寸法[図19]。エッジ寸法が小さいと、ボルトにかかる力によって鉄骨が裂けてしまうおそれがあるため、ボルト径に応じて所定の寸法が定められている。また部材長さ方向に沿うボルト列の間隔を**ゲージ**、列と区別して呼ぶ。また部材長さ方向に沿うボルト列の間隔を**ゲージ**、同じ列にあるボルト間隔を**ピッチ**という。

ベンダ

鋼材を常温で円形曲げ加工するときに使用する機械[図20]。鋼管加工に使用するものを**パイプベンダ**、H形鋼や山形鋼の加工に使用するものを**アングルベンダ**という。曲げ加工を専門業者に依頼する場合、設備内容によって曲げ最小半径や

図18 | 開先

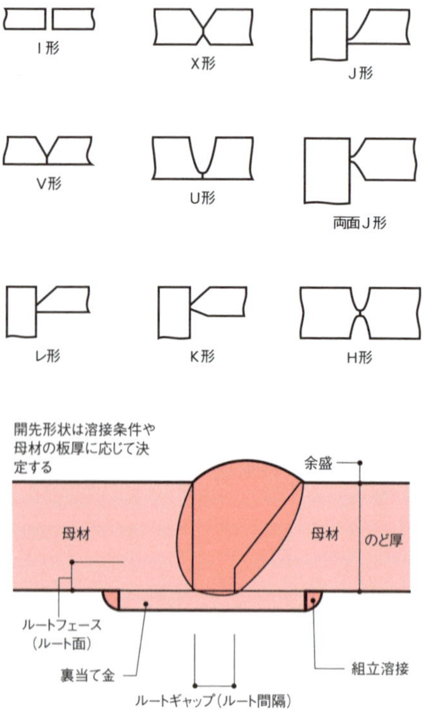

I形　X形　J形
V形　U形　両面J形
レ形　K形　H形

開先形状は溶接条件や母材の板厚に応じて決定する

余盛／母材／のど厚／ルートフェース（ルート面）／裏当て金／ルートギャップ（ルート間隔）／組立溶接

写真5 | けがき

図19 | エッジ寸法

ゲージ／へりあき／ボルト孔／ピッチ／はしあき／ウェブ／フランジ

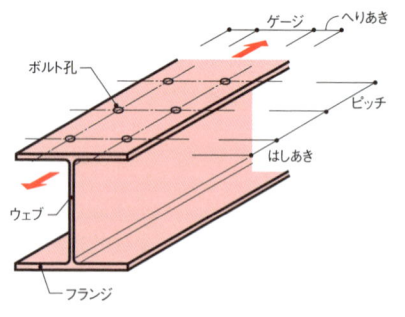

ボルト孔から力が作用する方向の最短縁までの距離をはしあき、直角方向の最短縁までの距離をへりあきという

図21 | キャンバー

キャンバー

図20 | ベンダ

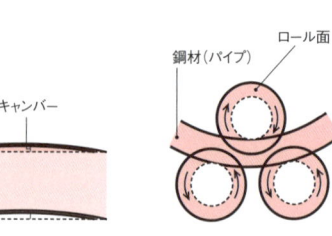

ロール面／鋼材（パイプ）

パイプベンダの例。鋼材を常温で曲げ加工するときに使う

キャンバー

梁のスパンが長い場合、たわみを予想してあらかじめ梁の上側に付けておく反りのこと［図21］。つかみ代が異なるため事前調査を要する。

鉄骨ファブリケーター｜てっこつ

工場で、鋼材の加工・組立てを行う鉄骨製作加工業者のこと。ファブともいう。

工場によっては一連の鉄骨製作作業を自社内で行わず、1部の工程を専門業者に外注している工場も多くなってきており、この傾向がますます進みつつある。

大臣認定を受けた鉄骨製作工場の評価は、低い順にJ、R、M、H、Sの5つのグレードに分けられている。

ファブランク

鉄骨製作作業者の工場認定グレード制度のこと。工場のランク（分類）によって、使用できる鋼種・板厚・溶接材料が限定され、さらに溶接する場合の施工条件の遵守が盛り込まれている［表2］。

CAD原寸｜きゃどげんすん

CAD情報を用いて実大寸法で描かれた製作用原寸図面のこと。

切断｜せつだん

鋼材の切断方法には酸素とアセチレンの酸化炎を吹き付けて加熱しながら切断する**ガス切断**［—せつだん］や、ノコギリによる**機械切断**［きかいせつだん］などがある。ガス切断は極厚の鋼材向きだが、切断面が粗くなりやすく、深いノッチ（切欠き）があってはならない［図22］。また、薄板用の**プラズマ切断**［—せつだん］も精度が高い。

図22｜ノッチ

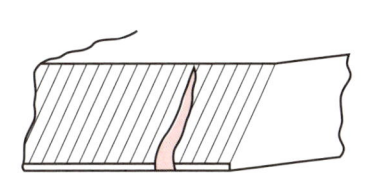

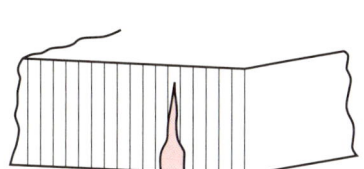

図のように材料の切断面が切り欠かれたり、切り込んで凹となった部分をいう。溶接のアンダーカットや溶込み不良、割れなどを指す場合もある

溶接

接合｜せつごう

鉄骨の接合部は機械的に行うか、溶接かの2種。機械的に行う場合はボルトによる接合が一般的だが、ピンそのものを使った完全なピン接合も行われる。

溶接｜ようせつ

金属の接合方法の1つで、金属自身を溶融または半溶融状態にして接合する。溶接の技法別の種類には、**アーク溶接、スタッド溶接、エレクトロスラグ溶接、炭酸ガスアーク溶接**など、多種多様な方法があるが［92頁表3］、建築構造で使われる溶接はアーク溶接である。溶接構造の問題点は、溶接熱による母材の材質変化、溶接変形、残留応力の発生、溶接部の疲労強度などがある。

溶接接合｜ようせつせつごう

溶接による継手施工の工法［図23］。

ロボット溶接｜ようせつ

機械化溶接のこと。マグ溶接も機械化が進み、仕口製作や柱大組などの溶接作業も自動化、ロボット化に移行しつつある。

現場溶接｜げんばようせつ

工事現場における溶接をいう。本体鉄骨の溶接は、大部分が炭酸ガスアーク溶接による。

現場溶接は施工条件や入熱・パス間温度などの影響で強度低下・靱性劣化が懸念され、施工順序やワイヤの選択などの対策が必要となる［写真6］。

写真6｜柱継手の現場溶接

表2｜工場設定グレードの適用範囲

建築規模					
軒高	3F以下	5F以下			
	10m	20m			
延床面積	500㎡以下	3,000㎡以下	制限なし	制限なし	制限なし
使用鋼材	Jグレード	Rグレード	Mグレード	Hグレード	Sグレード
種類	400N	490Nまで	490Nまで	520Nまで	制限なし
板厚	16mm以下	25mm以下	40mm以下	60mm以下	制限なし
通しダイアフラム	490Nまで22mm以下	32mm以下	50mm以下	70mm以下	制限なし
ベースプレート	490Nまで50mm以下	50mm以下	制限なし	制限なし	制限なし

図23｜溶接による柱と梁の継手

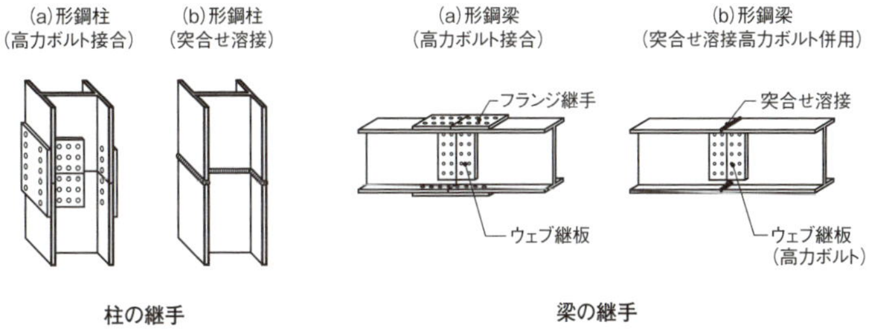

(a)形鋼柱（高力ボルト接合）　(b)形鋼柱（突合せ溶接）
柱の継手

(a)形鋼梁（高力ボルト接合）　(b)形鋼梁（突合せ溶接高力ボルト併用）
フランジ継手／ウェブ継板／突合せ溶接／ウェブ継板（高力ボルト）
梁の継手

被覆アーク溶接｜ひふくーようせつ

溶接操作をすべて手で行う手溶接の代表的手法[図24、写真7]。金属の心線の周りに被覆剤（フラックス）を施してある被覆アーク溶接棒を用いて行う。装置が軽微なため扱いやすいが、溶接棒を取り替える必要があるため、作業能率が悪く、一般に自動、半自動溶接が使いづらいところで行う。工場溶接の場合は隅肉溶接・組立溶接に限定して使われる。

炭酸ガスシールドアーク溶接｜たんさん―ようせつ

半自動溶接の一種で、溶接金属を大気から遮断・保護する役割をもつシールドガスに炭酸ガス（CO_2）を使ったもの[図25、写真8]。

半自動溶接とは、電極となる溶接ワイヤを自動的に送り込む機構をもつ溶接トーチを使い、溶接作業自体は手動で行う手法をいう。溶接棒のように取り替える必要がなく、作業効率に優れる。中小規模の鉄骨建物ではこの溶接が最も使われる。

スタッド溶接｜ようせつ

鉄骨部材とコンクリートを緊結するために、鉄骨にスタッドを取り付ける溶接[図26、写真9]。スタッドと母材の間に溶接電流を通して、接触部を溶融・接合させる。スタ

表3｜溶接の種類

名称	特徴	採用の適・不適[注] 機械溶接	採用の適・不適[注] 現場溶接	注意点
アーク溶接	母材と電極または2つの電極間に発生するアークの熱を利用して行う溶接方法。鉄骨製作で使用される溶接のほとんどがアーク溶接である	◎	◎	アーク熱の中心は5,000〜6,000℃とされる熱源
スタッド溶接	ボルトの先端と母材間にアークを発生させて圧着する溶接方法。直流電源とスタッドガンで構成されている。施工はスタッド溶接協会による技術検定資格を有した者が行う	◎	○	溶接姿勢や溶接環境によっては溶接条件が変化することがあり、横向姿勢による施工、デッキプレート上からの施工などの場合には溶接施工前に品質の確認が必要
被覆アーク溶接（手溶接）	被覆アーク溶接棒の中心にある、軟鋼からできた心線を、被覆剤を塗装した被覆アーク溶接棒と母材との間に交流電圧をかけ、アーク熱によって母材と融合・凝固すると溶接金属となる。被覆剤により発生するガスによって溶接部と大気を遮断するだけでなく、合金成分の添加による良好な特性が得られる。イルミナイト系や低水素系が一般的	◎	◎	溶接棒が施工中に吸湿しないよう注意が必要
ガスシールドアーク溶接法（マグ溶接）	鉄骨では最も一般的な溶接。大気のシールドを被覆の代わりに活性ガスを用いて行うガスシールドアーク溶接法（マグ溶接）で、ガスには炭酸ガスまたは混合ガス（アルゴン80％＋$CO_2$20％）を用いる。この技法は安価で、深い溶込みが得られるため多用されており、混合ガスの使用によってビード外観や靱性が改善される。混合ガスでは表面に生成されるスラグの量が軽減されるため、ロボット溶接に利用されることが多い	◎	◎	被覆アーク溶接に比べて溶接効率が高いが、施工時の防風対策が必要である
サブマージアーク溶接（自動溶接、ユニオン）	溶接線の前方に散布されている粒状のフラックス中にワイヤを自動的に送り込み、ワイヤ先端と母材間にアーク熱を発生させて行う溶接法。被覆アーク溶接の心線と被覆剤が分離されて使用される。またアーク現象は外から見えないが、ビード外観は優れている。長尺のBH鋼製作やボックス柱の角継手などに使用される	◎	×	
エレクトロスラグ溶接 消耗ノズル式（CES）	ボックス柱の内ダイアフラムの溶接に使用されている溶接法。立向溶接継手を鋼当て金または水冷当て金で囲み、このなかでアーク熱によりフラックスを溶かしてスラグを生成させ、溶融スラグ中を流れる抵抗熱を利用してワイヤおよび母材を溶かす自動溶接	鋼製のパイプに被覆剤を塗布した消耗ノズル式 ◎	△	
エレクトロスラグ溶接 非消耗ノズル式（SES）	同上	水冷構造ステンレス製パイプまたは銅製パイプからなる非消耗ノズル式。CESよりも主流 ◎	×	
ミグ溶接	炭酸ガスアーク溶接と同じガスシールドアーク溶接法であるが、ガスには不活性ガスであるアルゴンやヘリウムが使用される	△	×	鉄骨工事ではほとんど使われることはない
アルゴン溶接	炭酸ガスアーク溶接と同じガスシールドアーク溶接法であるが、ガスには不活性ガスであるアルゴンやヘリウムが使用される	△	×	鉄骨工事ではほとんど使われることはない

注 凡例 ◎：最適 ○：適する △：施工条件による ×：不適

| 図24 | 被覆アーク溶接 |

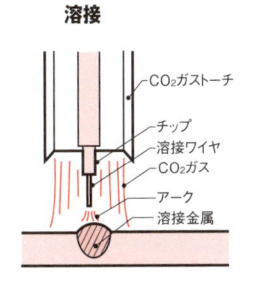

- 心線
- フラックス
- アーク
- スラグ
- 溶接金属

| 写真7 | ホルダーと溶接棒 |

| 図25 | 炭酸ガスシールドアーク溶接 |

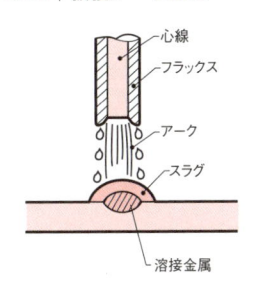

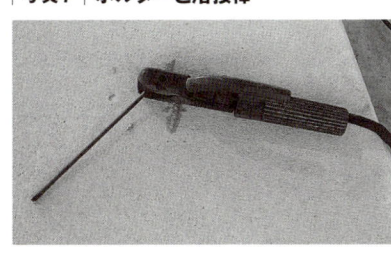

- CO₂ガストーチ
- チップ
- 溶接ワイヤ
- CO₂ガス
- アーク
- 溶接金属

| 写真8 | トーチの先端 |
（写真奥はコイル状に巻かれたワイヤー）

ガスシールド半自動アーク溶接に使用するトーチの先端。写真奥はコイル状に巻かれたワイヤー

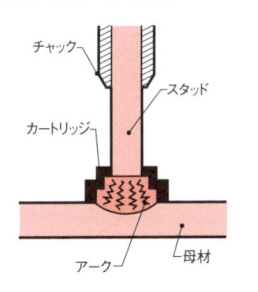

| 図26 | スタッド溶接 |

- チャック
- スタッド
- カートリッジ
- アーク
- 母材

| 写真9 | スタッド溶接機 |

| 図28 | 隅肉溶接 |

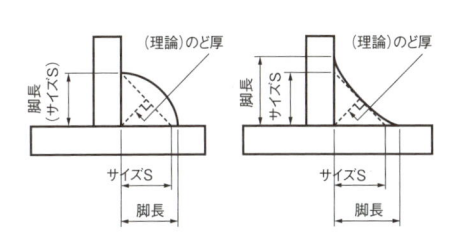

- （理論）のど厚
- 脚長（サイズS）
- サイズS

| 図27 | 回し溶接 |

- 端部まで回して溶接する

| 写真10 | 対物検査 |

| 図29 | 隅肉溶接の応力伝達 |

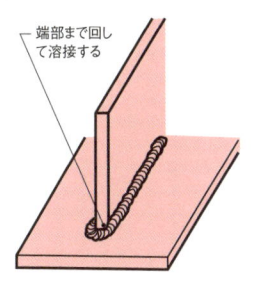

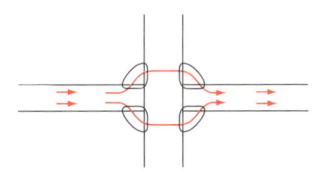

力がそれぞれの溶接部を迂回して接合する板へ流れていく。溶接線に平行に作用する力の伝達に適する。
仕口など構造上重要な部分には使用しない

隅肉溶接 すみにくようせつ

直交する2つの面の隅において三角形の断面をもつ溶接をいう[図28]。ルート部や止端部に大きな応力集中を生じるため[図29]、繰返し衝撃荷重を受ける部材には用いない。

回し溶接 まわしようせつ

隅肉溶接で、取り付けた部材の端部まで回して溶接することをいう[図27]。部材の端部や角部で溶接を終わらせると、応力集中の原因となるので、これを避けるため行う。

溶接材料 ようせつざいりょう

溶接に必要な溶接棒・溶接ワイヤ・フラックスなどをいう。最近では、国産のJIS規格品だけでなく、品質面で遜色ない輸入品も増えている。

ビード外観 ―がいかん

ビードとは溶接作業における溶着部にできる帯状の盛り上がりのことで、ビード外観とはその表面形状や施工品質の良否のことを示す[写真10]。

溶接棒 ようせつぼう

被覆アーク溶接に使用される芯線とフラックスが一体化した電極棒。

フラックス ［てぼう］ともいう。フラックスを適度に調合することでさまざまな溶接条件に対応可能。厚板や高張力鋼などの溶接では、被覆剤からの水素発生量が少なく、強度と延性・靭性に優れた、低水素系の溶棒が使用される。

溶接継手 ようせつつぎて

アークを安定させたり、溶着金属を大気から遮断・保護して酸素・窒素などの侵入を防止する粒状の鉱物性物質。溶着金属の酸化を防ぐほか、急冷となって溶着金属の表面を覆い、急冷を防ぐ。被覆アーク溶接用の被覆剤や、サブマージアーク溶接用など、溶接法ごとに被覆剤がある。

ドは柱脚や梁天端に取り付けられる。

図30 | 溶接継手の種類

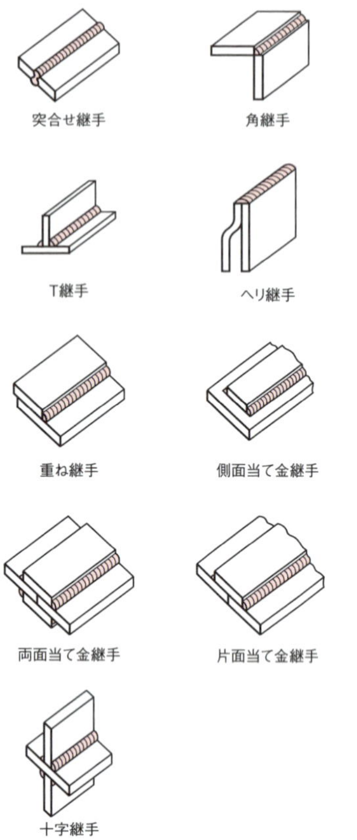

- 突合せ継手
- 角継手
- T継手
- ヘリ継手
- 重ね継手
- 側面当て金継手
- 両面当て金継手
- 片面当て金継手
- 十字継手

図31 | 完全溶込み溶接の継手

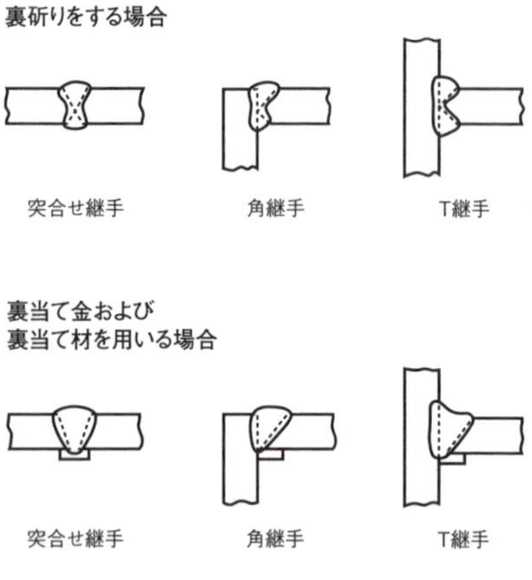

裏斫りをする場合
- 突合せ継手
- 角継手
- T継手

裏当て金および裏当て材を用いる場合
- 突合せ継手
- 角継手
- T継手

溶接継手の種類は、溶接方法・材質・板厚・溶接姿勢・構造・形状性能などを考慮して、種々の形式が採用される[図30・31]。

溶接する開先のルート面が溶接される部材と接する部分のこと。溶接長さ寸法が短い場合は注意を要する。

予熱──よねつ
溶接前に溶接周辺部を一定の温度範囲に加熱・保持しておく処置のこと[図32]。溶接部の急冷や割れを防止するために行う。水分のほか、既存塗膜、油、ゴミなどの不純物も除去できる。予熱温度が高いほど合金成分が多く、予熱温度が高いほど急冷されやすいため硬化し、割れやすくなる。490N級の鋼材で板厚が50mm以下であれば予熱は不要だが、気温が0℃以下の場合は40℃以上に加熱して行う。

ルート部──ぶ
溶接する開先のルート面が溶接される部分のこと。その値が制限されている。溶接長さ寸法が短い場合は注意を要する。

パス
溶接順序によって積層された断面状の2つ以上の重なりのこと。手溶接やマグ溶接などの完全溶込み溶接では、パスを重ねて溶接が行われる。このほかに、溶接の操作そのものも指し、溶接回数によって**シングルパス**(ワンパス)と**マルチパス**(多数パス)に分けられる。パスが多いと、溶接不良が出やすい。

パス間温度──かんおんど
後続のパスを始める直前のパスの温度[写真11]。開先面から10mmの位置で測定されることが多い。パス間温度が過大になると溶接部の強度や靭性に悪影響を及ぼす。

ウィービング
溶接棒や溶接ワイヤを溶接方向に対して波形に動かしながら進める溶接方法。溶接棒や溶接ワイヤを動かすことを**運棒**という。ウィービングは溶接方向と直角に波状に動かしながら溶接する運棒方法のこと。大きなウィービングは入熱量が過大になり、溶接部の強度や靭性に悪影響を及ぼす。

ノンスカラップ
柱梁接合部における梁フランジの溶接において、特殊な裏当て金を使いスカラップを用いない溶接施工法。以前はスカラップによる溶接欠陥や材質劣化により割れなどの溶接欠陥を防ぐのが常識であったが、現在ではむしろスカラップによる断面欠損や応力集中が問題視されている。

スカラップ
2方向からの溶接線が交差する部分は、溶接継目の重なりを避けるために板を扇形に切り抜く。その部分をスカラップという。スカラップを設けることで割れや溶接欠陥、材質劣化を防ぐ[写真12]。最近は、孔をあけするノンスカラップ工法[図33]を採用するケースも多い。阪神・淡路大震災以降は、スカラップ底の応力集中を避けるため小さな半径を設けた改良型スカラップが大半を占める[図34]。

余盛──よもり
完全溶込み溶接や隅肉溶接におい

写真12 | スカラップ

スカラップ

写真11 | パス間温度測定

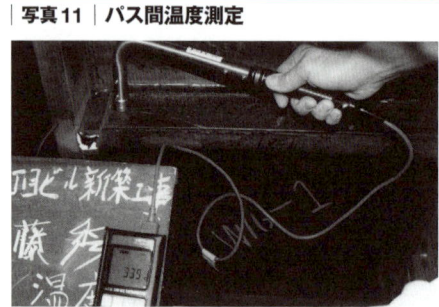

図32 | 予熱の範囲と重点的に予熱する部分

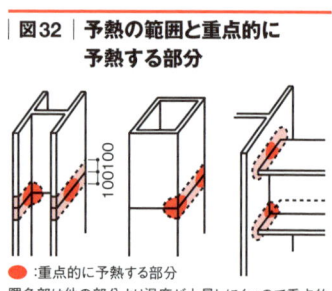

100
100

● : 重点的に予熱する部分
隅角部は他の部分より温度が上昇しにくいので重点的に予熱する必要がある

094

図33 | ノンスカラップ

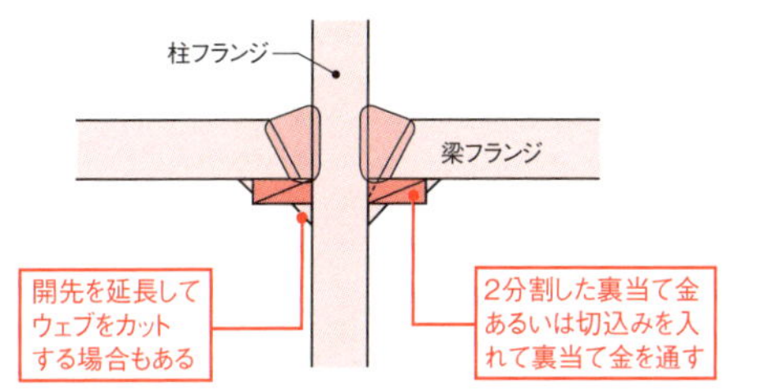

柱フランジ
梁フランジ
開先を延長してウェブをカットする場合もある
2分割した裏当て金あるいは切込みを入れて裏当て金を通す

図34 | スカラップの種類

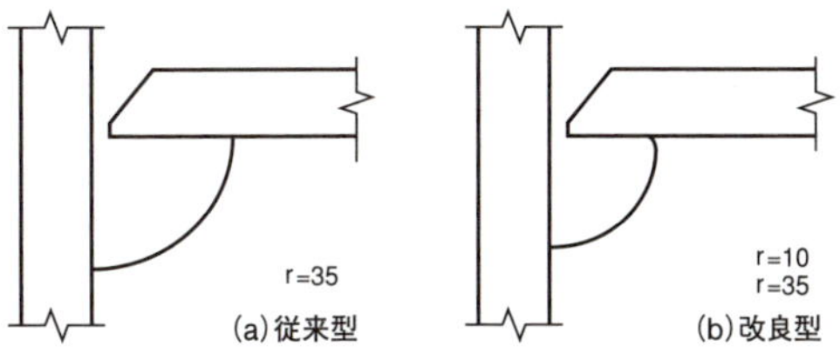

(a) 従来型　r=35
(b) 改良型　r=10, r=35

図35 | 余盛

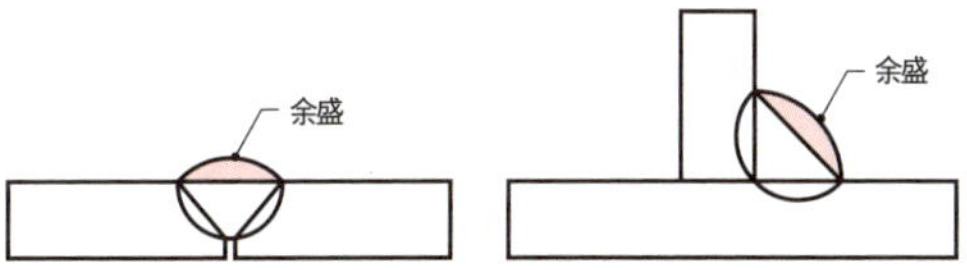

余盛　余盛

図36 | 溶接の名称

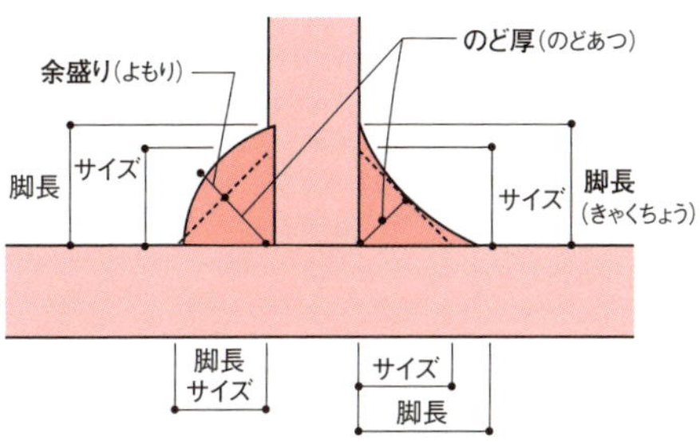

余盛り（よもり）
のど厚（のどあつ）
サイズ
脚長
脚長（きゃくちょう）
脚長　サイズ
サイズ　脚長

て、母材表面より余分に盛り上がった山型の溶着金属をいう。溶接の基本は、のど厚以上の溶接断面があることであるが、過大な余盛は応力集中を招きやすいのででき得る限り小さくする［図35］。余盛りが大きすぎるとその部分に応力集中を起こす。

ビード｜溶接の際に溶着金属によってできる帯状の盛り上がり、溶接による溶着が短い（**ショートビード**）と、溶接時の急熱急冷によって鋼材表面が局部的に硬くなり、割れの原因となる。ショートビードは**組立溶接**［※］において問題となりやすい。不整形すぎると外観検査で不合格になる場合がある。

のど厚｜あつ　完全溶込み溶接では溶接する母材の板厚［図36・90頁図18］。隅肉溶接では溶接部の最小断面厚さをいう。開先やサイズから決まり、理論ののど厚ともいう。

有効のど厚｜ゆうこうのどあつ　溶接継手で、応力を有効に伝達できる溶接金属の断面厚さのこと。単にのど厚といえば設計上の（理論）のど厚をいう。

裏当て金｜うらあてがね　隅肉溶接の裏側に溶融金属が抜け落ちるの（開先の反対側に孔があくこと）を防ぐ鋼材［90頁図18］。

脚長｜きゃくちょう　隅肉溶接の断面で部材と溶接金属が接する長さ。サイズと区別して使う。不等脚の場合は、短い脚長でサイズが決まる。

アンダーカット｜溶接において、溶着金属の谷部に沿って母材が溶けて溶接方向に生じた溝状の表面欠陥［96頁図37］。アンダーカットは溶接施工によって少なからず発生する溶接欠陥料［96頁図38］である。

ブローホール｜溶接欠陥の1つで、溶接金属内部水素・炭酸ガスなどが凝固して生じた空洞。**気孔**［きこう］ともいい、数㎜程度の球状欠陥となる。1㎜以下の大きさのものを**ピンホール**といい、溶接内部に発生する欠陥の50％程度を占める。**ピット**［96頁図38］は、ブローホールが溶接表面に開口して現れた欠陥のことをいう。

鉄骨の溶接では柱梁接合部であるT継手や十字継手、角継手などに多く用いられる。マグ溶接の場合、密着しすぎるためクレーターなどの溶接欠陥を避けるために溶接端部に取り付ける材料［96頁図39］。完全溶込み溶接では不完全な溶接が生じるためブローホールを誘発することもある。

エンドタブ｜溶接時に生じやすい溶込み不良やクレーターなどの溶接欠陥を避けるために溶接端部に取り付ける材料［96頁図39］。完全溶込み溶接の始端、終端は不完全な溶接が生じやすいので開先（溶接する部材面）面と同じ加工をした補助板（エンドタブ）を取り付け溶接を行う。鋼製のものは溶接終了時には切断して滑らかに仕上げる。

最近は鋼製タブに代わって溶接の始終端が母材内になるため、鋼製タブをはじめとする代替タブは溶接の始終端が母材内になるため、鋼製タブをはじめとする代替タブは溶接方法が異なる。

固形エンドタブ（セラミック系、フラックス系）が主流となりつつある。フラックスタブをはじめとする代替タブの場合とは溶接方法が異なる。

食違い｜くいちがい　突合せ継手において、相互の部材が断面内に納まらない状態［96頁図40］。食違いによって偏心や応力集中を起こすだけでなく、ずれ量がそのままのど厚の低下を招く。目違いと同じ意味。判定基準に従って判断する。許容範囲を超える場合はやり直す。

ガウジング｜溶接欠陥部を除去するなどの目的で溶接部や母材をはつり取ること［96頁写真13］。アークを出しながら

※：切断された鋼材などを部材に組み立てるための溶接

金属を溶かし、そこに圧搾空気を送って吹き飛ばす**アークエアガウジング**という方法で行われる。

逆ひずみ｜ぎゃくひずみ｜溶接による収縮変形を見越し、あらかじめその変形量を加圧や加熱で逆向きに与えておくこと［図41］。

スラグ
溶接前の溶接棒の被覆剤やフラックスが溶接後にビード表面を被覆している非金属物質のこと。スラグは溶接金属内の急冷を防ぐ効果がある。また、これを清浄化するために使用され、溶接後のビード表面を覆って、大気とのシールドを保持する役目がある。溶接金属を続けて溶接する場合は、スラグを十分清掃しないと、**スラグ巻込み**により溶接部の強度低下が生じる。

スパッタ
溶接作業中に、溶接棒や溶接ワイヤから溶接ビード表面上や溶接近傍の母材周辺部に飛び散り、ビードや母材に付着して、そのまま冷えて固まった溶融金属の粒。スパッタの発生を抑えるためには、マグ溶接のノズルにスパッタ防止材を付けて溶接したり、スパッタ防止剤を溶接近傍の母材に塗布する。ビードに付着したスパッタを除去しないまま溶接を重ねると溶接欠陥となる。

| 図39 | エンドタブ

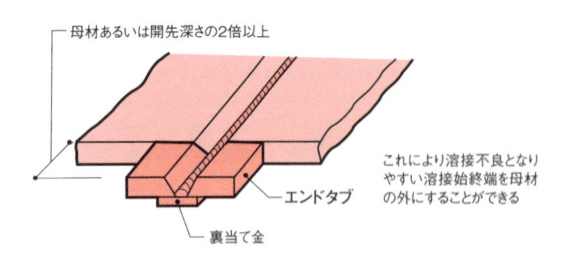

- 母材あるいは開先深さの2倍以上
- エンドタブ
- 裏当て金
- これにより溶接不良となりやすい溶接始終端を母材の外にすることができる

| 図37 | アンダーカット

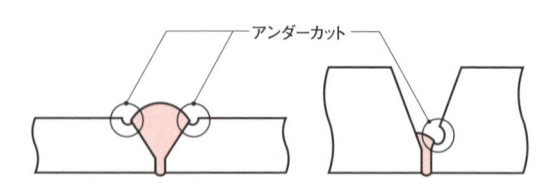

- アンダーカット

| 図40 | 食違い

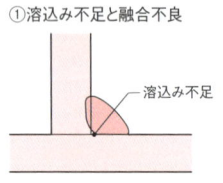

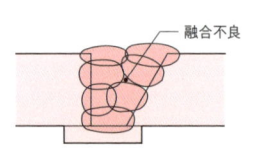

- 食違い
- 鋼材

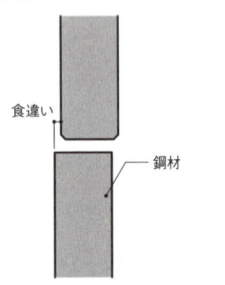

| 写真13 | ガウジングにより仮溶接部分を削り取った箇所

| 図41 | 逆ひずみ効果

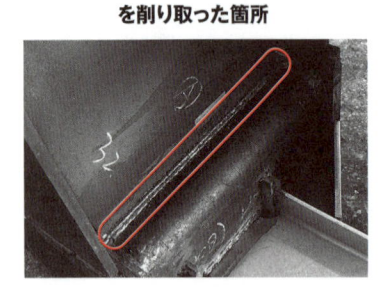

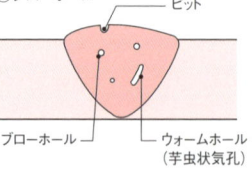

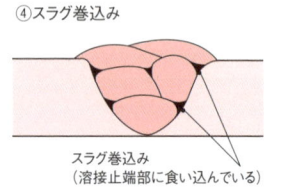

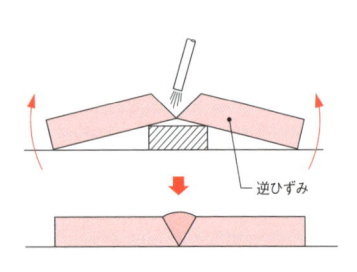

- 逆ひずみ

| 図38 | 主な溶接欠陥とその特徴

①溶込み不足と融合不良
- 融合不良
- 溶込み不足

②オーバーラップ
- 切欠き状になり応力集中しやすい
- 隅肉溶接が偏肉している

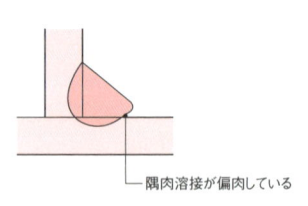

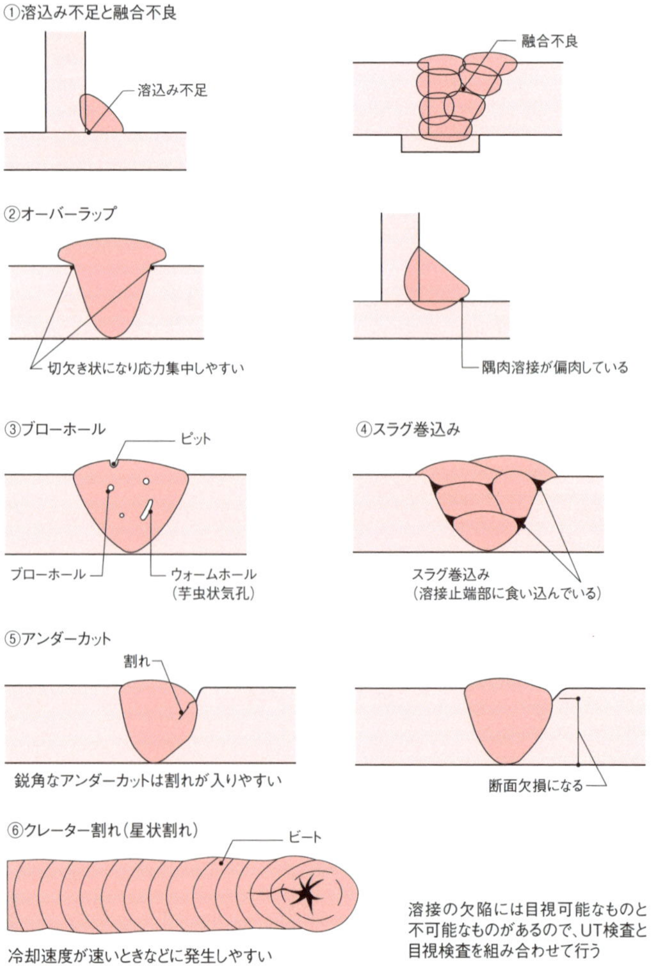

③ブローホール
- ピット
- ブローホール
- ウォームホール（芋虫状気孔）

④スラグ巻込み
- スラグ巻込み（溶接止端部に食い込んでいる）

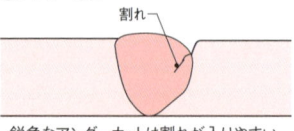

⑤アンダーカット
- 割れ
- 鋭角なアンダーカットは割れが入りやすい
- 断面欠損になる

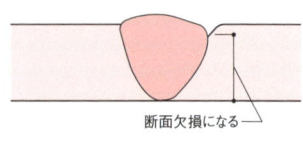

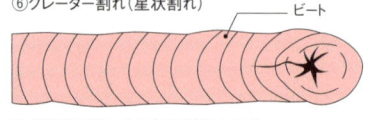

⑥クレーター割れ（星状割れ）
- ビード
- 冷却速度が速いときなどに発生しやすい

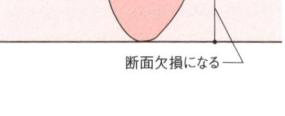

溶接の欠陥には目視可能なものと不可能なものがあるので、UT検査と目視検査を組み合わせて行う

建方

溶接姿勢
ようせつしせい｜溶接を行う溶接技能者の溶接部分に対する姿勢[図42]。溶接姿勢には、下向き姿勢、横向きまたは水平姿勢、立向き姿勢、上向き姿勢の4つがある。

溶接技術者
ようせつぎじゅつしゃ｜溶接施工に関わる管理技術者のこと。溶接施工管理技術者ともいう。(社)日本溶接協会（JWES）で認定された溶接技術者が一般的。溶接技術者の認定種別には、特別級・1級・2級の3つがある。

アンカーボルト
一端をコンクリートなどに埋め込みで用いるボルト。鉄骨の柱脚部の基礎への緊結に用いる[図43]。

ベースプレート
鉄骨の柱脚部に取り付ける鋼製の底板。底板にはアンカーボルト用の孔がある。**アンカープレート**ともいう。

柱脚部
ちゅうきゃくぶ｜基礎と柱の接合部のこと[図44]。上部構造の応力を基礎を介し支持地盤に伝達する、という構造上重要な役割をもつ。また、ピン接合にするか剛接合にするかで、上部の建築計画に大きく影響が及ぶ。

| 図43 | アンカーボルトの修正方法 |

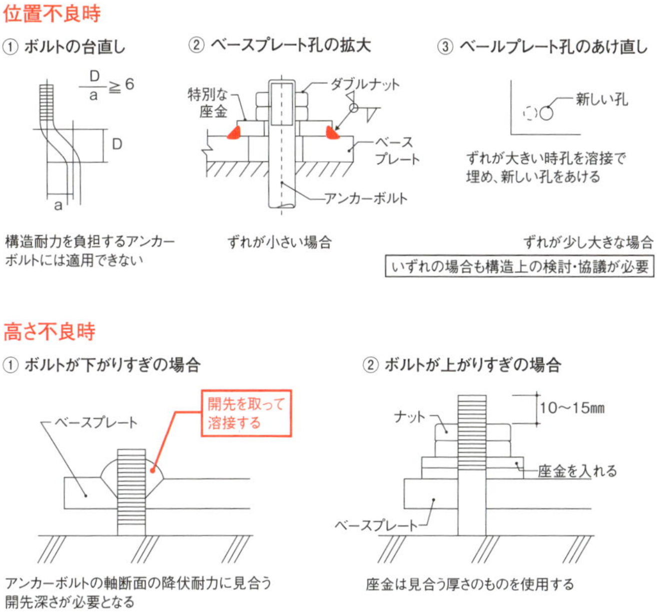

位置不良時
① ボルトの台直し　$\frac{D}{a} \geq 6$　構造耐力を負担するアンカーボルトには適用できない
② ベースプレート孔の拡大　ずれが小さい場合
③ ベールプレート孔のあけ直し　ずれが大きい時孔を溶接で埋め、新しい孔をあける　ずれが少し大きな場合
いずれの場合も構造上の検討・協議が必要

高さ不良時
① ボルトが下がりすぎの場合　開先を取って溶接する　アンカーボルトの軸断面の降伏耐力に見合う開先深さが必要となる
② ボルトが上がりすぎの場合　10〜15mm　座金を入れる　座金は見合う厚さのものを使用する

| 図42 | 溶接姿勢 |

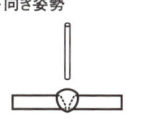

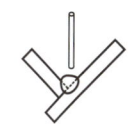

(a) 下向き姿勢
(b) 横向きまたは水平姿勢
(c) 立向き姿勢
(d) 上向き姿勢

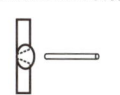

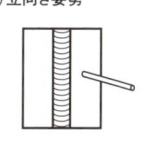

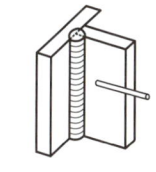

| 図45 | 埋込み型柱脚 |

柱脚の地中部は錆止め塗装をしてはいけない
柱／ベースプレート／ベースモルタル／アンカーボルト／帯筋／主筋

| 図44 | 柱脚部の接合形式 |

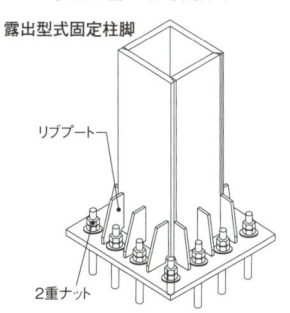

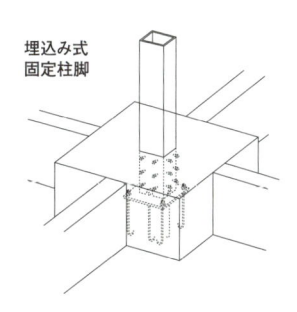

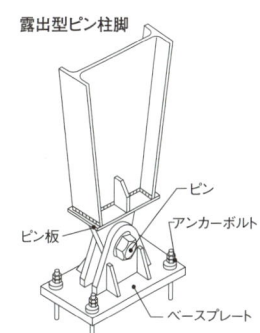

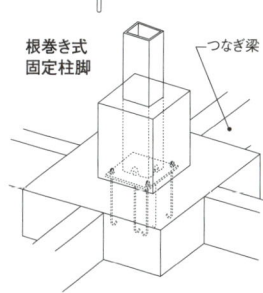

露出式固定柱脚：リブプート／2重ナット
露出型ピン柱脚：ピン／ピン板／アンカーボルト／ベースプレート
埋込み式固定柱脚
根巻き式固定柱脚：つなぎ梁

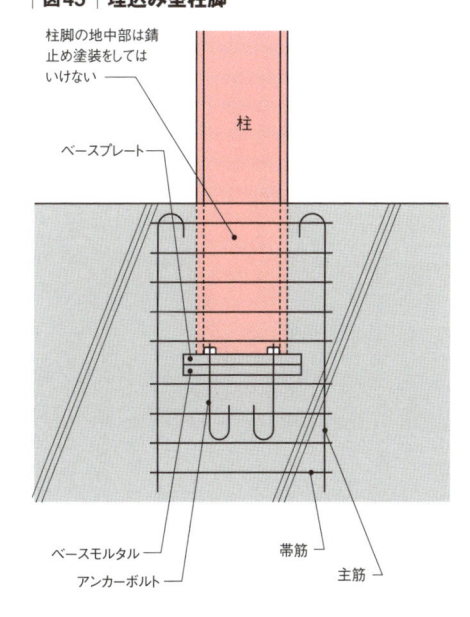

図46 | 根巻き型柱脚

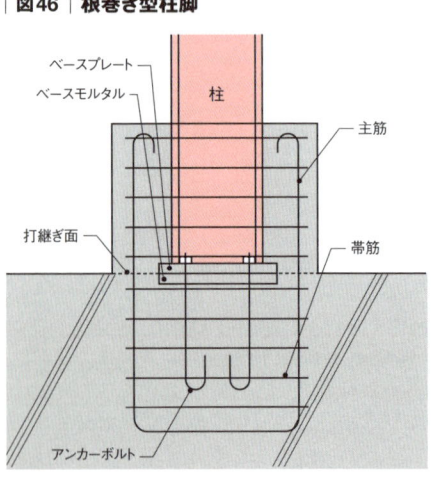

（ベースプレート、ベースモルタル、柱、主筋、打継ぎ面、帯筋、アンカーボルト）

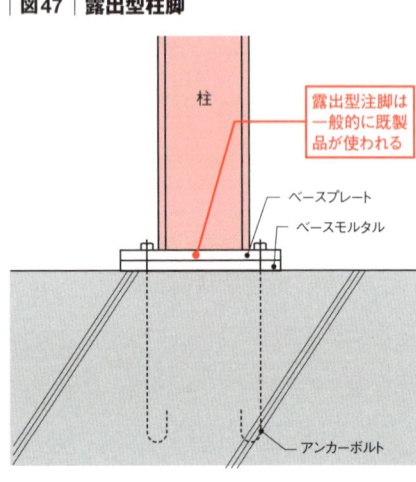

写真14 | テンプレート

写真15 | 饅頭

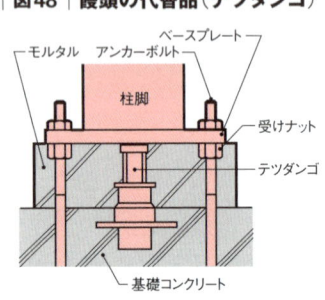

図48 | 饅頭の代替品（テツダンゴ）

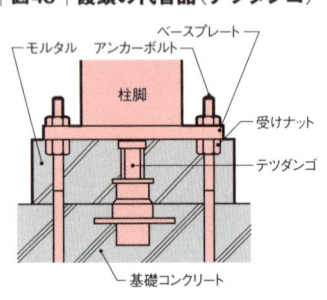

（モルタル、アンカーボルト、ベースプレート、柱脚、受けナット、テツダンゴ、基礎コンクリート）

図47 | 露出型柱脚

露出型注脚は一般的に既製品が使われる

（柱、ベースプレート、ベースモルタル、アンカーボルト）

埋込み型柱脚｜うめこみがたちゅうきゃく

柱脚固定式には、**埋込み式固定柱脚**（基礎に埋め込む）、**根巻き式固定柱脚**（柱の足元をコンクリートで巻く）、**露出型式固定柱脚**（ベースプレート＋リブプレートが露出）などがある。

埋込み式固定柱脚｜うめこみしきこていちゅうきゃく

固定柱脚とするため、柱脚を十分に鉄筋コンクリートに埋め込んだ鉄骨柱脚［97頁図45］。コンクリートに埋め込む範囲は、鉄骨とコンクリートの付着力確保のため、錆止め塗装を行ってはならない。これは根巻き型も同様である。

根巻き型柱脚｜ねまきがたちゅうきゃく

固定柱脚とするため、脚部廻りを鉄筋コンクリートで被覆した鉄骨柱脚を**根巻きとする**［図46］。根巻きとは、鉄骨の脚元をコンクリートで固めること、またその状態を指す。根巻きするコンクリートを**根巻きコンクリート**［ねまき―］という。型枠組立てに先立ち、墨出しするモルタルのことを**根巻きモルタル**［ねまき―］ともいう。

露出型柱脚｜ろしゅつがたちゅうきゃく

柱脚を鉄筋コンクリートに埋込んだり複数したりせず、露出したまま使用する柱脚［図47］。柱脚部の固定度はさまざまであるが、固定度の高い既製品が広く普及している。

柱脚をコンクリート中に埋め込まなくてよいため、工期・コストの面で有利になるほか、柱脚ディテールが標準化されているなど、柱脚を設計する必要がない。ただし、アンカーボルトと鉄筋の納まりを十分検討する必要がある。

テンプレート

アンカーボルトを正確にセットするためにつくられる型板。所定の位置に孔をあけ、そこにアンカーボルトを通して使う［写真14］。コンクリート打設時にアンカーボルトが動かないよう、しっかり位置を保持しておく。なお鉄骨を加工するための型板のこともテンプレートと呼ぶ。

饅頭｜まんじゅう

柱を所定の高さにセットするため、柱脚ベースプレート中央下部に施工するモルタルのこと［写真15］。モルタルは無収縮モルタルを用いることが多い。レベルを正確に出し、コテで平滑に仕上げ、柱をセットし終えた後、周囲を無収縮モルタルなどで充填する。テツダンゴ（丸井産業）などの代替品が市販されている［図48］。

饅頭の場合は、強度がある程度発現するまでの養生期間（3日程度）が必要となるのに対し、代替品の場合は、養生期間が不要なので、いくらかの工期短縮が図れる可能性はある。

建方｜たてかた

建方の種類には、**積上げ方式**（横割り方式）、**建逃げ方式**（縦割り方式）などがある［表4、図49］。

錨吊り｜よろいつり

梁を1本ずつ吊らずに、位置をずらして数本を一度に吊る方法。クレーンの吊上げ時間が短縮でき、作業の効率化が図れる。

地組み｜じぐみ

大型の部材で工場製作された鉄骨部材を部分的に分割し、現場に搬入してから建方前に地上で組み立てること。また、現場搬入前に、工場製作ヤードなどで仮組立てを行って、組立精度などを確認する

図49 | 一般的な建方方法

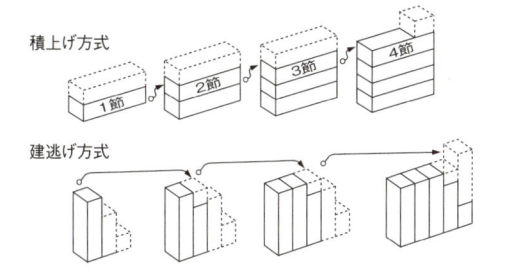

積上げ方式

建逃げ方式

地切り｜じぎり
トラックで運搬されてきた部材の荷下ろし時に、クレーンで吊った物をトラックの荷台から切り離す作業のこと。

玉掛け｜たまがけ
重量物をクレーンなどを使って揚重・移動するとき、重心を失わないようにバランスよくワイヤロープを掛ける作業のこと。このワイヤを玉掛けワイヤといい、輪（へびぐち）にしたワイヤ専用のワイヤを使う。玉掛け作業者は安全衛生法に定められた資格をもった人が行う。

介錯ロープ｜かいしゃく—
揚重機で物を上げ下ろしするときに、吊り荷の片端に取り付ける補助ロープ。

ワイヤシンプル
ワイヤロープを折り曲げて使うときに、曲げた部分を保護する金物。別名、ワイヤコース。

シャックル
ワイヤロープや鎖の端を留める金具。しゃこともいう［写真16］。

マイティシャックル
ワイヤロープや鎖の端を留める金物。

スパン調整｜ちょうせい—
柱の建入れ直しだけでは修正しきれないスパンの誤差を、レバーブロックや楔、ボルシン、ジャッキなどを使って正しいスパンに調整すること。これを怠るとスパンに誤差が波及する。

建入れ直し［たていれなおし］、**歪み取り**［ゆがみとり］ともいう。
鉄骨柱の垂直精度を修正するための作業のこと。建てた鉄骨柱が垂直になるように、ターンバックル付きワイヤを張り、それを緊張させて修正する。ターンバックルの代わりにレバーブロックを使用することもある。

歪み直し｜ひずみなおし（ゆがみなおし）
鉄骨柱の垂直精度を修正するための作業のこと。建てた鉄骨柱が垂直になるように、仕込んだワイヤロープを張り、それを緊張させて修正する。ターンバックルの代わりにレバーブロックを使用することもある。建入れ直し［たていれなおし］、歪み取り［ゆがみとり］ともいう。

レンフロークランプ
鋼材をくわえるようにしてつかみ吊上げ工具。着脱が簡単だが、吊り上げた鋼材をぶつけたりすると外れやすいため、建方には不適である［写真17］。

キトークリップ
レバーでブロックとワイヤロープ双方を固定するための治具。鉄骨建方の歪み直しのワイヤに使用される

高層建築の柱の鉄骨建方時に使われる玉掛け機械で、建設ロボットの商品名。

写真17 | レンフロークランプ

写真16 | シャックル

表4 | 建方の種類

名称		特徴	適用規模
水平積上げ方式（横割り方式）	すいへいつみあげしき（よこわりほうしき）	鉄骨の節ごとに建方を行っていく方法	市街地の大型ビル工事
建逃げ方式（縦割り方式）	たてにげほうしき（たてわりほうしき）	建物の片側から一方向に鉄骨を建方を行っていく方法。最初に建方する部分が、自立するか十分な検討が必要	狭い敷地しかない市街地の中低層ビル
軸建て方式	じくだてほうしき	建物両側の鉄骨柱を先行して建方を行い、中央部の梁または、トラスを後から取り付けていく方法。先行する部分が屏風建てになることが多く、転倒に対する安全性の検討が必要	工場、ホール
輪切り方式	わぎりほうしき	工場の鉄骨建方で、一般的に用いられる方法で、片側から1方向に建てていく。建逃げ式と同様に、最初の建方部分が不安定になりやすいので、ワイヤを張るなどの転倒防止処置が必要。また、柱の鉄骨がH鋼の場合は、輪切り部分が転倒しやすいので桁行き方向にワイヤで補強しながら本設のブレースを取り付け建方を進める	
仮支柱方式	かりしちゅうほうしき	大スパンの梁やトラスの建方で、中央部に仮支柱を設けて、その上に梁やトラスの一部を仮置きする方法。仮支柱と仮支柱の基礎の構造検討が必要である。また、仮支柱を撤去する場合に、梁やトラスが大きく変形する場合があるので、荷重と変形量の構造検討を要する	大スパンの梁やトラスで、部材の重量が重い場合
横引き方式（スライド工法、トラベリング工法）	よこびきほうしき	1方向に連続する大スパンの梁やトラスの建方で使用される方法。妻側から大スパンの梁やトラスを組み立て（床、屋根の仕上げをする場合もある）、順次、1方向に横引きしながら、梁やトラスを取り付けていく。横引きの方法は、梁やトラスの下面に横引き用のチルタンクや車輪、テフロンなどのすべり支承を取付けておき、ワイヤやPC鋼棒などを用いて水平方向に油圧ジャッキなどで引っ張る。最初の横引きブロックが安定して引くことができるかを検討する必要がある	1方向に連続する大スパンの梁やトラス
吊上げ方式（リフトアップ工法）	つりあげほうしき	大スパンの屋根やトラス梁を地上部近くに地組みした（屋根仕上げを行う場合もある）後、本設柱または仮支柱の上部に取り付けられた油圧ジャッキを用いて、地組みされた屋根やトラスを一気に吊り上げて架設する方法。吊り上げた際に屋根やトラスが安定しているか、応力、変形に問題がないかを構造計算により検討しておく必要がある	大スパンの屋根やトラス梁

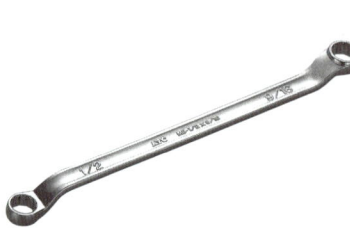

る。キトーの商品名[写真18]。

やわら 鉄骨などに直接ワイヤロープを掛けて吊る場合、ワイヤロープと鉄骨を保護するために使う布類の当てもの。

スリッパ 地上に仮置きされた鉄骨柱を建て起こすとき、柱の下部を傷めないように敷き当てもの。

レバーブロック レバーで操作するチェーンブロックのこと[写真19]。重量物を引っ張ったり、トラックの積み荷を引っ張ったりするロープの緩みを締め付けたりするとき、また、重量物を吊る際にも使われる。

写真18 | キトークリップ

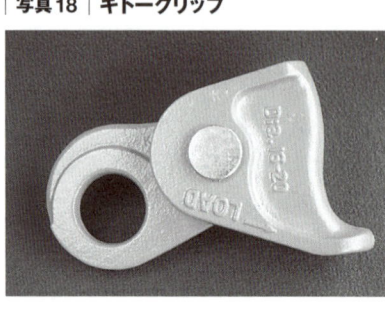

写真19 | レバーブロック

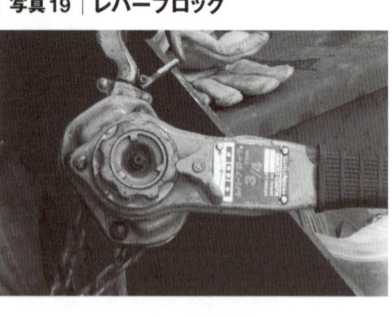

親綱 おやづな 作業員が墜落防止のために着用する安全帯（命綱）を掛けるロープ[写真20]。

ボルシン 鳶職が鉄骨建方作業用に使う、先端ほど細くなっている鉄製のピン。本締めボルト用には、円筒型の両先端が細いノックピンが使われる。

めがねスパナ（めがね） 鳶職用の工具で、ボルトやナットを締め付ける大型のスパナ。レンチともいう[写真21]。

ラチェット ナットを締めたり緩めたりする工具のこと。**しの付きめがね**ともいう[写真22]。

写真20 | 親綱をつけた作業者

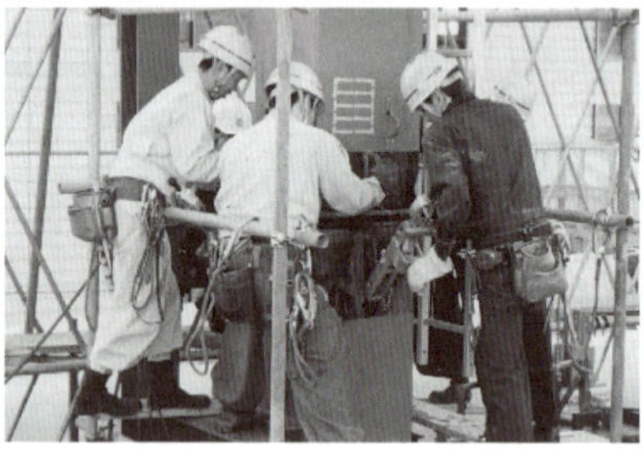

写真21 | めがねスパナ

インパクトレンチ 鉄骨工事に使用するボルトを締めるため、隙間なく密着するように手にボルト締めを行うときに使用する。**本ボルト**[ほん—]ともいう。高力ボルト摩擦接合では、所定のトルク値（締付け値）が得られると先端部（ピンテール）が破断して軸力が導入される**トルシア形高力ボルト**[図50]のほか、**高力六角ボルト**[図51]、グリップ形高力ボルト、溶融亜鉛めっき高力ボルトが使用される。高力ボルトはハイテンションボルトともいう。

メタルタッチ 軸圧縮力を部材間で直接伝達させるため、隙間なく密着するように平滑に仕上げた部材端面の状態。溶接やボルトで応力を伝達できれば特にメタルタッチにする必要はないが、メタルタッチにすることにより、溶接やボルトを節減することができる。一般には高層鉄骨造の下層部分などのように、軸力が大きく、曲げを受けても断面内に引張り力がほとんど生じないような部位で使用される。

中ボルト ちゅう— ボルトのせん断や引張りで耐力をとる接合方式で、軽微な構造物しか使用できない。JISB 1180。

高力ボルト こうりょく— ハイテンションボルト、ハイテンともいう。高張力鋼でつくられた非常に強度の高いボルトで、摩擦力や引張力で接合する[図52、写真25]。**摩擦接合用高力六角ボルト**（JISB 1186）、**トルシア形高力ボルト**、**溶融亜鉛めっき高力ボルト**がある。

写真23]。圧縮空気式インパクトレンチは**空気レンチ、インパクト**ともいう。

トルクレンチ 高力ボルトの本締めを手締めで行う場合や、締付け力を検査するときに用いる道具のこと。一般には手動式で締付け力が調整可能である[写真24]。

ボルト接合

摩擦接合 まさつせつごう 高力ボルトによる継手施工法のこと。

仮ボルト かり— 鉄骨部材の建方工事で建入れ直し後に鉄骨部材の接合部分のボルトを仮に締めて接合するときに使うボルト。建入れを直した後、本締めボルトと入れ替える。本締めと同径のボルトを使い、ボルト群の1/3以上かつ2本以上の本数を使用する。本締めボルトとの兼用は不可[表5]。

本締めボルト ほんじめ— 鉄骨を現場で組み立てる際、建入れ直し後に本格的に鉄骨部材の継手にボルト締めを行うときに使用する。**本ボルト**[ほん—]ともいう。

この形式では、高力ボルトを締付けることで板の間に摩擦力が生

じ、そのすべり抵抗力により力を伝達する。ボルト自体にせん断力は働かない。

JIS型の本締め方法には、トルクコントロール法とナット回転角法があり、ボルトに入る張力を管理している。トルシア型の場合は本締め時に専用の締め付け機を使い、ピンテールが破断するまで締め付ける。

締付け順序は締忘れを防止するため、**1次締め→マーキング→本締め**の順に行う。

トルシア形高力ボルト|がたこうりょく—

一定のトルク値（締付け値）が得られることによって、ボルト先端部分（ピンテール）が破断して[写真26]、軸力が導入される機構の特殊な高力ボルトで、現在の主流である。

1次締め|いちじしめ

高力ボルト接合において仮ボルトを抜き、すべての本締めボルトに均等に所定のトルク値を与え、摩擦面間が完全に密着するように締め付ける作業のこと。

マーキング

高力ボルト接合において、1次締めが終了した時点で、102頁写真27のように鋼材・座金、ナット・ボルトに白いマジックで直線を記入

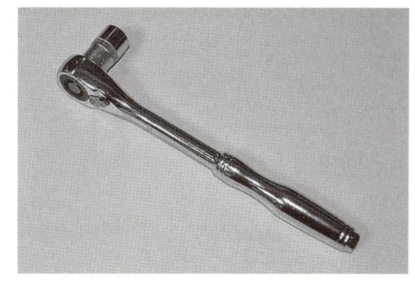

| 写真23 | インパクトレンチ |
| 写真22 | ラチェット |

表5｜各種継手の仮ボルトの本数

継手の種類	仮ボルトの本数
高力ボルト継手	ボルト1群に対して1/3程度かつ2本以上をウェブとフランジにバランスよく配置して締め付ける
混用継手 併用継手	ボルト1群に対して1/2程度かつ2本以上をバランスよく配置して締め付ける
溶接継手	エレクションピースなどに使用する仮ボルトは高力ボルトを使用して全数締め付ける

| 写真24 | トルクレンチ |

| 図51 | 高力六角ボルト |
平座金／平座金／ボルト／ナット

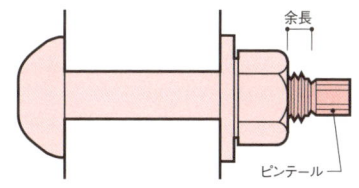

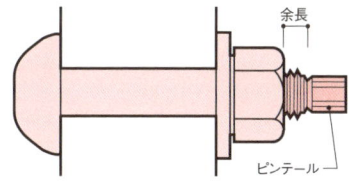

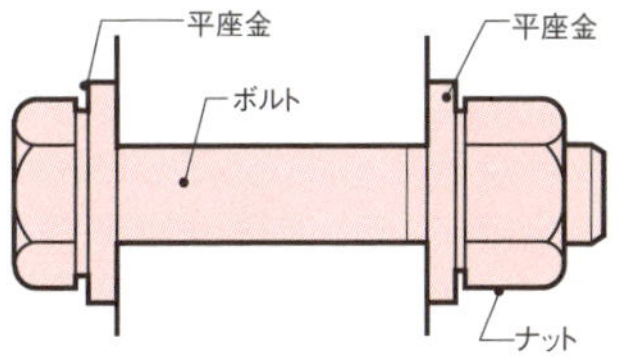

| 図50 | トルシア形高力ボルト |
余長／ピンテール

| 図52 | 高力ボルトの接合方法 |
摩擦接合（摩擦面 摩擦力が作用）／支圧接合（支圧力）／引張り接合（材間圧縮力の減少／引張り力の増加）

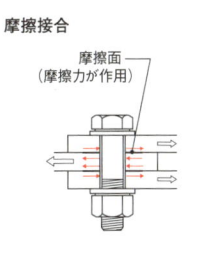

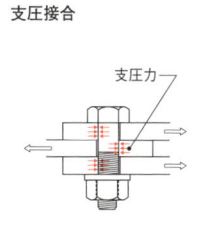

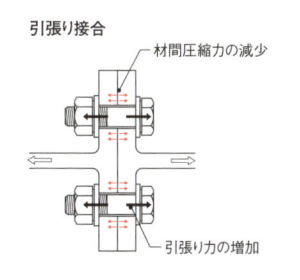

| 写真26 | 破断したピンテール |
| 写真25 | 高力ボルト |

写真28｜マーク位置のずれ

写真27｜マーキング

図53｜マーキング

締付け前
ピンテール
ボルト
ナット
座金

締付け後
正常
ナットだけが回る

不良：軸回り
ボルト、ナット、座金が一緒に回る

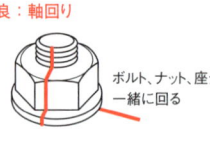

不良：共回り
ナットと座金が一緒に回る

写真29｜キャリブレーションテスト

ること。1次締めの完了後、ボルトとナットが**共回り**［ともまわり］（一緒に回ること）していないことなどを、マーク位置のずれ（高力ボルトとナットに使用する）の端部の破断溝を設けたネジ（トルシア型高力ボルトに使用する）ことを見て本締め完了の確認を行う［写真53］。

本締め｜ほんじめ
高力ボルトに標準ボルト張力を与えるために、締めること。

プレートガーダー
山形鋼と鋼板、鋼板と鋼板を溶接などの接合法によって、I型に組立られた鉄骨梁のこと。**プレート梁**ともいう。

て、ボルトの異常回転（共回り、座金回りなど）の有無を確認する。

ピンテール
破断溝を設けたネジ（トルシア型高力ボルトに使用する）の端部のこと［101頁図50］。

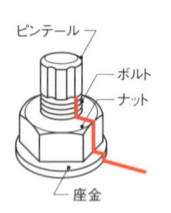

トルクコントロール法｜ほうボルトに導入する軸力の管理を、トルク値（締付け値）をもとに行う方法。抜取り試験でボルトのトルク係数値（軸力とトルク値を関係づける値）の測定（**キャリブレーションテスト**、写真29）を行う。

ナット回転法｜かいてんほうナットに導入する軸力の管理をナットの回転量をもとに行う方法。1次締め後、ボルトに付けたマーキングが、本締め後に120±30度の範囲で回転しているかを目視で確認する。溶融亜鉛めっき高力ボルトを使用する場合はこの方法による。

リーマー掛け｜がけ
リーマーという切削工具を用いて、1次締め後、ボルトに付けたマーキングが、本締め後どのように動いているかを目視することによって孔の目違いを修正する作業のこと。

接合部のボルト孔を大きくしたりいているかを目視することによって

性能・検査

入熱・パス間温度管理｜にゅうねつ―かんおんどかんり
1998年の建築基準法改正に伴い、溶接性能が規定化された。主に溶接における完全溶込み溶接時の施工条件管理を指す。入熱は一定の溶接位置における熱量をいう。主に入熱は靱性に、パス間温度管理は強度（引張強さ・降伏点）に影響を及ぼすため、内質管理が重要視される。パスの多い溶接（多パス溶接）において、次の溶接が開始される直前の決められた位置の温度で、温度チョークでパス間温度が350℃以下になっていることを確認する。

組立て検査｜くみたてけんさ
本溶接をする前の仮組立段階で、開先や仮付溶接の状態や寸法精度などを確認する検査。溶接や寸法精度の不具合などを未然に防止する役割をもつ。

温度チョーク｜おんど―
鋼材表面が所定の温度に達すると溶け出すチョーク。パス間温度などの管理には不可欠。

製品検査｜せいひんけんさ
工場における加工組立て作業を最終的に基準と照合してでき上がった製品を判定基準と照合して受け取るかどうかを決める検査。通常、検査前に多数の鋼材を用いるため、単一のミルシート原本ではなく納入・切断された経路が追従できるように裏書きされた**裏書きミルシート**方式が主流である。ミルシートでは納入された鋼材と整合することも

ミルシート
鋼材規格証明書のこと。鉄骨工事では多数の鋼材を用いるため、単一のミルシート原本ではなく納入・切断された経路が追従できるように裏書きされた**裏書きミルシート**方式が主流である。ミルシートでは納入された鋼材と整合することも

接触式温度計｜せっしょくしきおんどけい
熱電対によるセンサーを接触させることによって、表面の温度が測定できる温度計のこと。放射熱によって表面温度を計測する放射形温度計は、非接触で表面温度が計測できるが、色の変化による補正が必要である。

UT検査｜ゆーてぃーけんさ
超音波探傷検査のこと。UTはUltrasonic Testingの略。探触子から超音波を発信し、欠陥部に当たって反射して返ってくる超音波（エコー）を検出することにより、溶接部の欠陥の大きさ・深さ・位置を測定する。探触子と鉄骨の隙間を埋め、超音波を伝搬しやすくするため、鉄骨表面に接触媒質を塗る。

製作図｜せいさくず
ファブリケーターが自分の工場で製作する部材を全部網羅する図面。主構造部分から、仕上げの受け材、ファスナー、設備スリーブまですべて記入する。

原寸検査｜げんすんけんさ
工場で製作した部材が製作図どおりか確認すること。最近は製作図自体がCADで書かれているため、データ内の図面のなかで原寸（実際の開先状態など）を確認できる。

打撃検査｜だげきけんさ
ハンマーでスタッドが15度曲がるまで打撃し、溶接部に破断・亀裂が生じないものを合格とする抜取り検査。スタッドでは、ほかに外観検査がある。

保証する氏名・捺印・日付（裏書き）が記されているかを確認する。

参考｜鉄骨工事で行われる検査

名称		検査時期	検査の概略	検査項目
テープ合わせ		開始前	鉄骨製作工場と工事現場で使用するスチールテープ（鋼製巻尺）とを比較し、現寸検査にその誤差を確かめること。一般的には、5kgfの張力を与えて10mでの誤差が0.5㎜以下のものを使う。現在では、CAD現寸や現寸検査の省略によってほとんど形骸化しつつある	スチールテープの誤差確認
硬さ試験	かたさしけん	鋼材搬入時	硬さには押し込んだときの凹みによって硬さの大小を比較する方法（主にビッカース硬さ）と鋼球による反発の度合いを比較する方法（主にショア硬さ）がある。鋼材などを試験片に加工して硬さを試験する「硬さ試験器」を用いる。最近では対象物の表面を研磨して直接計測できる携帯式硬さ計が市販されている。硬さを測定することで材料の機械的性質が推定できるため、今後は携帯式硬さ計が普及するとみられる	鋼材の硬さ
切断面検査	せつだんめんけんさ	鋼材切断後	鋼材を切断した場合の切断面の粗さやその精度をチェックする	鋼材の切断面
溶接前検査（仮組検査、組立検査）	ようせつまえけんさ（かりぐみけんさ、くみたてけんさ）	溶接前	溶接欠陥の防止や製品のできばえなどを検査する。部分的に立会検査によって製作状況を確認することも多い	鋼種・板厚の確認のほか、開先の角度・ルート間隔・ルートフェース・裏当て金の取付け状態、エンドタブの状態、食違い・仕口のずれ、組立て溶接、肌すきの状態、開先面の汚れなど
開先検査（溶接前検査）	かいさきけんさ（ようせつまえけんさ）	溶接前	溶接する開先の形状や精度を確認するための検査。主に完全溶込み溶接が対象。極厚部材では部分溶込み溶接も対象となることがある	開先形状・開先角度（ベベル角度）・ルート間隔・ルート面など
孔あけ加工検査	あなあけかこうけんさ	工場製作時	主に高力ボルト接合やボルト接合施工のためにあけた孔の加工精度を確認する検査。鉄骨鉄筋コンクリート造では、鉄筋孔やフープ孔などの有無・位置・孔の数なども対象	孔径・孔の数・孔の間隔（ピッチ）・材端からの距離（へりあき）など
仮組み（仮組立て、仮組検査）	かりぐみ（かりぐみたて、かりぐみけんさ）	工場製作の途中段階	工場製作の途中段階で、部材寸法や精度、溶接の開先精度、仕上がりの状態などを目的として、最終製品となる前に、その一部またはブロックごとに鉄骨部材相互を仮に組み立てること。仮組検査は客先の立会検査を伴うことも多いが、省略されることもある。また、地組みと同じ意味で使われることもある	工事の主要な部材や、製作が最も困難な製品
摩擦接合部検査	まさつせつごうぶけんさ	高力ボルト接合前	高力ボルト接合による摩擦接合面の状態を確認する検査。摩擦接合は高力ボルトのトルクによって、摩擦接合されるため、摩擦面の状態が重要で、赤錆状態であることが理想的である	高力ボルト接合の場合の摩擦接合面
製品検査	せいひんけんさ	工場製作完了時	工場で製作された鉄骨製品を発注者または監理者の立会いのもとで、品質を確認する検査。書類検査では、鉄骨工場が製作した書類にもとづいて全数確認する。対物検査は一般的に、事前に選定された代表製品で確認する方法や合理的な抜取り手法を用いる	書類検査（誤差・取合い部の精度・溶接外観など）と対物検査（各部材の寸法確認や外観の良否、溶接内部品質など）
寸法検査	すんぽうけんさ	工場製作完了時	鉄骨製品の各部位の寸法を確認する。製品検査時の寸法検査では、書類による各部寸法の確認と対物によるチェックが行われる。傾斜のある製品やアーチ状の鉄骨などでは、その対角寸法を確認したり、型板による確認が行われる	柱の長さ・柱の成・階高・仕口の長さ・仕口の成・梁の長さ・梁の成など
外観検査（目視検査）	がいかんけんさ（もくしけんさ）	工場製作時・工事現場	鉄骨製作過程やチェックで行われる人の目による検査のこと。通常の外観検査では、目視のみか、あるいは目的に応じた種々のゲージ類を用いて行う	外観
溶接部の内部欠陥検査	ようせつぶのないぶけっかんけんさ	溶接後	溶接に発生する有害な欠陥を検出することで、一般的に超音波探傷検査（UT）のことを指す。なお、今後溶接内部に発生する欠陥として冶金的な内質欠陥が注目されており、マグ溶接における入熱・パス間温度などの溶接条件管理が重要となりつつある	溶接部
超音波探傷検査（UT検査）	ちょうおんぱたんしょうけんさ（ゆーてぃーけんさ）	溶接後	超音波を利用して、材料の内部の状態や溶接欠陥を検出する非破壊検査方法。Ultra-sonic Testing（UTの略）。主に溶接内部の欠陥を評価する手法。通常の完全溶込み溶接では、(社)日本建築学会の規準（2008）が用いられる。極厚の部分溶込み溶接の状態やコンクリート内部のジャンカ検査などにも利用されている	溶接部

TOPICS|1 解体・産業廃棄物

廃棄物｜はいきぶつ
一般廃棄物は区域内処理が原則で、地域の市町村が処理責任をもつ。産業廃棄物は排出事業者が処理責任をもち、広域処理が認められる。

産業廃棄物｜さんぎょうはいきぶつ
事業活動によって発生するゴミや汚物、また再利用、売却ができないために不要になったもの。産廃とも。「廃棄物の処理及び清掃に関する法律」で定められる。

建設廃棄物｜けんせつはいきぶつ
建設工事に伴い発生する廃棄物。事業所から出る紙くずなどは一般廃棄物に含まれ、汚泥や建設木くずなどは産業廃棄物に分類される。建設現場で発生する廃棄物にはほかに建設発生土があり、建設副産物を併せて建設副産物という。

廃棄物処理法（廃掃法）｜はいきぶつしょりほう（はいそうほう）
正式名称「廃棄物の処理及び清掃に関する法律」。廃棄物の区分や処理責任について規定。2000年に排出事業者責任の明確化やマニフェスト制度の見直しなど大幅改正された。

建設リサイクル法｜けんせつーほう
正式名称「建設工事に関わる資材の再資源化等に関する法律」。'00年5月に新しく制定され、「一定規模以上の工事（対象建設工事）について特定建設資材廃棄物を工事現場で分別（分別解体等）し、再資源化することを義務付け」たもの。'02年5月完全施行。

特定建設資材｜とくていけんせつしざい
建設リサイクル法で、再資源化等を定められた資材。①コンクリート、②コンクリートおよび鉄から構成される建設資材（PC版など）、③木材、④アスファルト・コンクリートの4つ。特定四品目と呼ばれる。

混合廃棄物｜こんごうはいきぶつ
多種多様な素材が混じりあった廃棄物。

マニフェスト
産業廃棄物管理票のこと。廃棄物の名称、数量、性状などを記す。産業廃棄物排出時の運搬車1台につき、1枚を交付する必要がある。

ゼロエミッション
廃棄物を細かく分別して100％再資源化すること。ゼロエミ。品目別に引き取る必要があり、処理の経費が余分にかかる。

マニフェストシステム
マニフェストを利用して、建設廃棄物の経路を管理する仕組み。排出事業者、収集運搬業者など関連業者に送付または保存される。

3R｜さんあーる
Reduce（廃棄物の発生抑制）、Reuse（再使用）、Recycle（再生利用）の頭文字をとった、環境問題を考える際の概念。

解体業者｜かいたいぎょうしゃ
建物を解体する業者。建築物の解体工事には建設業許可か解体工事業登録が必要となる。

収集運搬業者（収運業者）｜しゅうしゅううんぱんぎょうしゃ（しゅううんぎょうしゃ）
廃棄物を収集・運搬する業者。廃棄物の適正な分別、保管などを行い、生活環境保全や公衆衛生の向上を図ることを目的とする。

中間処理業者｜ちゅうかんしょりぎょうしゃ
廃棄物の中間処理（分別・減量化・無害化・安定化処理などで、具体的には焼却や破砕、堆肥化などにあたる）を行う業者。

最終処分業者｜さいしゅうしょぶんぎょうしゃ
廃棄物を最終処分する業者。遮断型処分場、安定型処分場、管理型処分場の三つに分類され、廃棄物の種類により各埋立て基準がある。

サーマルリサイクル
廃棄物を固形燃料化、またはガス化などしてから燃焼させ、熱源やエネルギーとして利用すること［写真］。

マテリアルリサイクル
廃棄物を分別回収して、素材や部材ごとに再加工し、もう1度新しい製品として利用すること。

ケミカルリサイクル
廃棄物を化学的に処理し、製品の化学原料として再生利用すること。

安定化｜あんていか
ごみを生物的、物理的、科学的に安定な状態とすること。

無害化｜むがいか
ごみを自然環境・生活環境に悪影響を及ぼさない状態にすること。

中間処理場｜ちゅうかんしょりじょう
ごみを焼却せず、無酸素状態で蒸し焼きし、1300℃以上の高温で溶融処理する設備。有効なダイオキシン対策の1つとして注目されている。

ガス化溶融炉｜かようゆうろ
産業廃棄物を最終処分場へもっていかず、中間で焼却や破砕、圧縮などの処理を行うところ。中間処理場で処理されたものは再利用されるものと最終処分場へ行くものとに分かれる。マニフェストシステムでは、中間処理場での処分は最終処分と同様に処分終了とみなされる。

広域再生利用指定制度｜こういきさいせいりようしていせいど
'00年4月1日の廃棄物処理法改正によって、中間処理業者はマニフェスト制度を利用して、建設廃棄物の経路を管理する仕組み。排出事業者、収集運搬業者など関連業者に送付または保存される。物品の製造や加工を行うメーカーが、その運搬ルートを利用して、広域での自社製品の回収・再利用を産業廃棄物処理業の許可なしに行える制度のこと。環境省の指定が必要である。

写真｜サーマルリサイクル

ストE票の管理が義務付けられている。

最終処分場｜さいしゅうしょぶんじょう
産廃を最終的に埋め立てて処分する場所。地下水や土質に影響の出ない処分場を安定型最終処分場といい、コンクリートくず、ガラスくず、金属くず、廃プラスチックなどの処分をする。遮水シートを張った処分場を管理型処分場といい、地下水や土質に影響を及ぼす恐れがある焼却灰などを埋め立てる。

分別解体｜ぶんべつかいたい
建設資材廃棄物を種類ごとに分別する解体方法。建設リサイクル法では、解体と分別は同じ場所で行うとうと定めている。

手解体｜てかいたい
手壊しとも。バールを使い、部位ごとに解体する手法。部材の再利用が図られるが、技術を要することから、古材の再利用が減らなくなったことなどから、あまり行われなくなった。効率と再資源化への有用性から機械と併用する作業で見直されている。

手壊し併用機械分別解体｜てこわしへいようきかいぶんべつかいたい
内装材や屋根葺き材をあらかじめ手作業により解体し、機械と手作業による分別解体をすること。建

の再リサイクル法に沿った建設資材の再資源化などが図られる。

委託基準｜いたくきじゅん
排出事業者が処理（処分・運搬）を他人に委託する場合の基準。委託先の処分業者が産業廃棄物処理業の許可を有していることなどが定められている。

TOPICS 2

祭事

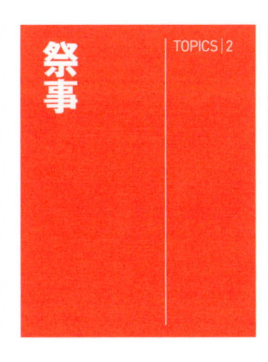

地鎮祭・起工祭｜じちんさい・きこうさい
正しくは「とこしずめのまつり」と読む。着工にあたり、大地主神に対して、土地を傷つけ何十年にもわたってそこを占領させてもらうための儀式。「地鎮の儀」「鍬入の儀」とも。正式には「苅初の儀」「穿初の儀」「鎮物埋納の儀」からなるが、「苅初の儀」「鍬入の儀」または「穿初の儀」のみですませることが多い。

献饌・撤饌の儀｜けんせん・てっせんのぎ
献饌の儀は神饌（お供物）と幣帛料（初穂料、玉串料）を神様に献じる儀式。また、瓶子（かめ、とっくりなど酒を入れる器）の蓋を開けることでその意を表すこともある。撤饌の儀はその逆で、神饌と幣帛料を下げること。また、瓶子の蓋を閉めることによって執り行うこともある。

祝詞奏上｜のりとそうじょう
神主が祝詞を奏上して工事の概要

ろには清い砂を盛る［図1］。

手水の儀｜ちょうずのぎ・てみずのぎ
式典開催に先立ち、身を清める儀式。2人1組の係が式典会場入口に待機し、1人が参列者の手に柄杓で水を掛け清め、もう1人が手を拭くための半紙を手渡す。発注者、来賓、設計管理者、施工者の順に行うが、参列者の到着順に行う場合もある。

鍬入れの儀｜くわいれのぎ
工事の始まりを表す儀式。「鍬初」とも。鍬と鋤、鎌の3つを建てて主、施工者、設計者の3者で分担し、参列者みなでいただくように、盛られた清砂にささった榊を鎌で刈るしぐさをする苅初の儀を行う。次に、鋤と鍬で清砂を耕すしぐさをする穿初の儀を行う。

玉串奉奠・玉串｜たまぐしほうてん・たまぐし
土地と建設する建物の永遠の安定、参列者の守護を祈願して玉串を奉り、神様に拝礼する。玉串とは「神の依代の木」である榊に御幣を配したもので、神霊が招き寄せられる。

上棟式｜じょうとうしき
「棟上げ式」とも。木造建築で棟木を取り付けるときに行う。その工事段階のことを建前ともいう。棟木は家を護る神の宿る場所と考えられ、棟梁が棟木に幣束を立て、破魔矢を飾り地鎮祭と同様に建物の四方に酒、塩、米をまいて清め、儀式を行う。住宅レベルでは神主

を神様に報告し、平穏無事を祈願すること。

神籬｜ひもろぎ
神様が降臨する神座（かみくら）。

降神・昇神の儀｜こうしん・しょうしんのぎ
降神の儀は、神籬に神様をお迎えすること。昇神の儀は、地鎮の儀が終了し神様をお帰しすること。

直会｜なおらい
神酒拝戴とも。神様に献じた神酒をみなでいただくこと。大規模建築の工事の場合は、別に席や会場を設けることもある。住宅の場合は、工事関係者が個々に行う場合がある。

代表者が行う場合と、複数の参列者がそこに乗り移ると考えられる。

図1 │ 地鎮祭の準備

- 斎竹（いみたけ）
- 三方（さんぽう）
- 神籬（ひもろぎ）
- 鎮物（しずめもの）
- 神饌物（しんせんぶつ）
- 玉串案（たまぐしあん）
- 忌鍬（いみくわ）
- 忌鎌（いみかま）
- 盛砂（もりすな）
- 玉串仮案（たまぐしかりあん）
- 神官
- 工事関係者（南）／建て主関係者

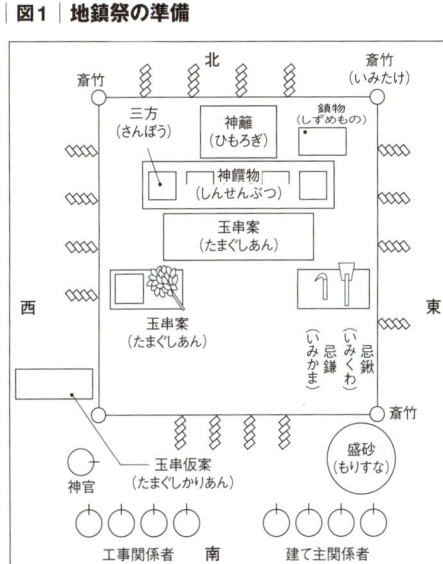

神饌物の例
・お米（大皿1杯）・御神酒（徳利2本）・野菜（2～3種類）
・果物（2～3種類）・菓子・海の幸（こんぶ・するめなど）・ろうそく
・塩（中皿1杯）・水（コップ1杯）・杯（人数分、直会時に使用）

建物が完成し使用を開始する前に、建物が無事に竣工したことを神様に報告し、感謝の念を捧げるとともに、竣工後の生活の平穏無事を祈願する儀式。公共建築や大規模な住宅レベルでは神棚を設けて、天照大神と地元の氏神の2神を祭り、家が出来上がったことを報告する程度である。移徙祭、鎮火祭ともいう。建物の完成時に行われる儀式は「清祓式」と「竣工奉告祭」の2つがあり、本来、竣工式は竣工奉告祭のことだが、現在はこの2つを区別せず一緒のものとして行われている。

を招くことは少なく、概ね棟梁が主祭する。現在では職人の労をねぎらい、工事の安全を祈願する意味合いが強い。鉄骨造の場合は最上階の鉄骨取付けのとき、鉄筋コンクリート造の場合は最上階にコンクリートが打ち上がったときに行う。鉄骨造の場合、上棟の儀と称して「びょう(鋲棟)うち(ちう)の儀」を行うことが多い。「鋲打ちの儀」は、鉄骨にボルトとナットを取り付ける「鋲納めの儀」、ナットをスパナで締め付ける「鋲締めの儀」、締めた鋲をハンマーで叩く「検鋲の儀」の順序で進められる。鋲納めは施工者、鋲締めは設計者、検鋲は発注者が一般的。鉄筋コンクリート造の場合、上棟の儀のなかで、棟礼をお祓いする型で行うこともある[図2]。

定礎式 | ていそしき
定礎という文字を年月日などを刻んだ定礎石を外壁に取り付けるときに行う儀式。仕上げ工事がかなり進んだ段階あるいは竣工式の当日に行われることが多い。定礎石の裏側には銅・ステンレスでつくられた定礎箱が埋め込まれる。定礎箱には氏神のお札、定礎銘板、建築平面図、当日の新聞、通貨、事業報告書などを収め、ハンダで封印する。

竣工式 | しゅんこうしき

図2 | 上棟式の流れ

1

棟木(むなぎ)に魔除けの幣串(へいぐし)を鬼門の方向に向けて立て、上棟式が始まる

2

建物の骨組に板を渡して祭壇をつくり、供え物をする。棟梁は祭壇に二拝二拍手一礼する

3

柱の四隅の根本にお神酒などをかけて清める

4

残りを参加者全員の茶碗について乾杯する
注:地域によって異なる

礼法 | れいほう
お辞儀のこと。祭事中参列者には「磬折(上体を40〜60度に曲げ)」「揖(会釈程度。上体を45度曲げ)の深揖と上体を15度曲げる小揖がある)」「拝(上体を90度に曲げる、最も丁寧な辞儀)」の3種が必要。

拍手 | かしわで
誰もが自然に覚えている、日本独特の敬礼である。簡単なようにも思えるが、正式な作法は意外に知られていないので注意する。まず、胸の前で両手を合わせ、右手を少しすり下げる。次いでゆっくり左右に開き打ち合わせる。そしてもう1度打ち合わせ、2度打ち終わったら、右手をすり上げもとのように両手を合わせ、ゆっくり手を下ろし元に戻す。指と指の間は開いてはならず、また両手は肩幅ほどに開く。

参考 | 覚えておきたい祭事キーワード

キーワード	内容
立柱式 (りっちゅうしき) (鋲打祭 [びょううちさい])	柱を建て始めるときに行われる儀式。主に鉄骨造において第1節の柱を建て始めるときに行う。立柱の儀は、最初に建てる柱を神官が祓い清め、続いて設計者、施工者、発注者によってボルトの締め付けと検査を行う。この祭事は発注者と工事関係者などごく内輪で行われるケースが多い
定礎式 (ていそしき)	定礎という文字と年月日などを刻んだ「定礎石(ていそせき)」を外壁に取り付けるときに行う儀式。仕上げ工事がかなり進んだ段階あるいは竣工式の当日に行われることが多い。定礎石の裏側には銅・ステンレスでつくられた定礎箱(ていそばこ)が埋め込まれる。定礎箱には氏神のお札、定礎銘板、建築平面図、当日の新聞、通貨、事業報告書などが収められ、ハンダで封印される
竣工式 (しゅんこうしき)	建物が完成し使用する前に、建物が無事に竣工したことを神様に報告し、感謝の念を捧げるとともに、永遠なる建物の安全堅固と、建て主の繁栄を祈願する儀式である。建物の完成時に行われる儀式は「清祓式」と「竣工奉告祭」の2つがあり、本来、竣工式は竣工奉告祭のことであるが、現在はこの2つを区別せず一緒のものとして行われているようである
清祓式 (きよはらいしき)	完成した建物を祓い清めるための儀式。「修祓式(しゅうばつしき)」ともいわれ、「竣工奉告祭」と「修祓式」を合わせて「竣工修祓式」という名称で行われることもある
竣工奉告祭 (しゅんこうほうこくさい)	新建築物の安全・建築主の永遠の繁栄を祈願する儀式
落成式 (らくせいしき)	建物の完成を祝い、対外的にお披露目をする行事。主な関係先や工事関係者への感謝などを加味して行われるもので、神事を伴う竣工式とは別とする考え方が一般的なようである
手水 (てみず、ちょうず)	式開催に先だって執り行うもので、式場の外で身体のけがれをとり、清切なる心身で神事に臨むための儀式である。手水用具を式典場入口に設け、係の者を二人一組としてその場所に待機させる。1人は、入場する参列者の手に柄杓で水を掛け清める係。もう1人は、手を拭いてもらうための半紙を手渡す係である。本来は発注者、来賓、設計監理者、施工者の順に行うが、簡略化して参列者の到着順に行う場合もある
礼法 (れいほう)	礼法とは、お辞儀のことで祭事中参列者には「磬折(けいせつ)」「揖(ゆう)」「拝(はい)」の3種が必要とされる
磬折 (けいせつ)	上体を40〜60度に曲げるお辞儀である。お祓いを受けるときと、祝詞奏上のときに行う
揖 (ゆう)	玉串を神官から受け取るときに行う、会釈程度のお辞儀のこと。厳密には「深揖(しんゆう)」(上体を45度曲げる)と「小揖(しょうゆう)」(上体を15度曲げる)とがある
拝 (はい)	最も丁寧とされるお辞儀で、上体を90度に曲げるお辞儀のこと。玉串を奉奠する際に行う
拍手 (かしわで)	誰もが自然に覚えている、日本独特の敬礼である。簡単なようにも思えるが、正式な作法は意外に知られていないので注意する。まず、胸の前で両手を合わせて、右手を少しすり下げる。次いでゆっくり左右に開き打ち合わせる。そしてもう一度打ち合わせ、二度打ち終わったら、右手をすり上げもとのように両手を合わせ、ゆっくり手を下ろし元に戻す。なお、指と指の間は開いてはならず、また両手は肩幅ほどに開くのがよい
奉献酒 (ほうけんさけ)	祭壇(献酒案)にお供えするお酒のことであり、化粧箱入りにし、箱は奉献紙(白紙)で包み水引きをかける。この際奉献紙、水引きなどは不揃いをなくすために施工者側で用意しておき、発注者側にはその旨を伝えておくとよい。配置は、祭壇に向かい右側に発注者側のものを、左側に設計者、施工者のものを供える

性能 3

断熱工事

性能 1

断熱工事では次の3つのことを念頭に置いて取り組むこと。

① 断熱材は断熱材内での冷気流を防止し、性能を100%発揮するようにする
② 気密層の断点が生じない納まりとし、高い気密性を確保する
③ 構造材が長期的に腐らないような放湿措置を講じた断熱構成とする

以下、断熱工事での基本的な用語について解説する。

材料

吹込み用断熱材──ふきこみようだんねつざい

天井断熱を中心に吹込み工法（ブローイング）で施工される断熱材で、ポリスチレンフォーム、ビーズ法ポリスチレンフォーム、硬質ウレタンフォーム、高密度グラスウール、ロックウールなどがある。一般的に、フェルト状断熱材よりも断熱性能は高い[表2]。

現場発泡断熱材──げんばはっぽうだんねつざい

ウレタン系の液体を現場で発泡させて吹き付ける工法。施工が容易なため、木造住宅に限らずRC造などにも幅広く使用されている。引火性があるので、施工中の火災防止には十分注意が必要である[写真1]。

フェルト状断熱材──じょうだんねつざい

フェルト状に成形された断熱材の総称で、グラスウールやロックウールが多い。断熱材自体の寸法の可変性、切断加工・施工の容易さ、低価格、不燃性などの理由から、最も一般的に使われている。問題点としては、

① 透湿性、保水性が高く、吸水した状態での断熱性能の低下が大きい
② 通気性があるため、断熱材の性能の低下が大きい
③ 柔軟性が高いため、施工精度による断熱性能のバラツキが大きい[表1]

などが挙げられるが、正しく施工すれば問題ない。

グラスウール、ロックウール、セルロースファイバーなどが使用される。施工者の専門化による施工精度の高さが特徴。しかし、フェルト状断熱材と同様吸水性が高いため、防湿層と躯体換気、小屋裏換気との併用が必要である。

ボード状断熱材──じょうだんねつざい

ボード状に成形された断熱材で、躯体の軸間に入れる例は少なく、躯体の内側や外側に張り付けて施工する。種類としては、押出し法ポリスチレンフォーム、ビーズ法ポリスチレンフォーム、硬質ウレタンフォーム、高密度グラスウール、ロックウールなどがある。目的に応じたさまざまな種類がある[表3・4]。安価なため最も普及している。メーカーにマグ・イゾベール、旭ファイバーグラスなど。高断熱住宅では、繊維の太さを6割程度細くして空気保有率を高めた**細繊維グラスウール**（高性能グラスウール）が主流。断熱性能は、同じ16kg品でも従来品と比べて1.3～1.5倍ある。繊維系のボード状断熱材は耐火性があるため、木造の外張り断熱、RC造などの外断熱に有効。ただし、保水性があるため、外側に防湿層や通気層

グラスウール

融点の低いガラスを溶融繊維状に引き出してつくったガラスの綿の断熱材。

| 表1 | 施工精度と断熱性能 |

施工状態		熱貫流率
	よい施工状態	0.314（100mm）
	グラスウールの寸法が著しく大きく、押し込みすぎた状態	0.376（84mm）
	グラスウールの寸法が大きく、両端を押し込みすぎた状態	0.686（46mm）
	グラスウールの寸法が小さく、柱との間に隙間ができた状態	0.489（67mm）

熱貫流率［kcal／m²h℃］　　注（　）内はグラスウール換算した厚さ

| 表2 | ボード状断熱材 |

種類			密度（kg/m³）	熱伝導率（kcal/m・h・℃）	JIS
発泡プラスチック系断熱材	ポリスチレンフォーム（ビーズ法）	A級	特号 27以上	0.030以下	A-9511
			1号 30〃	0.032〃	
			2号 25〃	0.033〃	
			3号 20〃	0.035〃	
			4号 15〃	0.037〃	
	ポリスチレンフォーム（押出し法）	B級	1類 20以上	0.034〃	A-9511
			2類 20〃	0.029〃	
			3類 20〃	0.024〃	
	硬質ウレタンフォーム		1号 45〃	0.021〃	A-9514
			2号 35〃	0.021〃	
			3号 25〃	0.022〃	
無機繊維系断熱材	住宅用グラスウール断熱材		10	0.045〃	A-9522
	〃		16	0.039〃	
	〃		24	0.034〃	
	ロックウール1号		71～100	0.031〃	A-9504
	ロックウール2号		101～160	0.031〃	

| 写真1 | 火気厳禁 |

「火気厳禁」のスプレーを吹いて注意を喚起する

一般にウレタンは不燃材ではないため、施工後の溶接、溶断などはできない

表3 | グラスウールの種類

	形状	使用部位	透湿抵抗	含水性	耐熱耐火性	燃焼ガス	備考
裸	ロール状	全	無	有	高い	微少	充填敷込工法。防湿気密層通気層が不可欠
	ボード状	壁、床	無	有	高い	多少	張付け根太間落し込み工法。防湿気密層通気層が不可欠
	チップ状球	全	無	有	—	微少	吹込み工法により間隙なし
	サイコロ						防湿気密層通気層が不可欠
表面加工	マット状	全	中		高い	多少	耳付が一般的。施工容易。通気層が必要
	ボード状	床下	小		高い	多少	根太間落込み。防湿気密層が必要

表4 | グラスウールとロックウール

種類	グラスウール	ロックウール
形状		
特徴	グラスウールには、マット状（左）、ボード状（右）、粒状のものがある。耐水性があるため、ボード状のものは木造の外張り断熱やRC造の外断熱などにも使われる。粒状のものは、吹込み断熱に使われる	ロックウールにも、マット状、ボード状、粒状のものがある。特に粒状のものは、その耐火性の高さから、鉄骨造の耐火被覆にも多く使われる

表5 | 主なプラスチック系断熱材

種類	ビーズ法ポリスチレンフォーム	押出し法ポリスチレンフォーム	硬質ウレタンフォーム	フェノールフォーム
形状				
特徴	いわゆる、発泡スチロール。吸湿性、吸水性がなく、経年変化もほとんどない。板状のみならず、さまざまな形状に加工できる	発泡スチロールの一種。ボード状で軽く、剛性があり、熱伝導率が小さい。耐水性、耐吸湿性に優れているため、外張り・外断熱に適する	内部に熱を伝えにくいガスを封じ込めた独立気泡の集合体	硬質ウレタンフォームと同様、熱を伝えにくいガスを封じ込めた微気泡をもつ。断熱性、難燃性ともに優れる

などが必要である。施工性を高めた耳付きタイプもある。繊維径は高断熱用で4〜5μ、通常7〜8μ。密度は1㎡当りの重量（10、16、24、32、48、64kg）があり数値が大きいほど断熱性能は高い。製品は裸のままのものとシート（室内面：防湿、室外面木口面：防風透湿）でくるんだものがある。

ロックウール 発癌性がある天然のアスベストに代わり、ケイ酸を多く含んだ鉱物岩などからつくる。主として安山岩（岩石）を溶かし、綿菓子のように小さな孔から吹き出させ、急冷し繊維状にし、これをさらに綿状にしたもの。名称・用途は似ているが無害。グラスウールと形状は似ているが、その密度は通常40kg/㎡と高く、断熱性能はグラスウールの16kgと同等比較的よく、耐火性も高い。製品構成、施工上の留意事項ともグラスウールと同じ[表4]。メーカーにニチアス、日東紡など。

ポリエステルウール 飲料のペットボトルから再生してポリエステル繊維を編みこみ、ロール状に成型したサーモウール（コスモプロジェクト）などの製品がある。

羊毛断熱材 ようもうだんねつざい 羊毛を原料とする断熱材。羊の毛とレンコン状の4穴中空構造をもつポリエステル繊維を編みこみ、ロール状に成型したサーモウール（コスモプロジェクト）などの製品にパーフェクトバリア（エンデバーハウス）など。

ペットボトル断熱材 ともいわれる。

セルロースファイバー 木質繊維のパルプからなる断熱材。主としてダンボールや新聞残紙など古紙などのリサイクル素材を原料としたバラ綿状で、断熱性能はほかの繊維系のそれと同準である。天然木質繊維なので吸放湿性も持ち、**内部結露**を抑制することができる。ブローイングマシーンによる吹込み工法・**吹付け工法**などが採られる[110頁写真2]。

軟質繊維板 なんしつせんいばん インシュレーションボードとも呼ばれ、その木質繊維は間伐材やリサイクル木材を原材料としている。セルロースファイバーと同様に吸放湿性といった優れた性質をもつ。断熱性能はやや劣るものの、人間には優しい材料である。ホルムアルデヒドを含む接着剤は使用されていないので安心できる。

真空断熱材｜しんくうだんねつざい

ウレタンや微粉末のシリカ、グラスウールなどの多孔質の芯材を、真空保持性のよいプラスチックや金属ラミネートフィルム内に挿入し、真空密封したもの。熱伝導率は、押出法ポリスチレンフォーム3種の約1/4の0.008W/mKと非常に優れている。従来は冷蔵庫、保冷車両などに使われていたが、近年住宅の断熱材としての使用が検討され始めている。

木質繊維ボード断熱材｜もくしつせんい―だんねつざい

ドイツやスイスではこれからのエコ断熱材の主流として認知されている。日本ではまだ流通が少ないが、将来のエコ断熱材の主流になると期待されている。グラスウール16kg/㎥と高性能グラスウール16kg/㎥の中間の断熱性能があり、グラスウールの約10倍の重量ということから、熱容量が大きく、蓄熱層の役目も果たす。スギの樹皮が含まれた木質繊維ボードの場合、ホルムアルデヒドの吸着量が多く、シロアリや不朽菌の影響を受けにくいという利点もある。添加物は、接着剤としてのコーンスターチ2%のみである［写真3］。

木質小片断熱材｜もくしつしょうへんだんねつざい

木質残廃材の再資源化として考え出された断熱材である。接着剤を使用せず、プレス後、ポリエチレンシートに包まれ、100㎜厚でパネル状になっている。また、木質特有の蓄熱効果がある。断熱性能は、グラスウール10kg/㎥と同等だが、付加断熱することにより、次世代省エネルギー基準に同等の性能となる。押出し法と同様、独立発泡体で構成されているので断熱性、耐水性とも優れているが押出し法に比べてやや劣る。耐圧性は低いが柔軟性があるので木造充填断熱工法に向く。

| 写真2 | セルロースファイバー

| 写真3 | 木質繊維ボード断熱材

炭化コルク｜たんか―

コルクを蒸し焼きにし、その樹脂分で固めた断熱材［写真4］。

ビーズ法ポリスチレンフォーム｜―ほう―

主原料ポリスチレンビーズを蒸気で加熱し、発泡・成形した断熱材箱、板状などさまざまな形状のものがある。押出し法によるものより柔らかく緩衝特性が高く粘り強いが、耐圧性（0.2kgf/f）、耐熱性、耐候性で劣る。押出し法と同様、独立発泡体で構成されているので断熱性、耐水性とも優れているが押出し法に比べてやや劣る。

対応可能で、全国各地のプレカット工場および集成材製造工場から排出されるプレーナー屑、モルダー屑を原料とする。

| 写真4 | 炭化コルク

押出し法ポリスチレンフォーム｜おしだしほう―

ビーズ法とは異なり、ポリスチレンまたはその共重合体に発泡剤、添加剤を溶融合し、連続的に押出し成形で板状に発泡させたもので一般的［109頁表5］。スチレン系のボード状断熱材はビーズ法より気泡が細かく断熱性、耐圧性、耐候性に優れ、透湿抵抗が大きい。独立発泡が高いほど断熱性能が高い。形状維持性が高いのでコンクリート打込み工法に対応できる。材料自体の保水性が低い。耐熱温度は80℃。**カネライトフォーム**（カネカ）、**スタイロフォーム**（ダウ化工）など。

硬質ウレタンフォーム｜こうしつ―

主原料ポリイソシアネートおよびポリオールを液体原料より直接重合、同時に成形したもの。ボード状で断熱性能は極めて優れている［109頁表5］。ボード（アキレス）など。**アキレス**ボード（アキレス）など。

| 写真5 | フェノールフォームの気泡構造

| 写真6 | 発泡したウレタンフォーム

| 写真7 | 発泡ガラス

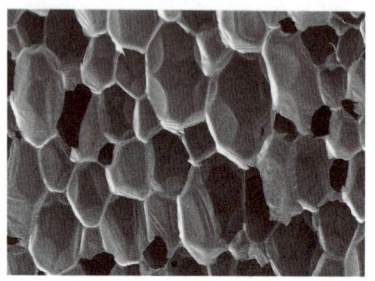

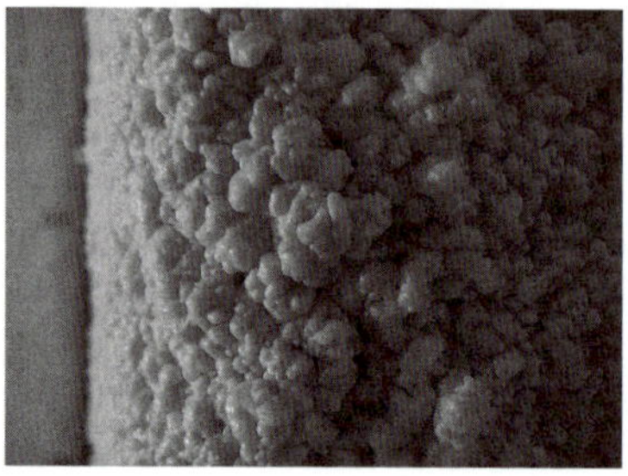

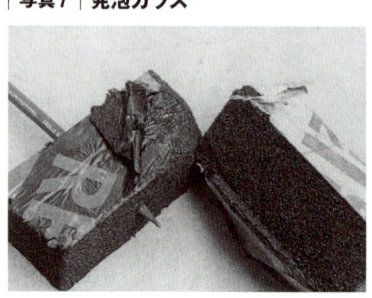

ポリエチレンフォーム

主原料ポリエチレンを押出しま

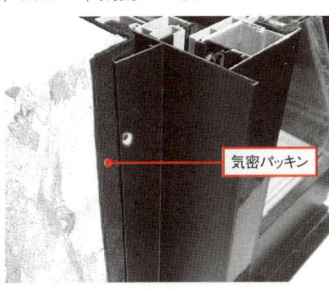

| 写真10 | 気密パッキン

| 写真9 | 気密テープで配管部を処理した例

| 写真8 | 気密テープ

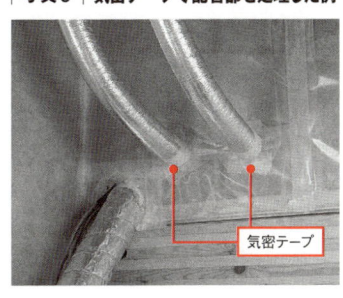

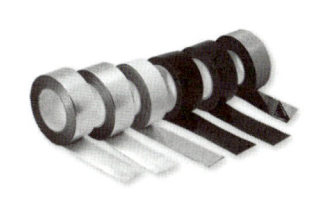

写真：日本住環境

| 写真11 | ポリエチレンシート

| 図2 | 熱損失

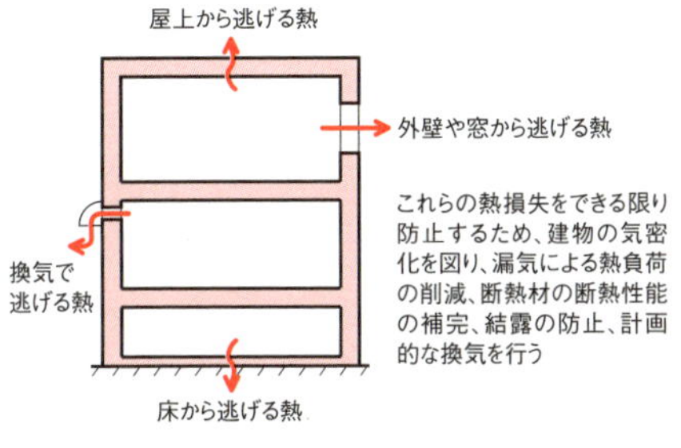

屋上から逃げる熱
外壁や窓から逃げる熱
これらの熱損失をできる限り防止するため、建物の気密化を図り、漏気による熱負荷の削減、断熱材の断熱性能の補完、結露の防止、計画的な換気を行う
換気で逃げる熱
床から逃げる熱

| 図3 | 断熱構成

室内　断熱層　通気層　室外
内装仕上げ材　結露　蒸発　外装材
水蒸気　透湿（微量）　雨水・風　スリット・隙間
防湿・気密層（防湿気密シート）　防風層（透湿防水シート）

| 図1 | 防湿気密シートのジョイント処理

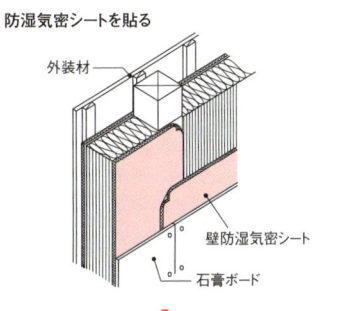

防湿気密シートを貼る
外装材
壁防湿気密シート
石膏ボード

気密テープを張る
気密テープ

は熱分解によって発泡・成形した断熱材。独立発泡樹脂系のなかでは最も柔軟性が高い。空隙充填、配管用カバーなどにも用いられる。

サニーライト（旭化成）など。

フェノールフォーム 独立発泡樹脂系のフェノール樹脂断熱材を炭化水素（HC）で発泡・成形したもの。断熱性能は極めて高い。また耐火性にも優れ、経年変化も少ないが、透湿抵抗がやや低い。火災時の安全性は樹脂系のなかでは最も高い［109頁表5、写真5］。

ネオマフォーム（旭化成）など。

現場発泡ウレタンフォーム げんばはっぽう──硬質ウレタンフォームを現場発泡させたもの。鉄骨造、鉄筋コンクリート造の内側部分に吹き付け、断熱欠損部や隙間を充填する際に

使われる［写真6］。

発泡ガラス はっぽう──ガラスを発泡させたもので、透湿性や経年変化がなく、その断熱性は外力による破壊がなければ恒久的で部位を選ばない。断熱性能がやや低いものの、耐圧性、耐食性、耐蟻害に優れる。環境負荷は低い。不燃である［写真7］。

炭酸カルシウム発泡体 たんさんはっぽうたい──炭酸カルシウム樹脂をバインダーとした炭酸カルシウム独立発泡体。耐圧性が高く可撓性があり、部位を選ばずコンクリート面にも対応、打込みが可能である。タイルなどの直張りも可能である。不燃材。

断熱型枠 だんねつかたわく──断熱材に型枠合板を張り合わせたもので、断熱材自体が型枠を兼ねたもの。打設後のばらしが不要になる。

断熱ファスナー だんねつ──熱橋となる金物などの中間に使用する。熱的に絶縁するためのプラスチックなどで製作された締結部材である。

防湿気密シート ぼうしつきみつ──一般的な在来木造住宅ではポリエ

チレンフィルムが使用される。本来ポリエチレンフィルムは非常に破れやすいため、現場施工時に切れ目や傷ができないように注意する。破れにくい0.2㎜厚のポリエチレンフィルムやアルミ蒸着フィルムなどもある。また2.7m幅のものも市販されており、施工性の向上や地のあるところで所定の重ね幅を確保する。断熱材と内装下地の間に納めるのが一般的［図1］。

気密テープ きみつ──防湿気密シートを木材などに直接ジョイント部分を減らすうえで有効。防湿層のジョイントは必ず下

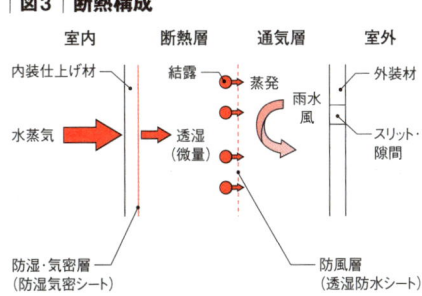

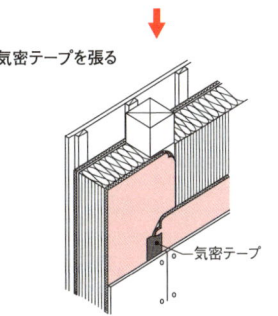

留め付ける場合や、ボード系断熱材の継目部分、サッシ枠、配管、配線など異なる材質や部品との接合部に用いる気密を保持するテープ。ブチルゴム系やEPDM（エチレンプロピレンゴム）系、アスファルト系の粘着テープがある。使用時の気温が低いときには粘着力が少し低下するものがあるので、選択には注意が必要とされる。またガムテープのように、長期の経年変化により粘着力が低下するものは適さない[111頁写真8・9]。

気密パッキン材｜きみつパッキンざい

アスファルトを含浸させた伸縮性をもつフォーム状の材料。隙間が10mm以内で圧縮の力がかかる部分（土台と基礎、窓廻りなど）の気密を確保するのに使用する。木材は乾燥収縮するので、復元性・耐久性のある気密パッキンを使用することが重要になる[111頁写真10]。

ポリエチレンシート

断熱材の室内側に、防湿気密のために張るシートのこと。厚みは概ね0.2mm程度で、住宅専用の防湿気密シートは劣化しにくく、防湿シートの品質に関するスウェーデンの基準に添ったものが流通している。現場でのジョイントの処理は、気密テープのみとせずに、十分な重ね代をとり、木下地のある場所で留め付ける。原則的に内外装仕上げ材と

性能・部位

断熱構造｜だんねつこうぞう

建物の熱損失[111頁図2]を減らすために、床・壁・天井や屋根などの空間と外部との境界部分の熱を遮断する構造。断熱構造は必ず連続していなければならず、同時に床・壁・天井の気密化も重要。断熱構造の基本的な構成は、内装仕上げ材―**防湿・気密層**―断熱構造―**防風層**―通気層―外装仕上げ材が一般的であったが、最近では防湿層と気密層を分けて考える工法（**ボード気密**など）が普及してきている。ポリエチレンフィルムなどが用いられる。

気密層｜きみつそう

気密材で建物全体の気密性能を保つ層[図4]。一般的には、防湿層と気密層は同一材料の場合が多い。ポリエチレンシートや合板で構成される。漏気が熱損失の大きな要因であり、断熱を図るうえで気密層は欠かせない。

断熱層｜だんねつそう

断熱材により建物全体の断熱性能

防湿層｜ぼうしつそう

透湿抵抗がない繊維系断熱材の室内側に設け、室内の水蒸気が断熱材内部に侵入するのを防止する層[図4]。元来、防湿層と気密層は同じ位置、同じ材料を使用するのが一般的であったが、最近では防湿層と気密層を分けて考える工法も継続している[111頁図3]。

は断熱・気密性能を期待せず、断熱・気密と切り離して考える[111頁図3]。合板などで押さえることが大切である[111頁写真11]。

図4｜断熱・気密層の基本構成

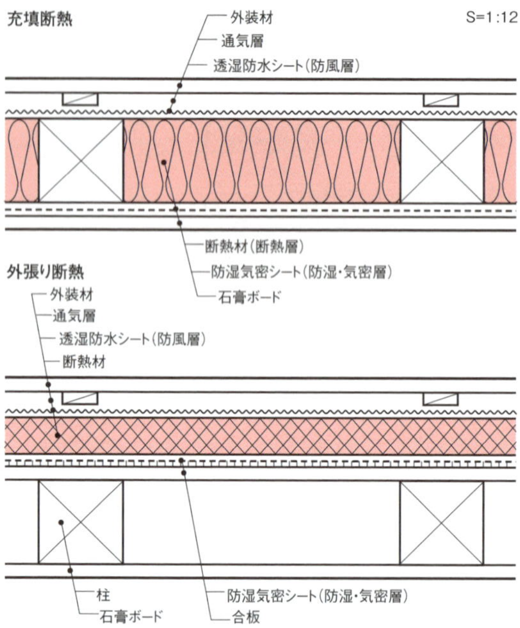

S=1:12

充填断熱
- 外装材
- 通気層
- 透湿防水シート（防風層）
- 断熱材（断熱層）
- 防湿気密シート（防湿・気密層）
- 石膏ボード

外張り断熱
- 外装材
- 通気層
- 透湿防水シート（防風層）
- 断熱材
- 柱
- 石膏ボード
- 合板
- 防湿気密シート（防湿・気密層）

図5｜小屋裏換気

両妻壁にそれぞれ換気口（給排気口）を設ける場合
換気口をできるだけ上部に設けることとし、換気口の面積の合計は、天井面積の1／300以上とする

1／300以上（給排気併用）

軒裏に換気口（給排気口）を設ける場合
換気口の面積の合計は、天井面積の1／250以上とする

1／250以上（給排気併用）

排気筒その他の器具を用いた排気口
できるだけ小屋裏頂部に設けることとし排気口の面積は、天井面積の1／1,600以上とする。また、軒裏に設ける給気口の面積は、天井面積の1／900以上とする

給気口 1／900以上　排気口 1／1,600以上

軒裏に給気口を、妻壁に排気口を、垂直距離で900mm以上離して設ける場合
それぞれの換気口の面積を天井面積の1／900以上とする

給気口 1／900以上　排気口 1／900以上

軒裏に換気口（給排気口）を設ける場合
換気口の面積の合計は、天井面積の1／250以上とする

給気口 1／900以上　排気口 1／900以上

給気口 1／900以上　排気口 1／1,600以上

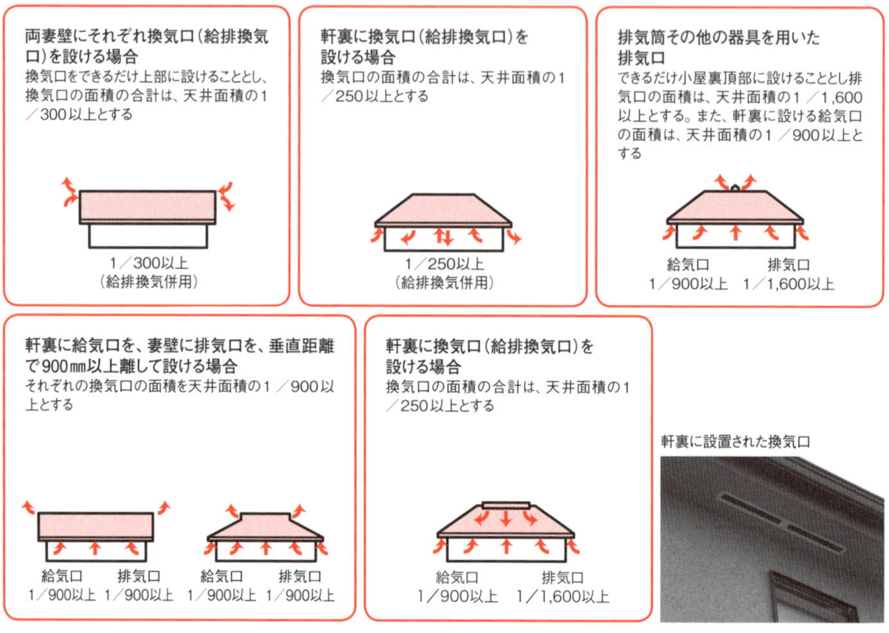

軒裏に設置された換気口

112

図6 | 床下換気の方法

床下換気口（布基礎の場合）
- 床下換気口：5m以内に1カ所以上の取付けが義務付けられている

ネコ土台（ベタ基礎の場合）
- ネコ土台：基礎と土台の間に薄いパッキンをはさみ込む。すると、基礎と土台の間がパッキンの厚さ分隙間があき、新鮮な空気が入り込む

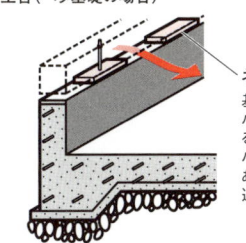

図7 | 気流止め（シート気密）

- シート押さえ材
- 先張りシート（気流止め）
- 連続した防湿層の施工
- コンセントボックスからの室内の暖かい空気と水蒸気
- 透湿防水シート
- 先張りシート（気流止め）
- シート押さえ兼根太受け材

図8 | 気流止め（ボード気密）

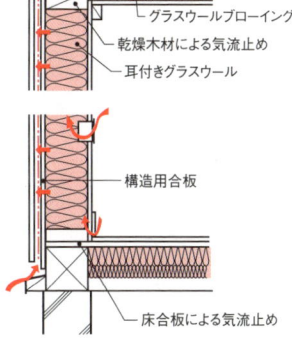

- グラスウールブローイング
- 乾燥木材による気流止め
- 耳付きグラスウール
- 構造用合板
- 床合板による気流止め

を保つ断熱材による層[図4]。壁・屋根・天井・床・基礎の各部位を断熱材にできるが、熱損失や結露を生じる場合があり、どういう断熱工法であれ、断熱層に直接風圧などがかからない部分では防風層は省略可能。施工精度が大切になる。

防風層｜ぼうふうそう
断熱材を雨水や風から保護する層[図4]。繊維系断熱材の場合は、通気層側に防風層を施工する必要がある。防風層には、透湿防水シートやシージングボード・合板などのボード状のものを使用する。外張り断熱でも、防水のためにボードの風が繊維層がないと、通気層からの風が繊維層のなかに入り込み、断熱性能が低下する。外張り断熱などのプラスチック系断熱

通気層｜つうきそう
断熱材や構造材を乾燥状態に保つため空気を通す層[図4]。外壁通気層、小屋裏換気[図5]、床下換気[図6]などがこれに当たる。外張り断熱を使用したときに必須である。室内から透過してきた水蒸気や、外部から浸入した水分を排出し、部材の腐食やカビなどの発生を抑制する。木造軸組構法では、床下や室内から大量の水蒸気が壁内に浸入するため、取合い部分に外気を通し、水蒸気を排出する必要がある。しかし、気

流止めをした高気密工法では、壁・フェルト状断熱材またはボード状断熱材外側に防風透湿防水シート内への水蒸気の浸入は桁違いに小さく、通気層は数㎜の厚さでもよい。

気流止め｜きりゅうどめ
外壁や間仕切壁内部の熱を逃がさないようにすること[図7・8]。昔の木造軸組構法では、外壁内部、間仕切壁内部と、床下・小屋裏・間仕切壁と床下・小屋裏が連続した空間になっており、冷気が浸入し、室内の熱が逃げていく構造であった。床下などに気密層だけではなく気流止めを施工しなければならない。そのため、気流が生じないように、外壁・床下・間仕切壁と床下・天井などの取合い部分に気流止めを設け、空間的に独立させる。

外張り断熱｜そとばりだんねつ
木造や軽量鉄骨造のように躯体の

材の場合は、防風層は必要ないが、内への水蒸気の浸入は桁違いに小さく、通気層は数㎜の厚さでもよい。

充填断熱｜じゅうてんだんねつ
構造体の外側を断熱・気密層で覆う工法[114頁図10・11]。**外断熱**ともフェルト状断熱材を根太や間柱などの下地材の間にはめ込む工法。はめ込み工法・**内断熱**とも[図4、114頁図9・11、写真12]。縦横柱工法と横間柱工法されるので禁物。主に発泡プラスチック系断熱材や高密度グラスウールなどのボード状断熱材を外張りする方法と、躯体の外側に木枠を取り付けグラスウールなどの繊維系断熱材をはめ込む方法がある。施工費が若干高くなるが、単純な形状の住宅では容易に気密化が図れ、高断熱化にも対応しやすい。火災時の延焼防止を考慮し、ボード状断熱材の継目に気密テープを張っただけの外張り断熱では、テ

熱容量が小さい建築物に施される、構造体の外側を断熱・気密層で覆う工法[114頁図10・11]。外断熱ともいわれるが、正しい使い方ではない。断熱欠損、熱橋は結露が発生

113

図11 | 外断熱・内断熱のメリット・デメリット例

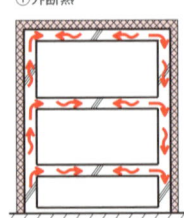

①外断熱　躯体自体が蓄熱層となるため空調の効果が現れるまで時間がかかるが、冬季は冷気、夏季は外気熱が内部へ伝わりにくく、空調を消した後でも室温の変動が少ない

②内断熱　断熱材が内部にあるので空調の効率が早い段階で得られる。しかし、冬季は冷気、夏季は外気熱がコンクリートを伝わり内部へ入ってくる。そのため断熱材と躯体間で結露、カビの発生源になり得る

図9 | 充填断熱

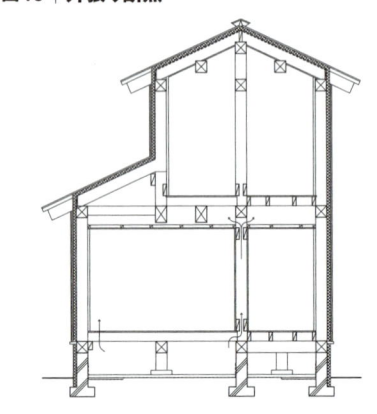

写真12 | 充填断熱

図10 | 外張り断熱

断熱材としては、プラスチック系のボード状断熱材と現場発泡ウレタンフォームの2種類がある。RC造の場合は、構造的に熱橋部が発生するため外壁と接する床スラブなどに断熱補強を行う。

付加断熱　ふかだんねつ
基本の断熱層の内側や外側に、断熱補強のために断熱材を付加する工法のこと[図12]。充填断熱工法の場合には、4寸（120㎜）角の柱に、外壁支持力に問題が少ない範囲（30㎜厚）の付加断熱をすることで、合計150㎜厚まで増やせる。

内断熱　うちだんねつ
RC造やコンクリートブロック造など、熱容量の大きな躯体の内側に断熱材を張り込む工法[図13・14]。木造充填断熱工法を指す場もある。RC造の内断熱に使用する

場合は、プラスチック系・繊維系断熱材を用いるのが一般的。繊維系断熱材を用いる場合は、RCが侵入しないように、断熱材の外

側に防風層を施工する。和室から洋室のように、床レベルの違う部分の断熱層のつながりや、ユニット浴室部分の床下断熱の考え方などに注意が必要である。ツーバイフォー工法のように床根太の間に断熱材を入れる場合には、受け材として薄い**高密度グラスウール**などを用いるのも有効。

基礎断熱　きそだんねつ
基礎の外側か内側、または両側に断熱材を張り付け、断熱する工法のこと[116頁図16]。床断熱は断熱支持の施工手間がかかることや、床下の換気量が不足気味であることに問題があるため、床で断熱する代わりに基礎の外側から断熱し、床下を熱的に室内側に取り込むという考え方による。外断熱は外部の断熱は外断熱を原則とし、透湿・保水性の低い**発泡プラスチック系断熱材**を使用する。
室内空間と変わらない温熱環境をもつ床下に配管・配線を行うため、設備のメンテナンスも容易で、各種配管が凍結する心配もない。ただし、断熱材がシロアリの食害を受ける可能性がある。対策には、防蟻剤入りプラスチック系板状断熱材や、グラスウールボード断熱材による施工が考えられる。地下水位の高い場所では、地下水に熱が奪われる心配があるので、防湿コンクリー

外断熱　そとだんねつ
RC造やコンクリートブロック造など、熱容量の大きい構造体の建築の外側に施す断熱工法[図13・14]。多少の断熱欠損や熱橋があっても結露しない。外壁の外断熱工法は、法的耐火建築物、自主耐火建築物の場合には、大臣認定を受けた外断熱工法もしくは「不燃断熱材と不燃外壁材の組合せ」によ

り㎡になるので、しっかりした断熱支持材が必要になる。また、床下換気とした場合、床断熱材に冷気

プの剥がれや経年変化により性能劣化が生じやすいので、気密シートは省略せずに張ることが望ましい。

躯体そのものが防湿気密層を兼ねるので、防湿気密シートを施工する必要はない。しかし、断熱材内部での結露や漏水対策のため、防風層や通気層を設置することが原則。防火上の制約条件がない場合、使用する外装材が法的な規制を満たせば現場発泡ウレタンなどの使用もできる。内断熱同様に発生する構造熱橋部は、適宜断熱補強を行う。

床断熱　ゆかだんねつ
根太の間または床梁の間で断熱材を挟み込む断熱工法のこと[116頁図15]。断熱材の重さが数kg/

図14 | RC断熱と断熱補強

内断熱工法

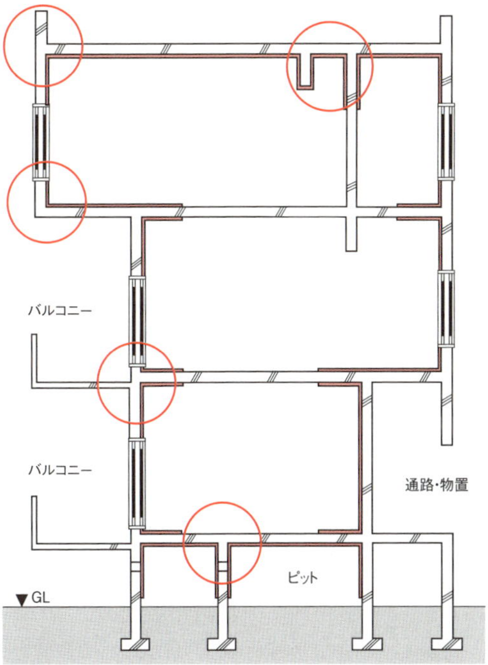

(図：バルコニー、通路・物置、ピット、GL などを含むRC断面図)

外断熱工法

(図：バルコニー、通路・物置、ピット、GL などを含むRC断面図)

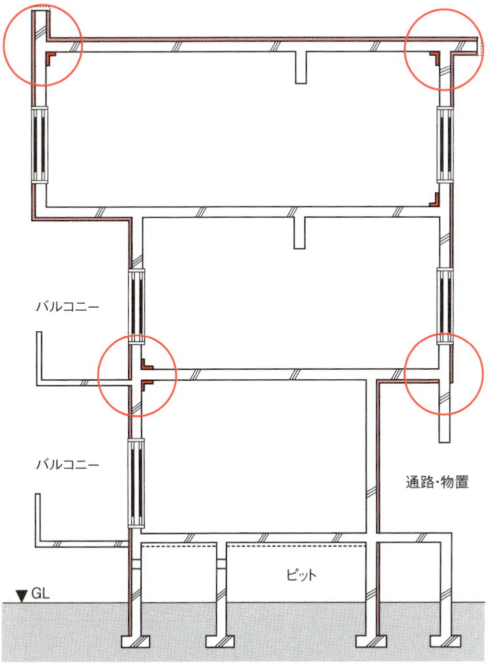

◯の部分は熱橋が生じやすいので適切な断熱補強を行う

地域区分・断熱補強の範囲（断熱補強長さ：mm）

	Ⅰ地域	Ⅱ地域	Ⅲ地域
内断熱工法	900	600	450
外断熱工法	450	300	200

断熱厚さ

断熱材	熱伝導率（m・K）	厚さ(mm)
グラスウール10kg/m³相当	0.050～0.046	30
グラスウール16kg/m³相当	0.045～0.041	30
押出し法ポリスチレンフォーム3種相当	0.028以下	25

材を施工する。

天井断熱［てんじょうだんねつ］天井のラインで断熱を施工する工法［116頁図17］。

天井断熱が向いている。天井断熱での注意点は、換気システム用ダクトや本体が非断熱ゾーンにある場合が多く、ダクトおよび本体を断熱でカバーしないとダクト内で結露を生じてしまうことである。またダウンライトなどの天井埋込みタイプ照明器具廻りの断熱・気密層の確保も重要。

桁上断熱［けたうえだんねつ］木造住宅で、桁上に気密・防湿層をつくり、その上に断熱する工法［116頁図18］。桁上断熱は、断熱厚

天井は吊り木の存在や、緩勾配の場合には施工スペース上の問題から断熱施工が難しく問題が多い部位であったが、吹込み工法の登場により、大幅に解消された。天井で断熱する場合は、外壁の防湿ポリエチレンシートを桁まで延ばし、上からシート押さえ材を取り付ける。間仕切壁上部には、気流止め先張りシート（ポリエチレンシート）を施工したうえで、天井面を防湿シート張りし、その上に断熱

材を充填する。天井裏は、吊り木や桟木などが交錯しているので、セルロースファイバーや、グラスウールなどのブローイングによる断熱を容易に増やせ、屋根の形状に左右されず断熱できるといった、天井断熱の長所はそのままに、欠点であった先張りシートや気流止めの施工や、配線・配管などによる

ト下全面に、プラスチック系断熱材や桟木などが交錯しているので、

図12 | 付加断熱工法

(図：屋外、室内、断熱材、柱を示す立体図)

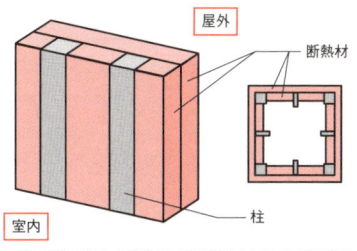

外張り断熱工法と充填断熱工法を併せたもの。寒冷地向け

図13 | 断熱補強の例

①平面図

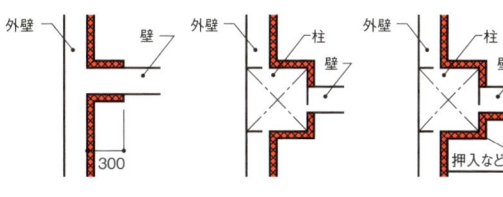

(図3点：外壁、壁、柱、押入などを示す平面図)

- 壁が直接外壁に接する場合は、折り返しを300mm断熱する
- 柱形がある場合は、壁の折り返しは不要
- 押入などがある場合は、押入部の壁面・床面も断熱する

②断面図

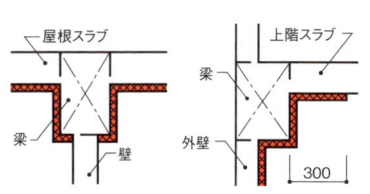

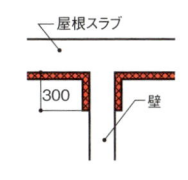

(図3点：屋根スラブ、壁、梁、上階スラブ、外壁を示す断面図)

- 壁が直接屋根スラブに接する場合は、折り返しを300mm断熱する
- 柱形がある場合は、壁の折り返しは不要

| 図18 | 桁上断熱
S=1:15

垂木
通気用ダンボール
面戸
桁
グラスウールブローイング
ポリエチレンシート⑦0.2
断熱材受け合板
吊木
換気ダクト
天井:石膏ボード⑦9.5
ポリエチレンシート⑦0.2

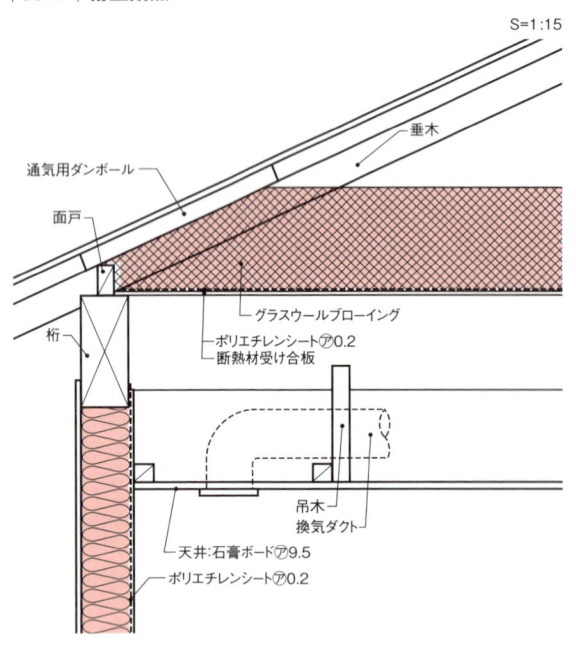

| 図15 | 床断熱
S=1:15

幅木
間仕切壁受け材
先張りシート（ポリエチレンシート）
ブチルテープ
根太45@455（断熱間）
根太受け
土台105□
大引105□
細繊維グラスウール16kg/m³⑦45
グラスウールボード48kg/m³⑦25

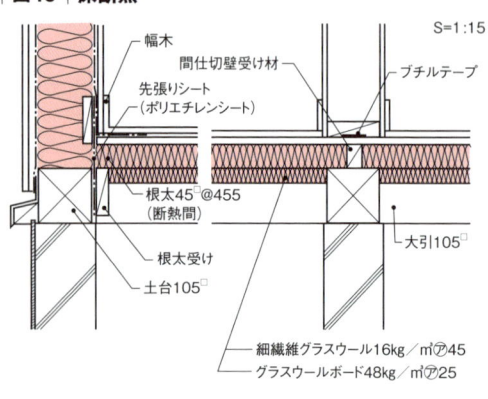

| 図16 | 基礎断熱
S=1:15

通気
内装材
ポリエチレンシート⑦0.2
細繊維グラスウール16kg/m³⑦100
構造用合板⑦9
グラスウールボード48kg/m³⑦25
防風透湿シート
外壁材:タイル⑦10+下地⑦12
通気層120

外部
内部
幅木75×18
床材⑦15
ポリエチレンシート
構造用合板⑦28

10mm以上あけること
通気
土台105□
先張り気密シート
水切:カラー鉄板⑦0.4
気密パッキン
現場発泡ウレタン充填
コンクリート布基礎W=120
アンカーボルトφ13L=400
押出し法ポリスチレンフォームB-3種⑦75打込み
樹脂モルタル塗り

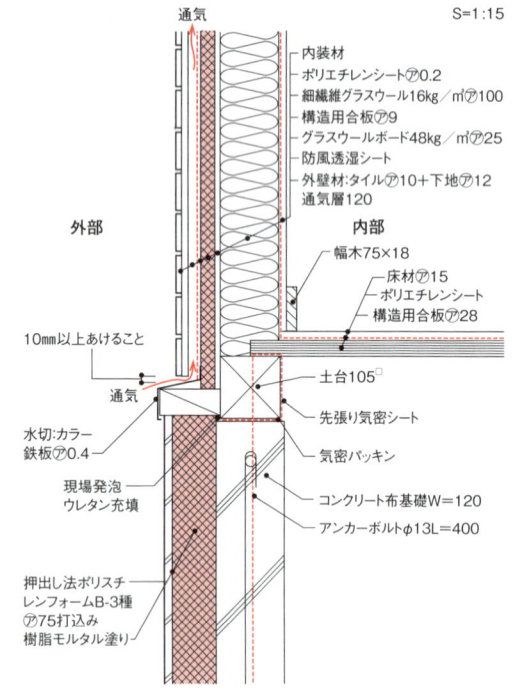

| 図17 | 天井断熱
S=1:15

野地板⑦12
垂木45□
グラスウールブローイング⑦200mm
ポリエチレンシート
断熱材下地45×50
ポリエチレンシート
乾燥木材45×105（ファイアストップ）

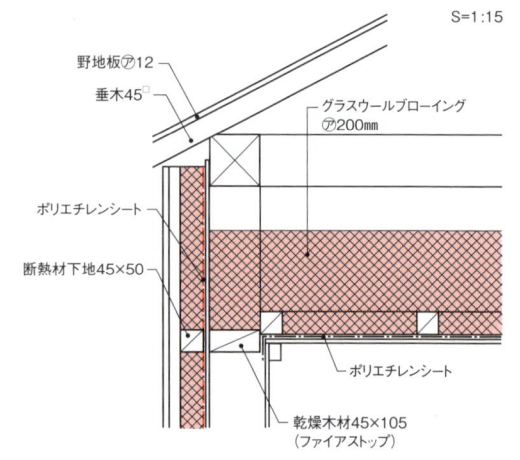

防湿気密シートの補修などの手間を減らした合理化工法。

屋根断熱｜やねだんねつ
屋根断熱は大きく垂木間に断熱材を充填する充填屋根断熱、野地板の上に断熱材を外張りする外張り屋根断熱に分けられる[図19]。垂木の上または間に断熱材を張り付け、断熱材の外には必ず通気層と棟換気を設ける。また、屋根と外壁の取合いは、断熱層、気密層が連続する構造とする。

高断熱・高気密住宅の屋根の熱損失は、家全体の約9%になっており、面積の割合には少ない。ただし断熱材を薄くすると、屋根・天井面で空気が冷やされるため、下

降気流が感じられて不快な熱環境になる。また夏の暑さ対策のためにも、断熱材は十分な厚さを確保することが望まれる。屋根で断熱・気密をとると、換気用ダクト・照明器具・電気配線などが自由にでき、メリットが多い。ただし気積が多くなるので、全体の熱損失を考えながら計画する。

断熱補強｜だんねつほきょう
鉄筋コンクリート内断熱の場合、結露が発生しやすい出隅やスラブ、隔壁面に断熱材を施すこと[115頁図13]。外断熱の場合、躯体構造に連結するバルコニーや外階段の断熱欠損部分の内側に行うとするが、理にかなわないので外部で処理す

べきである。

断熱改修｜だんねつかいしゅう
既存建物の温熱環境を改善するために、建物全体について断熱材や高性能サッシなどを付加したり入れ替えたりすること。断熱材が壁・天井・床に入っていない建物の場合は、新たに断熱・気密工事を行わなければならないが、性能が十分でない建物の場合には、壁体内の土台や桁部分の気流止め工事、断熱材の付加工事などで、安価に性能をアッ

プできる。

ボード気密｜きみつ
合板で気密を確保する工法。グラ

し天井面で空気が冷やされるため、下

図20 | ボード気密

シート気密部 ----
ボード気密部 ──

グラスウールブローイング

図19 | 屋根断熱

S=1:15

屋根材:ガルバリウム鋼板⑦0.4横葺き
アスファルト(ゴム系)ルーフィング
野地板:針葉樹合板⑦12.5
通気層:通気用ダンボール
垂木38×235(2×10)@455
(軒先部を38×120に加工)
充填断熱材:細繊維高性能グラスウール16kg/㎥⑦200
気密シート:ポリエチレンシート⑦0.2

転び止め38×184(208材)
あおり止め金物
野縁36⁰@455

野縁36⁰@455
石膏ボード⑦9.5下地
カラマツ縁甲板⑦12

外部　内部

図21 | 透湿防水シートの働き

結露　蒸発
水蒸気　透湿(微少)　スリット、隙間、シーリングの切れによる狭間(風雨)
防湿層(防湿シート)　防風防水透湿シート　雨水、風など　外装材

室内　断熱層　通気層　室外

写真13 | 吹込み

写真14 | 吹付け工法

スウールなどの断熱材の外側に合板を張るもので、床および外壁の構造用面材を横架材や柱に打ち付け、気密層を連続させる［図20］。同時に気流を止めも兼ねる。**合板気密**［ごうはんきみつ］ともいう。床では、床合板の継目をブチルテープ張りすることで、気密性を連続させる。外壁では、柱・間柱・土台・桁などの横架材にボードを打ち付け、気密層を連続させるが、**気密補助材**［きみつほじょざい］(1㎜厚の発泡気密テープや0.5㎜厚のブチルテープ)を用いると気密性はより向上する。

先張りシート［さきばり］

透湿防水シート［とうしつぼうすい］繊維系断熱材の通気層側に張り、通気スリットから浸入した風、雨水などによる断熱材の水濡れ(含水)を防ぎ、室内側から透過してきた水蒸気を逃がす目的で設けられる材料［図21］。

張付け工法［はりつけこうほう］ボード状断熱材を接着剤・ボルト・釘により壁面などに取り付ける工法。木造における外張り断熱もこの1種。

打込み工法［うちこみこうほう］ボード状断熱材にあらかじめせき板として用いてコンクリートを打ち込むことにより取り付ける工法。

気密測定［きみつそくてい］送風機を用いて建物内外に圧力差を生じさせ、主に住宅用途の建物および建物の部位における気密性能を試験する方法。実際に測定する専門の技術者を**気密測定技能者**［きみつそくていぎのうしゃ］という。気密試験には、室内を加圧する場合と減圧する場合があり、そ

RC造における外断熱でこの方法を採用することがある。

1階と2階で連続した気密層を設けるために、あらかじめ施工する気密層を連続させる[図20]。

吹込み［ふきこみ］ばら状断熱材または現場発泡断熱材をホースなどにより吹き込む工法、または壁体などの空隙に流し込む工法［写真13］。

吹付け工法［ふきつけこうほう］現場発泡断熱材やばら状断熱材を壁面などに吹き付ける工法［写真14］。

写真15｜気密測定

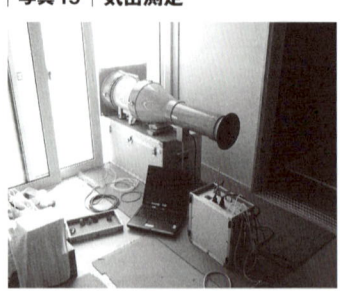

表6｜材料の熱定数表

材料名	熱伝導率λ W/(㎡·K)
銅	45
土壌（粘土質）	1.5
〃 （砂質）	0.9
〃 （ローム質）	1
〃 （火山灰質）	0.5
砂利	0.62
PCコンクリート	1.5
普通コンクリート	1.4
軽量コンクリート	0.78
コンクリートブロック（重量）	1.1
〃 （軽量）	0.53
プラスタ	0.79
石こう板・ラスボード	0.17
ガラス	1
タイル	1.3
合成樹脂・リノリウム	0.19
アスファルト類	0.11
防湿紙類	0.21
畳	0.15
合成畳	0.07
カーペット類	0.08
木材（重量）	0.19
〃 （中量）	0.17
〃 （軽量）	0.14
合板	0.19
グラスウール（24K）	0.042
〃 （32K）	0.04
ロックウール保温材	0.042
〃 吹付け	0.051
〃 吸音板	0.064
ポリスチレンフォーム（ビーズ）	0.047
〃 （押出）	0.037

（空気調和・衛生工学便覧第13版より抜粋）

図22｜熱損失係数（Q値）

建物内外の温度差が1℃のとき、延床面積1㎡当たり、1時間に損失する熱量。値が小さいほど、断熱性能がよい

天井や屋根からの熱損失
換気からの熱損失
窓からの熱損失
床からの熱損失
外壁からの熱損失

れぞれ**加圧法**［かあつほう］・**減圧法**［げんあつほう］と称する。冬季に加圧法で測定すると外気をとり入れるため室内が寒くなるので、多く減圧法が使われる［写真15］。

熱抵抗（R）｜ねていこう 熱の伝わりにくさを示す定数。単位面積を通過する熱量はその両面の温度差に比例し、熱抵抗に反比例する。単一の物質からなる平板では、その厚さd（m）と熱伝導率λからR"d／λによって求められる。単位は㎡・K／Wまたは㎡・h・℃／kcalである。

熱伝導｜ねつでんどう 熱が物体の内部を伝わっていく（移動する）現象をいう。

熱伝達｜ねつでんたつ 熱が物質、空気（空気）から接しているほかの物質面（壁面）に伝わる（伝達する）ことをいう。

熱貫流｜ねつかんりゅう 熱伝達＋熱伝導＋熱伝達の現象。壁を挟んだ一方の空気から（伝達）壁を透して（伝導）もう一方の空気に熱が移動する（伝達）こと。

熱伝導率（λ）｜ねつでんどうりつ 物体固有の熱の伝わりやすさを示す定数で、伝熱計算の基礎数値。物体の両側に1mの温度差があるとき、1m厚の材料のなかを1時間当たりどのくらいの熱量が通過するかを表す。上記の逆数を熱伝導比抵抗（単位：mK／W）といい、これに断熱材などの厚さをかけたものが熱伝達抵抗（単位：㎡K／W）（大きいほど断熱性能がよい）［表6］。

熱伝達率｜ねつでんたつりつ 単位はW／㎡K。熱伝達のしやすさで、面積に関係する。この逆数を熱伝達抵抗という（単位：㎡K／W）。

熱貫流率｜ねつかんりゅうりつ 単位はW／㎡K。熱の通しやすさを示す。この逆数を熱貫流抵抗という（単位：㎡K／W）。

熱損失係数（Q値）｜ねつそんしつけいすう（きゅーち） 室内と外気の空気温度差が1℃のとき、建物全体の1時間当たりの熱貫流量（建物から失われる熱量）を延べ床面積で除した数値で、値が小さいほど建物の断熱性能がよい。単位はW／㎡K［図22］。

相当隙間面積｜そうとうすきまめんせき C値［しーち］とも。建物の床面積1㎡当たり、何㎠の隙間があるかで、気密性能を表す数値。次世代エネルギー基準では、Ⅰ・Ⅱ地域で2㎠／㎡以下、Ⅲ〜Ⅵ地域では5㎠／㎡以下にしなければならない。しかし、5㎠／㎡では、風圧による換気量の変化が大きく、冬季には冷たい隙間風により、室内温熱環境が悪化するおそれがあるので、Ⅲ・Ⅳ地域でも、相当隙間面積を2㎠／㎡以下とすることが望ましい。

次世代省エネ基準｜じせだいしょうーきじゅん 正式名称は「住宅に係るエネルギーの使用の合理化に関する建築主の判断基準」。昭和54年に「エネルギーの使用の合理化に関する法律」にもとづいて昭和55年建設省から告示され、平成4年に改正され、さらに「新省エネ基準」と呼ばれた。平成11年と14年に見直され、これが「次世代省エネ基準」と呼ばれる。これには断熱性能だけではなく気密性、日射の遮蔽受熱に至るまでの基準が示されている［表7、図23〜25］。

現象

冷暖房負荷｜れいだんぼうふか 室内気候がもつ、または受ける熱量のうち、居住する人間が快適に過ごすためには余計である熱量、不足するか逃げる熱量を暖房負荷、冷房負荷と呼び、総称して冷暖房負荷（空気調和負荷）という。

顕熱｜けんねつ 伝導や輻射により物体が温度変化する熱。乾球温度計で計測する。

潜熱｜せんねつ

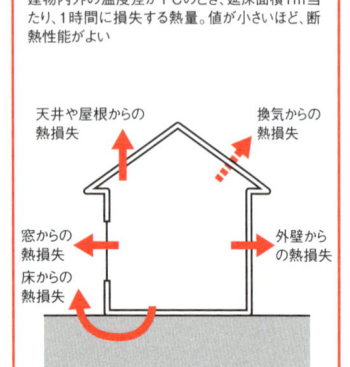

図23 | 次世代省エネ基準の概要

	建築主の判断基準（性能規定）			設計・施工の指針（仕様規定）	
	Aタイプ	Bタイプ	Cタイプ	Dタイプ	Eタイプ
断熱性能	年間暖冷房負荷の基準値を適用	熱損失係数（Q値）の基準値を適用	パッシブソーラー補正	熱貫流率（K値）の基準値を適用	断熱材の熱抵抗（R値）の基準値を適用
開口部の性能		夏期日射取得係数（μ値）の基準値を適用		熱貫流率（K値）の基準値と夏期日射取得係数（μ値）の基準値を適用または建具等の仕様基準を適用	
気密性能	相当隙間面積（C値）の基準または気密性能の仕様基準を満たす				
防露性能	断熱材の施工（断熱・防露）基準を満たす				
換気性能	換気計画の基準を満たす				

注 地域区分により基準値が定められている

表7 | 次世代省エネ基準の主な地域区分

区分	地域
Ⅰ	北海道
Ⅱ	青森県、岩手県、秋田県、
Ⅲ	宮城県、山形県、福島県、栃木県、新潟県、長野県、
Ⅳ	茨城県、群馬県、静岡県、愛知県、岡山県、広島県、大分県、埼玉県、千葉県、東京都、神奈川県、富山県、石川県、福井県、山梨県、三重県、滋賀県、京都府、大阪府、兵庫県、奈良県、和歌山県、鳥取県、山口県、徳島県、香川県、愛媛県、高知県、福岡県、佐賀県、長崎県、岐阜県、島根県、熊本県
Ⅴ	宮崎県、鹿児島県

図25 | 日本と欧米の省エネルギー基準の変遷

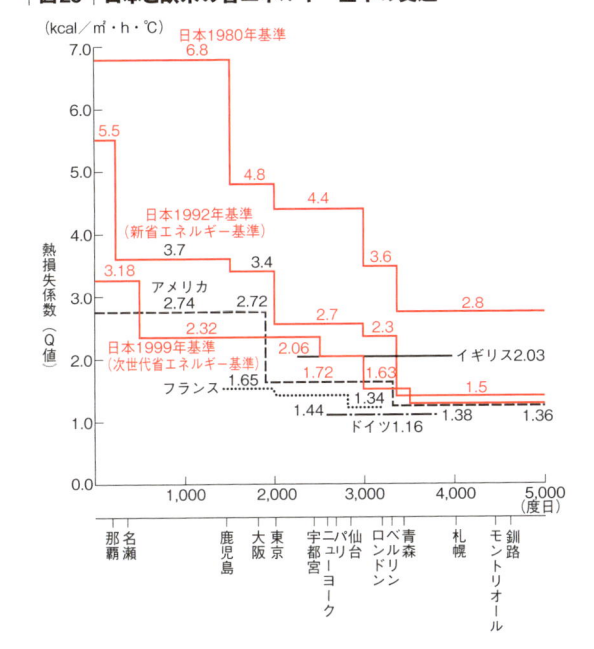

図24 | 次世代省エネ基準の地域区分

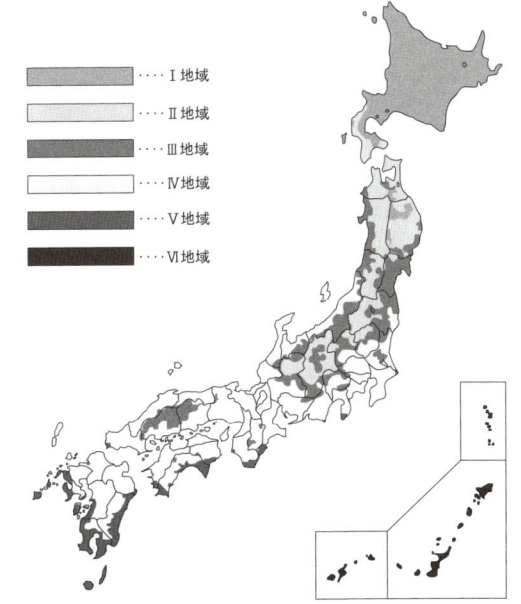

暖房デグリデー──だんぼう──度日とも。基準温度を18℃とし、外気が基準温度18℃以下になった場合の温度差を1年間合計したもの。度日数が大きいほど寒い。

エンタルピー 水蒸気を含んだ空気（湿り空気）の全熱量をいう。湿り空気には空気自体がもつ熱量（顕熱）とそれに含まれる水蒸気がもつ熱量（潜熱）とがあり、顕熱と潜熱の合計が、湿り空気の全熱量である。

乾球温度計では計れない、空気中に含まれる水蒸気などが有する熱。空気中に含まれる水蒸気などの絶対湿度により熱量が変化する。

相対湿度 そうたいしつど 温度関係湿度ともいい、通常これを「湿度」と呼んでいる。空気が含むことができる水蒸気の量は温度により異なり、高いほどその量は大きく、その量を絶対湿度といい。また、露点に達したときの飽

湿り空気線図 しめりくうきせんず 温度と絶対湿度を軸にして、その空気の相対湿度や全熱量（エンタルピー）が求められる線図表である「120頁図26」。これにより室内空気の露点温度（結露が発生する温度）が即座に求められる。

の。度日数が大きいほど寒い。

図26｜湿り空気線図

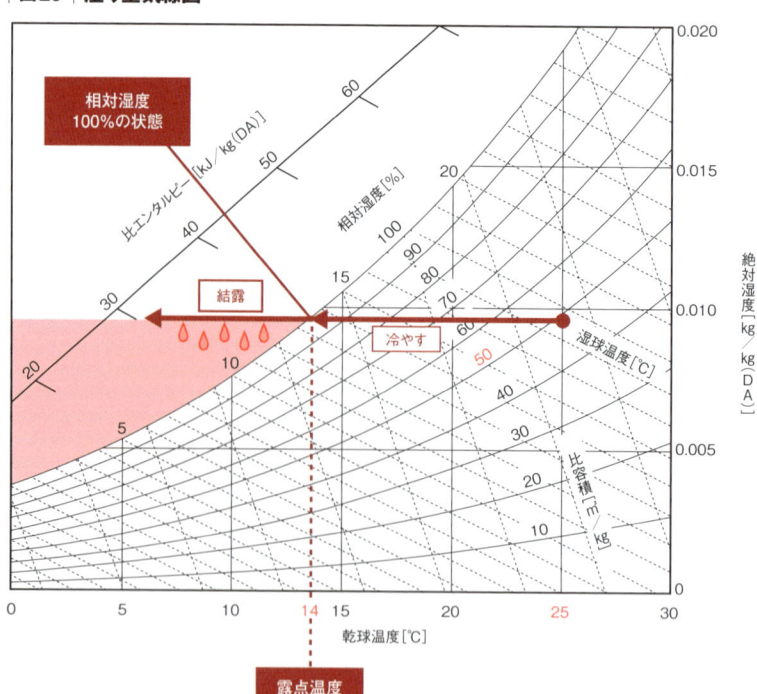

乾球温度［℃］	一般的な「温度」や「気温」のこと
相対湿度［％］	空気中に含まれる水蒸気量（水分量）を割合で表したもの。一般的な「湿度」のこと
湿球温度［℃］	水が自然に蒸発していくとき（気化）の温度。一般の温度計の横に、濡れたガーゼを巻きつけてある温度計があるが、それが湿球温度計である
絶対湿度［kg／kg］	空気に含まれている水分の量と乾き空気の量との重量割合
比エンタルピー［kJ／kg］	ある状態における、湿り空気の保有する全エネルギーを熱量単位で表したもの。熱を放熱すると下がり、熱を受け取ると上がる
比容積［㎥／kg］	乾き空気1kgを含む、湿り空気の容積。比重量の逆数のこと

露点［ろてん］｜温度の高い空気は、温度の低い空気より多くの水蒸気を含んでいる。湿り空気の温度が等圧一定のもとで冷却していくと、ある温度で飽和状態になり、さらに冷却していくと水蒸気の一部が凝縮して露を生じる。このときの温度を露点温度という。

露点温度［ろてんおんど］｜湿り空気の温度が下がり、相対湿度が100％（飽和水蒸気）となり結露［けつろ］が発生する時点での空気の温度である。和状態を湿度100％という。

ヒートブリッジ・コールドブリッジ

熱橋［ねつきょう］・**冷橋**［れいきょう］ともいう。鉄骨造のように、躯体内にほかの部分と比べてけた違いに熱をよく伝える部材を柱などに用いた場合、その部分は熱的な弱点部となり、冬（夏）は室内側のその部分に大幅な温度降下（温度上昇）が生じるため、その部分をコールドブリッジ（ヒートブリッジ）と呼ぶ。

断熱欠損｜だんねつけっそん　断熱が必要な面で、施工上のミス、もしくは構造上断熱を施すことができない部分をいう。

結露｜けつろ　室内空気（湿り空気）などが冷たい部分に触れ、その空気の温度が下がることで相対湿度が100％を超え、その部分に空気中の水蒸気が凝縮水として付着する現象。

表面結露｜ひょうめんけつろ　窓ガラスや壁の表面温度がその部屋の空気の露点以下になると、室内の空気中に存在する水蒸気がガラスや壁の表面で凝縮して水滴となる現象。

内部結露｜ないぶけつろ　室内外に温度差がある場合、温度の高い側から浸透してきた水蒸気が露点温度以下になる位置まで到達し、少しでも空隙が存在するとその界面で結露が発生し、壁や屋根の内側がその凝縮水で濡れる現象のことと。壁部の結露を特に**壁体内結露**［へきたいないけつろ］という。

透湿係数｜とうしつけいすう　各材料が実際に使用される厚さでの水蒸気通過量を示す。水蒸気圧が材料の両側の水蒸気圧が1Paのとき、単位面積1㎡当たり1時間に通過する量を表す。

透湿抵抗｜とうしつていこう　水蒸気の通りにくさをいい、透湿係数が小さいほど透湿抵抗が大きい。充填断熱の場合、透湿抵抗の高い材料を、壁の内側には透湿抵抗の低い材料を配置するのが望ましい。

毛管現象｜もうかんげんしょう　毛細管現象ともいい、狭い空隙に水などの液体が重力に関係なく浸潤する現象。繊維系の断熱材が含水するのはこれによる。

低温輻射｜ていおんふくしゃ　冷輻射とも。冷たいものに近づくと人体の輻射熱が吸収され反射熱がないため体感温度が下がる。

輻射熱｜ふくしゃねつ　物質を介さない、熱線による熱移動。太陽が地球を暖めているのもこの現象。身近な例では赤熱電気ストーブによる採暖がある。

コールドドラフト　冬期など、窓ガラスなどで冷やされて比重が大きくなった空気が下降気流となり、床面を這って人の体感温度を下げることをいう。

性能 2

防水工事

防水工事の工法にはいろいろあるが、部位や状況によって工法を変える必要がある[125頁表2・3]。削除された。

材料

アスファルト系防水層──あすふぁるとけいぼうすいそう

アスファルト系の材料でつくられた防水層。この防水層をつくる工法には、熱工法、トーチ工法、常温工法のほか、複合工法がある。

加硫ゴム系防水層──かりゅうけいぼうすいそう

一般にシート防水といわれる工法の1つ。加硫ゴム系のシート状材料でつくられた防水層。

非加硫ゴム系防水層──ひかりゅうけいぼうすいそう

一般にシート防水といわれている工法の1つで、非加硫ゴム系のシート状材料によりつくられた防水層。

塩化ビニル樹脂系防水層──えんかびにーるじゅしけいぼうすいそう

一般にシート防水といわれる工法の1つ。塩化ビニル樹脂系のシート状材料によりつくられた防水層。

熱可塑性エラストマー系防水層──ねつかそせいえらすとまーけいぼうすいそう

一般にシート防水といわれる工法の1つで、熱可塑性エラストマー系（TPE。主としてポリオレフィン系）のシート状材料によってつくられた防水層。

エチレン酢酸ビニル樹脂系防水層──えちれんさくさんびにーるじゅしけいぼうすいそう

一般にシート防水といわれている工法の1つで、エチレン酢酸ビニル樹脂系のシート状材料によってつくられた防水層。

ウレタンゴム系防水層──うれたんごむけいぼうすいそう

一般にウレタンゴム系といわれる防水層の1つ。

アクリルゴム系防水層──あくりるごむけいぼうすいそう

塗膜防水といわれる防水層の1つで、アクリルゴム系防水材でつくられた防水層。防水層の仕上げ方法は、露出仕上げであり、一般に外壁に施工するが、屋根などにも使用される。

FRP系防水層──えふあーるぴーけいぼうすいそう

塗膜防水といわれる防水層の1つ。防水用ポリエステル樹脂系塗膜防水材でつくられた防水層[写真1]。

ポリマーセメント系防水層──ぽりまーせめんとけいぼうすいそう

一般にセメント系防水といわれる防水層で、ポリマーディスパージョンと水硬性の無機粉体を混ぜてセメントの水和反応により凝固造膜させる工法。

ゴムアスファルト系防水層──ごむあすふぁるとけいぼうすいそう

塗膜防水といわれる防水層の1つで、ゴムアスファルト系塗膜防水材、またはゴムアスファルト系シートおよびその組合せなどでつくられた防水層。この防水層は、下地への密着性がよく、部分的な損傷を受けても防水層と下地の間に雨水が浸入しにくいという特徴をもっている。

ケイ酸質系塗布防水──けいさんしつけいとふぼうすい

塗膜防水といわれる防水層の1つで、同材の水溶性の成分が下地のコンクリート内部に浸透し、コンクリートの空隙中にケイ酸カルシウム水和物を新たに生成して、コンクリートの毛細管空隙を充填することで防水効果を発揮する。調合粉体に水道水とともに練り混ぜて用いるものと、水道水に混和剤を練り混ぜて用いるものがある。

モルタル防水──ぼうすい

セメントモルタルに防水材を混練した材料を、コンクリート下地にこてで塗り付けて仕上げる方法。施工時に外気温の影響を受け、品質性能が左右されやすい。また防水性能も、打設したコンクリートの性能に左右される。

シングル葺き──ぶき

葺き屋根材の1種で、材料にはアスファルトシングル、不燃シングルなどがある。一般に粘着層付の改質アスファルトルーフィングを張り付けた後、その表面にアスファルトシングルあるいは不燃シングルセメントで張り付けて仕上げる工法[写真2]。

コーナークッション

コーナー緩衝材ともいう。防水層の上に保護コンクリートを打設した場合に、立上がり面の防水層が圧迫されて損傷するのを防止するために、入隅の防水層の表面に取り付けるポリスチレンフォームやポリエチレンフォームの成型材。

| 写真1 | FRP系防水層 |

| 写真2 | シングル葺き |

121

写真3｜屋上用断熱ボードと絶縁用シート

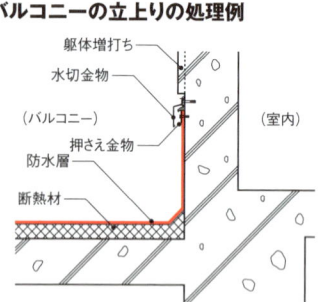

図1｜バルコニーの立上りの処理例

躯体増打ち
水切金物
（バルコニー）
押さえ金物
防水層
断熱材
（室内）

図2｜金属笠木の例（S＝1：20）

化粧笠木：アルミ・フラットバー既製品
ウレタン塗膜防水
押さえコンクリート⑦80以上
溶接金網φ6@100
絶縁シート
断熱材：押出し法ポリスチレンフォーム⑦35
防水層：アスファルトルーフィング＋溶融アスファルト
シーリング
水切金物
防水立上り保護材（乾式）
断熱材：硬質発泡ウレタンフォーム
面取り
600以上

笠木の外部への出（水切の機能を果たす）は、既製品の多くで15〜20㎜程度だが、できれば30㎜以上取りたい

金属笠木の使用例。右は駐輪場、左は店舗

キャントストリップ材｜さいキャント材ともいう。下地の入隅部に取り付ける面取り用の成形品。アスファルト系防水層の熱工法で使用される。一般に硬質ウレタンフォームが多く使用されている。防水層の露出仕上げの場合にのみ使用される。

絶縁用シート｜ぜつえんようぼうすいそう保護コンクリートが密着するのを防ぐために防水層の上に敷き込まれるポリエチレン、ポリプロピレンなどのシート［写真3］。

通気緩衝用シート｜つうきかんしょうよう

塗膜防水工法で、下地の動きに防水層の損傷や下地の湿気による防水層の膨れを低減するために、塗膜防水材を塗布する前に最下層に張り付ける、溝付きあるいは孔あきのポリエチレンフォームなどで加工されたシート状の材料。

下地処理材｜したじしょりざいシート防水工法などで、粗面な材料で、アスファルトルーフィング・ストレッチルーフィング・砂付ALC板の表面を平滑にするために防水材料の種別・工法に合わせてセメントに合成樹脂エマルションなどを現場で混ぜ、そこにさらにケイ砂を混入したポリマーセメントモルタル、そのほかプレミックスタイプがある。

露出用ルーフィング｜ろしゅつようアスファルト系防水で露出工法の最上層に仕上げ材として張り付けるルーフィング。熱工法では、砂付きルーフィングや砂付きストレッチルーフィングなどを、トーチ工法では露出用改質アスファルトルーフィングを、常温工法では粘着層付砂付きルーフィングなどを

絶縁用シート｜ぜつえんよう防水層と保護コンクリートが密着するのを防ぐために防水層の上に敷き込まれるポリエチレン、ポリプロピレンなどのシート［写真3］。

使用する。

硬化促進剤｜こうかそくしんざい塗膜防水工法などにおいて、塗付けた材料の硬化を促進させるために、防水材に混入する材料。

ラグルーフィング｜アスファルトルーフィングなど紙質系のルーフィング類。アスファルト防水の熱工法で使用し、古紙などを原反とし、アスファルトを含浸させて加工されたルーフィングのこと。

あなあきルーフィング｜不織布にアスファルトを浸透・被

トンボ｜立上がりなどの防水層の上にモルタルを塗り付けるためのラスを止

ルーフィング類｜るいアスファルト防水工法で使用するルーフィング類。アスファルトルーフィング・ストレッチルーフィング・砂付ルーフィングなどあらゆる種類のルーフィングの総称。

補強布｜ほきょうふ塗膜防水工法などで防水層を補強するために使用する材料で、ガラス繊維・ポリエステル、ビニロンなどの合成繊維などの織布、または不織布がある。

補強材｜ほきょうざいFRP系防水層において、防水層を補強するための材料で、ガラスマットなどがある。一般に細いガラスの短繊維を50㎜程度にカットしたものを、バインダーでランダムに配向させたマット状の材料を使用する。

粘着層付きルーフィング｜ねんちゃくそうつき不織布にアスファルトを浸透・被覆してつくられたルーフィングの裏面に、ゴムアスファルト系の粘着層を設けたルーフィングのこと。この粘着層をストライプ状に設けたものは**絶縁用粘着層付きルーフィング**といい、絶縁工法の最下層に使用する。

覆したルーフィングに、規定の大きさの孔を打ち抜いた材料。絶縁工法の最下層に使用する。

122

めるため、防水層に固定する材料。クランプとも。

ガラスマット ガラス繊維を5㎝ほどに切ったものを雪のように降らせてそれを接着剤でつけたフェルト状の製品。防水層を補強するためのもの。ガラスクロス[写真4]。

屋上用断熱材｜おくじょうようだんねつざい 防水層の種別や防水層に積層する形により、ポリスチレンフォーム、ポリエチレンフォーム、硬質ポリイソシアヌレートフォームなどを使い分ける。

押さえ金物｜おさえかなもの 防水層の立上がり末端部を固定するために用いられる部材。ステンレスやアルミ製の成形品で、形状は主にアングル状。アンカーボルトなどにより防水層の上から固定する[図1、写真5]。

水切金物｜みずきりかなもの 立上がり防水層の末端部に雨水などが直接降りかかったり、上部から流れてきたりするのを防止する材料。ステンレスやアルミ製の成形品。形状はさまざま[図1、写真6]。

金属笠木｜きんぞくかさぎ パラペット天端からの雨水浸入防止のために取り付ける[図2]。

工法

熱工法｜ねつこうほう アスファルト系防水層をつくる工法。溶融アスファルトで2枚以上のアスファルトルーフィング類を張り重ねる。張り方は表1参照。防水工法全体での同工法の最近の市場シェアは、50％程度である。

アスファルト防水熱工法｜アスファルトぼうすいねつこうほう 下地に複数枚の**ルーフィング類**を溶融アスファルトで密着させて張り重ね、防水層をつくる工法[124頁写真7、図3]。アスファルト防水工法ということもある。

アスファルト防水トーチ工法｜アスファルトぼうすいトーチこうほう 単にトーチ工法または改質アスファルトルーフィングシート防水トーチ工法ともいう。下地に厚さ3㎜以上の改質アスファルトルーフィングシートを**トーチバーナー**を用いてあぶり融かしながら1枚で、あるいは2枚を張り重ねて防水層をつくる[124頁写真8]。

アスファルト常温工法｜アスファルトじょうおんこうほう 下地に粘着層を積層したルーフィング類1～2枚を張り付けて、ローラー転圧して接着させ防水層をつくる工法。あるいは常温で液状のアスファルト系材料をルーフィング類1～2枚を密着させて張り付け、防水層をつくる工法。

複合工法｜ふくごうこうほう アスファルト系防水層をつくる場合は、複数の工法を組み合わせて材料を張り重ねることをいう。また、ゴムアスファルト系防水層やFRP防水層などの場合は、複数の異種防水材を組み合わせることを指す[126頁表4]。

合成ゴム系シート防水工法｜ごうせいゴムけいシートぼうすいこうほう 下地にシート状の合成ゴム（加硫ゴム系または非加硫ゴム系）1枚を接着剤で張り付けてローラー転圧して接着させるか、あるいは固定金物で固定して防水層をつくる工法。シート相互は接着剤および

写真4｜ガラスマット

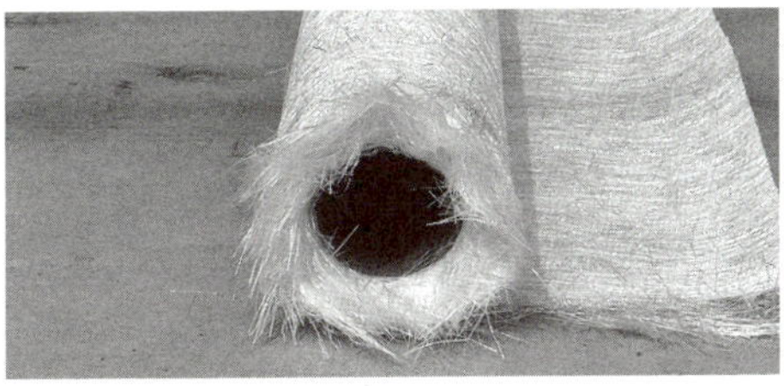

写真5｜押さえ金物

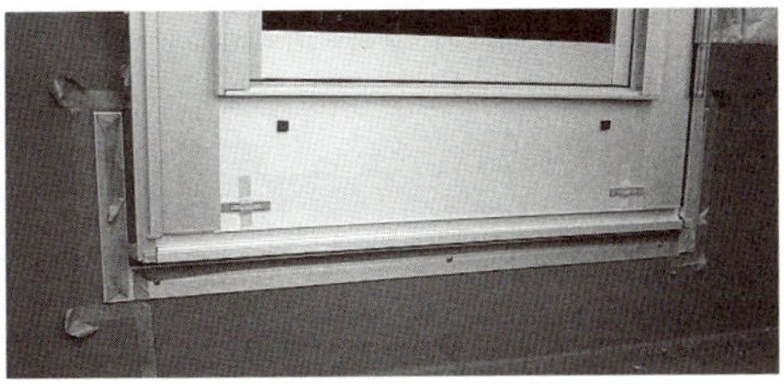

写真6｜水切金物

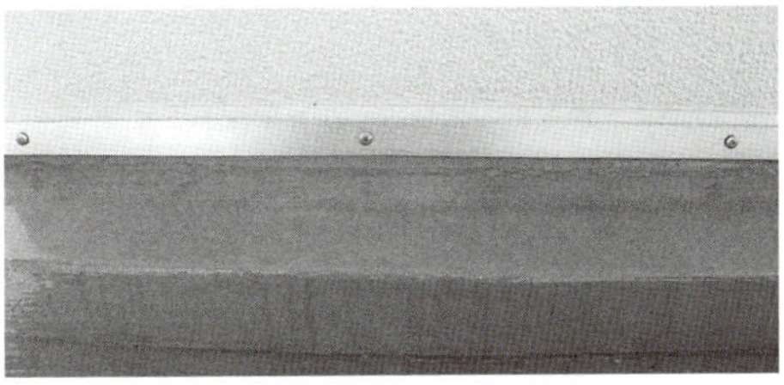

表1｜ルーフィング類の張り方の種類

工法	部位	種類	特徴
アスファルト防水熱工法	平場	張り流し	全面に溶融アスファルトを流し、押し広げながら張り付ける
		千鳥張り	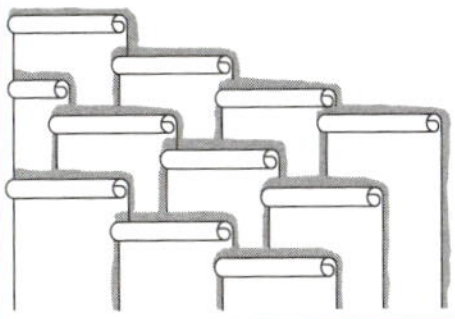 各層の重ね合せ部が上下層で同一個所にならないようにする
		クロス張り	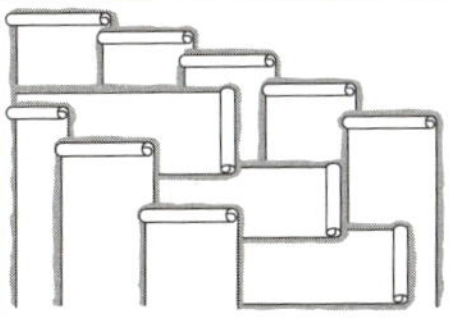 十文字張りともいう。最近では、あまり採用されない張り方
		鎧張り	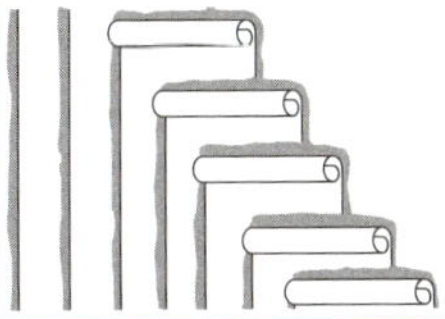 1種類のルーフィングで施工する場合にのみ適用する
	立上がり面	巻き上げ張り	立上がり用に裁断したルーフィングを巻き戻し、その上に溶融アスファルトを流し、上部へ押し広げながら張り付ける。関西方面では使用されない
		張りぶっかけ	立上がり用に裁断したルーフィング類に、溶融アスファルトをかけて張り付ける
		張り刷毛塗り	立上がり用に裁断したルーフィング類に、刷毛で溶融アスファルトを塗り付けて張り付ける。関西方面で多く用いられる

塩化ビニル樹脂系シート防水（機械的固定工法）	エチレン酢酸ビニル樹脂系シート防水工法	ウレタン系塗膜防水工法
立上がり際への固定金物の取付け	プライマー塗布	プライマー塗布
平場への塩化ビニル樹脂系シート敷込みとプレート状態固定金物への接合	増張り	補強増塗り
固定金物の固定とシートの増張り	（塗布したプライマーの乾燥を確認した後）シートの張付け	立上がりへの補強布張付け
立上がりへのシートの張付け	保護用ポリマーセメントペースト塗布	立上がりへのウレタン系塗膜防水材塗り（1回目）
出入隅角への成型役物張付け		平場への補強布張付け
		平場へのウレタン系塗膜防水材塗り（1回目）
		立上がりへのウレタン系塗膜防水材塗り（2回目）
		平場へのウレタン系塗膜防水材塗り（2回目）
		トップコート塗り

写真7｜アスファルト防水熱工法

図3｜アスファルト防水の層構成例

1 水性プライマー
2 下張り用ルーフィング
3 アスファルト
4 中張り用ルーフィング
5 アスファルト
6 断熱ボード（押出法ポリスチレンフォーム）
7 絶縁クロス

写真8｜アスファルト防水トーチ工法

	合成樹脂系			ウレタン系		
	塩化ビニル樹脂系シート接着工法	塩化ビニル樹脂系シート機械的固定工法	エチレン酢酸ビニル樹脂系シート接着工法	塗付密着工法	塗付通気緩衝工法	吹付工法
	—	○	—	—	—	—
	○	○	—	○	○	○
	○	—	—	○	○	○
	—	—	○	—	—	—
	○	—	—	○	○	○
	—	—	—	△	—	△
	—	—	○	—	—	—
	○	—	—	○	○	○
	○	—	—	—	—	—
	—	—	○	—	—	—
	△	—	—	○	○	△

加硫ゴム系シート防水工法｜かりゅうーけい—ぼうすいこうほう　下地に加硫ゴム系シート1枚を接着剤で張り付け、ローラー転圧して接着させるか、あるいは固定金物で固定して防水層をつくる工法。シート相互は接着剤およびテープ状シーリング材を用いて接着させる［写真9］。

ポリオレフィン系シート防水｜—けい—ぼうすい　下地にポリオレフィン系シート1枚を接着剤で張り付けてローラー転圧して接着させるか、固定金物で固定して防水層をつくる工法。シート相互は熱融着で接合。

エチレン酢酸ビニル樹脂系シート防水工法｜—さくさん—じゅし—ぼうすいこうほう　下地にエチレン酢酸ビニル樹脂系シート1枚をポリマーセメントペーストをコテ塗りしながら接着させて防水層をつくる工法。シート相互は、ポリマーセメントペーストで接着させる。

非加硫ゴム系シート防水｜ひかりゅう—けい—ぼうすい　下地に非加硫ゴム系シート1枚を接着剤で張り付け、ローラー転圧して接着させ、防水層をつくる工法。シート相互の接合には接着剤を用いる。

合成樹脂系シート防水工法｜ごうせいじゅしけい—ぼうすいこうほう　下地にシート合成樹脂系（塩化ビニル樹脂系・エチレン酢酸ビニル樹脂系）1枚を接着剤などで張り付けるか、あるいは固定金物で固定して防水層をつくる工法。シート相互は溶着液あるいは熱融着で接合させる。

シート防水工法｜—ぼうすいこうほう　合成ゴム系シート防水工法、塩化ビニル樹脂系シート防水工法およびポリオレフィン系シート防水工法の総称［図4］。

塩化ビニル樹脂系シート防水工法｜えんか—じゅしけい—ぼうすいこうほう

ウレタンゴム系塗膜防水工法｜—けいとまくぼうすいこうほう

表2 | 防水工法別工程

工程\工法名	アスファルト防水 熱工法	アスファルト防水 トーチ工法	アスファルト防水 常温工法	合成ゴム系シート防水 接着工法	加硫ゴム系シート防水 (機械的固定工法)	塩化ビニル樹脂系 シート防水工法
1	アスファルトプライマー塗布	アスファルトプライマー塗布	アスファルトプライマー塗布	プライマー塗布	増張り	接着剤塗布
2	(塗布したプライマーの乾燥を確認後)増張り	(塗布したプライマーの乾燥を確認後)増張り	(塗布したプライマーの乾燥を確認後)増張り	(塗布したプライマーの乾燥を確認後)増張り	平場への加硫ゴム系シート敷込み	塩化ビニル樹脂系シート張り
3	アスファルトルーフィング流し張り	改質アスファルトルーフィングシート張り	絶縁用粘着層付き改質アスファルトルーフィングシート張り	(塗布したプライマーの乾燥を確認後)接着剤塗布	立上がりへの加硫ゴム系シートの張付け	出入隅角への成形役物張付け
4	ストレッチルーフィング流し張り	改質アスファルトルーフィングシート張り	露出用粘着層付き改質アスファルトルーフィングシート張り	合成ゴム系シート張付け(加硫ゴム系または非加硫ゴム系シート)	塗装仕上げ	
5	アスファルトルーフィング流し張り	絶縁用シート敷き		塗装仕上げ		
6	アスファルト塗り(1回目)					
7	アスファルト塗り(2回目)					
8	絶縁用シート敷き					
9						

表3 | 部位別適用防水工法一覧

防水層の種別		アスファルト系						合成ゴム系		
防水工法の種別	防水工法の種別	熱工法	トーチ工法	常温工法	トーチ+熱工法	常温+熱工法	常温+トーチ工法	加硫ゴム系シート接着工法	加硫ゴム系シート機械的固定工法	非加硫ゴム系シート接着工法
屋上非歩行用防水工法	保護仕上げ	○	○	○	○	○	○	—	—	—
	露出仕上げ	○	○	○	○	○	○	○	○	○
屋上歩行用防水工法	保護仕上げ	○	○	○	○	○	○	—	—	—
	露出仕上げ	—	—	—	—	—	—	○	○	○
屋上駐車場用防水工法	保護仕上げ	○	○	○	○	○	○	—	—	—
	露出仕上げ	—	—	—	—	—	—	—	—	—
屋上植栽用防水工法	保護仕上げ	○	○	○	○	○	○	—	—	—
	露出仕上げ	○	○	○	○	○	○	—	—	—
屋上運動用防水工法	保護仕上げ	△	△	△	△	△	△	—	—	—
	露出仕上げ	—	—	—	—	—	—	—	—	—
勾配屋根用防水工法	保護仕上げ	—	—	—	—	—	—	—	—	—
	露出仕上げ	—	△	—	△	—	△	○	○	○
屋内一般用防水工法	保護仕上げ	○	○	○	○	○	○	—	—	—
	露出仕上げ	—	—	—	—	—	—	—	—	△
水槽類用防水工法	保護仕上げ	○	△	△	△	△	△	—	—	—
	露出仕上げ	—	—	—	—	—	—	—	—	—

写真9 | 塩化ビニルシート防水工法

図4 | シート防水の層構成例

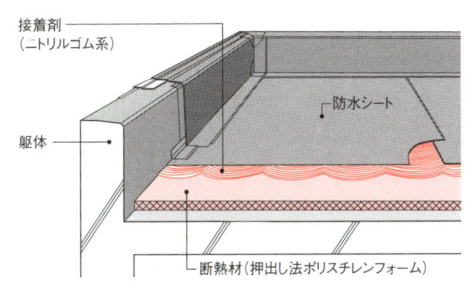

接着剤(ニトリルゴム系)
防水シート
躯体
断熱材(押出し法ポリスチレンフォーム)

ゴムアスファルト系塗膜防水工法——けいとまくぼうすいこうほう 下地に1成分系あるいは2成分系のゴムアスファルト系塗膜防水材を積層しながらコテなどを用いて塗り付け、一定の厚さの防水層をつくる工法[126頁写真10]。

ゴムアスファルト系吹付け防水工法——けいふきつけぼうすいこうほう 専用の吹付け機械を用いて下地にゴムアスファルト系吹付け用防水材を吹き付け、一定の厚さの防水層をつくる工法。

超速硬化型ウレタン吹付け防水工法——ちょうそくこうかがたーふきつけぼうすいこうほう 専用の吹付け機械を用いて、下地に2成分系の吹付け用超速硬化型ウレタンゴム系防水材を吹き付け、一定の厚さの防水層をつくる工法。

FRP防水工法——えふあーるぴーぼうすいこうほう 下地に2液性の防水用ポリエステル樹脂を塗布し、ガラスマットを張り付け、防水用ポリエステル樹脂を含覆させるようにローラー補強布を使い、下地に1成分系または2成分系の塗膜防水材を積層し、コテなどを用いて一定の厚さに塗り付け防水層をつくる工法。

表4 | アスファルト防水の種類

接着法の違いによる分類

熱工法	溶融アスファルトでアスファルトルーフィングを積層させる工法
自着工法 （冷工法）	接着層をもつアスファルトルーフィングを張り付ける工法
トーチ工法	アスファルトルーフィングの裏面をバーナーであぶり、溶融させて張り付ける工法
接着工法	アスファルト系などの接着剤によってルーフィングを張り付ける工法
複合工法	塗膜防水材など、異種の防水材を組み合わせて張り付ける工法

接着面の違いによる分類

密着工法	ルーフィングの全面を下地に密着させる工法
絶縁工法	ルーフィングの一部を下地と絶縁して接着する工法

材料面では、在来のアスファルトルーフィングのほかに、強度などの物性や作業性に改良が加えられた改質アスファルトルーフィングがある

写真10 | FRP防水工法

写真11 | 塩化ビニルシート防水工法（機械固定式）

アクリルゴム系塗膜防水工法
――けいとまくぼうすいこうほう

アクリルゴム系の塗膜防水材を刷毛などを用いて下地に塗り付け、一定の厚さの防水層をつくる工法。

アクリルゴム系吹付け防水工法
――けいふきつけぼうすいこうほう

アクリルゴム系の吹付け用防水材を専用の吹付け機械を用いて下地に吹き付け、一定の厚さの防水層をつくる工法。

塗膜防水工法 とまくぼうすいこうほう

ウレタンゴム系塗膜防水工法、ゴムアスファルト系塗膜防水工法、アクリルゴム系塗膜防水工法、FRP系塗膜防水工法などの総称。

複合防水工法 ふくごうぼうすいこうほう

2種以上の防水工法、または異種の材料を用いて防水層をつくる工法。一般に両工法および材料の特徴を組み合わせて施工する。

モルタル防水工法 ぼうすいこうほう

防水剤（無機質系・有機質系あるいは混合系）を混入したセメントモルタルまたはセメントペーストなどを、コテなどを用いて下地に塗り付け、防水層をつくる工法。

ケイ酸質系防水工法 さんしつけいぼうすいこうほう

コンクリート下地に、ポルトランドセメント・細骨材・ケイ酸質系徹粉末を既調合された粉体を水あるいはプライマーまたは接着剤のいずれかを塗布して、合成ゴム系シート、合成樹脂系シート、粘着層付きアスファルトルーフィングを張り付けローラー転圧して張り付ける工法[表4]。

ポリマーセメントペースト塗膜防水工法 とまくぼうすいこうほう

ポリマーディスパージョンともいう。下地にポリマーディスパージョンと水硬性無機質粉体（セメント、ケイ砂、そのほか）の2成分を混合して、刷毛またはコテなどを用いて塗布し、防水層をつくる工法。

水和凝固型防水工法ともいう。

いは水とポリマーディスパージョンでかき混ぜたものを、刷毛またはコテなどを用いて塗布して防水層をつくる工法。

施工

接着工法 せっちゃくこうほう

下地にプライマーおよび接着剤、

密着工法 みっちゃくこうほう

下地にプライマーを塗布し、液状の材料を塗り付けて防水層を下地に密着させてつくる工法、あるいは液状の材料を塗布、補強布、ルーフィング類およびシート類を張り付けて防水層をつくる工法[表4]。

絶縁工法 ぜつえんこうほう

アスファルト防水層で用いられる工法である溶融アスファルトをプライマーを塗布した下地に、部分的に流して防水層をつくる工法[表4]。

吹付け工法 ふきつけこうほう

ウレタンゴム系、ゴムアスファルト系およびアクリルゴム系など液状の防水材料を専用の吹付け機械を用いて、下地に吹き付けて一定の

塗り工法 ぬりこうほう

ウレタンゴム系やゴムアスファルト系、アクリルゴム系などの防水層をつくる際、塗膜防水工法で用いる工法。ローラーや刷毛あるいはコテなどを用いて下地に塗膜防水層をつくる工法。

機械的固定工法 きかいてきこていこうほう

塩化ビニル樹脂系シート防水、ポリオレフィン系シート防水、合成ゴム系シート防水およびアスファルト防水などで用いられる工法で、シートやルーフィングなどを特殊な固定金物で下地に固定して防水層をつくる工法[写真11]。接着工法や密着工法に比べ下地に対する要求条件が緩く、用いられることが多い。改修時に行うかぶせ方式では、既存の露出防水層や保護コンクリートなどに対する下地処理が不要なこと、下地の乾燥が必要ないことなど利点が多い。

年、この絶縁工法に脱気装置を取り付けた**膨れ防止工法**が登場したが、膨れの削減はできても完全に防止することは困難である。

厚さの防水層をつくる工法。超速硬化ウレタンゴム系防水層をつくる場合は、主材・硬化剤にトナーを加えたものをそのまま吹付け機械に投入し、ノズルの先端で材料を混合して下地に吹き付け防水層をつくる。また、ゴムアスファルト系防水層、アクリルゴム系防水層、ケイ酸質系塗布防水層も吹付け工法を用いることもある[写真12]。

写真12｜吹付け工法

USD工法｜ゆーえすでぃーこうほう
保護仕上げ用の断熱防水工法で、防水層の上に断熱材を積層させる工法。Up-Side-Downの略で、**保護断熱防水**で用いる用語。

STR工法｜えすてぃーあーるこうほう
露出仕上げあるいは保護仕上げ用

の断熱工法で、防水層の下に断熱材を積層する工法。

脱気工法｜だっきこうほう
脱気筒工法ともいう。絶縁工法あるいは通気緩衝工法などで施工した防水層に、脱気筒などを取り付け、防水層と下地の間の空間部分に気させる工法。コンクリートスラブの含有水分の蒸発による露出防水層の膨れ低減にも用いる[写真13]。

写真13｜脱気工法

通気緩衝工法｜つうきかんしょうこうほう
塗膜防水で用いる工法で、下地に接着剤などを塗布して、溝付きのシートあるいは孔あきシートなどを張り付けて防水層の下に通気空間を確保する工法。ウレタンゴム系防水層と加硫ゴム系防水層、アスファルト系や合成ゴム系、塩ビ樹脂系などの防水層を露出仕上げとする工法。

断熱露出防水工法｜だんねつろしゅつぼうすいこうほう
下地に断熱材を張り付けた上に、アスファルト防水の熱工法で用いる露出防水層と加硫ゴム系防水層の膨れを低減するため

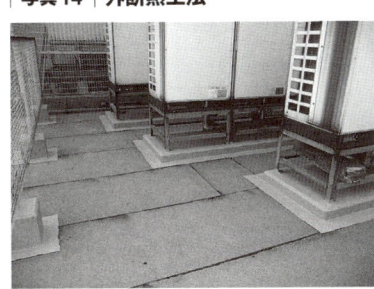

湿式工法｜しっしきこうほう
施工工程に水を使用して防水施工する工法。セメント系防水、エチレン酢酸ビニル樹脂系防水などがある。

外断熱工法｜そとだんねつこうほう
屋根スラブの外部側に断熱材を張り付ける工法。最近では、スラブコンクリートの膨張を避けるために外断熱工法が多く採用されている[写真14]。

内断熱工法｜うちだんねつこうほう
屋内側に断熱材を張り付ける工法。断熱効果に優れるが、スラブコンクリートの熱収縮が大きく、ひび割れが生じやすい。

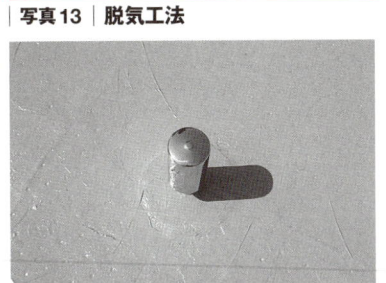

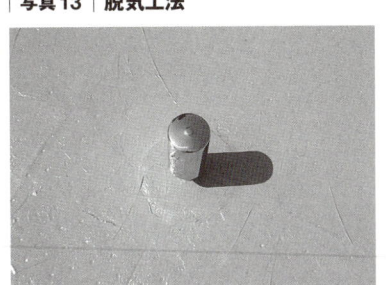

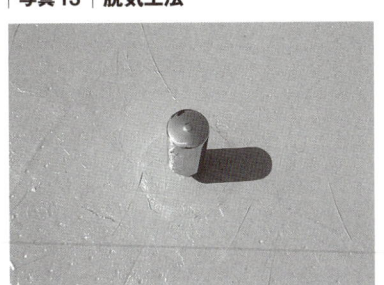

写真14｜外断熱工法

流し張り｜ながしばり
アスファルト防水の熱工法で用いる用語。立上がりにルーフィング類を張り付けるときに、溶融アスファルトをヒシャクで掛けたり、刷毛塗りしたりして張り付ける工法[写真16]。

千鳥張り｜ちどりばり
アスファルト防水工法で用いる用語。ルーフィング類を積層する場合に、上下層のルーフィング類の接合部が同一個所にならないようにずらして張ること[128頁図5]。

クロス張り｜くろすばり
十文字張りともいう。アスファルト防水工法で用いる用語。ルーフィング類を積層するときの張り方。奇数層のルーフィング類と偶数層

ぶっかけ張り｜ぶっかけばり
アスファルト防水の熱工法ともいう。アスファルト防水の熱工法で用いる用語。平場にルーフィング類を張り付けるときに、巻物のルーフィングの上部に溶融アスファルトを流しながら、押し上げるようにして張り付ける工法[写真15]。

写真15｜巻上げ張り

写真16｜ぶっかけ張り

のルーフィングを互いに直行させて張り付ける方法[図6]。

鎧張り｜よろいばり
アスファルト防水工法で用いる用語。同一種類のルーフィングを張り付ける場合に、3層張りの場合はルーフィング相互を2/3以上ずつ、4層の場合はルーフィング相互を3/4以上ずつ張り重ねて張り付ける方法[図7]。

袋張り｜ふくろばり
アスファルト防水工法で用いる用語。最下層のルーフィングの両端部および一定間隔の幅方向にのみ、溶融アスファルトを流して下地に張り付け、そのほかの部分のすべてを密着させない張り方。張り付けた状態でルーフィング相互および断熱材相互を重ねず地に張り付けることから、袋張りといわれている[図8]。防水層が、下地の動きにより破断するのを防ぐのがその目的で

図5｜千鳥張り

図6｜クロス張りある。

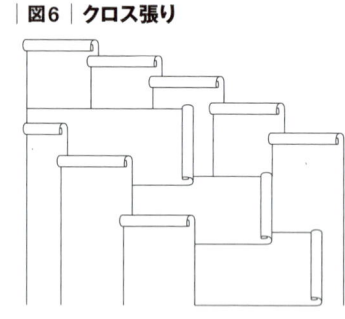

線張り｜せんばり
アスファルト防水工法で用いる用語。最下層のルーフィングの両端部にのみ、溶融アスファルトを流して下地に張り付け、そのほかの部分を密着させない張り方[図9]。

点張り｜てんばり
アスファルト防水工法で用いる用語。最下層のルーフィングの一定個所にのみ、溶融アスファルトを点々と流して下地に張り付け、そのほかの部分を密着させない張り方[図10]。

突付け張り｜つきつけばり
ルーフィング類あるいは断熱材などを張り付けるときのルーフィング相互および断熱材相互を重ねずに、突き付けて接合する方法。ルー

図7｜鎧張り

フィング類では、トーチ工法で改質アスファルトルーフィング相互を接合する場合、その上から幅300mm程度のルーフィングを張り重ねるなどの方法がある。

増張り｜ましばり
通常の防水層だけでは性能的に不安があるような場合に、補強用シート類1枚を防水層の最下層または最上層に張り付けること。主に、出入隅、出入隅角、ドレン廻り、パイプ廻りなどで行われる[図11]。補強張りともいう。

増塗り｜ましぬり
塗膜防水工法で用いる用語。通常の防水層だけでは性能的に不安があるような場合に、防水層の1部を補強するために、それぞれの防水層の上または下に塗膜防水材を

接合部｜せつごうぶ
材料相互あるいは防水層相互の継手部。一般にルーフィング類およびシート類相互の重ね部のこと。接合短部ともいう。

目つぶし塗り｜めつぶしぬり
アスファルト系防水層の熱工法で、網状ルーフィングの上に溶融アスファルトを上塗りすることと、ある網状ルーフィングを上塗りしたルーフィングの上に溶融アスファルトを塗布すること、あるいは、最終層として溶融アスファルトを塗布することを指す。

上塗り｜うわぬり
防水工事では、塗膜防水における最終工程の塗付けのこと。アスファルト防水では張り付けたルーフィングの上に塗膜防水材を上塗りすること。布目の目が見えなくなるまで塗る必要があることから目つぶし塗りといわれる。

塗り重ねること。補強材を入れる場合もある。**補強塗り**ともいう。

刷毛に水を含ませ、線を引くように水を塗り付けること。水取りともいう。

オープンタイム
シート防水などで、シート類の溶剤が揮散・蒸発してシートなどの張付けが可能になるまでの

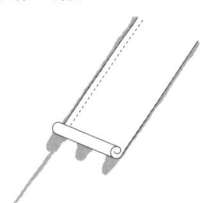

図10｜点張り
下地に等間隔で溶融アスファルトを点々と流しながら張り付ける方法。現在は点張りよりも最下層にあなあきルーフィングを敷き並べる方法を採用することが多い

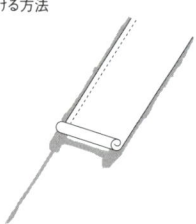

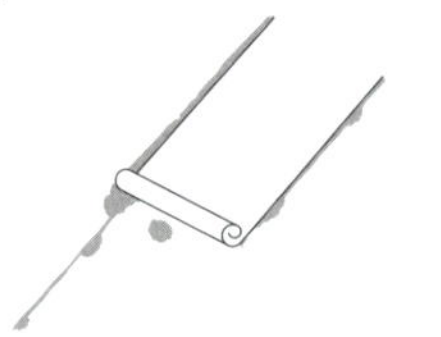

図9｜線張り
長手方向の両端および真ん中部分に、線を引くように溶融アスファルトを流して張り付ける方法

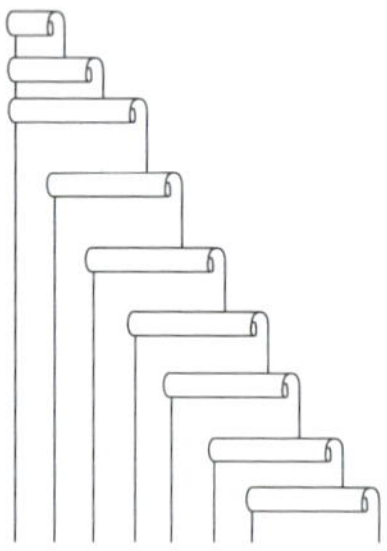

図8｜袋張り
長手方向の両端および幅方向に、適当な間隔で溶融アスファルトを流して張り付ける方法

水ばけ｜みずばけ
アスファルト防水で砂付ルーフィングを張り付けるときに、砂付ルーフィングの接合部からあふれ出る溶融アスファルトがきれいに取り除けるように、仮敷きした砂付ルーフィングの端部に沿って先に張り付けた砂付ルーフィングの面に毛

128

図11｜**隅の名称とその場所**

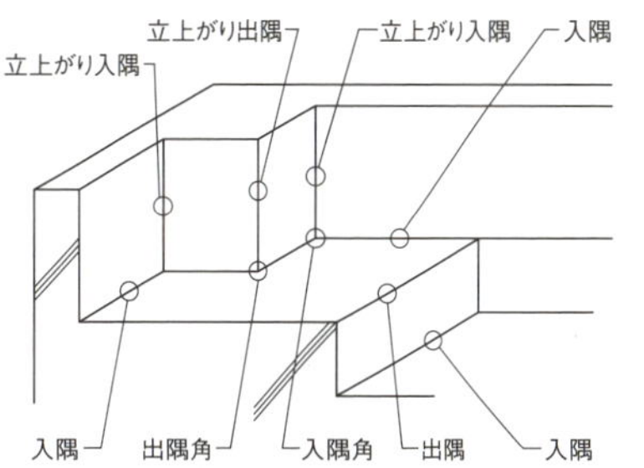
立上がり出隅
立上がり入隅
入隅
立上がり入隅
入隅
出隅角
入隅角
出隅
入隅

時間のこと。また、シート類の張付けが可能となったときから、張付け不可能となるまでの時間を**可使時間**という。なお、主剤と硬化剤を調合撹拌した塗膜防水材の硬化が始まる（塗付けが不可能となる）までの時間のことも**可使時間**という。

可使時間｜かしじかん
塗布した接着剤や塗膜材に対して次の工程のシートの張付けや塗膜材の塗り重ねが可能な時間帯のこと。

張り仕舞｜はりじまい
張り付けたシートやアスファルトルーフィング類の張り終わりとなる部分。防水層を構成する塗膜防水材を塗り付けた端部は、**塗り仕舞い**という。

雨仕舞｜あまじまい
雨水が建物のなかに浸入するのを防止すること。雨水が建物のなかに浸入しないよう処理する方法。

雨養生｜あまようじょう
雨に濡れないように、シートなどを掛けて覆うこと。雨に濡れないように処置する方法。

駄目張り｜だめばり
アスファルト系防水で使われる用語。アスファルトルーフィング類を平場と立上がりを別々に分けて張り付けること、部分的に未完成であった個所にアスファルトルーフィング類を張り付けて仕上げること。別張りともいう。「駄目」とは、ほぼでき上がっている状態のなかに一部残された未完成の部分を指す。

別張り｜べつばり
アスファルト系防水のルーフィング類の張付け方法の1つ。平場に張り付けたルーフィング類を、立上がりの際で裁断して張り付け、改めて立上がり面のルーフィングを平場のルーフィングに張り重ねる方法をいう。

撤去方式｜てっきょほうしき
防水改修工事で、既存の保護仕上げ層および防水層をすべて撤去し、躯体の屋上スラブに直接新規の防水層を施工する方法。なお、逆に、既存層の不具合部分だけを補修した後で新規の防水層を施工する方法を、**かぶせ方式**という。

防水・下地・仕上げ

出隅｜でずみ
2つの面が出会ってできる稜線。

入隅｜いりずみ
2つの面が出会ってできる稜線の内側。

斜面｜しゃめん
斜めの面。アスファルト防水熱工法を施工する下地の入隅部にモルタルなどを45度に塗って仕上げた部分。

丸面｜まるめん
R面、ビン摺りともいう。アスファルト防水熱工法を施工する下地の入隅部にモルタルなどを塗って丸く仕上げること。

パラペット
屋上などに設けられる手摺り壁。

水切りあごタイプ｜みずきり—
防水工事を施工するパラペットで、コンクリートの打設時に水切り用の笠木を同時に打ち込んだタイプのパラペット［図12］。

笠木タイプ｜かさぎ—
防水工事を施工するパラペットの天端に、セメント製や金属製の笠木を後から取り付けるタイプのパラペット［図13］。

保護仕上げ｜ほごしあげ
防水層の上に保護層を設けて仕上げる工法のこと。コンクリート、アスファルトコンクリート、砂利、平板ブロックなどが用いられている。

押さえ工法｜おさえこうほう
完成した防水層の上に、コンクリートを打設したり、砂利を敷き詰めたり、平板ブロックを敷くなどして仕上げる工法。保護仕上げともいう。

露出工法｜ろしゅつこうほう
防水層の上にそのまま塗装などを施して仕上げる工法。アスファルト系防水層の砂付ルーフィング仕上げ、ウレタンゴム系・FRP系防水層のトップコート仕上げなどがある。露出仕上げともいう。

図12｜**水切りあご**

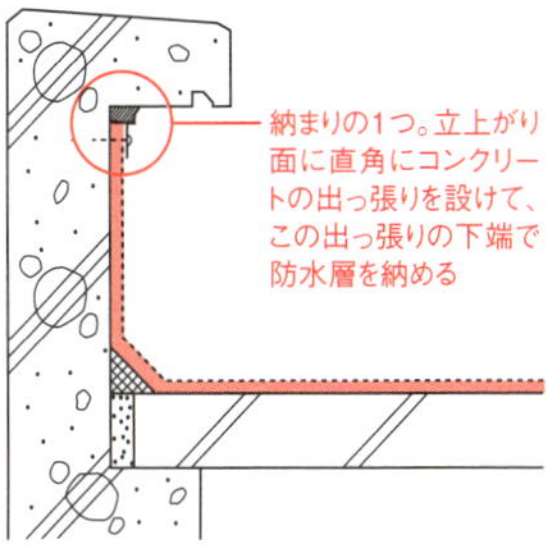
納まりの1つ。立上がり面に直角にコンクリートの出っ張りを設けて、この出っ張りの下端で防水層を納める

レンガ押さえ｜—おさえ
屋上防水構法において、立上り面の防水層を保護するために、防水層を施工した水切りタイプのパラペットの立上がり面を、レンガ積みして押さえること。最近は、特殊な取付け金物を用いて、セメント製品のパネルを固定して仕上げる乾式パネル工法を採用することが多い。

ブロック押さえ｜—おさえ
防水層を施工した水切りタイプのパラペットの立上がり面を、ブロックで押さえること。

コンクリート押さえ｜—おさえ
防水層を保護するために、防水層の上にコンクリートを打設すること。

押さえコンクリート｜おさえ—

図13｜**笠木**

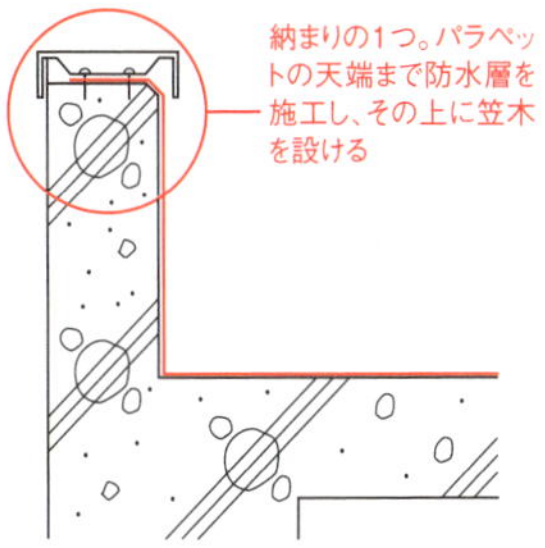
納まりの1つ。パラペットの天端まで防水層を施工し、その上に笠木を設ける

写真18 ｜ どうこ

写真17 ｜ 伸縮目地

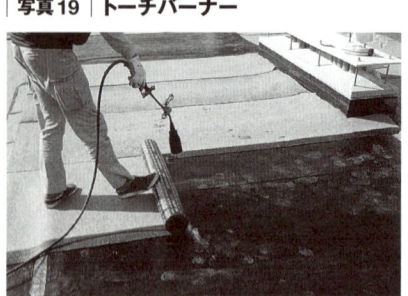

写真19 ｜ トーチバーナー

図14 ｜ 保護防水の立上がり部分のふくれ
- アスファルト層の密着が十分でない
- ラス網の防水張付けの不良
- モルタルの密着の不良、厚さ不足
- 浸水が起こり、漏水する
- モルタルの浮き
- モルタルの破断
- アスファルト防水層
- コンクリート保護層

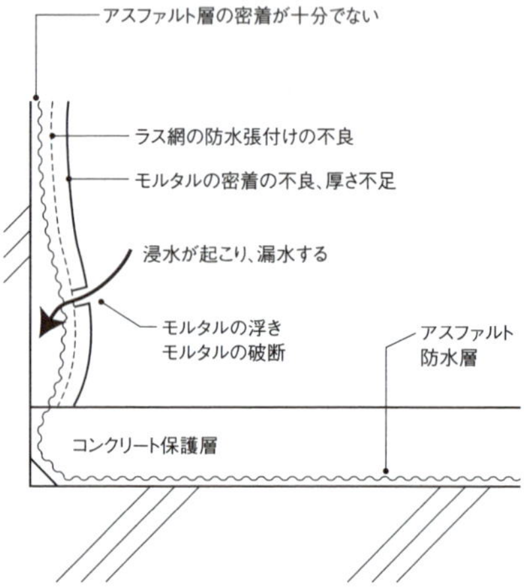

図15 ｜ ベランダからの漏水事故
- 室内／ベランダ
- モルタル詰め
- 軽量コンクリート
- 下地コンクリート
- スラブに溜まった雨水が表面の亀裂に浸入し下階天井に漏水する
- 台風など強力な低気圧のもとではモルタル表面の素穴から雨水が浸入してしまう

防水層を保護するために、防水層の上に砂利を敷き詰めること。30～40㎜程度の大きさの砂利を敷き詰めた方法が一般的だが、砂利を敷き詰めた後、樹脂系の液状材料を散布して固める方法などもある。

金物押さえ｜かなものおさえ
立上がり防水層の末端部を、アルミやステンレス製などの金物で固定すること。

砂利押さえ（砂利撒き・砂利敷き）｜じゃりおさえ（じゃりまき・じゃりじき）｜じゃりじき。防水層を保護するために、防水層上に砂利を敷き詰めること。

平板ブロック仕上げ｜へいばんしあげ
防水層を保護するために、300～500㎜角程度の大きさの薄型ブロックを防水層の上に直接敷いて仕上げること。あるいは保護モルタル、保護コンクリートなどを打設した上に、モルタルを用いてブロックを敷設して仕上げること。

ボーダー目地｜めじ
伸縮目地の1つで、立上り際400～600㎜離れた位置に設ける伸縮目地のこと。幅は通常20㎜程度。

伸縮目地｜しんしゅくめじ
防水層の上に打設するコンクリートやパラペットが、膨張収縮によって損傷したり、防水層を損傷させたりするのを防ぐために設ける目地のこと［写真17］。

乾式パネル仕上げ｜かんしきパネルしあげ
防水層を施工した立上がり面を、セメント系製品や金属製などのパネルを張って仕上げること。

塗装仕上げ｜とそうしあげ
防水層の表面に、専用の塗料を塗布して仕上げること。加硫ゴム系、非加硫ゴム系防水層の仕上げのこと。

保護モルタル｜ほごモルタル
防水層上の作業で防水層が損傷するのを防止する、あるいは保護層の動きなどによる防水層の損傷を防止するために、防水層の上に塗り付けるモルタルをいう。

アスコン舗装｜ほそう
駐車場などに防水層を保護するため防水層の上にアスファルトコンクリート（アスファルト、砕石、砂などを混ぜて練ったもの）で舗装して仕上げること。アスコン仕上げともいう。

工具

どうこ
溶融アスファルトを運搬する容器。バケツ［写真18］。

毛刷毛｜けばけ
プライマー・接着剤・塗料あるいは溶融アスファルトの塗布や塗膜防水材などを塗布するのに使用する道具。溶融アスファルトの塗布に使用する刷毛は植物繊維が使用される。そのほかの地域では、一般にヒシャクが使用される。

2丁刷毛（3丁刷毛）｜にちょうばけ（さんちょうばけ）
アスファルト防水工法で使用する道具で、通常の溶融アスファルト塗布用の毛刷毛を1～2本横に並べて固定したもの。技能者が現場で考えた道具。

ゴム刷毛｜ばけ
アスファルト防水工法で溶融アス

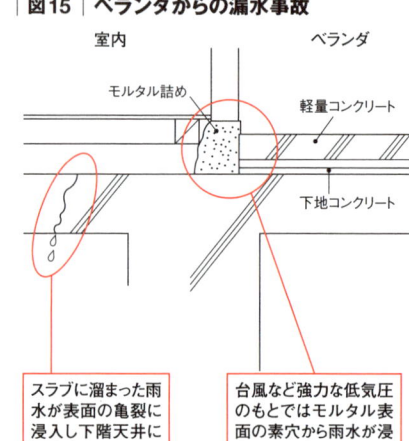

ファルトの上塗りに用いる道具。ベルトコンベアのゴムなどを利用しポリエチレンフォームなどをクッション材として張り付けた道具のことをいう。

大ばけ｜おお―
アスファルト防水工法で溶融アスファルトを上塗りするのに用いる、幅1.0m程度の刷毛に長柄を取り付けた大型の刷毛。

ゴムゴテ
塗膜防水工法で使用する道具で、通常の金ゴテにゴムを張り付けたもの。塗膜防水材を塗るのに用いられる。

押さえ板｜おさえいた
塩化ビニル樹脂系シート防水の機械的固定工法を用いる。シート相互に溶着液を塗布したあと、押さえるのに用いる道具。両側から木板をあてがい釘で留めてつくったもの。技能者が現場で考えた道具。

写真20｜浮き

欠陥

トーチ（トーチバーナー）
アスファルト防水工法で既存のアスファルト防水層の表面をあぶって溶かしたり、トーチ工法などでルーフィングの裏面をあぶって溶かすのに用いるプロパンガスを燃料とするバーナー[写真19]。

破断｜はだん
防水層が、下地の動き、保護層の動き、あるいはそのほか、何らかの影響を受けて切れている、あるいは破れている状態をいう。

破損｜はそん
防水層が何らかの原因によって傷付いたり、破けたりしている状態をいう。

口あき｜くち―
防水層の末端部や、ルーフィング類やシート類相互の接合部が剥離して浮き上がり、隙間があいてる状態をいう。

耳浮き｜みみうき
ルーフィング類やシート類の端を張り付けたルーフィング類ということから、張り付けたルーフィング類やシート類の接合端部が剥離して浮いている状態をいう。

ふくれ
下地の湿気や空気層の内包などによって、空気が膨張して防水層が膨れ上がっている状態をいう[図14]。

しわ
防水層が保護コンクリートの熱収縮あるいは保護コンクリートの動きなどによって、防水層にしわが生じている状態。

漏水｜ろうすい
雨漏り、水漏れともいう。水が何らかの欠陥により建物内に浸入すること。水槽および浴室、厨房などの漏水が原因の場合もある[図15]。

層間剥離｜そうかんはくり
アスファルト防水層で、溶融アスファルトで張り付けたルーフィング類が、層間で剥がれて浮いてる状態をいう。

剥離｜はくり
防水層が何らかの原因によって、下地から剥がれている状態をいう。

水まくら｜みず―
露出防水層で、何らかの欠陥が生じて防水層の下に水が回り溜まっている状態をいう。水まくらに似ていることから付いた呼称。

写真21｜チョーキング現象

膨潤｜ぼうじゅん
シート防水層や塗膜防水層などが、溶剤などの浸透によって体積が増加し膨張している状態をいう。

オゾン劣化｜―れっか
オゾンによって露出防水層が侵され、品質・性能が劣った状態をいう。

劣化｜れっか
経年による自然的な材料の寿命などの要因によって防水層の品質性能が劣った状態をいう。

鳥害｜ちょうがい
防水層が鳥などによってついばまれて損傷する状態をいう。あるいは鳥の糞によって防水層が劣化する状態をいう。
そのほか、鳥の糞によって運ばれた草木の種子が防水層の上で芽を出し、その根によって防水層が損傷されることもある。

ピンホール
防水層あるいは使用する材料などに針で突いたような穴がある状態をいう。

チョーキング現象｜げんしょう
防水層の表面が劣化してチョークの粉が付着したようになってしまう状態をいう[写真21]。

だれ
ずれともいう。立上がり面の下地に張り付けた防水層が、何らかの原因によって剥がれたりだれたりしている状態をいう。

オーバーフロー
立上がりの防水層の末端部を超えて水が溜まり、漏水する状態をいう。

根の貫通｜ねのかんつう
草木が生育し、根が防水層を突き破ってしまう状態をいう。

浮き｜うき
防水層が何らかの原因で剥離し浮いている状態をいう[写真20]。

水溜まり｜みずたまり
下地の勾配が悪く、露出防水層の上に雨水が溜まる状態をいう。

性能

シーリング材 3

シーリングの分類と種類は図1、表1のようになっており、その工程は表2のとおりである。

材料

シーリング

水密や気密のため、目地や隙間を埋めること。**ガスケット**[※]による**定形シーリング**、ペースト状の充填材による**不定形シーリング**があるが、普通は後者を指す。

コーキング

元の意味は木造船体の隙間に天然または合成の乾燥油あるいはタールなどを詰めて止水すること。建築用語では過去にシーリングの意味として使われていたが、現在はシーリング材の1種である**油性コーキング材**だけに適用されている。工具のコーキングガンにもその名残がみられる。

2成分形シーリング材|にせいぶんけいシーリングざい

2液性シング材ともいう。施工直前に主成分となる基剤と硬化のための化学反応を起こす硬化剤およびトナーを調合し、練り混ぜて使用するシーリング材[写真1]。4ℓ缶やドラム缶で出荷される。

1成分形シーリング材|いちせいぶんけいシーリングざい

1液性シーリング材ともいう。混合する必要のないようにあらかじめ施工に供する状態に調整されているシーリング材。1成分形はカートリッジやチューブ容器で供給される。2成分形シーリング材と1成分形シーリング材は、容器の違いだけではなく、伸縮性や接着性、おり、空気中の湿気で硬化が進む

図1｜シーリング材の分類

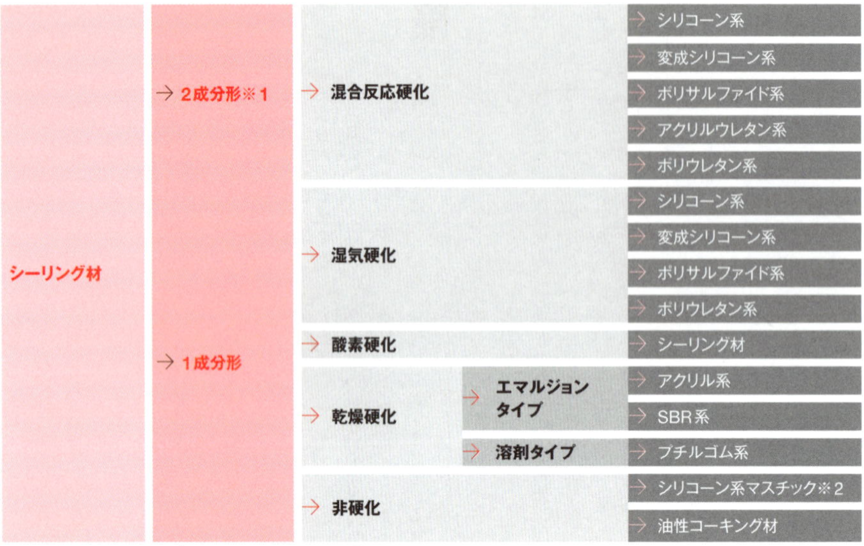

```
シーリング材
├─ 2成分形※1 ─┬─ 混合反応硬化 ─┬─ シリコーン系
│              │                 ├─ 変成シリコーン系
│              │                 ├─ ポリサルファイド系
│              │                 ├─ アクリルウレタン系
│              │                 └─ ポリウレタン系
└─ 1成分形 ────┼─ 湿気硬化 ─────┬─ シリコーン系
               │                 ├─ 変成シリコーン系
               │                 ├─ ポリサルファイド系
               │                 └─ ポリウレタン系
               ├─ 酸素硬化 ─────── シーリング材
               ├─ 乾燥硬化 ─┬─ エマルジョンタイプ ─┬─ アクリル系
               │            │                       └─ SBR系
               │            └─ 溶剤タイプ ─────────── ブチルゴム系
               └─ 非硬化 ──┬─ シリコーン系マスチック※2
                           └─ 油性コーキング材
```

※1 着色剤を別にしたタイプがある　※2 シリコーン系マスチックには3成分形もある

表1｜シーリング材の種類

種類	特徴	使われる個所の例
シリコーン系シーリング	シリコーン（オルガノポリシロキサン）を主成分としたシーリング材。1成分形と2成分形がある。ガラスや鋼板などに使用できる。通常、上塗り塗装ができず、上塗り塗装をしたい場合は逆プライマーが必要	カーテンウォール、外装パネル、ガラス、金属性建具、笠木、屋根・屋上、水廻り
シリコーン系マスチック	シリコーンを主成分としたシーリング材で、1成分形と3成分形がある。プライマーを使用しないで各種被着体に粘着する特殊なシーリング材であり、市場での使用例は少ない	
変成シリコーン系シーリング材	変成シリコーン（オルガノシロキサンをもつ有機ポリマー）を主成分としたシーリング材で、1成分形と2成分形である	カーテンウォール、外装パネル、金属性建具、笠木、コンクリート壁、屋根・屋上、水廻り
ポリサルファイド系シーリング材	ポリサルファイド（主鎖にウレタン結合をもち、末端にSH基をもつポリマー）を主成分とし、1成分形と2成分形がある	カーテンウォール、外装パネル、金属性建具、笠木、コンクリート壁、屋根・屋上
変成ポリサルファイド系シーリング材	変成ポリサルファイドを主成分とした、1成分形シーリング材	外装パネル、コンクリート壁、屋根・屋上
アクリルウレタン系シーリング材	アクリルウレタンを主成分とした2成分形シーリング材	外装パネル、金属性建具、笠木
ポリウレタン系シーリング材	ポリウレタンを主成分としたシーリング材で、1成分形と2成分形がある	外装パネル、コンクリート壁、屋根・屋上
アクリル系シーリング材	アクリル樹脂を主成分としたシーリング材で、1成分形のエマルションタイプである。硬化すれば水に不溶となる。通常20〜30％の体積収縮がある	外装パネル、金属性建具、笠木
SBR系シーリング材	スチレンブタジエンゴム（SBR）を主成分としたシーリング材で、1成分形のラテックスタイプである。硬化すれば水に不溶となる。通常20〜30％の体積収縮がある。市場での使用例は少ない	
ブチルゴム系シーリング材	ブチルゴムを主成分とするシーリング材で、1成分形の溶剤タイプである。硬化しても溶剤には溶解する。通常20〜30％の体積収縮がある	屋根・屋上
油性コーキング材	天然または合成の乾性油あるいは樹脂を主成分とした1成分形シーリング材である。プライマーを使用しないで各種の被着体に粘着する	コンクリート壁、屋根・屋上

※：合成ゴム製などの固形パッキング材

132

表2 | シーリング工事の工程

工程	内容	タイル目地の施工例
①被層面の清掃	トルオールまたはノルマルヘキサンなどを白布に付けて行う	
②バックアップ材またはボンドブレーカーの装填	ポリエチレン発泡体を規定の位置に装填する、またはバックアップ材の入るスペース（厚み）がない場合は、ボンドブレーカーを目地底に装着する	
③マスキングテープ張り	紙、テープを目地位置に合わせ張り付ける。その際紙テープは、粘着剤が残らず、プライマーの溶削でシーリング材の接着に悪影響の及ばないものを使用する。	
④プライマーの塗布	刷毛にて、その被着体に合ったプライマーを均一に塗布する	
⑤シーリング材の充填	シーリング施工用ガンに、目地に合ったノズルを付け目地底よりエアーの入らないように充填する	
⑥ヘラ仕上げ	目地に合ったヘラ（金属、竹など）で目内部に充填圧が加わっているよう3～4回押さえた後仕上げる	
⑦マスキングテープ除去	周辺を汚さないよう注意しながら除去する	

写真出典：『シーリング防水施工法』（日本シーリング工事業協同組合連合会刊）

図2 | 1次・2次シーリング材の施工例

- 外部
- 1次シーリング
- 2次シーリング
- バックアップ材
- 内部

写真1 | 2成分形シリコーンシーリング材の施工

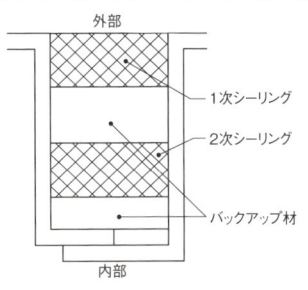

写真2 | 可塑剤の染み出しによる石目地周辺の汚染

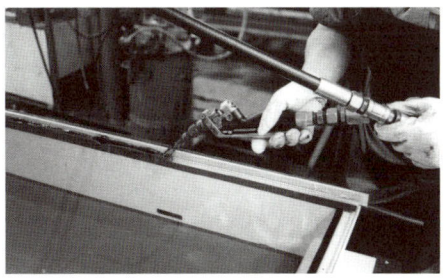

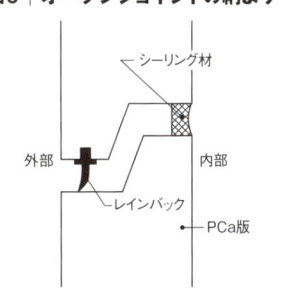

図3 | オープンジョイントの納まり

- シーリング材
- 外部
- 内部
- レインバック
- PCa版

硬化特性などに差がある。

1次・2次シーリング材｜いちじ・にじ-さい
図2のように外部に使用する材料を1次シーリング材、内部に施工する材料を2次シーリング材という。

硬化剤｜こうかざい
2成分形シーリング材のうち基材と混合して硬化させるもの。

トナー
2成分形シーリング材を着色させるもの。

基剤｜きざい
2成分形シーリング材において、一般に主成分を含むほうの配合物。主剤と呼ばれることもある。

定形シーリング材｜ていけい-さい
あらかじめひも状などに成形して目地にはめ込めるようにしたシーリング材。

不定形シーリング材｜ふていけい-さい

耐火シーリング材｜たいか-さい
シリコーン系シーリング材については、耐火シーリング材は大臣認定を受けた防火設備に指定され、日本シーリング材工業会指定のfマーク表示のあるもの。変成シリコーン系シーリング材については、1社のみ3時間耐火試験を合格しているものもある。

導伝性シーリング材｜どうでん-せい-さい
銀粉や銅粉あるいはカーボンファイバーなどの導電性のよい材料を混合したシーリング材。

無可塑シーリング材｜むかそ-さい
フタル酸系などの可塑剤を含まないシーリング材。可塑剤が入っていないので、可塑剤が表面へ移行し、表面がべたつき、汚れが付着することがなくなる。

バックアップ材｜-ざい
バッカーとも。シーリング材を隙間施工するとき、目地底に置いて施工時に目地に充填、硬化してゴム状になるペースト状のシーリング材。

写真5 | バックアップ材装填治具

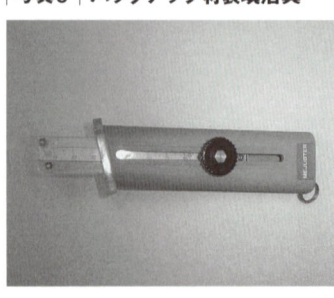

写真4 | 電動研磨機

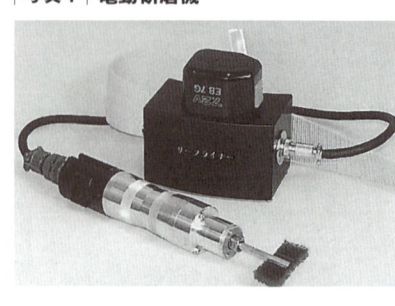

写真3 | コーキングガン

シーリング材の厚さを設定したり3面接着を防いだりする材料で、3面接着せず適度な弾性をもつ材料として発泡ポリスチレンがよく使われており、角型や丸棒の形状に加え、粘着テープ付きなどの種類がある。特殊なものとしては、目地内に入った水を抜くための**透水性バッカー**やガラス目地用の**軟質層付きバッカー**など。

逆プライマー｜ぎゃく―
シリコーン系シーリング材の表面に塗装をしたい場合に塗料の弾きを防ぎ、密着性を高めるプライマーのこと。

着色材｜ちゃくしょくざい
シーリング材に色を付けるもので、無機質のものが多く使用されている。

バリアプライマー
シーリング材から出る可塑剤などの物質が仕上げ面に影響を与えるのを抑えたり、シーリング表面に付着する汚れを防止したりするプライマーをいう。

プライマー
シーリング材と被着体を接着させるための付与剤のこと（ウレタン系、エポキシ系、シリコーンレジン系、シラン系など）。シーリング材を充填する前に目地側面に塗布する。被着体の表面を強化し、シーリング材の接着を確実にする働きがある。

可塑剤｜かそざい
柔軟性を付与するためシーリング材に添加される有機成分［133頁写真2］。作業性が確保され、ゴム弾性が得られるが、**ブリージング**と呼ばれる成分移行の原因となる。ブリージングは、被着体を変色させたり、塗膜を軟化させたりすることがあるので、事前に相性を確認して、適切な材料を選定する。

ボンドブレーカー
薄いテープ状のもので、シーリング材が接着しないものをいう。

よってはプライマーなしでの接着が可能だが、多くの場合はプライマーがシーリング材接着の重要な役割を担う。シーリング材の欠陥はプライマーの施工不良に起因する場合が少なくない。

現在は発泡ポリエチレンが多く使用されている［133頁図3］。充填を確実にするうえでも非常に重要。シーリング材と接着せず適度な弾性を

工具

コーキングガン
シーリング材を打設するときに使う、金属性の工具をいう［写真3］。

ナイロン研磨布｜けんまふ
シーリング材が接着しにくい被着体などの場合、ナイロン性の研磨布により軽く2〜3回被着面を研磨するもの。作業の合理化のため

ドラム回転式ミキサー｜かい
シーリング材の専用の混練機で正転のみまたは正転逆転をタイマーで行い、1分間で60回転する。

ヘラ
金属性、竹、仕上げ用バックアップ材などがあり、施工時の目地に合わせて作製し使用する。

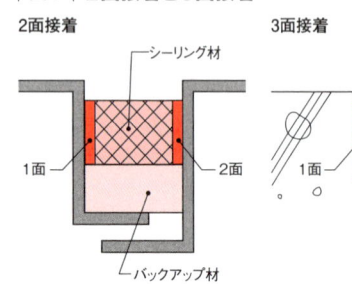

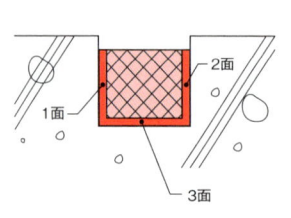

| 図4 | 亀裂誘発目地の入れ方

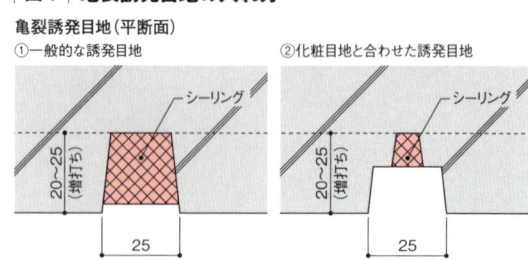

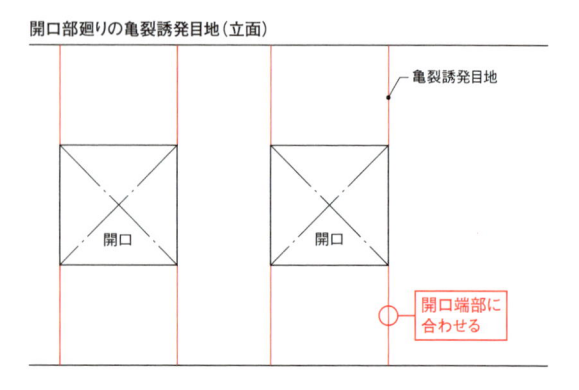

亀裂誘発目地（平断面）
①一般的な誘発目地　②化粧目地と合わせた誘発目地

開口部廻りの亀裂誘発目地（立面）

亀裂誘発目地

開口　開口

開口端部に合わせる

| 図5 | 2面接着と3面接着

2面接着　3面接着
シーリング材
1面　2面　2面
3面
バックアップ材

134

に、電動式機械もある[写真4]。

等圧ジョイントともいう。外部と壁厚内の圧力を等しくして止水すること。現在その圧力差は、50Pa以内が多い[133頁図3]。

亀裂誘発目地――きれつゆうはつめじ 外壁の亀裂を防止するために、意図的に設けられる目地。一定間隔に壁厚の薄い箇所を設け、亀裂を誘発させる。この部分にシーリング材を充填しておく[図4]。

2面接着――にめんせっちゃく 動く目地の場合、2面の接着させ、残る1面をフリー面とすること。シーリングが動きやすくなるので収縮に強くなる[図5]。

3面接着――さんめんせっちゃく 亀裂誘発目地または、打継ぎ目地など、動きの少ない目地に使用する接着方法[図5]。目地の両側面と底面を合わせた3面にシーリング材を接着させること。対して、底面には**バックアップ材**や**ボンドブレーカー**と呼ばれる絶縁用のテープを用い、両側面だけにシーリング材を接着させることを**2面接着**という。動きの小さなコンクリート打継ぎ目地などには3面接着、サッシ廻りの目地などには2面接着が用いられる。

2重シーリング――にじゅう―― 奥行の深い目地に2重のシーリングをすること[図6]。シーリングが切れやすい金属パネル目地などで

よく使用される。PCa版目地に見られた**シーリング目地**。この目地が外部に露出している場合、紫外線による劣化が進みやすいうえ、欠陥部からの重力による浸水が起きやすいため、なるべく避けるべきとされる。笠木目地などでやむを得ない場合、2重シーリングなどの補助手段を行う必要がある。

水抜きパイプ――みずぬき―― シーリング目地内に入った水を外部に排出するためのパイプ。PCa版目地などでは止水システムを構成する重要部品である。雨水の逆流を防止するため、L型やT型、あるいは弁付きのパイプが使用される。施工の際にシーリングが埋め込むため、現場作業への品質依存性が高い。

脳天シーリング――のうてん―― トップライトなど、水平面に設けられた

施工・工法

オープンジョイント

後打ち――あとうち 塗装工事のあとにシーリング施工の打継ぎを行うこと。

先打ち――さきうち 塗装工事の前にシーリング施工の打継ぎを行うこと。

バックアップ材装填治具――さいそうてんじぐ 目地深さを調整しながらバックアップ材を装填する工具[写真5]。

| 図6 | 2重シーリングと2段階シーリング |

2重シーリング／2段階シーリング
シーリング材／水抜きパイプ／1次シーリング／2次シーリング／バックアップ材

| 図7 | 先打ちシーリングと後打ちシーリングの打継ぎ |

先打ちシーリング（工場施工）
後打ちシーリング（現場施工）

| 図8 | そぎ継ぎの方法 |

外部／あと打ち／先打ち／内部／シーリング材

| 写真6 | シーリング材引張り試験の状況 |

打継ぎ――うちつぎ 打ち継ぐ場合、図8のように斜めにして打ち継ぐこと。施工上の都合や改修工事などの理由で日にちを置いてシーリング材を接続施工すること[図7]。本来は同じシーリング材で打継ぎするのがよいが、やむを得ず異種材を使うことがある。工場での先打ちシーリングにポリサルファイド系を用い、その上に現場で変成シリコーン系シーリングを施工するなどの例がある。組合せによっては良好な接着性が確保できない。

そぎ継ぎ――つぎ 打ち継ぐ場合、図8のように斜めにして打ち継ぐこと。

2段階防水――にだんかいぼうすい シーリングを2重にして防水する方法[図6]。

接着性試験――せっちゃくせいしけん 被着体とシーリング材の接着性を確認するための試験[写真6]。接

写真7｜マスキングテープ（石目地シーリングの施工状況）

写真8｜マスキング

マスキングテープを張り、シーリング材を充填 → ヘラで仕上げ。マスキングテープをはがす → 完成

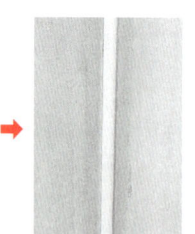

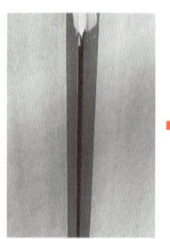

着試験
着試験ともいう。一般的にはJISA5758の基準を満たすことが求められる。
試験体として50mm角の被着体2枚の中間に12mm角のシーリング材目地を形成させ、所定の養生を行った後、引張り試験機にかける。試験結果は、シーリング材の破壊位置により接着破壊（AF）、薄層凝集破壊（TCF）凝集破壊（CF）に分類。AFは不合格、TCFおよびCFは合格とみなされる。

マスキング
シーリング施工時に目地周辺を汚さないよう、紙製の粘着テープを仮に張ること［写真7・8］。美しい目地仕上げの決め手になり、熟練を要する。シーリング材をへら押さえしたらすぐにテープを剥がす。

タック
シーリング材表面の粘性、べた付き。**タックフリータイム**とはシーリング材が硬化して指先に付着しなくなるまでの時間。1成分形シーリング材は湿気により表面から徐々に硬化が進むため、タックがなくなっても内部は未硬化。

ひも状接着試験――じょうせつちゃくしけん
施工現場で行う、シーリング目地の接着性確認試験。実際の現場施

図9｜ひも状接着試験
スケール / 90°に引っ張る / シーリング

図11｜界面破壊
AF / シーリング材

図10｜凝集破壊
CF / シーリング材

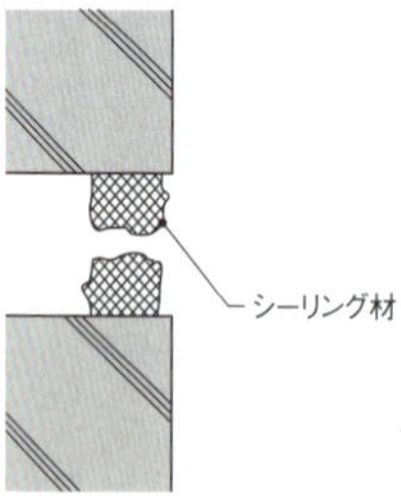

図12｜ワーキングジョイント部の注意
2面接着と3面接着
2面接着 → 目地が開いていてもシーリング材は破断しない
3面接着 → 目地が開いた場合、シーリング材が破断しやすい

工状態での性能を確認できる［図9］。硬化したシーリング材の一部をひも状に切り、ペンなどで印をつけた後、シーリング面と直角に引張る。破壊状態や伸び率から接着性を判断する。一般的にはJISA5758の基準を満たすことが求められる。

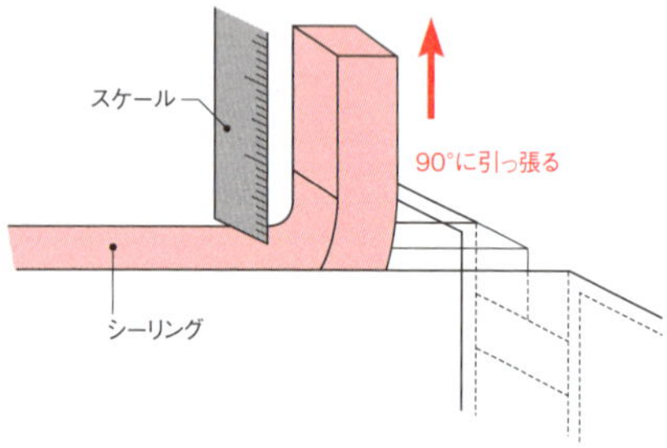

性能

ムーブメント
熱、地震などによって動く目地の動きのこと。

ワーキングジョイント
熱、地震などで発生する目地のこと。

ノンワーキングジョイント
熱、地震などで動かないか、動きが非常に小さい目地のこと。

ムーブメントの追従性――のついじゅうせい
熱、地震などの動きに対する追従性をいう。

オープンタイム
プライマーなどを塗布後、乾燥させる時間。

タックフリータイム
手で触れてもシーリング材が手についてこない状態をいう。

可使時間――かしじかん
シーリング材の性能に問題がなく使用できる時間のことを指す。

モジュラス
引張り応力のこと。元は係数の意で、硬化したシーリング材を伸ばした際の抵抗力。一般に50％引張り時の応力値。シーリング材では、50％の伸びを与えたときの引張

押出し性――おしだしせい
シーリング材をガンで施工する際の押し出しやすさ。現場施工でシーリング材の施工性を左右する。

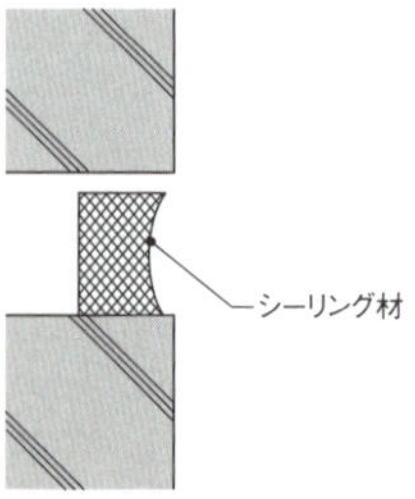

投錨効果――とうびょうこうか
アンカー効果、ファスナー効果とも。接着剤が被着材の表面にある空隙に浸入・硬化し、釘またはさびのような働きをすること。

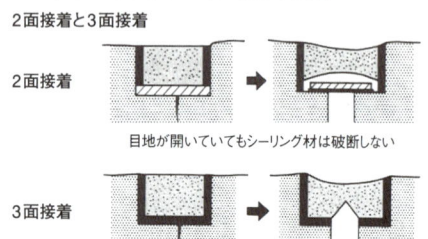

応力を50%モジュラスという。軟らかいシーリング材は**低モジュラス**（0.2N/㎟未満）、硬いシーリング材は**高モジュラス**（0.4N/㎟以上）、中間の**中モジュラス**に分類され、普通の目地には低モジュラス、強度の必要なSSG構法などには高モジュラスが使われる。

不具合

クレーター シーリング材表面の凹みをいう。

硬化不良 こうかふりょう 一定の時間が経過してもシーリング材が硬化しない現象をいう。

チョーキング 白亜化現象ともいう。紫外線によりシーリング材表面が劣化してチョークの粉状になること。材料表面の光沢が低下し、劣化しやすい。

内部気泡 ないぶきほう シーリング材内部に入っている空気（泡）。内部気泡が収縮したり破れたりすると、性能が劣化し、クレーターになることがある。

ふくれ シーリング材内部に表面がふくれることをいう。ふくれによってシーリング材が剥がれたりすることがある。

凝集破壊 ぎょうしゅうはかい 接着剤または被着材の分子または原子が結合された状態。この分子または原子間に働く引力を凝集力、またはある一定の場所に集まりシーリング材の材料破壊が生じることを凝集破壊という[図10]。

ウェザリング 屋外において、時間の経過とともに生じる有害な変化のことだが、紫外線の照射試験を指すこともある。照射試験では、耐候性を調べるのに使われる。

ノンサグ シーリング材を垂直面の目地に充填したとき、スランプを生じない

スランプ 自重でシーリング材が下がることをいう。

汚染性 おせんせい シーリング材の影響によって周辺の仕上げ材などを汚すこと。

界面破壊 かいめんはかい 接着破壊ともいい、接着面よりシーリング材が剥れる（剥離）ことをいう[図11]。

被着体破壊 ひちゃくたいはかい 目地のムーブメントによりシーリング材が変形する際、被着体表面の引張り強度をシーリング材の発生対応力が上回ることで被着体が破壊すること。母材破壊ともいう[図12]。

補修

オーバーブリッジ方式 ほうしき 目地に橋をかけるように、シーリング材を盛り上げるようにして充填することをいう。再充填方式で目地をシーリングで補修しても早期に同じ破壊が起きると予想される場合に使われる方法である。**橋架け方式**ともいう。

再充填方式 さいじゅうてんほうしき 補修が必要なシーリング材にシーリング材を再充填し、補修すること[図13、表3]。

拡幅再充填方式 かくふくさいじゅうてんほうしき 再充填方式で補修をしても早期に同じ破壊が起きると予想される場合、目地幅を拡大してシーリング材を再充填する。

図13 | 補修工法選択のフロー

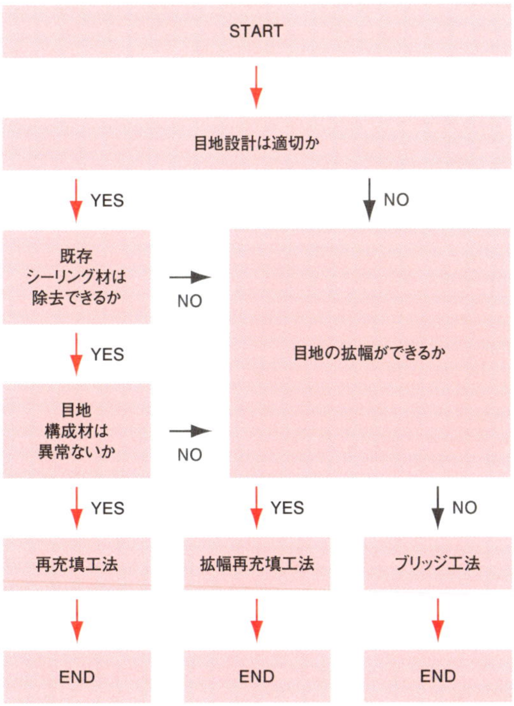

```
        START
          ↓
    目地設計は適切か
      ↓YES    ↓NO
  既存          
  シーリング材は → 目地の拡幅ができるか
  除去できるか  NO
      ↓YES       
  目地          
  構成材は    →
  異常ないか   NO
      ↓YES    ↓YES      ↓NO
  再充填工法  拡幅再充填工法  ブリッジ工法
      ↓         ↓          ↓
    END       END        END
```

表3 | 再充填方式の方法

方法	内容
材料および施工を変えない方法	シーリング材が経年劣化し、定期的な補修として同種の材料で更新する。または、単純な施工不良で部分的に補修する
施工法のみを変えた方法	プライマーの本質的な性能の問題ではなく、単なる清掃では除去できない接着性阻害因子によって接着破壊が生じたと判断されたときに、被着面を清掃してプライマーを塗布する
プライマーを変更する方法	被着体に対して「プライマーが適合しない」「プライマーが経時的に変質した」「プライマーの施工不良が生じた」などのプライマーの本質的な問題がある場合は、そういった問題の起きないプライマーに変える
プライマーおよび施工法を変更する方法	プライマーを変更する場合、単に別のプライマーを用いるのではなく、安全をみて、「施工法のみを変えた方法」のように施工も併せて変える
異種のシーリング材	古いシーリング材が使われていた場合に、現在各種出揃っている性能の高いシーリング材に変える。シーリングを変えることでプライマーも変わるので、プライマーに関する問題も一挙に解決される

| 参考 | シーリング材の種類と適正部位の一覧 |

目地の区分	工法・部材・構成材			シリコーン系		変成シリコーン系		ポリサルファイド系		ポリウレタン系	
				SR2	SR1	MS2	MS1	PS2	PS1	PU2	PU1
ワーキングジョイント	各種外装パネル	ALCパネル（スライド構法）	ALCパネル間目地	塗装あり［※2］	—	—	○	○	—	—	○	○
				塗装なし	—	—	○	○	—	—	—	—
			窓枠廻り目地	塗装あり［※2］	—	—	○	○	—	—	○	○
				塗装なし	—	—	○	○	—	—	—	—
		フッ素樹脂塗装	常乾、焼付塗装目地	○[※1]	—	○	○	—	—	—	—
		塗装鋼板、ほうろう鋼板	鋼板目地	—	—	○	○	—	—	—	—
			窓枠廻り目地	—	—	○	○	—	—	—	—
		GRC、セメント押出し成形板	板間目地	—	—	○	○	—	—	—	—
			窓枠廻り目地	—	—	○	○	—	—	—	—
	戸建住宅の外壁	窯業系サイディング	塗装有り［※2］	—	—	○[※3]	—	—	—	—	—
			塗装なし	—	—	○[※3]	○	—	—	—	—
		金属系サイディング	サイディング目地	—	—	—	○	—	—	—	—
	ガラス	ガラス廻り	ガラス廻り目地	○	○	—	—	○	—	—	—
	金属製建具	窓枠廻り	水切り・皿板目地	○	○	—	—	○	○	—	—
		サッシ工場シール	シーリング材受け	—	—	—	—	○	○	—	—
	笠木	金属製笠木	笠木間目地	○[※1]	—	○	○	○	○	—	—
		石材笠木		—	—	○	○	○	○	—	—
		PCa板笠木		—	—	○	○	○	○	—	—
ノンワーキングジョイント	コンクリート壁	RC壁、窓枠廻り、壁式PCa	塗装あり	—	—	○	○	○	○	○	○
			塗装なし	—	—	—	—	○	○	○	○
		石張り（湿式）（GPC、石目地含む）	石目地	—	—	○	○	○	○	—	—
			窓枠廻り目地	—	—	○	○	○	○	—	—
		タイル張り	タイル目地	—	—	○	○	○	○	—	—
			タイル下躯体目地	—	—	○	○	○	○	○	○
			窓枠廻り目地	—	—	○	○	○	○	—	—
	外装パネル	ALCパネル挿入筋工法・塗装あり	ALCパネル間目地	—	—	○	○	—	—	—	—
			窓枠廻り目地	—	—	○	○	—	—	—	—
外壁以外の目地	屋根・屋上		シート防水等の端末処理	—	—	—	—	—	—	—	—
			瓦の押さえ（台風被害の防止）	—	○	—	—	—	—	—	—
			金属屋根の折り曲げ部分のシール	—	○	—	—	—	—	—	—
	水廻り		浴室・浴槽（耐温水性必要部）	—	○	—	—	—	—	—	—
			流し台・キッチンキャビネットなどの目地	—	○	—	—	—	—	—	—
			洗面化粧台廻り	—	○	—	—	—	—	—	—
	ポリカーボネート板・アクリル板			—	○[※4]	—	—	—	—	—	—
	排気口・貫通パイプ廻り		塗装あり	—	—	○	○	○	○	○	○
			塗装なし	—	—	○	○	○	○	○	○
	バルコニー手摺の支柱脚部廻り・避難ハッチ廻り		塗装あり	—	—	○	○	○	○	○	○
			塗装なし	—	—	○	○	○	○	○	—

出典：「建築用シーリング材ハンドブック」（日本シーリング材工業会）
※1：汚染の可能性があるので注意を要する（シーリング材製造業者と協議する）　※2：いずれのシーリング材についても、塗装性の事前確認が必要
※3：応力緩和タイプが望ましい　※4：脱アルコール形とする

注記：
- ムーブメントへの追従を考慮し、シーリングは原則として2面接着で施工するが、ムーブメントの少ない躯体の打ち継ぎ目地などは、クラックによる雨水の浸入を防ぐためにも3面接着とするほうがよい
- アルミサッシなどの金属製建具で水切と本体にシーリングを使用する場合、ポリウレタン系を使うのは間違い。紫外線に弱く、3～7年で劣化し最終的にはなくなってしまうため。ポリサルファイド系・変成シリコーン系で施工するのが正しい
- ムーブメントの大きい部位にポリサルファイド系のシーリング材を使うのは間違い。追従できずに割れ、剥離が発生する

仕上げ　4

屋根工事

仕上げ 1

屋根は材料別に瓦葺き［かわらぶき］、スレート葺き、金属板葺き［きんぞくばんぶき］などが挙げられる。

形状・部位・部材

片流れ｜かたながれ　1方向に傾斜した形の屋根[図1①]。

切妻｜きりづま　本を開いて伏せたような形の屋根[図1②]。

寄棟｜よせむね　棟を中心に四方に流れをもつ屋根[図1④]。

腰屋根｜こしやね　煙出しや明かりとりのために棟の1部に設けられた小屋根[図1⑤]。

方形｜ほうぎょう　棟がなく、1つの頂点から四方または八方に向かって傾斜した屋根[図1⑥]。宝形とも書く。

入母屋｜いりもや　切妻屋根の妻側下部を寄棟のようにした屋根[図1⑦]。

陸屋根｜ろくやね（りくやね）　水平またはほとんど勾配がない屋根[図1⑧]。

棟｜むね　屋根の傾斜面と傾斜面の合わさった頂部水平部分[図2]。

隅棟（下り棟）｜すみむね（くだりむね）　寄せ棟あるいは方形屋根で、隣り合う2つの屋根面が連続して接する部分[図2]。

谷｜たに　屋根面が水下で別の屋根面または

| 図1 | 屋根の主な形状 |

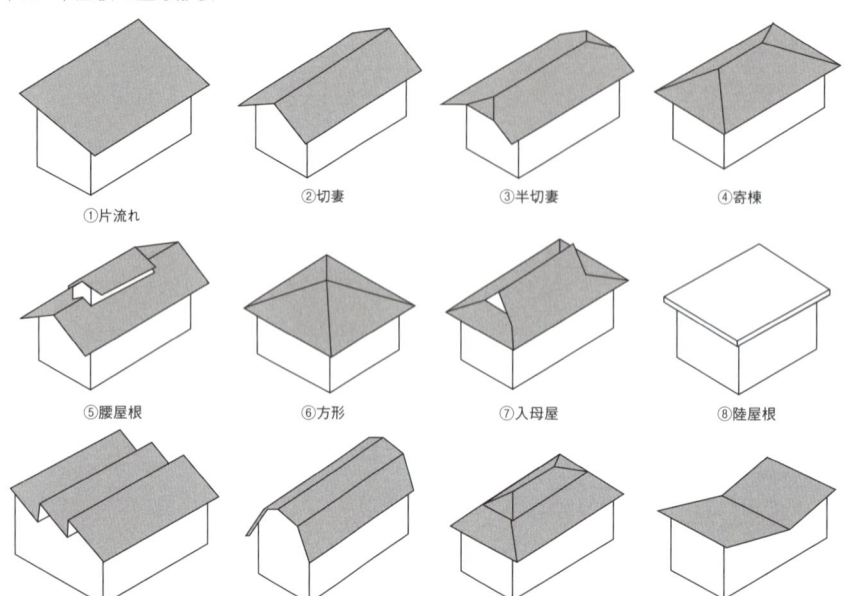

①片流れ　②切妻　③半切妻　④寄棟
⑤腰屋根　⑥方形　⑦入母屋　⑧陸屋根
⑨のこぎり　⑩腰折れ　⑪マンサード　⑫バタフライ

| 図2 | 屋根の各部の名称 |

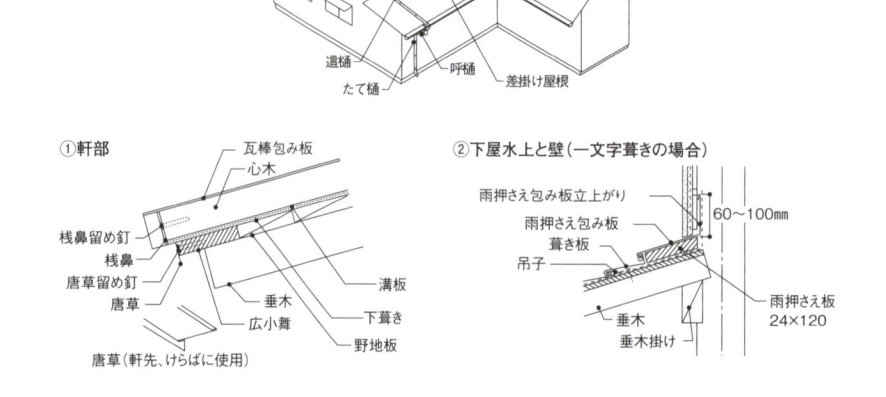

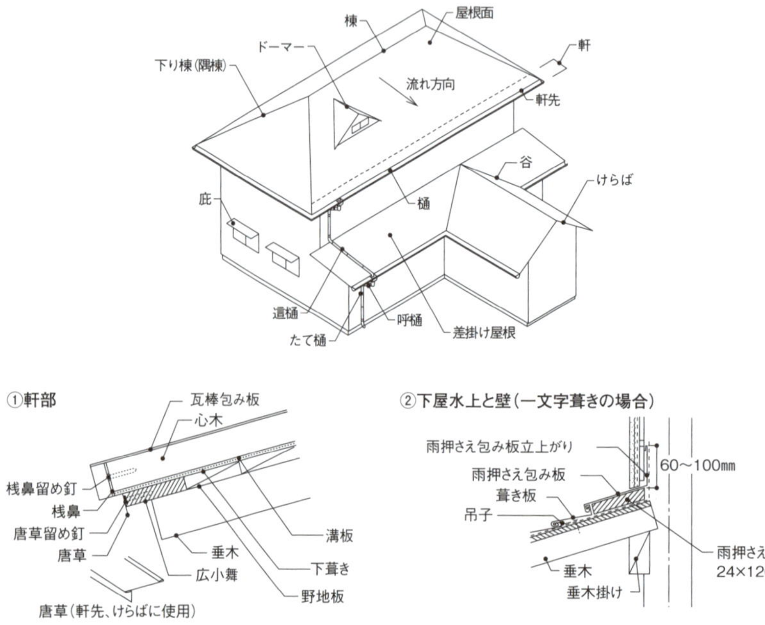

棟、屋根面、ドーマー、軒、下り棟（隅棟）、流れ方向、軒先、庇、谷、けらば、樋、遣樋、たて樋、呼樋、差掛け屋根

①軒部
瓦棒包み板、心木、桟鼻留め釘、桟鼻、唐草留め釘、唐草、垂木、広小舞、溝板、下葺き、野地板、唐草（軒先、けらばに使用）

②下屋水上と壁（一文字葺きの場合）
雨押さえ包み板立上がり、雨押さえ包み板、葺き板、吊子、垂木、垂木掛け、60〜100mm、雨押さえ板24×120

写真1 | 雪止め

瓦と一体になった雪止め

スレート葺きに用いる雪止め専用の金物

図5 | 雨樋の取り付け例

屋根材
横樋
あんこう
竪樋
樋受金物
雨水浸透枡

横樋で受けた雨水をあんこうでまとめ、竪樋につなげる。さらに、地中の雨水浸透枡に流す。オーバーフローした水は、下水へ流す

図3 | 軒先のつくり

屋根材（金属）
アスファルトルーフィング940
野地板
広小舞
垂木
防虫網
母屋90□
鼻隠し
換気口

鼻隠しを2段にして軒先をシャープに見せることができる

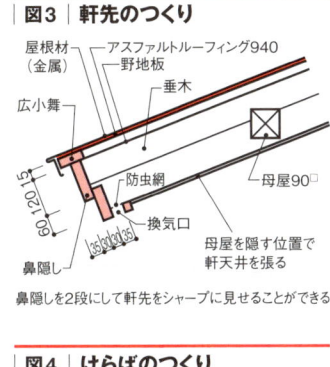

図4 | けらばのつくり

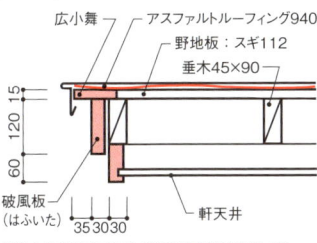

広小舞
アスファルトルーフィング940
野地板：スギ112
垂木45×90
破風板（はふいた）
軒天井

軒先と直角方向のけらばも破風板を2段にしてシャープに見せることができる

図6 | 内樋の納まり例（S＝1:15）

ガルバリウム鋼板立平葺き
上野地板：構造用合板⑦12
垂木38×45
全面敷き込み断熱材：特殊アルミ両面張り押出し法ポリスチレンフォーム⑦50
下野地板：構造用合板⑦12
登り梁38×140
内樋：ケイ酸カルシウム板⑦12 2重張りの上、FRP防水
桁105×120
鼻隠し
左官仕上げ⑦15
木摺40×13
通気層⑦18
全面敷き込み断熱材：特殊アルミ両面張り押出し法ポリスチレンフォーム⑦30

登り梁を欠き込んで内樋を設けているため、梁の両側を耐水合板⑦12で挟んでビス留めして一体化する

（図面提供：住吉建設）

壁面と連続的に接する線状の部分［図2］。水みちになるため防水対策の必要な個所である。

軒｜のき
屋根面の外壁から飛び出している部分から先端まで［図2］。その距離を**軒の出**［のきので］という。

軒先｜のきさき
軒の最先端で鼻隠し、広小舞などで構成される［図3］。

広小舞｜ひろこまい
軒先の垂木先端上部に付ける幅広の横板［図2］。垂木の振止めや裏板の納まりのために付ける。

鼻隠し｜はなかくし
軒先において垂木の端部などを隠したり、軒の厚さを表現する目的で取り付けられる横板。材料は木、樹脂系、窯業系押出し成形材、金属成形板などがある。

唐草｜からくさ
軒先を包む部分のこと［図2］。軒先の葺き板が風であおられるのと、広小舞が腐食されるのを防ぐ。

雨押さえ｜あまおさえ
雨水浸入を防ぐために、外壁と開口部の上枠や屋根と壁の立上がりの取合いなどに取り付ける板・部位［図2］。

けらば
切妻屋根の妻側（棟の両端部）の部材［写真1］。突起状のものが一般の屋根材、葺き方、積雪量により種類がある。雪止めの設置によって絶対に落ちないとはいえないが、落ちにくくなるので、最近は、敷地が狭く隣地との距離がとれなくなってきており、近隣対策のため雪の少ない温暖地でも雪止めの採用が一般的になってきている。

破風｜はふ
垂木、母屋、桁の鼻（部材の先端部）を隠すために屋根に沿って山形に取り付ける板・部位。左右の破風が合わさったところは**拝み**という。

雪止め｜ゆきどめ
屋根の上の積雪が急に滑り落ちるのを防ぐために屋根面に設ける部材［写真1］。

樋｜とい

軒先につけるものを**軒樋**、軒樋の水をまとめて縦に流す樋を**縦樋**といい[141頁図5]。また、屋根面に設けた溝に取り付けるものを**内樋**という[141頁図6]。

あんこう
軒樋と縦樋の接合部分に設けられた金具。**呼び樋**ともいう[141頁図5]。

野地・野地板
野地板 のじ・のじいた
屋根材を取り付ける下地となる面を指す。野地板というとムク板を指すが、最近は**合板**などの使用が多い。耐火建築物で小屋組が鉄骨の場合、硬質木片セメント板などの耐火野地板を使用する。RC造の場合は、釘打ちが可能なパーライトモルタル下地が野地となることもある。この上に**アスファルトルーフィング**などの下葺き材を敷いた上に屋根材を葺く。

アスファルトルーフィング
屋根防水に使われる、アスファルトを含浸させた有機質繊維などを原料とするフェルトに、アスファルトを浸透・被覆したシート状の製品のこと。

下葺き
下葺き材 したぶきざい
屋根葺き材の施工に先立ち、結露や湿気を防ぐために屋根材の下に敷かれるシート[図7、写真2]。一般にはアスファルトルーフィング940が使用される。そのほかに改質アスファルト系やブチルゴム系の防水シートが使われる。ほかに、耐久性・耐熱性を強化したゴムアスルーフィング（改質アスファルト系ルーフィング）、野地廻りに発生する結露を外気側に放出する透湿性能を付与した透湿ルーフィングなどがある。

捨張りルーフィング すてばり
下葺き材の施工に先立ち、屋根の谷部などの防水補強を目的とした下葺き材施工後、防水補強のためにさらに重ねて敷設される防水シートおよびルーフィング[写真3]。

増張り ましばり
下葺き材施工後、**壁との取合い部**などで、防水補強のためにさらに重ねて敷設される防水シートおよびルーフィング[写真4]。

壁との取合い部 かべとのとりあい
屋根面が水上部分で、あるいは流れ方向と平行に、上階部の壁と連続して接する部分で、雨仕舞に注意する必要がある[図8]。

桁方向 けたほうこう

図7｜一般的な下葺き工法

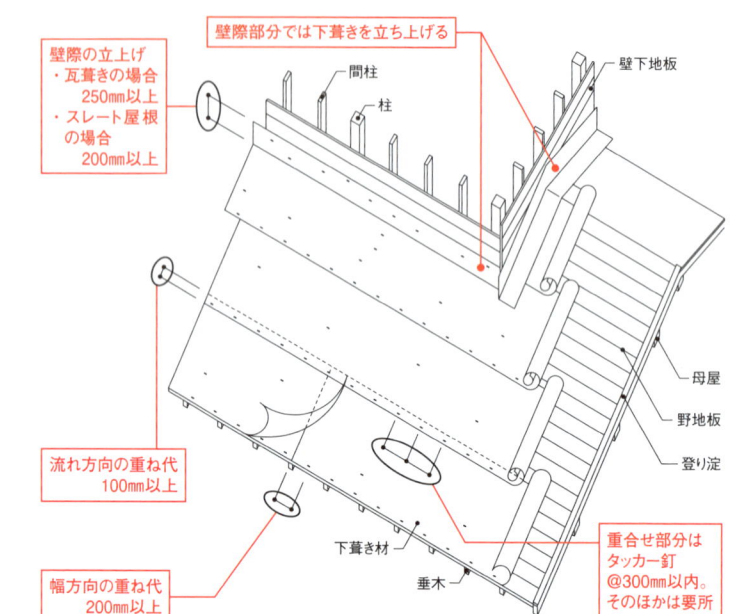

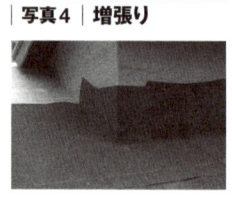

- 壁際の立上げ
  - ・瓦葺きの場合 250mm以上
  - ・スレート屋根の場合 200mm以上
- 壁際部分では下葺きを立ち上げる
- 間柱
- 柱
- 壁下地板
- 流れ方向の重ね代 100mm以上
- 幅方向の重ね代 200mm以上
- 下葺き材
- 垂木
- 母屋
- 野地板
- 登り淀
- 重合せ部分はタッカー釘@300mm以内。そのほかは要所

写真4｜増張り
写真3｜捨張りルーフィング
写真2｜アスファルトルーフィング張り

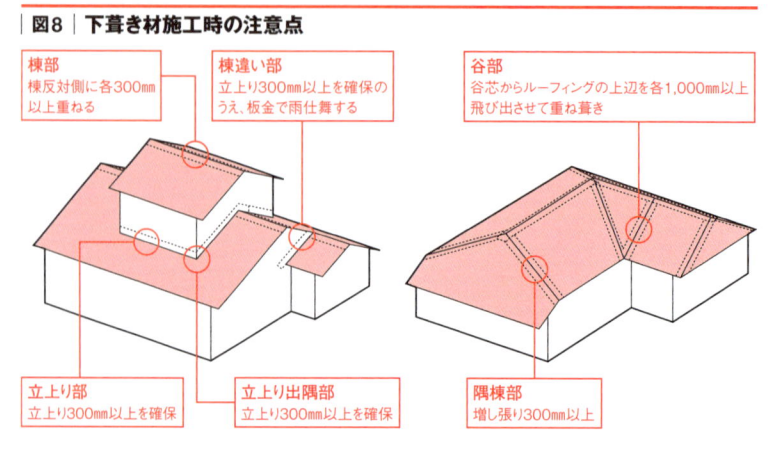

図8｜下葺き材施工時の注意点

- **棟部** 棟反対側に各300mm以上重ねる
- **棟違い部** 立上り300mm以上を確保のうえ、板金で雨仕舞する
- **谷部** 谷芯からルーフィングの上辺を各1,000mm以上飛び出させて重ね葺き
- **立上り部** 立上り300mm以上を確保
- **立上り出隅部** 立上り300mm以上を確保
- **隅棟部** 増し張り300mm以上

表1｜屋根葺き材と屋根勾配

葺き材	屋根勾配
桟瓦葺き	4／10〜7／10
スレート葺き	3／10
金属板葺き	1／10〜1

屋根勾配の表し方：「3／10勾配」＝「3寸勾配」（1尺に対して3寸の勾配）。10寸勾配を矩（かね）勾配という

10 / 3

写真5 | 役物の種類（写真はストレート葺きで使用されるもの）

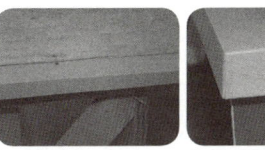

①軒先水切　②けらば水切　③谷板　④壁止め役物
⑤雨押さえ　⑥雪割り　⑦半雪割り　⑧棟包

①**軒先水切**[のきさきみずきり]
下葺き材の施工に先立ち、野地の下端に取り付けられる水切役物。雨水が鼻隠しなどに伝わらないように水切のための垂下がり部をもつ

②**けらば水切**[—みずきり]　屋根葺き材の施工に先立ち、けらばに取り付けられる水切役物。妻側からの雨水の吹込みを軽減し、入り込んだ雨水を軒先まで誘導し排出する

③**谷板**[たにいた]　屋根面どうしが接する谷部の防水のため、屋根葺き材の施工に先立ち、野地面上に谷に沿って帯状に連続して設ける。捨て谷[すてだに]ともいう

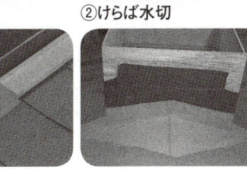

④**壁止め役物**[かべどまりやくもの]　箱状の金属製役物で、軒先のルーフィングの上に取り付けられ、雨押さえ、捨板水切を流れてきた雨水をすべて受け止め、外壁から離して放出する

⑤**雨押さえ**[あまおさえ]　外壁を伝わる雨水を屋根面に確実に流し出すための水切。外壁材の内側に立ち上がり部と屋根表面に出る部分が一体となった板金製の水切

⑥**雪割**[ゆきわり]　雪国において、煙突やトップライトなどの屋根面上の突起物の水上に設置される。雪を左右に分けて屋根面を滑落させ、突起物を雪の荷重から守る装置。水も滞留しにくくなるので雨水に対しても有効

⑦**半雪割**[はんゆきわり]　雪国では、壁止り部の袋加工や壁止り役物が雪によって破壊されることがある。そこで雪が引っかからないように雪割の片側半分の形状にして軒側で屋根面に落ちるようにする。つららが外壁に付着しにくくなるので、外壁材の凍害防止にもなる

⑧**棟包**[むねづつみ]　棟部分に使用する役物。笠木に被せ、釘留めする。棟頂部からの排気機能をもつ換気棟役物[かんきむねやくもの]は棟包と連続して取り付けられる

図9 | はぜの種類

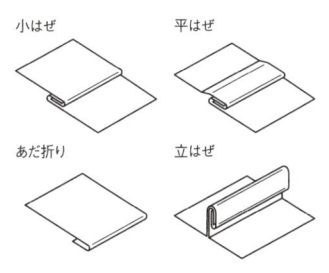

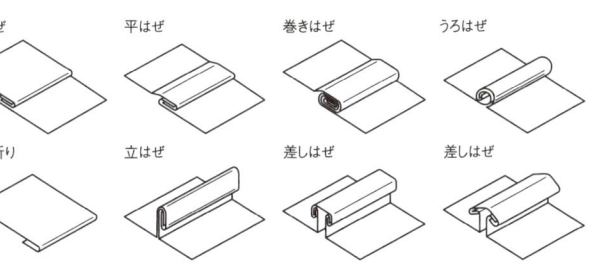

小はぜ　平はぜ　巻きはぜ　うろはぜ
あだ折り　立はぜ　差しはぜ　差しはぜ

桁行方向、桁梁ともいう。小屋梁、登り梁、垂木などに対して直角に交わる方向をいい、外壁と取合いは水平になる。

流れ方向[ながれほうこう]　屋根面において雨水の流れる方向のこと。

働き寸法[はたらきすんぽう]　屋根材を重ねて葺いたり、屋根部材を重ねて接合したとき、表に出る見え掛かり部分の寸法を指す。屋根部材の必要量を算定する際に使われる。

屋根勾配[やねこうばい]　水平面に対する屋根面の勾配。屋根葺き材によって適する勾配は異なる[表1]。一般に寸勾配で表す。

留付け[とめつけ]　屋根葺き材、役物を釘留めしたり、緊結線、吊子、ボルトなどで下地に緊結する作業をいう。

役物[やくもの]　屋根工事では、屋根面のあらゆる端部、納まりのために使用される部材の総称。瓦屋根は瓦や屋根漆喰で納め、スレート屋根や金属屋根は一般に金属製のものを使う[写真5]。

吊子[つりこ]　金属屋根や役物を固定する際に使う、帯状の金物のこと[140頁図2]。**吊子はぜ**ともいう。

はぜ　板金工事において板を継ぐために板の端を折り曲げた部分のこと。**小はぜ、平はぜ、巻はぜ**などの種類がある[図9]。

捨板　すていた　一部または全部が表面に表れない葺き板や部材の総称。捨板と唐草を兼ねたものを**捨唐草**という。

笠木[かさぎ]　屋根工事においては、水平棟や隅棟などに使用する木材。葺かれたスレートや金属板の上に押さえとして、役物の下地になり、釘を貫通させて留める。

重ね代[かさねしろ]　水切役物などを接合する際に重ね合わせる部分の寸法。通常50mm以上で、谷板などは100mm以上必要である。**重ね寸法**ともいう。

瓦・屋根の材料

瓦・粘土瓦[かわら・ねんどがわら]　粘土を一定の形に成型し、900〜1,200℃で焼成して成形した屋根の仕上げ材のこと。製法によりさまざまな種類がある[144頁表2]。生産量日本一の**三州瓦**（愛知県）、高温で焼き、吸水率が低く寒冷地にも適した赤褐色の**石州瓦**（島根県）、高級燻し瓦として有名な**淡路瓦**（兵庫県）が日本の3大瓦として有名[144頁表3]。使用部位からは、のし瓦[144頁図10]、桟瓦[144頁図11]、面瓦、軒瓦[145頁図12]、平瓦、丸瓦、鬼瓦[145頁写真6]、棟瓦[145頁図13]、隅瓦[145頁図14]などに分けられる。なお、粘土のほか、セメント、金属、天然スレート（玄昌石）、セメント、金属などを原料とするものもある。日本古来の瓦を**和瓦**、西洋で使われていたスパニッシュ瓦などを**洋瓦**という。

和瓦／**本瓦**［ほんぶきがわら］受けとなる**平瓦**（女瓦）と、上にかぶせる**丸瓦**（男瓦）の組合せによって葺き上げる瓦。神社・仏閣に多い。

本葺き瓦／**和瓦**　わがわら　古来より日本にある瓦の総称。**本瓦や桟瓦**などが代表的。

桟葺き瓦・J形瓦／和瓦　さん

図10 | のし瓦

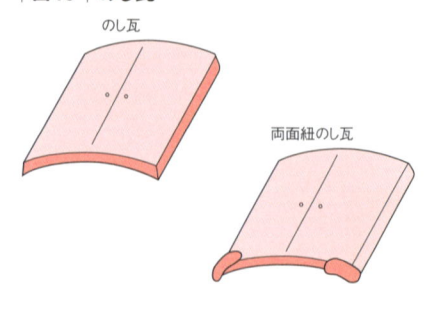

のし瓦

両面紐のし瓦

図11 | 桟瓦

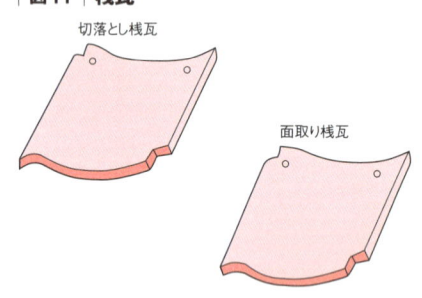

切落とし桟瓦

面取り桟瓦

表2 | 製法別による瓦の種類

名称	製法
陶器瓦・釉薬瓦	最も多く見られる和瓦の種類で瓦の表面に釉薬を塗って焼き上げたもの。色が多彩で耐久性に優れ、瓦のなかでは比較的安価
燻し瓦（黒瓦）	焼成の最終段階で燻し、表面に炭素を主成分とする皮膜を形成した銀色の瓦。昔は生松の枝や葉で燻すことで表面に炭素の焼きムラができ、それが灰色や黒色のムラとなった。近年では機械化が進み均一の光沢がある銀色が多い。値段は陶器瓦の2割前後増し
塩焼き瓦（赤瓦）	塩を使って表面を独特の赤褐色に焼き上げた瓦
無釉薬瓦	釉薬を使わずに焼き上げた瓦で、窯中での生地に粘土以外の物質を混ぜて練り込む方法や、窯中での自然な変化を追求した窯変瓦などがある。価格は瓦のなかでは安いほうだが、吸水率が高いので寒冷地には不適

表3 | 瓦の産地と特徴

三州瓦（さんしゅうがわら）	愛知県の高浜、碧南、刈谷の3市を中心につくられる瓦。生産量は全国一で種類も多い
石州瓦（せきしゅうがわら）	島根県の出雲・石見地方でつくられる、赤褐色の色調をもつ瓦。原土は鉄分が多く、高温焼成。凍害に強い
淡路瓦（あわじかわら）	兵庫県の淡路島を中心につくられる瓦。いぶし瓦の生産量が多い
京瓦（きょうがわら）	京都府伏見や丹波地方でつくられる瓦。変色が少ない
越前瓦（えちぜんがわら）	福井県、石川県でつくられ、耐寒性の高い瓦
美濃瓦（みのがわら）	岐阜県美濃地方でつくられるいぶし瓦
沖縄赤瓦（おきなわあかがわら）	沖縄県でつくられる素焼き瓦
関東瓦（かんとうがわら）	埼玉県の児玉瓦、深谷瓦、武州瓦や群馬・茨城・栃木などで生産されている瓦の総称

表4 | 粘土瓦の規格（JIS A5208より抜粋）

形状寸法による区分		長さA	幅B	働き寸法 長さa	働き寸法 幅b	山の幅D	開きE	許容差	谷の深さC	葺枚数（概数）3.3㎡当たり	葺枚数（概数）1㎡当たり
和形桟瓦	49	315	315	245	275	—	—	±4	35以上	49	15
	53A	305	305	235	265	—	—			53	16
	53B	295	315	225	275	—	—			53	16
	56	295	295	225	255	—	—			57	17
	60	290	290	220	250	—	—			60	18
	64	280	275	210	240	—	—			65	20
S形桟瓦	49	310	310	260	260	145	25		50以上	49	15

備考　S形桟瓦の長さ（A）は320mmも認める

図15 | 桟瓦の各部名称

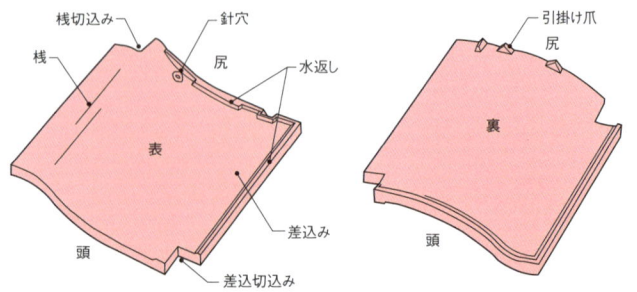

桟切込み　針穴　引掛け爪
桟　尻　水返し　尻
表　裏
頭　差込み　頭
差込切込み

図のような向かって左側に山形の桟がある桟瓦が一般的で右桟瓦というが、高知県など暴風時の風向きが逆の土地では右側に桟がある左桟瓦が併用されている

図作成：木住研・宮越喜彦

ぶきがわら・じぇいがたかわら本瓦の丸瓦と平瓦を1つに結合したJ字形の瓦で、ごく一般的な和瓦。裏面に瓦桟に引っ掛けるための突起（駒[こま]）がある［図15、写真7］。

釉薬瓦｜ゆうやくがわら　表面に釉薬を付けて焼成したもの。その配合によってさまざまな色調がある。

いぶし瓦｜がわら　焼成の最後の段階で空気を止め、高温のなかにガスなどの燃料だけを入れて炭素を多量に発生させ、燃成したものを瓦表面に付着させ、銀ねず色の瓦。

平板（波状）瓦｜へいばん（なみじょう）がわら　えすがたかわら凸をなくした平らな瓦。

S形瓦／洋瓦｜えすがたかわら上丸瓦と下丸瓦からなるスパニッシュ瓦を一体化した瓦。

F形瓦／洋瓦｜えふがたかわら　フレンチ瓦がルーツの、山と谷の凹

洋瓦｜ようがわら　上丸と下丸の組合せによるスパニッシュ瓦やスパニッシュ瓦の上丸と下丸を改良して一体化したスペイン瓦、洋風の急勾配屋根に使われるフレンチ瓦などがある［図16］。

その形状からの呼称。和形のものと趣が異なる。

写真6｜鬼瓦

（写真：淡路瓦工業組合）

図14｜隅瓦（切隅・トンビ）

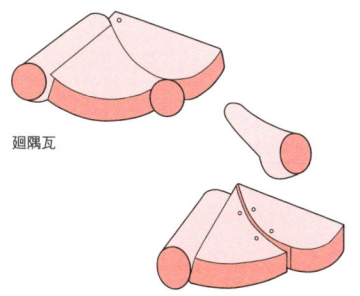

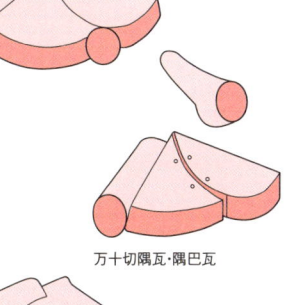

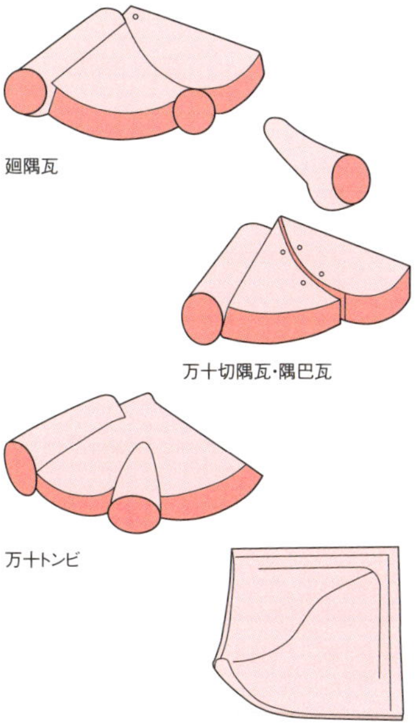

廻隅瓦

万十切隅瓦・隅巴瓦

万十トンビ

Sトンビ

図12｜軒瓦

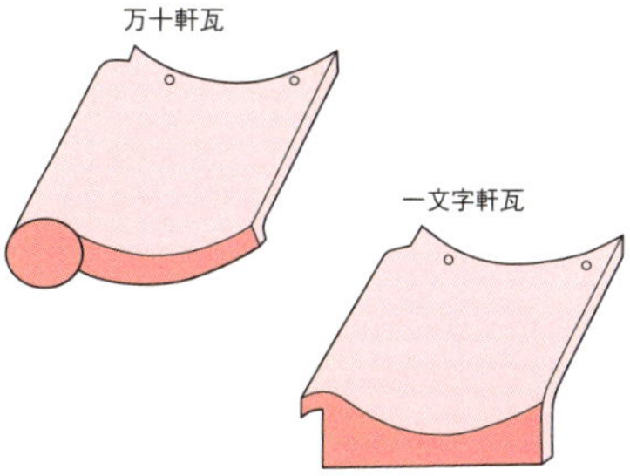

万十軒瓦

一文字軒瓦

写真7｜桟瓦葺きの屋根

のし瓦や冠瓦、鬼瓦、軒瓦など、使用部位によるさまざまな形状・名称の瓦部材が使用されているのが分かる

図13｜棟瓦

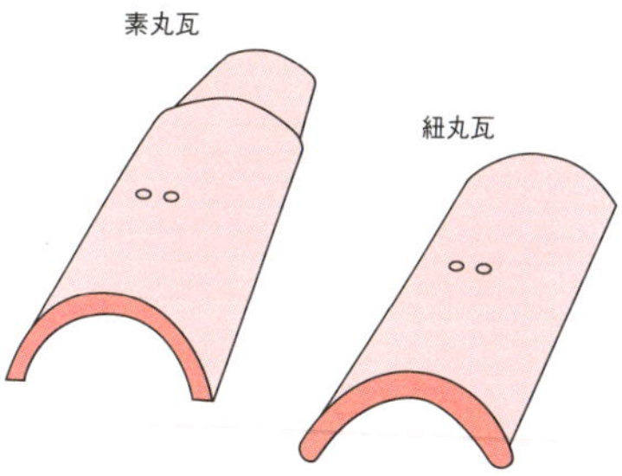

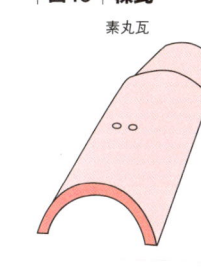

素丸瓦

紐丸瓦

図16｜和型屋根と洋瓦の納まり

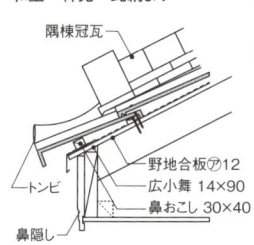

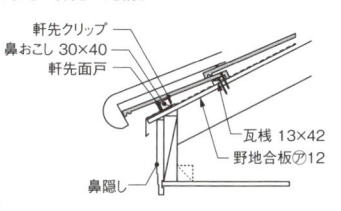

和型　軒先　瓦納まり
- 隅棟冠瓦
- 野地合板⑦12
- 広小舞 14×90
- 鼻おこし 30×40
- トンビ
- 鼻隠し

洋瓦　軒先　瓦納まり
- 軒先クリップ
- 鼻おこし 30×40
- 軒先面戸
- 瓦桟 13×42
- 野地合板⑦12
- 鼻隠し

和型　袖瓦納まり
- 袖瓦

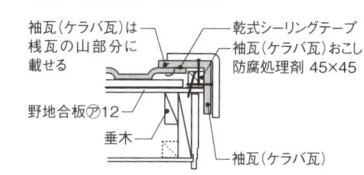

洋瓦　袖瓦（ケラバ瓦）納まり
- 乾式シーリングテープ
- 袖瓦（ケラバ瓦）は桟瓦の山部分に載せる
- 袖瓦（ケラバ瓦）おこし
- 防腐処理剤 45×45
- 野地合板⑦12
- 垂木
- 袖瓦（ケラバ瓦）

和瓦・洋瓦（波型）下屋頂部
標準のし瓦2枚の場合の納まり
- 外壁
- 雨押さえ
- のし瓦
- ルーフィング材
- 野地合板
- 瓦桟 13×42
- カラーモルタルまたは漆喰

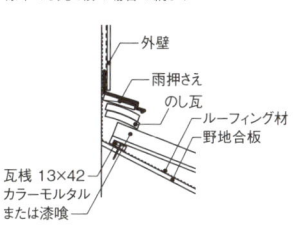

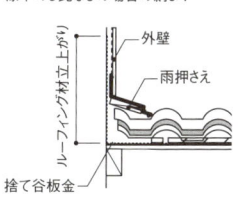

洋瓦下屋流れ（捨て谷）
標準のし瓦なしの場合の納まり
- 外壁
- 雨押さえ
- 捨て谷板金

下屋頂部
面戸のし瓦使用の場合の納まり
- 外壁
- 押さえ雨
- 面戸割のし瓦
- 野地合板
- 瓦桟 13×42

和瓦下屋流れ（捨て谷）
標準のし瓦なしの場合の納まり
- 外壁
- 雨押さえ
- 捨て谷板金

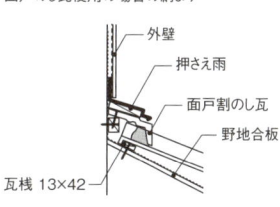

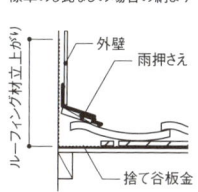

図17｜のし瓦の納まり

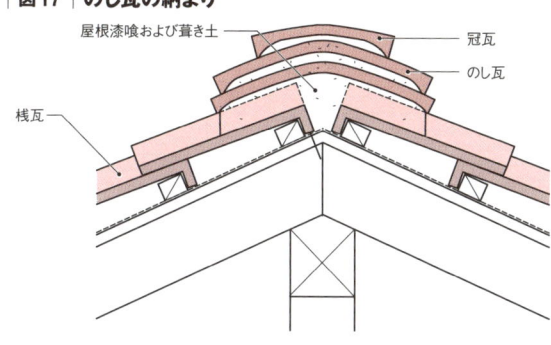

- 屋根漆喰および葺き土
- 冠瓦
- のし瓦
- 桟瓦

瓦寸法｜かわらすんぽう
本瓦葺きでは平瓦と丸瓦自体の寸法をいうが、桟瓦葺きの場合は1坪当たりの葺き枚数で呼び、JISの分類によって形状寸法が規格化されている。一般的に使用されているのは、53形、64形、80形の3種類。53A形は三州、53B形は石州・淡路というふうに産地ごとの特徴が反映されている[表4]。

桟瓦｜さんがわら
屋根の平部分に使われる。裏面に瓦桟に引っ掛けるための突起が付いている。

図20 | 引掛け桟瓦葺きの工程

下葺き → 板金工事 → 瓦より → 瓦割り → 瓦桟打ち → 瓦・葺き土上げ → 軒先・ケラバの役物取付け → 地葺き → 熨斗積み → 完了

写真8 | 引掛け桟瓦葺きの施工風景

図18 | 桟瓦の葺き方

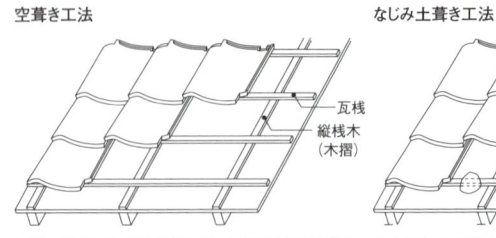

空葺き工法
瓦桟に桟瓦を引っ掛けて葺く。釘または緊結線で要所を固定する。屋根荷重は低減される

（瓦桟／縦桟木（木摺））

なじみ土葺き工法
拳大程度の量の葺き土（なじみ土）を瓦桟当たりに置いて、瓦を葺く

（葺き土／瓦桟）

図19 | 桟瓦緊結法

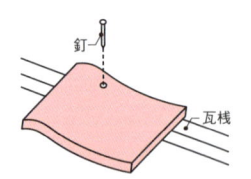

釘打ち
長さ45〜65mm、径2.4mm程度の、銅、真ちゅう、ステンレス釘を用いる
（釘／瓦桟）

緊結線締め
径0.9mm程度の、銅線、ステンレス線で土留桟に固定する
（緊結線／土留桟）

トンボ釘打ち
トンボ釘とは1本の銅線を二つ折りにして釘に巻き付けたもの
（釘／銅線／野地板）

図21 | 引掛け桟葺き工法

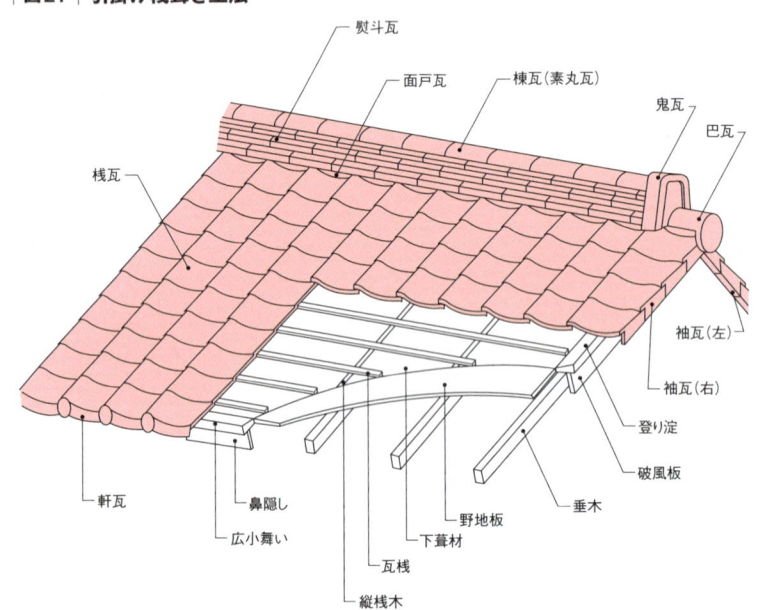

熨斗瓦／面戸瓦／棟瓦（素丸瓦）／鬼瓦／巴瓦／桟瓦／袖瓦（左）／袖瓦（右）／登り淀／破風板／垂木／野地板／下葺材／瓦桟／縦桟木／広小舞い／鼻隠し／軒瓦

図作成：木住研・宮越喜彦

瓦桟｜かわらさん　引掛け桟瓦葺きにおいて下葺き材の上に引掛け瓦の爪を掛けるために取り付ける細い桟木のこと。瓦割りに合わせて勾配に対して水平方向に設置される。材質は木材のほか、プラスチックなどがある。15×18mmのものがよく使われるが、屋根勾配が急な場合は桟の断面を大きくする。野地板などの木下地に取り付ける際には釘45mm以上を使用する。耐火野地にはネジで留め付け、ALC板にはステンレス製の専用釘で留め付ける。最近は瓦裏面の通気を促すために桟木に穴のあいたタイプの製品（通気瓦桟）も出ている。

緊結線｜きんけつせん　瓦を下地、瓦桟に留め付けたり、瓦同士を緊結するのに用いる金属線。0.9mm径内外の銅線またはステンレス線、耐食性の高い樹脂による被覆線などを用いる。使用部位によって、釘と併用して使われる場合もある。

釘｜くぎ　桟瓦葺きでは長さ45〜65mm、2.4mm径内外の銅釘、ステンレス釘、黄銅釘を用いる。

葺き土｜ふきつち　瓦葺きのときに野地の上になじみよく瓦を据え付けるために用いる土。粘土質の土に少量の石灰やスサを混ぜたもの［145頁図17］。

屋根漆喰｜やねじっくい　屋根の棟積みや面戸ふさぎに使う漆喰で、石灰にスサと糊を混練した粘り気の高い**南蛮漆喰**「なんばんしっくい」と呼ばれるものを使う。水による溶出はなく、葺き土として用いることもある［145頁図17］。

役瓦｜やくがわら　平瓦以外の瓦のことで、軒瓦、袖瓦など端部を葺く瓦を総称していう。役物、道具物とも呼ぶことがある。役瓦に対して一般の部分を葺く瓦を**地瓦**という。役瓦の納まりは、葺き手のくせや地域性が非常に大きく出る部分なので、仕上がりは基本的に現場調整に左右さ

写真9 | 天然スレート

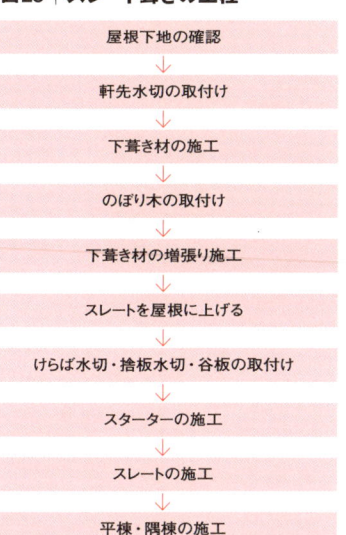

図22 | 葺き足・葺き幅

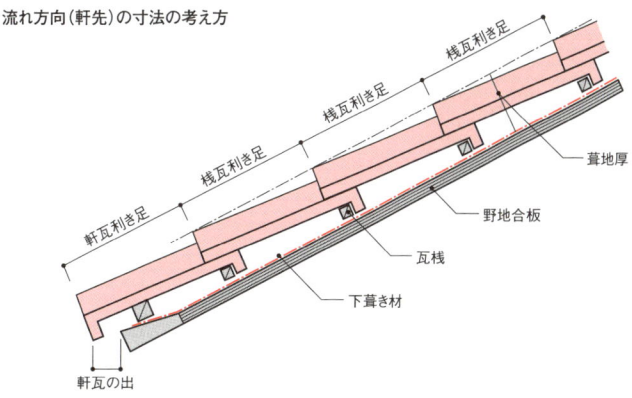

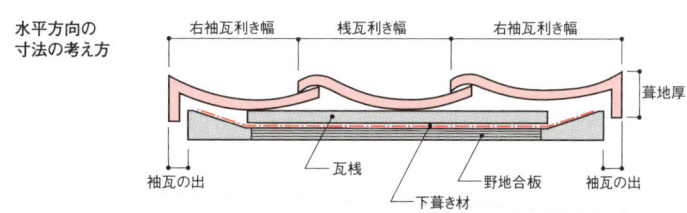

流れ方向（軒先）の寸法の考え方

水平方向の寸法の考え方

瓦の種類別の寸法の考え方（JIS 53 A形）

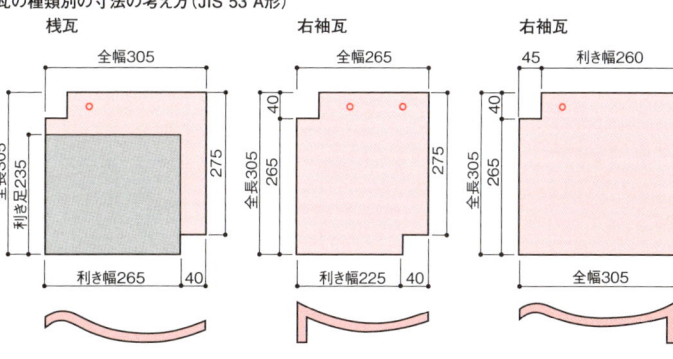

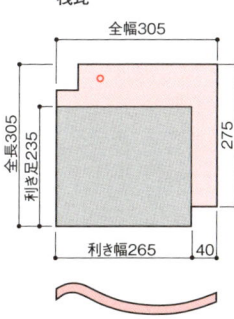

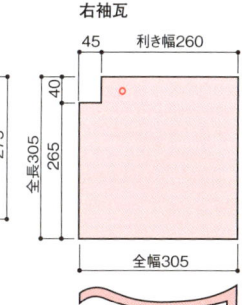

桟瓦　　右袖瓦　　右袖瓦

図23 | スレート葺きの工程

屋根下地の確認
↓
軒先水切の取付け
↓
下葺き材の施工
↓
のぼり木の取付け
↓
下葺き材の増張り施工
↓
スレートを屋根に上げる
↓
けらば水切・捨板水切・谷板の取付け
↓
スターターの施工
↓
スレートの施工
↓
平棟・隅棟の施工
↓
壁との取合い部の施工
↓
点検・完了

瓦屋根の工法

本瓦葺き ｜ほんがわらぶき　平瓦と丸瓦とさまざまな役瓦を用いて葺く伝統的な葺き方。

引掛け桟瓦葺き ｜ひっかけさんがわらぶき　引っ掛け桟を桟木に引っ掛ける葺き工法。所定の枚数ごとに釘留めや緊結線により固定する乾式工法。瓦の下に葺き土を置いて葺く**なじみ土葺き工法** ｜つちぶきこうほう｜などがある［写真8、図18〜21］。かつては土葺き工法が主流だったが、手間の問題や屋根の軽量化への考えなどから現在はほとんど行われていない。引っ掛け桟葺きでは、銅線や釘の留め方が重要になる。

瓦割り ｜かわらわり

瓦より ｜かわら―　瓦葺きに先立ち、瓦を並べて寸法誤差や瓦のねじれ具合をみながら適材適所により分ける作業。

勾配伸び率・隅棟伸び率 ｜こうばいのびりつ・すみむねのびりつ　実際に必要な屋根坪を換算する場合に、流れの長さや隅棟の長さを求めるために使う各々の倍率のこと。

瓦勾配 ｜かわらこうばい　屋根勾配とは別に瓦自体の勾配をいう。瓦の重なり厚み分、瓦勾配は屋根勾配も緩くなる。

葺き幅 ｜ふきはば　幅方向を葺き幅［利き幅］［ききはば］という［図22］。桟瓦の全幅寸法から差込み幅寸法（瓦どうしの横重なり部分）を引いた寸法で、屋根横方向の割付けの基準となる。瓦の割付けに用いる寸法。

トンビ ｜寄棟や入母屋の隅の軒先に使われる瓦を隅瓦といい、それを勾配によって分割したものを切隅、一体になったものを廻隅またはトンビと呼ぶ［145頁図14］。隅瓦は、屋根勾配が緩いと取り合う軒瓦との間に隙間ができる。このような場合、隅先の瓦座［※］を削り、廻隅の頭を下げて納めなければならない。

葺き足 ｜ふきあし　瓦葺きで流れ方向の見え掛かりを葺き足［利き足］［ききあし］という［図22］。瓦の全長から尻の切込み長さと頭の切込み長さを引いたもので、働き長さとも呼ばれる。たとえばJIS53A形の桟瓦の場合、全長は305㎜に対して、利き足は235㎜である。

※：軒瓦を支持するために、軒先に平行に野地面に打ち付ける桟木のこと

| 写真12 | スターター |

| 写真13 | 肩落とし |

| 写真14 | 隅切り |

| 写真15 | 隅棟コーナー |

| 図24 | 平形スレートの形状例 |

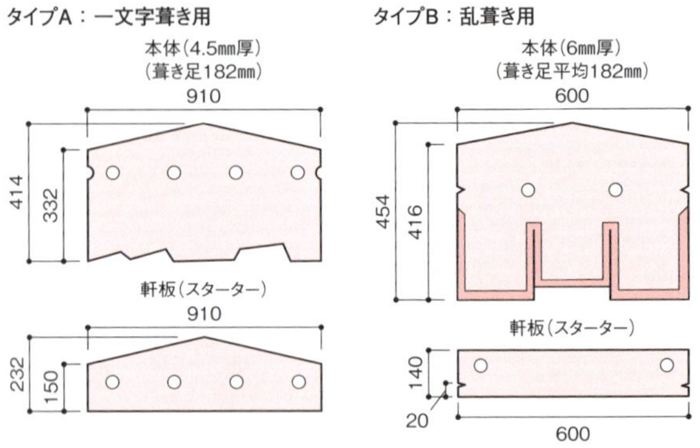

タイプA：一文字葺き用
本体(4.5mm厚)
（葺き足182mm）
910
414
332
軒板（スターター）
910
232
150

タイプB：乱葺き用
本体(6mm厚)
（葺き足平均182mm）
600
454
416
軒板（スターター）
140
20
600

| 写真11 | 波形スレート |
（写真：ウベボード）

| 写真10 | 平形スレート |
（写真：ケイミュー）

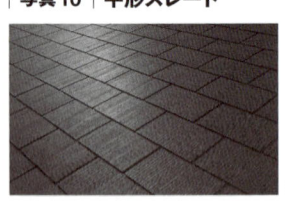

スレート屋根の材料

天然スレート｜てんねん―粘板岩を薄く板状に剥いだもので、屋根材や外壁材として使われる［147頁写真9］。床に張るものを**玄昌石**［げんしょうせき］と呼ぶ。最近はほとんど使われず、一般にスレートと呼ばれるのは次に挙げる成形品を指す。

葺き方としてうろこ葺き、**一文字葺き、亀甲葺き**などがある。**菱葺き、**板材の厚みは5mm前後、形状は300mm角程度。

スレート｜セメントと特殊鉱物質を主原料にしてプレスしたもの。かつては石綿が使われていたが、現在では無石綿に完全に切り替わっている。天然スレートを模した平形スレートと、波形スレートがある。平形スレートは、住宅屋根用化粧スレートの商品名の「コロニアル」「カラーベスト」の名前で呼ばれることも多い。また、平形スレートを葺くことを「張る」と表現することもある［147頁図23］。

屋根スレートの製造には、主にドライプレス法と**丸網抄造法**［まるあみしょうぞうほう］がある。前者は乾燥状態のまま混合された原料をベルトコンベア上に散布し少量

雀口｜すずめぐち　軒瓦と軒瓦の重なり部分にできる隙間のことをいう。この隙間から雀が出入りするので、これを防ぐために瓦の曲線に合わせた面戸板を瓦座に打ち付けるとよい。

甘い｜あまい　瓦と瓦との重なりが基準より少ない状態をいい、「瓦の割付けが甘い」という言い方をする。一般には取付け部分が緩いことや刃物が切れないことをいう。

凍みる｜しみる　瓦の凍害のことをいう。凍害は瓦に浸透した水分が冬季の冷込みのため氷となり、その体積が膨張することで瓦の表面や裏面に剥離が生じる現象。関東地方では凍てるともいう。最近では、給水率を抑えた製品も市販されている。

盗人｜ぬすっと　瓦の合端で鑿の角度が悪いため、瓦の裏側を切り過ぎることをいう。合端は瓦と瓦の間を隙間やねじれがないように、鑿などで寸法切りする作業をいう。「盗人が入る」と表現する。

開き｜あき　瓦と瓦の重なりに生じる隙間のこと。口開き、隙ともいうところもある。性能上の問題はない。

杖｜つえ　瓦割付き定規のこと。瓦の割付けをするときに使用する3〜4mの細い材である。杖には一般的な桟瓦の葺き幅寸法を記入してある。

地割り｜とも瓦を葺くために瓦の働き幅［144頁表4］をみて屋根に割付けをすること。瓦割りは、下地となる屋根野地の寸法、瓦の利き幅、利き足、瓦の出寸法をもとにした寸法内に、適切な種類、枚数の瓦を割り付けることである。調整には、野地の寸法と瓦葺き職人との打合せで決めることが多い。計画の段階から瓦割りを考慮して軒の出や破風の出を決めておきたい。

笑う｜わらう　瓦の納まりが悪く取り合う瓦や下地材との間に隙間ができて、口を開いているように見える状態のこと。

148

図26 | 金属屋根の種類と性能

種類	項目	値
心木あり瓦棒	勾配	10／100以上
	流れ寸法	10m以下
	アーチ状屋根の曲げ半径	30m以上
	反り屋根の半径	200m以上
	下地構法	木造
心木なし瓦棒（部分吊子）	勾配	5／100以上
	流れ寸法	30m以下
	アーチ状屋根の曲げ半径	20m以上
	反り屋根の半径	200m以上
	下地構法	木造・RC造
心木なし瓦棒（通し吊子）	勾配	5／100以上
	流れ寸法	40m以下
	アーチ状屋根の曲げ半径	20m以上
	反り屋根の半径	200m以上
	下地構法	木造、鉄骨造、RC造
平はぜ葺	勾配	4／10(1重はぜ)3.5／10(2重はぜ)以上
	流れ寸法	10m以下
	アーチ状屋根の曲げ半径	5m以上
	反り屋根の半径	5m以上
	下地構法	木造
立はぜ葺	勾配	5／100以上
	流れ寸法	10m以下
	アーチ状屋根の曲げ半径	15m以上
	反り屋根の半径	200m以上
	下地構法	木造(RC造)
一文字葺	勾配	30／100以上
	流れ寸法	10m以下
	アーチ状屋根の曲げ半径	5m以上
	反り屋根の半径	5m以上
	下地構法	木造、RC造
菱葺	勾配	30／100以上
	流れ寸法	10m以下
	アーチ状屋根の曲げ半径	5m以上
	反り屋根の半径	5m以上
	下地構法	木造、RC造
心木あり瓦棒	勾配	20／100以上
	流れ寸法	20m以下
	アーチ状屋根の曲げ半径	1m以上
	反り屋根の半径	1m以上
	下地構法	木造、鉄骨造
心木あり瓦棒	勾配	30／100以上
	流れ寸法	10m以下
	アーチ状屋根の曲げ半径	20m以上
	反り屋根の半径	150m以上
	下地構法	木造、鉄骨造

写真16 | 金属屋根の施工風景

図25 | 金属板葺きの工程

下地ボード
↓
下葺き材
↓
バックアップ材
↓
防湿
↓
捨てガーター
↓
ガーター
↓
捨張り
↓
軒先・妻側役物
↓
本体施工
↓
ジョイナー
↓
取合い役物取付け

の水を与えロールでプレスして板状に成形する。性質は高強度で比重が高く、補強繊維が並ばないため、方向による強度の差が少ない。後者は水に混合した原料を巻き取り、プレスして板状に成形する。性質は高強度で比較的柔らかい。

波形［写真11］は、駅舎などに使われている大波スレート板を小さくしたような形状で、縦方向横方向ともに重ねて葺いていく。

築で多く使用されている。

平形スレート・波形スレート｜ひらがた一・なみがた一
スレートの形状別による分類。平形［写真10］は平らな板状の屋根材で上下方向の重なりを葺き足以上に取り、横方向は突付けで葺く。新

屋根釘｜やねくぎ
屋根スレートを野地に留め付ける釘。釘頭が大きく平たい。釘の保持力を大きくするため、リング加工が施された鉄釘で通常亜鉛めっきがされている。温泉地域などでは耐食性の高いステンレス性のものが使用される。

図27 | 金属屋根の葺き方

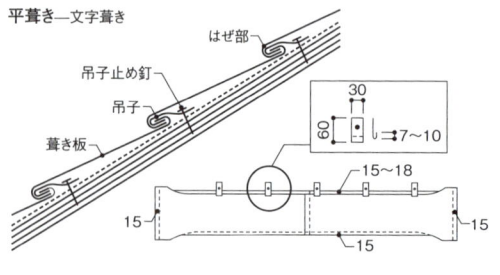

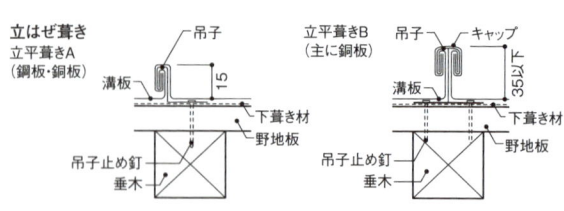

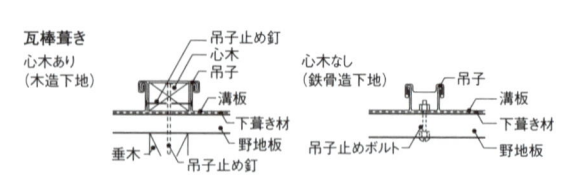

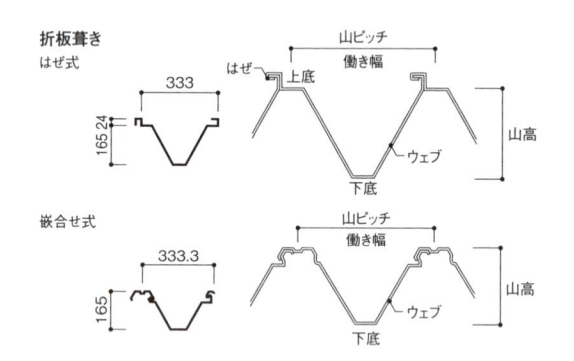

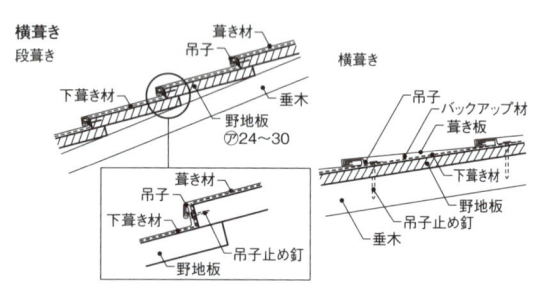

	折板葺き				横葺き		
	重ね式折板葺き	はぜ式折板葺き	はめ合せ式折板葺き	段葺き	横葺き	金属瓦棒葺き	溶接葺き
	○	○	○	△	○	○	×
	○	○	○	△	○	○	×
	○	○	△	△	○	○	×
	○	○	○	△	○	△	×
	○	○	○	△	○	○	×
	○	○	○	△	△	○	×
	○	○	○	△	△	○	○
	○	○	○	△	△	△	△
	○	○	○	△	△	△	×
	△	△	△	○	○	○	×
	△	△	△	○	○	○	×
	△	△	△	○	○	○	×
	×	×	×	○	○	○	×
	×	×	×	○	○	○	×
	×	×	×	○	○	○	×
	○	○	○	○	△	○	×

平葺き―文字葺き（図:はぜ部、吊子止め釘、吊子、葺き板、30、60、7〜10、15〜18、15、15）

立はぜ葺き
立平葺きA（鋼板・銅板）：吊子、溝板、下葺き材、野地板、吊子止め釘、垂木、15
立平葺きB（主に銅板）：吊子、キャップ、溝板、下葺き材、野地板、吊子止め釘、垂木、35以下

瓦棒葺き
心木あり（木造下地）：吊子止め釘、心木、吊子、溝板、下葺き材、野地板、垂木
心木なし（鉄骨造下地）：吊子、溝板、下葺き材、野地板、吊子止めボルト

折板葺き
はぜ式：333、165、24、はぜ、上底、山ピッチ、働き幅、ウェブ、下底、山高
嵌合せ式：333.3、165、山ピッチ、働き幅、ウェブ、下底、山高

横葺き
段葺き：葺き材、吊子、下葺き材、垂木、野地板 ⑦24〜30
横葺き：吊子、バックアップ材、葺き板、下葺き材、野地板、吊子材、下葺き材、吊子止め釘、垂木、野地板

スレート屋根の工法

一文字葺き｜いちもんじぶき 葺き足が横一直線に見える屋根スレートの形状および葺き方。

乱葺き｜らんぶき 小幅板をランダムに葺いたように見える屋根スレートの形状および葺き方。

不燃シングル｜ふねん― ガラス繊維などを無機質充填材で塗覆し、表面に顔料で焼成着色した鉱物粒を圧着したもの。性能はアスファルトシングルに準じるが、不燃材の認定を受けている。接着剤工法と、接着剤併用の釘打ちによる工法がある。

アスファルトシングル 無機質繊維基材にアスファルトを含ませて塗覆し、表面に顔料で焼成着色した鉱物粒を圧着したもの。軽量で柔軟性があるため、屋根形状になじみがよく、曲面・多角形屋根も可能。

スターター 軒先で屋根スレートの葺き始めに使用される部材。屋根スレートは重ね葺きであるため、重なり部分だけの形状をもつ屋根スレートが用意されている［148頁図24、写真12］。

150

表5｜金属板葺きの材料（凡例：○＝適用可能、△＝適用可能だが施工に注意、×＝不適）

葺き工法			材料の特徴	平葺き			立はぜ葺き			瓦棒葺き			波板葺き	
	葺き材種			一文字葺き	菱葺き	亀甲葺き	立はぜ葺き	立平葺き	蟻掛葺き	心木あり瓦棒葺き	心木なし瓦棒葺き	重ね式瓦棒葺き	波板葺き	大波はぜ葺き
表面処理鋼鈑	①溶融亜鉛めっき鋼鈑（トタン）		亜鉛化めっき鉄の皮膜が耐食性を有する。軽量・安価で加工性もよい。塗装の良否が耐久性を左右する	△	△	△	○	○	○	○	○	○	○	○
	②塗装亜鉛めっき鋼鈑（カラー鉄板）		工場塗装されたもので、一般に「カラー鉄板」と呼ばれる。①と似た特性をもち、より耐食性にすぐれ、美観もよい。塗膜の質によって耐久性は劣るが、再塗装可能	△	△	△	○	○	○	○	○	○	○	○
	③フッ素樹脂塗装亜鉛めっき鋼板		ふっ素樹脂塗料を工場塗装した溶融亜鉛めっき鋼板。耐食性・耐候性に優れ、①②以上に厳しい環境下でも使用可能。再塗装可	△	△	△	○	○	○	○	○	○	○	○
	④溶融アルミめっき鋼板		大気中で安定した性質をもつアルミの酸化皮膜が耐食性を有する。熱反射性がよく、断熱効果がある	△	△	△	○	○	○	○	○	○	○	○
	⑤亜鉛・アルミ合金めっき鋼板（ガルバリウム鋼板）		亜鉛の耐食性とアルミの熱反射性を生かしたもの。安価で性能もよいため、屋根に限らず外装材として人気が高い。①の3〜6倍の耐久性があり、加工性・塗装性は①と同等。合成樹脂を塗装したカラーガルバリウム鋼板もある。スパークと呼ばれる独特の光沢は1年ほどであせてしまう	△	△	△	○	○	○	○	○	○	○	○
	⑥ポリ塩化ビニル（塩化ビニル樹脂）金属積層板		塗膜が厚く、耐候性・耐食性に優れる。公害地域や海岸部でも使用可能。加工性はよいが、塗膜は柔らかく傷つきやすい	△	△	△	○	○	○	○	○	○	○	○
特殊鋼鈑	⑦冷間圧延ステンレス鋼鈑		耐久性・耐食性・耐熱性に優れ、高強度である。炭素量が少ないほど耐食性が高く、かつ加工性もよくなるが、もらい錆の対策を要する。SUS304が一般的	△	△	△	○	○	○	○	○	○	○	○
	⑧塗装ステンレス鋼鈑		ステンレス鋼鈑を工場塗装をし、もらい錆の防止、耐久性・美観の向上が図られている。塗膜の劣化とともに点錆が生じることもあり、5〜7年ごとに塗替えが必要	△	△	△	○	○	○	○	○	○	○	○
	⑨銅めっきステンレス鋼鈑		銅の耐食性とステンレスの耐久性・耐食性・強度を併せもつ。銅のめっき皮膜は柔らかくて薄いため、扱いに注意する	△	△	△	○	○	○	○	○	○	○	○
	⑩表面処理ステンレス鋼鈑		ステンレス表面を化成処理して彩色したもの。化成処理によって酸化皮膜が厚くなり、耐食性が向上している。加工性は⑦と同等	△	△	△	○	○	○	○	○	○	○	○
アルミ合金板	⑪アルミ板・アルミ合金板		純アルミの鋳造性の悪さ、軟度を改善した材。耐熱性が高く、酸性環境にも強い。また、軽量で耐食性・加工性にも優れる。ただし耐荷重は鉄に劣る	○	○	○	○	○	○	○	○	○	○	○
	⑫塗装アルミ板・塗装アルミ合金板		合成樹脂塗料を工場で焼付け塗装して美観向上を図った材。塗装皮膜により、耐久性・耐食性が高まっているが、アルカリには弱い	○	○	○	○	○	○	○	○	○	○	○
	⑬表面処理アルミ合金板		表面に陽極酸化皮膜処理を施し、耐久性・美観の向上を図った材。加工性が悪いため、加工後の表面処理が必要。酸化皮膜は補修できないので、取扱いには注意する	○	○	○	○	○	○	○	○	○	○	○
銅板	⑭銅板・銅合金板		伸展性・加工性に優れた材で、表面に形成される緑青色の酸化膜によって耐久性が高まる。弾性が低く、たわみが大きいので折板、波板には不適。また、亜硫酸ガスや硫化水素による腐食が発生することもあるため、温泉地には不適	○	○	○	○	○	○	○	○	×	×	×
	⑮表面処理銅合金板		あらかじめ銅板表面を化成処理して、人工的に緑青色、あるいは硫化いぶしの黒色にした材	○	○	○	○	○	○	○	○	×	×	×
そのほか	⑯亜鉛合金板		加工性がよく、自然発生する保護膜により、一般的には耐久性が高いといえる。ただし、工業地域・海岸部などでは腐食の恐れがある。また、電蝕、低温での施工時の板のクリープ、低融点ゆえの防火性などに注意が必要	○	○	○	○	○	○	○	○	○	×	×
	⑰チタン板		耐久性・耐食性・耐海水性・強度・熱反射性の高さなど性能的に非常に優れた材で、しかも軽量。すべての工法に適用するが、高価なことと、強度の高さゆえ加工性に劣るのが欠点	△	△	△	○	○	○	○	○	○	○	○

見える屋根スレートの形状および葺き方。

肩落し｜かたおとし
けらばに水切を流れる雨水がけらば側に誘導されないように、けらばの下辺屋根材（平形スレート）上端部を切り落とし妻側に傾斜を付ける加工［148頁写真13］。

隅切り｜すみきり
隅棟部で雨仕舞のために行われる加工で、隅棟芯に合わせてスレートの下辺隅棟側を斜めに切り落とす。一文字葺きの屋根の場合、重ね目水切部には表面張力で水滴が付着しており、風で重ね目に沿って横に移動する。隅切りは、この水滴を隅棟芯の手前で放す役割をする［148頁写真14］。

隅棟コーナー｜すみむね
隅棟の納め方の1つ。一文字葺きで隅棟の各段ごとに挿入されるので、葺き足の線が通り、隅棟部の突起もなくなる［148頁写真15］。**差し棟**［さしむね］ともいう。

耐風補強施工｜たいふうほきょうせこう
強風地域や屋根の高さによっては、通常の施工法では対応できない場合の補強工法のこと。施工時にスレート間に接着剤を併用する**接着剤併用（接着補強）**［せっちゃくざい

図28 | 金属屋根の納まり

瓦棒葺き / 瓦棒葺き（心木なし） / たてはぜ葺き
（心木、吊り子、野地板、垂木、ルーフィング、通し吊り子、吊り子）

一文字葺き / A部詳細（はぜ）/ B部詳細（吊り子、折返し）/ 段葺き（ジョイント継手、硬質ウレタンフォーム）

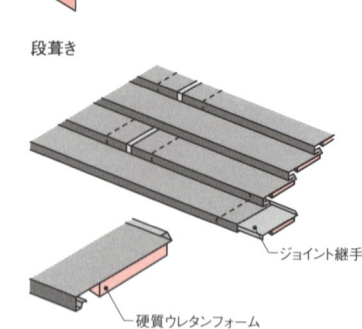

へいよう（せっちゃくほきょう）」や、屋根スレートの釘留めとクリップを併用する**耐風クリップ**［たいふうー］、屋根スレートの表面から野地まで貫通してステンレスのネジで留め付ける**ビス留め工法**［ーどめこうほう］などがある。

ビス留め工法が風に対して最も強い工法だが、止水のための補助シートや下地防水層の補強などの対策が必要となる。

金属屋根の材料

金属板 ｜ きんぞくばん

金属板葺きは軽量で加工性のよさ、大屋根に採用できるなどが長所だが、熱伝導性が高いため断熱性能が悪いなどの欠点がある。

屋根に使われる材料には、ガルバリウム鋼板、ステンレス鋼板、アルミ合金板、銅板や表面にポリエステル樹脂・ポリ塩化樹脂・フッ素樹脂などをコーティングしたものなどがある。

耐食性や工法との相性などさまざまな選択要素がある。また、断熱材と金属板が一体化された屋根葺き材もあり、ややコストは高いが、断熱性能が得られ、かつ施工手間が簡略化できる［149頁写真16・図25、150頁図27、151頁表5］。形状は、長尺でのの使用が可能なコイル状の板材とシート状の板材、板材を波形や角形に成形したもの、さらに屋根葺き材として成形した製品や断熱材と一体化した製品も流通している。

心木 ｜ しんぎ

主に木造で野地の上に釘打ちする角材のこと。

キャップ

瓦棒葺で心木の上に被せる役物。

トンボ釘 ｜ くぎ

1本の銅線を2つ折りにして釘に巻き付けたもので、桟瓦の緊結や素材に応じて**金槌**［かなづち］や**木槌**［きづち］を使い分ける。

タッカー

ルーフィングをステープルで野地に留めるのに使用する工具。ガンタッカー、ハンマータッカーなどがある。ステープラーともいう。

シングルカッター・瓦カッター ｜ かわらー

屋根スレートの切断加工工具。切断は上下の刃で押し切る。

スレーターズ・リッパー

屋根スレートの差替え交換の際に屋根釘を取り去る工具。

鋏 ｜ はさみ

金属板の切断に使う。サンマと呼ばれる**直刃**［まとも］、丸く切るときに使う**柳刃**［やなぎば］、円形の孔をあけるエグリなどがある。

つかみ

はぜをつくるのに使う。横に広いつかみと、細長い形の**口細**［くちぼそ］、コンパスなどがある。

鏨 ｜ たがね

銅板の打出しや瓦工事に使われる工具。

槌 ｜ つち

銅板の打出しなどに使われ、用途や素材に応じて金槌[かなづち]や木槌[きづち]を使い分ける。

金属屋根の工法

板取り ｜ いたどり

規格の金属板から大きさを割り付けて切り出すこと。鋼板類は914×1829mmの板から8枚または12枚取りとすることが多い。

平葺き ｜ ひらぶき

金属板を平面的に葺く工法で、水平方向のラインを通した**一文字葺き**［いちもんじぶき］［図28］、一文字葺きの1種で下地の野地板を階段状に重ね合わせ段差を設けたうえに葺く**段葺き**［だんぶき］［図28］、葺き材をひし形にした**菱葺き**［ひしぶき］、亀甲形にした**亀甲葺き**［きっこうぶき］などがある［149頁図26］。葺き方は葺き板相互を四辺折曲げによる1重はぜで平面的に継いでいき、吊子で下地に固定する。葺き板が比較的小さいため、屋根形状に対する適用範囲は広いが、雨仕舞の確実さには劣る。

はぜ

板金工事において板の端を合わせて折り曲げ接合する部分。

立はぜ葺き ｜ たてはぜぶき

長尺鋼板の両端をはぜ形状に加工

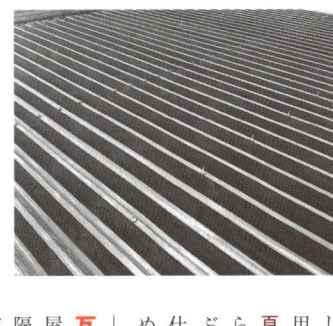

写真19 | 金属瓦葺き

写真18 | 横葺き

写真17 | 折板葺き

し、屋根の流れ方向に溝板として用い、巻はぜを設けて葺く工法。**立平はぜ葺き**[たてひらはぜぶき]、**蟻掛葺き**[ありかけはぜぶき]がある。瓦棒葺きと比べ雨仕舞の点で劣り、耐風性も低いため、強風地域には不適。

瓦棒葺き｜かわらぼうぶき
屋根の流れ方向に心木を所定の間隔で配置し、心木間と心木上それぞれに両端をはぜ形状に加工した長尺金属板を設置してはぜ締めする方法[149頁図26]。木造下地の上に葺く**心木あり瓦棒葺き**[しんぎありかわらぼうぶき][図28]と木造・鉄骨造下地の両方に対応できる**心木なし瓦棒葺き**[しんぎなしかわらぼうぶき][図28]がある。心木ありは心木の腐食やはぜの締まりが心木なしに比べて劣ることから、大型屋根への採用は難しい。また、心木なしはメーカーによる工法が多い。

横葺き｜よこぶき
段差を付けて葺いた野地板に金属板をはぜ組みで葺く**段葺き**[だんぶき]と、平面上の野地板に、流れ方向の継手部分のみ壇上にはぜ組みして段差を付けた**横葺き**[よこぶき]がある。銅板向きの工法で、銅板では施工が難しい。段葺きはけらばや壁との取合い部の納まりが難しく、捨板を入れるなど工夫が必要である[写真18]。

金属瓦葺き｜きんぞくかわらぶき
金属板をプレス成型または1部ロール加工して立体成型したものを葺く工法で、**横葺き**[よこぶき]と**段葺き**[だんぶき]がある。毛細管現象による雨水浸入で屋根仕舞の弱点になりやすい[写真19]。

波板葺き｜なみいたぶき
丸波の成型板を用いた工法で、**波板葺き**[なみいたぶき]と**大波はぜ葺き**[おおなみーぶき]がある。最も安価な工法だが、最近の採用例は少ない。

折板葺き｜せっぱんぶき
長尺金属板を連続した山形に成形した折板を用いて平面的に葺く工法で、**重ね式折板葺き**[かさねしきせっぱんぶき]、**はぜ式折板葺き**[はぜしきせっぱんぶき]、**はめ合せ式折板葺き**[あわせしきせっぱんぶき]がある。工場、倉庫の屋根に多く見られる[写真17]。

接合はボルト締めが一般的だったが、ボルト部分が屋根の錆や漏水の原因になりやすいため、はぜ式やはめ合せ式が開発された。陸屋根にも使用可能で、各部の納まりも比較的よい。

溶接葺き｜ようせつぶき
長尺のステンレス鋼板またはチタニウム板を溝状に曲げ、立ち上げた継手部分2枚を電気抵抗溶接（シーム溶接）で仕上げる工法。使用できる材種は電気伝導性の大きいステンレス鋼板とチタンに限られるが、高性能な水密性・気密性が得られる。

金属屋根の性能・不具合

すが漏れ｜すがもれ
寒冷地で起きる漏水現象。屋根面に積もった雪が室内からの熱で解け流れ出し、軒先で再び凍りついせきに融雪水が溜まると屋根材や防水層を逆流して外壁付近で室内に浸入する[写真20]。

巻垂れ｜まきだれ
屋根の積雪がずり下がり、その先端が軒先を巻き込むように垂れ下がる現象のこと。雪の重みで軒先が破損したり、巻き込んだ雪が外壁に当たり窓を破損したりする[写真21]。

耐食性｜たいしょくせい
屋根材の耐食性を指す。主に海岸地帯や温泉、工業地帯において、特に釘や金属役物は腐食しやすいので、材質をステンレスなど耐食性に優れる金属にすることが望ましい。また、都市部における酸性雨の問題などを考えると、それ以外の地域の耐食性についても配慮したい。

写真21 | 巻垂れ

写真20 | すが漏れ

153

仕上げ

金属工事 2

材料

鋼板｜こうはん　炭素を含有する鉄と、炭素の合金である鋼の塊を圧延加工し板状にしたもの。3㎜厚未満を薄鋼板、3㎜厚以上を厚鋼板という。

溶融亜鉛メッキ鋼板｜ようゆうあえん―こうはん　表面に亜鉛メッキを施した薄鋼板。**亜鉛鉄板**、**トタン板**とも呼ばれる。焼付け塗装を施したものは**カラー鉄板**と呼ばれている。

ブリキ　鋼板に錫メッキを施したもの。

ガルバリウム鋼板｜―こうはん　溶融55％アルミ・亜鉛合金メッキ鋼板のこと。メッキ層がアルミの特性と亜鉛の特性を兼ね備える。板金材料の定番材料である。

アルスター鋼板｜―こうはん　溶融アルミメッキ鋼板のこと。メッキ層がアルミの特性をもつ。加工部・切断部の防錆に注意が必要。日新製鋼の製品名。

ボンデ鋼板｜―こうはん　亜鉛の電気メッキをした薄鋼板に、リン酸鉄と酸化マンガンを用いた化学的防食を施したもの。塗膜の付着がよく耐食性に優れる。

ホーロー鋼板｜―こうはん　陶磁器用釉薬と類似の成分をもつホーロー釉薬を塗り、800～900℃で熱融着させた金属板。

ステンレス鋼板｜―こうはん　鋼にクロムやニッケルなどを配合した合金で、**SUS**と表記される。屋根材など建材によく使われるものに**SUS304**がある。

鋳鉄｜ちゅうてつ　鉄と炭素の合金のうち、炭素含有量が1.7％以上のもの。圧延はできないが鋳造性に富み、複雑な形状も容易につくることができる。

真鍮｜しんちゅう　銅に亜鉛を加えた合金。**黄銅**とも。

縞鋼板｜しまこうはん　鋼板の表面に押し形の突起を付けたいわゆるチェッカープレート。

デッキプレート

銅板｜どうばん　大気中で安定した保護膜を形成するため耐候性がよく、長い年月を経て緑青色に変化する。加工性や展伸性がよく細かな加工が可能。緑青コーティングや塗装で表面処理した**硫化銅板**、**緑青銅板**もある。

エキスパンドメタル　金属板に千鳥状の切れ目を入れて押し広げ、メッシュ状に加工したもの［写真1］。**スタンダードタイプ**、滑り止め効果のある**グレーチングタイプ**、**フラット加工タイプ**、極薄の金属板に極小の網目加工をしたマイクロメッシュなどもある。

パンチングメタル　金属板に打ち抜き加工をしたもの［写真2］。丸孔・長孔・ダイヤ・角孔・亀甲・装飾用孔などをあけたものと、**バーリング孔**と呼ばれる突起状の孔加工を施したものがある。

金網｜かなあみ　金属製線材でつくられる網［写真3］。縦横線の交点を溶接した**溶接金網**、素線を互いにからませ菱形

|写真1｜エキスパンドメタル
写真提供：稲田金網

|写真2｜パンチングメタル
写真提供：稲田金網

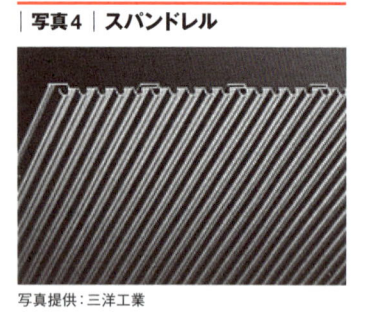

|写真3｜金網
写真提供：伊勢安ワイヤクリエイティック

|写真4｜スパンドレル
写真提供：三洋工業

|写真5｜ハニカムコア
写真提供：新日軽

曲げ剛性を保つために種々の波形に加工された広幅帯鋼。

154

表1 | LGSのスタッド種類と寸法（S＝1：10）

壁記号	WS40	WS45	WS50	WS65
断面	石膏ボード	石膏ボード	石膏ボード	石膏ボード
厚さ(a)	65㎜	70㎜	75㎜	90㎜
施工可能高さ	—	2.4m	2.7m	3.7m

壁記号	WS75	WS90	WS100	角MS20
断面	石膏ボード	石膏ボード	石膏ボード	石膏ボード
厚さ(a)	100㎜	115㎜	125㎜	45㎜
施工可能高さ	4.0m	4.5m	5.0m	—

壁記号	角MS40	角MS45	角MS50	角MS65
断面	石膏ボード	石膏ボード	石膏ボード	石膏ボード
厚さ(a)	65㎜	70㎜	75㎜	90㎜
施工可能高さ	2.6m	2.9m	3.2m	4.6m

表2 | 金属の主な加工方法

名称	加工方法
プレス加工	プレス機械を用いて行う板金加工。金型を交換することで多様な加工に対応できる
絞り加工	金属板をプレス機により変形加工すると、継目のないくぼみをもつ製品が得られる。このくぼみを得る加工のこと
押出し加工	加熱軟化した金属素材を容器に入れ、圧力を加えて先端の孔から押し出す加工法。孔の形状によって複雑な断面のものをつくることもできる
引抜き加工	棒状・管状の金属材料を、それよりやや小さな径の孔を通して引っ張る加工法。鋼の引抜き材は磨き材ともいわれる
鋳造	金属を溶かして型に流し込み、冷却して固める方法。砂の型は比較的安価に製作できる。金属の型に高圧で注入するダイカスト法は亜鉛合金やアルミ合金などに主に使用され、精密な肌の鋳物が製作できる
切削加工	せん断加工	シャーリングによる切断やタレットパンチャーによるパンチなどがある
	削り加工（切断・穿孔）	加工機材や手法はさまざまだが、フライスによる溝切り、プレーナーによる切断面の研磨、ドリルによる孔あけなどがある

グレーチング ｜ に編んだ**菱形金網**、波形をつけた縦横線をはめ合わせた**クリンプ金網**、縦横線を平織・綾織などに編んだ**織金網**などがある。

波板 ｜ なみいた — 大波・小波・角波などの断面形状に成形されたもの。

スパンドレル ｜ 留付けビスが隠れるように成形されたサイディング［写真4］。

断熱サイディング ｜ だんねつ — 金属板の裏に断熱材を裏打ちしたサイディング。

断熱パネル ｜ だんねつ — 発泡系や繊維系の断熱材を薄い金属板でサンドイッチしたもの。日鉄住金鋼板の「イソバンド」などが該当する。

ハニカムコア ｜ 六角形の個室でできた蜂の巣構造のことをハニカムといい、そのような形状をした芯材のこと［写真5］。軽いながら強度に優れる。

チャンネル ｜ コの字形断面の溝形鋼。2丁合せてH形で使用されるか、間柱や小梁などの2次部材として使用されることが多い。C形断面のリップ溝形鋼はCチャンと呼ばれる。形、山形、Z形などがある［表1］。内装下地に多用される。

アングル ｜ 山形鋼のこと。

フラットバー ｜ 平鋼のこと。薄肉の長方形断面をもつ鋼材。

LGS ｜ えるじーえす — 厚さ1.6〜4.0㎜程度の軽量形鋼。溝

表面処理・加工方法

金属の主な加工方法、仕上げ方法について、155頁表2、表3にまとめる。

溶融亜鉛メッキ ｜ようゆうあえん溶融亜鉛メッキ浴中に浸漬し、メッキ層を形成する、鉄や鋼の防錆処理。**どぶ漬け**ともいわれる[図1、表4]。

溶剤を使用せずに粉末状の塗料を静電塗装する場合は、**粉体焼付け塗装**と呼ぶ。

溶射 ｜ようしゃ 溶融状態にした金属材料を高速で吹き付けて薄い皮膜をつくる表面処理法。

溶接 ｜ようせつ 金属の接合部を加熱し、溶融または半溶融状態にして接合すること[表5]。**アーク溶接**は最も広く用いられ、金属材料と電極の間にアークを発生させ、その熱で接合部を溶融させ接合を行う。

焼付け塗装 ｜やきつけとそう 乾燥工程において熱を加えることにより処理を行う塗装。密着性や耐候性に優れる。

酸洗い ｜さんあらい 金属表面の酸化皮膜や錆などの酸化物を除去するため、酸溶液中に浸けて表面を清浄にする方法。

アルマイト法 ｜ ほうアルミニウムの耐食性を高めるため、素材表面に陽極酸化皮膜を生成する処理のこと。

黒皮 ｜くろかわ 鋼材を熱間圧延するときに生じる黒い光沢のある硬い酸化皮膜で、防錆効果をもつ。

表3 ｜ 金属の主な仕上げ方法

名称	仕上げ方法
バフ仕上げ	砥粒を付着させた柔軟なバフを回転させながら工作物に押し当てて表面を磨く加工。バフ磨きとも
ヘアライン仕上げ	1方向に細かい筋目を入れた仕上げ。HLと表記する
バイブレーション仕上げ	不規則で繊細な回転傷を付ける仕上げ
ダル仕上げ	ダルロールで圧延し、微細な凹凸を表面に付ける仕上げ
エンボス	プレス機を用いて板材を図柄状にくぼませて立体感を出す加工
エッチング	金属の表面や形状を、化学的あるいは電気化学的に溶解除去する加工。金属プレスや板金加工では困難な薄板や微細なパターンの加工を施せる （梨地）（カラー）

表5 ｜ 金属材料の接合方法

接合方法		工法・材料など
溶接	電気的エネルギー	アーク溶接
		ガスシールドアーク溶接
		セルフシールドアーク溶接
		サブマージアーク溶接
		ティグ溶接
		ミグ溶接
	化学的エネルギー	ろう付け（はんだ付け）
	機械的エネルギー	摩擦攪拌溶接
		摩擦溶接（圧接）
機械的接合		ボルト、ビス、リベットなど
		折り込み、巻き締め
		ねじ込み、キー
		焼きばめ、冷しばめ
接着	溶剤（水）拡散型	酢ビ系、アクリルエマルション系、ゴム系など
	化学反応型	フェノール、ウレタン、エポキシ、アクリルなど
	熱溶融型	エチレン-酢ビ系、ポリエステル、ポリイソブチレンなど

表4 ｜ 溶融亜鉛メッキの検査項目と合格判定基準

項目		検査対象	合否判定基準
外観検査	不メッキ	全部材	直径2mmを超えるものがあってはならない
	きず・かすびき		有害なものがあってはならない
	摩擦面のたれ		あってはならない
	開先面のメッキ付着		開先面およびそれらに隣接する100mm以内の範囲にあってはならない
	割れ		あってはならない

メッキ面は実用的になめらかで不メッキその他有害な欠陥があってはならない

図1 ｜ 溶融亜鉛メッキの作業工程フロー

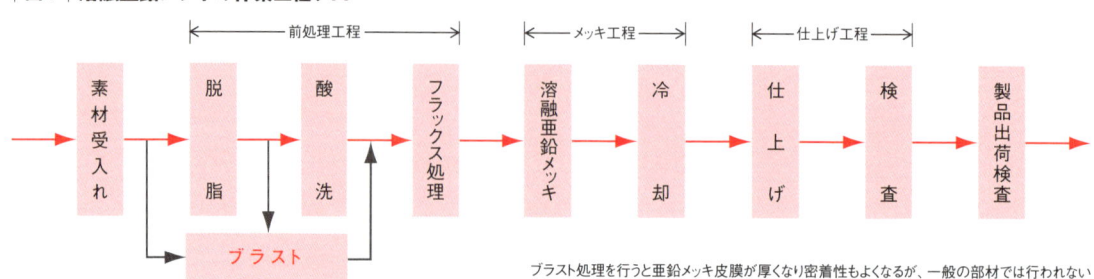

前処理工程：素材受入れ → 脱脂 → 酸洗 → フラックス処理（ブラスト）
メッキ工程：溶融亜鉛メッキ → 冷却
仕上げ工程：仕上げ → 検査 → 製品出荷検査

ブラスト処理を行うと亜鉛メッキ皮膜が厚くなり密着性もよくなるが、一般の部材では行われない

仕上げ

乾式外装工事 3

建物の性能・意匠を決めるうえで、外部工事は非常に重要な役割をもつ。求められる性能としては、防火性、水密性、断熱性が3大要素といえる。ここでは、外装材について解説する。

カーテンウォールの材料

カーテンウォール | CWと略し、建物外周に取り付けられるパネルなどを指す[図1]。本来は、建物の荷重を負担しない外壁全般を示すものだが、金属（メタル）カーテンウォール[写真1]、PCa版や金属パネル、ガラス外装など、含まれる範囲は広い。狭義にはカーテンウォールという、連続的なアルミサッシのことを指し、この場合ガラスカーテンウォールと呼ぶこともある[写真2]。

押出し形材 | おしだしかたざい単に**形材**ともいう。アルミ合金を油圧装置でトコロテンのように押出成形したサッシ部材[158頁写真]

3]。長尺で複雑な断面形状が得られ、強度が安定している。
押し出す前の円柱状のアルミ合金材をビレットと呼び、**地金**のアルミインゴットから鋳造される。また断面形状を決めるためのスチール製金型を**ダイス**と呼ぶ。断面に中空部をもつ押出形材を**ホロー材**（hollow）と呼び、中空部のないものを**ソリッド材**という。

化成皮膜 | かせいひまくクロム酸の薬液にアルミを浸して微細な凹凸を生成させる方法。容易に安定した性能が得られ処理費も安いことから、塗装下地として広く使われているが、薬液に六価クロムを含むため、環境上の問題を抱えている。近年はクロムを使わずに薄いアルミナイトを下地にする方法も行われている。

陽極酸化皮膜 | ようきょくさんかひまく一般的には**アルマイト**と呼ばれる表面処理方法[158頁写真4、図2]。硫酸などの電解液中にアルミ材を浸

| 写真1 | 金属カーテンウォール

| 写真2 | PCaカーテンウォール

| 図1 | カーテンウォールの納まり

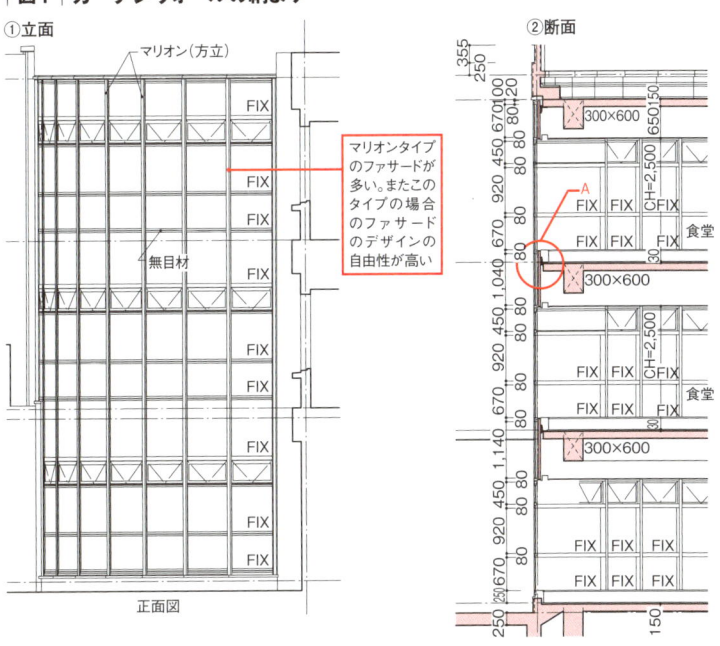

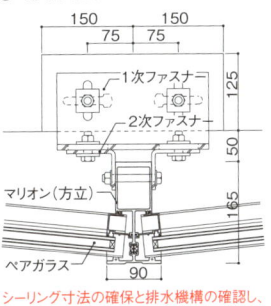

①立面　マリオン（方立）／FIX／無目材／正面図

マリオンタイプのファサードが多い。またこのタイプの場合のファサードのデザインの自由性が高い

②断面（食堂／300×600／FIX／CH=2,500）

③A部平面詳細　1次ファスナー／2次ファスナー／マリオン（方立）／ペアガラス
シーリング寸法の確保と排水機構の確認し、防水・止水の検討をする

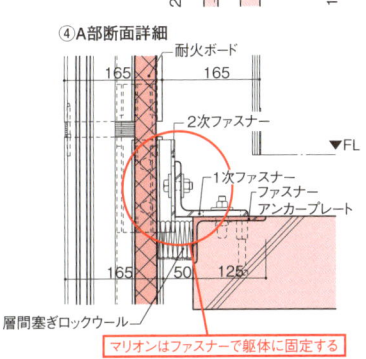

④A部断面詳細　耐火ボード／2次ファスナー／▼FL／1次ファスナー／ファスナーアンカープレート／層間塞ぎロックウール
マリオンはファスナーで躯体に固定する

157

| 写真4 | アルマイト断面の顕微鏡写真

微細な球状の孔構造が分かる

| 写真3 | 押出し形材

右側に油圧シリンダー、中央にアルミの円柱(ビレット)が見える

| 図2 | 金属材の各種表面処理

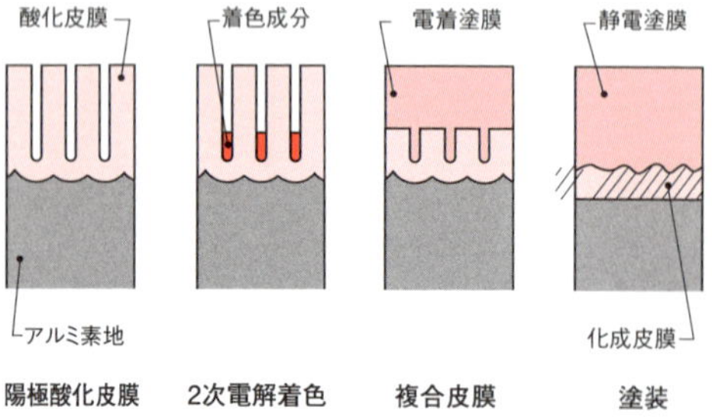

酸化皮膜　着色成分　電着塗膜　静電塗膜
アルミ素地　　　　　　　　　化成皮膜
陽極酸化皮膜　2次電解着色　複合皮膜　塗装

| 図3 | フィルドジョイント(PCa版パネル)

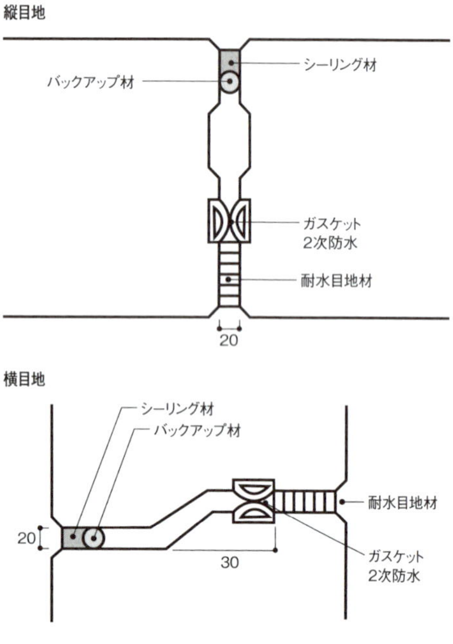

縦目地
バックアップ材
シーリング材
ガスケット 2次防水
耐水目地材
20

横目地
シーリング材
バックアップ材
耐水目地材
ガスケット 2次防水
20　30

| 写真5 | ユニットカーテンウォールの組立作業

し、電気分解して6〜15ミクロン程度の透明酸化皮膜を生成させる。防食が主な目的だが、前後の処理によっていろいろな仕上げが得られ意匠的価値が高められる。特に陽極酸化皮膜が単独で使われることは少なく、アクリル樹脂クリア塗装と組み合わせた複合皮膜が一般的である。

2次電解着色　は、金属塩溶液中で再び電気分解することでステンカラー、ブロンズ、ブラックといった色を得る方法で、一般サッシ、カーテンウォールともに広く用いられている。

複合皮膜｜ふくごうひまく
陽極酸化皮膜を生成させたアルミ部材を樹脂塗料の水溶液中に浸し、電圧をかけて塗料を吸着させ一様に塗装する方法のこと[図2]。陽極酸化皮膜と塗装のもつそれぞれの耐久性能の相乗効果により、耐久性に優れた皮膜が安価に得られる。日本の使用環境に適しているためアルマイト皮膜の標準となっている。

焼付け塗装｜やきつけとそう
金属の工場塗装に用いられる、加熱によって反応が進んで硬化するタイプの塗装。アルミ部材の塗装のほとんどにこれが施されている。フッ素樹脂、ウレタン樹脂、アクリル樹脂などに分かれ、価格や耐久性に差がある。

下地処理のすんだ部材をレールに吊るし、**静電塗装**と呼ばれる、高電圧を利用した噴霧装置で塗装用として主に輸入サッシで使われている。最近はフッ素樹脂粉体塗装も着目されはじめた。

粉体塗装｜ふんたいとそう
パウダーコートとも。塗装法の1種で、液状の一般的な樹脂塗料と異なり、粉末状の塗料を使用している。普通は積極的に外気を目地内に導入しない非等圧目地とウォール用としては高耐候性ポリエステル樹脂が中心である。室内塗装用として主に輸入サッシで使われている。最近はフッ素樹脂粉体塗装も着目されはじめた。

フィルドジョイント
充填目地、シーリング目地ともい

う。外部側にシーリングを充填する一般的な目地[図3]。PCa版目地では室内側にガスケットを備え、シーリングが切れて目地内に水が入っても2次的に止水するようにしている。普通は積極的に外気を目地内に導入しない非等圧目地になる。

ドライジョイント
シーリング材を使用せずにガスケットだけで構成された目地。隙間が生じるためオープンジョイントにしないと成り立ちにくい。これに対して、シーリング材を使用した目地をウェットジョイントと呼ぶことがあるが、普通は外部側にシーリング材を打った目地、フィルドジョイントのことを指す。

温度などに高度な管理技術が必要である。

カーテンウォールの性能・工法

スペック

設計仕様(specification)のこと。建築工事一般に使われる用語だが、さまざまな要求事項を満たす必要があるカーテンウォール工事では特に重要で、設計時に、耐風圧性能、水密性能、耐震性能など多くの項目を規定する。スペックによってカーテンウォールの価格が異なるため、見積りの前に、細目まで確定しなくてはならない。

ユニットカーテンウォール

アルミ枠を工場で枠材を組み立て、ガラスやボード類を取り付けて完成品のパネルにし、それを現場に運搬しクレーンなどで外壁に取り付けたもの、またその工法[図4・5、写真5]。ユニタイズCWともいわれる。品質が安定し、現場工程が短い、外部足場が不要といった長所がある。割高なために従来はあまり採用されなかったが、工期の短縮化や低価格化によって現在の高層建築では主流工法になっている。

ノックダウンカーテンウォール

加工の済んだアルミ枠を順次現場に持ち込み、取付け場所で組み立てる方式のカーテンウォール、その工法[図6]。わが国では規格品のカーテンウォールや、特注品でも中小規模の工事の標準的な取付け方法である。現場環境や作業者の技能に品質が左右されやすい欠点をもつ。方立を差込み式に連結することからスティックシステムともいう。

実大性能試験 じつだいせいのうしけん

実際と同じ大きさのカーテンウォールの1部を試験架台に取り付け、スペックに定められた性能が得られるかどうか確認する試験[写真6]。気圧をかけて部材の強度を調べる耐風圧試験、気圧とともに散水して漏水を調べる水密試験、架台を動かして地震を再現する層間変位試験などが可能。既製品サッシの開発時のほか、大型プロジェクトでは個別に実施する。

FEM解析 えふいーえむかいせき

有限要素法(Finite Element Method)による解析。複雑な形状のPCa版の構造設計を行う際に用いる計算手法。荷重の加わった板の変形や応力が細かく求められるので、最適な板厚さや配筋を決定できる[図7]。

図5 | ユニットカーテンウォール

工場で組み立ててガラスまではめ込んだパネル(ユニット)を取り付ける

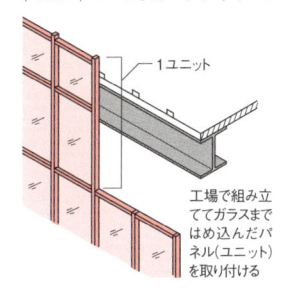

図6 | ノックダウンカーテンウォール

方立、無目、ガラスの順にパーツを現場で取り付ける

無目
方立
ガラス

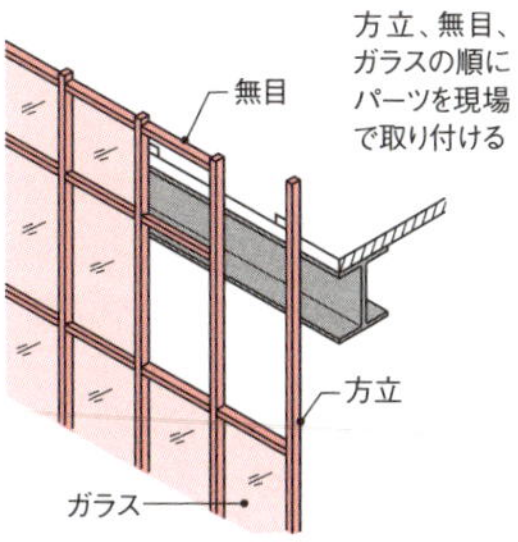

図4 | PCa版カーテンウォールの施工

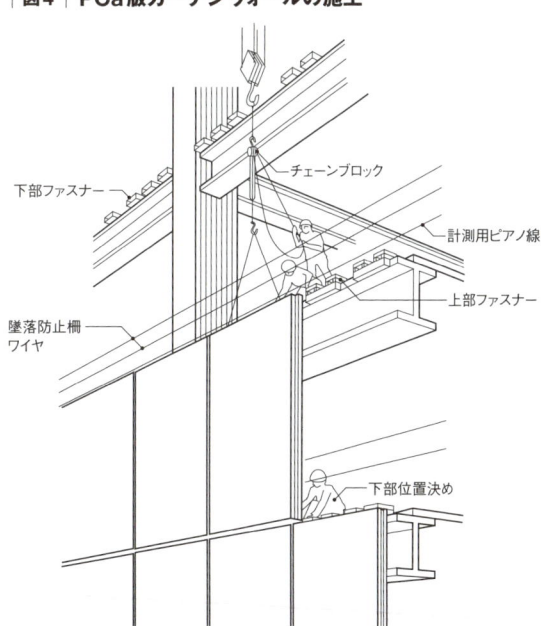

チェーンブロック
下部ファスナー
計測用ピアノ線
上部ファスナー
墜落防止柵ワイヤ
下部位置決め

写真6 | 実大性能試験の様子

図7 | PCa版のFEM解析の出力例

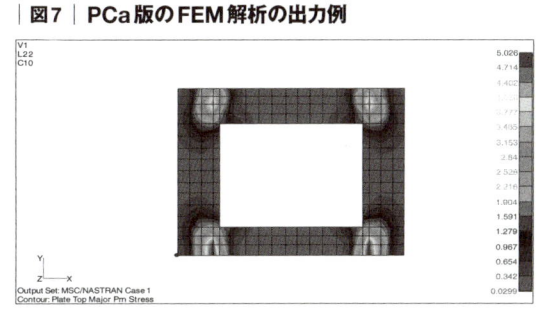

図8 | PCa版オープンジョイントの例

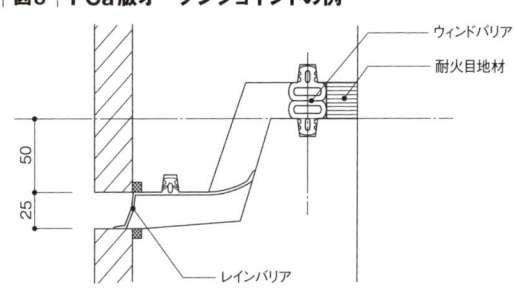

ウィンドバリア
耐火目地材
レインバリア

水性能の劣化が少ない。

ひび割れ制御｜ひびわれせいぎょ
荷重によって生じるひび割れ幅を制限する、PCa版の設計手法。クラックコントロールともいう。

等圧工法｜とうあつこうほう
オープンジョイントとも。カーテンウォールの内部・外部の圧力差を少なくすることで、内部への雨水の浸入を防ぐ方法のこと［159頁図8］。漏水の主な原因は、風による圧力によって雨水が隙間から浸入することである。そこで、目地や枠材の内部に外気を導入する空気導入孔（等圧孔）を設けることで、外部からの風の圧力を軽減し、水の浸入を防ぐ［写真7］。設計は難しいが、防水をシーリング材に頼らなくてすみ、経年変化による防

| 写真7 | 空気導入孔

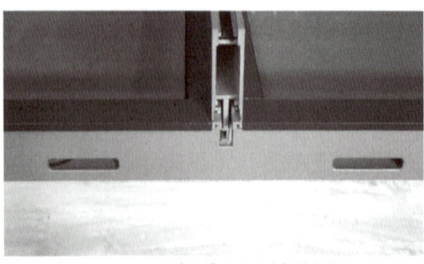

カーテンウォールユニットの下部に設けられた空気導入孔

| 図9 | エッジクリアランスと面クリアランス

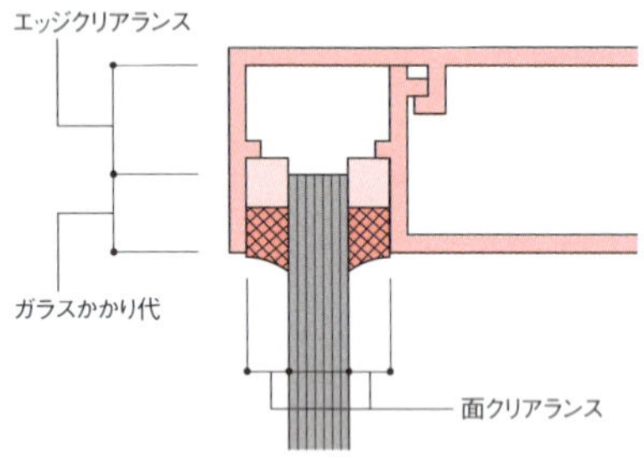

エッジクリアランス
ガラスかかり代
面クリアランス

| 写真8 | 木材によるモックアップ

| 写真9 | ブラケット

高力ボルトで固定されたアルミ押出形材ファスナー

| 写真10 | PCa版の取付け用ファスナー

7]。

インターロッキング
一部のユニットCWで使われる、フィン同士が噛み合う目地方式。迷路効果で止水性が高まるうえ、2つの枠材が一体化して強くなる。

ロッキング
地震、風などの建物の変形時に外装材が回転すること。

層間変位ムーブメント｜そうかんへんい─
各階の地震、風による動きをいう。

面クリアランス｜めん─
ガラスカーテンウォールでの、ガラス面と枠溝内端との隙間寸法［図9］。

エッジクリアランス
ガラスカーテンウォールでの、ガラス端と枠溝底との隙間寸法のことは設計図にもとづき、製作図を描く。承認後、すべての部材のバラ図が作成され工場製作が開始される。製造上はきわめて重要だが、一般には設計者の目に触れない。

9]。通常はガラスシーリングの幅。より面クリともいう。層間変位や熱伸縮によりガラスシーリングに変形が生じるため、許容変形率が守られるだけのクリアランスが必要になる。一方、ガラス小口とサッシ溝底との間隔はエッジクリアランスと呼ばれる。層間変位によってガラスがサッシとの接触を避けに、この部分でサッシとガラスの接触を防ぐため、エッジクリアランスはあらも断面設計の際に重要な項目である。

モックアップ
実物大模型のこと。カーテンウォール工事では、製造に先立ってモックアップをつくり、色調や大きさ、他工事との取り合いなどを確認することがある［写真8］。多くの場合は、木材や金属板などを使って、実物を再現する。

カーテンウォールの製造・施工

バラ図｜ず
工場で使用される部材加工図。部品ごとにばらした（分解した）図の意。カーテンウォールメーカー

ブラケット
サッシの直交部材を連結するL型やT型の持送り金物を全般にブラケットと呼ぶ［写真9］。ブラケットのうちカーテンウォール自体を建物躯体に取り付けるものをファスナーと呼んで区別することがある。ファスナーを躯体に固定するには溶接が一般的だが、一部で高力ボルトによる摩擦接合も使用されてい

写真11｜ガスケット

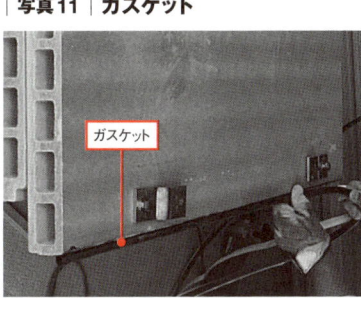

図10｜1次・2次ファスナー

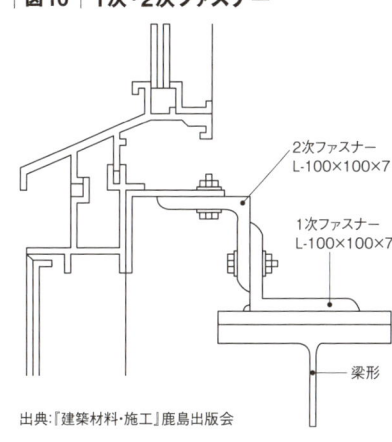

2次ファスナー L-100×100×7
1次ファスナー L-100×100×7
梁形

出典：『建築材料・施工』鹿島出版会

図11｜層間変位への追従方式

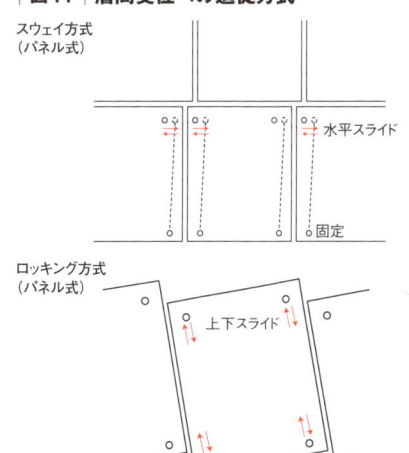

スウェイ方式（パネル式）
水平スライド
固定

ロッキング方式（パネル式）
上下スライド
荷重受け

写真12｜カニクレーン

カニのような脚が特徴の小型移動式クレーン

写真13｜トラックに積まれたPCa版

ファスナー｜パネルやサッシ躯体に取り付けるための金具[写真10、図10]。アングル型、ターンバックル型、Z金物、平羽根ガラリに加え、止水性に優れる縦ガラリもつくられている。

鉄骨工事と同様に摩擦面やナット回転角など、現場での品質管理が要求される。

荷重受け｜かじゅううけ パネルのファスナーのうち、自重を支持するものを指す。この荷重受けをパネル上部に設ける方式を上吊り、下部に設けるものを下置きと呼び、水平目地の位置などによって使い分ける。

振れ止め｜ふれどめ パネルのファスナーのうち、風や地震による水平力を支持するもの。荷重受けを兼用する場合もある。

ガラリ｜設備開口や換気孔などに取り付ける連続羽状の覆い戸。通気を確保しながら雨水を遮る。一般的な水平羽根のガラリに加え、止水性に優れる縦ガラリもつくられている。

減圧溝｜げんあつみぞ PCa版の縦目地内に設けられたや幅の広い部分。流入する空気圧力を減じて流速を下げ、水を落

水返し｜みずがえし 水平目地内に設けた立上りやフィンなどを指す。重力を利用して止水するため、寸法が大きいほど効果的だが、PCa版では一般的に25mm前後、高層ビルでは60mm程度の立上りをとる。

水抜き｜みずぬき パネル目地やアルミサッシ内に入った水を外部に抜くこと。またはそのための孔やパイプ類を指す。

ガスケット｜カーテンウォールでは目地内に取り付けて水や空気を遮るためのゴム部品を指す。板状や丸棒、中空環状などさまざまなものがある。板状のガスケットを通称ひれゴムという。クロロプレンゴムやシリコーンゴムなど材料の種類も多く、耐火性能をもたせたガスケットもある[写真11]。

耐火目地材｜たいかめじざい 耐火性能を確保するためPCa版などの目地に取り付けられる無機繊維系のひも状材料。岩綿やセラミックファイバーが用いられる。

音鳴り｜おとなり 熱伸びによってカーテンウォール

リング型など多種多様にある。

本来ルーバーもガラリと同じものだが、こちらは日よけや目隠しの意味が強い。

下させることが目的だが、実際の減圧効果は疑問である。ただし水切目地としての働きはある。

滑り材｜すべりざい パネルやサッシの変形や移動を滑らかに逃がすため、接合部にはさむ低摩擦の材料。きしみ音を防ぐのが目的。テフロンなど樹脂系のものと、黒鉛（グラファイト）を塗布した金属板などがある。

排水経路｜はいすいけいろ 枠内や目地内に浸入した水、あるいは結露水が排出されるための道筋。室内側に迷走すると漏水故障になるので、逆勾配や障害物があってはならない。

熱伸び｜ねつのび 温度上昇に伴い部材が長手方向に膨張すること。

図12 | 押出し成形セメント板の納まり

縦張りの納まり例（平面）

①縦目地部

- パネル幅の倍数で平面が計画できると割付がうまくいく
- パネル幅 / 10 / パネル幅
- シーリング材
- 縦ガスケット
- Zクリップ
- 拡大図
- 防水性能確保のため

②出隅部

- 水がパネル内に浸入した場合でも、下部へ落ちるようになっている
- シーリング材
- 縦ガスケット
- 出隅役物
- 硬質パッキング
- 290
- ロックウール充填
- Zクリップ
- L-50×50×6
- L-50×50×6（通し）
- L-65×65×6
- ロックウール充填
- 硬質パッキング
- シーリング
- 縦ガスケット
- 耐火被覆
- Zクリップ
- L-50×50×6（通し）
- 内水切プレート⑦0.4
- パネル幅
- 柱とのクリア寸法 35
- 25 / 10 / 60

横張りの納まり例（平面）

①縦目地部

- ロックウール充填
- L-50×50×6（通し）
- 硬質パッキング
- パネル長さ / 15 / パネル長さ
- シーリング材
- 縦ガスケット
- 重量受L-40×23×5 3段ごと
- 耐火被覆
- Zクリップ
- U型ブラケット6t×50@900
- 30
- 柱とのクリア寸法 70
- パネル制作範囲の中で調整し、割り付ければよい

②出隅部

- 重量受L-40×23×5 3段ごと
- シーリング材
- 縦ガスケット
- ロックウール充填
- パネル長さ / 15 / 279
- 硬質パッキング
- 出隅役物
- 60 / 60
- Zクリップ
- L-50×50×6L=100
- L-50×50×6L=120
- 重量受L-40×23×5 3段ごと
- L-50×50×6L=120@900
- L-50×50×6（通し）
- 耐火被覆
- 硬質パッキング
- 縦ガスケット
- L-50×50×6
- シーリング材
- ロックウール充填
- 279

出典：アスロックカタログ

図13 | 押出し成形セメント板の2次防水工法

①縦張り工法
- アスロック
- 縦ガスケット
- 内水切プレート
- 外装の横目地部分にシーリングのバックアップ材を一体化させたステンレス水切を使用した2次防水工法

②横張り工法
- アスロック
- 横ガスケット
- 塞ぎゴム
- 縦ガスケット

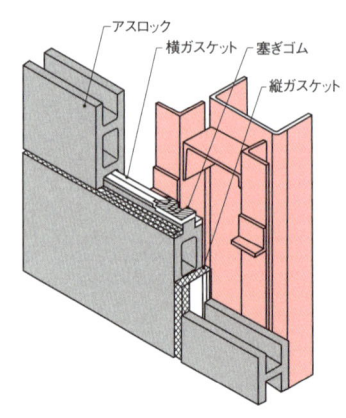

出典：「アスロック／セーフティーシール工法」ノザワ

写真14 | 押出し成形セメント板

部材が擦れて生じる有害な音。雲間から太陽が現れただけでも大きな軋み音がすることがあり、重大な欠陥になる。滑り材を要所にはさんで発音を防止する。

枠変形 わくへんけい
層間変位を受けたガラスカーテンウォールの枠が平行四辺形に変形すること。ずれを許容できるだけの余裕が必要。ユニットカーテンウォールでは、PCa版のようにスウェーやロッキングで変位を吸収する設計方法もある［161頁図11］。

カニクレーン
キャタピラで自走する小型クレーン［161頁写真12］。荷物を吊る際に転倒しないよう長い4本足を備えていることから、この名で呼ばれる。ビルの床に設置してカーテンウォールの取付けに使われる。

窯業系外装材

PCa版 ぷれきゃすとばん
前もって製作し、現場で取り付ける（プレキャスト）コンクリート製のパネル。ほとんどが専門メーカーの工場で製作され、主に中高層ビル用の外壁として使われる。なおプレストレストコンクリート（PC）との混乱を避けるために、PCaと書き表す［161頁写真13］。

超軽量PCa版 ちょうけいりょうぷれきゃすとばん
通常のPCa版は比重1.9程度（コンクリート比重）だが、特殊なコンクリートを用いて、より軽量化したPCa版。軽量骨材や気泡を混ぜることで、比重1.0～1.5とした製品が各種開発されている。

図14 | ALC外装の納まり

縦張りの納まりの例

①出隅部
- コーナープレート
- 自重受金物
- アンカー鋼棒
- Oボルト
- コーナープレート
- ピース F8
- シーリング材
- バックアップ材
- 耐火目地材
- 目地受プレート
- 自重受金具
- Oボルト
- 定規アングル L-65×65×6
- アンカー鋼棒
- ピースアングル
- FB-65×6
- 耐火被覆
- 10〜20
- 35
- 10〜20

②縦目地部
- バックアップ材
- シーリング材
- アンカー鋼棒
- 自重受金具
- Oボルト
- 目地受プレート
- 定規アングル L-65×65×6

横張りの納まりの例

①出隅部
- コーナープレート
- Oボルト
- アンカー鋼棒
- シーリング材
- バックアップ材
- 自重受鋼材
- Oボルト
- 自重受金具（3段ごと）
- リブ付きイナズマプレート
- 定規アングル L-65×65×6
- 下地ピースFB
- 耐火被覆
- 耐火目地材
- バックアップ材
- シーリング材
- Oボルト
- リブ付きイナズマプレート
- 定規アングルL-50×50×6
- 自重受金具（3段ごと）
- アンカー鋼棒
- 下地取付け用金物@900以下
- 10〜20
- 30
- 30
- 10〜20
- 600以下
- 75以上

出隅と平パネルで納めると75mm以上となる

②縦目地部
- アンカー鋼棒
- シーリング材
- バックアップ材
- Oボルト
- 自重受金具（3段ごと）
- リブ付きイナズマプレート
- 耐火目地材
- 定規アングル L-50×50×6
- 下地ピースFB
- 耐火被覆
- 10〜20

写真15 | ALC板

繊維補強コンクリート板｜せんいほきょうーばん 補強繊維をコンクリートに混ぜることで強度を増したPCa版。板厚を薄くできるため結果的に軽量化につながる。ガラス繊維を用いたGRC、炭素繊維のCFRC、ビニロン繊維のVFRC、ステンレス繊維のSFRCなどがある。

押出し成形セメント板｜おしだしせいけいーばん 無機繊維とセメントの混合材料を押出し成形した規格品の中空パネル。中小ビル用の安価な外壁材として、ALC板と並ぶ位置を占める。板幅の広い（900〜1200㎜）規格品も用意されている。サイディングと呼ばれる住宅用の薄い製品の多くはこの種類に含まれる[写真14、図12・13]。

穴あきPCa版｜あなあきぴーしーえーばん 連続成型されたプレストレス筋入った規格品の中空コンクリート版。PCa版と押出し成形セメント版の中間的な存在。

オムニア板｜ーばん 別名ハーフPCa、PCF（フォーム型枠）などともいう。トラス鉄筋が半ば露出した厚さまでコンクリートのコンクリートを打設したPCa版。主に打込み型枠として用い、現場で残りのコンクリートを打って壁が完成する。ハーフPCaに対して普通のPCaをフルPCaと呼ぶこともある。

ALC板｜えーえるしーばん 高温高圧蒸気養生（オートクレーブ養生）された軽量気泡コンクリート製品で、普通のコンクリートとは性質がまったく異なる。パネル状に成形されたものが主に住宅や中小規模ビルの外壁に使用されている[図14、写真15]。原料は珪石、セメント、生石灰が主で、それに発泡性のアルミ粉末と安定剤、水が加えられる。断熱性や耐火性など優れた性能をもつ。

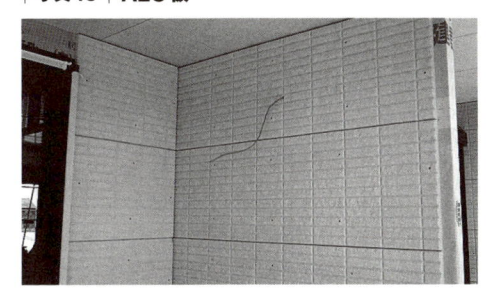

窯業系外装材の製造

蒸気養生｜じょうきようじょう
脱型を早め製造効率を高めるため、PCa版ではベッドごとシートで覆い蒸気を送り込んで加熱する。通常、翌朝に脱型が可能になる。

鋼製ベッド｜こうせい―
単にベッドともいう。パネル製造時に使用する頑丈な鋼製テーブル。直接コンクリートを打設する場合は、仕上げ面が写し取られるため平滑度が重要。コンクリートの充填をよくするためにベッドごと振動させることもある。

オートクレーブ養生｜ようじょう
高温、高圧の窯で行うコンクリート製品の養生方法。ALC板では180℃10気圧の養生が行われる。

脱型｜だっけい
必要な強度に達したコンクリート製品から型枠を取り外し、ベッドなどから移動すること。

反転｜はんてん
清掃や仕上げなどのためにパネルの表裏を入れ替える作業。

ストック
製造の終わったパネルを工場出荷まで仮置きすること。この間に強度が完全になり乾燥が進む大事な製造工程である。

建て起こし｜たておこし
平積みされたパネルをクレーンなどで起こして、鉛直な吊り姿勢にすること。

金属カーテンウォールの材料

アルミ合金｜ごうきん
アルミにほかの金属を少量加えることで、強度や加工性を改善した合金。カーテンウォールに使われるのは、板材ではA1100P（純度99％以上のアルミ）、押出し型材ではA6063S（アルミ、マグネシウム、シリコーンの合金）というJIS規格のアルミ合金がほとんど。

ホロー材｜ざい
中空部をもつ押出し型材。中空部（hollow）をつくれるのは押出し型材のメリットで、強度を上げたり、止水機構をもたせたり、開閉装置を組み込んだりすることが可能になる。対して、ホローのないものをソリッド材という。

障子｜しょうじ
カーテンウォールの開閉窓の可動部分。木や紙でできていなくても障子と呼び習わされる。

押縁｜おしぶち
ガラスをはめるため、アルミ枠の一部を外せるようにしたもの。見せるために、無目カバーが使われることもある［図15］。

方立｜ほうだて
カーテンウォールの中間縦部材。端部の部材は縦枠。マリオンともいう。

無目｜むめ
カーテンウォールの中間横部材。トランサムともいう。最上部は上枠、最下部は下枠と呼ぶ。方立に仕切られた無目を通し材のように水のため接触部に狭み込む合成ゴ

新型｜しんがた
新たに製作するダイスまたはそれによる押出し型材のこと。通常は数百m分使用しないと割高になる。新型に対して、サッシメーカーがすでに保有しているダイスを有り型という。

グレージングガスケット
枠溝にガラスをはめた際に生じる隙間に設置する紐状のゴム材。ガラスはシリコンシーリング材で留めるのが最も普通だが、最近は汚れの発生を嫌って外部側にはガスケットを使用することが増えてきた。接触が不十分だと抜け出したり、止水性が悪くなったりする。

シーラー
縦枠と横枠などを接合する際、止

| 図15 | 特注カーテンウォール無目と押縁の例

- スパンドレルガラス（単板ガラス）
- セッティングブロック
- ガラスシーリング
- 無目
- ガラスシーリング
- 押縁
- ガスケット
- ビジョンガラス（複層ガラス）

寸法：28.6、14.8、13.8、5、1.5、6、110

Autoclaved Light-Weight Concreteの略。

写真16 | 押出し形材のもととなるアルミの合金ビレット

脂粉体塗料に使用される。

耐火ボード | たいか―
耐火のためカーテンウォールの裏面に設置される板。ケイ酸カルシウム板がよく使われる。主に上階延焼を避けるための90cm区画用として使用されるが、鉄製の金物で躯体に留める必要がある。厚さによって30分耐火用と1時間耐火用がある。

3C2B | すりーしーとつーびーく
フッ素樹脂など焼付け塗装の仕様を表す記号例。この場合、下塗りと上塗りで2層塗装したあと1回目の焼付けを行い、さらに3層目の塗装（たいていはクリア塗膜）を塗って2回目の焼付けをするという意味。

2次電解着色 | にじでんかいちゃくしょく
陽極酸化皮膜の生成したアルミ材を再び金属塩溶液中で電気分解し、金属塩固有の色調に着色すること。

電着塗装 | でんちゃくとそう
アルミ部材を樹脂塗料の水溶液のなかに浸し、電圧をかけて塗料を吸着させて一様に塗膜を生成させる方法。陽極酸化皮膜の上にこの塗装を行って、保護したり、着色したりする。

静電塗装 | せいでんとそう
塗料スプレーノズルとアルミ部材の間に高電圧を加え、静電気の作用を利用して塗料を付着させる方法。フッ素樹脂塗装やポリエステル樹脂粉体塗料に使用される。

結露排水弁 | けつろはいすいべん
形材断面に設ける角溝状の部分。目や下枠に溜まった結露水を室外に排出しながら、空気の逆流を防止する弁。ゴム弁や樹脂ボールなどいくつかのタイプがあるが、いずれも鉛筆の太さ程度の小さなものの。つぶれたりゴミが詰まったりすると機能しない。

ボルトポケット
ボルトの頭がかかるよう、押出し形材断面に設ける半筒状の部分。

タッピングホール
ビスを打ち込むために押出し型材断面に設ける半筒状の部分。ビスによる締込みで性能を発揮する。

ムのシート。接着性はないので、

ビレット
押出し形材のもととなる、円柱状のアルミ合金。地金のインゴットから鋳造される。サイズは直径のインチ数で表し、6〜10インチ材がよく使われる［写真16］。

鋼板断熱壁パネル | こうはんだんねつかべ―
通称サンドイッチパネル。断熱材を曲げ加工した鋼板でサンドイッチしたもので、規格品が多種商品化されている。幅600〜1000mm、厚さ25〜50mm、長尺が可能。断熱材にはポリウレタンフォーム、イソシアヌレートフォームなどが使われる。

ダイス
本来はダイ（Die）。アルミ押し出し形材を製造する際、加熱したビレットを油圧シリンダーで押し出すための鋼製口金。

ダイスマーク
押出し形材の製造時に生じる、線状で数ミクロンの凹凸。押出し型材の断面形状や押出しの速度によって程度が異なる。

板目 | いため
圧延ローラーによって金属板に生じる微細な筋目。

金属カーテンウォールの欠陥

先打ちシール | さきうち―
ノックダウンカーテンウォールで、方立と無目の接合部など現場で施工するシーリング材のこと。

マット処理 | しょり
アルマイト生成処理の前に、アルミ材を腐食性の薬液で処理し、ざらざら状にしたもの。

点蝕 | てんしょく
アルミに特有の斑点状の腐食。アルミは腐食しにくい金属だが、使用条件によっては白錆が生じる。

金属カーテンウォールの製造

金属系パネルの材料

曲げ板パネル | まげいた―
通称弁当箱。金属板を箱状に曲げて補強枠や直接下地に取り付けたパネル。

切り板パネル | きりいた―
カットパネルともいう。切断した金属板を補強枠に取り付けたパネル。主に厚手（3mm以上）のアルミ板で用いられる。曲げ板パネル凸形状やフィン形状などがある［次頁写真17］。

アルポリック
三菱樹脂のアルミ複合板の商品名。厚さ数mmのプラスチックの両面に薄いアルミ板を張り付けた建材。

アルミスパンドレル
壁や天井仕上げに用いられる、100〜150mm幅程度のアルミ押出し形材。凹

アルミハニカムパネル
蜂の巣状のアルミ芯材（ハニカムコア）を2枚のアルミ板ではさんで一体化したパネル。樹脂接着、金属溶着によるものがある。

アルミキャストパネル
アルミ合金鋳物製のパネルのこと。特殊な砂でつくられた鋳型に、溶解したアルミ合金を流し込んで製造する。

よりも高級な仕様。

| 写真18 | ヘアライン仕上げ

| 写真17 | アルミスパンドレル

鋼製波板［こうせいなみいた］｜鋼板を波形、山形などにロール成形した長尺壁仕上げ材。幅450～750mmの各種既製品がある。

ホーロー鋼板［こうはん］｜ガラス質の釉薬を鋼板表面に塗装し炉で焼き付けたもの。樹脂塗装と異なり無機系の仕上なので耐候性が高く、衝撃にも耐える。

ボンデ鋼板［こうはん］｜新日本製鐵の商品名。電気亜鉛めっき鋼板にリン酸塩処理を施したもの。

ガルバリウム鋼板［こうはん］｜エヌケーケー鋼板の商品名。亜鉛43％・アルミ55％・ほかの合金を溶融めっきした鋼板。防錆性能が高く外装用に広く使われる。

スタッドボルト｜アルミパネルを裏から固定するための、溶接された短いボルトをいう。

金属系パネルの製造

ベンダ｜曲げ金型に金属板をはさみ、油圧プレスで曲げ加工する機械。

ロールフォーミング｜多段のローラー内に鋼板を通し、長尺のまま望みの形状に曲げ加工する方法。折板や波板の成形に使われる。

シャーリング｜押し切りばさみの要領で金属板を切断する機械。

プレコート｜加工前の材料に一括して工場塗装すること。カラー鉄板やカラーステンレス板の製造工程。

ウォータースポット｜養生フィルムを長期間張った塗装板に水滴状の染みが残る現象。養生フィルムを透過した水蒸気が気泡内に閉じ込められ、塗膜に浸透して変色を起こすのが原因。

金属系パネルの欠陥

アルゴン溶接［ようせつ］｜アルゴンガスで溶接部の酸化を防止しながら行うアーク溶接。アルミやステンレス板の溶接に使われる。タングステン電極を使うティグ溶接が代表的。

アルマイトクラック｜熱や加工によりアルマイトにひびが入ること。

金属系パネルの仕上げ

ヘアライン仕上げ［しあげ］｜一方向に細かい筋目を入れた金属表面仕上げ方法。ヘアラインの代表的な仕上げ方法［写真18］。

ダル仕上げ［しあげ］｜ダルロールで仕上げ圧延し、微細な凹凸を金属表面に付ける仕上げ方法。反射を鈍く見せる。

バイブレーション仕上げ［しあげ］｜不規則で微細な回転傷を付ける金属表面仕上げ方法。ヘアラインより落ち着いた反射を見せる。

グライト｜商品名。焼成したバーミキュライト（蛭石）の粒を結合剤の樹脂とともに吹き付ける処理方法。断熱、結露防止、防振などを目的に、金属パネル裏面によく使われる。

サイディング

サイディング

| 図16 | サイディング施工の外壁構成

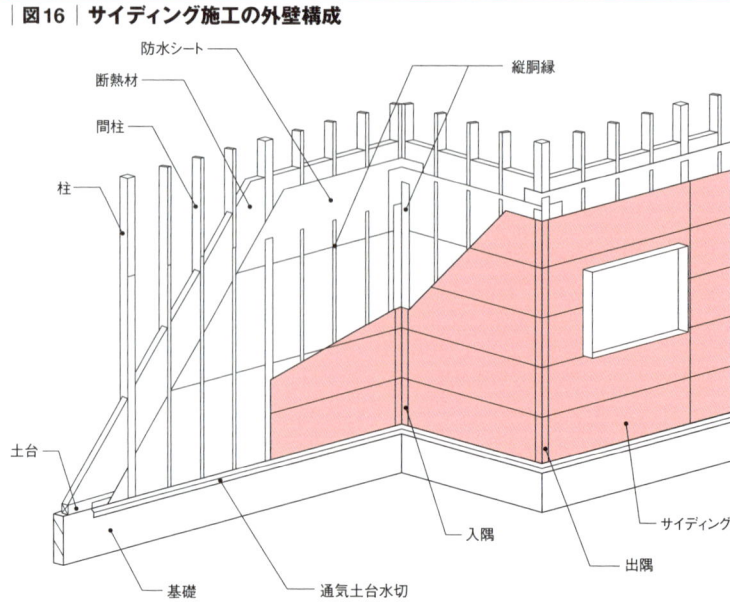

防水シート／縦胴縁／断熱材／間柱／柱／土台／基礎／通気土台水切／入隅／出隅／サイディング

横胴縁で施工するタイプ、専用の金物で留め付けるタイプもある

図17 | サイディングの張り方

横張りサイディング
- 胴縁
- 20以上
- 働き幅 455
- 目地ジョイナー
- サイディング

縦張りサイディング
- 働き幅 455
- 20以上
- 胴縁
- 中間水切
- サイディング
- 20以上

接合部（横張り）
- 目地ジョイナー
- 90以上
- 縦胴縁
- 透湿防水シート
- サイディング
- シーリング材
- 10
- 20以上

接合部（縦張り）
- 透湿防水シート
- 中間水切
- 10
- 90以上
- サイディング
- 横胴縁

出隅部
- 透湿防水シート
- 縦胴縁
- 目地ジョイナー
- シーリング材
- サイディング
- 出隅役物

入隅部
- バックアップ材
- シーリング材
- 補助桟
- 透湿防水シート
- 縦胴縁
- サイディング
- 入隅ジョイナー

土台との取り合い
- 透湿防水シート
- 縦胴縁
- サイディング
- 10〜15
- 土台水切

写真19 | 金属系サイディング

図18 | 開口部廻りの通気胴縁の留め方

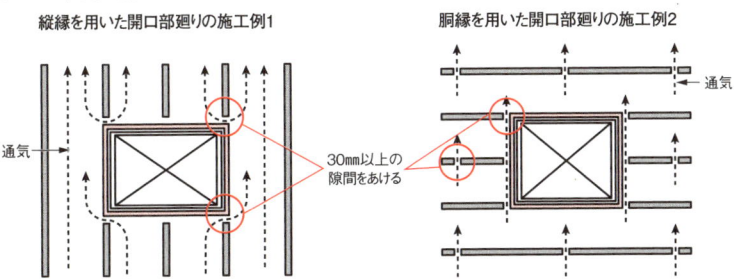

縦縁を用いた開口部廻りの施工例1
- 通気
- 30mm以上の隙間をあける

胴縁を用いた開口部廻りの施工例2
- 通気

ボード状に仕上げられた既製品の乾式外壁材の総称。基本的に釘で留めていくため施工が早く、比較的低価格で、外壁材の主流となっている。最近では専用の金物で留め付けるタイプも登場している。材質によって窯業系、金属系、木質系、プラスチック系などがある[図16・17]。

窯業系サイディング｜ようぎょうけい―　主原料にセメント質原料と繊維質原料を用いて板状に成形し、養生・硬化させたサイディング。サイディングのなかで最も普及しており、サイディングといえば窯業系サイディングを指すこともある。材質はセメントなどの無機結合材を木繊維や木片を用いて補強し、強化させた**繊維補強セメント板系**、そしてセメントおよびケイ酸カルシウムなどの無機結合材を無機質・有機質繊維で補強し、硬化させた**繊維補強セメント・ケイ酸カルシウム板系**の3種類がある。また、既塗装品と無塗装品があり、工場塗装品であっても経年劣化による補修は必要。

金属系サイディング｜きんぞくけい―　鉄、アルミ、ステンレス、銅などの金属からつくられたサイディングで、軽量で施工しやすいことが特徴。特にアルミ板は軽量なうえ錆びにくく、耐久性や耐候性に優れている。素材自体の断熱性能が低いため、断熱材が裏打ちされている断熱サイディングが主流となっている[写真19]。

シーリング材｜さい―　雨漏りや隙間風を防ぐためサイディングのジョイントに使われる目地充填材。シーリング材にはウレタン系やシリコーン系などさまざまな種類がある。

外装用途で使われる場合、サイディングと躯体との間に通気層をつくるため、**通気胴縁**ともいう[図18]。

胴縁｜どうぶち―　壁に合板やボード類などを張る際に、それらを留めつけるための下地材。**縦胴縁と横胴縁**があり、一般には33〜45cm程度の間隔で取り付けられる。

ガラス工事

仕上げ 4

材料

フロート板ガラス｜いた―
フロート製法による板ガラス。現在最も一般的な透明ガラス。その名の由来は、溶けたガラスを高温の錫の表面に浮かせ（フロート）平滑面を得ることからきている［図1］。建材用として2〜25mmまでの厚さが製造されているが、よく使われるのは6〜15mm。最大で幅約3m、長さ約10mまで生産できる。図面上では**FL**と表記されることが多い［図1］。

すり板ガラス｜いた―
フロート板ガラスの片面を珪砂や金属ブラシですり加工し、ツヤを消して不透明にしたもの。

型板ガラス｜かたいた―
ガラス製造時に型ローラーを通し、片面に型模様を付けたもの。光を拡散するとともに、視線をさえぎり、装飾効果がある［写真1、図1］。

安全ガラス｜あんぜん―
衝撃などによる破損に対して安全対策がなされたガラス。**強化ガラス**と**合わせガラス**がこれにあたる。強化ガラスは破損しにくく、破損しても破片が粒状になる。合わせガラスは、樹脂中間膜の効果によって、貫通や破片の飛散が起きにくい。網入り板ガラスや倍強度ガラスは安全ガラスではない。

熱処理ガラス｜ねつしょり―
フロート板ガラスを熱処理することで強度を高めたガラス［図2］。強化ガラスと倍強度ガラス、耐熱強化ガラスがある。必要な強度や法規によって使い分けられる。

合わせガラス｜あわせ―
2枚あるいはそれ以上のガラスを強靭な接着フィルムで加熱圧着して張り合わせた安全性の高いガラス［図1・2］。飛散防止、防犯、装飾などが目的。安全性を要求する窓、ドア、トップライトに利用される。また、和紙をはさむなど意匠上の理由で使われることもあり、装飾効果がある［写真2］。飛散防止中間膜をガラスにはさみ、加熱炉に入れて溶融接着させるのが一般的製法だが、アクリル系の樹脂を流し込んで固める方法も知られている。

強化ガラス｜きょうか―
俗称テンパー（tempered）。板ガラスを軟化点（650〜700℃）近くまで加熱したあと、空気を均一に吹

写真2｜合わせガラスの一例

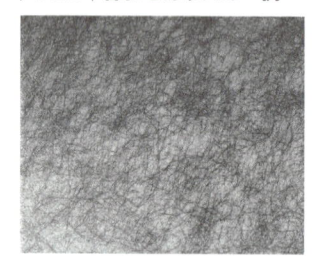

和紙をはさんだもの（吉祥樹）

写真1｜型板ガラスの一例

花のモチーフのパターン　ランダムなパターン　石を削り取ったようなテクスチュア

図1｜ガラスの種類と特徴

フロート板ガラス	型板ガラス	網入り板ガラス	強化ガラス
 ガラス（2〜19mm厚）	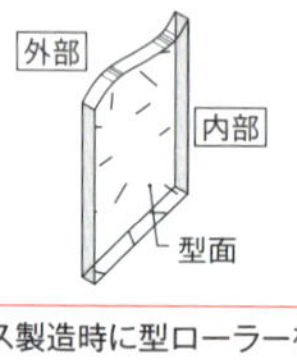 外部／内部／型面	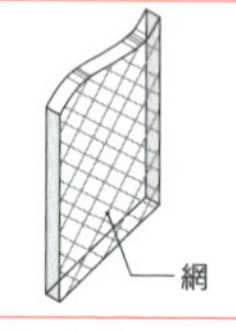 網	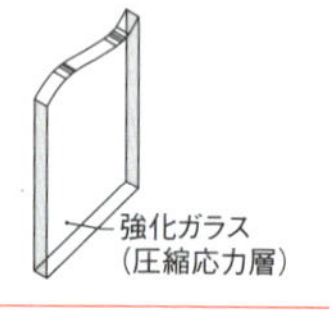 強化ガラス（圧縮応力層）
フロート製法による板ガラス。現在最も一般的な透明ガラス。複層ガラスや合わせガラスの素板	ガラス製造時に型ローラーを通し、片面に型模様をつけたもの。光を拡散し、視線を遮り、装飾効果がある	金網の入ったガラス。飛散防止効果があり、天窓や防火設備に使用する。熱・さびによる割れに注意する	板ガラスを加熱して、フロートガラスの3〜5倍の強度を付与したもの。製造後の孔あけ、面取りなどの加工は一切できない。通称「テンパー」

合わせガラス	複層ガラス	高遮へい性能熱線反射ガラス	ガラスブロック
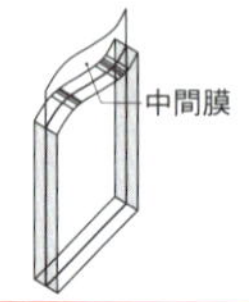 中間膜	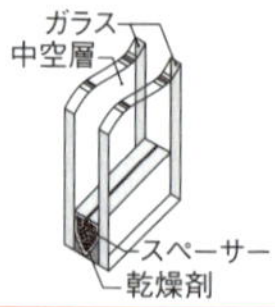 ガラス／中空層／スペーサー／乾燥剤	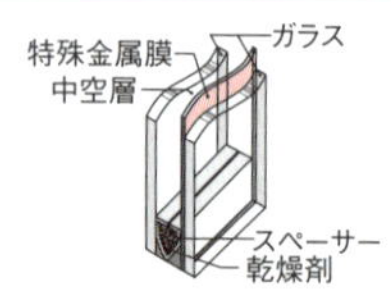 特殊金属膜／中空層／ガラス／スペーサー／乾燥剤	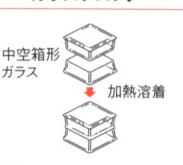 中空箱形ガラス／加熱溶着
2枚あるいはそれ以上のガラスを強い接着フィルムで加熱圧着して張り合わせた安全性の高いガラス。飛散防止、防犯、装飾などを目的に使われる	2枚のガラスの間に密封した空気層をつくり、断熱性を向上させたガラス。結露防止に有効	現在の熱遮へいガラスの主流。フロートガラス表面に金属を蒸着させている。可視光線の反射によるミラー効果、日射熱・紫外線の遮へい効果がある	内部が真空に近いため、音響透過損失が小さく、優れた遮音性を発揮。断熱性・耐火性にも優れる。パネル工法により、大壁面への施工も可能

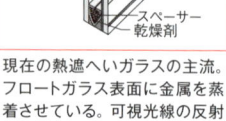

図2 | 主なガラスの製造ライン模式図

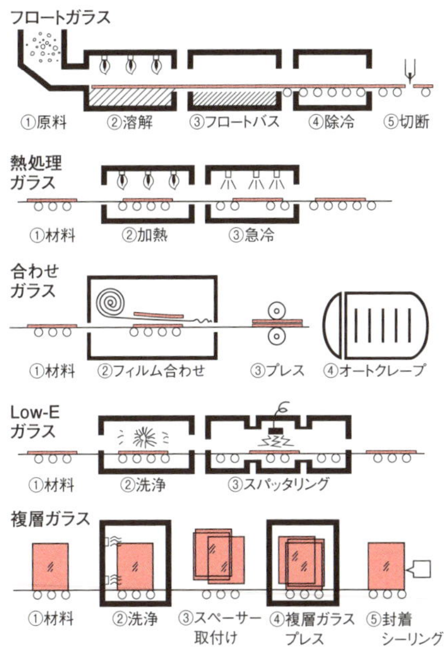

フロートガラス
①原料 ②溶解 ③フロートバス ④除冷 ⑤切断

熱処理ガラス
①材料 ②加熱 ③急冷

合わせガラス
①材料 ②フィルム合わせ ③プレス ④オートクレーブ

Low-Eガラス
①材料 ②洗浄 ③スパッタリング

複層ガラス
①材料 ②洗浄 ③スペーサー取付け ④複層ガラスプレス ⑤封着シーリング

写真3 | 高透過ガラス（アメリカ自然史博物館）

つけて急冷すると、ガラス表面に圧縮応力が入って強化ガラスになる。普通の板ガラスに比較して3～5倍の耐衝撃性・耐風圧強度をもっている。割れると破片は細粒状になる〔図1〕。

倍強度ガラス｜ばいきょうど―
別名エイチエス（HS＝Heat Strengthened）または半強化ガラス。強化ガラスと同じ製法だが、冷却速度を遅くすることで、強化ガラスよりもやや強度の低いガラスになる。

網入り板ガラス｜あみいりいた―
延焼区画の開口部やトップライトガラスに比べて多くの日射エネルギーを吸収し、赤外線や可視光線、紫外線を適度に抑えるガラス。線入りガラスと共に飛散防止効果をもたせる目的。防火設備に使用できる〔図1〕。

線入り板ガラス｜せんいりいた―
網の代わりに平行ワイヤーを入れたのが線入り板ガラス。加熱されて割れるとガラス片が抜け落ちてしまうため防火上有効でない。

熱線吸収板ガラス｜ねっせんきゅうしゅう―
通称熱吸〔ねっきゅう〕。日射を吸収するために、ガラス原料に微量の鉄、ニッケル、コバルトなどの有色金属を加えてブルー、グレー、ブロンズ、グリーンなどの色付きにしたフロートガラス。透明な板ガラスに比べて多くの日射エネルギーを吸収し、赤外線や可視光線、紫外線を適度に抑え、世界的に生産量が減っている。

熱線反射ガラス｜ねっせんはんしゃ―
通称熱反〔ねっぱん〕。フロートガラス製造時に溶けた金属酸化物などを噴霧して反射膜をコーティングしたもの。ビル外装に使うと、熱も光も反射するため鏡のように見える。製造方法からオンライン熱反といったり、被膜が丈夫なためハードコートと呼んだりする。色付きの熱吸に反射膜を付ければほとんど高性能熱反になる。現在はほとんど高性能熱反に切り替わっている。

Low・Eガラス｜ろーいー―
表面に低放射コート（主に銀）を施して表面輻射率を小さくしたガラス〔図2〕。断熱性、遮熱性が高い。銀を主に多層コートされているが、皮膜が傷みやすいため必ず複層ガラスにして使用する。可視光はよく通すため透明感が損なわれないことが特徴である。
また、コーティングのなかに2層の銀皮膜を含むダブルLow・Eガラスも製造されている。

高遮蔽性能熱線反射ガラス｜こうしゃへいせいのうねっせんはんしゃ―
遮熱・断熱の性能をさらに高めるため、遮熱・断熱性能をさらに高めることで、断熱・遮熱性能を調整できる。多層コーティングのなかに2層の銀皮膜を含むダブルLow・Eガラスも製造されている。

高性能熱反とかスパッタリングガラス（スパッタ）と呼ばれる、現在の熱遮蔽ガラスの主流。フロートガラスを真空炉に入れ、炉内の金属ターゲットを電極にし高圧放電させてガラス面に薄い金属膜を蒸着させる。皮膜が弱いので、工事や清掃には気を使う。

特殊機能ガラス｜とくしゅきのう―
瞬間調光ガラス、低反射ガラス、無反射ガラス、電磁遮蔽ガラスなどがある。

高透過ガラス｜こうとうか―
俗称白ガラス。ローアイアンなどとも呼ばれる。普通のガラスは緑色がかっている。これは原料中の鉄分の影響なので、鉄分を減らすことで透明度の高いガラスが得られる〔写真3〕。製法上はフロート板ガラスと変わりないが、原料価格や生産効率によるコストアップが避けられない。元来はショーケースなどが用途だが、最近はビル外装でも使われている。

複層ガラス｜ふくそう―
2枚の板ガラスをスペーサーで一定間隔に保持し、周囲を封着材で密封して内部の空気を常に乾燥状態に保った断熱性の高いガラス〔図1〕。結露防止にもなる。ペアガラスともいう。さらに金属皮膜を蒸着させ高性能化したものをLow・Eペアガラスという。このほかLow・Eペアガラスの間にフィルムを封入したり、中空層にアルゴンガスなどを入れて断熱性能を高めるなどさまざまな複層ガラスが開発されている。

真空ガラス｜しんくう―
2枚のガラスの間に0.2㎜のステンレス球を格子状に並べ封着して空気を抜いた特殊な複層ガラス。魔法瓶の原理で、高い断熱性能をもつ。日本板硝子の「スペーシア」がある。一般的な複層ガラスのような空気層をもたないので、総厚さが薄く、既存の溝幅の狭いサッシにもはめ込めるため、断熱改修などにも活

169

| 写真6 | ガラスの屋外床

| 写真5 | ノンスリップガラス

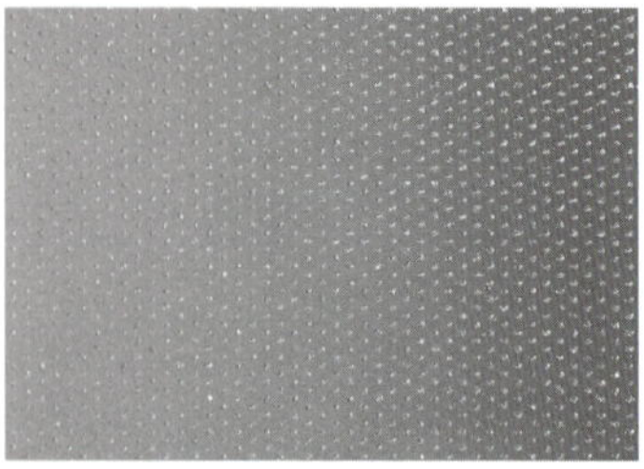

グラスキューブ

| 写真4 | ステンドグラス

小笠原伯爵邸

| 写真7 | 正確なガラス加工が必要なDPG構法

| 図3 | DPG構法

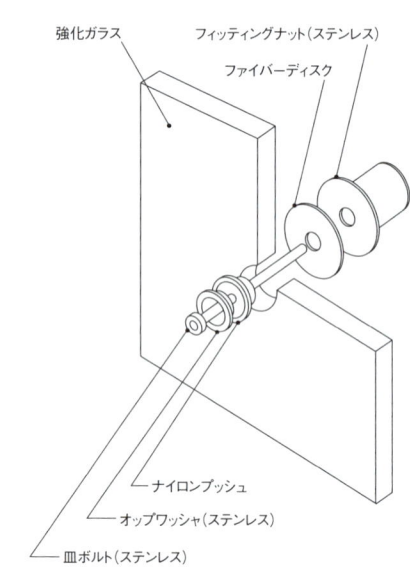

強化ガラス
フィッティングナット(ステンレス)
ファイバーディスク
ナイロンブッシュ
オップワッシャ(ステンレス)
皿ボルト(ステンレス)

タペストリーガラス｜通称タペ。サンドブラストでガラス表面を荒らしたあと、フッ酸でエッチング(腐食)して滑らかな不透明感を付加したガラス。すり板ガラスと異なり汚れが付きにくい。

耐火ガラス｜たいか—耐火壁としての性能をもつガラス。数枚のガラスをケイ酸ソーダ系樹脂(水ガラス)で積層してある。加熱されるとケイ酸ソーダが発泡し遮熱性能を発揮する。

セラミックプリントガラス｜表面に無機系インクで模様をシルクスクリーン印刷し、焼付け処理したガラス。通称セラプリ。白色のストライプやドット模様が一般的だが、色柄とも選択は可能。

ノンスリップガラス｜ガラス床のために開発された三芝硝材の商品。ガラス表面に、小さな粒状ガラスを規則正しく融着させて、ノンスリップ性を得ている。本来、ガラスは床材に向かないが、その緊張感を逆手に取ったり、光の透過性を利用したりという目的でガラス床が使われることがある。滑り止め用に、深い溝を付けたタペストリーガラスを用いて屋外床をつくった例もある[写真5・6]。

装飾ガラス｜そうしょく—フロストグラス、ブラインドグラス、ステンドグラス、和紙調ガラスなど、いろいろな装飾を施したガラス[写真4]。

生板｜なまいた—強化ガラスや倍強度ガラスのような熱処理をしていないガラス。

て、強化ガラスのさらに約2倍の強度をもたせ、火災時の熱ひずみに耐えられる。前者のほうがガラス自体のひずみは少ないが割高である。

防火ガラス｜ぼうか—開口部の防火戸として性能が認められたガラスで、網入りガラスと超強化ガラスが商品化されている。低膨張ガラスはホウケイ酸ガラスを用いたものと、結晶化ガラスのものがあり、いずれも熱膨張が極めて少ないため加熱されても割れないことから防火性能を得ている。また**耐熱強化ガラス**は熱処理によっ

シデンス効果が低減され、遮音性が向上する。ただし、遮音性能が劇的に向上するわけではないので、より厳しい遮音性能が必要な場合は、適切な中間層を設けた**2重サッシ**を使わざるを得ない。

遮音ガラス｜しゃおん—遮音性能を高めるため、中間膜に特殊フィルムを使用した合わせガラス。ガラスにはコインシデンス効果と呼ばれる共振現象があり、特定の周波数で遮音性が低下する。遮音ガラスは柔らかい特殊フィルムが振動を吸収するので、コイン

電波透過ガラス｜でんぱとうか—テレビなどの電波を透過する高性能熱反ガラス。受信障害防止のためビル外壁に電波吸収性能をもたせることがあるが、ガラスの性能にも気を付けないとならない。フロートガラスや熱反では問題ない

が、高性能熱反は金属皮膜の影響で電波を反射し障害を起こしやすい。ところが、皮膜の種類を特別に考慮することで反射率を抑えた電波透過型ができる。

構法

サッシレス｜サッシを用いないガラス支持方法のこと。**フレームレス**ともいう。ガ

ラスの隅に孔をあけ、ボルトで固定するDPG工法や、目地交差部に設けた金属板でガラスを挟み込むMPG工法などが知られている。

DPG構法 | でぃーぴーじーこうほう

Dot Point Glazingの略。ガラスの隅にあけた孔を金物で支持して構造体に留める方法。サッシなしで大きなガラス面を構成できるので、アトリウム外壁やトップライトなどに使われている［図3、写真7］。

MPG構法 | えむぴーじーこうほう

Metal Point Glazingの略。ガラスの四隅あるいは辺を円盤状などの金物で支持する方法。DPG構法に比べてガラスの孔あけ加工が不要な点でコストメリットがある［図4］。

SSG構法 | えすえすじーこうほう

Structural Silicone Glazingの略。変形の小さな高モジュラスシリコーンシーリング材でガラスをサッシに接着する構法。普通のサッシは溝のなかにガラスをはめて、シーリング材やガスケットで固定し止水をするが、SSGでは外部側にサッシ部材がなくてもガラスが止められる。シーリング材に接着不良が生じた場合、最悪ガラスが外れる恐れがあるという問題を抱える。欠陥の責任所在が明確になりにくく、保険が浸透しないわが国

では採用に踏み切れず、ほとんど広まっていない［図5］。

リブガラス構法 | こうほう

フェイスガラス（面ガラス）を、シリコーンシーリング材を介したりブガラスで保持し、比較的大きなガラススクリーンを構成する方法。リブガラス・貫通リブに分けられる。片リブ・両リブ・貫通リブに分けられる。シリコーンシーリング材の接着力で風圧に耐える構造なので、SSG構法の変形と考えられる。ほとんどがビルのエントランスホールや店舗のショールームなど1階部分に使われる。

工法・施工

切断加工 | せつだんかこう

ガラスを切断するには、超硬合金のカッターでガラス表面を傷つけ、折り割りする。面に垂直で欠けや突起のない切断状態を**クリアカット**と呼ぶ。網入り板ガラスも同様の方法で切断するが、網を切断するためにガラスを加工台の上で強くずらす作業が加わる。また、ガラスを曲線に切断する際は、研磨材を混入させた高圧水を使ったウォータージェット加工機が用いられる。

映像調整 | えいぞうちょうせい

建物に取り付けられた反射ガラスに映りこむ像が整うように、ガラスやサッシを選定したり、はめ込みの際にガラス位置を調整したりすること［写真8］。

小口処理 | こぐちしょり

切断されたガラスの端部を加工すること［図6］。角を細く45度に落とす糸面取りと小口面の凹凸を除く荒擦りが基本的な処理。さらにガラスの使い道によって、面取りや小口磨き、かまぼこ形状の

| 図4 | MPG構法

商品名：MPG-1（立山アルミ）

| 図5 | SSG構法

商品名：ビッグマスク-SGT（日本板硝子）

| 図6 | ガラスの小口処理

切り放し（きりはなし）
ガラスを切ったままなので鋭角

糸面取り（いとめんとり）
角を落として扱い易くする

荒擦り（あらずり）
さらに面を擦って平らにする

面磨き（めんみがき）
透明になるまで磨き上げる

かまぼこ磨き（かまぼこみがき）
家具などの用途に使用

| 写真8 | 美しく映像調整された反射ガラスファザード

グレージングマシン

ガラスの取り付けは吸盤を用いて人力、あるいはウインチを使用して行うのが基本だが、グレージングマシンと呼ばれる専用の機械を使う場合もある[写真9]。施工の省力化が図れるが、かなり大きな装置なので、完成後のビルでは使用しにくい。

加工などが行われる。

ガラスフィルム

ガラスに後から張って、さまざまな機能を付加する樹脂接着膜。機能としては、養生・飛散防止・着色・日照調整・断熱・視線遮断・装飾などと多岐にわたる。

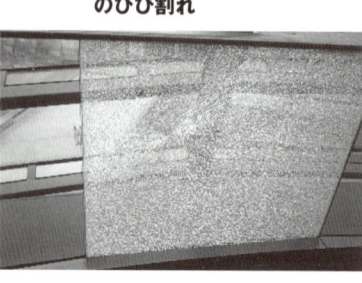

不具合

自爆

しばく過度の外力や温度差が加わることなくガラスが自己破壊すること。強化ガラスに多い自然破壊現象である。熱処理ガラスすべてに起こり得る。傷が成長して起こることもあるが、多くは成分中の不純物の膨張が原因。ガラス成分中の不純物であるNiS（硫化ニッケル）はガラスが高温ではα型で安定しているが、温度が下がるにつれほとんどがβ型に転移する。ところがα型のまま残留したNiSがあとからβに変化すると体積増加が起き、強化ガラス内部の応力バランスが壊れて破壊する。破壊による脱落防止のために、合わせガラスにするか飛散防止フィルムを張る[写真10]。メーカーでは出荷前に強制的に自爆を促すヒートソーク試験[写真11]を行っているが、試験をすり抜けてしまうガラスもある。

熱割れ

ねつわれ日射などの加熱により窓ガラス内に温度差が生じ、周辺部に発生しない引張り応力によって割れが起きる現象。

錆割れ

さびわれ網入りガラスの網小口が錆びることが原因で熱割れの引き金となる。多くは熱割れの引き金となる。排気中の二酸化炭素と結び付き、シリカゲルとなってガラス表面に白く堆積する。雨水程度では問題ないが、プールや浴室、シャワー室、噴水のそばなど多量の水がかかる場所では発生することがある。焼けを防ぐためには、定期的な清掃を行う必要がある。

映像ゆがみ

えいぞうゆがみ外装ガラスに映った像のゆがみ[写真12]。原因には、熱処理ガラスの板反りや波模様（ローラーウェーブ）、複層ガラスの凹凸変形などがあり、これらは製造技術による程度の差が大きい。こうした要因のないフロートガラス単板でも、施工時に無理な力が加わって映像ゆがみが生じることがある。

焼け

やけガラス表面にできる白い跡[写真13]。ガラスが水分にさらされ続けると、溶解したアルカリ成分が大気中の二酸化炭素と結び付き、シリカゲルとなってガラス表面に白く堆積する。

デラミネーション

合わせガラスが部分的に剥離する欠陥[写真14]。樹脂中間膜の接着状態に不具合が生じると、シダの葉のような気泡が現れる。ガラスの凹凸による密着不良・製造時のガラス洗浄不足・中間膜の含水過多などの要因が挙げられる。こうした原因がなくても、外気に面する小口部のわずかなデラミネーションは避けがたいとされる。

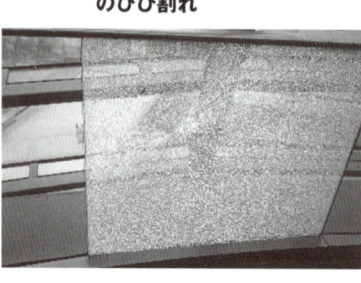

写真10 ｜ 強化ガラスの自爆による網目のひび割れ

写真9 ｜ グレージングマシーン

写真11 ｜ ヒートソーク試験

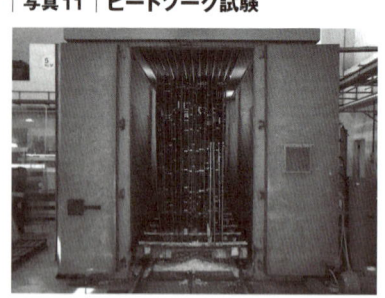

写真12 ｜ ミラーガラスの映像ゆがみ

写真13 ｜ 焼け

写真14 ｜ デラミネーション

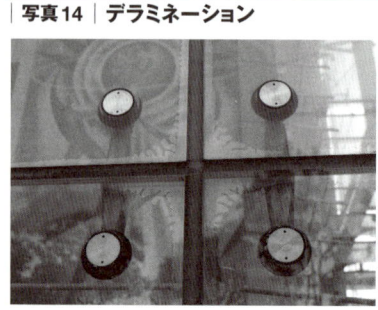

仕上げ タイル工事 5

材料

タイル

粘土を主原料に成形して焼成した小片状・陶磁器質の薄板[表1・2、写真1]。形状や質感を似せた擬似材料と区別するためにセラミックタイルとも呼ばれる。吸水率により区分され、1％未満の磁器質は1千300℃前後で焼成され硬くて緻密、5％以下のせっ器質は1千200℃前後で焼成されやや軟らかく、22％以下の陶器質は1千100℃以下で焼成され軟らかく主に屋内壁に用いられる。このほか、吸水率22％以上のものも流通している。製造には粉末状の原料を高圧プレスする乾式製法と、粘土状の原料を押出しや鋳込み成形を行う湿式製法がある。外装タイルの寸法は、れんがの小口面、長手面の大きさの小口平、長手面の二丁掛けを基本に、その1.5倍の三丁掛け、2倍の四丁掛けと呼称する。また小割の50角・50二丁などのモザイクタイルがある。内装用は100角をはじめ、

素地［そじ］

生地［きじ］

タイルの素材のこと。砂・石・粘土などの原料を微粉砕・調合したものを素地または胚土［つち］という。素地を型に入れて焼き固めるとタイルになる。原料、焼成方法などによって性質が異なり、特に吸水率に影響する。吸水率によって、磁器質（1％以下）・せっ器質（5％以下）・陶器質（22％以下）に分類される。

土物［つちもの］

無釉の湿式製法タイル。砂や粘土など原料自体の色を見せるものが多い。

練り込み［ねりこみ］

無釉の乾式製法タイル。原料に顔料を混ぜて着色する。

外装用タイル［がいそうよう］

外装で用いるための耐候性に優れたタイル。磁器質、せっ器質が用いられる。

釉薬［ゆうやく（うわぐすり）］

タイル表面に塗布して焼成することで、色彩や光沢などを付加する無機質材料。真珠光沢を得るためスズやチタンを用いたラスター釉、焼成時の自然な色変化を狙ったマット釉、つや消し効果のある窯変釉など多様。意匠によって使い分けられる。

大型タイル［おおがた］

従来からある一般的な寸法を超えたタイル。300×300mmから600×900mm程度までである。普通の現場張りには向かず、乾式工法・PCa打込みの小口平、長手面の二丁掛けを基本に、その1.5倍の三丁掛け、2倍の四丁掛けと呼称する。また小割の50角・50二丁などのモザイクタイルがある。内装用は100角をはじめ、用として使用される。

割肌タイル［わりはだ］

厚手の湿式タイルを割って、割石のような仕上げにしたもの。

スクラッチタイル

くし目を付けた昔風の湿式タイルのこと。

テラコッタ

建材用の焼き物のうち、普通のタイル形状以外のもの。一般のタイルやレンガより重く、大きく厚みのあるものを指す。元来は装飾用の素焼き陶器で寸法精度の高い硬質のタイルを指したが、現在は硬質で寸法精度の高いルーバーや外装用パネルなどもつくられるようになり幅が広がった。近年では国内外の著名な高層ビルでも見かけるようになった。

円形や不定形など多種。あるタイルと呼ばれ、従来からある大型タイルの寸法を超えるものは大型タイルと呼ばれ、600×900mm程度まで一般に製造されている。

表1 | タイルの分類と寸法

分類	呼称	寸法(mm)
モザイクタイル	八分	24.5×24.5
	50角	45×45
	50二丁	45×95
外装タイル	小口	108×60
	ボーダー	227×40
	二丁掛け	227×60
	三丁掛け	227×90
床タイル	100角	94×94
	100角二丁	194×94
内装タイル	100角	97.5×97.5
	200角	197.5×197.5

※れんがの小口面は108×60mm、長手面は227×60mm

表2 | タイルの焼成温度と性質

素地の質	焼成温度	素地の特徴	適応
磁器質	1,250℃	キメが細かい・薄くて丈夫	外装・床でも使用可
せっ器質	1,200℃	焼き締まっている・薄くて丈夫	外装・床でも使用可
陶器質	1,000℃	キメが粗い・厚みがあり、丈夫	内装壁のみ使用可
土器質	800℃	最もキメが粗い・厚みがあり、やや脆い	外装・床でも使用可。凍害注意

写真1 | 各国のタイル

ポルトガルのタイル アズレージョ。白色施釉の素地に顔料で絵付けをする

マレーシアのタイル 多彩なレリーフは華のモチーフが多い。腰壁などに用いる

モロッコのタイル ゼリージュ。日干しレンガの窯で焼成。モザイク状に張る

スペインのタイル テラコッタタイル。素焼きの土っぽい風合い。床に多用される

素焼きのテラコッタタイルを張った床。装飾的な壁面とは対照的。スペインやポルトガルで多く用いられる

図2 | タイル目地の種類

平目地／沈み目地／深目地
タイル／下地モルタル／目地モルタル
タイルの厚さの半分以下にする

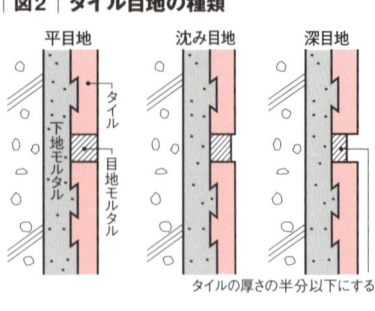

図1 | 裏足寸法の考え方

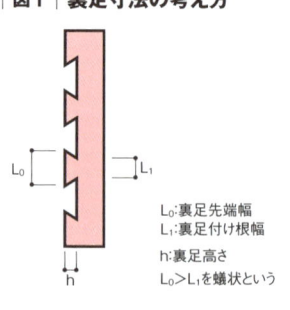

L_0：裏足先端幅
L_1：裏足付け根幅
h：裏足高さ
$L_0 > L_1$を蟻状という

写真2 | モザイクタイルを使ったキッチン

不具合

ラスタータイル タイル表面に錫やチタンの薄い被膜を生成させて、真珠のような光沢をつけたもの。

ブリックタイル 型枠先付けに使う、釘孔のついた大型タイル。

モザイクタイル 小さなタイルのことで、一般的に10～50mm角程度のものを指す［写真2］。

光触媒 ひかりしょくばい 紫外線によって活性化し、汚染物質を分解する作用のあるコーティング材。原料には酸化チタンが用いられる。もともとタイルは汚れにくい材料だが、さらに汚染防止を狙って開発された。

裏足 うらあし タイル裏面のリブ状の凹凸形状［図1］。タイル張りの際にモルタルが引っ掛かって付着させるため、裏足の深さと形状は重要。裏足の溝底が開いた形状を蟻足［ありあし］と呼び、外装用タイルでは必須とされる。輸入品には蟻足でないものもある。
溝の深さ（裏足高さ）についても規定があり、小口タイル以上は1.5mm以上、モザイクタイルでは0.7mm以上が必要。

虹彩 こうさい 施工後のタイル表面に現れる皮膜状の汚れで、虹色に見えることからこの名前が付いた。セメント成分と炭酸ガスが反応してできたケイ酸質の皮膜により干渉色を示す。釉薬の種類によっては目立ちやすいものがあり、特にラスタータイルで目立つ。先付け工法でも現れることがある。除去には劇薬のフッ酸を用いることが必要となるため、タイルを傷めないように注意が必要である。

エフロ （エフロレッセンス）、鼻垂れともいう。セメントの硬化過程でモルタルが含有する水酸化カルシウムが水に溶けてカルシウムイオンが溶け出し、大気中の二酸化炭素と結合して不溶性の炭酸カルシウム（$CaCO_3$）を生成したもの。白い粉体や固まりになりタイル面を汚す。タイルや石の場合、下地のモルタルが白華現象を起こし、タイル、石の表面に付着する。軽度なものは酸洗いで除去可能。根本的な対策はタイル裏面に水が回らないようにすることである。

おなま タイルの原型のままなもの。

タイル目地 めじ 止水とタイルの間隙［図2］。止水とタイル保持のため、一般に目地モルタルを充填する。目地の深さにより、タイル面とほぼ同面の**平目地**、タイル面よりも少し目地を落とした**沈み目地**、さらに深い**深目地**に分けられる。深すぎる目地は剥落の原因になるので、タイル厚さの半分以下に留める。

深目地 ふかめじ タイル厚さの半分以上の深さをもつ目地仕上げ。目地には止水のほかにもタイルを保持する役目もあり、深目地は剥落の可能性が高い。

伸縮調整目地 しんしゅくちょうせいめじ タイル壁面の伸縮を逃がすため、適切な間隔に設けるシーリング目地。タイルは日射や雨水の影響で膨張・収縮を繰り返す。壁面が大きいと変位量が増えて剥落しやすくなるため、水平方向はコンクリート打継ぎごとに、垂直方向はおよそ3mごとに、幅15mm程度の目地を設ける。

張り代 はりしろ 石やタイルを張り付ける場合のモルタルの厚み。

製法 せいほう タイルの成形方法。原料の練り土を金型から連続的に押し出して成形する**湿式製法**と、調合した粉体をプレスして成形（加圧成形）する**乾式製法**がある。湿式は厚手で柔らかい雰囲気、特に無釉の湿式タイルは**土もの**と呼ばれ、砂や粘土など原料自体の色を見せる。乾式は正確な寸法精度が特徴で堅い表情。乾式で無釉の**練込み**は原料に顔料を混ぜて着色したもの。

焼成 しょうせい 窯でタイルを焼くこと。窯内に十分な酸素のある**酸化焼成**と、反対に酸素欠乏状態で焼く**還元焼成**がある。不均一で味のある色調は還元焼成で得られる。

ハイドロテクト TOTOが開発した光触媒技術。紫外線によって活性化する酸化チタン皮膜をタイル表面に形成させ、超親水化と有機物分解作用によって汚れにくくする。ガラス、ホーロー鋼板などに使用されている。

乾式工法 かんしきこうほう 張付けモルタルを使用する湿式工法ではなく、アンカー金具やレ

工法・施工

図3 | タイルの主な工法

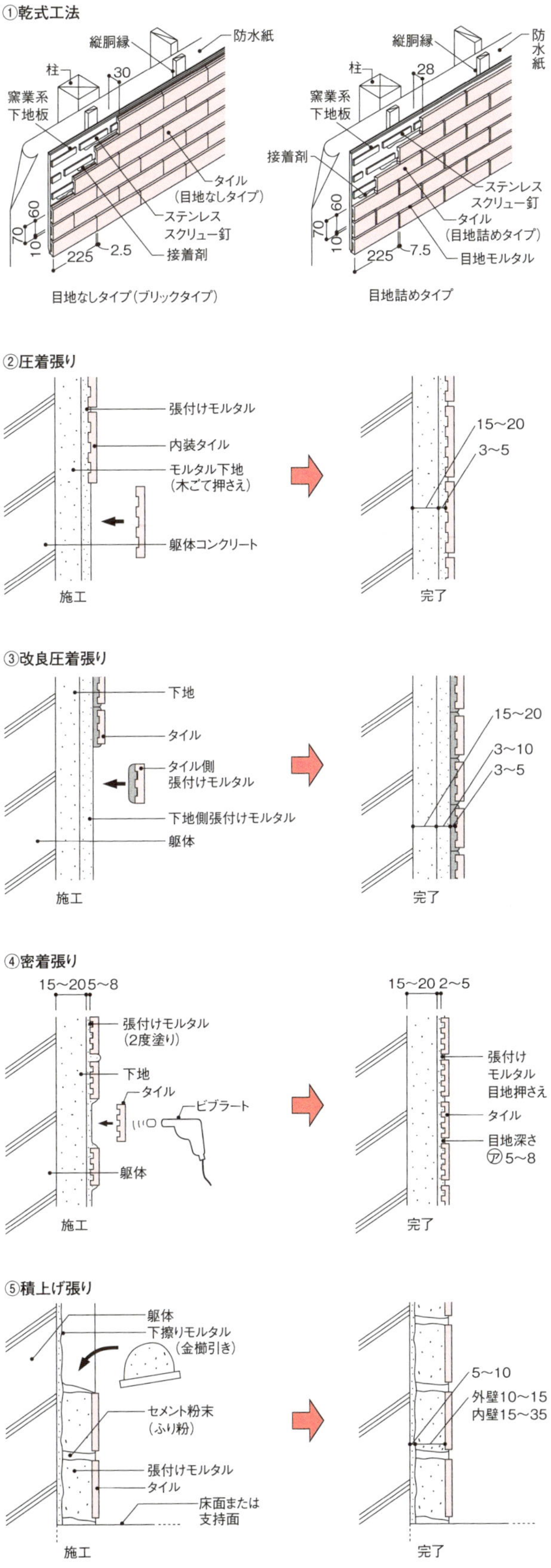

①乾式工法

目地なしタイプ（ブリックタイプ）／目地詰めタイプ

柱、縦胴縁、防水紙、窯業系下地板、ステンレススクリュー釘、タイル（目地なしタイプ）、接着剤、タイル（目地詰めタイプ）、目地モルタル

②圧着張り

施工：張付けモルタル、内装タイル、モルタル下地（木ごて押さえ）、躯体コンクリート
完了：15～20、3～5

③改良圧着張り

施工：下地、タイル、タイル側張付けモルタル、下地側張付けモルタル、躯体
完了：15～20、3～10、3～5

④密着張り

施工：15～20、5～8、張付けモルタル（2度塗り）、下地、タイル、ビブラート、躯体
完了：15～20、2～5、張付けモルタル目地押さえ、タイル、目地深さ ⑦5～8

⑤積上げ張り

施工：躯体、下擦りモルタル（金櫛引き）、セメント粉末（ふり粉）、張付けモルタル、タイル、床面または支持面
完了：5～10、外壁10～15、内壁15～35

接着張り｜せっちゃくばり

乾式工法の1種。モルタル下地や石膏ボード下地に接着剤を塗布して櫛目を付け、もみ込むように張る。簡易なため施工能率に優れる。主に台所など水掛かりの少ない内装に行われる。外装での適用を目指し、接着剤の開発や施工試験の優れた弾性接着剤が長く行われてきたが、割高な価格や瑕疵責任区分のあいまいさが障害になっている。最近は耐水性の高い接着剤を用いて浴室や屋外など水掛かりの部位でも採用されている。

弾性接着剤張り｜だんせいせっちゃくざいばり

挙動追従性の高い弾性接着剤（変成シリコーン・エポキシ樹脂など）でタイルを張ること。外装での実施例は少ない。

改良圧着張り｜かいりょうあっちゃくばり

後張り工法の1種で、下地に張付けモルタルを塗って張る工法［図3②］。施工能率がよく、多用されている。しかし、モルタルのドライアウト（乾燥）や厚み不足、押さえ不足による充填不良などの欠陥が起こり得る。タイルを1枚ずつ張る場合と、モザイクタイルユニットごとに張る場合がある。

密着張り｜みっちゃくばり

後張り工法の1種。圧着張りでは鏝の柄や木ブロックでタイルを叩いて押さえるが、同工法では小型振動機（ビブラート）を用いられる［図3④］。振動でモルタル充填が改善され、接着力のバラツキが少ない。主に外壁に用いられる。

圧着張り｜あっちゃくばり

後張り工法の1種で、下地面に加え、タイル裏面にも張付けモルタルを塗って張る工法［図3③］。多少手間がかかるが、圧着張りに見られる欠陥が減少し、信頼性が向上する。モルタル厚さが増すため、モザイクタイルには不向きで、小口タイル（108×60㎜）より大きなタイルに使用される。

積上げ張り｜つみあげばり

湿式工法の1種。張付けモルタルを裏面に載せて、櫛引きしたモルタル下地に揉み付けて張る壁に適用する方法［図3⑤］。だんご張りともいわれる。主に内装水廻り壁に用いられる。

モザイクタイル張り｜ばり

シート張りのモザイクタイルユニ

図4｜タイル張り

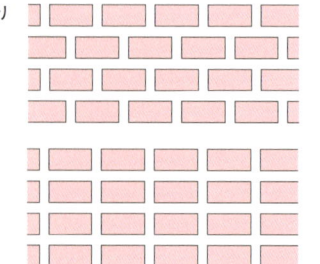

①馬のり張り
②横芋張り
③縦芋張り

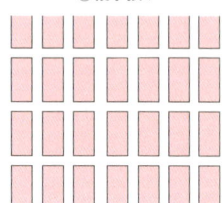

図5｜タイル割りの考え方

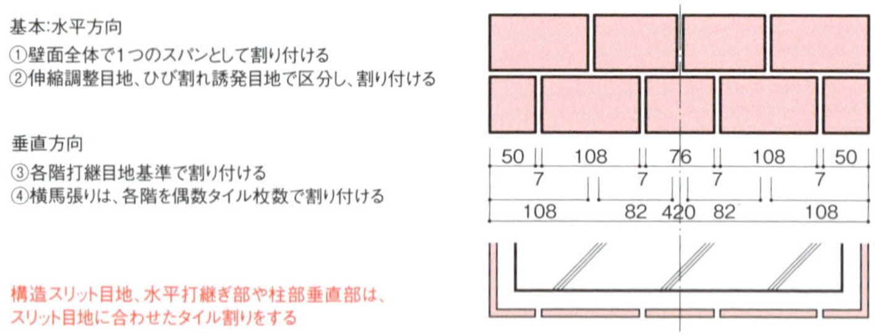

基本：水平方向
①壁面全体で1つのスパンとして割り付ける
②伸縮調整目地、ひび割れ誘発目地で区分し、割り付ける

垂直方向
③各階打継目地基準で割り付ける
④横馬張りは、各階を偶数タイル枚数で割り付ける

構造スリット目地、水平打継ぎ部や柱部垂直部は、スリット目地に合わせたタイル割りをする

図6｜一般的な柱型の割付け

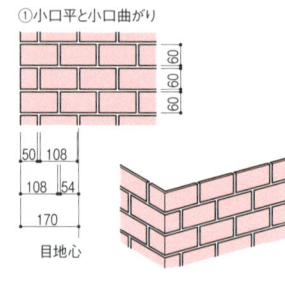

①小口平と小口曲がり
②二丁掛と標準曲がり

マスク張り｜ばり　後張り工法の1種で、モザイクタイルユニットの裏面に、マスクと呼ばれる板をあてて孔のあいたマスクを使ってモルタルを塗って張る工法。マスクを使うのは、タイル裏面への張付けモルタル着を高め、均一な張付けモルタル厚さを確保するため、タイルユニットの裏面にモルタルを塗って張る工法のこと。

に対し、圧着張りを行う工法のこと。

直張り｜じかばり　コンクリート面に下地モルタルを塗らず補修程度で直接タイルを張ること。省力化できるため普及している。

シート張り｜ばり　施工性をよくするために、仕上りに合わせて並べられたモザイクタイルの表面に紙張りしたもの。30cm角で1ユニット。

先付け工法｜さきづけこうほう　現場でタイルを張る後張り工法に対し、PCa版にタイルを打ち込む工法。後張り工法に比べて剥落の危険性が小さい。また、現場打ちコンクリート工事で、型枠に先付けしてコンクリートに打ち込む方法も先付け工法の1種と考えられるが、コンクリートの充填状況が確認できないため、躯体の品質管理が難しく、現在はほとんど行われない。

タイルパック　接着シートにタイルと発泡目地材を張ってユニットにしたもの。PCa板にタイルを打ち込む際に使用する。タイルが動かないこと、のろが溢れないこと、コンクリート目地の仕上がりがきれいなことが要求される。

タイル割り｜わり　タイルの配列方法または配列を整えること。タイル割りはレンガ積みのパターンに起源があり、芋張り、馬のり張りに加え、各種の小口と二丁掛けの組合せ方法が知られている［図4～6］。

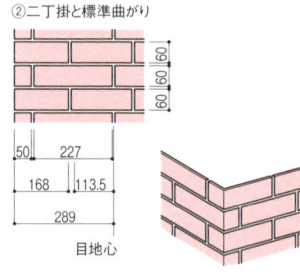

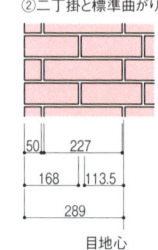

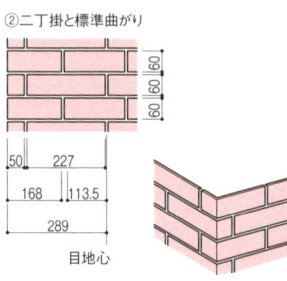

MCR工法｜えむしーあーるこうほう　モルタル・コンクリート・リベットの略。タイル下地のコンクリート面にモルタルの食いつきに優れる連続孔を形成する方法。タイルの剥離防止に大きな効果がある。梱包用のエアパックに似た専用シートを使う。

剥落防止ネット｜はくらくぼうし　タイルあるいは下地モルタルが外壁などから剥がれ落ちないように、モルタル中に埋め込むネットのこと。ポリプロピレン繊維などを使用した立体網目不織布・立体織布などがある。

既調合モルタル｜きちょうごう　張付けモルタル・目地モルタル用にセメント・細骨材・無機質混和材・水溶性樹脂などを工場配合したもの。現在では良質な砂の入手が困難なため多く利用されている。材料配合によるバラツキが少なく、各種の混和材が配合され、施工性がよい。

高圧洗浄｜こうあつせんじょう　超高圧水でコンクリート面を目粗しして、モルタルの付着性を安定化させる方法。また目粗しとともに脆弱部を除去することもできる。清掃用のジェット水程度では効果が薄い。

引張り試験｜ひっぱりしけん　施工後のタイルの接着力を測定する破壊試験。基準によれば、後張りでは0.4N/㎟、PCa打込みでは0.6N/㎟が合格ライン。

打診検査｜だしんけんさ　タイルの浮きを調べるため、鋼球の小ハンマーを用いて打音を聞く検査方法。簡単で確実。広い面積を自動的に診断するロボットも開発されている。

仕上げ

左官工事

6

左官は、水を用いた塗り材料で仕上げる工法で、時間の経過とともに余分な水を蒸発させ、壁を完成させる。湿式工法といわれ古来より行われている。工法別に大別すると土系、漆喰系、モルタル系、プラスター系がある。最近は自然素材ブームから、左官仕上げのもつテクスチュアが見直されている。

下地・下地補強材

下塗り したぬり。下地とその後の塗り層を結合させるための塗り層。荒壁がこれに当たる。

中塗り なかぬり。中塗りは、塗壁で最も重要な塗り層。中塗り土＋スサ＋砂で構成される。

上塗り うわぬり。仕上げ層を塗る工程。色土に骨材やスサを練り混ぜたものや、漆喰を練り混ぜたものを用いる。

小舞・木舞 こまい。土壁などを構成する竹や木で縦横に組んだ壁などの下地のこと［図1、写真1］。小舞の編み方（小舞を掻く［こまいをかく］）や種類は地方によって異なる［表1］。最近は、金属製のラスも使用される。

割り竹 わりたけ。小舞に使用できるように、1.5～2.0cm幅に竹割り器やなたで竹を割ること。

小舞掻き こまいかき。小舞竹を編む方法のこと。

千鳥掻き ちどりかき。小舞の縦竹に適した結わえ方。

縄からげ なわ—。小舞の横竹に適した結わえ方。

小舞縄 こまいなわ。小舞を掻く縄のこと。わらの細目やシュロ縄が用いられる。ビニル

ひもが使用される場合もあるが、滑るなどの欠点がある。

間渡し竹 まわたしたけ。親骨ともいう。小舞竹をからめていく親骨の竹で、若干、太いものを選んで用いる。

荒木田土 あらきだつち。荒壁に使用する土で、粘土を含む粘性土。関東での呼び名である。荒木田と略すこともある。

千鳥掻

| 図1 | 小舞土壁の構成

間渡し竹
チリ決り
小舞竹
貫伏せ
間渡し竹
貫
荒壁
中塗り
上塗り
裏返し
チリ

| 写真1 | 竹小舞壁

| 図2 | 小舞土壁の施工フロー

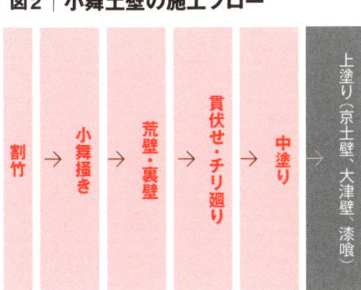

割竹 → 小舞掻き → 荒壁・裏壁 → 貫伏せ・チリ廻り → 中塗り → 上塗り（京土壁、大津壁、漆喰）

荒壁 あらかべ。小舞に1番最初に塗る壁で、粘性土とわらスサで構成される［図2］。

裏壁 うらかべ。裏返しともいう。荒壁を付けたその裏側のこと。裏壁には、荒壁の裏にはみ出したイボを掻いてから、若干、軟らかめの練り土を使うか、砂を混ぜる場合もある。

| 表1 | 小舞の種類

竹小舞 [たけこまい]	温暖地に生える真竹を八～十つ割にして掻いたもの
木小舞 [きこまい]	9×24㎜程度の柾目材の木を配した小舞。大壁にする場合や、塗り厚が厚い土蔵などの下地に使われる
篠小舞 [しのこまい]	真竹より細く節と節が長い女竹を四つ割にして掻いたもの
葭 [よし]	竹の育たない寒い地域では葭を2本重ねて小舞に使用する
小舞縄 [こまいなわ]	藁、棕櫚を細かく編んだ縄で約1mの長さに切って使用する
間渡し（竹） [まわたし（だけ）]	柱間や貫間に打ち、小舞縄をからめる力竹
本四つ小舞 [ほんよつこまい]	縦、横ともに真竹の割り竹を用いたもの
縦四つ小舞 [たてよつこまい]	縦のみ真竹の割り竹、横は篠竹の割り竹を用いたもの
並小舞 [なみこまい]	縦横ともに篠竹を用いたもの。竹を丸のまま間渡しに使用したり、二つ割にして用いたもの
バンブーネット 既製小舞 [きせいこまい]	四つ割の真竹を格子状に組み合わせ、あらかじめネット状にした竹製ラスのようなもの。貫板に釘またはステープルで留める
小舞ラス [こまい—]	金属性のラスで貫を挟んで両面からステープルで留める

| 写真3 | 塗込みメッシュ

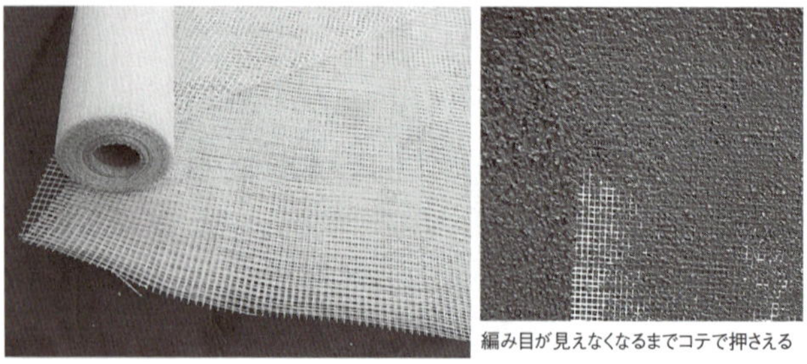

編み目が見えなくなるまでコテで押さえる

| 写真2 | ラスボード

左官材の付着をよくするために孔があけられている(ニューラスボード)

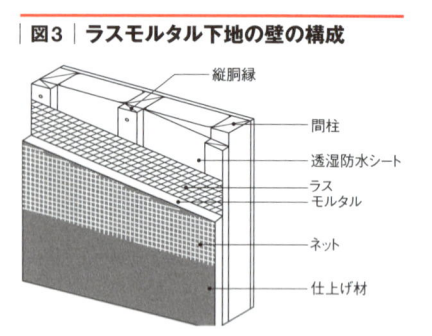

| 表2 | ラスの種類

メタルラス	上浦など薄塗りの下地に使用する。平ラスともいう
ワイヤメタル	ラス目がメタルラスの倍のラス。鉄板が厚いものは耐震ラスとして使われる
リブラス	鉄骨をくるむのに使う。ラス目はメタルラスより細かい
ラスシート	波形鉄板にメタルラスを溶接した下地
ラスカット	構造用合板にポリマーモルタルを型付けした下地材

| 図3 | ラスモルタル下地の壁の構成

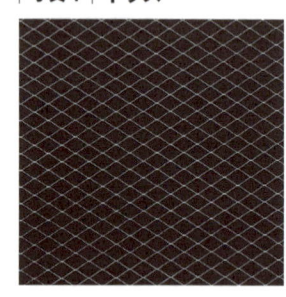

縦胴縁／間柱／透湿防水シート／ラス／モルタル／ネット／仕上げ材

| 写真4 | 平ラス

| 写真5 | 波形ラス

| 写真6 | リブラス

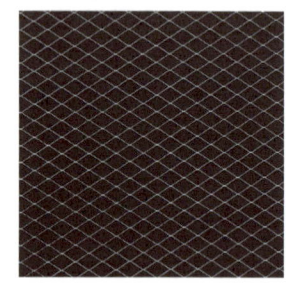

ラスボード

木摺 | きずり — 目の通ったスギの小幅板（1寸幅）を、野縁、貫に打ち付けた漆喰下地のこと。

石膏ボード | せっこう— | プラスターボード。無機系ボードで、最近はこの下地にプラスターを薄塗りで仕上げる工法が増えてきて孔のあいた石膏ボードのこと。下地として、石膏プラスター塗りに使用することが多い[写真2]。

ラス

ラスモルタルを塗る下地のこと[図3、表2]。ラス網とも。形状で平ラス、コブラス、波形ラス、リブラスに分かれる。線径が細く、防錆処理が施されていないものは、腐食などの耐久性に劣る。ラスは千鳥に張り、開口部に継目がないように配慮する。

ラス下 | した— | ラス張りの下地のこと。木造のモルタル外壁などに使われる一般的な下地である。ラス下地材や構造用合板などが使われる。ラス下地材は12×75mm以上、20mm間隔程度の目透かし張りで、5枚

塗込みメッシュ | ぬりこみ— | ボードの継ぎ目に、ひび割れ防止のために張る3〜5mm目の網のこと。寒冷紗や耐アルカリ性ガラス繊維などがある[写真3]。

ラス下地材は、腐りにくい樹種で十分な板厚をもち、必ず乾燥材でなくてはならない。構造用合板は、柱・間柱・梁などの横架材に確実に釘で留付ける。910×2730mm版は縦張り、910×1820mm版は縦張りや横張りと使い分ける。

平ラス | ひら— | ラス補強用に使用される[写真4]。現場では単にメタルとも呼ぶ。関東地方の平ラスは、関西地方のものは網目が大きくて太い。薄い平ラスは、もつれたり、折り曲がったり、変形してしまうことがある。

こぶラス — 平ラスの1部をコブ状に盛り上げたもの。一定間隔でコブを設けることで、モルタル塗りの厚さを確保できる。これによって安定した強度を保てるようになった。こぶラスは一時期あまり見かけなかったが、改良によって見直されてきている。

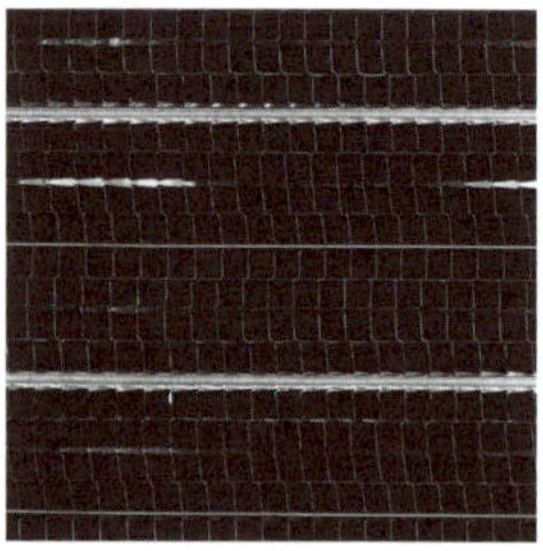

リブラス — 一方向に引き伸ばされたメタルラスに、一定間隔でV形のリブ鉄板を付けたものである[写真6]。リブラスは下地板なしの状態で仕上げられ、主に鉄骨造の防火モルタル仕上げの下地や天井・屋根下地に使用される。鋼線での接合は腐食

以下ごとの乱継ぎにし、N50釘2本を平打ちする。ただし、N50の釘打ちは、ラス下地材の材質によっては割れが生じることがあるので、FN50釘を機械打ちする場合もある。ラス目は重ね継ぎ、19mmの足長ステープルで100mm間隔に千鳥に打ち付ける。

5]。波形1号（700g/m²）が木造外壁に多く使用され、JASS 1や公庫仕様に規定されている。張付けは継ぎ目を縦横とも30mm以上

波形ラス | なみがた— | 波を打つような形状のラス[写真5]。

写真7 | ジョイントテープの施工

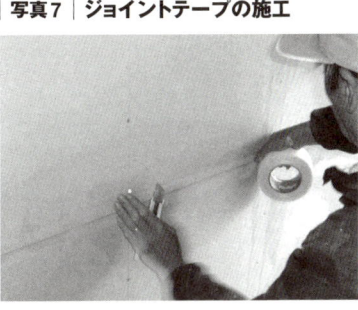

図4 | 埋込み定木の使用部位

オダレ定木
入隅（切付け）
コーナー定木
下端起こし

写真8 | パテの施工

するため、ステンレス線を用いる。モルタルに耐アルカリ繊維を混入すると、付着がよくなり、耐久性が高まる。

ラスシート
亜鉛鉄板を角波形に加工した面にメタルラスを溶接したもの。小規模の鉄骨造・木造建築物に使用されている。当初、鉄骨外壁のモルタル下地材料として昭和30年に実用新案が登録され、その後、鉄骨造の屋根・床・間仕切から、柱・梁の耐火被覆下地として用いられてきた。しかし、現在ではALC板のような面材が普及したため、ラスシートの施工例は少なくなってきている。

ジョイントテープ
石膏ボード継目部に張るひび割れ防止用のテープのこと［写真7］。幅

40～50mmの紙製と、幅50mm、厚さ0.2mm程度のガラス繊維製が一般的である。それぞれ糊付きと糊なしがある。紙製のものは、比較的厚塗りの仕上げ材に使い、テープ内側に空気溜まりができないように貼ることが重要。ガラス繊維製は、比較的薄塗りの仕上げ材に使う。施工では、両者とも肉厚の薄いコテやパテヘラで継目に沿って切り込むようにしごきながら密着させる。

防水紙｜ぼうすいし
防水シートのこと。ラス張りの下張りに用いる。アスファルトフェルトやアスファルトルーフィング、透湿防水シートなどがある。

ステープル
ラスを留める釘。最近は、エアータッカーを用いて19mmのステープル

を打つのが一般的となっている。

ラスカットパネル
構造用合板にポリマーモルタルを下塗りしたノダの製品。塗る回数が減るため、工期短縮が可能となる。なお下塗りはモルタルに限る。

埋込み定木｜うめこみじょうぎ
角面などに張り、モルタルで埋め込むプラスチック製の定木［図4］。

左官材料

セメントフィラー
日本住宅公団（現・都市再生機構）が始めた工法で、セメント＋ケイ砂＋ポリマーディスパージョンからなる下地調整材。

パテ
下地となるセメントや合板などのアルカリ分やヤニの溶出を止める塗料で、耐アルカリ性の合成樹脂エマルションやでんぷん糊を主成分としたものが多い。アルカリ分などの溶出がひどい場合には、3～4回と塗り重ねる必要がある。

あく止めシーラー｜どめ―
下地となるセメントや合板などのアルカリ分やヤニの溶出を止める塗料で、耐アルカリ性の合成樹脂エマルションやでんぷん糊を主成分としたものが多い。パテには、炭酸カルシウムを主成分とした乾燥硬化型のものもある。弾性があるため、応力を過分に受けやすい場所に適するが、やせが生じる場合がある。

プレミックスモルタル
既調合モルタルともいう。セメント、軽量骨材、糊材、粉末樹脂、繊維などをあらかじめ工場で既調合した製品である。使用する場合には、混練水量と練り厚など、製造所の仕様により適切に調合・施工する。

バサモル
バサモルタルともいう。空練りモルタルに少し水を加えたモルタル。床タイルの下地に用いられる。混水量が多いと乾燥時にくぼみをつくる原因となる。

土物仕上げ｜つちものしあげ
色土＋スサ＋砂を、仕上げの状態を考え、左官職人自身が配合し仕上げをする工法［180頁表3］。

大津壁｜おおつかべ
主に石膏ボードの下塗り材として

石膏ボードの目地処理材のことで、正しくはジョイントコンパウンドといい［写真8］。焼石膏が主成分で、ペースト状や粉末状のものがある。軽量骨材の入った既調合のものも、現場で砂を混入する現場調合のものがある。また、薄塗り用、厚塗り用、厚塗り用、厚塗り用、薄塗りと厚塗り用に分かれている。きれいな水で希釈しないと硬化不良を起こす。セメントモルタルや硬化剤塗りなどと違い、可使時間が2時間以内なので注意が必要である。

用いるもの。ボード下地の補強・仕上げの作業性向上のために使用する。

石膏プラスター｜せっこう―

表3 | 仕上げチャート

仕上げ材（材料）× 仕上げ方 ＝ 仕上げ　となる　例　土佐漆喰×磨き＝土佐漆喰磨き

仕上げ材（材料）

主な色土

聚楽土	灰褐色	
稲荷黄土	黄色	
大阪土	赤色	
京錆土	褐色	
浅黄土	水色	

主な漆喰

本漆喰	消石灰＋角叉糊＋生浜スサからなる
土佐漆喰	土佐地方産の漆喰で練った状態のもの。糊が必要ないので耐久性がある
油漆喰	漆喰に植物油を添加したもの。屋根漆喰用途
砂漆喰	漆喰に砂を加えたもの。下塗りに用いる
土漆喰	漆喰に粘土・骨材を加えて仕上げ材にしたもの
生石灰クリーム	生石灰の消化過程でクリーム状態で取り出したものに糊材などを加えたもの（「タナクリーム」などの製品がある）

仕上げ方

主な工法（土物仕上げ）

水捏ね	色土・微塵スサ・微塵砂からなる仕上材を用いたもの
糊差し	水捏ね土に使用時に糊を添加したもの
糊捏ね	水捏ね土を最初から糊液で練ったもの
既調合京壁	糊ごね材をあらかじめ乾式調合したもの
切返し中塗	中塗りのスサを細かく切返し、中塗りの状態で仕上げたもの

仕上げ材の主な塗り方

押さえもの	仕上げに際して、材料の水分が切れた頃に金ごてで押さえ、コテムラを消す押さえという方法で仕上げたもの（各種の漆喰、漆喰調珪藻土塗材、石灰クリームなどで用いる）。押さえる際は、塗面に直角に押す
磨き	押さえより、さらに硬くなるまでコテで押さえること。両者の差は、光沢によって分かる
撫ぜもの	仕上げ方法の1つ。塗り終えた壁に、硬化前にコテでなぜること。仕上げコテをかける作業。まだ壁が軟らかいうちに、仕上げコテを軽く力を抜いて通す。土物や土壁系珪藻土などに用いる仕上げ方法
引摺り	平らに塗った上塗りを、コテや器具を用いて引摺り模様をつくる工法。表面を、コテや器具を引っ張り上げた模様は引起しという
掻き落とし	配合粉体と白竜石および寒水石などの砕石、顔料で材料を練り、塗付け後、剣山やコテで掻き落として仕上げる工法。最近は、「かきりしん」といったプレミックスしたものを使用することが多い

図5 | 漆喰塗りの施工フロー

下地 → 木摺 → 下塗り → ムラ直し → 鹿子摺 → 上塗り（金ゴテ押え・磨き・模様）
下地 → セメントモルタル → ムラ直し
下地 → 石膏プラスター → 接着剤塗布 → ムラ直し

中塗り土 | なかぬりつち
産地であらかじめ練って出荷する壁土。水合せが不要。

練り土 | ねりつち
古い壁を落とした土。荒壁に混ぜて使用するとアクが出にくい、乾燥収縮がしにくくなるなど、土塗り壁の品質がよくなる。

古土 | ふるつち
色土＋消石灰＋麻スサに糊を加えずに塗ったものを上塗りとした壁。そのうち、磨きで仕上げたものを大津磨きという。

塗り土 | ぬりつち
全国の地場から採取される粘性土で、砂と水を配合する。配合比率は土によって左右されるが、乾燥土の重量の2〜3倍。この材料で中塗りし、中央を若干ふくらませておく。

灰土 | はいつち
並大津、大津磨きに使われる材料。消石灰＋微塵スサ＋京土からなる。

引土 | ひきつち
使用する前に練って寝かしておくこと。古い土壁を混ぜる場合も。

表4 | 色土の種類

名称	色	産地	用途	備考
浅葱土[あさぎつち]	淡青色	淡路（徳島）伊勢（三重）江州（滋賀）	糊捏ね、水捏ね、糊差し、大津磨き	少量の灰墨を加えて色を整える
稲荷黄土[いなりきつち]	黄色	伏見（京都）	糊捏ね、水捏ね、大津磨き、ちり土、貫伏せ、糊差し	今治、豊橋など黄土の産地は多い
京錆土[きょうさびつち]	茶褐色	伏見（京都）山科（京都）	糊捏ね、水捏ね、糊差し	豊橋なども錆土を産出する
九条土[くじょうつち]	灰色深黄色	九条（京都）	糊捏ね、水捏ね、糊差し、大津磨き	濃褐色の聚楽に灰墨を入れて代用可能
江州白[こうしゅうじろ]	白色	江州（滋賀）	糊捏ね、水捏ね、糊差し、大津磨き	山形なども白土を産出する
聚楽土[じゅらくつち]	淡褐色濃褐色	大亀谷（京都）西陣（京都）	糊捏ね、水捏ね、糊差し	淡褐色のものを黄聚楽、濃褐色を錆聚楽という
紅土[べにつち]	淡赤色	内子（愛媛）沖縄（沖縄）	糊捏ね、水捏ね、糊差し、大津磨き	白土にべんがらを加えたものもある

表5 | 漆喰の種類

油漆喰	油を混入して防水性・耐久性を高めた漆喰	卵漆喰	酸化黄（さんかおう）または稲荷山土の溶液を流し込み、練り合わせたもの
天川漆喰	安山岩の風化した土に消石灰を混ぜて焼き上げる	散り漆喰	角又の濃い漆喰で、散り廻りに用いる
沖縄漆喰	沖縄の屋根漆喰に用いられる。ムチと呼ばれる	手づくり漆喰	鏝絵などに使用するもので、糊材の多いもの
鹿の子摺漆喰	砂漆喰を糊で濃く軟らかくして下摺りし、壁の凹所を目立たせまだらに仕上げる	土佐漆喰	粒土の大きい消石灰に、発酵させた稲藁スサを挽き、混ぜたもの。糊は用いない
生漆喰	主として屋根漆喰の下塗り用	南蛮漆喰	下塗り用の漆喰で、糊の効いた粘り気の多い漆喰を指す
京捏ね漆喰	海藻・角又（つのまた）を濃く煮て、篩（ふるい）に通したものを使う。スサを多めに入れたもの	鼠漆喰	ねずみ色の上塗りのこと
砂漆喰	石灰モルタルのこと	屋根漆喰	濃い糊を用いた粘性のある漆喰で、スサに油を浸み込ませ、さらに水油を加えて練ったもの
狸漆喰	漆喰に粘土、砂を混ぜたもの		

図6 | 土佐漆喰の製造

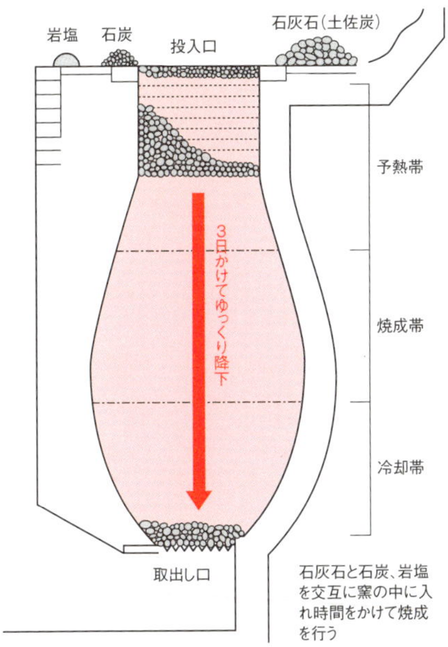

予熱帯／焼成帯／冷却帯
3日かけてゆっくり降下
投入口：岩塩・石炭・石灰石（土佐炭）
取出し口
石灰石と石炭、岩塩を交互に窯の中に入れ時間をかけて焼成を行う

写真10 | 生石灰クリーム

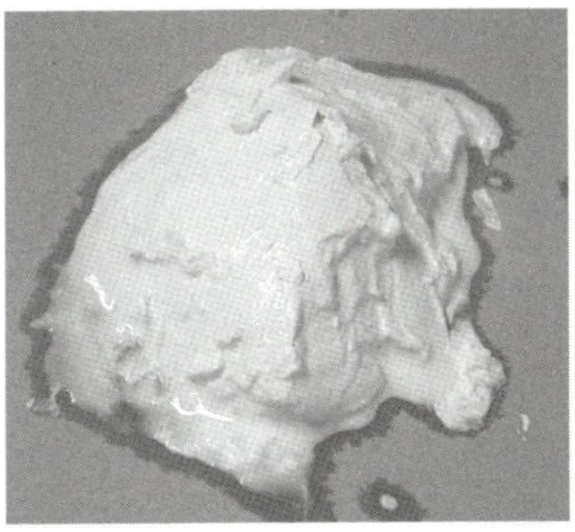

写真9 | 消石灰

漆喰｜しっくい
消石灰＋スサ＋糊を練ったもの。このほか、糊を用いない**土佐漆喰**［とさじっくい］（塗布直後はやや黄色いが、時間とともに白色に変わる。外壁仕上げ材に適す）や、合成樹脂エマルションを添加したものなどがある［図5、表5］。既調合品が一般的に使われており、現場調合品のなかには、粉体梱包だけでなく、混練りされた色漆喰やクリーム状のものも販売されている。冬季に現場調合の色漆喰を使用する場合、色ムラが発生しやすいので、先の既調合漆喰を用いるほうがよい。日本漆喰協会では化学物質放散の自主認定制度を設けている。

消石灰｜しょうせっかい
石灰石を焼成→消化→乾燥したもの。漆喰塗りに使われる［写真9］。

石灰｜せっかい
石灰岩を焼いてできる生石灰を水和させたもの。水を噴霧して粉状にした消石灰と、生石灰クリームがある。通常、石灰というと消石灰を指す。灰ともいう。

貝灰｜かいばい
貝灰はカキ殻などの貝殻を用いて製造した石灰。漆喰塗りに使われる。消石灰は基本的に石灰石を原料としているが、貝灰は糊の使用量が少なくて済む、収縮が小さいなどの利点がある。

生石灰クリーム｜きせっかい—
焼成した生石灰（酸化カルシウム）を多量の水の中に入れて消化させ、乾燥させていないもの。製品は白いクリーム状になっている［写真10］。

砂漆喰｜すなじっくい
消石灰・糊・スサに砂を加えた塗材。

半田｜はんだ
土佐漆喰と粘性土でつくった材料。通常は漆喰仕上げの中塗りに用いられるが、水にも強く比較的柔かいテクスチュアになるため、仕上げとする場合もある。

ノロ
石灰、プラスター、セメントなどを水で練り、長時間寝かしておいたペースト状のものを指す。アマともいう。大津磨きや漆喰仕上げでは上塗り材を目の細かいフルイで漉し同材を水で練った**共ノロ**［とも—］をつくり、コテなどで押さえる。使用時は、板こすりをしてダマをつぶしてから用いる。

黒ノロ｜くろ—
仕上げ用漆喰に松煙や灰墨、紙スサなどを入れて黒く着色したもの。

大津磨きのノロ。灰土の上に塗る。色土＋紙スサ＋消石灰からなる。

色土｜いろつち
上塗り用の、特に**水捏ね仕上げ**用の土で、土物仕上げに用いる色の着いた粘土質の土。全国から産出する。
この色土を原料にして、様々な土物壁ができる［表4］。

より品質が安定している。既調合品のなかには、粉体梱包だけでなく、混練りされた色漆喰やクリーム状のものも販売されている。消石灰に比べて乾燥後の表面硬度が高い。表面が半乾燥状態のときにコテで押さえ続けると、樹脂を加えた厚付け漆喰。自由に着色できるのも魅力。

**可塑性が大きいため、コテだけでなく、刷毛などでも自在に塗れる。消石灰に比べて乾燥後の表面硬度が高い。表面が半乾燥状態のときにコテで押さえ続けると、表面に光沢が出る。タナクリーム（田中石灰工業）などの商品が有名。

パターン漆喰｜—しっくい
糊入り漆喰のスサを減じ、微粉や樹脂を加えた厚付け漆喰。自由に着色できるのも魅力。

色漆喰｜いろじっくい
上塗り漆喰の捏ね過程で顔料（黄・緑・黒・青など）と白漆喰粉体を混ぜたもの。

漆喰磨き｜しっくいみがき
漆喰に雨があたると表面が洗われてしまうので、耐久性向上のため、表面にノロをかけ、コテで磨いたもの。表面が鏡のように光るので高級仕事になぞらえる。

土佐漆喰｜とさじっくい
高知県産の塩焼消石灰を高温で塩焼きしたものに、3カ月以上発酵させた藁スサを練り混ぜた漆喰［図6］。土佐漆喰は糊材が使用されていないため漆喰より耐水性・耐久性が高く、外壁に多く使用されている。また、乾燥収縮が小さいため、ひび割れも入りにくい。仕上げの種類にはノロ掛けの磨きや骨材配合の押さえもの。一般の漆喰よりも厚めに塗り付け、コテで締め固めながら仕上げる。

砂を入れない漆喰で、スサに白毛スサを使う。

図7 | セメント系下地の施工フロー

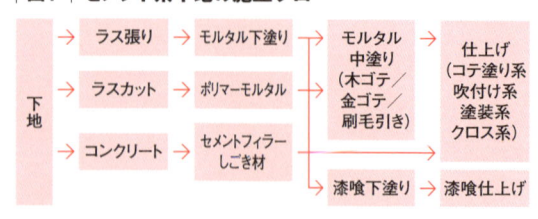

下地 →
- ラス張り → モルタル下塗り → モルタル中塗り（木ゴテ／金ゴテ／刷毛引き） → 仕上げ（コテ塗り系／吹付け系／塗装系／クロス系）
- ラスカット → ポリマーモルタル →
- コンクリート → セメントフィラーしごき材 →
- → 漆喰下塗り → 漆喰仕上げ

表7 | 石膏プラスター塗りの材料

種類	名称
プラスター	ボード用、既調合ボード用、薄塗り用プラスター
骨材	川砂（中目、細目）、パーライト
仕上げ	既調合京壁類、漆喰、珪藻土塗材、土壁

図8 | 石膏プラスター系下地の施工フロー

下地 →
- ラスボード → YNプラスター・Bドライ →
- 石膏ボード → Uトップ・Cトップ　樹脂プラスター →
- 合板 → ポリマー入りプラスター →
- → 仕上げ工程（京壁系／漆喰系／珪藻土系）

表6 | モルタルの調合（容積比）

下地	下塗りまたはラスこすり セメント:砂	むら直し・中塗り セメント:砂	上塗り セメント:砂	施工個所
コンクリート PCパネル	－ － 1:2.5 1:2.5 1:2.5	－ － 1:3 1:3 1:3	1:5 1:2.5 1:3 1:3 1:3.5	張りもの下地の床 床の仕上げ塗り 内壁 天井・庇 外壁・その他
コンクリートブロック	1:3 1:3	1:3 1:3	1:3 1:3.5	内壁 内壁・その他
メタルラス ワイヤラス 鉄板ラス 金網	1:3 1:2.5 1:2.5	1:3 1:3 1:3	1:3 1:3.5 1:3.5	内壁 天井 外壁・その他
木毛セメント板 木片セメント板	1:3 1:3	1:3 1:3	1:3 1:3.5	内壁 外壁・その他

モルタル セメント・砂・糊・混和材・水からなる塗り材。セメントを使ったものをセメントモルタルといい、一般的にモルタルといえばこれを指す［表6］。セメントモルタルには、川砂モルタルと軽量モルタル、そのほかに消石灰・川砂・水からつくる石灰モルタルがある。

セメント 石灰石・粘土を主成分として焼成したもの。

川砂モルタル｜かわずな—混和材の砂に川砂を使ったモルタルをいう。

軽量モルタル｜けいりょう—砂に加えてセメント・スチレン粒やパーライト、バーミキュライトなどの軽量骨材・糊・粉末樹脂・繊維などプレミックスしたモルタルで、モルタル塗りの主流をなしている［図7］。軽いので、耐震性や防火性に優れた特性がある。上塗りには軽量既調合材が使用される。

調合モルタル 配合の種類によって現場配合形と既調合形とがある。また、セメントの割合により、富調合モルタルと、貧調合モルタルがある。

富調合モルタル・貧調合モルタル｜ふちょうごう・ひんちょうごう—前者はセメントの割合を多めに調合したもの。後者はセメントの割合を少なめに調合したもの。乾燥収縮によるひび割れ、剥離防止になる。

サンドモルタル 現場でセメントと混合して使用するモルタルで、骨材にスチレン樹脂発泡粒を使う。主に下塗り用として使われる。

アマ セメントと消石灰の配合物で、モルタルの洗出しに使う。

色モルタル｜いろ—顔料を加えてモルタルを着色したものや、白色セメントを用いて調合するもの、既調合品などがある。施工は色を一定に仕上げるのがポイントで、コテ押さえと水引きを一定に保つのがコツである。灰墨などで色付けする場合もある。

ポリマーモルタル 各種高分子系混和剤を混入したモルタル。セメント量に対してポリマー量が固形分で5％以上のものをいう。

配合比｜はいごうひ—材料によって重量比で配合する場合と容積比で配合する場合がある。モルタルは一般に容積比で配合されている。

膨張剤｜ぼうちょうざい—モルタルを初期に膨張させ収縮を補償する。

収縮低減剤｜しゅうしゅくていげんざい—モルタルに添加して使用する。表面張力を低下させ収縮を減少させる。

パーライトモルタル パーライトとセメントまたはプラスターと混合したもの。吸音性、断熱性をもつ。

樹脂ノロ｜じゅし—セメントをEVAなどで練った水状のペースト。モルタル塗りに使われる。

混和材（剤）｜こんわざい モルタルの欠点を補うために現場で必要に応じて混ぜる補助材料。モルタルの場合、比較的多量に用いるものを混和材、薬品的に少量用いるものを混和剤という。

耐寒剤｜たいかんざい 寒冷期に施工するモルタルに混ぜ

これで仕上げた漆喰壁を黒漆喰［くろしっくい］という。

182

写真11 ｜ 珪藻土

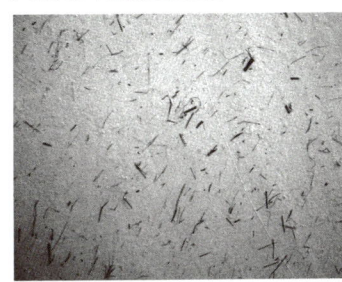

写真12 ｜ 珪藻土の顕微鏡写真

北海道産珪藻土。小さな片がたくさんある。ハスの実のように穴が並ぶ種類もあり、産地により形状が異なる（サメジマコーポレーション）

写真13 ｜ 珪藻土仕上げ

て使用する薬剤。

防水剤｜ぼうすいざい
モルタルに混ぜて防水性を与える混和剤。塗布型もある。

既調合プラスター｜きちょうごう
工場でボード用プラスターと軽量骨材をあらかじめ混合して出荷した製品のこと。プレミックスともいう。以前は現場で砂とプラスターを混合していたが、最近は既調合タイプが主流となった。主な製品としては、「Bドライ」（吉野石膏）などが挙げられる。薄塗り用には、「Uトップ」（同）などもある。

珪藻土｜けいそうど
水棲微細植物であるケイソウの死骸が海底や湖底に堆積してできた粘土状の泥土である。多孔質であるため、断熱性、調湿性、吸音性がある。
珪藻土仕上げ材は既調合品であるため水を加えて練るだけで使用でき、また、さまざまな表現ができ、叩き仕上げによる土間も可能［写真11〜13、表8］。また、混練された土によって、珪藻土・消石灰・糊・微粉からなる漆喰系珪藻土［しっくいけいそうど］や、京土、珪藻土、微塵砂、木質繊維、糊からなる聚楽系珪藻土［じゅらくけいそうど］などの既調合品もある。これら自体は自ら固まる性質はないので、結合材料が必要である。結合材料には、消石灰や水溶性樹

脂を含む、ポリマー入り粘性塗材。

ボード用プラスター｜ようボード用プラスター
化学石膏から生産する専用プラスターで、α型、β型がある。現場で砂を配合して用いる。

ドロマイトプラスター
原料にドロマイト（白雲石）を使用して焼き、水和熟成させたもので、空気中の炭酸ガスに触れて硬化する。

プラスター
鉱物質の粉末を練ってつくった左官材料の総称。石膏プラスター、ドロマイトプラスター、石灰プラスターがある［表7］。石膏は主成分が水溶性の硫酸カルシウムであるため湿気に触れると加水分解するため、用途は室内に限られる［図8］。

仕上げとして利用される。漆喰と類似している。粘度が高く、展性・延性・保水性が消石灰より優れているため、糊を加えずに塗ることができ、粒子が細かく揃っているので保水性や施工性もよい。ただ、水引きに時間がかかり、乾燥に伴う収縮が大きいので、つなぎに麻スサなどを混ぜる必要がある。

樹脂プラスター｜じゅし
石膏を含まない、ポリマー入り粘

る。砂やスサなどを混ぜて内壁の仕

表8 ｜ 石膏を下地とする主な仕上げ材				
種類	製品名	メーカー	主な原料
漆喰	はい漆喰	日本プラスター	塩焼石灰・角叉糊
	本壁	宮田石灰	塩焼石灰・M.C糊
	城かべ	近畿壁材	角叉糊・紙スサ
	古代漆喰	近畿壁材	生石灰クリーム・麻スサ・練り
	タナクリーム	田中石灰	生石灰クリーム・M.C糊・練り
	土佐純ねり	田中石灰	わらスサ・練り
京壁類	京壁	富士川建材	色土・木粉・M.C糊
	わら聚楽	梅彦	色土・セラミック骨材・わらスサ
	日本聚楽	サンクス	色土・木粉・M.C糊
	ジュラックス	四国化成	色土・砂・M.C糊
	京壁	四国化成	色土・木粉・M.C糊
珪藻土	聚楽	四国化成	珪藻土・繊維・粉末樹脂
	モダンコート	四国化成	珪藻土・白竜石・粉末樹脂
	エコクリーン	サンクス	珪藻土・色土・ケイ砂・樹脂
	わら聚楽	梅彦	珪藻土・色土・わらスサ・樹脂
	BLパウダー	サメジマ	珪藻土・消石灰・ケイ砂・樹脂
	土紀	壁公望	珪藻土・消石灰・セメント
	ケーソーライト	大阪ガス	珪藻土・消石灰・ケイ砂・樹脂
	ケイソウくん	ワンウィル	珪藻土・石灰・白セメント
	エコクイーン	日本ケイソウド建材	珪藻土・消石灰・白セメント
	シルタッチSR	フジワラ化学	珪藻土・無機系骨材・無機顔料
	レーヴ	富士川建材工業	珪藻土・消石灰・炭酸カルシウム
ローム	スイスローム	池田コーポレーション	スイスローム
シラス	中霧島壁	高千穂	薩摩シラス・糊
石膏	混合石膏プラスター	吉野石膏	焼石膏・消石灰

183

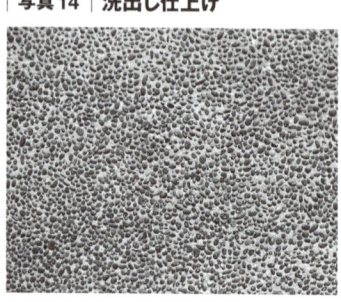

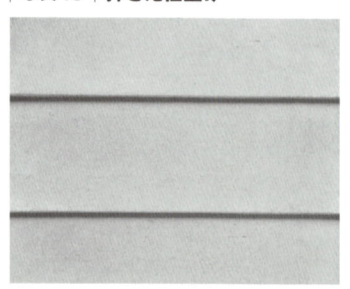

| 写真18 | 押さえ仕上げ

| 写真16 | 三和土仕上げ

| 写真14 | 洗出し仕上げ

| 写真19 | 撫切り仕上げ

| 写真17 | 磨き仕上げ

| 写真15 | スタッコ

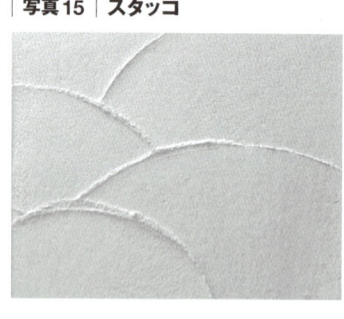

表現・仕上げ

ミュールコート
骨材露し仕上げ材。旭化成の製品名。アクリル酸エステルと仕上げ砕石とで練り、塗付け後、樹脂が透明になることから種々の色調砂を利用した仕上げが可能。骨材は、金華砂利、古代錆、大磯などを使用する。

ケツロナイン
キクスイの内装用塗材。樹脂系コテ塗りで、結露しない塗壁をつくれる。

ポリマーディズパーション
高分子樹脂を水中に分散させたもので、水が蒸発すると被膜形成する。用途により希釈して用いる。

バインダー
結合材のこと。漆喰では消石灰がこれに当たる。

シラス
火山灰の珪酸質成分に、結合材を混入したもの。珪藻土同様に多孔質で、調湿効果がある。薩摩中霧島壁（高千穂）は結合材として石膏などが使われ、JISA6909の基準値で70g/㎡が調湿形と表示できるようになった。冬季施工の場合、色ムラが発生することがあるので、施工時の採暖の用意が必須。

仕上げ塗材 |しあげぬりざい
石膏下地などの上に、仕上げとして塗られる上塗り材料。この場合は、既調合材を指す。JISA6909建築用仕上塗材に品質が定められている。

弾性仕上げ塗材 |だんせいしあげぬりざい
アクリルゴムを主成分とする塗材。コテ塗り、ローラーで仕上げる。製品としては、「ジョリパット」（アイカ工業）などがある。

荒壁仕上げ |あらかべしあげ
荒壁土を塗り、裏返しをして仕上がりとする手法。

切返し中塗り |きりかえしなかぬり
中塗りの揉みスサを切り返して、使用した中塗り土を仕上げとする工法。

水捏ね（仕上げ） |みずこね（しあげ）
中塗り土のスサと砂を細かくしたもの。工法は切返しと同じ。

糊差し（仕上げ） |のりさし（しあげ）
水捏ね土に角叉などの糊を少量添加し、保水性、粘性を改善した土とその仕上げを指す。

人造石塗り |じんぞうせきぬり
種石を、表面に出してセメントで固定する仕上げ。仕上げ方法には、洗い出し、研ぎ出しなどがある。種石の大きさが小さい場合は人造石塗り、大きい場合はテラゾ塗りと呼び分ける。

人研ぎ |じんとぎ
人造石研出し仕上げのこと。ポルトランドセメントと種石を混合して捏ねたものを塗り付け、硬化の程度を見計らって、サンダーで荒研ぎ、中研ぎを行う。表面が十分硬化した後に仕上げ研ぎして表面を平滑にする。研出しが早すぎると種石が飛んでしまい、遅すぎると硬化が進み作業が困難になる。寒水石のような軟らかい種石の場合は1日、蛇紋石のような硬い種石の場合は2日程度の硬化期間が必要である。

大きな大理石を種石に使ったものは特に**テラゾー**と呼ぶ。

写真22｜櫛引き仕上げ

写真20｜引摺り仕上げ

写真23｜掻き落とし仕上げ

写真21｜刷毛引き仕上げ

糊捏ね（仕上げ）｜のりこね（しあげ）
並大津と同じ材料を塗り伏せ込み、引き土をノロ掛けして磨いた仕上げ。

並大津｜なみおおつ
上塗りで使う、京土、消石灰、微塵スサで構成される材料。

大津磨き｜おおつみがき
水捏ね土を糊液で練ったもの。既調合の京壁はこれに属する。

洗い出し｜あらいだし
セメント・消石灰を配合した材料と砕石（御影など）、天然石とで練った材料を床に敷き小槌で叩いて固めた三和土の2種がある。産出地の材料や砕石を入れた上塗り材料で調合が異なるので、経験のある左官職人に依頼する。

叩き（三和土）｜たたき
土間仕上げの総称［写真16］。セメントモルタル（コンクリート直仕上げや色モルタル仕上げ）と、消石灰、粘土入りの山砂利、にがりでつくった材料を床に敷き小槌で叩いて固めた三和土の2種がある。産出地の材料や砕石を入れた上塗り材料で調合が異なるので、経験のある左官職人に依頼する。

スタッコ
大柄の凹凸模様の仕上げ。セメントスタッコともいう。セメントモルタルを5～10㎜厚程度吹き付けるかあるいは塗り付けた後、コテやローラーで表面に大柄の凹凸模様を付けた外装仕上げ。本来の意味は大理石に似せたイタリア産の塗装材のこと。押さえるタイミングは気温・風速・日照などの気象条件でも異なる［写真15］。

刷毛引き仕上げ｜はけびきしあげ［写真21］。モルタルなどで表面が硬化しないうちに櫛目に切った板やワイヤブラシなどで壁の表面に荒し目を付ける**櫛引き仕上げ**［くしびきしあげ］［写真22］などがある。櫛引き仕上げは珪藻土にも採用できる。

パラリ（仕上げ）｜（―しあげ）
紙スサ入りの糊の濃い漆喰を1回塗りして軽く押さえたもの。末消化の消石灰を使うと特徴がよく出る。

梨目｜なしめ
梨地ともいう。梨の実の表面のよ

引摺り仕上げ｜ひきずりしあげ［写真20］、表面を刷毛で撫でて荒らし目を付ける**刷**

荒らしもの仕上げ｜あらしーしあげ
1度コテで押さえた表面をコテや櫛、刷毛などを用いて粗面にする技法。引摺りコテを使って土もの壁や漆喰壁の表面を横に引き摺りながら凹凸面をつくる**引摺り仕上げ**

撫切り仕上げ｜なでぎりしあげ
コテでざらついた感じに仕上げる手法［写真19］。

押さえ仕上げ｜おさえしあげ
コテで平滑に均す仕上げ［写真18］。

磨き仕上げ｜みがきしあげ
コテで磨いて光沢を出す手法［写真17］。

コテ仕上げ｜しあげ
コテで撫でて仕上げること。コテで撫でる仕上げ、押さえ仕上げ、撫切り仕上げ、荒らしもの仕上げの4つに分類される。

がらせる仕上げ［写真14］。洗出しは伏込みが重要で、伏せ込んで浮いたアマをブラシで取り除く作業を数回繰り返し、石の並びを緻密にする。伏込みが不十分だと洗い作業中に剥がれたり、石を流出したり、色ムラになる。新聞紙を張り付け、セメントの粉をまぶして、上塗り層の均一な水引きを施すなどが必要。硬化遅延剤を用いる洗出し工法もある。製品に「ルガゾール」（日本シーカ）など。

掻き落とし仕上げ｜かきおとし
［写真23］リシン仕上げとも呼ばれる。リシンとは、御影石や大理石など天然石を細かく粒状にしたものに顔料などを混ぜ、塗り壁材として塗り付け、凝結硬化の初期にシシ・コテ・ブラシなどを用いて表面を掻き落として仕上げる。骨材の粒度や金グシの歯の大きさなどにより粗面の状態が異なるため、事前に見本などで確認したい。施工は掻く時期がポイントで、硬化しすぎれば引っ掻きが困難になるし、軟らかすぎると仕上げ面が均一にならない。

本漆喰仕上げ｜ほんじっくいしあげ
磨き仕上げを施した漆喰塗り。

並漆喰｜なみしっくい
コテ押さえで仕上げた漆喰塗り。

表10 | スサの種類

素材	名称	用途	備考
藁	荒スサ[あらー]	荒壁土	稲の茎を3～5cm程度に切断して乾かしたもの
藁	中塗りスサ（揉みスサ）[なかぬりー（もみー）]	中塗り土	よく蒸した藁を約3cmに切ったもの
藁	ひだしスサ（揉みスサ切返し）[ひだしー（もみスサきりかえし）]	切返し土	中塗りスサを厳選し、約1cmの長さにしたもの
藁	微塵スサ[みじんー]	土もの壁の水捏ね専用	良質な古藁を3mm以下に切断し蒸したもの
紙	紙スサ[かみー]	大津壁、漆喰壁の磨き仕上げ	強靭な和紙を水に浸し、棒で叩いて繊維をほぐしたもの
麻	浜スサ[はまー]	洋風漆喰、ドロマイトプラスターの下・中塗り	大麻を長さ1.5～3cmに切ってほぐしたもの
麻	マニラスサ（白毛スサ）[しらげー]	洋風漆喰、ドロマイトプラスターの下・中塗り	マニラ麻製品の古物を約5cmに切ったもの。白毛と呼ぶが、必ずしも白くない
麻	硝石スサ[しょうせきー]	石膏プラスターの下塗り	ジュート麻からつくったもの
麻	油スサ[あぶらー]	屋根漆喰	菜種油を絞った麻袋の古物からつくったもの
麻	さらしスサ	大津壁、漆喰壁、ドロマイトプラスターの上塗り	浜スサ、硝石スサを漂白したもの
無機質繊維	ガラス繊維[ーせんい]	モルタルなどの下・中塗り	

写真24 | 髭剃り跡仕上げ

（久住左官）

写真25 | 硅砂

表9 | 左官塗りで使用する砂の粒度

種類	各フルイを通るものの重量百分率（%）					
	5.0mm	2.5	1.2	0.6	0.3	0.15
粗目A	95	80	63	42	21	6
中目B	100	88	69	50	33	8
細目C	100	98	82	62	37	9

用途A＝モルタル下塗り、土壁中塗り　用途B＝モルタル上塗り、砂漆喰、土壁切返し　用途C＝土壁上塗り、その他薄塗り用

よろい仕上げ｜しあげ　土佐漆喰などを施した外壁の壁面に水切の段差を付けた壁面の仕様。施工は煩雑だが、耐久性のある壁ができる。

微塵砂｜みじんすな　粒径1mm以内の砂または珪砂［写真25］。

川砂｜かわずな　河川から採取する砂。左官砂として最良とされる。漆喰壁では不純物を含まない中目の川砂が適当とされ、石膏に配合する砂は鉄分、泥分を含まないものを選ぶ。

陸砂｜りくずな　元河川であったところから採取した砂。泥分を含んでいる。

砕砂｜さいしゃ　砂岩、石灰石などを砕き生産した砂。角がある。

海砂｜うみずな　海中から採取し、塩分を取り除いた砂。

フルイ砂｜すな　産地でフルイに通した砂のこと。そのまま使用できる。

砂粒度｜すなりゅうど　砂のフルイ寸法によって、細目、中目、荒目に分けられる［表9］。粗粒率（値が大きいほど粗粒）で表す場合もある。

うろこ壁仕上げ｜かべしあげ　洋風漆喰の手法。漆喰を押さえずに塗りながら仕上げるため、表面に光沢がある。

イタリア磨き｜みがき　消石灰と大理石粉を主材とした上塗り材を色ムラを付けて塗り付け、コテやサンダーで磨き出すイタリアの伝統手法。塗り厚は2mm程度だが、大理石調のパターンが出せる。アンティコスタッコともいう。

髭剃り跡仕上げ｜ひげそりあとしあげ　イタリア磨きの1種。混入した骨材の頭を磨きゴテで磨き出し、髭剃り跡のようなパターンを付ける［写真24］。

刷毛引き｜はけびき　モルタルやコンクリートの表面仕上げの方法で、仕上げ表面を木コテで押さえた後、硬化しないうちに表面を刷毛で撫でて粗面とする仕上げ。刷毛に水を含ませない空刷毛［からはけ］と水を含ませる水刷毛［みずはけ］がある。

錆壁｜さびかべ　上塗り土に鉄粉を入れ、施工後に湿気を吸い、錆びたものがほんのり赤く現れる土塗り壁の仕上げ。別名ホタル壁。

補強材料

砂｜すな　ひび割れ防止に配合する天然骨材。粒度が粗いほうがひび割れしにくい。

粗目・中目｜あらめ・なかめ

パーライト | 真珠岩・黒曜石を原料として焼成、膨張させた軽量骨材。

蛭石 | ひるいし
バーミキュライトともいう。

スチレン粒 | つぶ
スチレンを原料とする軽量骨材。

スサ
土壁や漆喰壁の亀裂防止のために入れる繊維質の材料の総称[表10]。

漆喰などの保水性を高めて補強する**麻スサ**[写真26]、土物の粘性を高めて補強する**藁スサ**[写真27]がある。化学繊維製では、ガラス繊維、カーボン、ナイロン[写真28]などがある。これらは強度は高いが、保水効果は期待できない。塗層によって適したスサを混合する。量は土の重量比2〜3%である。

焚き糊 | たきのり
角叉を釜などで焚き、フルイで通した糊のこと。

角叉 | つのまた
古くは角叉の炊き糊で、有名なのは、ふのり、銀杏草「ぎんなんそう」、仙台角叉「せんだいつのまた」など。今は粉角叉「こなつのまた」と呼ばれる粉末糊もある。漆喰糊として最適[写真29]。

糊 | のり
消石灰に添加することで、粘性や保水性を改善し、塗付け作業性を向上させる。特に漆喰には欠かせない。**角叉**（海草が原料の糊で、現場でつくる。ふのりや**銀杏草**などさまざまな種類がある）や、**粉角叉**（工場で精製されたもの）、**メチルセルロース**（化学糊）などがある。

MC糊 | えむしーのり
メチルセルロース糊の略。耐アルカリ性、耐水性に優れるが、甘い香りがするので虫が寄る、カビが生えやすいなどの欠点がある。

布連 | のれん
チリ隙を防ぐために用いるチリ廻り塗りの1手法。麻布や寒冷紗が使われる。

トンボ
チリトンボ、ひげこともいう。布連と同様に、チリ隙を防ぐために用いる麻製のひも。材料は棕櫚毛、マニラ麻など。ステンレス釘などで柱際に留めることをトンボを打つという。

下げ苧 | さげお
下塗り時に塗り込む漆喰塗りの木摺下地に千鳥に配置した麻紐。

アクアシール
住友精化の製品名。シリコン系の

写真26 | 麻スサ

写真27 | 藁スサ

写真28 | ナイロンスサ

寒冷紗 | かんれいしゃ
貫伏せ、布連に用いられる目の荒い麻織物。

アクリル樹脂エマルション | じゅし
アクリル系のポリマーディスパージョン。吸水性のあるコンクリートやモルタルにシーラーまたはプライマーとして使用する。水と1：1さえ、磨きなどをする道具。下地まで薄めるとプライマーとなり、1：3まで薄めると吸水調整剤であるすべてを行える。**金ゴテ、プラスチックゴテ、ステンレスゴテ、木ゴテ**などがある[188頁表11、図9]。素材により仕上がりも異なる。

EVA樹脂エマルション | いーぶいえーじゅし
エチレン酢ビ系のポリマーディスパージョン。水で2〜4倍に希釈して吸引調整、接着力増強、強応増加に用いる。

コテ板 | いた
塗り手が左手にもち、材料を載せる板（右ききの場合）[188頁写真30]。

写真29 | 角叉

シーラー
下地に使い、塗り付ける材料の水分が下地に吸収されるのを遅らせるもの。

接着剤 | せっちゃくざい
異種の下地へ塗る場合に、下地に塗布する。材質は、アクリル系やEVA系、SBR系が主で、水で希釈して用いる。

樹脂。漆喰表面に塗布することで吸水防止、汚れやかびの発生防止効果がある。

工具・道具

コテ
左官の代表的な道具で、左官材料を下地に塗り付けたり、均し、押

通し | とおし
篩のこと。2分通しとは篩の編み目寸法が2分目のこと。篩目で使

写真30｜コテ板

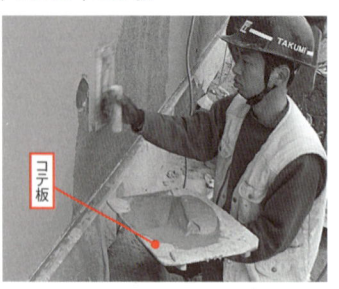

写真31｜荒壁用の土をミキサーで練っているところ

表11｜コテの分類

荒塗り鏝			幅広鏝とも呼ばれ、一度に大きな面積を塗れる
中塗り鏝			上げ浦鏝と称され、壁の均し、伏せ込み、ムラ直しなどに用いる
仕上げ用の鏝	壁の仕上げに用いる鏝	大津通し鏝	中塗り鏝に比べ鏝幅、肉厚ともに狭く薄く弾力性がある
		人造中首鏝	丹念に鍛造して焼き入れたもので、硬く弾力は乏しい。鏝の平の背にむくみがあり肉は厚く重くできている
		繊維壁の鏝	大津通し鏝より幅が広く、全体に柔らかくできている
細工の鏝	仕上げ過程、各部位の仕上げによって、各種の仕上げ細工の鏝がある	面引き鏝	出隅部分の仕上げに用いる。形状・寸法の種類は多岐にわたる
		切付け鏝	入隅部分の仕上げに用いる
		目地鏝	目地仕上げに用いる。目地幅寸法によって多様な形状がある
		くり鏝	壁と床、壁と天井の接合部でアール面のときに用いる
		四半鏝	主力の鏝で最も多く使用されてきた。四半鏝の名は1尺の四半分であることが由来といわれている。幅の狭いほうから示すと、元首四半鏝、元首四半柳刃鏝、元首お福柳刃鏝と呼ばれる
京壁(土壁)用の鏝	糊捏ね・糊差し・水捏ねとそれぞれ使い分け、作業工程でその条件にあった鏝を選別する	こなし鏝	鋼を丹念に鍛造したもの。大津磨き、漆喰磨きの伏込みなどに使用する
		波消し鏝	鏝厚は薄く繊細な鏝。先端には「糊溜まり」と称する凹みがついている
		波取り鏝	京壁の「あま」を軽く押さえて拾い上げていく。塗り付ける道具ではない
		水捏ね撫で鏝	水捏ねに使用する鏝で、ほかの鏝に比べて肉厚にできている
		富士形引き鏝	富士山に似た形状に由来する。磨き仕上げなどに用いる
欧米の鏝	欧米の鏝は刃に取り付ける補助板がビス留めされている	角鏝	平滑な広い面積の壁を効率よく仕上げるのに適する
		土間鏝	鏝先が丸みを帯びているのが特徴で、鏝波ができにくい
		レンガ鏝	桃型(ハート型)とお福型(おかめ)と2種類がある。大きいほうから一、二、三、四、五番と区別される

図9｜コテの名称

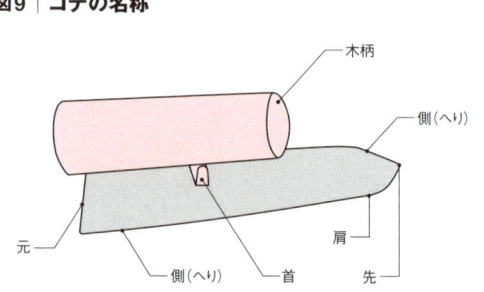

（木柄／側(へり)／元／側(へり)／首／肩／先）

大津壁（土と消石灰を混ぜて塗って、平滑に仕上げた土壁）の最終仕上げはコテ幅を揃えて仕上げをする。このとき使用するのが大津通しゴテである。

才取棒　さいとりぼう　練った土を舟などからすくって塗り手に渡す道具。

鍬　くわ　土を捏ねる用具で、小さいものは手鍬[てぐわ]という。

ミキサー　材料を捏ねる用具。電動式、エンジン式がある[写真31]。

舟　ふね　材料を捏ねる底の浅い箱。鉄板製、木製、プラスチック製などがある。

ハンドミキサー　モルタルまたはモルタルのシゴキ材を練る道具。少量を捏ねる場合に使われる。

刃定木　はじょうぎ　角の直線や出隅の塗り厚を決めたり、不陸を直したりするのに使う。

走り定木［はしりじょうぎ］、**蛇定木**［へびじょうぎ］、プラスチック製の**埋込み定木**［うめこみじょうぎ］などがある。

剣山　けんざん　掻き落とし仕上げに使う用具。生け花に使う剣山と同一。

ワイヤブラシ　あらいだし洗出し仕上げに使う。

洗出しポンプ　珪藻土を掻き落とすのに使う。霧状で噴射して、ペーストを洗い出す。

スポンジ　床の洗出しに用い、ペーストを拭き取って石を出すのに使う。

チリ箒　ほうき　柱や廻り縁の汚れを洗う道具。

ウーローラー・ミドルローラー　シーラー塗布に使用する毛ローラー。

われるメッシュという単位は、1インチに縦横にそれぞれ織り込まれた本数をいう。
また、コテを散り際から散り際で一気に押さえ込むことも指す。

表12｜土壁に使用する材料

部位	材料
小舞	真竹、女竹、篠竹、葭、木舞縄、釘、小舞ラス
荒壁	荒木田土、古土、稲ワラ
中塗り	粘性土、揉みスサ、砂、パーム（貫伏せ）、布連、トンボ
上塗り	色土（京土）、微塵スサ、微塵砂、消石灰、糊

表13｜土壁仕上げの材料

仕上げの種類	材料
切返し中塗り	中塗り土、砂切返しスサ
水捏ね	色土、微塵砂、微塵スサ
糊差し	色土、微塵砂、微塵スサ、角又糊添加
糊捏ね	色土、微塵砂、微塵スサ、角又糊液で練る
大津灰土	色土、消石灰、微塵スサ
大津引土	色土、消石灰、紙スサ
既調合京壁	色土、木質繊維、川砂、糊、EVA、珪砂

表14｜漆喰塗りの材料

工程・種類	材料
下地処理	接着剤（エマルション系）、ポリマーセメント
下塗り・中塗り	消石灰、白毛スサ、角又糊、メチルセルロース、下げ苧
上塗り	消石灰、浜スサ、角又糊、生石灰クリーム、壁土
既調合漆喰	土佐漆喰、工場既調合、生石灰クリーム

表15｜モルタル塗りの材料

種類	名称
セメント	普通ポルトランドセメント、混合セメント
骨材	川砂、陸砂、砕砂、パーライト、スチレン粒
混和材料	ポゾラン、ガラス繊維、膨張材、収縮低減剤、耐寒剤、MC糊、防水剤
既調合	軽量モルタル、ポリマーモルタル
ラス	メタルラス、ハイラス、リブラス、ラスシート、ラスカット
仕上げ	リシン掻き落し、珪藻土、樹脂、人造砕石、吹付け塗料

写真32｜荒壁塗り（施工後）

大割り｜おおわり　小舞に使う真竹を四つ割や、五つ割に割る器具とその作業。

小割り｜こわり　大割りした竹を、ナタでさらに細かくすること。

小舞鋏｜こまいはさみ　小舞に使う細かい竹を切る鋏。植木や生け花に使うものと同じ。

ラス切り鋏｜きりはさみ　メタルラスなどを切断するのに用いる鋏のこと。

タッカー｜ラス張りに使用される工具。ハンマー式、握力式などの手打ち式と、圧縮空気によるエア式などがあり、ガンタッカーともいう。

土壁｜つちかべ　土もの壁ともいう。色土に砂やスサを加え、水で練ったものを上塗りした壁仕上げの総称［表12・13］。施工の行程は190頁図10～13に示す。

漆喰壁｜しっくいかべ　消石灰にスサを加えて糊で練った左官壁。下地は木摺［きずり］や土壁をはじめ、コンクリート、コンクリートブロック、ALC板、モルタル、メタルラスなどが適するが、下地処理の方法が異なる［表14、191頁図14・15］。

モルタル塗り｜ぬり

施工・工法

セメントモルタルを塗る工法。刷毛引き仕上げや金ゴテ仕上げ、木ゴテ仕上げ、掻き落としなどがある［表15、192頁図16］。

送りゴテ｜おくりごて　コテを引き通すため1度コテを止め、体を移動してさらにコテを操作する作業。左官の基本動作で、仕上げ精度を高める。

水合せ｜みずあわせ　施工前に壁土を藁スサで練って寝かせておくこと。

寝かす｜ねかす　練った材料を7日以上そのまま置いておくこと。

荒壁塗り｜あらかべぬり　荒壁塗りの手順を190頁図10に示す。最近は練り土が使用されていることが多いので、水合せを簡素化する場合もある［写真32］。小舞からはみだした土をイボと呼び、荒壁塗り後に撫でておく（裏撫で［うらなで］）という。

ラス擦り｜らすこすり　ラスボードにモルタルなどを薄塗りして中塗り用に表面を荒らすこと。

裏返し｜うらがえし　荒壁の裏側（小舞竹の縦竹）を塗ること。

付け送り｜つけおくり　コンクリート下地や塗り下地の表面の凹凸が著しいときに、モルタルやそのほかの材料を塗り足して凹部分を埋め均すこと。

中付け｜なかづけ　上塗りを厚く塗る場合、下地ムラを直すために先に付けること。

中付けムラ直し｜なかづけーなおし　中塗りする前に塗る作業のこと。1度に厚く塗るとひび割れが生じるので、中塗り前にチリ廻りで生じた段差を補整するための層をつくる。

擦る｜こする　仕上げ面を、手や布で擦り艶を出すこと。

図12 | 荒壁塗りの工程

```
              乾燥土
  練り土          ↓
練り土は水    水合せ練り
合せの工程    土・藁・水を練る
が不要      ↓
       寝かす
         ↓
       ミキサーで本練り
  藁・水を追加
         ↓
       塗付け(横竹側)
  乾燥後     ↓
       裏返し塗り
  軟目土を使う
```

図11 | 土壁の中塗りの工程

```
     荒壁乾燥
        ↓
     貫伏せ塗り
        ↓
   墨打ちチリ際の墨打ち
        ↓
     ちり廻り塗り
        ↓
    中付け(付送り)
        ↓
    上付け(中塗り)
```

図10 | 土壁塗りの工程

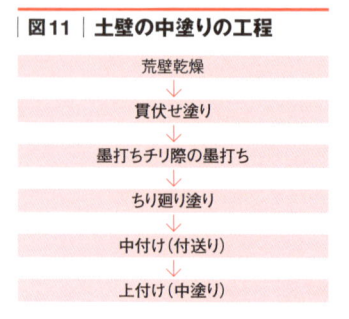

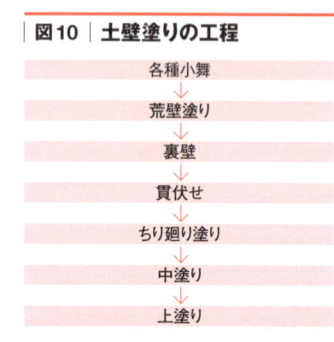

```
     各種小舞
        ↓
     荒壁塗り
        ↓
      裏壁
        ↓
      貫伏せ
        ↓
    ちり廻り塗り
        ↓
      中塗り
        ↓
      上塗り
```

図13 | 土壁塗り上塗り工法の工程

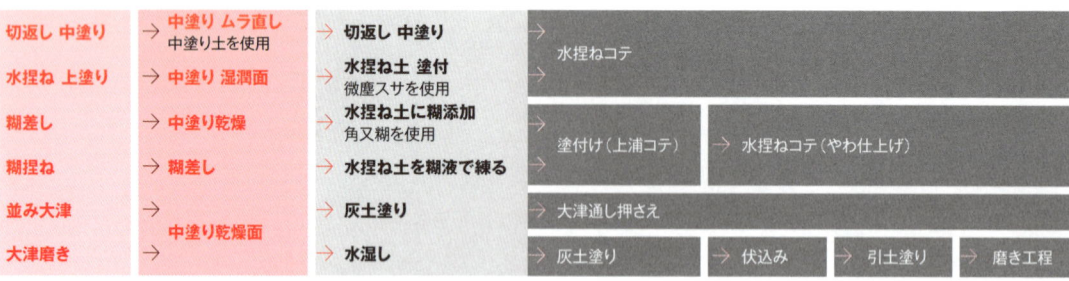

切返し 中塗り	→	中塗り ムラ直し 中塗り土を使用	→	切返し 中塗り	→	水捏ねコテ
水捏ね 上塗り	→	中塗り 湿潤面	→	水捏ね土 塗付 微塵スサを使用		
糊差し	→	中塗り乾燥	→	水捏ね土に糊添加 角又糊を使用	→	塗付け(上浦コテ)	→	水捏ねコテ(やわ仕上げ)
糊捏ね	→	糊差し	→	水捏ね土を糊液で練る		
並み大津	→		→	灰土塗り	→	大津通し押さえ
大津磨き	→	中塗り乾燥面	→	水湿し	→	灰土塗り	→	伏込み	→	引土塗り	→	磨き工程

下擦り─したごすり
下地に食い込ませる技法。

貫伏せ─ぬきぶせ
貫の上に発生する亀裂、ひび割れを防止するために、貫の表面に寒冷紗やパーム(ヤシの葉や幹の繊維をほぐしたもの)、畳表を中塗り土で塗り込む作業のことをいう[写真33]。

墨出し─すみだし
柱チリを一定にしたり、平らな面をつくったりするために打つ。左官工程においては、仕上げのムラ直しの塗り厚を決めるつけ代墨[─しろすみ]、チリ幅の基準となるチリ墨[─すみ]などがある。

チリ
真壁の、柱面と壁面の距離。散りとも書く。

チリ廻り─まわり
柱チリ、廻縁のチリ切れ(乾燥によって、柱・内法材と左官仕上げの間に隙間ができること)を防ぐために、のれん(細長い竹に、麻布を付けたもの)やチリトンボ(釘にさらし麻を巻いたもの)をチリ際に打ち、中塗り土で塗り込む作業。

チリ廻り塗り─まわりぬり

チリはね
チリに凸凹ができる不具合のこと。

ムラ直し─なおし
下地の凸凹が大きい場合に用いる工程と、中塗り面の処理方法との2種がある。後者は、中塗り面と上塗りの接着しやすく平滑にするため、木ごて処理やスチロール荒などで、上塗りがしやすいようにする工法のこと。

軟目─やわめ
塗り土の施工軟度のこと。

チリ切れ・チリ隙─ぎれ・─す
木材や塗り材の乾燥収縮により、チリ際がもち上がり柱際に隙間があくこと。

チリ決り─じゃくり
柱や額縁(窓や出入口の枠と壁の見切り部分)と、壁面との間に設ける溝のこと。柱に小溝を彫って壁土を押し込んで塗る**チリ決り**[─じゃくり]を行う場合もある。

荒し目─あらしめ
平滑で付着しにくい下地に凹凸を付け粗面にすること。次の層への接着性を上げるための処理。**目荒し**[めあらし]ともいう。木ゴテで荒らすなどほか、木ゴテで付着性を上げるための処理。櫛目を付ける。**押出し法ポリエチレンフォーム**などの下地を用いたりする櫛目、筈目などの種類がある。

ノロ引き─びき
セメントペーストを刷毛で塗り、コンクリートの表面仕上げとすること。または、コンクリートにモルタルを塗るために接着性を増す下地として塗ること。

伏せ込み─ふせこみ
下地が上塗りの水を吸収する際に塗り付けた材料の表面を圧力をかけて押さえること。

柱と壁の間が切れないようにする技法[写真34]。墨出し後にチリの内側に均等に塗り付けるこすり塗りをし、チリ墨に合わせて表面を整えるチリ塗りで仕上げる。大工仕事で柱に小溝を彫るチリ決り[─じゃくり]で塗り込む場合もある。

写真33 | 貫伏せ塗りの一手法

写真34 | チリ廻り

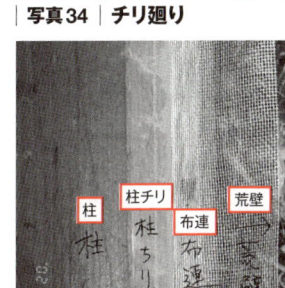

柱 / 柱チリ / 布連 / 荒壁

図14 | 漆喰塗りの工程

下地
- 木摺 → 下げ苧 → 生漆喰 → 砂漆喰1:1 →(追掛け)→ 鹿子ずり1:0.2 →(追掛け)→ 砂漆喰1:2 → 上塗
- セメントモルタル
- ALC板・土壁 → シーラー3倍希釈液
- コンクリート・CB → ポリマー入りシゴキ
→ 下塗り1:1 → 中塗り1:2 → 上塗り

図15 | 漆喰上塗り工法の工程（外壁）

糊入漆喰	→ 中塗り面（半乾）	→ 上塗り 塗付け	→ 伏込み	→ ノロ掛け → 磨き → キラ打ち → 磨き → つゆとり	
土佐漆喰				→ 硬押さえ（半光沢）	
半田仕上げ（骨材入り）	→ 中塗り（乾燥）	シーラー塗り（4倍液）	上塗り塗付け	→ 硬押さえ（光沢なし）	
パターン付け漆喰	→ 各種下地	ポリマー入り砂漆喰	主材塗り（漆喰）	→ ランダムパターン　材料は既調合	

パターン付け｜−つけ　各下地に下塗り材を塗布後、主材料を下こすりし、上付けしながら自由にコテでパターンを付ける技法。

定木摺り｜じょうぎずり　壁や床の塗り面を平らに仕上げるために長い定木で表面をこすること。

鹿子摺り｜かのこずり　土壁では中塗り土を薄く、こすり塗ること。また、漆喰塗りでは木摺下地の中塗り前に下擦りする工程を指す。下地との接着、中塗りからの吸水調節の役割をもつ。塗厚2〜3mmで1種の下ごすりだが、配合が下塗りや中塗りとは異なり別扱い。最近はシーラーに代わりつつある。

ノロ掛け｜−がけ　上塗り材のスサを除いたもので、漆喰上塗りの光沢を出すために行う。

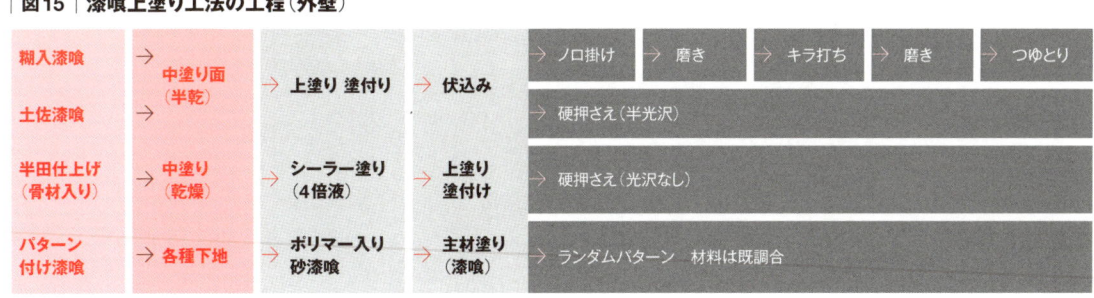

雲母打ち｜きらうち　磨いているうちにコテが重くなるので、雲母を打ってさらに磨く作業。

雲母（粉）｜きら(こ)　雲母の粉。漆喰壁や大津壁、プラスター壁磨き仕上げに使われるほ

か、型抜きの剥離剤にも使われる。

散水｜さんすい　砂モルタル下塗りにおいてセメントの硬化を助けるために水をかけること。

樹脂塗り｜じゅしぬり　樹脂塗りは、界面の付着をよくするために行い、下地の乾燥と塗付け時の低温に注意する。コンクリート床の場合は富配合モルタルを使うため、剥れが問題となる。特に、コンクリートとの界面が剥がれるので、樹脂入りのセメントベースを塗っておくと剥離しにくい。

捏ねる｜こねる　漆喰、土壁などを舟のなかで、鍬を用いて材料を塗り練る行為。

練混ぜ｜ねりまぜ　ミキサーを用いて、モルタルや石膏プラスターを混合すること。

練置き｜ねりおき　1度練った材料をそのまま10〜20分置き、再び練り返すこと。

養生期間｜ようじょうきかん　各塗装間の間をおくこと。

初期養生｜しょきようじょう　モルタルの強度発現。ひびわれ防止のため、シートや散水をして、塗付け後の乾燥を防ぐ。

追掛け｜おっかけ　作業を始めたその日のうちに、下塗り・上塗りをしてしまうこと。下塗りが軟らかいうちに次の層を塗ることも指す。追掛け塗りなど。

翌日塗り｜よくじつぬり　下塗りの翌日に上塗りすること。

いちころピンころ　1度に下地から仕上げまでやってしまうこと。左官の禁じ手で剥離・ひび割れの原因になる。工期は適切にとることが肝要で、それができない場合には、メッシュなどの補強材料や適切な混和材の使用が必要。

しごき　界面の接着力を向上させるためにポリマーモルタルを使用して薄くしごくこと、不陸の下地に強く擦り塗りすること。材料メーカーから発生した用語で、鹿子摺や下ごすりと同じ意味と思われる。

あんこ　漆喰塗りやプラスター塗りで上塗りでコテ押さえをしたときに、上塗りの表面に浮き出てくる中塗り材のこと。「あんこが出てきた」などという。

図16 | 外部モルタル塗りの工程

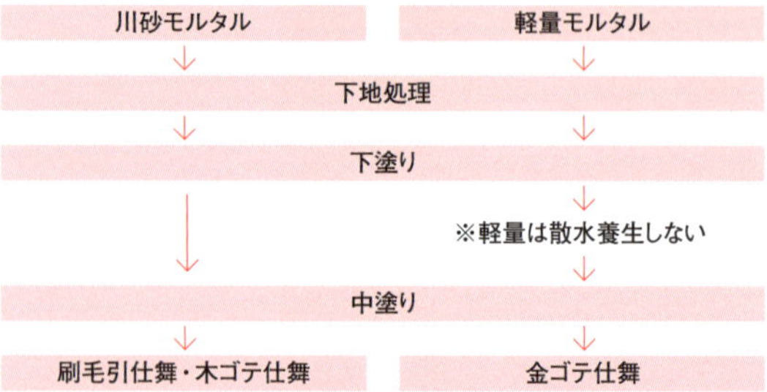

```
川砂モルタル                  軽量モルタル
     ↓                          ↓
           下地処理
              ↓
            下塗り
              ↓              ※軽量は散水養生しない
            中塗り
              ↓
 刷毛引仕舞・木ゴテ仕舞        金ゴテ仕舞
```

ドライアウト｜左官材が、正常に凝結硬化する時間よりも早く乾いてしまうこと。乾きが遅れ、強度が出ないことをスエットアウトという。

ぶつ｜塗り付けた材料に空気泡が入ること。

蛙｜かえる 上塗り内部に空気が入ることで、かぜともいう。剥離の原因となる。

あぜる｜内部より表面が早く乾いてしまった状態で、表面にコテを当てることで内部の材料を引き立ててしまうこと。糊の強いときや、ポリマー添加の際に起きやすい。

凝結｜ぎょうけつ 水を加えると、しばらく可塑性を有するが、やがて固くなり始めること。

硬化｜こうか 凝結よりさらに固さを増し始める状態。石膏の場合は、凝結すると固くなるが、そのままだと強度が出ない。強度は乾燥によって促進されるので、石膏の場合はそのほかの場合と区別して、乾燥して強度が出たことを硬化という。

可使時間｜かしじかん 水を加えてから、作業が可能な時間。特に石膏は凝結するため、可使時間内に材料を使い切る必要がある。

気硬性｜きこうせい 空気中で硬化し強度を得ること。土壁や漆喰、石膏プラスターなど、左官材の大半はこの性質をもつ。

水硬性｜すいこうせい 水中で硬化し強度をもつこと。

富調合｜ふちょうごう セメント対砂の比が、1：3より砂が少ないと富調合、多いと貧調合となる。

付着｜ふちゃく まだ軟らかい状態で接着しているの状態を付着という。硬化したのち、接着力の程度を問題にする場合は接着という用語を使う。

凍る｜いてる 塗って間もなく凍ること。

水引き｜みずひき コンクリートやモルタル表面に出てきた水が乾くこと。

しまる｜直射日光や急激な水引きにより、硬化していないのに固くなること。

お茶漬け｜おちゃづけ 固まりかけた材料に水を入れて戻すこと。左官の禁じ手で、特に石膏プラスターで同様のことを行うと施工後硬化不良になる。

かけセメント｜ふり粉、メン粉ともいう。下塗りなどの表面にセメントを振りかけることで、表面の湿り気をとり、水引きを促進させることで、短時間に次の作業に取りかかれる。多量にかけると変色、ひび割れの原因となる。

甘い｜あまい 塗り材料が富調合（セメントの割合が多い配合）の状態。作業性は改善されるが、ひび割れを引き起こしやすい。反意語はさくい。

伸び｜のび 左官材料の作業性がよいこと。「伸びがよい」という。伸びを確保す

喰付き｜くいつき 下地に対する塗膜の付着力のこと。付着をよくするには、小さい面積のコテでていねいにコテ圧をかけることが重要。

さくい｜辛いともいう。甘い・ねばいの反意語。塗り材料が貧調合（セメントの割合が少ない配合）の状態。この状態では、接着不良が起こりやすく、作業性も悪くなる。

駄目｜だめ 建築全般で使うが、左官では前工程の木工事未完了の影響などで塗り残した小面積の壁を指す。請負金に影響を及ぼすことがある。

継粉になる｜ままこになる セメントや顔料などの粉末材料と水を混ぜる際に、粉末材料と水が十分に混ざらず、粉末がダマのように残ってしまう状態。そのまま塗り付けると、ダマが残り、仕上げ面であばたとなる。これを防ぐには、水を混ぜる前に粉末材料どうしを十分に混和させ、水は少しずつ、基準水量より少なめに混入する。練り上がったら5〜10分程度寝かせて再度練り直す。

肌別れ｜はだわかれ 剥離ともいう。仕上げ層が下地や下塗り層と分離した状態をいう。改善には、以下の処置を行う必要がある。
① 機械的に引っかかり部分を増大させる：くし引きや木ゴテで目荒らしして、接着面積を大きくする
② 下地を改善する：ブラシこすり、清掃、剛性強化、水湿し、吸水調整材の塗布など
③ 塗り材料の収縮を低減させる：スサなどの混和材料やポリマーセメントモルタルを用いる

馬鹿になるともいう。セメントなどが湿気を帯びること。この状態になると硬化不良を起こすことがあるので、端太角、合板などで置床をつくって対処する。

るには、材料調合の際、水量・糊材・スサなどのバランスが重要で、左官職人によっても好みが分かれる。一定量の塗り材料で塗り得る面積の量を指すこともある。**塗り坪**と同義。

塗装工事

仕上げ 7

ここでは、材料、塗装方法・工程、仕上げに分け、塗装工事に関連する用語を解説する。なお、塗料の種類は非常に多く、その分類として、①適用する素地、②塗膜を形成する合成樹脂、③塗料の性状、④塗膜の性能・機能、⑤乾燥方法による分類、などが挙げられる。主な塗料の種類を表1、194頁表2に示す。

材料

塗膜形成要素｜とまくけいせいようそ
連続した皮膜を形成する成分。この成分は①顔料、②**塗膜主成分**（油・樹脂など）、③**添加剤**（乾燥剤・安定剤など）からなる。

顔料｜がんりょう
塗料に色を付けるほか、防錆効果、造膜保護効果をもつ重要な構成要素。組成によって**有機顔料**と**無機顔料**に分けられ、有機顔料は鮮やかな色彩のものが多いが、一般に退色しやすいため、外装用には無機系顔料を使用する。

塗膜主成分｜とまくしゅせいぶん
塗膜を構成する主成分。油性系、天然樹脂系、合成樹脂系、ニトロセルロースなどがある。**ビヒクル**とも呼ぶ。

クリア
塗料を構成する、顔料、重合体、添加剤、溶剤の4要素のうち顔料がなく透明な塗料のこと。

油変性樹脂塗料｜あぶらへんせいじゅしとりょう
塗料の原点である油を用いた塗料から発展的に改良され、油（乾性油）の特性を生かしながら乾燥性を早めた油変性合成樹脂（アルキド樹脂）を用いた塗料。酸化重合によって乾燥する。

添加剤｜てんかざい
可塑剤、増粘剤、造膜助剤、防カビ剤など、塗料の性能を補助し、塗膜形成などの副要素となる材料のこと。

溶剤｜ようざい
塗料を希釈し、溶解・分解して取扱いを容易にする揮発性の液体。主にアルコール、ケトン、エステルなどを使用する[図1]。水性塗料であれば水がそれに相当する。一般には石油系のものを指し、**シンナー**と呼ばれる。各塗料に応じて多くの種類がある。汎用のシンナーで希釈する塗料もあれば、その塗料専用のシンナーが設定されているものもあり、組合せを誤ると、ゼリー状に固まったり分離したりするなど、トラブルが生じる。

図1｜塗料の構成

塗料
- → 塗膜形成成分（塗装膜をつくる物質）
  - → 天然油脂
  - → 油脂
  - → 合成樹脂
  - → 硝化綿
- → 塗膜形成助成分
  - → 硬化剤
  - → 乾燥剤
  - → 可塑剤
  - → 分散剤
  - → 顔料・染料
  - → 艶消し剤
- → 非塗膜形成成分（塗膜にならない物質）
  - → 溶剤
  - → 遅緩剤

表1｜塗料種類と分類

展色剤種類	溶液形態		塗料の種類
油変性	溶剤系	油性系	油ワニス
			油性調合ペイント
			錆止めペイント1種
		油変性樹脂	錆止めペイント2種
			合成樹脂調合ペイント
			フタル樹脂エナメル
熱可塑性樹脂系	水系樹脂系		合成樹脂エマルションペイント
			つや有り合成樹脂エマルションペイント
			シリカ系ペイント
	弱溶剤系溶剤系		NAD形アクリル樹脂エナメル
			塩化ビニル樹脂エナメル
			アクリル・酢ビ系樹脂エナメル
			塩化ゴム系エナメル
熱硬化性樹脂系	水系樹脂系		ポリウレタンエマルションペイント
			常温乾燥形フッ素樹脂エマルションペイント
			アクリルシリコーン樹脂エマルションペイント
	弱溶剤形		弱溶剤形ポリウレタンエナメル
			弱溶剤形アクリル・シリコーン樹脂エナメル
			弱溶剤形常乾形フッ素樹脂エナメル
	溶剤形		2液変性エポキシ樹脂プライマー
			2液形エポキシ樹脂エナメル
			2液形厚膜エポキシ樹脂エナメル
			ポリウレタンワニス（1液形・2液形）
			2液形ポリウレタンエナメル
			常温乾燥形フッ素樹脂エナメル
			アクリルシリコーン樹脂エナメル
	加熱乾燥形（焼き付け）		アミノアルキド樹脂（メラミン）エナメル
			アクリル樹脂エナメル
			フッ素樹脂エナメル

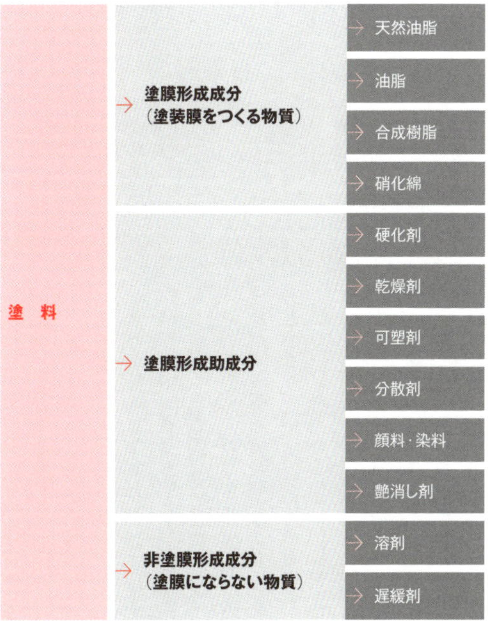

表2｜塗装材料特性一覧

塗装材料名	適用素地	屋外使用	耐久性・塗り替えの目安	その他の特徴	コストの目安（円/㎡）[※3]
漆（摺り漆）	木質	×	耐水性・耐薬品性・耐擦傷性に優れる	紫外線に弱い。乾燥には高湿度な環境が必要	20,000～30,000（摺り漆4回）
カシュー樹脂塗料	木質	×	ポリウレタン樹脂塗料と同等。耐擦傷性良好	紫外線で退色する。乾燥に時間がかかる	3,500～5,500（塗着効率50%）
オイルフィニッシュ	木質	×	ほかの塗料より劣るが、塗膜割れなどは生じない。2年	塗装の作業効率はやや悪いが、素人でも塗装可能	2,000～2,500（ワトコオイル）
ワックス	木質	×	撥水作用はあるが防湿性は劣る。半年	乾燥が極めて速く、作業性はよい	800～1,000
木材保護着色塗料	木質	○	初回の2年後、2回目からは5年ごと	スプレー塗りは不適	1,500～1,700（2回塗り）
ラッカー	木質	×	ウレタン樹脂塗料に比べてやや劣る	乾燥が速い（通常1～2時間）	1,500～2,500（3回塗り）
フタル酸樹脂塗料	木質	△[※1]	耐水性・耐酸性・耐油性がよい。4～5年（屋外）	乾燥に時間がかかる。刷毛塗り作業性がよい	1,800～2,700（3回塗り）
	金属	○			－
2液形ウレタン樹脂塗料	木質	△[※1]	優れている。9～10年（屋外）	高級仕上げ。アクリルシリコーン樹脂塗料に次ぐ塗膜性能	2,500～3,000（3回塗り）
	金属	○			－
	セメント				－
アクリル樹脂塗料	金属	○	比較的優れている。6～7年（屋外）	乾燥が速く、作業効率がよい	1,900～2,200（3回塗り）
	セメント				－
アクリルシリコーン樹脂塗料	金属	○	非常に優れている。10～12年（屋外）	塗膜性能はフッ素樹脂塗料にかなり近い	3,700程度（4回塗り）
	セメント				－
フッ素樹脂塗料	金属	○	非常に優れている。12～15年（屋外）	現在、最も耐候性に優れた建築用塗料	4,600程度（4回塗り）
	セメント				－
合成樹脂調合ペイント	木質	○	耐久性を要する場合は不適。2～5年	乾燥は遅いが、作業性は極めてよい	1,800～2,000（3回塗り）
	金属				－
合成樹脂エマルションペイント	木質	△[※2]	耐久性を要する場合は不適。5～6年（屋外）	工程が単純で、作業性がよい	1,600～2,000（3回塗り）
	セメント				－
塩化ビニル樹脂塗料	木質	○	合成樹脂調合ペイント・合成樹脂エマルションペイントより優れている	耐水性・防カビ性を要する部位でも使用可	1,800～2,100（3回塗り）
	金属				－
	セメント				－

凡例 ○：可、△：条件付き可、×：不可
※1 クリヤー（ワニス）塗料による屋外木部への塗装は不適
※2 屋外に使用できるタイプがあるが、実際に用いられる用途は圧倒的に屋内が多い
※3 素地調整費、養生費、足場代などを除く材工設計価格（参考価格）

熱可塑性樹脂塗料｜ねつかそせいじゅしとりょう　熱可塑性樹脂を展色剤として用いる塗料で**溶剤形・弱溶剤形・エマルション形**などがある。特に環境対応を配慮して弱溶剤形・エマルション形が中心となる。溶剤形は化学反応を伴わず、塗料中の溶剤の揮発によって乾燥する。エマルション系、NAD系は、水または弱溶剤が蒸発することによって乾燥する。

熱硬化形樹脂塗料｜ねつこうかがたじゅしとりょう　熱硬化形（反応硬化形）樹脂を展色剤として用いる塗料で溶剤形・弱溶剤形・エマルション形などがあり化学反応を伴って硬化することから高性能の塗膜が多い。

溶剤形塗料｜ようざいけいとりょう　脂肪族系および芳香族系炭化水素、アルコール、ケトン、エステルなどの有機溶剤を含む塗料。**水系塗料、弱溶剤系塗料**の3種に大別できる。強溶剤系塗料は、**ラッカーシンナー、ウレタンシンナー、エポキシシンナー**など揮発性と臭気が強い溶剤で希釈する塗料である。

強溶剤形塗料｜きょうようざいけいとりょう　塗料は何で希釈するかにより、おおむね強溶剤系塗料、弱溶剤系塗料、水系塗料の3種に大別できる。強溶剤系塗料は、ラッカーシンナー、ウレタンシンナー、エポキシシンナーなど揮発性と臭気が強い溶剤で希釈する塗料である。

弱溶剤形塗料｜じゃくようざいけいとりょう　従来の有機溶剤よりも安全性の高い、引火点の高い有機溶剤を使用した塗料。水ではなく弱溶剤に合成樹脂を分散させて乳化した樹脂を用いている。以前はアクリル系が中心だったが、現在はウレタン系・シリコーン系・フッ素系など、高耐候性を備えたものがある。揮発性・臭気がともに弱い溶剤、主に、灯油に近い**塗料用シンナーA**で希釈する。エマルション塗料のように水を使用していないので塗装環境に左右されにくく、素地や下地に対する付着性もよい。**NAD型塗料、非水分散形塗料**とも呼ばれる。

水系塗料｜すいけいとりょう　水で希釈可能な塗料のこと。最近のエマルション塗料の定番ともいえる合成樹脂エマルション塗料はこれに当たる。その成分にVOCを含むものもあるが、溶剤系塗料に比べると臭気が少なく、ほぼ無臭のものもある。

合成樹脂エマルション塗料｜ごうせいじゅしエマルションとりょう　水系塗料のことで、**EP**と略す。多くがアクリル樹脂を基材としており、それらは**AEP**ともいう。主に

図2 | エマルション塗料のメカニズム

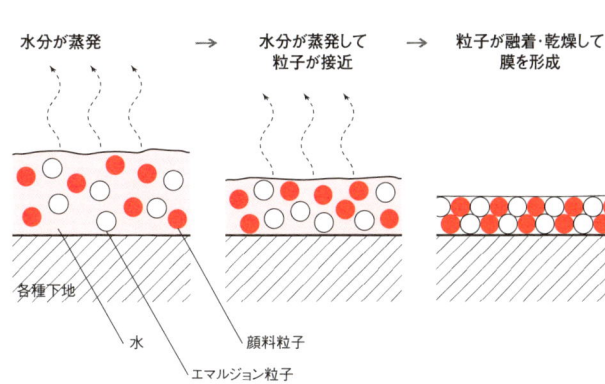

水分が蒸発 → 水分が蒸発して粒子が接近 → 粒子が融着・乾燥して膜を形成

各種下地／水／顔料粒子／エマルジョン粒子

図3 | 住宅外装に主に使われる塗料

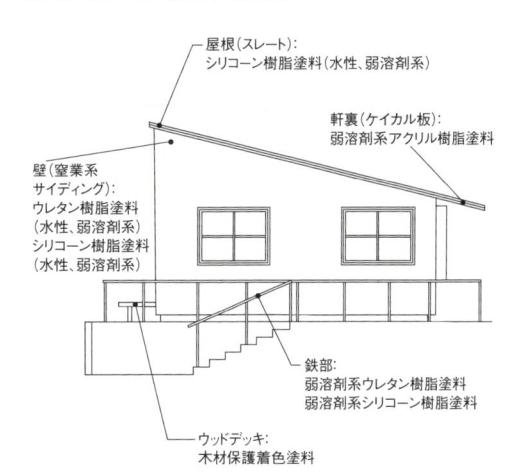

- 屋根(スレート)：シリコーン樹脂塗料(水性、弱溶剤系)
- 軒裏(ケイカル板)：弱溶剤系アクリル樹脂塗料
- 壁(窯業系サイディング)：ウレタン樹脂塗料(水性、弱溶剤系) シリコーン樹脂塗料(水性、弱溶剤系)
- 鉄部：弱溶剤系ウレタン樹脂塗料 弱溶剤系シリコーン樹脂塗料
- ウッドデッキ：木材保護着色塗料

内装用に使われてきたが、耐洗浄性や抗菌性など、さまざまな機能が付加されてバリエーションが広がっている。最近では、シックハウス症候群に対応するための内装用水系塗料として、**低VOC塗料・ゼロVOC塗料**が登場している［図2］。

エマルション樹脂｜じゅし
水系塗料の1種で、水分中に合成樹脂を分散させ、乳化した樹脂。

2液形塗料｜にえきがたとりょう
別々に缶詰めされた主剤と硬化剤の2つの液体を規定の割合で混合して化学反応によって塗膜を形成する塗料のこと。計量の手間がかかる、混合してから使用できる時間に制限があるなど、希釈するだけで使用できる**1液形塗料**に比べ作業性では劣る。しかし、その塗料の、合成樹脂(アクリル、ウレタン、シリコーン、フッ素など)と溶剤の種別(強溶剤系、弱溶剤系、水性)が等しい場合、1液形塗料よりも2液形塗料のほうが性能的には優れている。

エナメル
着色顔料を含有した塗料。

油性塗料｜ゆせいとりょう
OPと略し、俗にペンキと呼ばれる塗料。本来のOPは植物性の油で希釈する塗料であり、乾燥が遅いため、現在はほとんど使われていない。そのOPに代わって使われているのが**SOP(合成樹脂調合ペイント)**である。鉄部の塗装などで指定されていることが多いが、「安い」「塗りやすい」ということから汎用的に使用されている。内装用

木材保護着色塗料｜もくざいほご

の2次的に耐候性、耐汚染性などの効果も得られ、アクリル、ポリウレタン、アクリルシリコーン、ポリウレタン、フッ素などが一般的に使われている。

ワックス
ロウが主な原料で、表面に塗膜をつくる塗料。汚れ防止や撥水効果を得るため、主に和室の柱枠などの白木の仕上げに使われる。水性のものもある。

クリアラッカー
略号CL。乾燥が早く、平滑性の高い透明塗料。造付け家具の仕上げに用いる場合が多い。

オイルステイン
略号OS。木部を塗り潰しにならない程度に半透明に着色する塗料。着色後に透明塗装を行って仕上げたい場合には、油性(オイル)ではなく水性やアルコール系のステインで着色を行う場合もある。

ポリウレタン樹脂塗料｜じゅ

であればSOPで十分な場合もあるが、外装塗装の場合には耐候性を考慮する必要があるので、ウレタン樹脂塗料以上のグレードが望ましい［表2、図3］。

トップコート
仕上げ材として外壁面に色彩、光沢などを与えるために用いられる。

装飾性仕上げ塗材｜そうしょくせいしあげぬりざい
吹付け、コテ塗り、ローラー塗りなどで模様付けが可能な塗料。広義では、天然石や陶磁器の粒を混入した塗材を使用して石張りに似せた表情に仕上げる**石材調塗材**も含む。

アクリル樹脂塗料｜じゅしとりょう
塗料の主成分である合成樹脂がアクリル系の仕上げ塗料のこと。建築物の内・外壁の仕上げ塗材として約40年の実績をもつ。主な特徴は、耐薬品性・耐候性に優れており、中庸的な耐久性で、経済性も高いことである。また、速乾性塗料であるため作業効率が高いが、塗料の不揮発分が少なく、肉もち感が劣る短所がある。エマルションタイプ(AEP)は内装塗料の定番として使用されている。

ちゃくしょくとりょう
WP(ウッドプロテクション) ステインともいう。表面に塗膜をつくらず、浸透させるタイプの木材専用塗料のこと。防腐防虫効果を有したものと、そうでないものがある。

| 写真1 | マスチック仕上げ面

塩化ビニル樹脂塗料｜えんかビニルじゅしとりょう

VPと略す。耐薬品性に優れており、ガソリンスタンドの塗装に使用することが多い。EPより耐候性に優れるが、非常にシンナー臭が強く、最近ではあまり使われない。

は1液形と2液形があり、1液形は床用塗料として、木部通路では高級仕上げとして位置付けられている。主な特徴は、①光沢、肉もちがよい、②塗膜が強靭で付着性に優れている、③耐薬品性、耐水性に優れている、④耐候性がよい、⑤乾燥性に優れている、などが挙げられる。

エポキシ樹脂塗料｜じゅしとりょう

密着性・耐摩耗性に優れるといわれるエポキシ樹脂を含有した塗料。錆止めとして、また、駐車場や内部通路の床面、工場などの床面仕上げに使われることが多い。コンクリートの摩耗による粉塵の発生を抑える防塵塗料として使用されている。また防食性や耐薬品性に優れているため、重防食塗料として多用されている。ただし、耐候性には劣るため外装には向かない。

フタル酸樹脂塗料｜さんじゅしとりょう

図面上ではFEと表記されることもある。SOPに比べ乾燥が早いため塗りにくいが、平滑性に優れ肌がよく、内装の枠廻りなどの仕上げに使われることが多い。ただし、希釈剤はシンナーであり、低VOCを求める風潮のため、内装には使われなくなりつつある。最近では、同塗料の仕上がりに近づけた水系塗料も登場している。

アクリルシリコーン樹脂塗料｜じゅしとりょう

塗料の主成分である合成樹脂がシリコーン系の塗料の一般的な呼称。フッ素樹脂塗料とともに「高耐候性塗料」と称され、フッ素樹脂に次ぐ耐久性をもちながらも、コストパフォーマンスのよさが評価されている。

フッ素樹脂塗料｜そじゅしとりょう

主に建築物の金属系素地・セメン

ト系素地に使用され、化学的安定性が高いフッ素結合を有する樹脂をもつ。耐薬品性に優れた塗料。主な特徴としては、1液形と2液形がある。①抜群に優れた耐紫外線性をもち、光沢保持率もよいこと、②15年程度の耐久性が見込めることなどが挙げられる。

カチオン電着塗料｜でんちゃくとりょう

水性塗料中に浸漬された被塗物を陰極として、対極との間に直流電流を流すことにより被塗物は電気的に塗着される塗料。

スタッコ

JIS A 6909のなかの厚付け仕上げ塗料。大別するとセメント系のものとアクリル系のものがあり、現在ではアクリル系のものが主流である。アクリル系のものなどにはひび割れへの追従を目的とした弾力性を有するものがあり、**弾性スタッコ**と呼ばれる。下塗りの後、8～12mmの口径のスタッコガンで2回吹き付けて施工する。仕上がりは、柄が大きくガサガサしている。昭和45年ころからセメントシリンの超厚付けや、合成樹脂エマルションで模したスタッコも出現し一時大流行したが、汚れやすいこともあり、現在では下火になっている。

漆｜うるし

漆の木に傷を付けて滲出する樹液を原料とする。木地の保護に加え、漆膜のもつ美しさを生かし、建具、床の間、柱、天井、床などの仕上げに用いられる。

カシュー樹脂塗料｜じゅしとりょう

「カシューナットシェル液」を原料とし、再生産可能な植物資源を利用した合成樹脂塗料。塗膜は肉持

ち感や平滑性、深み感に優れ、場合によっては漆よりも高い光沢度をもつ。アクリル系のものの中にはひび割れへの追従性を有する**弾性リシン**がある。下塗りの後、6～8mmの口径の吹付け器具で1～2回吹き付けて施工する。

吹付けタイル｜ふきつけ—

JIS規格の**複層仕上げ塗材**の代表的なもの。スタッコ、リシンが下塗り後、単一の塗料を吹き付けることにより模様付けを行って仕上げるのに対し、吹付けタイルは下塗材の吹付けは6～8mmの口径のガンで2工程行い、その上に上塗り塗料2層で仕上げる。そのため、異種塗料2層の構成となる。吹付けタイルの主材には主に、標準的なものとひび割れへの追従性のある弾力性の高い弾性タイルと硬度が高いエポキシタイルの3種類が存在する。上塗りはアクリルからフッ素までさまざまである。

マスチック塗材｜ぬりざい

厚塗り可能な高粘度のセメント系やアクリル系の塗材を専用のマスチックローラで塗ることによって、表面にさざ波状やゆず肌状の模様を付ける[写真1]。吹付けによらず模様を付けるために考案された。

錆止め塗料｜さびどめとりょう

JIS規格の**薄付け仕上げ塗材**の代表的なもの。スタッコ同様、大別するとセメント系のものとアクリル系のものがあったが、現在では多くの種類があるが、安価なもの

表3 | 機能性塗料の種類と特性

機能	塗料種類	特性
光学的機能	発光・蛍光塗料	昼光蛍光顔料を展色剤に分散させた塗料災害防止の表示・ポスターなどに用いられる
	夜光塗料	蓄光性（光の吸収により発光）と自然発光性（共存する放射性物質の放射線により発光）の2種類あり、夜行表示・非常標示などに活用
環境保全	抗菌塗料	抗菌剤に銀イオン系の非拡散性接触タイプと溶出タイプの2種類を用いた抗菌塗料建築物の院内感染防止用に壁・天井などに用いる
機能	防かび・藻塗料	防かび剤・防藻剤などを塗料中に配合したもの。拡散性があり、かびの種類により防かび剤を選択して用いる
	結露防止塗料	合成樹脂エマルションに珪藻土・蛭石・パーライトなどの吸水性・断熱性を有する塗膜を形成する塗料
	結氷・着雪防止塗料	塗膜自体の撥水性・防水性を利用して結氷・着雪防止する塗料
	滑り止め塗料	けい砂・金剛砂などを混合し、粗면と下塗り床を形成する床用塗料
	防音・防振塗料	防振性・制振性などの防音機能を塗膜にもたせることのできる塗料
	貼紙防止塗料	塗料中にガラスビーズを分散し、スリックス剤を配合し、貼り紙の付着を防止し、自然に剥離する塗膜を形成するもの
	自己洗浄形塗料	塗膜が経時的に変化し、雨水などにより汚れが塗膜成分と一緒に洗い流されるセルフクリーニング性を発揮する塗料
	低汚染形塗料	塗膜に親水性を付与し塗膜面に水膜を形成し親油性成分の汚れの付着を防止する塗料で、超耐久性塗料にもたせる技術開発がなされている
	光触媒塗料	酸化チタンの光による触媒作用で有機化合物の酸化還元作用を起こし、防かび・抗菌・排気ガス汚染防止・ホルムアルデヒド分解など有機化合物による弊害を排除する塗料
熱的	耐火塗料	構造用鉄骨などの火災時の熱で変形する事を防止するために機能加熱時発泡断熱層を形成する鉄骨耐火被覆材
	防火塗料	火災時に毒性ガス・煙などの発生がなく火炎伝幅性を防止する機能をもたせ発泡断熱層を形成する塗料
	耐熱塗料	耐熱性を有するシリコン系樹脂などを用いて耐熱性と熱酸化腐食防止能力をもたせた塗膜を形成する鉄面用塗料
	示温塗料	特定の温度で変色する化合物を顔料とした温度測定用の塗料
	外断熱用塗料	ポリスチレンなどの発泡樹脂を用いた断熱性能をもつ塗装材料：欧米で多用されている湿式外断熱工法システム用塗装仕上材

はJISK 5621の一般さび止め塗料で、特に指定がない限り使用されることがあるが、防錆力に劣る。油性系ではJISK 5625シアナミド鉛さび止めペイントが多用されているが、鉛を含有するため、鉛・クロムフリー鉛さび止めペイントに移行しつつある。またハイグレードなエポキシ樹脂系の錆止め塗料が使われることも少なくない。鉄の塗装は防錆が重要で、安物は錆を抑止する機能はほとんど期待できないので、よりよい錆止め塗料の選択が望ましい。ビヒクルはフェノール樹脂やエポキシ樹脂が代表的である。JIS規格で1種溶剤形、2種は平滑性は劣る。ビヒクルはフェノール樹脂やエポキシ樹脂が代表的で無機有機複合形塗料（セラミック技術と高耐候性樹脂を組み合わせたタイプが多い）はメーカーによって20～30年を謳っている。

鉛・クロムフリー錆止め塗料｜なまり・…さびどめとりょう
従来の油性系錆止めペイントは錆止め顔料として、人体に有害である鉛・クロムが配合されていたため、2003年にJIS規格で鉛・クロムを含まない錆止め塗料が規定されている。鉛・クロムフリー錆止め塗料は、優れた能力を発揮する。ただし、

MIO塗料｜えむあいおーとりょう
雲母状酸化鉄塗料のこと。顔料が安定かつ雲母状の塗料である。被塗物の素材表面の粗さや凸凹を視覚的にカバーできる。

ハンマートーン塗料｜とりょう
ハンマーで叩いて凸凹を付けた板金面のような独特の模様を形成する塗料。被塗物の素材表面の粗さや凸凹を視覚的にカバーできる。

機能性塗料｜きのうせいとりょう
特別な機能を付与した塗料。その種類を表3に示す。

低汚染塗料｜ていおせんとりょう
汚れにくい機能をもった塗料のこと。塗膜表面の親水性を高めて雨などによって汚れを流す仕組みをもったもの [198頁図4]。雨のかかりやすい個所ほど汚れは除去されるが、雨のかからない個所では従来塗料と変わらないので注意したい。超低汚染塗料、フッ素系、アクリルシリコン系、ウレタン系、アクリルシリコン系、フッ素系などがある。超低汚染塗料などと表示しているメーカーもあるが、同じものである。低汚染の評価は難しく、特に建物の汚れは、建物の構造や雨がかりなどに影響されるので、効果の程度については、建築主に十分説明する必要がある。

多彩模様塗料｜たさいもようとりょう
仕上がりが単色でない塗料で、1つの缶のなかに数色が混じらずに存在しているものと、別々の缶に入った2色の塗料を同時に塗ることが前提にされているものがある。また、数色を複数の工程で塗り重ねて仕上げることを、多彩模様仕上げと呼ぶ場合もある。

高耐候性塗料｜こうたいこうせいとりょう
耐候性に優れた塗料の総称。近年では、ポリウレタン樹脂塗料、アクリルシリコーン樹脂塗料やフッ素樹脂塗料などが当てはまる。塗替えの目安は、ポリウレタン樹脂塗料で8～10年、アクリルシリコーン樹脂塗料で13～15年、フッ素樹脂塗料で15～20年といわれている。

落書き防止塗料｜らくがきぼうしとりょう
ラッカーなどで書かれた絵や文字が付着しにくく、また専用の除去剤で容易に拭き取ることができる性質をもつ塗料。シリコーン樹脂など、物が付着しにくい樹脂をベースとしている。

遮熱塗料｜しゃねつとりょう
遮熱効果をもつ塗料のことで、塗膜中に中空の粒（バルーン）や遮

※：環境配慮型商品のうち、グリーン購入法に定められた基準をクリアし、認定された商品のこと。国などの機関は一定数のグリーン購入対象商品の購入が義務付けられる

表4 | 主なエコ系塗料リスト

商品名	メーカー名[注]	特徴
オスモカラー	日本オスモ	ドイツ最大の建材・木製品メーカーのオスモ社の塗料。溶剤としてイソパラフィン（化学物質だが、害がないといわれる）を含む
リボス	イケダコーポレーション	ドイツの塗料メーカーのリボス社の塗料。溶剤としてイソパラフィンを含む。創設者は教育芸術家であるシュタイナーの弟子
アウロ	玄々化学工業	ドイツの塗料メーカーのアウロ社の塗料。100％天然原料を用い、原料名をすべて表示している
エシャ	ターナー色彩	絵の具メーカー。オイルフィニッシュ、オイルステインが主。植物を中心とした自然成分が主体。溶剤としてイソパラフィンを含む
アグライア	吉田製油所	ドイツの老舗塗料メーカー、ベーク社の塗料。石油化学製品を一切不使用
ブレーマー自然塗料	エコ・オーガニックハウス	ドイツの塗料メーカー、ブレーマー社の塗料。100％自然素材
ビオファペイント	シグマ技研	人体のアレルギー反応物質の低減、作業者の仕事環境の改善などがコンセプト
ミルクペイント	コーティング・メディアサービス	ミルクカゼインというタンパク質が主成分の水性塗料。アメリカの塗料メーカーの塗料
ナチュレオイル	アトリエ・ベル	塗装業者（寿々木塗装店）が、「木には塗装しない」ことを考えてつくった塗料。オイルフィニッシュやオイルステインが主
トライド・アンド・トゥルー	マルホン	100％天然素材の亜麻仁油塗料
匠の塗油	太田油脂	純正えごま油がベースの100％植物油
未晒し蜜ロウワックス	小川耕太郎∞百合子	無漂白蜜ロウと純粋えごま油が原料
セラリカコーティング・ピュア	セラリカNODA	木ロウ、精製亜麻仁油など100％植物原料
柿渋 柿渋ペイント	トミヤマ	柿渋ペイントは、柿渋をベースにベンガラや亜麻仁油、蜜ロウを配合した水性塗料

注　販売代理店含む。輸入品、小ロット品もあるため在庫のない場合もあり

図4 | 低汚染塗料

雨が表面に広がり汚染物質を洗い流す　親水性膜
汚染物質が塗膜となじみやすく雨水をはじくため汚れが残ってしまう　疎水性膜
雨水　汚染物質

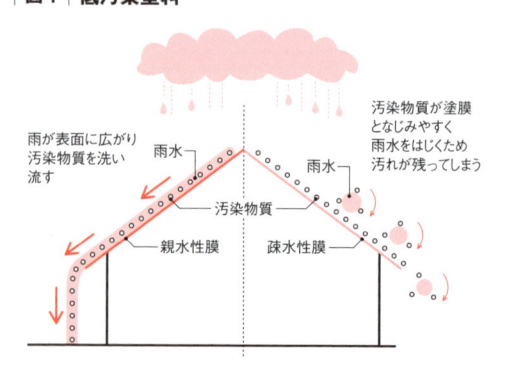

図5 | 遮熱塗料のメカニズム

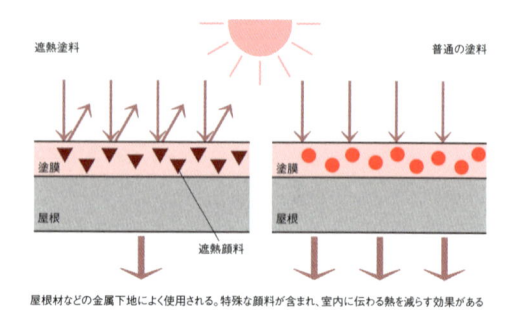

遮熱塗料　普通の塗料
塗膜　屋根　遮熱顔料
屋根材などの金属下地によく使用される。特殊な顔料が含まれ、室内に伝わる熱を減らす効果がある

図6 | 耐火塗料（耐火の仕組み）

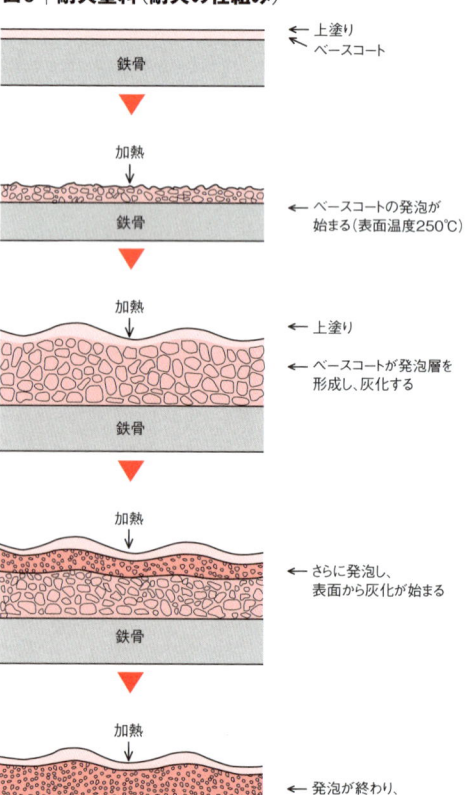

鉄骨　←上塗り／ベースコート
加熱
鉄骨　←ベースコートの発泡が始まる（表面温度250℃）
加熱
鉄骨　←上塗り／ベースコートが発泡層を形成し、灰化する
加熱
鉄骨　←さらに発泡し、表面から灰化が始まる
加熱
鉄骨　←発泡が終わり、灰化層となる

耐火塗料｜たいかとりょう　耐火性能をもつ塗料のこと［図6］。室内などに鉄骨などを露出させる場合、ロックウールなどの耐火材の代わりとして使われる。火災時に塗膜の中塗り材が熱せられると、数十倍に膨張・発泡し、熱を遮断、耐火性を発揮する。1時間耐火や2時間耐火などがある。

寒冷紗｜かんれいしゃ　コンクリート下地や各種ボードを塗装仕上げにする場合に、ひび割れを防ぐために下地に張るガーゼ状のものを寒冷紗と呼ぶ。絹、ナイロン、ガラス繊維、カーボン繊維などさまざまな素材のものがあり、幅が5cm程度のものを継ぎ目に沿って張るだけの場合と全面に張り付ける場合がある。なお、寒冷紗を張れば割れないと考えるのは大きな間違いで、下地が動けば

熱塗料が配合され、紫外線を反射し被塗物の温度上昇を低減させる。屋根用・外壁用・道路用などがある［図5］。

カビの発生しやすい浴室や厨房、食品工場などの天井や壁に用いられる。類似した機能をもつものに、抗菌塗料があり、院内感染対策で病院の内装に使用される。

防カビ塗料｜ぼう―とりょう　防カビ剤を配合した塗料で、防カビ効果を発揮する。防カビ塗料は

表5 | プライマーの標準塗付け量

塗料名称と適合規格		標準膜厚(μm/回)	塗付け量(kg・㎡/回)	塗重ね時間
一般用さび止めペイント JIS K 5621	1種	35	0.09	48時間以上6カ月以内
鉛用さび止めペイント JIS K 5622	1種	35	0.17	48時間以上6カ月以内
	2種	30	0.17	24時間以上6カ月以内
亜酸化鉛さび止めペイント JIS K 5623	1種	35	0.10	48時間以上6カ月以内
	2種	30	0.12	24時間以上6カ月以内
塩基性クロム酸鉛さび止めペイント JIS K 5624	1種	35	0.10	48時間以上6カ月以内
	2種	30	0.10	24時間以上6カ月以内
シアナミド鉛さび止めペイント JIS K 5625	1種	35	0.10	48時間以上6カ月以内
	2種	30	0.10	24時間以上6カ月以内
鉛・クロムフリーさび止めペイント JIS K 5674		30	0.13	24時間以上6カ月以内
水系さび止めペイント JASS 18M-111		30	0.13	24時間以上6カ月以内
鉛用ジンクロメートさび止めペイント JIS K 5628		30	0.13	24時間以上6カ月以内
エッチングプライマー JIS K 5633 2種		15	0.14	24時間以上3カ月以内
変性エポキシ樹脂プライマー JASS 18M 109		40	0.14	24時間以上7日以内
ジンクリッチプライマー JIS K 5552		15	0.14	24時間以上6カ月以内

図7 | プライマー

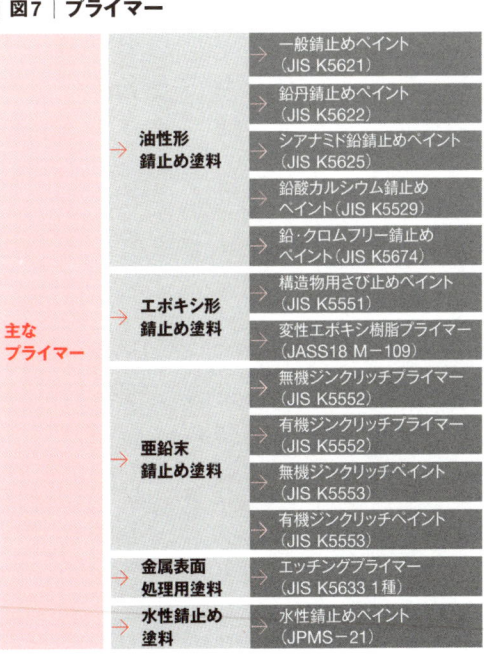

主なプライマー

- 油性形錆止め塗料
  - 一般錆止めペイント（JIS K5621）
  - 鉛丹錆止めペイント（JIS K5622）
  - シアナミド鉛錆止めペイント（JIS K5625）
  - 鉛酸カルシウム錆止めペイント（JIS K5529）
  - 鉛・クロムフリー錆止めペイント（JIS K5674）
- エポキシ形錆止め塗料
  - 構造物用さび止めペイント（JIS K5551）
  - 変性エポキシ樹脂プライマー（JASS18 M-109）
- 亜鉛末錆止め塗料
  - 無機ジンクリッチプライマー（JIS K5552）
  - 有機ジンクリッチプライマー（JIS K5552）
  - 無機ジンクリッチペイント（JIS K5553）
  - 有機ジンクリッチペイント（JIS K5553）
- 金属表面処理用塗料
  - エッチングプライマー（JIS K5633 1種）
- 水性錆止め塗料
  - 水性錆止めペイント（JPMS-21）

図8 | シーラー

主なシーラー

- 水性形シーラー
  - 合成樹脂エマルションシーラー（JIS K5663）
  - 水性浸透形シーラー
  - 水性しみ（ヤニ）止めシーラー
  - 水性ウッドシーラー
- 溶剤形シーラー
  - アクリル樹脂形シーラー
  - 浸透形シーラー
  - しみ（ヤニ）止めシーラー
  - ウッドシーラー

柿渋など昔ながらの塗料への回帰志向の動きもある[表4]。

プライマー
素地や下地に直接塗装する密着性の高い塗料[図7、表5]。プライマーは「初めに」という意味があり、素地に直接塗布する塗料を指す。プライマーは、被塗面との付着性や、中塗りとの付着性が要求されるため、防錆効果も期待されており、錆止め塗料とほぼ同義語として使われる。金属のように吸込みのない面に主に使用する下塗りを指すことが多い。プライマーには、被塗面との付着性や、中塗りとの付着性が要求されるため、防錆効果も期待されており、錆止め塗料とほぼ同義語として使われる。

ウォッシュプライマー
亜鉛メッキ面に多く用いられる下塗り塗料で、メッキ面に直接塗布する。化学的な表面処理が目的。厚く塗ると上塗りの付着が悪くなるため、薄く塗る。エッチングプライマーともいう。亜鉛メッキは防錆のために施されているが、亜鉛メッキは防錆のために施されているが、亜鉛メッキは防錆のために施されているが、亜鉛メッキは防錆のために施されているが、塗装後2時間以上8時間以内に次の工程に入る必要がある。塗装後に時間に制限があり、塗装後2時間以上8時間以内に次の工程に入る必要がある。

ジンクリッチプライマー
錆止め顔料に亜鉛粉末を使用しているプライマー。無機タイプと有機タイプがあり、一般に塗装適用幅の広い有機タイプが使用される。ジンクリッチプライマーは薄膜タイプで、厚膜タイプのものをジンクリッチペイントといい、防食性に優れる。

逆プライマー ぎゃく—バリアプライマーともいう。下地材と仕上げ材を絶縁するための下地処理剤。外壁の吹付け塗装仕上げにおける伸縮目地のシーリング部などの吸込み止めを指すことが多い。[図8]。シーラーの役割は、塗料の付着性向上や吸込み止め、アルカリ抑えなどには塗料を変質させる成分（可塑剤）を含むものがあり、シーリング材の上に塗装した場合にその成分が塗装表面に移行し黒ずみやベタつきなどが生じることがある（ブリード）。これを防ぐための下塗材のこと。シーリング材の上に塗装する場合にはあらかじめブリードを生じないタイプのシーリング材を使用されたい。

シーラー
シーラーは「覆う」という意味。素地や下地に直接塗装する塗料。一般には窯業系建材や木のような吸込みのある面に使用する下塗りを指すことが多い。シーラー塗装の役割は、塗料の付着性向上や吸込み止めともいう[図8]。シーラーの役割は、塗料の付着性向上や吸込み止め、アルカリ抑えなど窯業系建材などは下地

剥離剤 はくりざい―既存塗膜（旧塗膜）を溶解・軟化させ剥がす薬品。用途によって多くの種類がある。必ず塗装面も割れる。

エコ塗料―とりょう広義では水系塗料もエコ塗料と呼ぶ場合があるが、人体に有害な成分を抑えた塗料の総称。溶剤にシンナーを使わず天然油を使うなど、天然原料を使用している塗料を指すことが多く、**自然塗料、健康塗料**などと称されることもある。有害性の低さがアピールされ、エコブームで脚光を浴びつつある。また、環境問題への意識の高まりから、

図9 | フィラー

主なフィラー		
→	セメント形フィラー	→ セメント形下地調整塗材1種（JIS A6916 主に塗替え用）
		→ セメント形下地調整塗材2種（JIS A6916 主に新築用）
→	有機形フィラー	→ 合成樹脂エマルション系下地調整塗材（JIS A6916）
		→ 一般形有機系フィラー
		→ 微弾性形有機系フィラー
→	木部用フィラー	→ 油性形目止め材
		→ 合成樹脂系目止め材
		→ 水性形目止め材

図10 | パテ

主なパテ		
→	合成樹脂エマルションパテ	→ 耐水形薄付け用パテ（JIS K5669）
		→ 耐水形厚付け用パテ（JIS K5669）
		→ 一般形薄付け用パテ（JIS K5669）
		→ 一般形厚付け用パテ（JIS K5669）
→	溶剤形パテ	→ ラッカーパテ（JIS K5535）
		→ オイルパテ
→	反応形合成樹脂パテ	→ 2液形エポキシ樹脂パテ（JASS18 M-202（2））
		→ 2液形ポリウレタンパテ（JASS18 M-202（2））
		→ 不飽和ポリエステルパテ（JASS18 M-110）

写真2 | ジョイント部分をパテ処理した状態

密度が均一でなく、その差によって塗膜の乾燥時間が大きく異なるため、吸込み止めは欠かせない。

合成樹脂シーラー｜ごうせいじゅし｜

熱可塑性合成樹脂で耐薬品性の優れた塩化ビニル樹脂やアクリル系樹脂を用いたシーラーが代表的。

合成樹脂エマルションシーラー｜ごうせいじゅ｜

最も効果を発揮する性能・機能は、硬化により素地の吸込みを止めること。耐アルカリ性だが、素地のアルカリ性が強い場合はその効果は十分発揮できず、エフロレッセンスなどの防止能力は低い。

素地の吸込みを抑え、また耐アルカリ性に優れた塗膜によりエフロレッセンスなどの防止効果も発揮する。

反応硬化形合成樹脂シーラー｜はんのうこうかがたごうせいじゅし｜

2液形エポキシ樹脂シーラーに代表され、耐薬品性・付着性の優れた塗膜を形成する塗料。

浸透形シーラー｜しんとうがた｜

下地の表面強度を向上させるシーラー。珪酸カルシウム板など、無機系材料には、下地がぜい弱なものがあり、そのまま塗装すると塗膜剥離しやすくなるため、浸透形シーラーの塗布が欠かせない。浸透形シーラーは粘度が低く、透明タイプが一般的。水性形と溶剤形があるが、下地への含浸効果は溶剤形がよい。

しみ止めシーラー｜しみどめ｜

素地や下地に付着したタバコのヤニなどのしみを抑え込むシーラー。水性形と溶剤形がある。環境問題から建物内部に溶剤形塗料の使用が制限されることが多く、水性形が主流になっているが、しみの付着程度によっては事前に清掃が必要になる。着色タイプが多い。

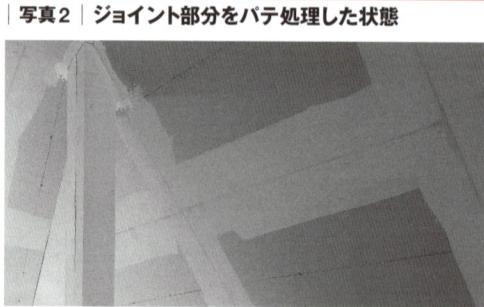

シーラーの塗布が欠かせない。浸透形シーラーは粘度が低く、透明タイプが一般的。水性形と溶剤形があるが、下地への含浸効果は溶剤形がよい。

セメント系フィラーは、粉体と混和液を規定量混合して使用するもの。新築用と塗替え用に分かれており、新築用の塗装方法はコテ塗りに限定されている。有機系フィラーは、合成樹脂塗料と同じように新築と塗替え両方に適用する。

微弾性フィラー｜で、よく用いられるのが有機系のうちょくよく用いられるのが有機系フィラー。規定どおりの膜厚を付ければ、0.3㎜程度以下のひび割れに追従でき、既存塗膜に発生している小さなクラックを隠すことも可能である。有機系フィラーには木部の導管や切断面の穴を充填する木部用フィラー（目止め）もある。状況に応じ、コテ、ローラーなどで塗布する。

サーフェーサー

仕上り性を高めるために下塗り後に塗布する塗料。サーフェーサーともいう。サーフェーサーは下地を整える機能をもった2度目の下塗りという意味合いが強く、素地に直接塗布することを前提にしたタイプのものが「プライマー」＋「サーフェーサー」でプラサフと称されることがある。

フィラー

サーフェーサーの1種で、シーラー効果と目止め効果を兼ねた下地調整材［図9］。外壁などに使用する。

主にセメント系フィラーと有機系フィラーがある。

セメント系フィラーは、粉体と混和液を規定量混合して使用するもの。新築用と塗替え用に分かれており、新築用の塗装方法はコテ塗りに限定されている。有機系フィラーは、合成樹脂塗料と同じように新築と塗替え両方に適用する。

パテ

孔、ひび、段差など素地を修整するための材料で、粉末を水で練るもの、あらかじめペースト状のものが缶詰めにされているもの、2つの材料をこね合わせて硬化させるものなど、多くの種類がある［図10、写真2］。全面にパテを付けて平滑度を高める場合を総しごきと呼ぶほか、部分的に充填するものにはパテかい、全面に付ける場合の1回目の塗布を地付けと呼ぶ場合がある。

主に内部用として使われるが、外部に使用できるもの（反応形合成樹脂パテ）もある。コンクリート系下地や金属、木部面に、必要に応じて全面または部分的にパテベらを用いて塗り付け、塗装下地を平滑にする。パテ塗り作業のうち、素地や下地の全面に一定の厚みにパテを塗り付けることをパテ付け、凹凸部やジャンカなどの不具合部にパテを塗り付けることをパテ飼い

中間調整材

近年、塗替えの場合には、シーラーに代えて微弾性フィラーを使用する仕様が主流になりつつある。シーラーに比べ粘度が高く厚みを付け塗布するため微細なクラックなどを充填できる。微弾性フィラーを使用することで下地調整の省力化が可能。

微弾性フィラー｜びだんせい｜

下地調整機能をもった下塗り材。

図11 | 中塗り

主な中塗り	→ 油性形中塗り塗料	→ 合成樹脂調合ペイント中塗り用（JIS K5516）
	→ 雲母状酸化鉄塗料	→ フェノール樹脂形雲母状酸化鉄塗料（JIS K5554）
		→ エポキシ樹脂形雲母状酸化鉄塗料（JIS K5555）
	→ 高耐候性塗料	→ 鉄構造物用ポリウレタン樹脂塗料用中塗り（JIS K5657）
		→ アクリルシリコーン樹脂塗料用中塗り（JASS18 M-404）
		→ 鉄構造物用フッ素樹脂塗料中塗り（JIS K5659）
	→ 耐火塗料	→ 発泡性耐火塗料
	→ 外装材	→ 複層仕上塗材（JIS A6909）
		→ 防水形複層仕上塗材（JIS A6909またはJIS A6021）

図12 | 上塗り

主な建築用	自然乾燥形	油性形	→ 合成樹脂調合ペイント
			→ フタル酸樹脂エナメル
		水性形	→ 合成樹脂エマルションペイント
			→ つや有り合成樹脂エマルションペイント
			→ ポリウレタン樹脂形エマルションペイント
			→ アクリルシリコーン樹脂形エマルションペイント
			→ フッ素樹脂形エマルションペイント
		溶剤形	→ アクリル樹脂系非水分散形塗料
			→ アクリル樹脂エナメル
			→ 塩化ビニル樹脂エナメル
	反応硬化形	溶剤形	→ エポキシ樹脂塗料
			→ ポリウレタン樹脂塗料
			→ アクリルシリコーン樹脂塗料
			→ フッ素樹脂塗料
	建築用仕上塗材	→ 薄付け仕上塗材	→ 一般形、可撓形、防水形
		→ 複層仕上塗材	→ 一般形、可撓形、防水形
		→ 厚付け仕上塗材、可撓形改修用仕上塗材	

合成樹脂溶液形パテ | ごうせいじゅしようえきがた―
建築の内装仕上げに用いられる代表的なパテ。作業性は優れているが、耐水性・耐アルカリ性といった性能面はあまり良好とはいえない。ただし耐水形であっても外部には使用できない。

合成樹脂エマルションパテ | ごうせいじゅし―
熱可塑性合成樹脂の代表でシーラーと同様に耐水性・耐アルカリ性などに優れているが、作業性、特に厚付け性・研磨性が悪い。

反応硬化形合成樹脂パテ | はんのうこうかがたごうせいじゅし―
2液形エポキシ樹脂パテと2液形ポリエステルパテで代表される。

2液形エポキシ樹脂パテ | にえきがた―じゅし―
耐薬品性・接着性の最も優れたパテでコンクリート系素地や金属面素地に用いられ、特に高耐久形合成樹脂エナメル用のパテとして用いられる。その塗膜が強すぎためALCパネルなどの表面強度の低い素地には適用できない。

2液形ポリエステルパテ | にえきがた―
厚膜性に優れ、研磨性も良好に設計されているが、耐アルカリ性がないため、セメント系素地に適用できず、金属・木部などに用いられる。

仕上げ塗材用下地調整材 | しあげぬりざいようしたじちょうせいざい
一般的にポリマーセメントモルタルの通称で呼ばれ、3〜10mm程度の膜厚で塗布する。1種（CM・1）は適用できる仕上塗材に制限があるが、2種（CM・2）はすべての仕上塗材に適用できる。

合成樹脂エマルション系下地調整塗材 | ごうせいじゅし―けいしたじちょうせいぬりざい
合成樹脂エマルションを結合材に用いた仕上げ塗材用下地調整塗材。ALCパネル・コンクリートなどの下地に塗り厚0.5〜1mm程度で用いられる。

塗装方法・工程

工場塗装 | こうじょうとそう
各種建具類・部位部材などの塗装を製作工場で行う塗装作業のこと。

現場塗装 | げんばとそう
建設現場で行う塗装作業のこと。

下塗り | したぬり
最初に塗装する工程のことで、被塗物の表面の種類によって最適な塗料を選択する必要がある。下地の表面を強化し、塗料と下地双方に影響が及ぶのを抑えるのが目的。塗料と下地のなじみもよくする下塗りが適切に行われないと塗膜の剥離が起きるため、素地や下地

という。

合成樹脂エマルションパテ | ごうせいじゅしー
熱可塑性合成樹脂の代表でシーラーと同様に耐水性・耐アルカリ性などに優れているが、作業性、特に厚付け性・研磨性が悪い。

セメント系下地調整塗材 | けいしたじちょうせいぬりざい
1種（C・1）は吹付け、コテ塗り、ローラー塗りなどで0.5〜1mm程度の膜厚で塗布するタイプで、改修工事に用いられることが多い。2種（C・2）は、コテ塗り専用で1〜3mm程度の膜厚で塗布する。

セメント系下地調整厚塗材 | けいしたじちょうせいあつぬりざい

焼付け塗装 | やきつけとそう
加熱して塗膜を硬化させる塗装。主として金属に施し耐熱・耐候性に優れる。アクリル エナメル系は鋼製・アルミ建具などに、メラミン（アミノアルキド）系は空調機器・電気器具などに用いられる。エポキシ系もある。

焼付け時間 | やきつけじかん
塗膜に規定の熱を加えて乾燥させる時間。

ウエットオンウエット
常温で硬化がまだ進行していない状態の面に次の工程の塗料を塗り2層を同時に焼き付けて乾燥させるための方法。

上げ工事の下地調整に使用する。

塗装工程のすべてを行う場合と鉄鋼材のように錆止めペイント塗装のみを行う場合とがある。

写真3｜素地調整

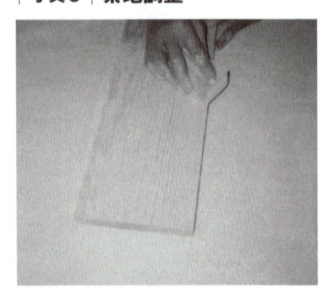

図13｜素地調整の工程

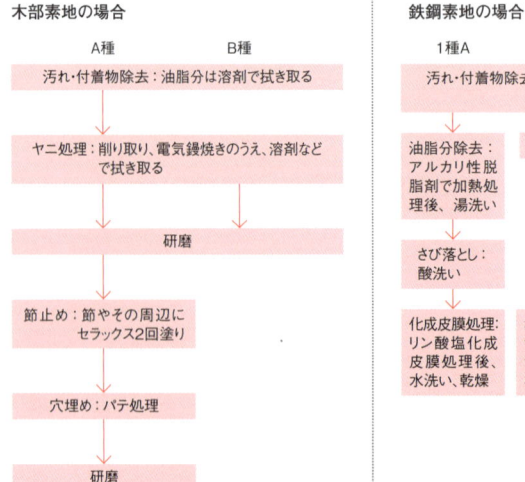

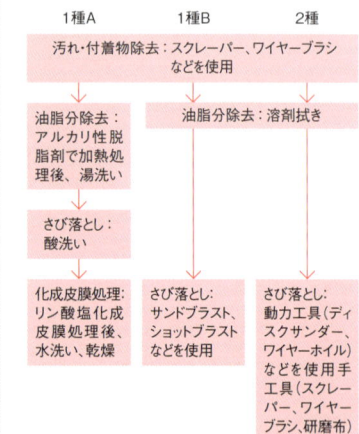

木部素地の場合

A種／B種
- 汚れ・付着物除去：油脂分は溶剤で拭き取る
- ヤニ処理：削り取り、電気鏝焼きのうえ、溶剤などで拭き取る
- 研磨
- 節止め：節やその周辺にセラックス2回塗り
- 穴埋め：パテ処理
- 研磨

鉄鋼素地の場合

1種A／1種B／2種
- 汚れ・付着物除去：スクレーパー、ワイヤーブラシなどを使用
- 油脂分除去：アルカリ性脱脂剤で加熱処理後、湯洗い ／ 油脂分除去：溶剤拭き
- さび落とし：酸洗い
- 化成皮膜処理：リン酸塩化成皮膜処理後、水洗い、乾燥 ／ さび落とし：サンドブラスト、ショットブラストなどを使用 ／ さび落とし：動力工具（ディスクサンダー、ワイヤーホイル）などを使用手工具（スクレーパー、ワイヤーブラシ、研磨布）などを使用

亜鉛めっき鋼素地の場合

A種／B種／C種
- 汚れ・付着物除去：スクレーパー、ワイヤーブラシなどを使用
- 油脂分除去：弱アルカリ性液で加熱処理後湯洗い ／ 油脂分除去：溶剤拭き
- 化成被膜処理：リン酸塩処理後、水洗い、乾燥、またはクロム酸処理、もしくはクロメートフリー処理後、乾燥
- エッチングプライマー刷毛、またはスプレーによる1回塗り

セメント系素地の場合

1種／2種／3種
- 汚れ、付着物、突起物の除去
- 吸込み止め：シーラー塗布
- パテかい（部分パテ）
- パテ付け（全面パテ）
- 研磨：研磨紙で研磨し、清掃（素地調整終了）

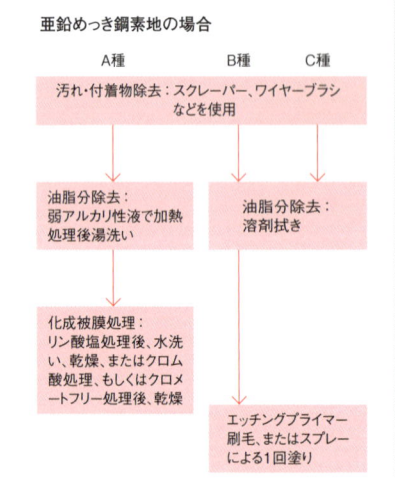

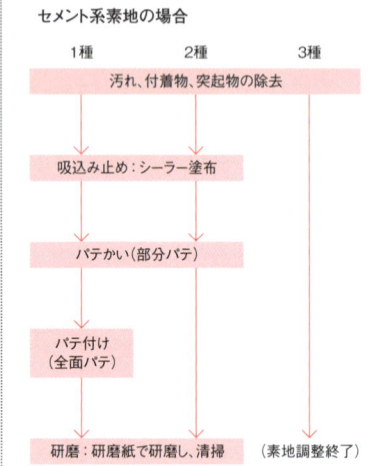

対して相性のよい材料を選ぶ。中塗りとの付着性も重要になる。さらに錆止めや**吸込み止め**などの目的によって種類を選択する。一般的には、プライマー、シーラーなどと呼ばれる。

中塗り｜なかぬり

下地の保護や、塗装面に凹凸などの模様を出すための工程［201頁図11］。中塗り工程では、中塗り専用の塗料を使用する場合と、上塗り塗料と同じ塗料を塗り重ねる場合がある。専用の中塗りを使用するため、美観のために仕上げとして性能、意匠を発揮する［201頁図12］。塗膜は、下塗り＋中塗り＋上塗りの3層の塗膜によって性能を発揮するが、一般には上塗り＋中塗り塗料の性能で評価されることが多く、上塗りに対して厚みを付加するねらいがある。外装では、特に**主材**（ベース）と称し、テクスチュアを形成したり、防水層などの役割を果たす。下塗りにも上塗りにも付着のよいものが使用される。

上塗り｜うわぬり

塗装の最終工程で、耐候、耐汚染のためで、美観のために仕上げとして性能、意匠を発揮する［201頁図12］。塗膜は、下塗り＋中塗り＋上塗りの3層の塗膜によって性能を発揮するが、一般には上塗り＋中塗り塗料の性能で評価されることが多く、上塗りに用いる樹脂名で表現される。**トップコート**ともいう。

基層塗り｜きそうぬり

複層仕上げ塗材の場合に、主材を2度塗り重ねる際の、1回目のことをいい（**ベース吹き、主材塗り1回目**）、全面にまんべんなく塗材を吹き付けることを指す。その後、大きめの粒を適度な密度で吹き付け

表6｜素地調整（錆の除去の場合）

処理方法（錆の除去）	特　徴	欠　点	欠点に対する解決策
ブラスト法	ミルスケール・赤錆・付着物が完全に除去できる	・工場が中心になる ・飛散が著しい	現場で施工する場合は、周辺に影響を与えないように養生する
チューブクリーナー	・素材の形状に応じて先端の器具を替え、効率よく除錆できる ・ホコリの発生が少なく、比較的手軽に扱える	手作業なので能率が悪い	施工中の部分的な錆落としや素地調整などにケレンに用いると効率がよい
ディスクサンダーワイヤホイル	・比較的手軽に、効率よく錆落としができる ・現場向きである	凹部の錆やミルスケールが除去できない	ディスクサンダーやワイヤホイルなどを併用するとよい
ワイヤブラシ	・凹凸の多い面を、手軽に清掃できる ・現場向きである	錆落としの程度がよくない	応急用途や小面積のケレンに用いる
スクレーパーケレンのみ	・付着量のよい錆や汚れを、手軽に掻き落とすことができる	・凹凸の多い面では有効ではない ・小面積向きである	応急用途や小面積のケレンに用いる

図14 | 金属系下地用の塗装のための下地処理

素地調整（鉄鋼素地塗り替えの場合）

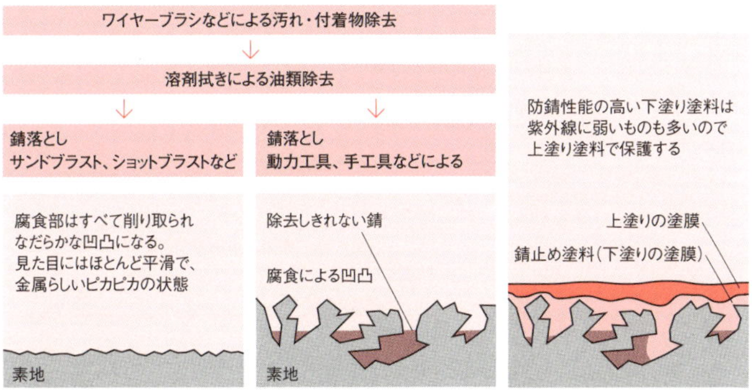

```
ワイヤーブラシなどによる汚れ・付着物除去
        ↓
    溶剤拭きによる油類除去
    ↓               ↓
  錆落とし         錆落とし
サンドブラスト、   動力工具、手工具などによる
ショットブラストなど
```

- 腐食部はすべて削り取られなだらかな凹凸になる。見た目にはほとんど平滑で、金属らしいピカピカの状態（素地）— きれいに仕上がるがかなりコストと時間がかかる
- 除去しきれない錆／腐食による凹凸（素地）— 一般的な素地調整はこのくらい
- 防錆性能の高い下塗り塗料は紫外線に弱いものも多いので上塗り塗料で保護する（上塗りの塗膜／錆止め塗料（下塗りの塗膜））— 下塗り＋上塗り（1、2回塗り）

表7 | ケレン（金属塗装）

種類	作業内容	作業方法
1種ケレン	錆を完全に除去し清浄な金属面にする	ブラスト法
2種ケレン	完全に付着したミルスケール（黒皮）は残すが、脆弱化したミルスケールや赤錆は除去する。わずかに金属光沢が出る程度が目安	ディスクサンダー・ワイヤホイルなどの電動工具と手工具を併用する
3種ケレン	完全に付着した赤錆は残すが、可能なかぎり、赤錆は除去する。一様に赤みを帯びた程度が目安	ディスクサンダー・ワイヤホイルなどの電動工具と手工具を併用する

図15 | 目視による錆の判定方法

評点6（1%→3種ケレン）　評点4（10%→2種ケレン）　評点2（33%→1種ケレン）

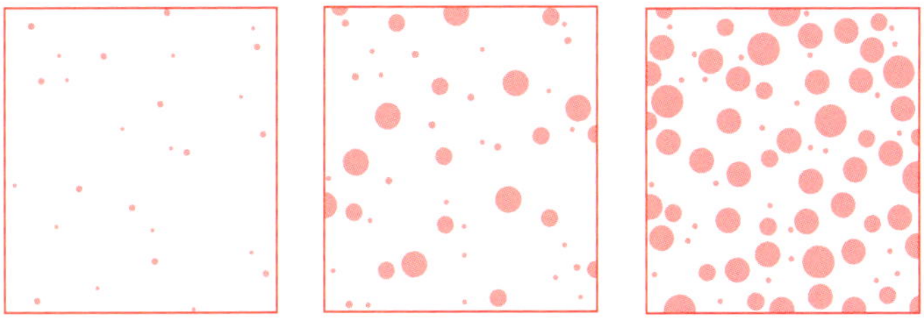

写真4 | 鉄部のケレン作業

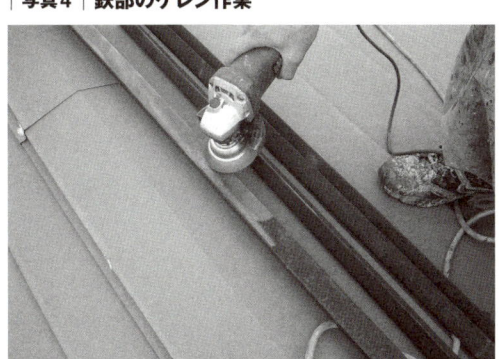

り2回目）ということを模様塗り（玉吹き、主材塗りなど）。

塗膜｜とまく　塗料を被塗面上に薄く広げ、時間の経過につれて生じる流動しない連続した皮膜。

旧塗膜｜きゅうとまく　再塗装工事の際、既存の塗膜を旧塗膜と呼ぶ。なかでも、まだ十分な密着を保っている場合を活膜、そうでない場合を死膜という。死膜は除去するが活膜は残すのが通常の塗替えである。

素地｜そじ　塗装する金属・木・コンクリートなどの素材そのものの表面が露出している状態を指す。塗装工事以外では一般に下地という。

下地｜したじ　塗装を行おうとする面で、すでに塗装を行っている面を含めていう場合は、下地調整という。

素地調整｜そじちょうせい　素地面を清掃し、塗装仕上がり性を良好にするために行う塗装の最初の工程［図13、表6、写真3］。具体的には、ケレンなど問題部分を除去する行為と、パテ付けなど問題部分を隠すために何かを付加する行為がある。下地に対して同様のことを行う場合は、下地調整という。

ケレン｜Cleanの転訛した塗工用語。素地調整・下地調整をすべて含めて「ケレン」と表現することが多い［表7、図15、写真4］。素地でも下地でも塗装に適した状態にする作業を指す。作業内容のレベルによってケ

レングレードがあり、求める素地レベルによって使い分ける。鉄部の場合、1種から4種まで定義がある。錆びや付着しているゴミなどを研磨紙（サンドペーパー）やワイヤブラシなどで取り除く4種ケレン、さらに電動工具を併用する3種ケレンまでは、活膜を残す。2種ケレンは狭所やくぼみ以外、活膜も除去する。1種ケレンは既存塗膜を100%除去する理想的な処置であるが、現場施工では種々の制約があり実行困難である。

下地調整｜したじちょうせい　塗装下地（被塗面や塗膜）、劣化部などを清掃する工程［図14］。

磨き｜みがき　研磨した塗面により光沢を発揮するために行う操作。

表8｜塗装方法の特徴

塗装方法	長所	短所
刷毛塗り	1. 使用道具が簡単である 2. 複雑な形状の被塗面に対しても塗装が可能である	1. 吹付け塗りに比べて塗装効率が劣る 2. 均一な塗膜にするには熟練を要する 3. 速乾性や粘性の大きい塗料には不向きである
吹付け塗り	1. 刷毛塗りより塗装効率がよい 2. 美麗な仕上げができる 3. 速乾性や粘性のある塗料に適する	1. スプレーダストの飛散が多く養生や衛生上の処置が必要であり、工事現場塗装には不向きである 2. 塗装面積の少ない構造物には不向きである 3. 狭い個所の塗装ができない

被塗面素地表面全面にパテをある一定の厚みに塗り付け、素地表面を平滑にする作業をいう。**地付け[じつけ]** ともいう。

研磨[けんま]｜研磨紙などにより塗膜表面を削り平滑にする行為で、パテ面において必ず行われる。各工程間に必要に応じて行う。特にパテ付けした面には必須である。

吹付け塗り工法｜ふきつけこうほう　塗料を霧状、あるいは粒状に飛ばして付着させる塗装方法[表8]。**エアレススプレー工法**と**エアスプレー工法**がある。前者は、直吹きして仕上げるため、吐出口の口径や吐圧の調整をする必要がある。後者は、吹付け開始直後には、吐出口の圧力負荷が大きいため、大量の塗料が吹き出ることがあり注意を要する。いずれの場合も、吹付け塗装工具はガンと呼ぶ。

刷毛塗り工法｜はけぬりこうほう　刷毛に塗料を含ませ塗面に均一に塗り付け、仕上げるもの[表8]。最初の材料のくばりの単位面積当たりの塗付け量がポイントとなる。使用する塗料の種類や塗装する対象物によって、さまざまなサイズ、材質の刷毛がある[図16]。水性塗料専用の刷毛もある。刷毛を動かした跡を刷毛目と呼び、これを極

図16｜刷毛

刷毛の形状

寸筒刷毛（ずんどうはけ）　　筋違い刷毛（すじちがいはけ）　　平刷毛（ひらはけ）

サンディング｜研磨のこと。

拭き取り｜ふきとり　塗った塗料が乾燥しないうちに拭き取り、木目の凹部に塗料を残して、木目の着色をはっきりさせる操作。**ワイピング**ともいう。

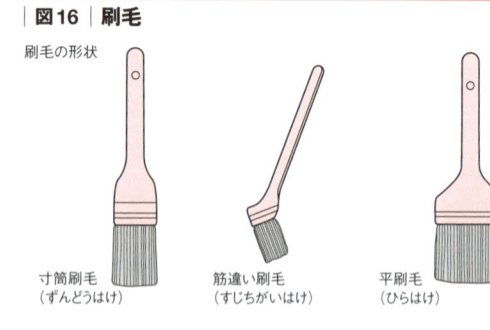

捨て塗り｜すてぬり　木目を鮮明に仕上げるために、素地調整の後、目止めをする前にワニスを塗ること。

砥の粉｜とのこ　乾燥した黄土の粉末。

タッチアップ｜塗膜の小さな傷など、その部分のみを補修すること。

ネタ場｜塗装材料の置き場。

写真5｜ローラーとローラーハンドル

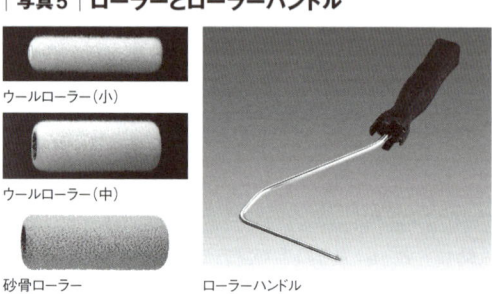

ウールローラー（小）
ウールローラー（中）
砂骨ローラー
ローラーハンドル

希釈割合｜きしゃくわりあい　シンナーまたは水を加えて塗料を薄める割合のこと。薄めずにそのまま塗る塗料もあるが、多くの塗料は適度に薄めて塗るようにつくられており、薄め過ぎも濃過ぎも仕上がりに悪影響がおよぶ。職人の間では、塗料を**ネタ**、粘度を**コミ**および、粘度が高い場合は「ネタがコミがいい」と表現する。逆に、粘度が低い場合は「ネタがシャブイ」と表現する。

くいつき｜塗膜の付着性のこと。

図17｜タイルガン

モルタル、リシンなど高粘度塗料に使われる

写真6｜エアスプレー

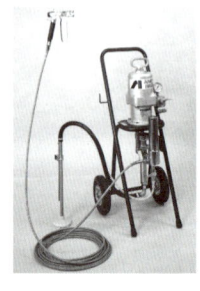

所要量｜しょようりょう　被塗面を仕上げるのに使用する単位面積当たりの希釈前の塗料量。塗装時のロスを含む。

塗付け量｜ぬりつけりょう　被塗面に塗り付けた希釈前の単位面積当たりの塗料量。塗装時のロスは含まれない。

パテ飼い｜がい　被塗面に生じている凹凸などの不陸部分にパテを塗り平滑にする工程。**拾いパテ飼い**ともいう。

パテしごき｜被塗面にパテを塗り付けた後、パテが乾燥する前にしごいて、余分なパテを取り除き、素地の肌を揃えたり陸を修正し、素地表面の不陸を修正し、素地の肌を揃えたり陸を修正し、素地表面の不陸を修正するために行う作業のこと。

パテ付け｜つけ

| 参考 | 金属系塗装の工程 |

素地調整
素地表面の付着物などを除去し清掃

↓

ケレン
鉄面の錆を除去

↓

下塗り
錆止めペイントやプライマーを用いて金属面に直接塗装

↓

下地調整
下塗り1回目の塗膜表面の汚れ・付着物を除去

↓

補修塗り
運搬中・取付作業中などで生じた、傷、はがれ、錆発生部分などを補修

↓

下塗り
取付け作業完了後、下塗り2回目を建設現場で塗装

↓

パテ飼い
パテを全面に塗付け素地表面の状態を修正

↓

研磨
研磨紙を用いてパテ飼い部分の盛り上がったパテを研磨

↓

中塗り
塗料は中塗り専用の場合と上塗りと同じものを用いる場合がある

↓

研磨
細かい粒子の研磨紙を用いて研磨

↓

上塗り
刷毛・ローラーブラシなどで上塗りする

| 参考 | セメント系塗装の工程 |

素地調整
表面アルカリ性(PH=10以下)・含水率(5%以下)を低下させるため放置

↓

下塗り
合成樹脂エマルション系シーラーなどで塗装

↓

パテ飼い
素地表面の巣穴などの凹部・継ぎ目などの不陸状態を平滑にする

↓

研磨
パテ飼い部分を研磨紙で研磨

↓

パテ付け
パテを全面に塗付け素地表面の状態を修正

↓

研磨
不陸状態をなくすように研磨紙で全面を研磨

↓

中塗り
上塗りの役割を補強

↓

上塗り
美装性や、耐水・耐摩耗性・耐汚染性の役割を果たすために塗布

| 参考 | 木質系素地の工程 |

素地調整
表面の付着物・樹液などの除去、十分な乾燥をさせる

↓

目止め
油性目止め・砥の粉などを塗り付け、余分なパテを拭き取る

↓

着色
油性着色剤を用いて均一に着色

↓

下塗り
合成樹脂ワニス、ウッドシーラーなどを用いて塗る

↓

中塗り
研磨性の優れたサンジングシーラーが用いられる

↓

研磨
表面を番手の大きい細かい粒子の研磨紙を用いて研磨

↓

上塗り
ワニス・クリヤーなどが用いられる

| 写真7 | エアレススプレー塗り |

| 写真8 | コテ塗り |

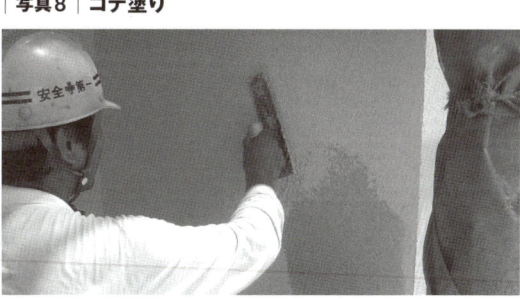

ローラーブラシ工法｜こうほう
ローラーブラシに塗料を含ませ、回転させることで塗装する工法。ならし後、速やかに次のとおしの段階に進まないと仕上がりに影響する場合があるので、ならし・とおしのインターバルを置かずに施工することが重要。刷毛塗りに比べると作業が容易で、塗装スピードに優れる。塗装目的によってさまざまな種類がある[写真5]。ローラーマーク(転圧跡)が出るが、ローラーマークが目立たないように塗装することが望ましい。

エアスプレー塗り｜ぬり
圧縮空気により、スプレーガンの

ノズルで塗料を霧化して被塗物にきれいに揃えて仕上げるには熟練を要する。
刷毛目や**塗継ぎムラ**(上から下まで一気に塗り切れないため、途中で塗り継ぐことでできるムラ)が目立たないように塗装することが望ましい。

低圧ガン塗り｜ていあつ―ぬり
エアスプレーと原理は同じだが、低圧で霧化し、ガンの周辺をエアカーテンなどでバリアをつくることで、塗料の飛散を最小限に防ぐ。塗装スピードはエアスプレーに比べやや劣る。

エアレススプレー塗り｜ぬり
塗料を高圧で加圧し、ノズルチップから噴出させ、被塗物に塗り付ける方法。塗料を霧化させないで、エアスプレーよりロスが少ない。適用できる塗料の幅が広く、高粘度塗料も吹付けできる。大面積の塗装に適している[写真7]。

タイルガン塗り｜ぬり
エアスプレーと原理は同じだが、

熟成時間｜じゅくせいじかん

化剤を混合して使用するものは、混合後、反応硬化が進行し、塗装に適した流動性を保つ使用可能時間が限られている。この使用可能な時間のことを指す。**ポットライフ**ともいう。可使時間を過ぎた塗料を使用すると、性能低下や仕上がり不良などに結び付く。気温によって変動するので注意。

可使時間｜かしじかん
2液形塗料のように、塗料液と硬

コテ塗り｜こてぬり
コテを用いて塗装する方法。補修塗りや左官調の厚塗りの塗料などの塗装に使う[写真8]。

外装材用の塗料のような高粘度塗り材にしているので、塗り付け材は霧化せずに粒状で被塗物に付着する。リシンガン、タイルガン[図17]、スタッコガンなどがあり、吹付けに用いる塗り材により形状やノズルの大きさが異なる。

2液形塗料のなかには、混合した後、一定の時間を置いてから塗装に適した状態まで熟成させ、使用するように規定されているものがあり、その時間を熟成時間と呼ぶ。気温により変動するので注意。

放置時間｜ほうちじかん
塗料を塗り付けて乾燥するまで放置する時間。**乾燥時間**［かんそうじかん］ともいう。

工程内間隔時間｜こうていないかんかくじかん
同じ塗料を重ねて塗布する場合に、1回目と2回目との塗り重ねるために置くべき間のこと。

工程間間隔時間｜こうていかんかんかくじかん
中塗りと上塗りの場合のように異なった塗料の組合せの場合、最初の工程と次の工程の塗り重ね可能な乾燥時間。

指触乾燥｜ししょくかんそう
指で触っても塗料が付かない程度の乾燥状態を指す。

最終養生時間｜さいしゅうようじょうじかん
すべての塗装工程の完了後、塗膜表面に傷が付きにくくなるまでの乾燥時間。なお、塗料のパンフレットに記載されている工程内間隔時間、工程間間隔時間、指触乾燥、最終養生の時間は、気温20℃、湿度65％を基準にしており、温度が低い場合や湿度が高い場合にはより長く時間を置く必要があるので注意されたい。

膜厚｜まくあつ
塗り付けた塗料の乾燥した塗膜の厚みをいう。塗り付けた直後の未乾燥状態で厚みを測定することがある。

目止め｜めどめ
塗るものの表面が粗い場合や、木材やALC板のように微細な穴がある場合に、それを目止め剤で埋めて平滑にすること。

節止め｜ふしどめ
マツやスギなど木材の種類によっては節からヤニが生じて塗装の仕上りに悪影響を及ぼす場合がある

| 写真9 | だめこみ作業の様子

入隅と目地を刷毛で塗装している

ので、それを抑止する下塗りを行うこと。**ヤニ止め処理**、セラックワニスが主に用いられる。

だめこみ
窓廻りや入隅、目地などの端部や狭所を刷毛で先行塗りすること［写真9］。

着色｜ちゃくしょく
木部の透明塗装で木の表面に染料を溶かした着色剤で木目を生かしながら色を付ける方法。

色押さえ｜いろおさえ
着色剤で着色した木面がぼけるのを防ぐために行う工程。

増し塗り｜ましぬり
防水形複層仕上げ塗材において主材塗りで壁面の出隅、窓廻りなどひび割れの発生しやすい部位の防水性を強化するためにほかの面より多く塗ること。この用語は意匠的意味合いには用いない。

模様塗り｜もようぬり
複層仕上げ塗材において主材塗りの基層塗りの乾燥した面に凹凸模様などを付けるために塗る。

補修塗り｜ほしゅうぬり
塗面に塗り残しやキズなどがある場合、次の工程に入る前にその個所や周辺を塗装すること。**タッチアップ**ともいう。補修塗りは原則として同一ロットで行う。特に調色品は、同一ロット以外を使用してはならない。

刷毛｜はけ
最も古くから使用されている塗装工具［表9］。

ローラーブラシ
塗料を含ませたローラーブラシを被塗面に回転させ、その遠心力で塗料を吐き出し塗り広げる塗装に用いる工具［表10］。

エアスプレー
圧縮空気で塗料を霧化して吹き付けて塗装する工具。空気圧は通常3～5kg/cm²で行う［図18、写真10］。

エアレススプレー
塗料に高圧で加圧してノズルチップより噴出し、吹き付ける工具。エアスプレー方式より塗料ロスが少なく、高粘度塗料も塗装できる。大面積の塗装に適している［図19］。

素地研磨｜そじけんま
よい仕上げをするのに適するように研磨紙で素地を研磨して平滑にすること。

塗り見本｜ぬりみほん
設計段階で、色・光沢・模様・塗り回数などを決定するためにつくる見本。

化成皮膜処理｜かせいひまくしょり
金属塗装において金属表面の塗膜の付着性を良好な状態にするために化学薬品を用いて変化させた処理。

研ぎ｜とぎ
塗面を研磨すること。

水研ぎ｜みずとぎ
塗面を平滑にするために水を付けながら研磨する操作のこと。

空研ぎ｜からとぎ
塗面を研磨紙で研磨する操作のこと。

工具・道具

ウエス
塗装時の塗料の拭取りや、用具を洗浄する場合に使う布。

ヘラ
パテなどの高粘度塗料の塗装に用いる工具。金属製・木製・プラスチック製・ゴム製などがある。

定盤｜ていばん
パテを練り、パテ付けするときに、材料を載せて片手でもつ平板。

表9 | 刷毛の種類とその用途・特性

種類・名称		材質・特性	用途
ずんどう刷毛		刷毛の腰が強く、塗料の含みがよい 毛質：馬毛	比較的粘度の高く乾燥の遅い塗料に用いる。 合成樹脂ペイント
平刷毛	白毛平刷毛	塗料の含みがよく毛の柔らかい羊毛がよい	水系塗料（エマルションペイント）のように粘度の低い塗料を塗るのに用いる
	黒毛刷毛	塗料の含みがよく毛の柔らかい羊毛がよい	油性ワニス、合成樹脂塗料を塗るのに用いる
	むらきり刷毛	刷毛目の修正用として用いる	塗装の際の刷毛むらを消す
すじかい刷毛	黒毛すじかえ刷毛	馬毛のほか牛毛も混毛される	塗装の細かい部分（すみ・わき・塗り分け）を塗るのに用いる
	白毛ずんどう刷毛	毛のほかに山羊毛も混毛される	粘度が比較的低い塗料・木材着色剤などの塗装に用いる
	下地刷毛	馬毛のほかに牛毛も混毛される	目止め用のほか、木部塗装以外に下地用刷毛として曲面、隅部のパテ付けに用いる
洋刷毛		エナメル刷毛　平はけ（洋刷毛）	油性エナメル、油性ワニスなど比較的大面積塗り用

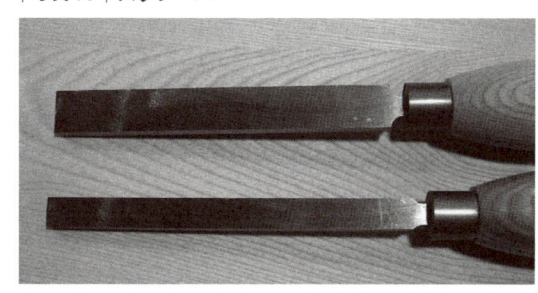

表10 | ローラーブラシの種類

種類・名称	特性	用途
ウールローラー	羊毛合成繊維など 長毛・粗面用 中毛・万能用 短毛・平滑面用	あらゆる塗料に適用 合成樹脂エマルション塗料 合成樹脂塗料
デザインローラー （模様付けローラー）	ウレタン発泡体 低発泡・高発泡	高粘度タイプ・骨材混入タイプ塗料に用いる。凹凸模様形成・砂壁仕上げ
ヘッドカットローラー	合成樹脂製 ハードタイプ ソフトタイプ	デザインローラーや吹付けなどにより形成した凹凸模様の凸部を押さえるローラー

図18 | エアスプレー塗装の種類

カップの取付け位置	カップの取り付け位置	スプレーガンの種類
カップ式 カップ塗料の供給が断続的である	重力式 → 塗料の供給が断続的である	→ モルタルガン → タイルガン → リシンガン → スタッコガン → ラッカーガン → ゾラコートガン
	吸上げ式 → ガンの下にカップが付きエアーの吹き出しによって吸い上げられる	
圧送式 塗料の供給が連続的である	→ エアレスポンプ式 → タンク圧送式 → スネーク式 → ピストン式 → スクイーズ式	→ ピストルガン

図19 | エアレスポンプ式の種類

エアレス式	スクイーズ式 → 圧縮空気で駆動するプランジャーポンプで塗料を加圧する方式で、主として大型構造物に適している
	ダイヤフラムポンプ式 → 電力またはエンジンで駆動するダイアフラムポンプで塗料を加圧し塗装する。小型なので建築現場に適している

研磨紙・布 けんまし・ぬの 各種の研磨材を布や紙に接着したもの。粗さは番号（番手）で表示され数字が小さいほど粗い。

耐水研磨紙 たいすいけんまし 水を使って研磨する場合に用いる耐水性の研磨紙。

スチールウール 金属面の錆除去、金属表面の艶消しなどに使用する、スチールをウール状にしたもの。

ポリッシングコンパウンド 塗膜表面を最終的に磨き上げてつやを出すための材料で、細目・中目・粗目がある。

きさげ 古い塗膜をそぎ取る剥離用の手工具。

スクレーパー 錆落としに使うきさげ、1号から6号まである［写真11］。

皮すき かわ 古い塗膜や錆を取り除くための手工具。

スケロ 錆落しに使う金具。

手板 ていた 塗装工事においては、塗物を並べて棚に揚げる細長のスギ板［208頁写真13］。

ワイヤブラシ 鉄面の錆や旧塗膜を除去する鋼線を植え付けたブラシ［208頁写真12］。

カンカンハンマー 鉄面塗膜を叩いて剥がす工具。

テクスチュア 表現・仕上げ 塗装することによって得られる模様のこと。形態、色彩と並ぶ造形要素の基本概念で質感・材質感など触覚的な性質。

| 写真10 | エアスプレーによる塗装

| 写真11 | スクレーパー

写真14｜ゆず肌模様

写真12｜ワイヤブラシ

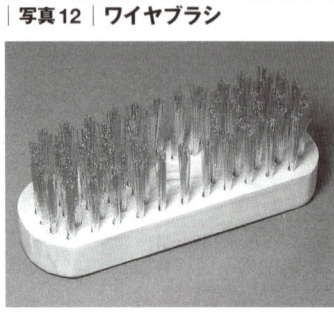

写真13｜手板

ゆず肌模様―はだもよう
マスチック塗材専用のローラーには「荒目」と「細目」の2種類あり、細目のローラーでつくった模様のこと。また、塗料を希釈する度合いによって凹凸の具合も異なる。工法には、模様を付ける塗料がそのまま上塗りを兼ねる方法や、模様付け後に上塗りをして仕上げる方法などがある[写真14]。

ヘッド押さえ―おさえ
スタッコ、吹付けタイルなどの模様塗りを行った直後、乾燥前にプラスチックのローラーや金コテで押さえ、凸部頂上を平らにする仕上げ方法をいう。凸部処理ともいう。ヘッド押さえを行わない場合は吹きっぱなしという[写真15]。

くし引き―びき
装飾性仕上げ塗材などをコテ塗りあるいは吹付け直後、乾燥前にしでコテを付ける方法。くしのほかにも、コテで任意の模様を付ける方法や凹凸が刻まれたローラーを使用して模様を付ける方法もあり、メーカー側で「キャニオン」「ウェーブ」などさまざまなネーミングをした模様がある[写真16]。

艶―つや
物体の表面から正反射する光の多い・少ないによって起こる現象。

艶あり―つや―
装飾性仕上げ表現の1種。正反射の光の量が多い状態。艶のあるものから順に艶あり、7分艶、5分艶、3分艶といい、艶のないものを艶なしという。また、光沢のある仕上げを艶あり、全艶、まったく光沢のない仕上げを艶消し、全艶消し、マット、フラットと呼ぶ。なお、下地を極度に平滑にして艶ありで仕上げることを鏡面仕上げと呼ぶ。

エナメル艶あり仕上げ―つやありしあげ
光沢が75以上ある下地を隠蔽した仕上げをいう。配合や樹脂の種類によって艶の程度に差があるので、必要に応じて塗り見本などを利用し、光沢の程度を確認することをよい。

エナメル艶消し仕上げ―つやけしあげ
光沢を調整してあり、光沢の程度によって、艶消し、3分艶、半艶（5分艶）などと表現する。一般にグロス12以下を艶消し、グロス20～40を3分艶、グロス40～60を半艶の目安にしている。艶の感じ方には個人差が大きいので、塗り見本などで確認する。

クリア仕上げ―しあげ
顔料を含まない透明な仕上げ。素地（下地）がそのまま見えるので、クリア仕上げしてもよい下地の状態かを十分に確認する。

着色生地仕上げ―ちゃくしょくきじしあげ
素地が見える程度に着色したクリア塗装である。木部や打放しコンクリートなどの素地を生かしながら着色する場合に適する。

目はじき―め
オープンポアー仕上げともいう。塗料や目止め剤で道管（目）を完全に埋めずに、木目が開いた状態のまま仕上げる塗装仕上げのこと。反対に、素地表面に開いた道管や

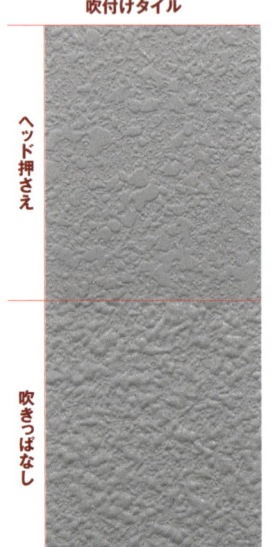

写真16｜吹付け塗装材の表面仕上げ

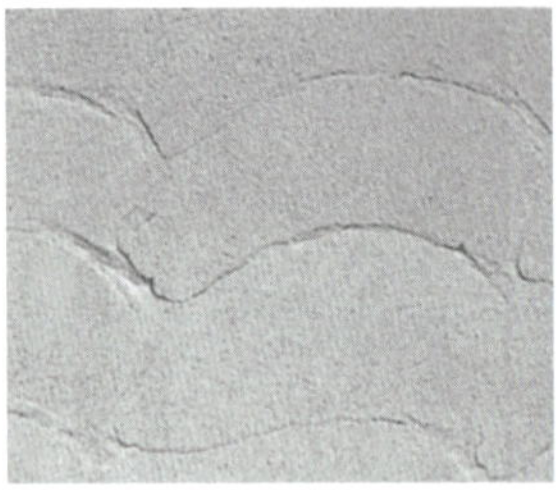

鏝仕上げ模様

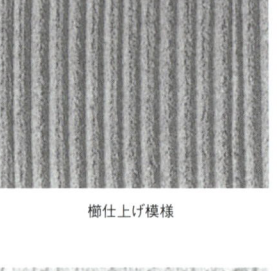

櫛仕上げ模様

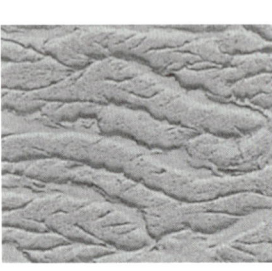

パターンローラー仕上げ

パターンローラー仕上げ

写真15｜ヘッド押さえと吹きっぱなし（吹き付けタイルの場合）

吹付けタイル

ヘッド押さえ

吹きっぱなし

208

表11 | デコラティブペインティングの種類

仕上げの種類	スペシャルフィニッシュ(特殊仕上げ、創作的な模様)
	フォーフィニッシュ(疑似仕上げ、大理石模様・木目書き)
	ミューラル(壁画、建築内部の壁天井などへのデザイン的効果)
	トロンプロイユ(騙し絵)、トリックアート、幾何模様、写実模様
技法の種類	グレイジング(半透明の塗り重ね)
	ギルティング(金箔、アルミ箔貼り)
	テンシリング(型紙模様)
	マーブリング(石目模様)
	グレイジング(木目模様)
	アンチキング(エイジング古風仕上げ)
	マスキング

表12 | 調色

項目	内容
現場調色	建築塗装現場で汎用的に使用する塗料の白と原色を用意しておき、必要に応じて色をつくる作業である。ただし、昨今はメーカーの供給対応がよくなったことで、現場調色は激減している
工場調色	指定された色をメーカーが工場で製造すること。昨今はコンピュータの進歩に伴い、色の測定から混合する原色の種類や添加量まで計量されるので、容易に早く色をつくれるようになっている。結果的に、塗装技能者の能力であった調色技能が低下してきている
生塗料	使用する塗料の現物をいう。また、稀釈しない原液の塗料や塗料そのもののサンプル(調色のために塗り板や見本帳に使う)のことを生塗料見本ということがある

表13 | 塗り見本

項目	内容
仕上がり見本	指定した塗料で塗装すると、どのような仕上がり(完成したときの塗膜状態)になるかの確認に用いられる。板の大きさは、10×20㎝または20×30㎝程度が多い。外装では実際に被塗物に塗装したり、三六判の合板を用いることもある
色見本	色を確認するための見本板である。板の大きさは5×10㎝または10×20㎝の小さい板でよいが、最終的には、仕上がり見本で確認することもある
工程見本	塗装仕様の工程やそのときの塗膜の色などが分かるように、工程ごとの塗膜が見えるよう一定幅を残しながら作成された塗り板のこと

図20 | 工程見本の例

定期的に下塗り、中塗りが見えるように塗装されている

下塗り　中塗り　上塗り

孔をすべて塞ぎ、平滑で厚い塗膜を形成させる塗装仕上げのことをつぶし(クローズポアー仕上げ)という。

デコラティブペインティング

ヨーロッパで発祥した、各種の塗装技能による芸術性の高い仕上げ法。木目や大理石などを模した装飾的塗装で、塗装というよりは絵画に近い。種類については表11参照。

メタリック仕上げ|しあげ

隠蔽性の弱い着色顔料を少量加えたクリア塗料に、塗膜表面まで浮き上がってこないアルミ粉を配合した塗料。その名のとおり、色は限られるが、艶によって金属的な質感に仕上がる。エアスプレーガンで塗装するが、ムラになりやすく現場施工には不向きである。

パール仕上げ|しあげ

メタリック仕上げのアルミ粉に代えて「パール」と呼ばれる二酸化チタンを被覆したマイカを用いる部塗装において、塗膜を形成させるのではなく、塗布してから布等で拭き取りを行い、木材のなかに油を染み込ませて仕上げる方法のこと。

青銅緑青調仕上げ|せいどうりょくせいちょうしあげ

下地色のブロンズ色の上に、緑青色を2度薄く吹いている。色の濃淡や玉の大きさで微妙にテクスチュアを変えることができる。

白木塗装仕上げ|しらきとそうしあげ

北欧で開発された塗装。塗料による塗れ色を出さないで白木の色そのままの感じに仕上げる。

オイルフィニッシュ

デンマークで開発された塗装。木部塗装において、塗膜を形成させるのではなく、塗布してから布等で拭き取りを行い、木材のなかに油を染み込ませて仕上げる方法のこと。

調色|ちょうしょく

基本的な原色である白・黒・赤・青・黄などを混ぜ合わせて要求された色をつくり出す作業をいう。「表12」。調色では色見本(カタログなどに印刷されている色のイメージ)を見て、そこに記載されている原色とその割合を決定する。調合では、割合の大きい順に混合する。このとき黒を添加しすぎると調整が利きにくいので注意すること。色が色見本に近づいてきたら、塗料を塗り板などに塗り付け[塗り見本、表13、図20]、乾燥させて見本色と色を比べ、色が合っているかの判定を行う。色の判定は、直射日光の当たらない北側の窓際から50㎝くらい内部に入った明るい場所が適する。

不具合・欠陥

ぶつ

塗面に付着する荒い粒子のこと。

ざらつき

ぶつの付着が多く生じている現象のこと。

ゆず肌|はだ

塗装面が平滑にならず柚子の皮の表面と同様な凹凸状態となる現象。オレンジピールともいう。

にじみ

下地の塗膜・素材の成分が上塗り塗膜面に浮き(にじみ)出てくる現象。ブリードともいう。

透け|すけ

上塗りの隠蔽力が小さく、塗り膜厚が不足していると生ずる下地が見える現象。

色ムラ|いろ—

塗膜表面で部分的に色が違う現象。

色別れ|いろわかれ

塗料の乾燥段階で顔料が凝集や浮きなどによって不均一となり色ムラを生じる現象。

白亜化｜はくあか｜塗膜の表面部分が紫外線劣化などにより粉化状になり、手などに容易に付く状態になる現象。チョーキングともいう。

割れ｜はがれ｜樹皮が剥がれるように塗膜が浮き上がって脱落する現象。

写真17｜あわ

垂れ｜たれ｜垂直面に塗った塗料が下のほうに流れて仕上げが不良となる現象。

はじき｜塗料を塗ったときに素地面から反発されて素地まで達するへこみや割れ模様を生ずる欠陥現象［写真19］。

あわ｜素材の穴や塗膜中に残った空気、塗膜中に残った溶剤などの影響で塗膜に小さな穴が空いたり、ふくれたりすることがある。塗膜に穴の空いた状態を**ピンホール**［はっぽう］またはあわという［写真17］。

しわ｜厚塗りしたり、上乾きした場合に下塗りの乾燥が不十分などの場合に、塗膜面がしわ状になる現象。縮みとも。

割れ｜われ｜塗膜面に不規則な線状の割れ目ができる現象［写真18］。**クラッキング**とも。

ひび割れ｜われ｜細かい割れ。

塗り落とし｜ぬりおとし｜塗り残し。

目やせ｜めー｜木材の塗装で、導管の目止めが不十分な場合、塗膜が導管に沿って凹む現象。

浮き｜うき｜塗料を塗り重ねたとき、上塗りが十分に清掃してから試験する。また、カット時は下地まで届くように切ることが重要。

写真18｜割れ

写真19｜浮き

碁盤目試験｜こばんめしけん｜既存塗膜の付着性を判断する試験

塗膜試験

クロスカット試験｜しけん｜既存塗膜の付着性を判断する試験方法の1種［図21］。塗膜をカッターなどで×状に切って、その上にセロハンテープを強く貼り付けた後、セロハンテープを垂直に強く引張って剥がした剥がれ具合から付着性を判断する。簡便な方法で、平滑な塗膜であれば使用できる。注意したいのは、塗膜が劣化し表面が粉化していたり、付着物が残ったりしていると、セロハンテープの付着が不十分となり、本来の強度が確認できない。この場合は十分に清掃してから試験する。また、カット時は下地まで届くように切り込みを入れ、アドヒジョン試験器をセットして測定する。方法の1種［図21］。試験方法はクロスカット試験と同じだが、異なるのは塗膜表面のカット方法で、ここでは塗膜表面を割合で判断するという点である。碁盤目に切る幅は、下地の種類や塗膜の種類で異なる。下地が金属ならカット幅は1〜2mm程度、セメント系建材では5mm程度でよい。

アドヒジョン試験｜しけん｜既存塗膜の付着性を判断する試験方法の1種で、専用の測定器を用いる。測定する塗膜の表面を十分に清掃した後、1円玉サイズの円形アタッチメント接着剤で貼り付ける。乾燥後、アタッチメントの周辺に、カッターなどで下地に届くまで切り込みを入れ、アドヒジョン試験器をセットして測定する。試験手順としては、測定面に接着剤でアタッチメントを十分に接着してから、アタッチメント周辺をカッターなどで下地に届くように切り込みを入れる。その後、測定器をセットして測定する。付着強度が数字で示されるので判断しやすい。

引張り試験｜ひっぱりしけん｜既存塗膜の付着性を判断する試験方法の1種で、専用の測定器を用いる。アドヒジョン試験器と同じだが、アタッチメントが40mm角と大きいため、粗面にも使用することができる。くまで切り込みを入れ、アドヒジョン試験器をセットして測定する。付着強度が数字で示されるので判断がしやすい。

図21｜クロスカット試験と碁盤目試験

試験結果と評価基準

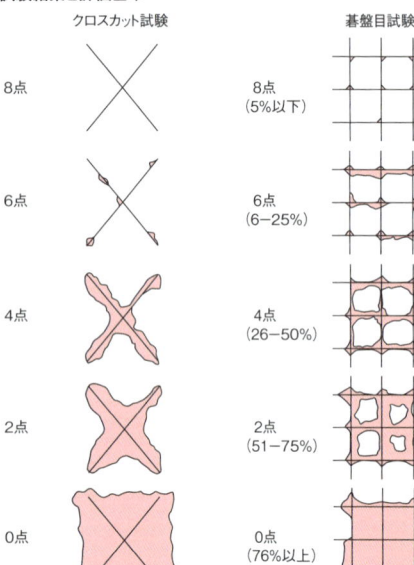

クロスカット試験
- 8点
- 6点
- 4点
- 2点
- 0点

碁盤目試験
- 8点（5%以下）
- 6点（6-25%）
- 4点（26-50%）
- 2点（51-75%）
- 0点（76%以上）

バリアフリー

TOPICS | 3

マッサージ、温熱療法などの物理療法。

ADL | えーでぃーえる
Activities of Daily Livingの略。日常生活動作と訳される毎日の生活を送るための基本的動作群、①身の回り動作（食事・更衣・整容・トイレ・入浴の各動作）、②移動動作、③そのほかの生活関連動作（家事動作、交通機関の利用など）。

QOL | きゅーおーえる
Quality Of Lifeの略。生活の質、生命の質、人生の質などと訳される。物理的・経済的な豊かさや個々の身辺自立などの実際的な生活における自立だけではなく、満足感・安定感など精神面との調和をとり、生活全体の質を高めようとする概念。

PT | ぴーてぃー
Physical Therapy（理学療法）、physical Therapist（理学療法士）の略。理学療法とは、機能障害や形態障害に対して、その基本的動作能力の回復を図るために運動療法や電気刺激、マッサージ、温熱療法などの物理療法を用いて行う治療・訓練・指導および援助をいう。作業活動には、①日常生活における個人的活動（ADL）、②生産的・職業的活動、③表現的・創造的活動、④レクリエーション活動、⑤認知的・教育的活動がある。

OT | おーてぃー
Occupational Therapy（作業療法）、Occupational Therapist（作業療法士）の略。作業療法とは、身体または精神に障害がある者などに対して積極的な生活を獲得させるため、病院での治療・訓練にとどまらず、種々の作業活動・指導を用いて行う治療・訓練・指導および援助を行う。

CW | しーだぶりゅー
Care Worker（ケアワーカー）の略。ホームヘルパーの行う家事援助や介護（ケア）を業とする介護福祉士がある。援助対象者の心身両面にわたる状況把握や、家族・地域など環境面の把握とその援助技術、そして高い職業倫理が求められる。

MSW | えむえすだぶりゅー
Medical Social Work（医療ソーシャルワーク）、Medical Social Worker（医療ソーシャルワーカー）の略。医療ソーシャルワーカーとは保健・医療機関などで行われる社会福祉援助を指し、患者と家族が保健・医療サービスを有効に活用できるように援助する技術や活動をいう。保健・医療機関に所属し、患者や家族の経済、家庭生活などの問題を、社会保障や社会福祉サービスなどの社会資源を紹介・活用して調整や解決を図り、患者と家族の自立を援助する。

ケアマネージャー
介護支援専門員。要介護者などが自立した日常生活を営むための相談に応じ、地域社会にあるさまざまな社会資源としての在宅サービス、施設サービスの利用を調整する専門職。指定居宅介護支援事業者として要支援・要介護認定書の「介護サービス計画」を作成する。また介護保険関連の入所施設では、利用者の「介護サービス計画（ケアプラン）」を作成する必要性から配置が義務付けられている。

ホームヘルパー
高齢者や障害者などの家庭などを訪問して、入浴・排泄・食事などの日常生活動作の手助けや買い物、洗濯、掃除、また関係機関などとの連絡、生活・身上・介護に関する相談・助言などを行う訪問介護員。

福祉住環境コーディネーター | ふくしじゅうかんきょう
高齢者や障害者に対して住みやすい住環境を提案するアドバイザー。医療・福祉・建築に関する体系的で幅広い知識を身に付け、各種の専門家（建築士・ケアマネージャーなど）と連携しながら、利用者に適切な住宅改修プランを作成すると同時に、福祉用具[図]や介護保険を含むさまざまな施策情報などについても助言し、問題解決を図る。

老人保健施設 | ろうじんほけんしせつ
1986年に制度化され、建設されるようになった老人介護保健施設。病状安定期にリハビリテーションを行うとともに、日常生活上の世話をすることを目的とする施設。在宅での居住を促進するための施設

特別養護老人ホーム | とくべつようごろうじん
略称は特養。老人介護福祉施設。1963年老人福祉法が施行され、従来の「養老施設」が特別養護老人ホーム、養護老人ホーム、経費老人ホームの3つに分類された。身体上、または精神上著しい障害があるために常時の介護を必要とする高齢者で、在宅で適切な介護を受けることが困難な者を入所させることを目的とした施設。現在では居室は全室個室とし、入所者を10人程度のグループに分け小規模単位で自主性を尊重したケア（個室ユニットケア）を行う、居住福祉型介護施設（新型特養）に変わりつつある。

として位置付けられ、入所期間は原則3カ月となっている。

図 | 福祉用具の例

①段差解消機　　②階段昇降機

③据置き型便器　　④昇降便器

211

仕上げ 造作・内装工事 8

ここでは、床、壁、天井などを中心に乾式工法の内装工事に関する材料、納まり、工法などについて解説する。また、主な仕上げ板を表1にまとめたので参考にしていただきたい。

造作・加工

大壁［おおかべ］建物の内外の壁において、仕上げ材などで柱や梁の構造材が隠されて見えない壁の納め方。洋室などに用いられており、気密性もよく防寒、防音の効果も高い［図1］。

真壁［しんかべ］柱の見える壁のことで、壁の仕上げが柱面よりなかにあり、主に和室などに用いられる。真壁の軸組は壁体が薄いので大きい断面の筋かいは入れにくい［図1］。

畳寄せ［たたみよせ］真壁の和室の場合、畳と壁が接する部分に隙間ができる。その隙間を埋める部材。

廻縁［まわりぶち］壁と天井の接点まわりに取付ける部材。壁材と天井材を見切るはたらきをする［214頁図3・4］。納まり

幅木［はばき］床と壁の接点廻りに取り付ける部材。床材と壁材を見切る役目をする。施工上、壁下端の保護や隙間が出るのを防ぐ効果もある。壁面より散りぶん出す形式を出幅木［で式に入幅木［いりはばき］、壁面と同面に納める形式を平幅木［ひらはばき］（面幅木）という［図2］。幅木の材料には、木、合成樹脂（硬質・ソフト幅木）、石、タイル、モルタルなどが使われる。幅木を壁・床仕上げに先立って施工する場合は、汚損しないように養生すること。

ササラ幅木―はばき階段の壁際に使用する幅の広い塩ビ製の幅木。1枚を階段に合わせてカットし、1枚から2枚分とるのが一般的。

表1｜主な仕上げ材の種類

名称	説明
メラミン化粧板	メラミン樹脂含浸紙をフェノール樹脂積層板の表面に熱で圧着した製品の総称。耐摩耗性や耐熱性が高く、カウンターやテーブルなどの天板に用いたり、水廻りをはじめとした内装に多く使われる。また、芯材・表面材ともにメラミンでできているコア材は、高価ではあるが、家具の小口にのみ使用するなどしてうまく使いまわせば、少量で高い効果を得ることも可能
ポリエステル化粧合板	下地の合板に専用の紙を張り、そのうえにフィルムとともにポリエステル樹脂を流しこんでつくる厚さ2.7～4.0㎜の化粧合板。耐水性に富み、水廻りの内装や建具、家具の仕上げ材として用いられることが多い。水拭きも可能なので、手入れが楽である。最近ポリエステル特有の臭いを消した商品も開発され、より家具や内装に採用しやすくなった
セラミック化粧板	セメント・石綿・シリカなどを高圧プレス・成型し、その表面にセラミック化させた無機顔料で色をつけた化粧ボード。基材・塗膜ともに無機質で完全不燃なので、住宅では火気使用室（台所）の使用も考えられる。また、耐水性・耐候性・耐汚染性・耐薬品性などにも優れており、内装に限らず外部にも使用可能。製品としては、東レACEの「グラサル」などがある
キッチンパネル	メラミン樹脂やアクリル系樹脂などを、無機質の基材のうえに圧着した製品。不燃なことが重要で、名前からも分かるように主にキッチンの周辺で使われることを前提に開発されている。特にガスコンロ付近は、従来タイルくらいしか選択肢がなく目地の汚れに苦労していたが、この製品の登場により、そういった悩みからは開放された。各種の柄が用意されている。製品としては、住友ベークライトの「デコラフネン」、大建工業の「カベタイル・バネリア」などがある
アクリル板	プラスチックのもつ「錆びない」「腐らない」といった特性に、透明性や加工しやすさ、耐候性を加えたアクリル樹脂が主成分。キャスト製法と押出し製法でつくられる。全光透過率93%の値は、ガラスの90%を凌ぐ。また、中空アクリル板もある。いずれも、間仕切や建具の素材として利用されている製品としては、旭化成の「デラグラス」、クラレの「コモグラス」「パラグラス」、住友化学の「スミペックスE」「スミペックス」、三菱レイヨンの「アクリライトE」「アクリライト」などがある
ポリカーボネート板	ガラスの半分近い比重ながら透明度や平滑性もよく、切断や穴あけの加工もしやすい。平板・中空板・波板などがあり、ガラスの代用や間仕切、建具、屋根材などに向く。特に耐衝撃性や断熱性などに優れるが、静電気による汚れやすさや傷付きやすさ、準不燃の認定しか取れていないことなどが欠点。製品としては、旭硝子の「レキサン」「カーボグラス」「ツインカーボ」などがある
FRP板	FRP素材は防水材としてなじみ深いものだが、引抜き成形品や板材・波板・ルーバー材などでも広く用いられている素材である。ほかのプラスチック系素材の透明感とは一線を画した、独特の素材感を生かす使い方を探りたい。製品としては、旭硝子マテックスの「アーモライト」などがある
人工大理石	住宅では、扱いやすさや価格の点から人工大理石を使う機会は多い。大理石と称していても必ずしもそうは見えず、御影石を模したものや、単色の製品もある。成分として数種の樹脂を用いているが、アクリル系（メタクリル樹脂）のものが性能は高い。使用個所としてはカウンターが多いが、洗面器や照明器具、間仕切りなどにも使える。製品としては、デュポンの「コーリアン」、アドヴァンの「コーリライト」などがある
突き板	天然の銘木から剥ぎ取った化粧単板のことで、単板自体は0.25～1.0㎜くらいの厚さのもの。住宅では通常、普通合板を台板にして突き板を貼り付けた天然木化粧合板として使うケースが多い。表面の銘木の種類や台板への張り方のパターンによってさまざまな表情を見せる。ただ天然木であるだけに、サンプルと現物に違いがあることも考慮する必要あり。使用個所としては、家具・天井・壁・建具などに広く用いられる
MDF	木質系廃棄物を原料に、繊維状にしてからプレス加工した繊維板の1種。一般的に合板より均質で平滑な表面をもち、内部まで緻密なのでカットした木口も美しく、そのまま見せることもできる。カウンターや天板、内装材、家具、建具などに使える

図1 | 真壁と大壁の違い

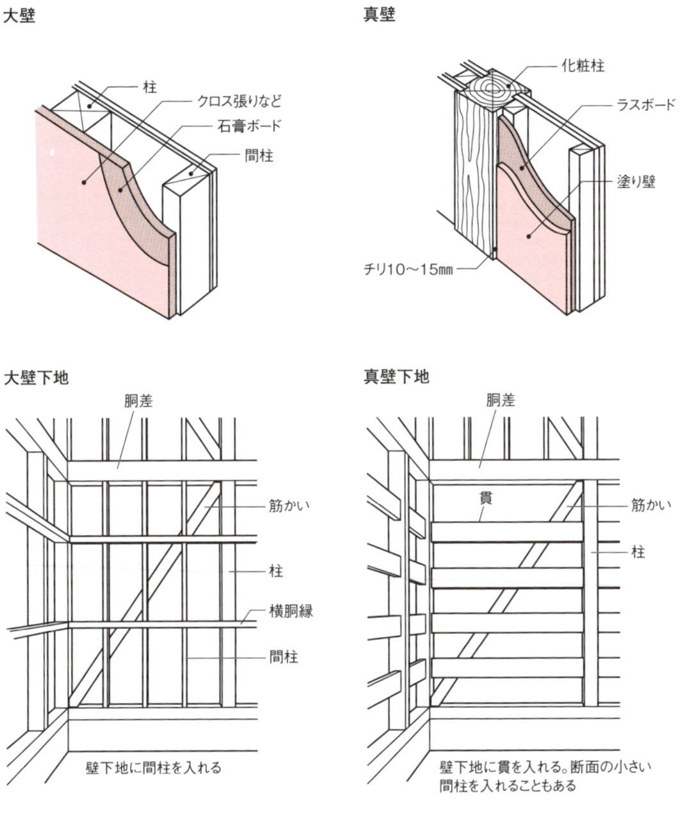

大壁
- 柱
- クロス張りなど
- 石膏ボード
- 間柱

真壁
- 化粧柱
- ラスボード
- 塗り壁
- チリ10〜15mm

大壁下地
- 胴差
- 筋かい
- 柱
- 横胴縁
- 間柱
- 壁下地に間柱を入れる

真壁下地
- 胴差
- 貫
- 筋かい
- 柱
- 壁下地に貫を入れる。断面の小さい間柱を入れることもある

図2 | 幅木

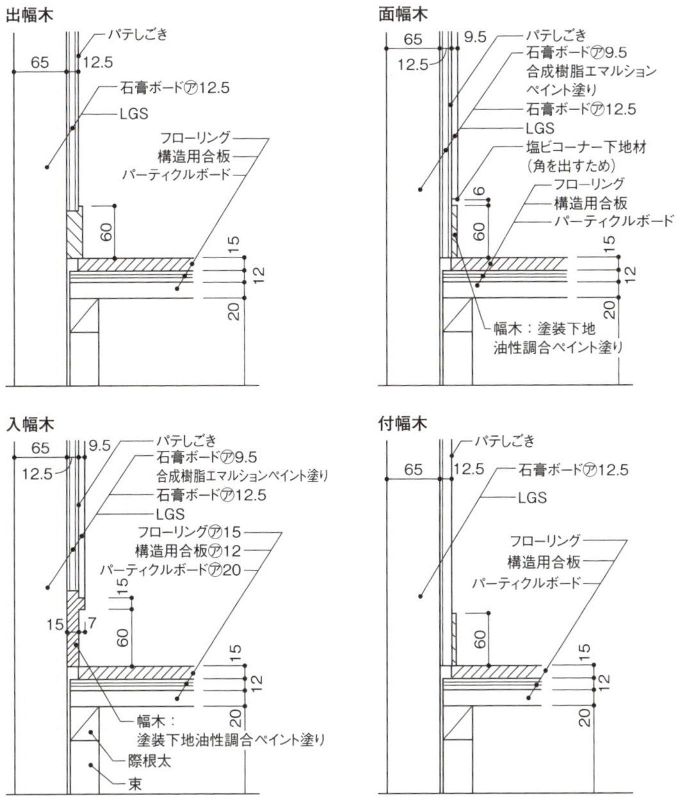

出幅木
- パテしごき
- 石膏ボード⑦12.5
- LGS
- フローリング
- 構造用合板
- パーティクルボード
- 65, 12.5, 60, 15, 12, 20

面幅木
- パテしごき
- 石膏ボード⑦9.5 合成樹脂エマルションペイント塗り
- 石膏ボード⑦12.5
- LGS
- 塩ビコーナー下地材（角を出すため）
- フローリング
- 構造用合板
- パーティクルボード
- 幅木：塗装下地油性調合ペイント塗り
- 65, 9.5, 12.5, 60, 6, 15, 12, 20

入幅木
- パテしごき
- 石膏ボード⑦9.5 合成樹脂エマルションペイント塗り
- 石膏ボード⑦12.5
- LGS
- フローリング⑦15
- 構造用合板⑦12
- パーティクルボード⑦20
- 幅木：塗装下地油性調合ペイント塗り
- 際根太
- 束
- 65, 9.5, 12.5, 60, 15, 7, 15, 12

付幅木
- パテしごき
- 石膏ボード⑦12.5
- LGS
- フローリング
- 構造用合板
- パーティクルボード
- 65, 12.5, 60, 15, 12

雑巾摺り｜ぞうきんずり　主に和室で使われる床の間や地板、押入の中板、棚板などの部材と、との見切りに取り付ける小断面の部材のこと。壁際の板床の仕上げに当たる部分で、雑巾がけするときに壁にあたる部分の水気と汚れから壁面を保護することからこう呼ばれる。和室から廊下・押入・床の間まで、和室の仕上げについて広く使われる。

押し縁｜おしぶち　板ものの継目や端部などに隙間を隠したり、押さえるために取り付けるように取り付けられる化粧材の

見切り縁｜みきりぶち　段差がない場合に見切りとして入れられる横木。また、床材に真ちゅう棒などを見切り縁として入れる場合もある。と意匠を兼ねた目的で入れられる棒状の部材。木製のほかに樹脂製の製品もある。

額縁｜がくぶち　窓や出入口とその周囲の壁とが接する部分に壁材を見切るために取り付ける部材。ドア枠が既製品の場合は、**ケーシング**ともいう。

付け柱｜つけばしら　大壁下地などの上に、構造的には関係なく、大壁下地を真壁にみせるように取り付けられる化粧材の柱。大壁下地の前に薄い板を取り付けた状態になるため、十分乾燥した材を使うこと。また、他室とは壁仕上がりの位置が変わってくるため枠納まりにも注意する。

床の間｜とこのま　和室の一部に設けられる室内装飾のための空間。現代の床の間は、幅1間（約1.8ｍ）、奥行半間が標準的である［214頁図5］。

床｜とこ　床の間の床部分を指す。床の間の床には**本床、蹴込み床、踏込み床**などがある。

框｜かまち　床の間や玄関の部分の上がり部分に、横に入れる化粧材。

床框｜とこがまち　床の間の段差のある部分に

図3 | 室内の部位名称

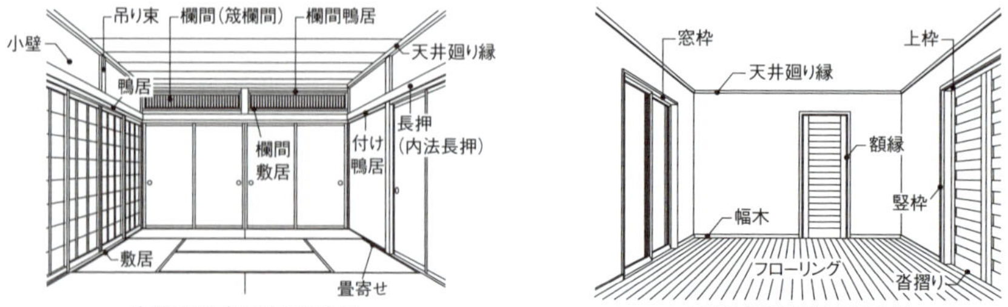

真壁納まり（和室）の造作材

大壁納まり（洋室）の造作材

図4 | 廻縁

木製廻縁

目立たない廻り縁。押縁程度

既製廻縁

アルミ製廻縁

アルミ製のほかに樹脂製のものもある

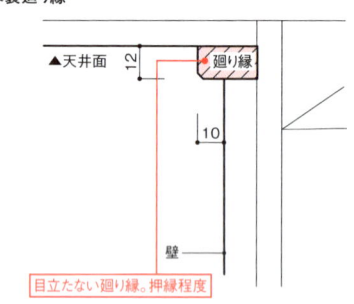

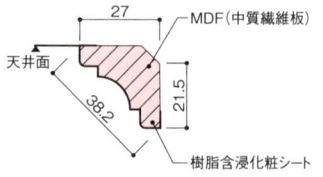

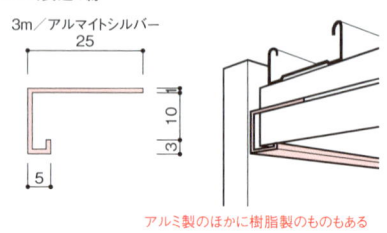

図5 | 床の間の部位名称

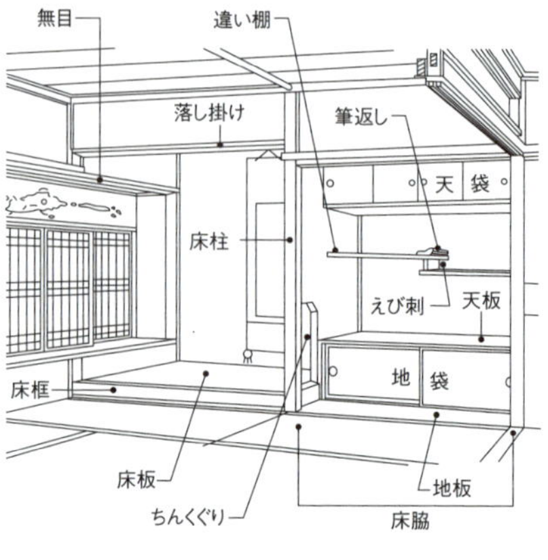

入れる化粧材。床框は床柱と同様種類が多く、色漆や木肌を生かした透明仕上げや梨地仕上げ、艶消し仕上げなどが施されている。框の形状は角型が主であるが、框の全面に磨き丸太を張り付けたり、ヒノキ錆丸太を加工したものがある。生地仕上げではシタン、コクタン、クロガキ、ケヤキ、トチ、クワ、カリンなどが使われる。

鴨居｜かもい
障子や襖などの建具を入れる部分の上部にある横部材。引戸の場合は鴨居溝が掘ってある。ヒノキ、スギ、ツガ、スプルースの側柾がよく用いられる。溝のないものは無目鴨居[むめかもい]と呼ぶ。壁面などで変わるが、8畳程度の場合は75〜90㎜程度にする。

付け鴨居｜つけがもい
和室内法の鴨居の高さに合わせて鴨居の付かない壁面に取り付ける横部材。

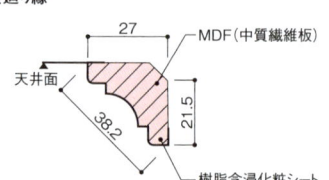

敷居｜しきい
障子や襖などを滑らせるために溝を切った横材[図6]。上部の鴨居と対になる。縁側の外部に設けて雨戸などに使用する一筋敷居[ひとすじしきい]、溝のない無目敷居[むめしきい]、足固めを兼ねた差し敷居[さししきい]などがある。マツ、ヒノキ、ツガなどの上端無地材や柾、サクラ、南洋ザクラなどの上端無地材などがよ

く用いられる。高級な仕事では敷居溝底に6㎜厚の埋木（埋め樫）を埋め込む。

柱を両側から挟み打ち付けた横材[図3]。和風建築で用いられる。元来は梁や桁と同じ構造材であったが、現在では化粧材としての意味合いの大きい**内法長押**[うちのりなげし]を示す場合が多い。使用される位置によって、**地長押**[じなげし]、**腰長押**[こしなげし]、**天井長押**[てんじょうなげし]などがある。茶室やモダンな和室では省略される場合がある。せいは部屋の広さなどで変わるが、8畳程度の場合は75〜90㎜程度にする。

床柱｜とこばしら
床の間と床脇の間に使われる化粧柱。種類は多種多様で塗り物や丸太や生地のままのものなどがよく見られる。金属を用いる場合もある。

床脇｜とこわき
床の間の横につくられ、一般的には違い棚、地袋、天袋、地板などで構成される。

落し掛け｜おとしかけ
床の間上部の、下がり壁部分の下端に床と平行に入れる部材。鴨居よりやや高くし、取付け高さは長押の天端から約45㎜程度（長押のない場合は鴨居の上端から約100㎜程度）上に取り付けるのが

長押｜なげし

戸当たり｜とあたり
ドア枠中央部分の、ドアが閉まったときに当たる部分の部材[図7]。

靴摺り｜くつずり
ドアなどの開き戸の下部に付く敷居の事。歩きやすくするために角

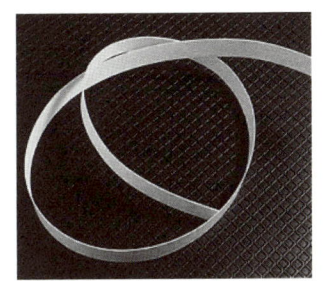

| 写真2 | フィニッシュ釘

| 写真1 | 大手

| 図6 | 鴨居・敷居

| 図8 | 主な天井の形状

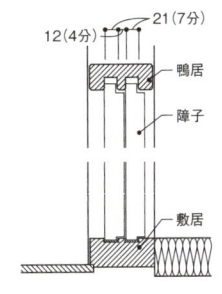

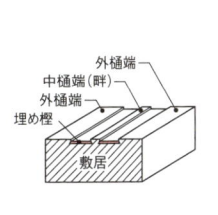

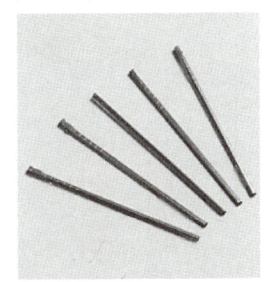

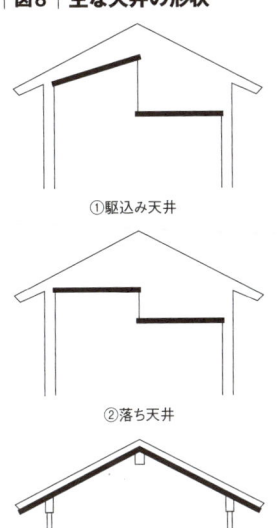

①駆込み天井
②落ち天井
③化粧屋根裏天井

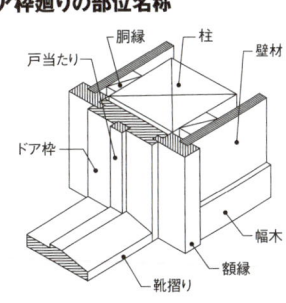

| 表2 | 住宅で用いる天井の種類

種類	内容
駆込み天井	1つの部屋の中に平天井と勾配天井を組み合わせた形態
落ち天井	平天井の1つ。主天井より1段低い部分にある天井形態のこと
化粧屋根裏天井	屋根の野地板などをそのまま露出した天井形態。野地板や小屋組部材は化粧したものを使うのが一般的
踏み天井	化粧天井を張らず、2階床梁などに床板が打ってあるもの。下から梁や床板がそのまま見える構造のことも指す
竿縁天井	廻縁に竿縁という細長い30mm角程度の横木を45cmくらいの間隔で取り付け、その上に天井板を張ったもの

| 図7 | ドア枠廻りの部位名称

| 図9 | 猿頬加工と吹き寄せ

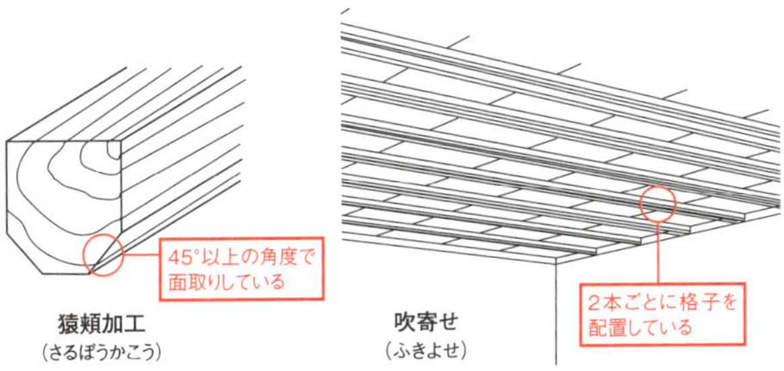

猿頬加工（さるぼうかこう）
45°以上の角度で面取りしている

吹寄せ（ふきよせ）
2本ごとに格子を配置している

面を斜めに削ってある。近ごろはバリアフリー化が進み、付けないことが多くなった。

モールディング 見切りや家具に付けられる帯状の装飾的な部材の総称。

大手［おおて（おおで）］ 横手［よこて］ともいう。引き戸の竪框や柱が竪枠に接する見込み部分を指す。フラッシュ戸ではこの部分の表面小口を一般的には突付け張りにして納める。また、小口処理用のテープのことをいう［写真1］。

フィニッシュ釘［くぎ］ フィニッシュネイルともいう。頭の小さい釘で、ネイラと呼ばれる専用の電動工具で打ち込む。床や壁の見え掛かりの仕上げ材に打つ。ベージュ、茶、薄茶の4色がある［写真2］。

稲子［いなご］ 竿縁天井の継目を重ねて留めるために付けられる長方形の木製の留め具。形状がイナゴに似ていることからその名称で呼ばれる。

平天井［ひらてんじょう］ 平らにつくられた天井の総称であり、最も一般的な天井形態。その他、駆込み天井、落ち天井などがある［表2、図8］。

竿縁［さおぶち］ 床の間に並行に配置された天井板と直交させて天井板を受ける部材。樹種はスギ、ヒノキ、意匠により小丸太、皮付き丸太、竹などを使い、猿頬加工（45度以上の角度で面取りする加工）や吹寄せ（格子などを2本ごとに1組として配置する方法）にする場合もある［図9］。

窓台［まどだい］ 窓を支える横架材で、窓の下枠を下部に取り付ける下地材のこと。窓の下枠［まどのしたわく］の荷重も受けるため釘でしっかりと取り付ける必要がある。

膳板［ぜんいた］ 窓の額縁と一体になり、窓台の上に窓の下枠と一緒に納まる部材。

薄縁［うすべり］ 床の間の床面に敷く畳表。床面の畳と縁の種類を装飾性のあるものに変えることが多い。

図10｜軸回し

- 仏間用シャッター
- 襖
- シャッターが可動することで、しづ板が襖とともに引き込まれる
- しづ板
- 仏間の奥行は襖寸法＋しづ板寸法＋シャッターたたみ代＋戸当たり寸法

図11｜面取りの種類

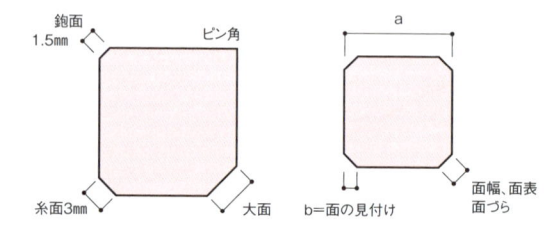

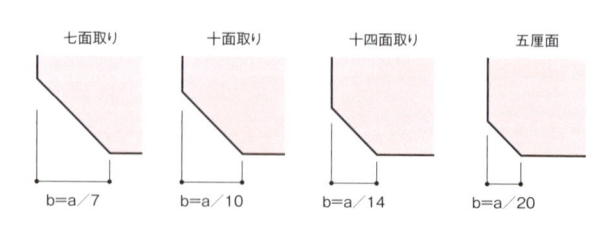

- 鉋面1.5mm
- ピン角
- 糸面3mm
- 大面
- a
- b＝面の見付け
- 面幅、面表面づら

七面取り b＝a／7 ／ 十面取り b＝a／10 ／ 十四面取り b＝a／14 ／ 五厘面 b＝a／20

図12｜面内・面中・面ぞろ

①面内　②面中　③面ぞろ

- 柱
- 小壁
- 鴨居
- 面
- 敷居

軸回し｜じくまわし　仏間の襖の納まりで、90度開いた襖を溝に沿わせながら壁沿いに収納する仕組み［図10］。仏間の奥行が襖1枚の幅＋12cm程度ないと襖が収納できないので注意が必要である。

しづ板｜しづいた　軸回しに使う部材の1種で120×21mmのヒノキが使われる［図10］。仏壇の襖の吊り元となり、これにシャッターを取付けスライドさせる。最近はスライドレールが軸回しに使われている。

造付け｜つくりつけ　建物の1部として家具などを造ることをいう。製作者によって、大工が現場で製作・取付けを行う大工工事と、家具職人が工場で製作、現場で取付けを行う家具工事に分けられる。これらは予算、仕上がり、工程などを検討したうえで使い分ける。また、必ず建築と取り合う工程などを検討したうえで使い分ける。ので、天井・壁・床との納まりを十分検討する必要がある。建築とそれによって生じた表面のことを

チリ　2つの部材が小さな段差をもって納まる個所の段差のこと。一般的には和室の真壁における柱と壁の段差のことをいう。

面取り｜めんとり　柱や梁材、建具の框材などの断面をもつ部材の角を、斜めの平面やほかの形に削り取ることをいい、それによって生じた表面のことを面［めん］という。面取りせずに90度になっているものはピン角［─かど］という。面の見付幅によって**大面**［だいめん］、**鉋面**［かんなめん］、**糸面**［いとめん］などと呼ばれる［図11］。

面｜つらいち　面ぞろ［めんぞろ］ともいい、面落ちに対して、部材を段差なく納める方法［図12］。面一は仕事の精度が要求されるが、建具では常用されている。

面落ち｜めんおち　框や桟などの仕口において部材に取られた面を避け、その内側にも面内［めんうち］とも呼ばれる［図12］。施工の逃げがきく納まりなので、内装造作で多用される。また、

糸面｜いとめん　柱・壁などの角になるところの直角をなくして面の形に整えることを面取りといい、角部分の保護

216

写真3｜目透かし

図13｜見込み（建具枠廻り）

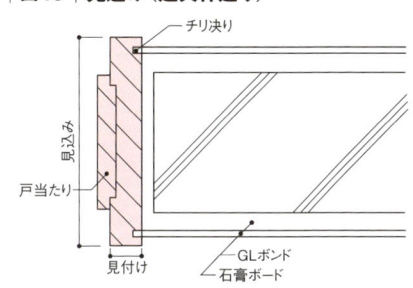

チリ決り
見込み
戸当たり
見付け
GLボンド
石膏ボード

見付け｜みつけ
見え掛かる部材の正面から見たときの面の幅をいう。

見込み｜みこみ
見え掛かる部材の正面から見たときの側面の奥行寸法をいう。

見切｜みきり
仕上げの終わる部分や、複数の仕上げの取合い部分、またはその納まりをいう[図14～16]。見切部分の納まりがきっちりしていないと、仕事が雑に見え、空間に締まりがなくなる。

はっかけ
木部と塗り壁の納まりで、柱や窓枠などの木部の見付けを細く見せる方法[図17]。正面から見ると柱や枠が線のように細く見えるように表面を削り取って、左官材などを塗り込む。落とし掛けや袖壁などの端部に用いられ、木部の見付けは6～9㎜程度である。

決り｜しゃくり
板材や枠材の、主として板傍（側面）などに溝を彫ったり、削って突起を付けたりすること[218頁図18]。決りは回転刃をもつ振動溝切りカッターが用いられる。塗り壁などの端部の木部に溝を設ける散り決り、板材の厚さを半分ずつに削り取って相互に張り合わせる相決りなどがある。開戸や引戸を閉めたときに枠に手触り感の向上、そして意匠的な効果が目的である。糸面は鉋を1回かけた程度の細い面取りをいう。

図17｜はっかけ

左官仕上げ
見付けは6～9㎜程度とる

図15｜見切（梁廻り）

仕上げ材
見切材
ここでは意匠だけでなく出隅の欠け対策と仕上げの逃げも兼ねている

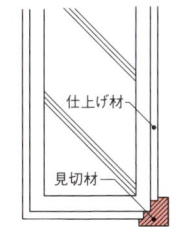

図14｜見切（床仕上げ）

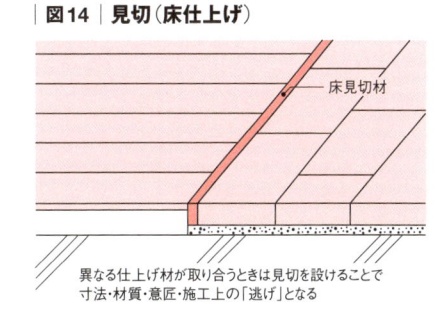

床見切材
異なる仕上げ材が取り合うときは見切を設けることで寸法・材質・意匠・施工上の「逃げ」となる

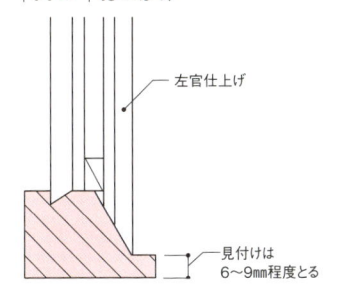

図16｜見切りの種類

＜同一材料の見切方法＞

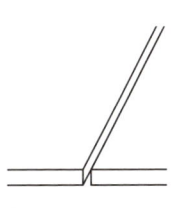

突付け
誤差や変形を吸収する機構をもっていない

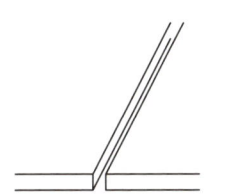

目透し
目地のふぞろいが目立ちにくい

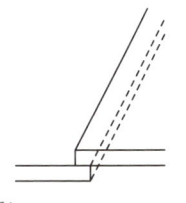

重ね
誤差や変形の吸収が容易。段差が生じる

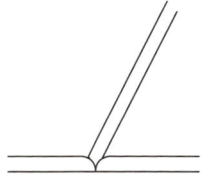

面取り
突付けと目透しの折衷

＜異なる材料の見切り方法＞

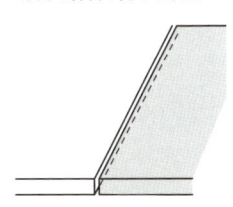

面一（つらいち）
施工精度が要求されるが両者の経年変化は異なる

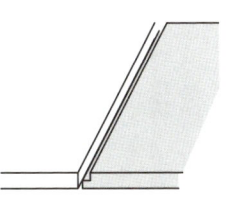

目地分かれ
目地のふぞろいが目立ちにくい

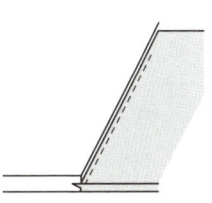

決り（しゃくり）
変形収縮しても目立ちにくい

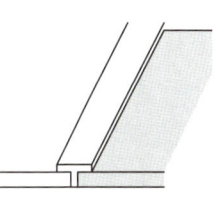

見切材（縁）
変形収縮のクリアランスをとる

図21 | 樋端

外部／内部
鴨居
外樋端（そとひばた）
中樋端（なかひばた）
内樋端（うちひばた）
溝

敷居

鴨居

付樋端（つけひばた）
敷居

図20 | 矧ぎ合わせ

本実矧ぎ（ほんざねはぎ）

雇い実矧ぎ（やといざねはぎ）

千切矧ぎ（せんぎりはぎ）

図18 | 決り（建具枠廻り）

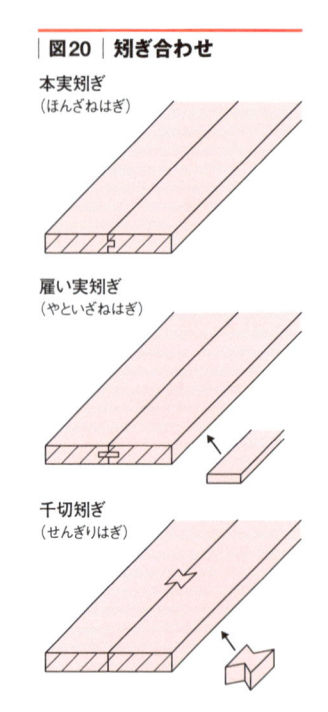

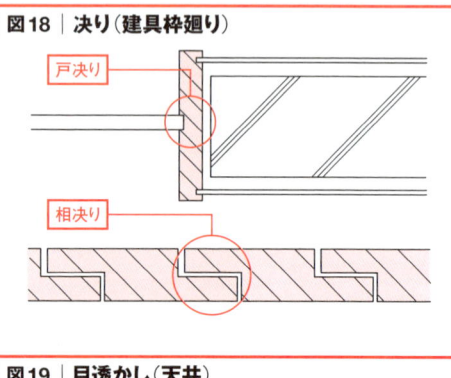

戸決り

相決り

図19 | 目透かし（天井）

LGS
石膏ボード
目地底テープ
GLボンド
またはLGS下地
石膏ボード

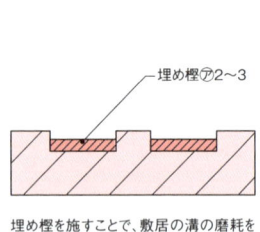

図24 | 埋め樫

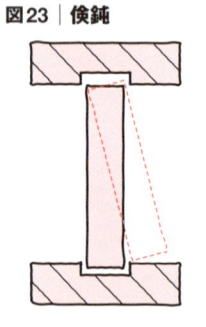

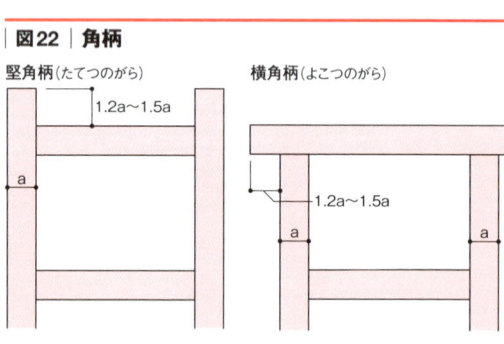

埋め樫⑦2〜3

埋め樫を施すことで、敷居の溝の磨耗を防ぎ、戸の滑りをよくする

図23 | 傾鈍

図22 | 角柄

竪角柄（たてつのがら）
1.2a〜1.5a
a

横角柄（よこつのがら）
1.2a〜1.5a
a

と戸の間に隙間が生じないように、枠に戸の厚さ分の溝を入れることを特に**戸決り**という。

相決り｜あいじゃくり
2枚の板の側面をそれぞれ半分削り、かみ合わせてつなぐ方法。

目透かし｜めすかし
一般に天井、壁などにボード形状の部材（板・石・タイルなど）を張るときに、その部材を突付けとせず、多少隙間をあけて納める方法［217頁写真3、図19］。**目透かし張り**ともいう。天井と壁との境に隙間を設け、廻り縁を省略するのも目透かしの1つである。

実｜さね
板などの側面に凸部と凹部をつくって、はめ込むつなぎ方をいう。また両方の側面に溝を作って別の木をはめ込んでつなぐ方を**雇い実**という［図20］。接合の方法に本実矧ぎ、雇い実矧ぎ、千切矧ぎなどがある。

本実｜ほんざね
板を接合する場合に板同士がかみ合うように、一方に凹型、一方に凸型に加工して継ぎ合わせることを**本実矧ぎ**という。**板傍**に加工した凸型の突起が刺さるように、一方の凹型の溝に加工した凸型の突起が刺さるように接合することを**本実矧ぎ**ともいう。フローリングなどの多くはこの接合方法である。

雇い実｜やといざね
両方の板を凹に加工し、その溝に納める棒状の加工材のこと［図20］。この接合方法を**雇い実矧ぎ**という。雇い実には共材か、細く切った合板などを使用する。

矧ぎ合わせ｜はぎあわせ
幅広の板をつくる際、複数の小幅の木材を同じ繊維方向に接着させながら成形すること。また、その口うにしたもの［図20］。1枚板よりも反りやねじれが起きにくく、均

質で長大な板をつくることができ、接合の方法に本実矧ぎ、雇い実矧ぎ、千切矧ぎなどがある。

樋端｜ひばた
敷居や鴨居の溝の両脇の凸部分を指す［図21］。2本以上の溝の場合、溝の外側を**外樋端**、間を**中樋端**、内側を**内樋端**という。別の角材を取り付けて溝をつくった場合は**付樋**

留め｜とめ
ドア枠や額縁を組む場合の仕口。直角に接合する材を、それぞれ45度に加工接合し、見え掛かりに小口を見せない納まりで、意匠性を重視する場合に用いる。かつては留めの線引きに留め定規を用いて加工していたが、現在は角度を設定し切断できる電動の押切りを用いる。

矧ぎ合わせ｜はぎあわせ

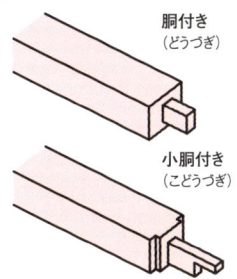

図27 | フリーアクセスフロア（鋼製）

H=50
配線樹脂製

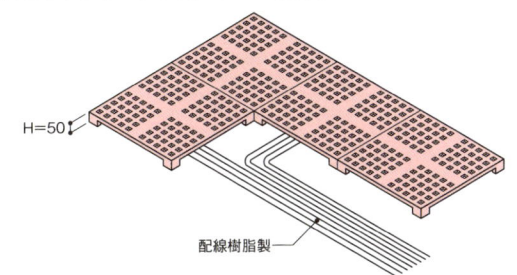

図28 | フリーアクセスフロア（樹脂製）

鋼製タイプは脚の高さを調整できる
配線

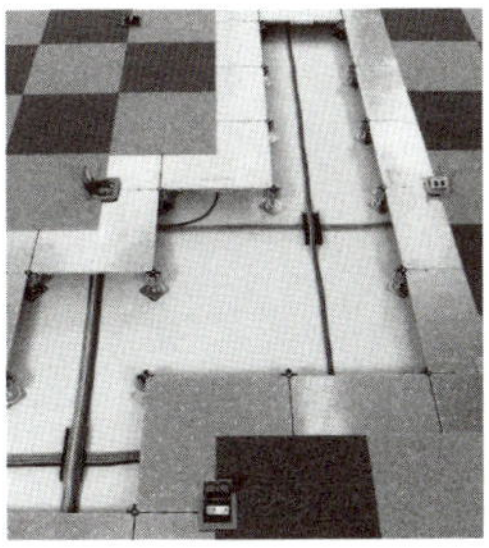

写真5 | フリーアクセスフロア（樹脂製）

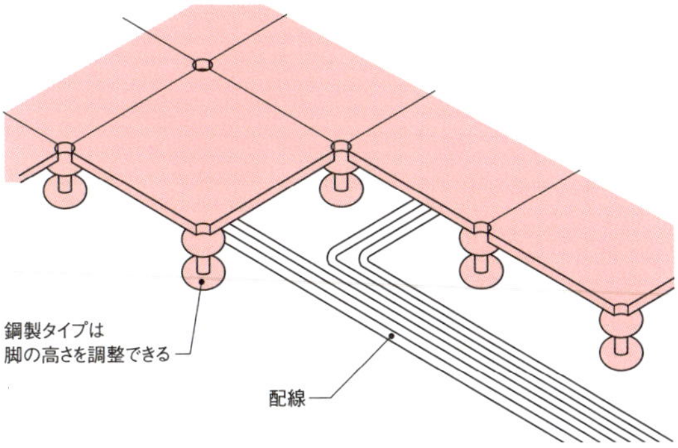

写真4 | フリーアクセスフロア（鋼製）

図29 | 根太フォーム

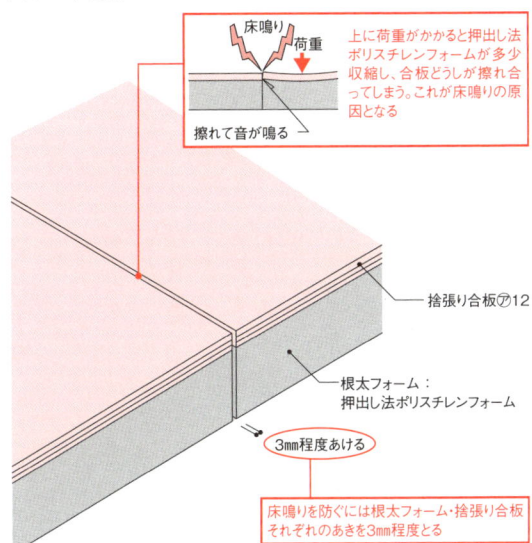

上に荷重がかかると押出し法ポリスチレンフォームが多少収縮し、合板どうしが擦れ合ってしまう。これが床鳴りの原因となる
床鳴り
荷重
擦れて音が鳴る

捨張り合板⑦12
根太フォーム：押出し法ポリスチレンフォーム
3mm程度あける
床鳴りを防ぐには根太フォーム・捨張り合板それぞれのあきを3mm程度とる

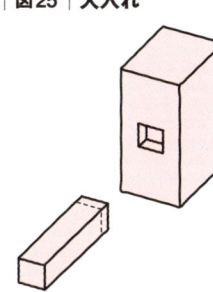

図26 | 胴付き

胴付き（どうづき）
小胴付き（こどうづき）

図25 | 大入れ

端という。板目の通った材質を選ぶとは上部が深く、下部は浅くする。溝の加工がしやすい。

角柄｜つのがら　建具の枠の納まりで角部を留めに納めず、竪枠や上下枠それぞれの部分を突き出した納まりにしたところをいう［図22］。竪枠を突き出した納まりを**竪角柄**、上下枠を突き出した納まりを**横角柄**という。突き出す寸法の納まりのバランスに配慮が必要である。

倹鈍｜けんどん　上下・左右溝のあるところにはめ込むように入れ、取外しもできる建具や蓋の開閉のこと［図23］。溝の

無目｜むめ　建具溝の突いていない鴨居、欄間の敷居をいう。一般的に内法高さで障子、襖が入らない部分に用いられる。また、窓のサッシを上下・左右につなげる際に窓どうしの中間に取り付ける桟を指すことも多い。

埋め樫｜うめがし　敷居の溝の磨耗を防ぎ、戸の滑りをよくするために、溝に埋めるクラやアカガシなど堅木の薄い材もう一方の材に差し込む仕口のこと［図24］。合成樹脂製や竹製

大入れ｜おおいれ　材の端部の形状をそのまま隙間なくもう一方の材に差し込む仕口の部分をいう［図25］。差し込まれる側のみ彫

も用いられる。戸の下桟に設ける**摺り桟**と埋め樫の工夫で、戸の開閉は軽くなり長持ちする。

現造｜げんぞう　ホゾの工作をせずに突付けで納める仕口のこと。額縁・入口枠などに使われる。加工が簡単なため、熟練を必要としない。単に突付けだけでは隙間や歪みが生じることが多いため、接着剤・ビスを併用する。

胴付き｜どうづき　柱に横架材をホゾ差しするとき、ホゾの根本にある材の小口の平面部分をいう［図26］。胴付き部分の両側を欠き取り、段をつけ、柱などに差し込む仕口を**小胴付き**という。小胴付きを施した仕口は差し込む部分の断面積が大きくなるため、ホゾへの耐力負担が小さくなる。

込みがなされる。長さ方向の伸縮への逃げが効き、柱と敷居・鴨居の取付けなどに使われる。一方で、差し込む側の材の断面形状を正確にもう一方へ写し取る必要があり手間がかかる。

図30 | 樹種による堅さの違い

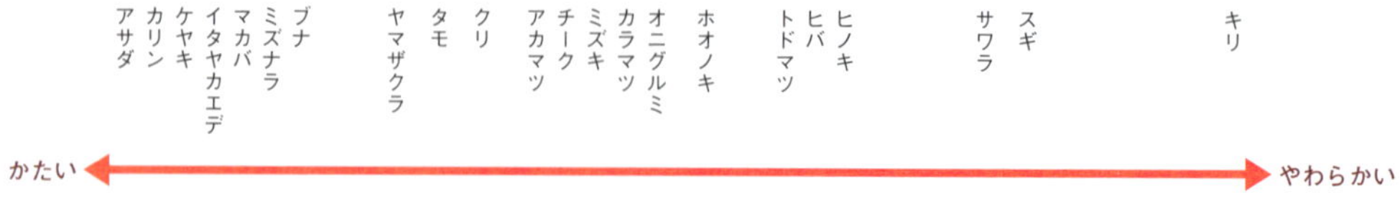

かたい ←

- ブナ／ミズナラ／マカバ／イタヤカエデ／ケヤキ／カリン／アサダ
- ホオノキ／オニグルミ／カラマツ／チーク／アカマツ／ミズキ／ヤマザクラ
- タモ／クリ
- ヒノキ／ヒバ／トドマツ
- スギ／サワラ
- キリ

→ やわらかい

写真6 | フローリングの主な樹種と張り方

- パーケット 市松張り　小板をたて・よこ交互に張ったパターン
- タモ　肌目はやや粗いが、硬くて狂いが少ない
- ヒノキ　スギと似た仕上がりで、耐久性がより高く、香りがよい
- スギ　やわらかく軽い。赤味、白太、節など表情が豊か
- キリ　やわらかいので足腰への負担が少なく、保温性に優れている

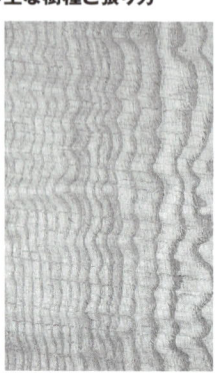

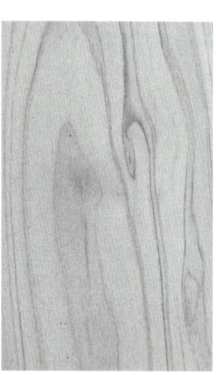

表3 | フローリングの種類と用途

種類		用途 根太張り用	用途 直張り用	定義
単層フローリング	フローリングボード	○	○	1枚の挽き板（挽き板を縦継ぎしたものを含む）を基材とした単層フローリングで、根太張り、または直張り用として使用されるものをいう
単層フローリング	フローリングブロック	—	○	挽き板（挽き板を縦継ぎしたものを含む）を2枚以上並べて接合したものを基材とした単層フローリングで、直張り用として使用されるもの
単層フローリング	モザイクパーケット	—	○	挽き板の小片（最長辺が22.5cm以下のものに限る。「ピース」という）を2個以上並べ、紙などを用いて組み合わせたものを基材とした単層フローリングのうち、直張り用として使用されるもの
複合フローリング	複合1種フローリング	○	○	ベニヤコアの合板のみを基材とした複合フローリングで、根太張り、または直張り用として使用されるもの
複合フローリング	複合2種フローリング	○	○	挽き板、集成材、単板積層材、またはランバーコアの合板を基材とした複合フローリングで、根太張り、または直張り用として使用されるもの
複合フローリング	複合3種フローリング	○	○	複合1種フローリング、および複合2種フローリング以外の複合フローリングで、根太張り、または直張り用として使用されるもの

コンパネ下地｜したじコンパネとはコンクリートパネルの略語で、本来は型枠用の耐水合板のことだが、コンパネを床下地に転用する場合にこう呼ぶ。多くの場合は捨張りとされる。

テーパー｜材料に勾配の付いている部分をいう。靴摺や床の見切材などに用いられている。

が取り合う材に密着するかどうかで仕口の出来栄えと強度に影響する。

遊び｜あそび釘・ボルトが緩んでいて、部材どうしが十分緊結されていない状態。場合によって遊びをとって力の流れを調整することがある。また目的どおりの働きをしていない部材などを指して「遊んでいる」ともいう。

縦勝ち｜たてがち部材を直角に接合する際に、縦材のほうを伸ばして接合させる方法のこと。

床下地

荒床｜あらゆか下地として板を床に張る場合、畳下に張るもの。最近は畳下の荒床に合板を利用することが多いが、木造の場合、床の通気をよくし床下からの湿気による腐食を防ぐためにも、荒床にはムクのスギ板を張ることが望ましい。

フリーアクセスフロア
フリーフロア、OAフロアともいう。床下を利用して配管や配線を通すことができる2重床システムで、点検や設備変更に容易に対応できる［219頁図27・28、219頁写真4・5、227頁図42③］。特に低床式（50～150mm タイプ）のものはOA化の普及によって事務室の床には必ずといってよいほど使用される。また、鋼製で支持脚の高さを調整できるタイプと、樹脂製で下地を平滑にし、敷き並べるタイプがよく使われる。取付けが不十分だと足で踏んだときにガタ付き、歩行感に影響するので注意したい。

レベリング
セルフレベリングともいう。コンク

図31 | ムクフローリングの納まり（木造下地）

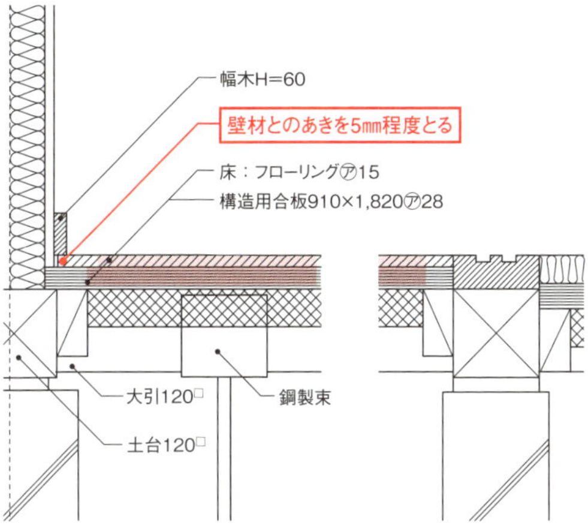

- 幅木H=60
- 壁材とのあきを5mm程度とる
- 床：フローリング⑦15
- 構造用合板910×1,820⑦28
- 大引120□
- 鋼製束
- 土台120□

図32 | ムクフローリングの納まり（コンクリート下地）

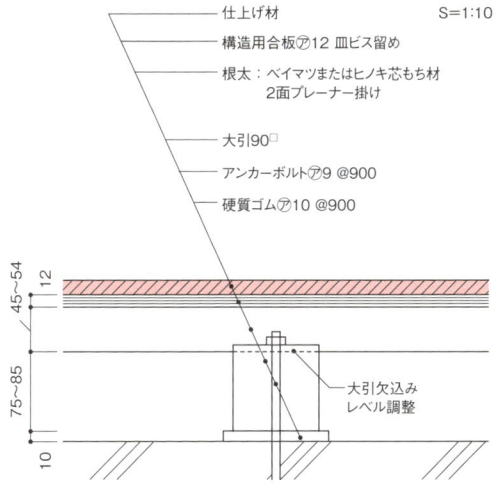

S=1:10
- 仕上げ材
- 構造用合板⑦12 皿ビス留め
- 根太：ベイマツまたはヒノキ芯もち材 2面プレーナー掛け
- 大引90□
- アンカーボルト⑦9 @900
- 硬質ゴム⑦10 @900

寸法：45〜54、12、75〜85、10

図33 | 複合フローリング

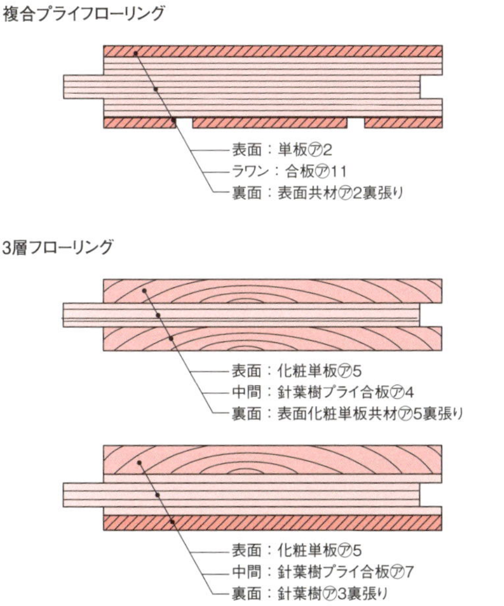

複合プライフローリング
- 表面：単板⑦2
- ラワン：合板⑦11
- 裏面：表面共材⑦2裏張り

3層フローリング
- 表面：化粧単板⑦5
- 中間：針葉樹プライ合板⑦4
- 裏面：表面化粧単板共材⑦5裏張り

- 表面：化粧単板⑦5
- 中間：針葉樹プライ合板⑦7
- 裏面：針葉樹⑦3裏張り

写真7 | 集成ヒバの厚板フローリング

写真8 | 竹フローリング

リートスラブ上に直接仕上げを張る場合など、レベル調整のある左官材料。石膏系とセメント系がある。施工では液体の状態の製品を床面に流し込み、トンボで均しておけば、所定の時間で硬化し、精度の高い平滑な床面が得ることができる。

根太フォーム｜ねだ─床下地の捨張り合板の裏に押出法ポリスチレンフォームが張ってある製品［219頁図29］。RC造などで転ばし根太の代わりによく使われる。施工ではスラブの上に接着剤を塗布し、その上から敷き詰める。床面に転ばし配管などが当たる部分の押出法ポリスチレンフォームを削り取る必要がある。また歩行時の床鳴りを防止するため、パネル間は3mm程度離して敷き並べる。

転ばし根太｜ころばしねだ─コンクリートスラブ上に床組をする場合、大引を用いないで直接根太を置いたもの。転ばし根太を使った床組を転ばし床という。

フローリング

ムクフローリング｜1枚板のフローリング（単層フローリング）のこと［図30 写真6］。最近ではナラ・カバザクラなどの樹種がよく使われる。材種（ブナなど）や乾燥の程度によって、暴れ、狂い、伸縮が生じる場合があるので、割付けや留め方に留意する必要がある［図31・32］。また、下地の捨張り合板の継手の位置とフローリングの継手の位置を同じ位置にしない

よう注意する。ムク板ともいう。

縁甲板｜えんこういた─長さが2間（3.64m）程度で、幅80〜120mm、厚さ15〜18mmの板の長手方向の両側を本実加工したもの。廊下や部屋の板床材として使用されるほか、壁や天井に張られることもある。樹種にはヒノキ、スギ、パイン系などが使われる。なお、壁・天井に使う材のことを特にピーリングということもある（ピーリングは壁、天井の薄張り材を指すこともある）。

幅広板｜はばひろいた─縁甲板より幅の広い板のことで板の間や玄関などで用いられてきた。

厚さは18mm以上が基準で、40mm程度のものまでつくられている。幅方向に材が動けるようにしておかないと板割れが起きるので、吸付き桟「すいつきざん」やかすがいを使って納めるとよい。

単層フローリング｜たんそう｜1枚の板を基材とし、表面に厚さ1.2mm以下の薄い突き板を張り合わせたもの。性質や扱い方はムクフローリングと同じである。ムク材を用いたムクフローリングや、表面が寄せ木状になっているFJLタイプ、OPCタイプなどがある［221頁写真7］。

複層フローリング｜ふくそう｜表面は単層フローリングと同じでも、基材が合板か集成材かなどによってJAS規格で1〜3種に分けられている。

複合フローリング｜ふくごう｜最も種類の多いフローリング。台板となる合板の上に突き板を張り付けたもの［221頁図33、220頁表3］。3層フローリング、複合ブライフローリング（カラーフロア）などがある。表面はナラ材が多く、長さ1818×幅303×厚さ12mmのものが普及している。反り・伸縮が少ないのが特徴で、防音用や床暖房用などさまざまな付加機能がついた既製品も多い。

乱尺フローリング｜らんじゃく｜厚み、幅は同じだが、長さが一定ではないフローリングのこと。これを使った張り方を乱尺張りという。ナラ、ブナなど長尺でとりにくい材質が多い。割付けの際には長さ別に仕分けて全体のバランスを取る。

厚付きフローリング｜あつづき｜表面単板の厚さが2mm以上ある、一見ムク材に見えるフローリング。1枚ずつ木目が異なり、単層フローリングと見分けがつかないものも出現してきている。

ワイドフローリング｜幅広のフローリング。基本的に受注生産で、長さ4000×幅900×厚さ15mmのフローリングパネルと呼ばれるものがある。主に店舗で使用される。

竹フローリング｜たけ｜表面に竹材を使用した複合フローリング。通常の一間タイプのほかに、300、450、600mm角の竹フローリングパネルもある。竹フローリングはやや滑りやすいため、使用個所を考慮する必要がある［221頁写真8］。

床暖房対応フローリング｜ゆか だんぼうたいおう｜電気、温水、蓄熱など各方式の床暖房に対応した複合フローリング。ただし、床暖房の熱によって材に割れや反りが生じることがあるので要注意である。

フローリングブロック｜挽き板などのフローリングを正方形や長方形に接合したフローリング。通常、300mm角が主流。素地床の上に接着剤と波釘［なみくぎ］で張る［212頁表1］。

パーケットフロア｜一般的に正方形のブロック状の板床材。厚さ8mm程度のムク材のものや、寄せ木状のモザイクパーケットフロア［212頁表1］などがある。

遮音フローリング｜しゃおん｜高層の集合住宅に多く用いられる、上下階の遮音を確保するためのフローリング。裏面に遮音マットが張り付けられ、コンクリートスラブに直接接着剤で張り付けられる。

重歩行用フローリング｜じゅうほこう｜重歩行や土足歩行に耐える高い耐久性をもったフローリング。木質繊維のなかに樹脂を注入し耐久性を高めるWPC加工を施したものなどがある。

羽目板｜はめいた｜壁、天井などの板張りに用いる材のこと。張り方によって、縦羽目と横羽目がある。スプルース、ヒノキの框目など狂いの生じにくい材を使用する。板の接合部には本実、雇い実・相决りなどが使われる。相决りの際には化粧釘留めとする。

ビニルタイル・カーペット

パイル｜カーペットの表面にある毛足のこと。輪の状態になったものをループパイル、ループをカットしたものをカットパイルと呼ぶ。同じ素材・規

表4｜主絨毯・カーペットの種類

タフテッドカーペット	刺繍カーペット。現在、流通しているカーペットの大半は同カーペット
オムニカット	柄物タフテッドカーペットの1種。レベルカットで幾何学模様の表現が可能
手織り絨毯	手で織りあげていく絨毯で緞通と同意語。「ペルシャ絨毯」のように産地名を冠して呼ぶ場合が多い。綿の地経糸に手作業でパイルとなる絹やウールの糸を結び付けてつくる。結び方にはペルシャ結びとトルコ結びの2種がある
ウィルトンカーペット	18世紀中頃、英国のウィルトン地方で開発された機械織カーペット。使える色数は織組織の関係で5色までと制約がある
アキスミンスターカーペット	英国アキスミンスター地方で盛んにつくられたのが名称の由来。スプール法とグリッパー法の2種があり、いずれも多数の色糸で柄を構成することが可能。グリッパー法は12色までだが、スプール法は20〜30色を使うことも可能
ニードルパンチカーペット	パイルのない不織布カーペット。デザイン性には乏しいが、安価
コントラクトカーペット	重歩行用カーペット。素材はBCFナイロン（バルキー［嵩高］加工をした長繊維）が一般的
シャギー	パイルの長さが3〜12cm程度の装飾性を優先させたカットパイル・カーペット。豊かな風合いを感じさせ、肌触りも抜群。ただし歩行量の少ない場所でしか使えない
ハードツイスト	パイルの1本1本に強い撚りをかけたカットパイル・カーペット。ハードなタッチで弾力性があり丈夫
サキソニー	パイル長が約15mmのカットパイル・カーペット。ヒートセットされた撚糸をパイルに用いる

表5 | シート系床材の分類特徴

材料分類／特徴		クッション性	耐久性	デザイン性	耐水性	耐薬品性	VOC含有量	メンテナンス	価格
樹脂系	ビニル床材	×	○	△	○	○	△	○	○
樹脂系	クッションフロアー	○	△	×	○	○	△	○	○
自然系	リノリウム	△	○	○	△	○	○	○	△
自然＋合成系	ゴム系床材	○	○	△	○	○	○	○	×

写真9 | リノリウム

ゲージ タフテッドカーペット[表4]の幅方向に、何本のパイルが刺しゅうされているかを示す密度の単位。1/10ゲージは、1インチ間に10本のパイルが刺繍されている。

ステッチ タフテッドカーペットの縦方向に、何本のパイルが刺しゅうされているかを示す密度の単位。10ステッチは、1インチ間に10本のパイルがあることを意味する。

フィラメント糸 ──し長繊維（フィラメント）の糸。

紡績糸 ほうせきし短繊維（ステープル）を引き揃えて、撚りをかけた糸。

レベルループ パイルがループ状で高さが均一なもの。パイルの高さに高低をつけたものはマルチレベルループという。レベルループが主流。

遊び毛 あそびけカーペットの組成から遊離していないパイル状の床材の毛くず。遊び毛が出るのは紡績糸で、フィラメント糸からは発生しない。

ファズ 歩行などによってパイルがケバ立つ状態のこと。短繊維強度が異なるパイルが混ざっているカーペットの場合、繊維が絡まりあってピリング（毛玉）になる。

デニール フィラメント糸の太さの単位。

番手 ばんて紡績糸の太さの単位。パイル糸に用いる毛番手（メートル番手）では、1gで1mの糸を1番手とし、数字が大きくなるほど糸は細くなる。

シーミングテープ カーペットのジョイントを固定するテープ。大きな面積にカーペットを施工する際に、カーペットをこのテープでつなぐ。

くも現象 ──げんしょうカットパイルのカーペットで、1部のパイルだけが、ほかと異なる方向に寝たため、色が違って見える現象をいう。

長尺シート ちょうじゃく──幅が1320〜1800mmで、丈が最低でも9m以上の、長いシート状の床材。塩ビ製が多い。継目の本数が樹脂系の床タイルに比べて少なく、継目も溶接で継ぐので、ある程度の防水性があり、水や薬品を取り扱う用途の部屋にも使用できる[表5]。また、エンボス加工された製品もありマンションの廊下、バルコニー、ジン（松脂）、顔料。裏面に寸法安定性と施工性をアップさせるためジュート（粗麻）などの平織基布が裏打ちされた天然素材床材。一時は樹脂系床タイルに押されて生産料が減っていたが、近年のエコジーブームで復活してきた[表5、写真9]。

インレードシート 米国アームストロング社によって開発された長尺シート。多色のチップを埋め込むという象嵌手法によって柄を構成している。柄が印刷ではなくチップなので耐摩耗性に富むのが特徴。

リノリウム 自然素材の長尺シート。主要材料は、亜麻仁油、コルク、木粉、ロジン（松脂）、顔料。裏面に寸法安定性と施工性をアップさせるためジュート（粗麻）などの平織基布が裏打ちされた天然素材床材。一時は樹脂系床タイルに押されて生産料が減っていたが、近年のエコジーブームで復活してきた[表5、写真9]。

クッションフロア CFともいう。居住用途を対象とした、幅が1320〜1800mm程度の長尺シートで中間に発泡系樹脂層が入ったもの。ケミカル・エンボスとも呼ばれている。ビニルシート保温・断熱・衝撃吸収性に優れる。重歩行用と軽歩行用の2種類がある。軽歩行用は足触りのために表面が軟らかくできているので、住宅など素足で使用する部屋には適するが、傷付きやすい。店舗などには表面強度に優れる重歩行用を使用したい。クレーム回避を考えるなら住宅でも重歩行用格ならば、ループパイルのほうが耐久性に優れている。

コンポジションビニル床タイル ──ゆか──塩化ビニル樹脂または、塩化ビニル共重合樹脂に可塑剤、安定材を加え、荒粒の炭酸カルシウムを主とし、有機または無機の繊維など

表6 | カーペットに使われる主な化学繊維

繊維の種類	長所	短所
レーヨン	・染色性がよい ・吸湿性がよい ・安価である	・耐久性が劣る ・防火性能が劣る ・虫害を受ける
アクリル	・保温性がよい ・軽量で強く、弾性に富む ・撥水性がある ・帯電しにくい	・ケバ立ちが起こる ・防火性能が劣る ・吸湿しやすい
ナイロン	・耐摩耗性に優れている ・染色性がよい ・耐久性・耐虫性がよい	・耐候性にやや劣る ・防炎性に劣る ・帯電しやすい
ポリプロピレン	・比重が小さく、軽量 ・撥水性がある ・汚れにくい ・ほかの繊維よりも強度が大きい	・弾力性が劣る ・熱に弱い ・吸湿しやすい ・帯電しやすい
ポリエステル	・耐摩耗性がよい ・耐久性、耐虫性がよい ・ほかの繊維よりも耐熱性がよい	・防炎性が劣る ・弾力性が劣る

写真12 | タフテッド
写真11 | ループパイル
写真10 | アキスミンスター

図35 | タフテッド（カットパイル）
パイル先端をカットした断面で繊細なパターンを表現

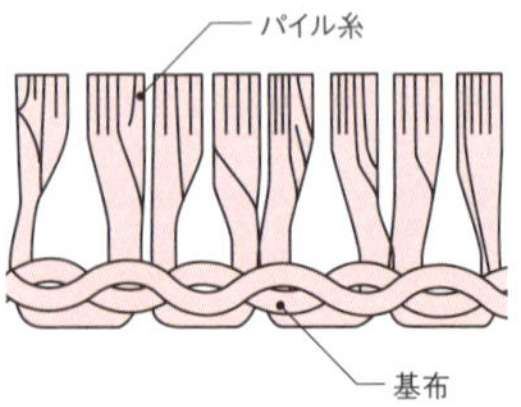

図34 | タフテッド（ループパイル）
パイルがループ状で適度な硬さとなめらかさがある

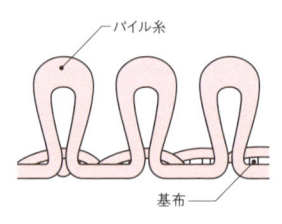

図37 | ニードルパンチカーペット
フェルト繊維を基布に圧縮成形してつくる。弾力性に欠けるが耐久性があり、用途が広い

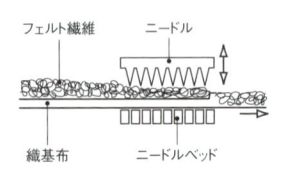

図36 | ウィルトンカーペット
機械織りの代表。パイルの長さ調節が自在で5色まで使えるため模様の表現度が高い

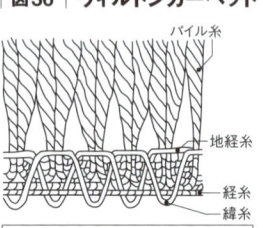

Pタイル｜ぴー

樹脂系の床タイルの1種。正式には**コンポジション半硬質ビニルタイル**という。安価で施工性・寸法安定性が高く、最も普及している製品で、長尺ものが多いのも特徴である。

無公害充填材を使用したビニル床タイル。難燃性も高く、タバコの焼け焦げ跡も付きにくい。熱、水、薬品にも強く、変形や反りも発生しにくい。ただし、固く脆いので歩行感や耐摩耗性に劣る。

Mタイル｜えむ

樹脂系の床タイルの1種。正式には**コンポジション軟質ビニルタイル**という。Pタイルより塩化ビニル樹脂の比率が若干高く、そのぶん歩行感、耐磨耗性が向上している。

そのほかの性能はPタイルと同じ。**スルーチップ**（磨り減っても柄が消えない加工）、エンボス加工などで製品の多様化を図っている。Pタイルより高価。

ホモジニアスビニルタイル

樹脂系の床タイルの1種。充填材として微粒炭素カルシウム・クレーなどを使用した塩化ビニル樹脂の比率を30％以上に高めたもので、歩行感がよく、耐磨耗性、耐薬品性も高いが、タバコの焼焦げ跡が付きやすい。鮮明な色の製品やプリントをラミネートした製品が多いのも特徴。Mタイルより高価。

エンボスビニル床タイル｜ゆか

ビニル床タイルの表面に機械的にエンボス加工を施し、柄・模様をプリントした床タイル。

レジンテラゾータイル

ポリエステルまたはエポキシ樹脂に充填材・軟化材を加えた粘結材で、天然大理石などの砕石を成形した、テラゾーの意匠をもつ床タイル。

カーペット

通常使用される頻度の高いものには**織物カーペット**と**刺繍カーペット**の2種類がある[表6]。織物カーペットでは**ウィルキントン**や**アキスミンスター**[写真10]がホテルなどに使用されている。毛足（**パイル**）が長く高級感があるが、小ロットでしか生産できないため、高価。刺繍カーペットは、別名**タフテッド**と呼ばれ、国内のカーペットの総数の90％以上を占める。パイルの処

と呼ぶ。主要な製品である**メルストーン**（東リ）の名前で呼ばれることもある。塩化ビニル樹脂の比率を30％以上に高めたもので、歩行感がよく、耐磨耗性、耐薬品性も高いが、タバコの焼焦げ跡やプリ

代表的な機械織りカーペットで、パイルと基布を同時に織ったもの。耐久性に優れる。パイル糸の材質はウール、混紡糸、アクリルなどがある。パイル長さは5〜15mm［図36］。

アキスミンスターカーペット

20〜30色の色糸を使用し、自由に模様を織ることができる。パイル糸の材質としてはウール、アクリルなどがある。パイル長さは8〜11mm。

タフテッドカーペット

既製の基布にミシン針で植え付け、裏面からラテックスで固定させ、同時に織ったもの。パイル糸の材質はポリエステルナイロンなどがある。パイル長さは4〜12mm［写真12］。

ニードルパンチカーペット

基布にフェルト繊維を針（ニードル）で突き立て、フェルト状に圧着成形したもの。安価で施工が簡単なため使用範囲が広い。パイル糸の材質はポリプロピレン、ポリエステルアクリルなどがある。パイル長さは3.5〜7mm［図37］。

タイルカーペット

50cm角のタイル状のカーペットの総称。表面にはアクリル・ナイロン系のタフテッドが使われ、裏はゴム状のバッキングとなっている。運搬・施工・張替えが容易で、汚損・劣化してもその部分だけの取替えやクリーニングが可能なため、オフィスで多用されている。フリーアクセスフロアの定番の仕上げ材でもある。

コルクタイル

コルクを主原料とした床材。多くは熱などを加えて圧着しているので身体に安全な材料である。コルクを薄くスライスした30cm角のタイル状のものと、コルクの粒を接着剤で固めて薄いタイル状にしたものとに分けられ、クッション性と断熱性に優れている。無塗装品とコーティング加工品があり、無塗装品は特に歩行感に優れるが、反面使っているうちに黒く汚れてしまう。一方、コーティング加工したものは汚れにくく掃除しやすいが、無塗装品と比べて歩行感に劣る。浴室の床面に使える製品もある。コルクの素材は樫の木の皮。この木は、皮が厚く長命な常緑樹で、

ウィルトンカーペット

理方法によって、**ループパイル**［図34、写真11］と**カットパイル**［図35］に分けられる。前者は耐久性や歩行性に優れる。一方、後者は性能面では劣るが、毛先を生かした繊細なパターンや色合いがもち味である。

| 写真14 | コルクタイルの施工例 |

| 写真13 | コルクタイル |

| 図38 | 畳の名称 |

畳の構成：畳床、畳表、畳縁、裏シート、建材糸

畳表はい草を緯、糸を経として製織する。畳の心材となる畳床は、ワラやポリスチレンフォーム、タタミボードなどで構成される

| 図39 | 畳表の織り方 |

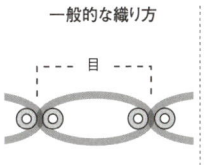

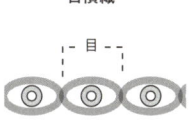

一般的な織り方：1目の中に綿や麻糸でできた経糸が2本入っている。諸目表などがこれにあたる

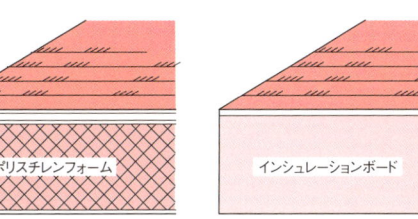

目積織：1目に経糸を1本のみ入れる。目が詰まっている。

| 写真15 | 琉球畳 |

| 図40 | 化学畳床の断面構成 |

ポリスチレンフォームのみ

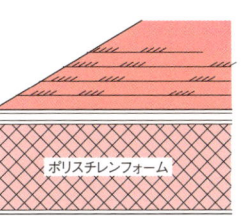

インシュレーションボードのみ

ポリスチレンフォーム＋インシュレーションボード

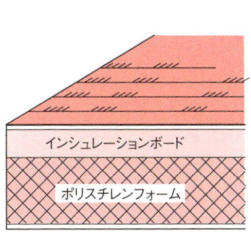

ポリスチレンフォーム＋稲わら

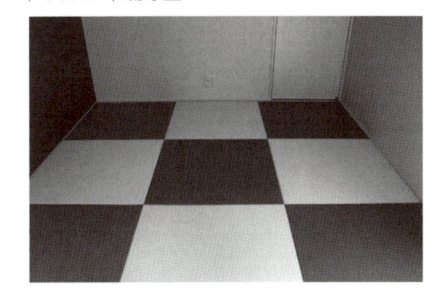

225

表7｜JAS規格による畳寸法（単位：㎜）

JAS規格	種類	通称	長さ	幅（㎜）	主な使用地域
一種間	本間	京間、関西間	1,910（6.3尺）	955	関西、中国、山陰、四国、九州
	六二間	佐賀間	1,880（6.2尺）	940	佐賀、長崎など
	六一間	安芸間	1,850（6.1尺）	920	山陽地方の瀬戸内海に面した地域
二種間	三六間	中京間	1,820（6尺）	910	中京地区、東北・北陸の一部、沖縄
三種間	五八間	関東間、江戸間、田舎間、狭間	1,760（5.8尺）	880	全国的に普及
	五六間	団地間	1,700（5.6尺）	850	公団公営住宅、建売住宅

立木を枯らさない程度の皮を同じ木から周期的に剥ぎ取ることができ、全体で年間約50万トンも生産できる。このことから、環境に優しい製品として脚光を浴びている[225頁写真13・14]。

畳

畳表｜たたみおもて
乾燥したい草を横糸にし、麻や木綿糸を縦糸にして織り上げる畳の表面部分をいい、編み方によってさまざまな表情が現れる。一般的なものが**引目表**（**諸目表**ともいう）で、ピッチの細かい**目積表**、荒々しいテクスチュアの**琉球表**などもよく使われている[225頁図38・39]。

図41｜畳敷き様

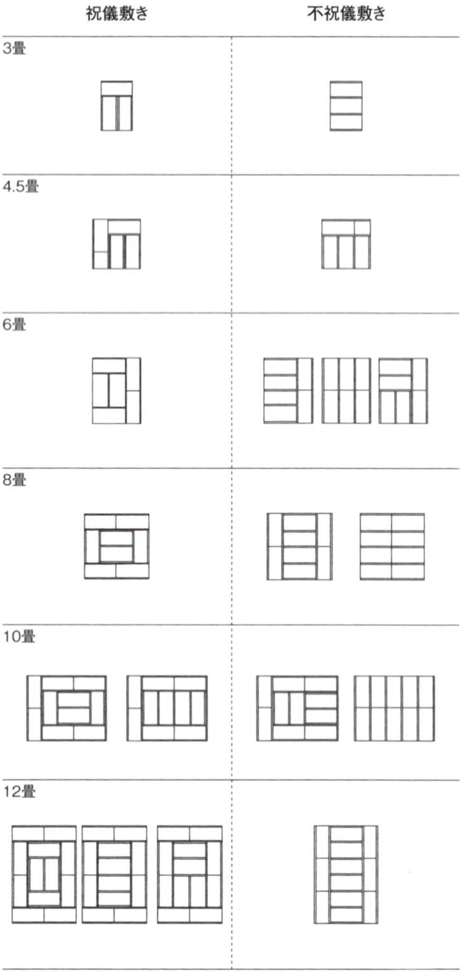

祝儀敷き
不祝儀敷き
3畳
4.5畳
6畳
8畳
10畳
12畳

畳床｜たたみどこ
畳の下地、芯になる部分。藁のみを使用する**稲藁床**、藁の間に発泡ポリスチレンフォームなどを挟んだ**サンドイッチ畳床**（または**化学畳床**）、藁をまったく使わずインシュレーションボード（建材畳床）を積層した化学畳床がある[225頁図40]。稲藁床はクッション性に優れるが、非常に重く高価で流通量も少ない。

琉球畳｜りゅうきゅうたたみ
一般的に縁のない正方形の畳の総称として使われているが、本来は沖縄で取れた強度に優れるい草を使用した畳のことで、表面はごつごつしており、目が不揃いで、荒っぽく、普通の畳よりもざっくりとした風合いをもつ。この畳表のことを**琉球表**という[225頁写真15]。かつては道場の畳によく使われたが、最近は住宅でも好んで採用される。

本畳｜ほんたたみ
畳床が天然素材（稲わら）のもの。湿気の吸放湿に優れ、丈夫。

スタイロ畳｜たたみ
木材繊維など押出し法ポリスチレンフォームを組み合わせた畳床を使用。断熱効果が高く、軽い。

縁なし畳｜ふちなしだたみ
縁のない畳に、通常の畳表より目の細かい**目積表**などを使用したもの。正方形が一般的だが、長方形のものもある。畳縁がないぶん、畳表の材料が多く必要になってくるので、一般の畳よりコストがかかることが多い。また、縁がないため、縁のあるものに比べて耐久性に劣る。

置き畳｜おきだたみ
板張りの床に畳を置いて一角を畳コーナーにするときなどに用いる。厚みも15㎜程度と薄く軽量なので、ラグ感覚で使用できる。また、裏に滑止めが付いているタイプもある。

畳縁｜たたみぶち（たたみべり）
畳の縁に付けられるもので、畳表の長手方向の縁を、畳に固定させるために用いる。昔は家の格式により色分けされていた。材料は、天然素材よりも化学素材が主に使われている。畳縁の幅は、9～1寸（27～30㎜）とするのが一般的であるが、部屋の印象を軽くするために8分（24㎜）と細くすることもある。

京間｜きょうま
畳のモジュールの1つ。京都を中心に大阪、瀬戸内、山陰、九州で用いられてきたもの。なお、畳の大きさは地方により差があり、約191×95・5㎝の関西間、約181・8×90・9㎝の中京間（大津間）、約175・8×87・9㎝の関東間（江戸間）、約169・6×84・8㎝の団地間などがある[表7]。

田舎間｜いなかま
田舎間は、京間の1間＝6尺5寸に対して1間を6尺にとったもの。**関東間**、**江戸間**ともいわれ、長さが5尺8寸であることから**五八間**［ごはちま］ともいう。

中間｜なかま
中部、東北、北陸の1部、沖縄な

図42 | 床工法

① 縁甲板直張り工法

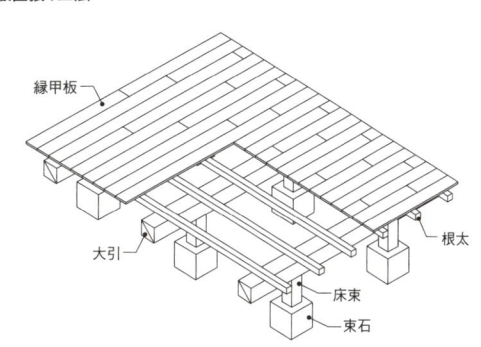

（縁甲板、大引、根太、床束、束石）

② 束立て床組下張り工法

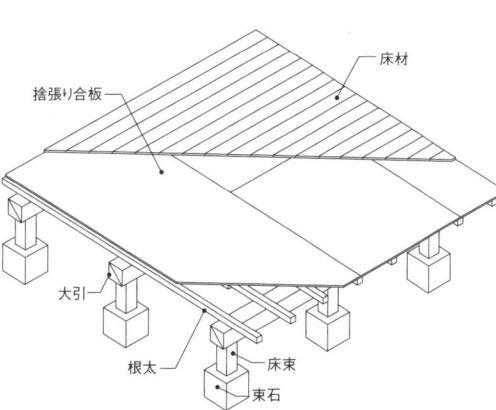

（床材、捨張り合板、大引、根太、床束、束石）

③ フリーアクセスフロア

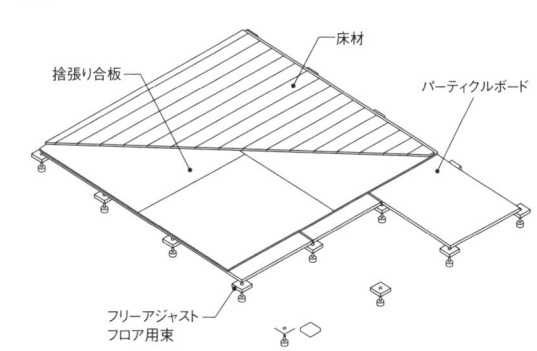

（床材、捨張り合板、パーティクルボード、フリーアジャストフロア用束）

床工法・納まり

畳割り | たたみわり
畳の寸法を基準にする平面計画法のこと。畳割りでは、基準寸法の畳数によって部屋内の柱内法寸法を割り出し、その外側に柱を配置させて柱間寸法を決定する。

畳敷き様 | たたみじきよう
などで使用されてきた畳の基準尺。京間と田舎間の寸法の中間にあるもので、長さ6尺×幅3尺のもの。**相の間**の「あいのま」、**中京間**と呼ばれることもある。

畳を一室に敷き詰める場合の社会的な慣習のことをいう。婚礼などの祝い事では**祝儀敷き**[しゅうぎじき]とし、葬儀などの不祝儀の際には**不祝儀敷き**[ぶしゅうぎじき]とする[図41]。

直張り工法 | じかばりこうほう
床仕上げに限らず、仕上げ材を張る場合に、下地を張らずに直接仕上げる工法[図42①]。主にカーペットを張るときに使われ、**接着工法**ともよばれる。カーペットの場合、床の全面に直接接着剤を塗布し、カーペットを床面に全面圧着する。

捨張り工法 | すてばりこうほう
仕上げ材の反りや暴れなどを防ぐために、表面材の裏側に、もう一層材料を張ること[図42②]。床の場合は一般的に厚さ約12mmの合板などが用いられる。天井の場合は石膏ボードを張ったりする。床の場合、捨張りをすることで、根太の関係なくフローリングの張り方向が決められる、薄い仕上げ材を使えるなどのメリットが得られる。根太レス工法の下地合板は捨張りとはいわない。

根太張り工法 | ねだばりこうほう
根太とは木工事において床材を直接受ける角材のことで、大引に載せて梁間に架け渡す工法。1階で大引に平行な壁際には、根太掛けを平割材で取り付ける。2階の根太はせいが大きいため、載せ掛けする工法。2重床のような床下の空間はできない。

置敷き工法 | おきじきこうほう
土間やコンクリートスラブの上に木造の床を組む場合の工法で、半割りの大引の上に根太を打ち付けるもの。2重床のような床下の空間はできない。

転ばし床 | ころばしゆか
床の衝撃音や振動音を遮断するために、床とコンクリートスラブなどの構造体との間を防振材で絶縁する床の工法。

乾式浮き床 | かんしきうきゆか
大引や根太などで組まれた乾式の床のこと全般を指す。**2重床構造**とも呼ばれる。

乾式2重床 | かんしきにじゅうゆか
現場で打放しした鉄筋コンクリートの床の上にフローリング、ビニルタイルなどの仕上げ材を直接張る工法。ただし、コンクリートそのままでは下地にならないため、厚さ15〜20mmの**均しモルタル**[ならし―]で平面に均す必要がある。

コンクリート直張り工法 | じかばりこうほう
にせず梁に根太掘りを施し、転びやねじれが起きるのを防ぐ。

写真17｜グリッパー工法

図43｜グリッパー工法

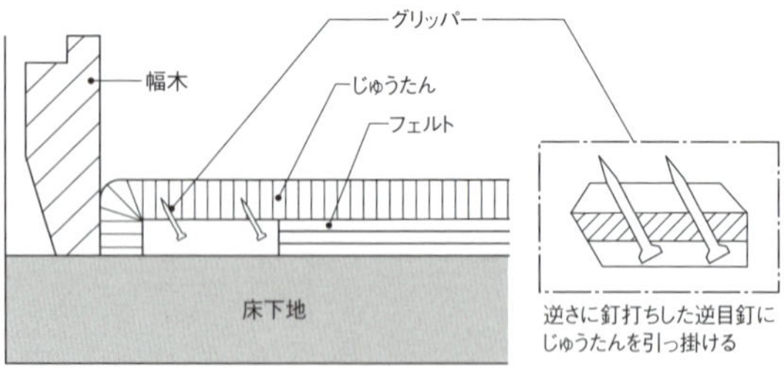

図44｜床材のジョイント部の接合方法
①本実継ぎ　本実　釘止め
③合決り継ぎ　釘止め
②雇い実継ぎ　雇い実
④突付け継ぎ　釘止め

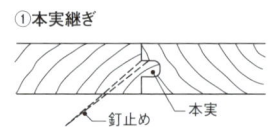

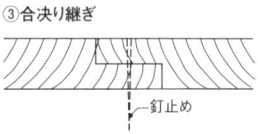

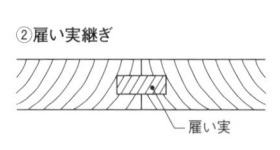

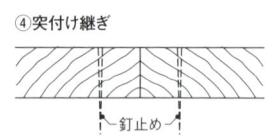

図45｜フローリング材の張り方
①筏張り（定尺フローリング）
②りゃんこ張り（定尺フローリング）
③乱張り（乱尺フローリング）
④一松張り（フローリングブロック）
⑤矢筈張り（モザイクパーケット）
⑥畳張り　根太　床板　柱
⑦留め張り　根太　床板　柱

釘や接着剤を一切使わず、置くだけの工法。滑りやすい床の場合、カーペットが動いてしまう危険なため、スリップ止めとして裏面に下敷き材を使用する必要がある。

グリッパー工法｜こうほう 敷き詰めカーペットの最も一般的な工法。クッション性を増すためにカーペットの下にフェルトなどを敷き込む部屋の周囲に木製のグリッパーエッジ（下地材）を敷き、敷き込む部屋の周囲に木製のグリッパーエッジを打ち付け、カーペットを引き伸ばし、逆目のピンに差し込んで留め付ける。カーペットの端は壁とグリッパーエッジの隙間に差し込む［図43、写真17］。

本実継ぎ｜ほんざねつぎ フローリングや板壁など板ものの接合方法で、最も一般的に使われる。雄実側に隠し釘を打ち、決り側を取り付けることで、部材の上下方向の動きを止めることができる［図44①］。

合決り継ぎ｜あいじゃくりつぎ 板厚が本実加工や雇い実加工をするには薄すぎる場合、半分欠き込みを入れて重ね、重ね部分の板の上から釘留めするもの［図44③］。

雇い実継ぎ｜やといざねつぎ 決りを設けた両方の板の間に、雇い実はぜを差し込み、部材をはぎ合わせる方法。本実継ぎに比べ1枚の板の有効幅を広く使うことができる［図44②］。

突付け継ぎ｜つきつけつぎ 荒床などを下地として床板を張る場合に材の端部同士を突き付けて、板の端に釘打ちして留める［図44④］。

立上げ施工｜たちあげせこう 簡易防水性を得るため、壁際から水が浸入しないよう床材を壁面に立ち上げて張る施工法。

筏張り｜いかだばり 定尺フローリングの張り方の1つ［図45①］。

りゃんこ張り｜ばり 定尺フローリングの張り方の1つ。継目が規則的に交互に出るようにする方法［図45②］。

乱張り｜らんばり 定尺フローリングの張り方［図45③］。

畳張り｜たたみばり 角部におけるフローリングの張り方。入隅の1枚だけを留めとする方。

留め張り｜とめばり 角部におけるフローリングの張り方で双方の板に同じ角度をとって納める方法。継目は実加工を施さずにへぎ目を通すのに技術を要する。また、透いたときに目立ちやすい［図45⑦］。

一般的な納まり［図45⑥］。

化粧釘｜けしょうくぎ 仕上げ材の表面に見える釘の打ち方。釘の頭の部分がピラミッド型、丸型などになっている。仕上げ材を損なうことなく打ち込むことが要求される。壁材などを取り付ける際に使われ、脳天より直接打っ

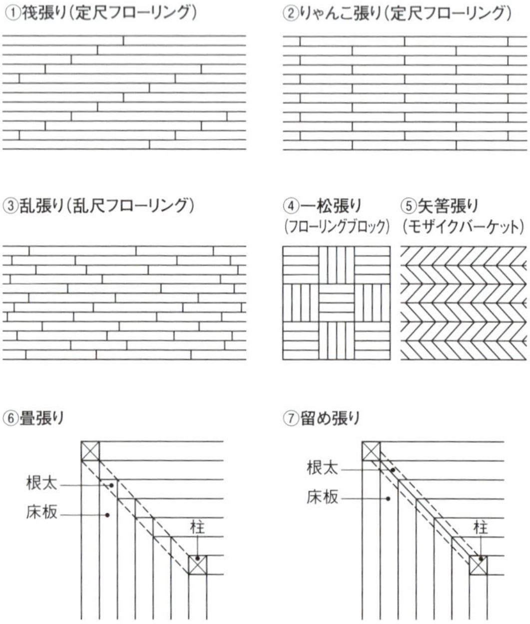

図48 | 吊り木受け

胴差・大梁
吊木受け
吊木
野縁受け
野縁
管柱
間柱

木造の天井下地は、胴差や梁に吊木受けをわたしてそこに吊木、野縁受け、野縁などの下地材を吊り下げるのが一般的

胴差・大梁の間隔と吊木受け寸法

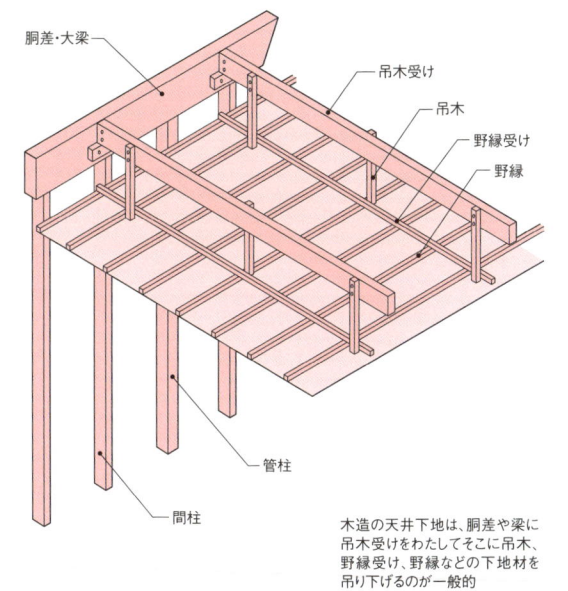

胴差・大梁の間隔	通常の吊木受け寸法	重い天井の吊木受け寸法
2m	60×90mm	60×100mm
3m	60×120mm	60×150mm
4m	60×150mm	60×180mm
5m	75×180mm	75×210mm
6m	90×210mm	90×240mm

図46 | 木下地

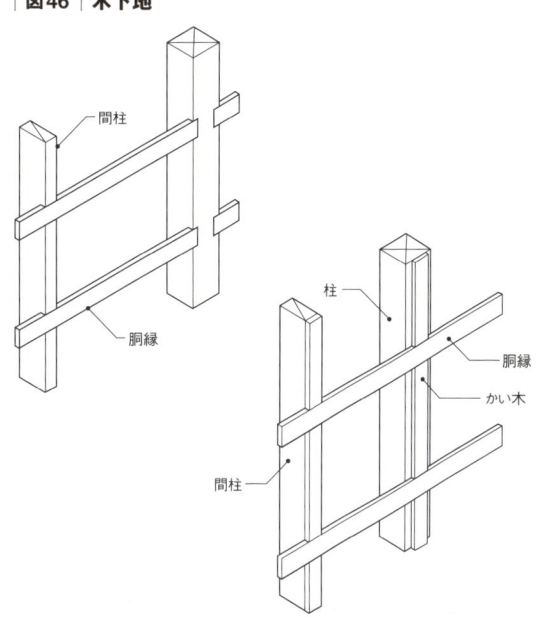

間柱
胴縁
柱
胴縁
かい木
間柱

図47 | 軽量鉄骨下地

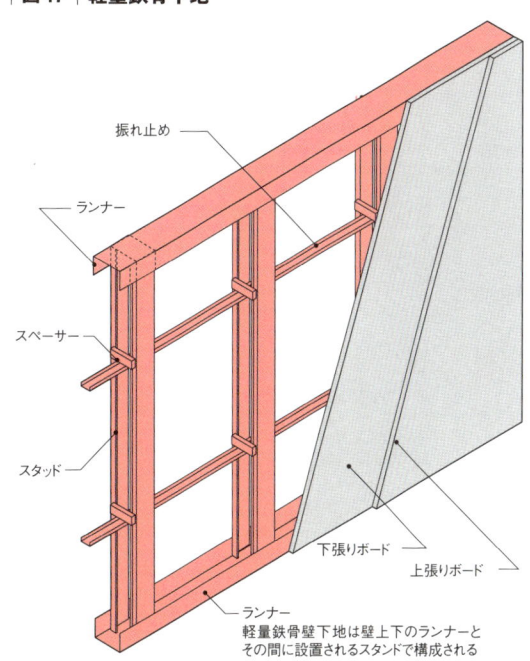

振れ止め
ランナー
スペーサー
スタッド
下張りボード
上張りボード
ランナー

軽量鉄骨壁下地は壁上下のランナーとその間に設置されるスタンドで構成される

壁・天井下地

木下地｜もくしたじ｜木製の間柱に下地板を打ち付けて下地としたもの。木造住宅だけでなくRC造や鉄骨造でも用いられる一般的な下地［図46］。

軽量鉄鋼下地｜けいりょうてっこうしたじ

軽鉄下地｜けいてつしたじ｜ともいう（軽天も含むことが多い）。LGS（軽量鉄鋼）でつくる天井や壁の下地。天井の場合は、吊りボルトで上部から吊り、野縁受け、野縁などで下組みをつくり石膏ボードなどで間仕切壁をつくる。建築物の不燃化、省資源化、施工の省力化などの目的で木造以外の建物でよく使われる。壁の場合はスタッドとランナーで軽量鉄骨壁下地では、壁面の上下にランナーと呼ばれるコの字型の部材を設け、その間にスタッドと呼ばれるC型や□型の縦部材（LGS）を建て、その上に石膏ボードを張る。C型スタッドの場合は、スペーサーと振れ止めを使用する。

隠し釘｜かくしくぎ｜外部などから見えないように打つ釘のこと。頭が小さく目立たないように着色された釘もある。意匠上のアクセントとする。頭が小さく目立たないように着色された釘もある。

忍び釘｜しのびくぎ｜壁の長押などの留め方に使われる。実継ぎの板張り壁やフローリングで用いられる。実継ぎ部分に折れ釘を使用するが、折れ釘は強度がないので、接着剤を併用する。和室の床の間の床板を取り付ける際に使うものを特に**落とし釘**という。

根太ボンド｜ねだ―｜床鳴り防止および面剛性増のために床と根太の接着に使用する木工用接着剤。いわゆる木工用ボンド（白ボンド）は湿気にきわめて弱いため使用は控えたほうがよい。

表9 | 石膏ボード製品の種類（JIS A 6901による）

呼称	規格（mm）厚さ	寸法	防火性（国土交通大臣認定）	エッジ形状と目地処理の種類
3×6版	9.5	910×1,820	準不燃第2027号	スクウェアエッジ 突付け工法または目透かし工法
3×8版	9.5	910×2,420		
3×9版	9.5	910×2,730		
メートル版	9.5	1,000×2,000		
3×6版	12.5	910×1,820	準不燃第1027号	テーパーエッジ ドライウォール（継目処理）工法
3×8版	12.5	910×2,420		
3×9版	12.5	910×2,730		
メートル版	12.5	1,000×2,000		
4×8版	12.5	1,220×2,440		
3×6版	15	910×1,820	準不燃第1027号	ベベルエッジ 突付けV目地工法
3×8版	15	910×2,420		
3×9版	15	910×2,730		
メートル版	15	1,000×2,000		
4×8版	15	1,220×2,440		

写真18 | 軽天

写真20 | ジョイナー

写真19 | 天井に施工されたケイカル板

図49 | 軽天

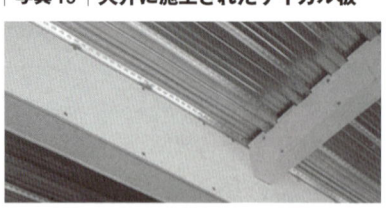

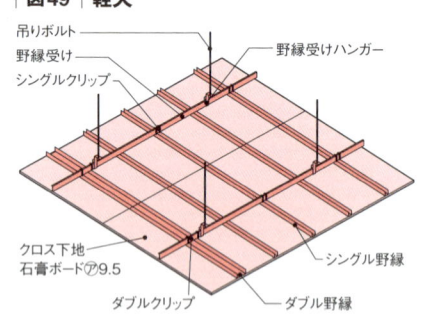

（図中ラベル：吊りボルト、野縁受け、シングルクリップ、野縁受けハンガー、クロス下地、石膏ボード⑦9.5、ダブルクリップ、シングル野縁、ダブル野縁）

表8 | 石膏ボードの種類と特徴

名称	特徴
石膏ボード	二次加工しない基本の平板
石膏ラスボード	石膏ボード用プラスターの塗り下地として使いやすいように加工したもの。加工の仕方で型押しラスボードと平ラスボードがあるが、現在用いられているものは、ほとんどが型押しラスボードである。平ラスボードは、薄塗り用石膏プラスターの下地材として用いられる
化粧石膏ボード	石膏ボードの表面紙に化粧加工した紙を用いたものや、塗装、型押し凸凹などで加工したもの。内壁・天井の内装材として用いられている
シージング石膏ボード	両面の紙と芯の石膏に防水加工が施してあり、台所・洗面所など、湿潤な場所に用いられる
強化石膏ボード	芯の石膏にガラス繊維などの無機質繊維材を混入し、防火性能を高めたもの
吸音用孔あき石膏ボード	石膏ボードに吸音用の孔をほぼ均等にあけたもので、吸音性を要求される場所に用いられる

スタッド 間柱のこと。内装工事において鋼鉄下地＋石膏ボードによる壁仕上げなどの場合は、軽量鉄鋼製のものを指すことが多い。

胴縁 どうぶち 板やボード張り仕上げの壁の下地を構成するためになど間隔で取り付けられる平棒状の部材。木下地の場合の木製のものと、軽量鉄鋼下地で用いられる鋼製のものがある。水平方向のものを横胴縁［よこどうぶち］、垂直方向のものを縦胴縁［たてどうぶち］という。

スタッドには厚み寸法によって、50、65、75、90、100形があり、それぞれ建てる高さの上限が決められている。

ランナー レールともいう。鋼鉄下地仕上げの場合、スタッドを立てるために床と天井に取り付ける水平の材料。インテリアではカーテンレールの部品を指す。

吊木受け つりきうけ 木造の天井下地部材の1つで上階の振動を下階に伝えないよう梁や胴差に渡す吊り木の受け材［229頁図48］。一般にベイマツが使われる。渡す距離により、幅とせいが適切なものを選択する。一般に3m程度で60×120㎜、4m程度で75×150㎜、5m程度で75×180が目安。重

い天井の場合はせい寸法を1サイズ大きくする必要がある。

軽天 けいてん 軽量鉄骨天井下地のこと［図49、写真18］。LGSを使った下地組で、軽量鉄骨壁下地同様、木造以外の建物で標準的に使われる。石膏ボードの下地に野縁、それに直交するかたちで野縁受けを組み、それらを野縁受けハンガーを介して吊り上げる。吊りボルトはデッキプレートやコンクリートスラブに設置したアンカーやハンガー金物にねじ込んで納める。

石膏ボード せっこう― 石膏を芯材とし、両面ボード用原紙で被覆し、板状に成形したもの。安価なうえ防火性能・強度性能に優れるため、あらゆる用途・部位の内装壁下地材として利用される。またその重量特性から防音下地材としても利用できる。通常の石膏ボードを耐力壁として考えた場合、厚さ12㎜以上の石膏ボードを張った壁に15×90㎜の筋かいを入れた軸組で1.0倍。一般的な石膏ボードのほか、**シージング石膏ボード、強化石膏ボード、石膏ラスボード、化粧石膏ボード**などさまざまな種類の製品がある［表8・9］。また、ボードのエッジ（端の処理）は**スクウェアエッジ、テーパーエッジ、ベベルエッジ**に分類される。

ケイカル板 ―ばん 正式には**ケイ酸カルシウム板**と呼ぶ。内外装の下地材として使われ、軽量で耐火・断熱・遮音・加工性

写真21 | シナ合板

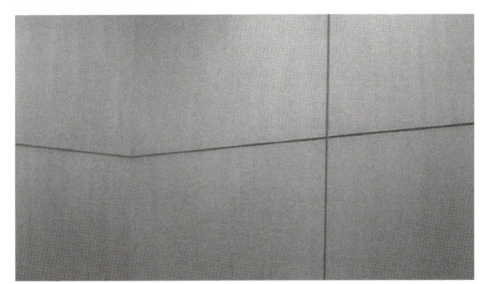

写真22 | MDF

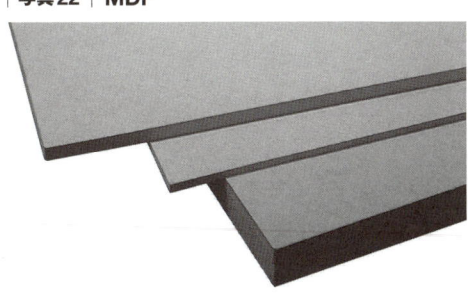

図50 | 合板の種類

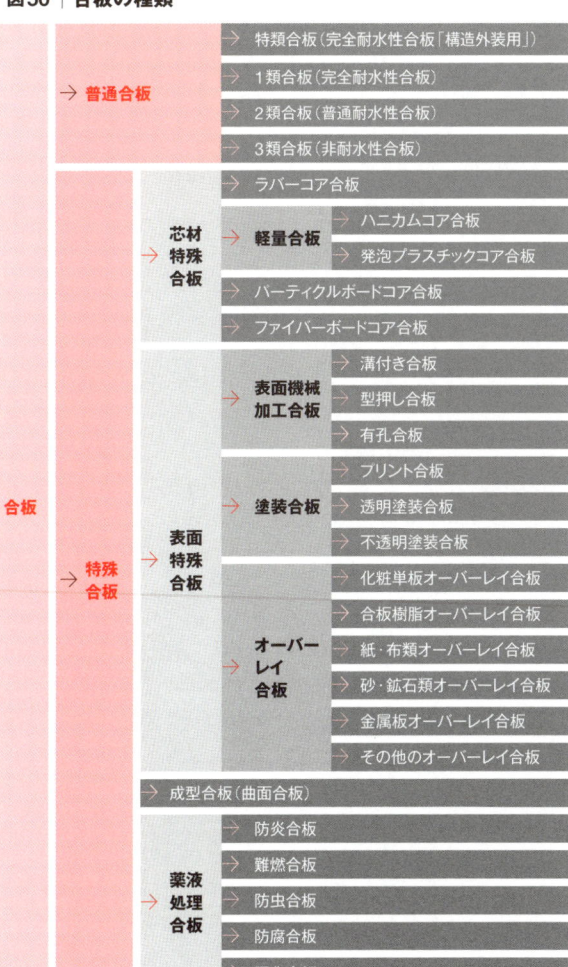

```
                    ┌→ 特類合板(完全耐水性合板「構造外装用」)
          ┌→ 普通合板┤→ 1類合板(完全耐水性合板)
          │         ├→ 2類合板(普通耐水性合板)
          │         └→ 3類合板(非耐水性合板)
          │                 ┌→ ラバーコア合板
          │         ┌ 芯材  │           ┌→ ハニカムコア合板
          │         │ 特殊  ├→ 軽量合板┤
          │         │ 合板  │           └→ 発泡プラスチックコア合板
          │         │       ├→ パーティクルボードコア合板
          │         │       └→ ファイバーボードコア合板
          │         │              ┌→ 溝付き合板
          │         │ 表面機械     │
          │         ├ 加工合板 ───┤→ 型押し合板
          │         │              └→ 有孔合板
合板 ─────┤         │              ┌→ プリント合板
          │         │ 塗装合板 ───┤→ 透明塗装合板
          │         │              └→ 不透明塗装合板
          │  特殊   │ 表面           ┌→ 化粧単板オーバーレイ合板
          └→ 合板 ─┤ 特殊           ├→ 合板樹脂オーバーレイ合板
                    │ 合板           ├→ 紙・布類オーバーレイ合板
                    │         オーバー├→ 砂・鉱石類オーバーレイ合板
                    │         レイ合板├→ 金属板オーバーレイ合板
                    │                 └→ その他のオーバーレイ合板
                    ├→ 成型合板(曲面合板)
                    │         ┌→ 防炎合板
                    │ 薬液    ├→ 難燃合板
                    └ 処理 ───┤→ 防虫合板
                      合板    ├→ 防腐合板
                              └→ 硬化合板
```

壁・天井仕上げ材

天然木化粧合板 てんねんぼけしょうごうはん

天然木(ヒノキ、スギ、ケヤキなど)の薄い(0.2～1.0㎜厚)単板を張りつけた合板。**突き板合板**[つきいたごうはん]、**練付け合板**[ねりつけごうはん]、**銘木合板**[めいぼくごうはん]などとも呼ばれる[図50]。

ジョイナー

ボード張りの目地部分に取り付ける、細い棒状の目地材。材料はアルミ製やプラスチック製などで、形状も多種多様[写真20]。

四分一 しぶいち

壁の入隅部に付ける細い部材。

合板 ごうはん

いわゆるベニヤとは合板を構成する単板のことで、これを繊維方向に直行させて奇数枚接着させたものが合板を用いる場合、接着剤に含まれるホルムアルデヒドの放散量に注意が必要。JAS規格F☆☆☆☆の合板を使用したい。

積層合板 せきそうごうはん

既製の化粧合板や構造用合板を積層したもの。さまざまな厚みの合板を積層することで簡単に必要な厚みへの対応が可能となる。積層した木口の表情を意匠的に扱うことも多い。ただし全体の重量が重くなるので注意が必要。

ムク板 ──いた

コエマツ、ケヤキ、チークなどの高級樹種の原木から回転式切削機械で薄く削り取った単板のこと。厚さにより**薄突**[うすつき](0.18～0.4㎜)、**厚板**[あついた](0.5～1㎜)、**特厚**[とくあつ](1～3㎜)がある。切削方法と木取りによって柾目、板目などさまざまな種類がある。

練付け ねりつけ

突き板を芯材や下地板に張り付けること。また、その製品を指す。芯材の種類には単板や合板、集成材などが用いられる。

われている。強度、とう性がよく、厚物は床、間仕切の下地に用いられるほか、タワー型立体駐車場の外壁などにも使用されている。取り付け方法はビス留めが一般的。

フレキシブルボード

略してフレキともいう。石綿とセメントを混ぜてつくられるボード材。現在はアスベスト問題のため、石綿の代わりに合成繊維、パルプ、耐アルカリ性ガラス繊維などが使われている[写真19]。温度・湿度による伸縮は小さいものの、吸水率が高いため、水掛かり部には耐水性を考慮した表面処理を施す。6㎜厚のものがよくトイレや厨房の天井に使われるほか、25㎜厚のものは鉄骨の耐火被覆などに用いられる。

シナ合板 ごうはん

表面にシナ材を張った普通合板。壁や天井、建具の表面仕上げに用いられている。基材はシナのほかラワンも使われている[写真21]。

突き板 つきいた

壁や天井、建具の表面仕上げに用いられている。

表10｜樹脂の種類と特徴

種類		特徴	特性値				燃焼性
			引張強度 (kg/㎟)	引張弾性 (10⁴kg/㎟)	熱膨張 (10⁻⁵/℃)	熱変形 (℃)	
熱可塑性樹脂	ポリカーボネート	・耐衝撃性に富む ・耐酸性良好 ・透明性が高い ・溶剤の影響を受ける	560〜670	2.5	6.6	130〜140	
	硬質塩化ビニール	・彩色・加工性良好 ・透明性良好 ・表面が傷つきやすい ・耐酸・アルカリに富む	350〜630	2.5〜4.2	5〜18.5	54〜74	
	アクリル	・透明性良好 ・比較的耐候性に富む ・表面硬度が小さい ・溶剤の影響を受ける	490〜770	3.2	5〜9	70〜100	おそい
熱硬化性樹脂	ポリエステル(FRP)	・耐熱性に富む ・耐寒性良好 ・表面硬度は高い	420〜910	2.1〜4.5	5.5〜10	60〜200	おそい
		・軽量・強靭	1,760〜2,110	5.6〜14.1	2〜5	—	自己消火性
	メラミン	・表面硬度が最も高い ・もろい ・耐水・耐薬品性に富む	490〜910	8.4〜9.8	4.0	204	自己消火性

写真23｜コーリアン

写真24｜ツインカーボ

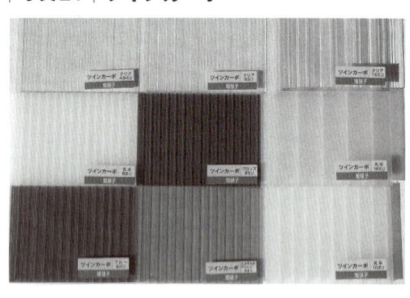

写真25｜バスパネル

コーリアン──無垢板とも書く。合板のように貼り合わせてつくったり、剝いだりしていない1枚板の木材のこと。反ったり割れたりすることもあるので使用の際は注意が必要。

デュポン社（米国）の商品名で、メタクリル樹脂強化無機材（メタクリル人工大理石）のことである。キッチンのカウンター材によく使用されている［写真23］。

ツインカーボ──旭硝子社の製品で、ポリカーボネートを特殊技術で一体成形した中空構造のシート。ツインカーボと同厚の一般ポリカーボネートシートに比べ約1/5と軽量［写真24］。

Uボード──ユナイトボード社の製品で段ボール紙状の断面をしたボード。密度が石膏ボードの約1/6と超軽量。曲げに対する強度が高い。

MDF──えむでぃーえふ中質繊維板。加工性がよく、木口面も緻密で加工面がきれいに仕上がる。ただ木口面の木ネジ保持力は低く割れが生じやすい［231頁写真22］。

パーティクルボード──切削または破砕された木材のチップに、合成樹脂接着剤を塗布し熱圧成型したボード。遮音性、断熱性が高く家電製品のキャビネットなどに使用されている。

ハードボード──硬質繊維板。蒸煮解繊した高密度の木材チップ繊維に合成樹脂を加えて熱圧成型したボード。表面は非常に硬質で平滑（片面は編目）、曲げ強度が高く、型抜き加工、曲げ加工、塗装などの2次加工性に優れ、自動車の内装・家電製品の下地材として使われている。

メラミン化粧板──けしょうばんフェノール樹脂板にメラミン樹脂で表面処理した板のこと。

唐木──からきインドや東南アジアの熱帯産の木材。チーク、マホガニー、カリン、紫檀、黒檀など、熱帯産の銘木が中国を経由して輸入されたことから由来する。

幅剝ぎ──はばはぎ板と板を幅方向に剝ぎ合わせてつくった板材。また、その仕口。

幕板──まくいた横に長く張った板。机の脚と脚の間の板などを指す。

図51 | 壁紙の構造

ビニル（塩ビ）壁紙
- 印刷
- 塩ビ
- 裏打ち紙
- 熱圧着（接着剤不使用）

紙壁紙
- 表紙（木材パルプ紙、和紙、ケナフ、月桃など）
- 接着剤層
- 裏打ち紙

無機質壁紙
- 珪藻土、蛭石（バーミキュライト）、寒水石など（天然無機素材）
- 裏打ち紙
- 接着剤層

表11 | 紙壁紙を主原料とする環境対応壁紙一覧

メーカー名	商品名	特徴
東リ	エコウォール	EM取得第1号。汚染防止機能あり。環境対応の壁紙のなかで最大実績を誇る
東リ	ケナフウォール	非木材紙M取得第1号。数量でエコウォールに次ぐ実績
東リ	ケナフウォール（ペインダブル）	ペンキ塗装が可能。非木材紙M取得
サンゲツ	ニューパピウォール	コットンが主原料。非木材紙M取得
サンゲツ	紙壁紙	再生紙を使用した紙壁紙。EM取得
ルノン	トリプルフレッシュ紙ウォール	ケナフ紙に、住江織物が開発したVOC対策のトリプルフレッシュ加工を施している。非木材紙M取得
ルノン	トリプルフレッシュ紙ウォール（起撥水）	紙ウォールに撥水加工をしている。非木材紙M取得
シンコール	リサイクル壁紙	とうもろこし、ヒノキの端材、ツガ木粉、わらなど多種多様な素材を再利用。TFM取得、RAL基準を満たす
シンコール	バンブー竹	成長が早く、再生力に優れた竹が原料。TFM取得
シンコール	エコマーク壁紙	再生紙が原料。EM取得
シンコール	エコマーク和紙	再生紙に楮や月桃を漉き込んである。EM取得
トキワ工業	バガス・紙	サトウキビ廃産物のバガスを再利用。非木材紙M取得

注1　掲載製品のすべてがSV規格マークを取得、F☆☆☆☆の認証を受けている
注2　EM＝エコマーク、非木材紙M＝非木材紙マーク、TFM＝ツリーフリーマークとする
注3　製品の在庫の有無はメーカーなどに要確認のこと

浮づくり｜うづくり―木材の木理を浮き出させた仕上げのこと。美観の面のみ注目されがちだが、板の表面を強くする効果もある。

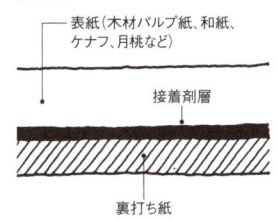

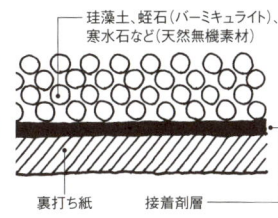

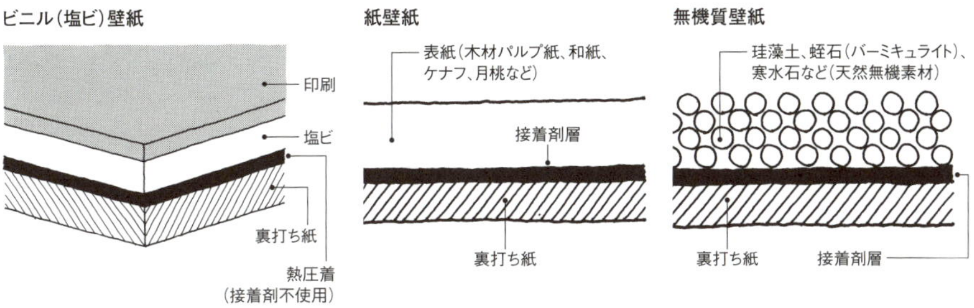

特種加工化粧合板｜とくしゅかこうけしょうごうはん―木目や柄をプリントしたプリント合板、塗装を施した合成樹脂やウレタン樹脂などの合成樹脂で被覆したオーバーレイ合板など、表面に加工を施した合板。

機械加工合板｜きかいかこうごうはん―機械で、表面処理を施した合板の表面に、カッターで表面に溝を付けること。

メラミン樹脂化粧合板｜めらみんじゅしけしょうごうはん―メラミン樹脂を染み込ませた紙を数枚重ねて硬化させたものを一般にデコラ板の商品名で呼ばれる。樹脂系オーバーレイ合板ともいう。[表10]。

ポリエステル化粧合板｜ぽりえすてるけしょうごうはん―ポリエステル樹脂を塗布し、これを硬化させることにより表面に皮膜を被せた合板。樹脂塗布オーバーレイ合板ともいう。

溝付き合板、加熱ローラーで模様を型押しした**型押し合板**、装飾や吸音効果のために孔をあけた**有孔合板**[ゆうこうごうはん]などがある。

アクリル樹脂板｜あくりるじゅしばん―アクリル酸、アクリルを板状に加工したもの。一般的には、この1種のメタアクリル樹脂板のことを指す場合が多い。透明度が高く、接着性に富む。比較的、酸・アルカリなどに強く、軽量で強靭だが、傷が付きやすく、有機溶剤に弱い。照明器具、看板、ドア、家具などに多用される。

ポリカーボネート樹脂板｜ぽりかーぼねーとじゅしばん―エステル型の熱可塑性プラスチック板。強度があり、透明性が高いため、ガラスの代わりに用いられることが多く、浴室のドアやトップライトなどに多用される。また、内部を中空にした、中空ポリカーボネート樹脂板もある。カラーバリエーションもある。ポリカと略称で呼ばれることも多い[表10]。

FRP｜えふあーるぴー―ガラス繊維強化プラスチック（Fiberglass Reinforced Plastic）の略。プラスチック樹脂にガラス繊維を混入させてきわめて強靭な樹脂。硬質ケイカル板に仕上げをしてUVコートを施したもので、壁・天井の仕上げに使われる。表面をアクリルウレタン樹脂塗料や無機系塗料で仕上げたものと、不燃認定品で非塩ビ系シートを張ったものがある。前者はキッチン、トイレ、バスルームなどの水廻りから工場、病院、クリーンルームまで、後者はエントランスホール、会議室、エレベーターホール、トイレ、廊下から店舗、体育館まで幅広く使われる。**アスラックス**が有名。

化粧ケイカル｜けしょう―硬質ケイカル板に仕上げをしてUVコートを施したもので、壁・天井の仕上げに使われる。各種工作物、家具などに使用される[表10]。

バスパネル｜通称バスリブ。浴室の内部仕上げに使われる樹脂製の仕上げ材で、1枚の幅は100～300mm程度のもので表面に大理石模様や木目模様がプリントされたものもある。裏面は断熱材が張り付けられたものもある。湿式工法に比べ工期、コストの面で優れている[写真25]。

ビニル壁紙｜かべがみ―**ビニルクロス**ともいう。塩ビなどの樹脂を原料とした壁紙。ビニル壁紙は、日本の壁紙の全生産の90％を占める定番製品。紙壁紙に比べ比較的厚いため下地の影響を受け

図53 | GL工法

GLボンドの配置

- 150〜200mm
- 250〜300mm
- 150〜200mm
- 200〜250mm
- 250〜300mm
- 200〜250mm
- 1,200mm

接着剤／石膏ボードの厚さ／最低13mm／仕上り面／仕上り面までの寸法／石膏ボード／くさび／10mm／床

内部：石膏ボード12.5mm厚の時 ⇒ 30mm
石膏ボード12.5＋9.5mmの時 ⇒ 40mm
外壁：ウレタン吹付け＋上記 ⇒ 50〜60mm

図52 | ドライウォール工法

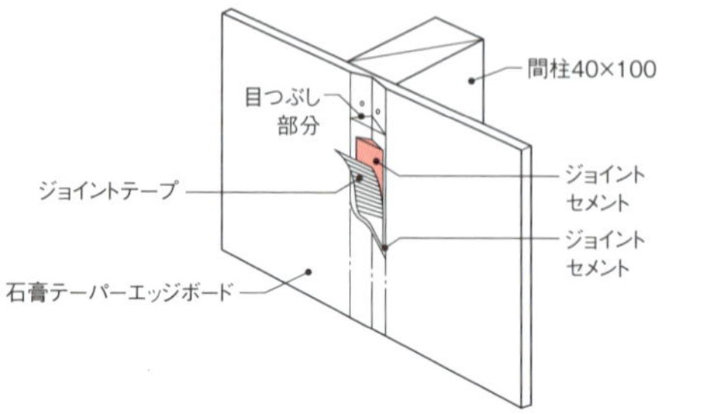

目つぶし部分／間柱40×100／ジョイントテープ／ジョイントセメント／ジョイントセメント／石膏テーパーエッジボード

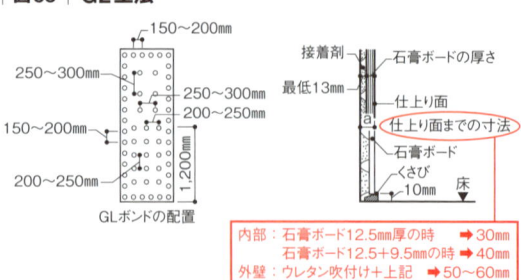

にくく、きわめて施工性が高い。また、8割程度は1千円/㎡以下で、表面模様もプリントや型押し、発泡仕上げなど各種あり、バリエーションも多彩である。近年、アクリル系やオレフィン系樹脂の商品も多数開発され、非塩ビ系の環境に優しく自然なテクスチュアの非塩ビ系ものが主流になりつつある。

紙壁紙──かみかべがみ　表面の化粧層に紙素材を使用した壁紙。パルプや再生パルプ、コウゾなどを原料として、難燃紙で裏打ちをし、プリントやエンボスなどの加工を施してつくられる。塩ビやアクリルで撥水加工されているものも多い。紙壁紙は環境に優しいということで注目されているが、ビニル壁紙に比べ下地の影響を受けやすく、施工性に劣るため、いまひとつ普及していない［233頁図51、表11］。

和紙壁紙──わしかべがみ　楮、三椏、雁皮などの靭皮繊維で漉いた和紙を化粧層に使用した紙壁紙の最高級品。

ケナフ壁紙──かべがみ　ケナフで漉いた紙を化粧層に使用した紙壁紙の1種。ケナフとはアオイ科ハイビスカス属の1年草で類い稀な早育性植物。

月桃紙──げっとうし　沖縄特産の月桃で漉いた紙を化粧層に使用した紙壁紙の1種。月桃はショウガ科の多年草。

紙布壁紙──しふかべがみ　紙を撚った糸で織物状に織ったり編んだりしたものを紙布と呼ぶが、その紙布を化粧層に使用した紙壁紙の1種。一見、織物壁紙のように見えるが、素材が紙のため紙壁紙に分類されている。

無機質壁紙──むきしつかべがみ　水酸化アルミ、蛭石、金属など無機質材の細かいチップを紙に散布して化粧層を構成した壁紙。蛭石や寒水石などの無機質素材壁原料の特性から防火性能を高めているのが特徴であり、不燃石膏ボードを下地材にした場合、防火性能は「不燃仕上げ」として認められる。そのため内装制限により不燃仕上げが求められる場所（地下街、11階以上の建築物の内装、避難階段の壁・天井など）で使用することができる［233頁図51］。

オレフィン壁紙──かべがみ　オレフィン樹脂で化粧層を構成した壁紙。燃やしても塩化水素ガスが発生しないためエコ壁紙と評価する向きもある。

ペンキ下地壁紙──したじかべがみ　ペンキ塗装を前提とした壁紙。素材は紙、ガラス繊維、ポリエステル等と種類が多い。紙素材では**ラウファーザー**（エアフルト）、ガラス繊維では**タッソーグラス**（タッソー）が有名。

エコロジー壁紙──えころじーかべがみ　**エコクロス**ともいう。天然素材を多く含む壁紙を用い、ホルマリンを含まない接着剤で施工するエコロジー系の壁紙。植物繊維、珪藻土、貝殻の粉、木材のチップなどの自然素材を利用した壁紙が各種発売されている。また、接着剤もエコロジー志向が進み、1998年4月に「壁紙及び壁紙施工用でんぷん系接着剤」のJISが改正され、ホルムアルデヒド放出量の基準値が引き下げられた。

織物壁紙──おりものかべがみ

参考 | 収納・机・椅子の部位名称

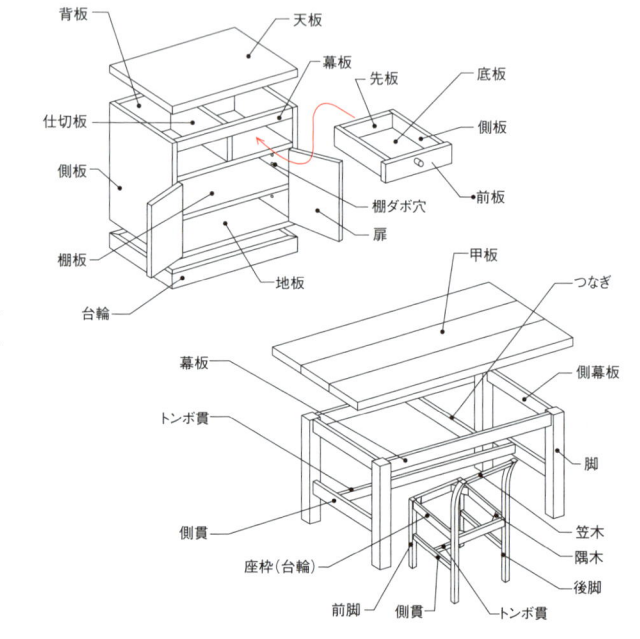

背板／天板／幕板／先板／底板／仕切板／側板／側板／前板／棚ダボ穴／棚板／扉／地板／台輪

甲板／つなぎ／幕板／側幕板／トンボ貫／脚／側貫／笠木／隅木／座枠（台輪）／後脚／前脚／側貫／トンボ貫

234

壁工法・納まり

すいので注意する。防音・遮音性能に劣るため、採用する際に考慮が必要である[図53]。

重ね裁ち｜かさねだち　壁紙を上張りする際に、縁を2〜3cmほど重ねて張り、ジョイント部分を2枚一緒に切って両方の余分を取り除く工法[写真27・28]。施工が速く、接合部分が目立たない。クロスの場合、上に重ねるクロスの糊が下のクロスの仕上げ面に付着しないように裏地にテープを貼っておくとよい。

重ね切り｜かさねぎり　壁紙のジョイント部処理法の1つ。2枚の壁紙を約1〜2cm重ねて金尺を当て、カッターで裁断する。

竪羽目板張り｜たてはめいたばり　板の方向を縦にして張り上げる工法。板の継手は、突付け張り［つけつけばり］、合决り張り［あいじゃくりばり］、殺ぎ張り［そぎばり］、矢筈張り［やはずばり］、本実張り［ほんざねばり］、雇い実張り［やといさねばり］、目板張り［めいたばり］、大和張り［やまとばり］などの方法がある。

横羽目板張り｜よこはめいたばり　板の長手を横方向にして、互いに少しずつ重なるように張る工法。一般に下見板張りといわれ、その水切性能から外装で使用されることが多い[236頁写真29]。

下張り｜したばり　クロスの貼り方の1つ。和紙などを下張りし、下地の凹凸を修正する。袋張り工法などがある。

重ね張り｜かさねばり　簡単な壁紙のジョイント部処理法の1つで、まっすぐに裁断した壁紙の接合部を数mm〜1cmほど重ねながら張っていくもの。継目を意匠とする場合は和紙などが用いられる。端部を1cm程度重ねながら張っていくので継目が意匠となって現れる。

SV規格｜えすぶいきかく　壁紙製品規格協議会が制定した壁紙の安全品質基準。1998年にRAL基準とJISを合体させた壁紙安全品質基準を制定。現在、国産壁紙の95%以上がSV規格マークを表示している。

ISM基準｜いずむきじゅん　壁装材料協会（現・日本壁装協会）がRAL基準を参考にし1995年に制定した安全品質基準。

RAL基準｜らるきじゅん　ドイツの公的機関「ドイツ商品安全・表示協会（RAL）」が制定した安全品質基準。

GL工法｜じーえるこうほう　躯体のコンクリート面などに粘土状の接着剤（GLボンド）を一定間隔に塗り、石膏ボードを押し付けて張る方法。ダンゴ状のボンドを躯体面に点付けしてボード類を張るが、ボンドが乾燥する前に壁紙を張ると、目地が密閉状態になって壁内部で結露やカビが発生しやすい。

ドライウォール工法｜こうほう　平滑に一面の大壁とする工法。石膏ボード仕上げとし、ボードの幅方向の両端にテーパーを付けた製品を利用し、セメントやジョイントテープを使って仕上げる。テーパージョイント工法ともいう[図52]。

パージョイント工法

岩綿吸音板｜がんめんきゅうおんばん　無機質繊維のロックウールを主原料として、接着剤や混和材を加えて板状に成形し、表面を塗装やラミネート化粧して仕上げたもの。現在では非アスベスト製品が流通している。吸音性、断熱性・防火性に優れるが、耐湿性が低いので湿気の多い部分には使用しないよう注意が必要。また、材質が軟らかいので捨て張りなどが必要である。同様の製品に**ベルビアンシート**（シーアイ化成）、**リアテック**（サンゲツ）、**バロア**（セキスイ）、**ルミディ**（日東紡）、**ダイロートン**（大建工業）、**ソーラトン**、**彫り天**（パナソニック）などがある。

ダイノックシート｜接着剤付の塩化ビニル樹脂フィルムを総称してよく使われているが、本来は住友スリーエムの商品名である。

デンプン糊｜のり　日本ではすべての壁紙がこの接着剤で施工される。欧米ではメチルセルロース系の粉末糊が一般的で日本とは対照的。

ア（リンテック）、ク（ヨ）などがある。

ク）などが有名。

平織、綾織などの織物や**経糸張り**［たて、いとはり］、不織布、伝統的な**葛布**［くずふ］を裏打ちしたものなどをいう。柔らかな質感があり吸音機能や調湿作用などももつ。素材はレーヨンが多いが、天然素材を利用したものなども登場している。

防火壁装の分類では、防火性能の区分上「織物壁紙」と「化学繊維壁紙」に分けられている。織物繊維はレーヨンをはじめ、綿、麻などがある。化学繊維壁紙とはアクリル繊維などをいう。

|写真26｜重ね張り（和紙張り）

|写真27｜重ね裁ち（余分なクロスをカット）

|写真28｜重ね裁ち（重ね裏地のテープを除去）

235

| 写真30｜直天井

| 写真29｜横羽目板張り

| 写真32｜折上げ天井（施工中。石膏ボード下地）

| 写真31｜システム天井

| 図54・写真33｜光天井

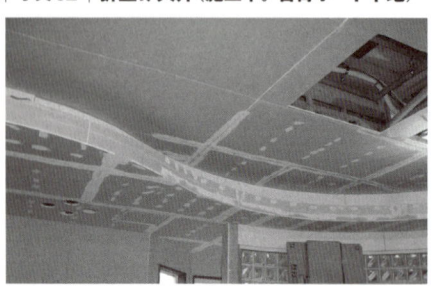

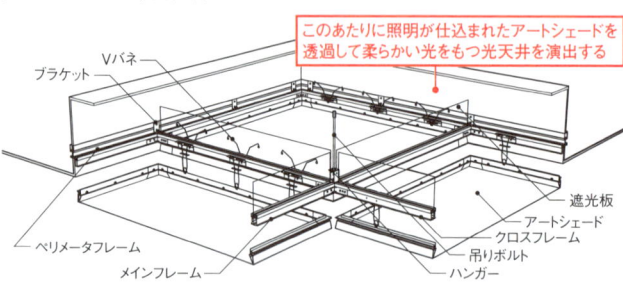

このあたりに照明が仕込まれたアートシェードを透過して柔らかい光をもつ光天井を演出する

Vバネ
ブラケット
ペリメータフレーム
メインフレーム
遮光板
アートシェード
クロスフレーム
吊りボルト
ハンガー

目地

目地｜めじ
タイルや合板を張るときなどの継目のこと。意匠、施工、材料の特性に応じて、**目地幅**[めじはば]と呼ばれる隙間が施される。目地を積極的に見せる場合と、はっきり見せない場合に大別され、隣り合う部材の間を密着させ、目地幅のないものを**眠り目地**[ねむりめじ]という。

目地割り｜めじわり
あらかじめ目地を納まりよくするために割り付けること。

突付け｜つきつけ
目透かしの逆で、2つの部材のジョイント部分を突き付けて隙間をあけないこと。板材・ボード類を壁・天井に張り廻す場合や、クロスの仕上げのときにも用いられる。突付け部分は精度が問われるため、仕上げの要求度によっては、施工手間がかかることもある。エコ紙クロスの**ルナファーザー**（日本ルナファーザー）などは木片チップが入っているので現場カットするときれいに切断できない。このため工場カットされた端部どうしを突き付けて張り、入隅などでカットするとうまく仕上がる。

天井工法

直天井｜じかてんじょう
躯体の上階の床や屋根のコンクリートスラブなどの下面を、そのまま露出させて天井面にする天井形式。コンクリート打放し仕上げや塗装仕上げ、吹付け仕上げ、クロス直張り仕上げなどとすることが多い。躯体精度で仕上がりが決まるため、コンクリート打放しレベルの精度が求められる[写真30]。

システム天井｜てんじょう
主にオフィス空間で使われる工場生産されシステム化された天井の

こと。一般にパネルで構成され、それぞれに空調や照明、各種配線、防災機器などの設備が一体化されている。期短縮のメリットのほか、寸法が一定しているので、パネルの移動により天井設備のレイアウト変更にも柔軟に対応できる。事務所・商業ビルなどでよく使われる[写真31]。

折上げ天井｜おりあげてんじょう
断面形状が凸状の天井のことで、居間など空間性をもたせたい部屋の天井に用いる[写真32]。特殊な場合は段差を複数設けたり、折上げ平面形状を楕円などにするほか、段部分を間接照明にする場合もある。
一般天井よりも折上げ部分は高くなるので、天井懐の検討をしておかないと設備などの納まりに支障をきたす場合がある。

光天井｜ひかりてんじょう
天井材に光を透過・拡散する材料を使い、天井内部に照明を数多く仕込むことで、天井全体または大部分が光る天井のこと[図54、写真33]。下地の影が天井に現れるため、下地を含めたデザインが要求される。天井内部は光を拡散するような仕上げとし、光源の距離や間隔を検討する。天井内部の汚れや間隔が、施工後の清掃も重要である。

建具・家具　5

建具・サッシ・家具工事

建具・家具

共通項目の多い家具工事と建具工事の基礎用語を、同項で併せて解説する。

形式・材料・納まり

木理｜もくり
木目のこと。材のもつ質感を表すこともある。

板目｜いため
材面に現れる山形や波形の木目のこと[図1]。

柾目｜まさめ
樹心を、年輪に直角に製材したときに、材面に現れるまっすぐな縦縞の木目のこと[図1]。

杢｜もく
木目の紋様のうち、装飾価値が高い紋様のこと。

木表｜きおもて
木を製材したとき、樹幹の外側の面、樹皮に近い切断面のこと。

木裏｜きうら
木を製材したとき、樹幹の内側の面、樹心に近い切断面のこと。

指物｜さしもの
組手、継手などの手法を用い、材木を指し合わせて建具や小箱、箪笥などの家具調度品や木工製品をつくること。その職人を指物師と呼ぶ。

仕口｜しぐち
2つの木材を接合するために刻んだホゾや継手、組手の総称。

見付け｜みつけ
正面から見える部分や幅のこと。

見込み｜みこみ
側面の見え掛かり部分や奥行のこと。

ホゾ
木材の端部につくった突起。2つの木材を接合するとき、一方に開けた穴に、他方につくった突起を接合すること[図3]。桟と框の仕口の納まりの1つ、面散りを指すこともある。2枚ホゾや2段ホゾ[図2]など、さまざまな形状がある。

面落ち｜めんおち
面内、面去りともいう。相手材よりその面の部分だけ下がっている納まりのこと[図3]。

面ぞろ｜めん
面一ともいう。仕上げに段差のない納まりのこと[図3]。

面散り｜めんちり
隣接する2つの平面のわずかな段差を指す[図3]。

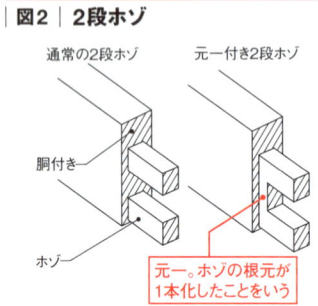

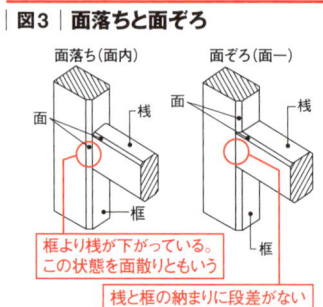

内法寸法｜うちのりすんぽう
敷居上端から鴨居上端までの寸法のこと。また、2本の柱の向き合った面から面までの寸法を指すが、一般的には仕上がった内側の寸法を呼ぶ。

図5｜面取りの種類

角面
几帳面
坊主面（丸面）

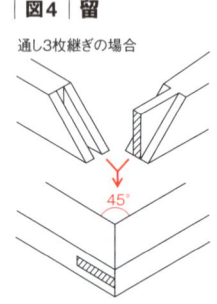

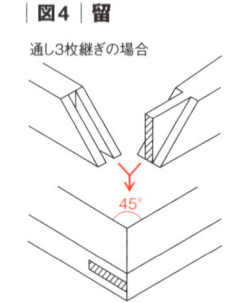

図4｜留

通し3枚継ぎの場合
45°

図1｜板目と柾目

板目
柾目

図6｜継ぎ方の主な種類

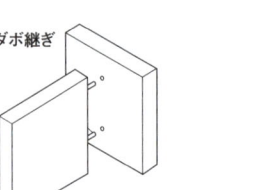

芋矧ぎ
追入れ継ぎ
実矧ぎ
組継ぎ
雇実矧ぎ
ダボ継ぎ
雇実

図2｜2段ホゾ

通常の2段ホゾ　　元一付き2段ホゾ
胴付き
ホゾ
元一。ホゾの根元が1本化したことをいう

図3｜面落ちと面ぞろ

面落ち（面内）　　面ぞろ（面一）
面　桟　面　桟
框　框

框より桟が下がっている。この状態を面散りともいう
桟と框の納まりに段差がない

238

図8 | 主な建具の形式

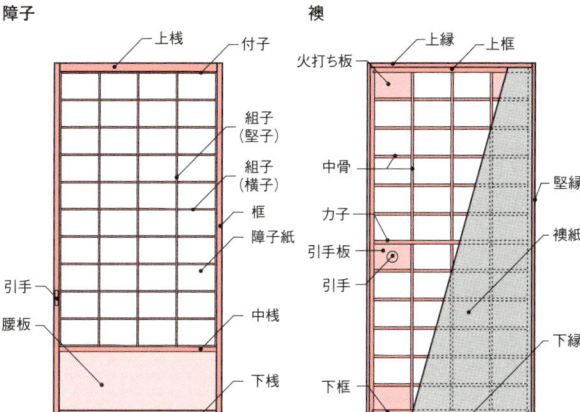

障子: 上桟、付子、組子（堅子）、組子（横子）、框、障子紙、引手、腰板、中桟、下桟

襖: 上縁、上框、火打ち板、中骨、力子、引手板、引手、堅縁、襖紙、下縁、下框

框戸: 上框、鏡板またはガラス、中桟、縦框、下框

フラッシュ戸: 上桟、桟（小桟）、芯材、表面材、框、大手、下桟

図7 | フィンガージョイント

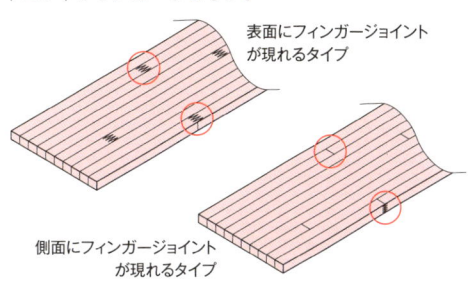

表面にフィンガージョイントが現れるタイプ

側面にフィンガージョイントが現れるタイプ

写真1 | 横方向のみの桟（枠）を入れた障子

目黒の住宅［平真知子一級建築士事務所］

外枠寸法 | そとわくすんぽう　出来寸法ともいう。建具の出来上がりの実際の寸法のこと。呑込み寸法が加算されるので、内法寸法より大きくなる。

小口 | こぐち　木口と混同しやすいが、部材の横断面を小口と呼び、木材の年輪が見える横断面を木口と呼ぶ。

組手 | くで　組子（障子や襖の桟）の組み方。

木殺し | きごろし　木材と木材の刻合せや、木材と金属を接合する場合に、木材を叩いて圧縮すること。接合しやすくなるとともに、木材の痩せによる収縮防止となり、接合部の隙間の発生を防ぐ。

面取り | めんとり　木材角形断面の出隅角を、保護や装飾の目的で削り取り加工したもの［図5］。

継手 | つぎて　木材を長手の方向に接合した接合部のこと［図6］。

フィンガージョイント | 木材の端部を、指と指を組み合わせたようにジグザクに切削加工して、相互にはめ込んで接着する接合方法のこと［図7］。

押縁止め | おしぶちどめ　建具に下見板、ガラス、網などを押縁（板状の部材の継ぎ目を押さえて留めるための細い材）で留めること。面材の取付け・取外しは容易である。

留 | とめ　小口を見せないで、90度に組む仕口［図4］。

阿呆留め | あほうとめ　部材と部材を十字やT字形など、多角形に組み合わせたり、部材同士の見付け寸法が異なるなど、45度にならない留の仕口。

束割り | つかわり　束とは短い垂直部材のことで、ガラスをはめるためにその束を半分に割り、押縁用途に加工すること をいう。建具で束とは、堅桟のことである。

落とし込み | おとしこみ　ガラスをはめるときに用いる工法。押し縁を使わず、上框と框を割って建具の上部からガラスなどの面材をはめ込む。押し縁がないのですっきり納まるが、上框が裏表で分かれてしまうので、強度は落ちる。上框にはドアチェックなどの金物を付けにくくなるので注意。

ダボ | 2つの木材の接合に用いられる硬木でつくられた木片のこと。接合したい双方の部材に小穴を加工し、そこへ差し込んで接合する。また、本棚などの可動棚を留める金具のこともダボと呼んでいる。

障子 | しょうじ　建具工事では、紙張り障子を単に障子という［図8、240頁図9］。組子

図9｜障子の主な種類

組子の組み方別
①荒組障子　②横組障子　③横繁障子　④竪組障子　⑤竪繁障子
⑥本繁障子　⑦枡組障子　⑧吹寄せ障子　⑨変わり組障子　⑩変わり組障子

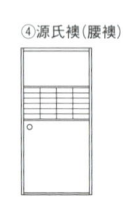

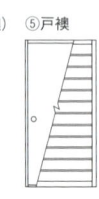

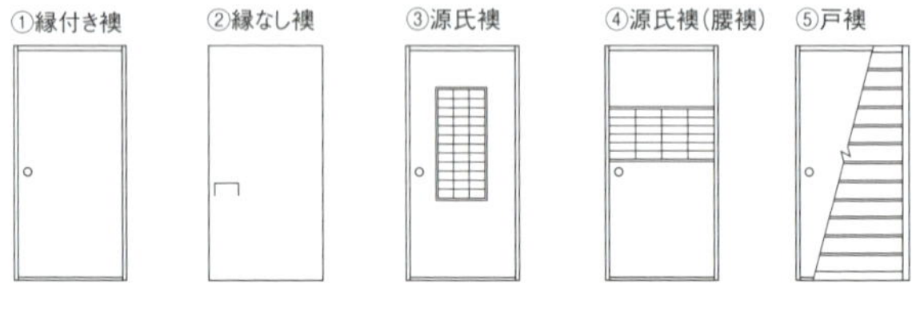

形状別
①水腰障子　②腰付障子　③腰高障子　④直ガラス障子　⑤横額入障子
⑥竪額入障子　⑦摺上げ障子　⑧引分け猫間障子　⑨片引き猫間障子　⑩太鼓貼障子

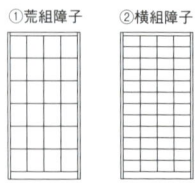

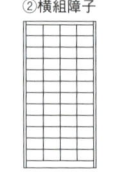

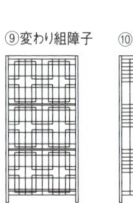

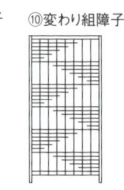

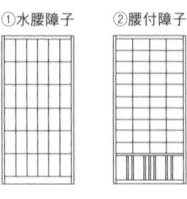

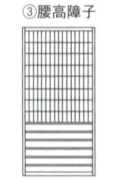

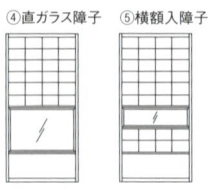

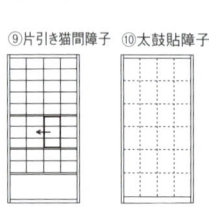

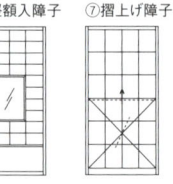

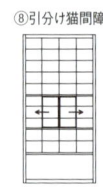

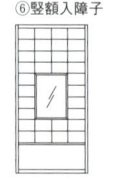

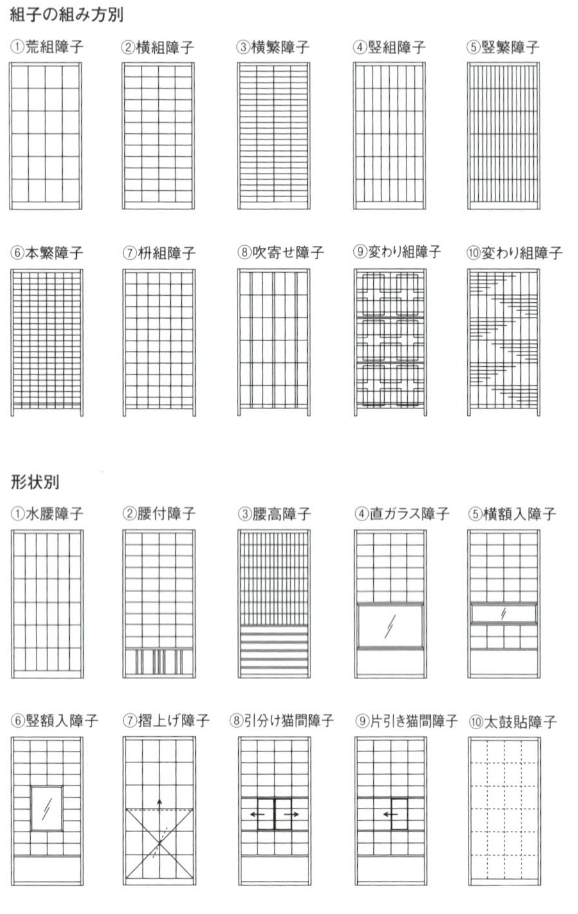

図10｜襖の主な種類（形状別）

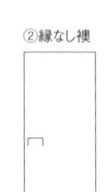

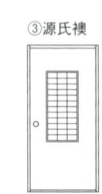

①縁付き襖　②縁なし襖　③源氏襖　④源氏襖（腰襖）　⑤戸襖

図11｜フラッシュ戸の例

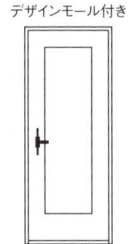

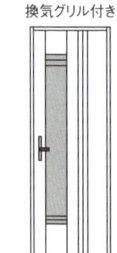

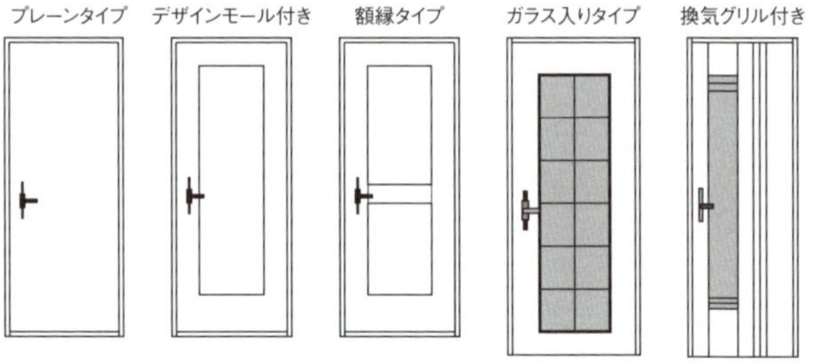

プレーンタイプ　デザインモール付き　額縁タイプ　ガラス入りタイプ　換気グリル付き

の1部を可動にした猫間障子、摺上げ部にガラスをはめ込んだ雪見障子など、たくさんのバリエーションがある。張る紙は、手漉き和紙からアクリルまでさまざまであり、透過する光の雰囲気、破れにくさ、コストを検討して決める。

荒組障子｜あらぐみしょうじ　組子の数が少ない障子。そのほか、障子には横組障子など多種多様な種類がある［239頁写真1］。

巻障子紙｜まきしょうじがみ　半紙判などの障子紙を横に繋ぎ合わせて、障子の組子の寸法に切り、障子4枚を貼れる長さの巻き物にしたもの。

二三判障子紙｜にさんばんしょうじがみ　2×3尺（約606×910㎜）に製作された障子紙。手漉き障子紙の寸法である。

1枚貼り用障子紙｜いちまいばりようしょうじがみ　障子1枚を継ぎ目なく貼れる寸法の障子紙。機械漉き障子紙で、ロールで出荷されている。

組子｜くみこ　障子の縦横の中桟。組子のサイズや割付けは、かなり自由にデザインできる。縦の組子のピッチを細かくした**竪繁**［たてしげ］、横組子のピッチを細かくした**横繁**、組子状別に数種類ある。**腰襖**｜こしぶすま　源氏襖の1種。このほか、襖は形状別に数種類ある。

襖｜ふすま　襖骨に紙や布を張り重ねて四周に縁を回した建具［239頁図8・図10］。縁は塗り縁か素地縁。縁を削ることはできない。障子やフラッシュ戸とは異なる。

太鼓襖｜たいこぶすま　縁なし襖のこと。戸先、戸尻は襖紙を巻き込む。上下は敷居・鴨居で摺れるので摺り桟を付ける。

戸襖｜とぶすま　合板フラッシュ戸に襖紙を貼り襖縁を回した建具。本来の襖（戸襖に対して**本襖**［ほんぶすま］ともいう）に比べて重量と見込み寸法が大きくなる。スムーズに開閉するためには戸車が必要。鴨居・敷居も溝寸法も本襖より大きくなるので、本襖か戸襖にするのか事前に決めておく必要がある。

より見込み寸法が小さく軽い。敷居・鴨居の溝寸法は障子と異なるので注意。

間合判｜まあいばん　襖紙の1つ。1尺3寸×3尺（約380×950㎜）に製作された襖紙。手漉き襖紙の寸法である。

間中判｜まなかばん

図12 | 障子・襖・框戸の形状と部位名称

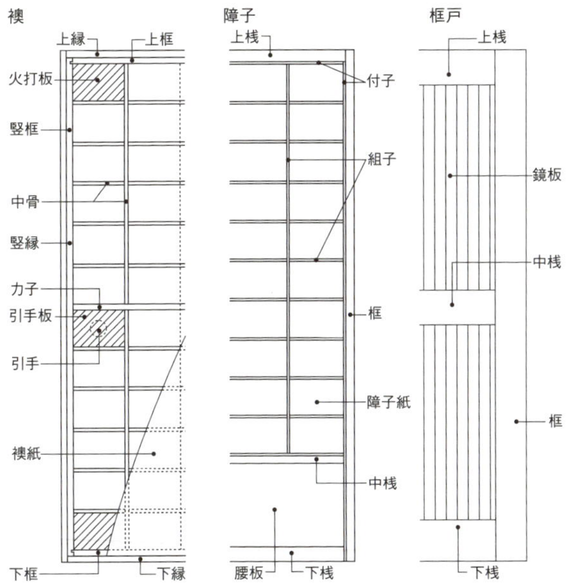

（襖）上縁、上框、火打板、竪框、中骨、竪縁、力子、引手板、引手、襖紙、下框、下縁

（障子）上桟、付子、組子、框、障子紙、中桟、腰板、下桟

（框戸）上桟、框、鏡板、中桟、下桟

図13 | 戸先・戸尻・戸首

柱、戸、戸尻（とじり）、戸先（とさき）、方立、戸首（とくび）、敷居

3尺×6尺（約950×1,850㎜）に製作された襖紙のこと。1間の真ん中であるため間中といい、つまり1間＝6尺の半分という意味で、3尺である。

四六判｜しろくばん
4×6尺（約1,240×1,850㎜）に制作された襖紙。5×7尺に製作された五七判、7×9尺に製作された七九判がある。

坪巻き｜つぼまき
坪巻き機械漉きで、襖4枚分である約7,200㎜を巻いた襖紙。

鳥の子｜とりのこ
雁皮・楮などを原料とした淡い黄色の襖紙。パルプの機械漉きで同様の風合いをもつものも鳥の子と呼ばれる。紙によっては3×6版を超えるサイズはないものもあるので、大きなサイズが必要な場合は、中帯を入れるなどデザインを工夫する。

框戸｜かまどど
四周に廻した化粧枠材（框）を仕口により組立てた建具［239頁図8・図12］。鏡板戸、帯戸、唐戸、桟唐戸、ガラリ戸などがある。ガラス戸などがある。框の材質・サイズは、強度、意匠を考慮して決める。錠前が框に納まるか、金物のバックセット、見込み寸法を確認しておく。

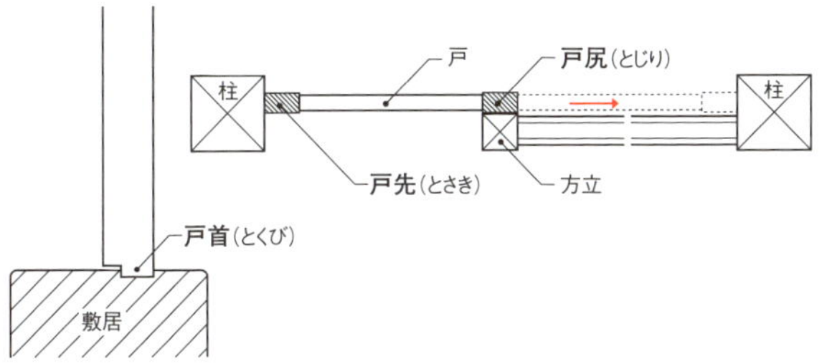

フラッシュ戸｜ど
骨組みに合板などの面材を張って、表面を平らに仕上げたドアのこと［239頁図8・図11］。切り込んでガラスなど面材をはめ込むこともできる。一般には、木製の枠組みやローハルコアなどの芯材に合板や金属板を張って仕上げる。建具の小口は面材の断面が見えてしまうので、見えがかり面は、小口テープ（突き板に粘着テープが付いたもの）やムク材を張って処理する。湿度変化による収縮率の違う面材を表裏で張ると、反りが出やすくなるので表裏同材とする。

袋張り｜ふくろばり
糊を紙の四周のみに付ける張り方。下地の凹凸を拾わず、ふっくらした柔らかい表情になる。襖などは基本的にこの張り方になる。

ガラリ戸｜と
框戸の1つ。遮光・通風などのために、ガラリ（一定の傾斜をつけ、少しずつ間をあけて平行に取り付けた幅の狭い薄板）を取り付けた戸のこと。

桟戸｜さんど
裏に桟を取り付けた頑丈な戸。舞良戸。

ベタ芯｜しん
フラッシュ戸のように両面に面材を張る芯の1つで、芯にMDFやパーティクルボードを用い、中空としないつくり方。頑丈でしっかりしたつくりとなるが、そのぶん重量も増すので、金物などは耐荷重を検討して選択する必要がある。

石垣積み｜いしがきづみ
石垣張りともいう。障子紙の張り方の1つで、紙を組子の位置で継ぎ継ぎ目が見えるように張り、なおかつ紙の継手位置が上の段と互い違いになるように張る方法。

ベタ張り｜ばり
糊を紙の全面に付ける張り方。湿気による伸び縮みの影響を受けたくない場合など、しっかりと張りたい際に用いる。下地の凹凸をしっかり拾って行いたい。下地調整をしっかり行いたい。クロスなど壁紙は基本的にベタ張りである。

勝手｜かって
建具の動く方向や方式のこと。勝手は人の動きや使いやすさからそのつど選択すべきである。引戸を引く方向を**引き勝手**といい、引違いの場合は、通常右側の建具が手前となる。左手前は**逆勝手**、開き戸の開く方向を**開き勝手**という。

戸先｜とさき
引戸を閉めた際、枠に接する側のこと［図13］。戸先の反対側を**戸尻**［と じり］という。

戸首｜とくび
引戸の敷居にはめ込む部分［図13］。通常は建具の内側を決って外側をとる。裏表同じ表情にしたい場合は、建具の中央に堅木やアングルで戸首の代わりに突起を設ける。

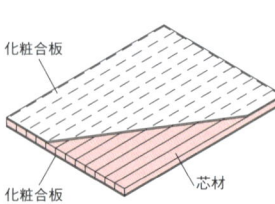

図14 | 練芯構造と枠芯構造

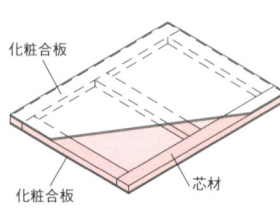

練芯構造　　　枠芯構造
化粧合板／芯材／化粧合板
化粧合板／芯材／化粧合板

表1 | 家具扉の開き方別丁番・ヒンジの種類

開き扉用	スライド丁番、Pヒンジ、平丁番、アングル丁番、隠し丁番など	最近の傾向としては、アウトセット扉（扉が建具枠の外に取り付いているタイプ）の納まりが多いため、スライド丁番が使用されることがほとんど。特に、施工性に優れたワンタッチ式が普及している
跳ね上げ扉用（フリッパードア）	平丁番、アングル丁番、スライド丁番など	開いた扉がそのまま奥にスライドして収納できるヒンジ付の専用スライドレールなどもある。ステー金具を使用する場合、組合せ方に注意が必要
下開き扉用（ドロップダウンドア）	ドロップダウン丁番やミシン丁番など	ステー金具を併せて使用する必要がある

枠芯構造｜わくしんこうぞう
フラッシュ工法の1つ。芯材を周囲の枠組と桟で構成し、内部を中空にする［図14］。軽量化を目的としたフラッシュ工法の本来の姿といえる。ほかのパネルとの接合部や、丁番などの金物が取り付く部分にも芯材を入れておく必要がある。

練芯構造｜れんしんこうぞう
フラッシュ工法の1つ。俗にベタ芯といわれる構造で、軽い木材でつくった集成材を芯材に使い内部が中空でないもの［図14］。ランバーコアなどが有名。

ロールコア
フラッシュ工法の1つ。枠芯構造の枠の内側に紙製のコア材を挿入したものを指す。ロールコアは、なかでも紙を円筒状に成形したものを指す。紙をハチの巣状に成形したハニカムコアなどもある。枠芯構造よりも表面材の波打ちが出にくく、練芯構造より軽いという利点がある。

片面フラッシュ構造｜かためんフラッシュこうぞう
フラッシュ工法の1つ。一般にフラッシュパネル材は表裏両面に同

フラッシュ工法｜こうほう
英語の「flush」が語源で、表面を平らに仕上げるパネル工法のことをいう。合板などの表面材の間に芯材を挟んだサンドイッチ構造。もともと軽量で反りやねじれの少

膳板｜ぜんいた
窓枠の下枠に取り付けられた額縁状の部材のこと。

水切板｜みずきりいた
接合部に水が進入しないように板で覆う部材のこと。雨押えとも。

戸厚｜とあつ
建具の厚みのこと。シリンダー、サムターン、ハンドルなどが取り付いている部分の厚みを指す。掘込み錠のかき込みともいう。見込み寸法や建具の大きさを考慮して決める。

召合せ｜めしあわせ
襖や障子などで、両方から引き寄せて閉じるようになっているものの、戸が合わさる部分。

無目｜むめ
敷居・鴨居で溝のないもの。

ないパネルをつくる目的で生み出された工法で、芯材の入れ方、材料によりさまざまな種類がある。

質の材料を張り合わせて製作されるが、コストの面から片面のみの構造もよく使われる。たとえば、裏板や壁際の隠れる側は片面フラッシュが用いられる。

框組構造｜かまちぐみこうぞう
日本の伝統的な工法で、ムク材で四周に枠組をつくり、枠材自身の強度と仕口の接合強度で成立しているフレーム構造。枠材のうち垂直部材を框、水平部材を桟という。枠組みの内側にはめ込まれた面材を鏡板と呼ぶが、構造的には枠材の補強の意味合いしかない。主に扉材として使用される。

板組工法｜いたぐみこうほう
ムクの小幅板を矧ぎ合わせてパネルを製作する工法。幅広のムクの天板などを製作する場合も使われている。ムクの1枚板を製作する場合、従来は幅は150mm程度のものが多く、現在流通している国産材の板幅も250～300mm程度で高価であるため、それらを矧ぎ合わせて幅広の板に仕立てる。

家具・建具金物

丁番｜ちょうばん
蝶番のこと。左右（枠と扉）の部材に羽根を取り付けることで、開閉の軸となる金物［表1］。

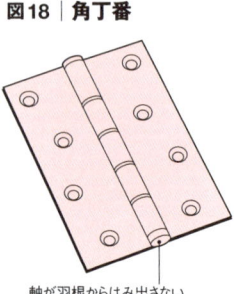

図18 | 角丁番
軸が羽根からはみ出さない

図17 | 旗丁番
左右に分けて旗のような形状になっている

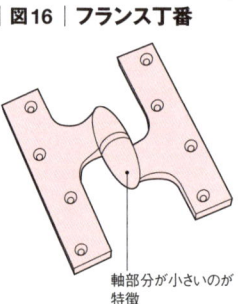

図16 | フランス丁番
軸部分が小さいのが特徴

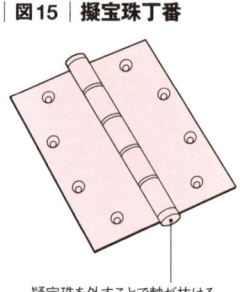

図15 | 擬宝珠丁番
擬宝珠を外すことで軸が抜ける

擬宝珠丁番

擬宝珠丁番｜ぎぼしちょうばん｜丁番の軸の端部に擬宝珠が付いたもの［図15］。擬宝珠を外して軸が抜けるが、木製建具の吊込み工事では、軸を抜いて取り付けることは少ない。擬宝珠の形状が平らなものを**平擬宝珠**［ひらぎぼし］という。耐荷重は大きい。

フランス丁番｜ちょうばん｜軸部分が小さいため、建具を閉めたときナックル（軸管部）しか見えず、デザイン的にすっきりしている［図16］。主に木製建具用で、重量のある建具には向かない。建具をもち上げれば外すことができる。左右勝手がある。

旗丁番｜はたちょうばん｜羽根が左右旗状になっている丁番［図17］。建具をもち上げれば軸を抜け、外すことができる。主に鉄扉に用いる。

角丁番｜かくちょうばん｜家具や物入れなど軽量建具用［図18］。平擬宝珠に似た形状であるが、軸部分が羽根と同じ長さで軸部分の出っ張りがない。平丁番ともいう。

ヒンジ｜軸吊金物のこと［表1、図19］。戸に設けた回転軸で戸を支える。

ステー｜扉の荷重を支えるための金物［図20］。勢いよく扉が閉まるのを緩和するための機構として、ブレーキ機構式、ソフトダウン式などがある。

キャッチ｜扉が自然に開いてしまうことを防ぐ金物［図21］。一般的にはキャッチ本体をキャビネット側に取り付け、それに対応するストライクを扉に取り付ける。主な種類としては磁力を利用したマグネットキャッチ、金属やプラスチックの弾性を利用したローラーキャッチ、ボールキャッチなどがある。使用する扉の用途からキャッチの保持力などを選択する。地震時にキャッチが開かないようにするために扉を取り付けることが多く、地震時に扉が自動的にロックする耐震キャッチなども出てきている。

レール

ノイズレスレール｜鉄道のレール状の断面をしたレール［図23］。下部のリブに釘を打って留めるため、戸車の接触面に釘を打つ必要がなく、戸車の移動時に騒音が少ない。敷居に接する部分が広いので重量のある建具や通りの精度が必要な建具向き。甲丸レールより高価。**サイレントレール**ともいう。

フラッターレール｜後付け型で床面からの出寸法が小さいレール［図24］。幅は広くなるがレールの出っ張りがない。Vレールやノイズレスレールのことを指す場合もある。

埋込みレール｜うめこみ｜コンクリート面に取り付け、モルタルなどで周囲を仕上げ、本体を全体もしくは部分的に埋め込んだレールのこと［244頁図25］。土間など水がかかる個所や外部に用いる。床を仕上げた後では直しにくいので、取付けの際には通り水平に十分注意する。

Vレール｜ぶい｜レールがV状にカットされたレール。真ちゅう、アルミ、堅木などの製品があり、敷居や各種床材などに埋め込んで使用する［244頁図26・27］。敷居や床面から突出しないので、バリアフリー用途やレール

甲丸レール｜こうまる｜木造で使われる一般的な引き戸レール［図22］。上面（戸車の接触面）に釘を打ち留めるので、釘穴の開いた部分から折れたり曲がったりしやすい。また、釘穴の部分を戸車が移動するとゴトンと音がする。

図21｜キャッチ（家具用）

キャッチ本体／天板／扉／受座

図20｜ステー（家具用）

バランサブルステー
跳上げ扉、下開き扉、天蓋などに使用される

図19｜ヒンジドア（扉用）

片開き、両開きに対応するPヒンジ

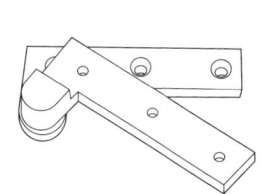

図24｜フラッターレール

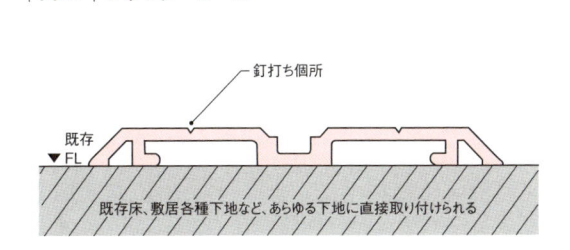

釘打ち個所／既存▼FL
既存床、敷居各種下地など、あらゆる下地に直接取り付けられる

図23｜ノイズレスレール

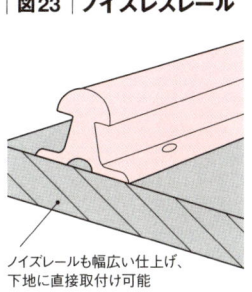

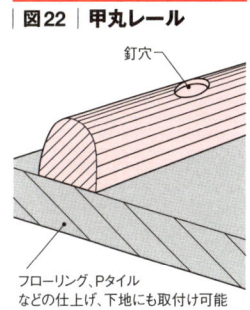

ノイズレスレールも幅広い仕上げ、下地に直接取付け可能

図22｜甲丸レール

釘穴
フローリング、Pタイルなどの仕上げ、下地にも取付け可能

錠前

箱錠｜はこじょう
ノブ（ハンドル）とシリンダー（鍵孔）が分かれているもので、箱状の錠全体がドアのなかに格納されている[図28]。**ケースロック**（仮締）と施錠用のデッドボルト（本締）を備えている。

空錠｜そらじょう
施錠装置のないラッチボルトだけではデザイン性だけでなく機能性

握り玉｜にぎりだま
ノブのこと。重量のある扉では、お年寄りなど握力の弱い人には開けにくい[写真2]。

レバーハンドル
レバー形状のハンドルで手が掛るので開閉しやすい[図32]。形状によっては衣類のポケットが引っかかることもあるので、選択にあたっ

スライドレール

引出しやスライド天板などの出入れをスムーズに行うための金具で、左右ペアで使用される。プラスチックの滑りを利用したスリ桟式とベアリングを利用した伸縮式がある。伸縮式には2段引き、3段引きなどがあり、3段引きは完全スライドと呼ばれ引出し奥行を完全に引き出すことができる。用途によってサイズ、耐荷重、キャッチ付（自然に引出しが出ることがない）、ワンタッチ脱着式などから機能的に選択する必要がある。

面付錠｜めんつけじょう
扉を彫込まず表面に取り付ける錠。後付け型[図31]。扉の小口からの彫込みが不要なので取り付けは容易。マンションの玄関ドアなどに用いられる。製品の種類は少ない。

本締錠｜ほんじまりじょう

ノブ（ハンドル）部分のないデッドボルトだけの取り付け、[図30]。箱錠に加えて取り付け、ワンドアツーロックにする場合などに用いられる。

彫込錠｜ほりこみじょう
小口側から扉の厚みの中に彫り込んで取り付ける錠。一般的に用いられている。

溝を目立たせたくない場合に適する。溝を掘るだけで簡易に取り付けが可能だが、引戸の重量によっては、下地などの補強や下地材の位置を検討する必要がある。

の錠[図29]。取手を一時的に固定する簡単なロックが付いているものが多い。一般に室内の間仕切建具に用いられる。

| 図26 | Vレール（RC造）

| 図25 | 埋込みレール

| 図28 | 箱錠

| 図27 | Vレール（木造）

| 図31 | 面付錠

| 図30 | 本締錠

| 図29 | 空錠

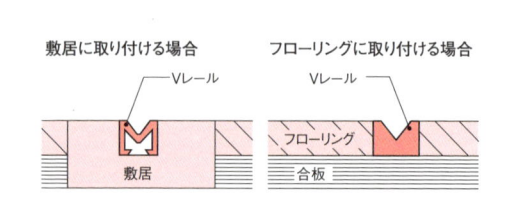

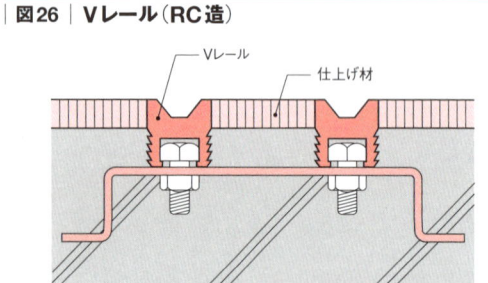

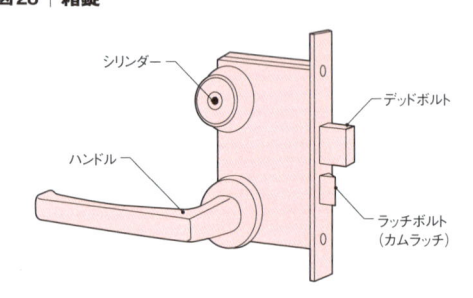

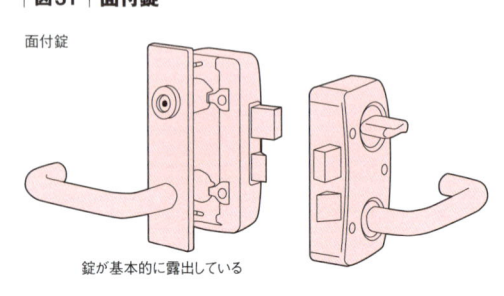

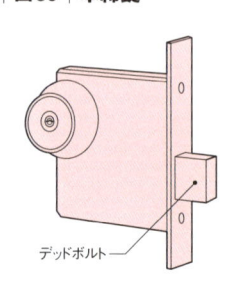

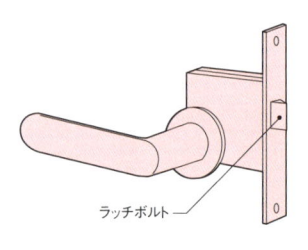

サッシ

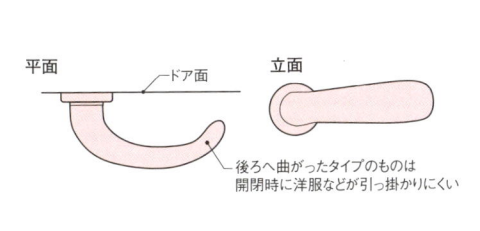

サムラッチハンドル

取っ手の上のラッチ（つめ）を親指（サム）で押して解錠するタイプのハンドル。開ける時に力が入りやすいため、重量感のある扉に用いる［写真3］。

樹脂サッシ｜じゅし─

高耐候性硬質塩ビ（PVC）を型材にした部材でつくられたサッシ。PVCは熱伝導率が0.15W/mkと低く、アルミの1/1000以下の熱しか伝えないため、断熱性能がよい。

木製サッシ｜もくせい─

木材は熱伝導率がアルミの1/1500以下と、PVCよりさらに断熱性能がよい。従来の木製建具（**木建**）とは異なり、木製サッシは金物や断面形状の工夫により気密性を高めたものである。木材の木目、色合い、肌触りは人に心地よさを与えるが、塗装などのメンテナンスが必要とされる。

複合サッシ｜ふくごう─

異素材を組み合わせたサッシ。アルミの耐候性と樹脂の断熱性を組み合わせたサッシが多い。外側がアルミで内側が樹脂のものと、アルミとアルミの間に樹脂をはさみ、熱を絶縁させた構造のものがある。また、木製サッシの表面をアルミで保護した複合サッシ（**アルミクラッドサッシ**）もある。

サッシ

開口部に用いる外部建具のこと。広義では木製などの外部建具も含む。金属製の建具全般を指すが、広義では木製などの外部建具も含む。サッシのなかでも出入口用のものはドアという。また、木造住宅ではドアの厚みのなかで取り付く位置によって壁の厚みのなかで取り付く位置によって、**外付け、半外付け、内付け**などの種類がある［表2、246頁表3・4、図33〜36］。

アルミサッシ

最も一般的なアルミ合金の押出し型材によるサッシ。特性として比重が2.7と軽く、熱伝導率が204W/mkと鉄の約4倍以上高い。従来のアルミサッシより耐擦傷性が高く、傷がつきにくいサッシとして、**ケミカルブラスト処理**（新日軽）を施したアルミサッシが登場している。これはアルミ素地表面に電気化学処理を施したもので、低光沢でマットな質感が特徴。

スチールサッシ

通常ドアとして、なかでも防火戸に使われることが多い。

ステンレスサッシ

通常最も耐食性に優れたSUS304により製作される。スチール同様、防火戸としても使用される。

バリアフリーサッシ

バリアフリー対応のために段差をなくしたサッシ。ただし、これはバリアフリーサッシの対応基準は「下枠部は20mm以下の段差」と規定され、レール式サッシの場合、一見フラットのようでも20mm程度の段差があった。最近は、レールなく下枠が完全にフラットな「ノ

表2｜サッシに求められる主な性能

①耐風圧性	サッシがどのくらいの風圧(Pa)に耐えられるかを表す性能。JISでは、1㎡当たりどれくらいの風圧に耐えられるかを基準としてS-1からS-7までの等級で分類している	
②気密性	枠と戸の隙間から、どれくらいの空気（隙間風）が漏れるかを表す性能。JISでは、1㎡から1時間当たりどのくらいの空気が漏れるかを基準としてA-1からA-4までの等級で分類している。空気の漏れは㎡／(h･㎡)で表す	
③水密性	雨を伴った風のときに雨水の浸入をどれくらいの風圧まで防げるかを表す性能。JISでは、風雨にさらされた状態で1㎡当たり、どのくらいの風圧まで雨水の浸入を防げるかを基準としてW-1からW-5までの等級で分類している	
④遮音性	室外から室内へ侵入する音、室内から室外へ漏れる音をどれくらい遮ることができるかを表す性能。JISでは、周波数ごとにどれくらい音を遮ることができるかを基準としてT-1からT-4までの等級で分類している。「外部建具の遮音性能値＝室外の騒音レベル−室内の騒音の大きさ」で表される	
⑤断熱性	熱が移動するのをどれくらい抑えることができるかを表す性能。JISでは、熱貫流抵抗（R値）を基準としてH-1からH-5までの等級で分類している。熱貫流抵抗は㎡･K／Wで表す	
⑥防露性	結露の発生をどの程度防げるかを表す性能。サッシの断熱性と密接な関係がある	
⑦防火性	建築物の火災に対する安全性のレベルを表す性能。建築基準法、施行令、告示などで規制されている。耐火建築物、準耐火建築物や防火地域または準防火地域にある建築物の外壁で、延焼のおそれのある部分の開口部については、「防火設備」または「特定防火設備」（防火戸）の使用が義務付けられている	
⑧開閉力	開閉する際に必要な力をいい、単位はNで表す。JISでは、50Nで開閉できるよう規定されている。適用される開閉形式は、スイングでは開き窓と開き戸、スライディングでは違い窓、片引き窓および引き戸である	
⑨開閉繰返し	丁番・錠前などを含めた戸全体が、どれくらいの開閉回数まで支障なく使用できるかを表す性能。開き、閉じるをもって1回とし、繰り返しの回数を基準とする	

表3 | 主なサッシの材種

アルミ	鋼製（スチール）	木製	ステンレス	樹脂	複合
軽く、加工性に富むアルミは、押出し成形により気密性や水密性を確保するための断面形状が追求され、外部開口部の主流素材となっている。熱伝導率は鉄の4倍ほどと高い	鋼材はさびの問題が避けられないため、雨掛かり部分ではあまり使われない。外部開口部には、焼付け塗装などを施して意匠的に使われる	従来の木製建具と異なり、金物や断面形状の工夫により気密性を高めている。木材の熱伝導率はアルミの1／1,500以下と低いため、断熱性が高い	通常は、最も耐食性に優れたSUS304でつくられる。アルミに比べて強度・耐久性ともに優れ、店舗やオフィスビルなどの外部出入口のほか、住宅で使用されることもある	高耐候性硬質塩ビ（PVC）を型材にした部材でつくられたサッシ。PVCの熱伝導率はアルミの1／1,000以下で、断熱性能が高い	異素材を組み合わせたサッシ。アルミの耐候性と樹脂の断熱性を組み合わせたサッシが多い。木製サッシの表面をアルミで保護したものもある

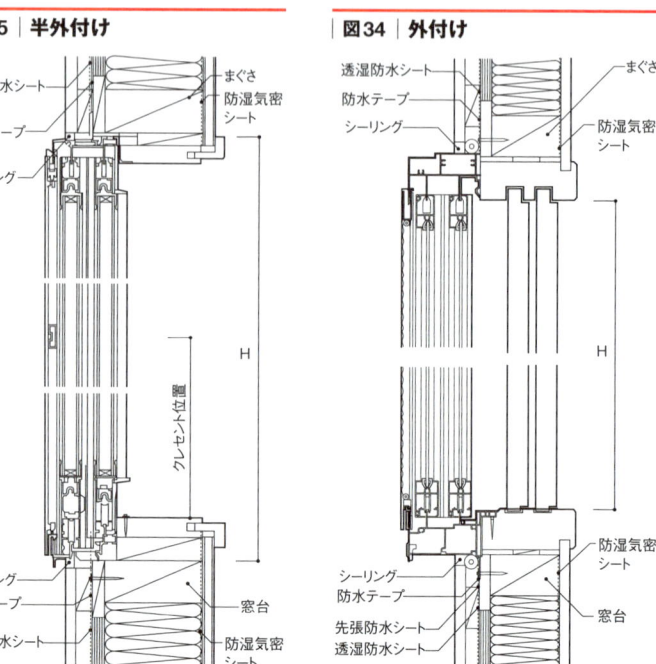

図33 | 木造用サッシの種類

外付け（敷居、間柱、見込み幅）

半外付け（石膏ボード、シーリング、間柱、見込み幅）

内付け うちづけ｜サッシの見込みが壁厚内に納まる取付け方［図36］。外壁は枠を回すか左官を塗り込めて納める。内側にも木枠が必要。木造用アルミサッシの出始めの頃はほとんどこのタイプであったが、最近は半外付けに取って代わられ、少なくなっている。鉄骨造やRC造では一般的な納まりである。

内側は枠が必要。木造住宅はこれが主流。外張り断熱をする場合など、外壁の仕上げが厚い場合は枠の出寸法を確認しておく。

外付け そとづけ｜サッシを外壁側から取り付ける納まり［図34］。主に真壁納まりに用いる。内外とも枠が不要なのですっきり納まるが、サッシの荷重を取付けビス（釘）のみで支えることになるので、大型のサッシの場合は経年変化で下がらないよう注意が必要である。

半外付け はんそとづけ｜外壁がアルミサッシの枠に納まるよう、枠を一部外壁面より出した納まり［図35］。半外とも。

障子 しょうじ｜サッシ工事では、開口部に取り付けるサッシの開口寸法はサッシの外法寸法よりクリアランスをみて施工する。

まぐさ｜サッシを取り付ける上枠。窓台とのまぐさも同様。

窓台 まどだい｜サッシを取り付ける下枠。内付け、半外付けではサッシの下枠が直接載る。木造の場合はサッシの内側の仕上げが真壁か大壁かによって寸法が変わる（上枠のまぐさも同様）。

W・H｜幅・高さ寸法のこと。ビル用サッシでは内法寸法、木造用サッシでは外法寸法を指す。

ン・レールサッシ ウォーキング」（立山アルミニウム工業）などの製品も登場している。

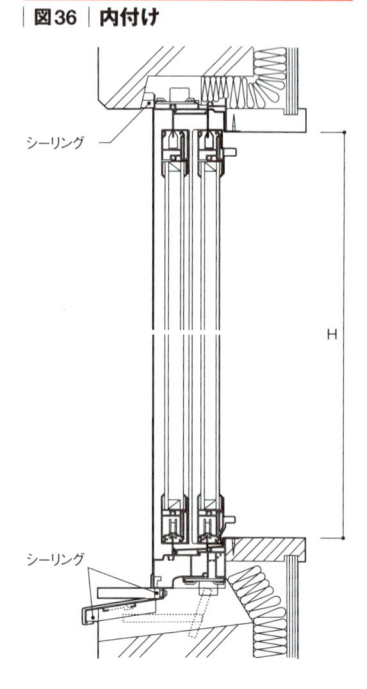

図36 | 内付け

シーリング、シーリング

図35 | 半外付け

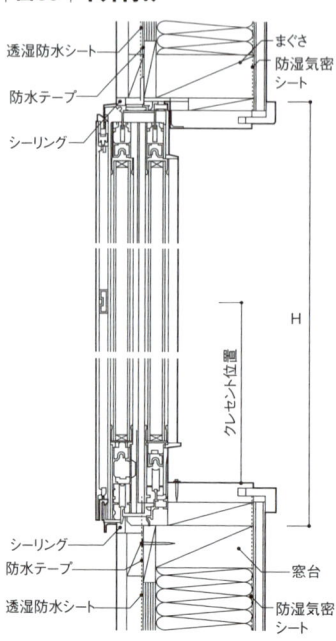

透湿防水シート、防水テープ、シーリング、まぐさ、防湿気密シート、シーリング、防水テープ、透湿防水シート、防湿気密シート

図34 | 外付け

透湿防水シート、防水テープ、シーリング、まぐさ、防湿気密シート、シーリング、防水テープ、先張防水シート、透湿防水シート、窓台、防湿気密シート

| 表4 | サッシの開放形式と特徴 |

開閉方式	形状と特徴		長所と注意点
引き違い窓 （2枚・3枚・4枚建）		左右の障子をスライドさせて開閉する。日本では最も一般的な開閉方式	・窓の前後に物が置ける ・ガラス外面の掃除が可能 ・3枚建では、網戸の検討に注意する ・4枚建では、閉める際の障子の位置取りが難しい
片引き窓		引き窓とFIX窓を組み合わせた窓	・FIX部分のサッシの見付けが細く、きれいに見える ・FIX部分の掃除方法を注意する ・引き窓が内外どちらに付くかで、外動・内動に分かれる
両袖引き窓		中央にFIX窓、両袖に引き窓を組み合わせた窓	・防火設備としても、大きな開口部とすることができる ・FIX部分の掃除方法の確認 ・引き窓が内外どちらに付くかで、外動・内動に分かれる
上げ下げ窓		上下の障子をスライドさせて開け閉めする窓。上の障子がFIXタイプのものもある	・窓の前後に物が置ける ・縦長の窓となる ・全開口とすることはできない
縦すべり出し窓		縦回転軸を中心にして、障子を外側にすべり出して開ける。回転軸が移動するため、左右両面が開放される	・開放性が高い ・大きな開口はつくれない ・ガラス外面の掃除が可能
横すべり出し窓		横回転軸を中心にして、障子を外側にすべり出して開ける。回転軸が移動するため、上下両面が開放される	・開放性が高い ・大きな開口はつくれない ・ガラス外面の掃除が可能
内倒し窓		障子を内側に倒して開く窓。排煙目的に使用されることが多い	・排煙効果が高い ・不透明ガラスでは開けたときでも内部を覗かれにくい ・内部にカーテンなどを付けにくい ・網戸が掃除しにくい
外倒し窓		障子を外側に倒して開く窓。排煙目的に使用されることが多い	・排煙効果が高い ・雨が入り込みやすい ・ガラス外面の掃除が難しい
突出し窓		障子を外側に突き出して開く窓。平行に突き出すことで、4方向からの換気、通気が可能なものもある	・開けたときでも雨が入りにくい ・ガラス外面の掃除が難しい
ルーバー窓		ガラスのルーバーが可動することで開閉する窓。ガラスが2枚重なったダブルルーバータイプもある	・開けたときでも雨が吹き込みにくいため、換気窓に適している ・気密性が低い
オーニング窓		上下に並んだ複数の障子が稼動して開閉する窓	・障子の角度が調整可能 ・一枚一枚に枠が付いているため、ルーバー窓に比べ、気密性が高い
FIX窓		開閉できない窓。採光や眺望に適する	・サッシの見付け幅が小さく、眺望・採光に優れる ・ガラス掃除のための対策が必要
中軸回転窓		中心に配置された軸で回転させて開閉する窓。トップライトに多い	・開放性が高い ・ガラスの掃除が行いやすい

写真6｜鏡板

写真5｜グレチャン

写真4｜無目

枠｜わく
障子をはめ込むアルミ（スチール）のフレーム部分。建物に取り付く部分なので、水平垂直の精度を確保するとともに、雨水の浸入対策を施す必要がある。アルミ枠の内側に取り付ける木枠も、現場では単に枠と呼ぶこともある。

無目｜むめ
段窓の間に入る横材［写真4］。

水切｜みずきり
サッシの下枠に水を切る目的で付ける水勾配のついた板。

額縁｜がくぶち
開口部の枠と、壁仕上げ材との納まりのために枠廻りに取り付ける化粧材。

クレセント
掛け金を受けに掛ける形式の窓用の閉まり部品。防犯意識の高まりを受け、センサー付きや鍵付きのものが開発されている。

気密材｜きみつざい
サッシの枠材に装着する気密を保つための定型材。塩ビ系やゴム系の気密パッキン材である「ピンチブロック」や、ウールやポリプロピレン系の「モヘア」といわれる気密パイルなどが用いられる。

グレチャン
グレイジングチャンネルのこと。障子側のガラスを固定する紐状の部材。ガラス厚などによってさまざまな形状がある。シーリング施工に比べて簡単にガラスを取り付けることができる。高レベルの止水や、排水性が要求される複層ガラスや網入りガラスでは使わず、シーリングによる接着を行う。ただし、現場施工なので手間を考慮する［写真5］。

防水テープ｜ぼうすい—
止水をとるための粘着性のテープ。気密テープと同じものである。木造にサッシを取り付ける場合に使われ、枠と外壁の防水シートを防水テープでつないで止水する。

枠廻りシーリング｜わくまわり—
窓枠廻りは雨水が浸入しやすいので、気密テープのほかに、サッシと、サイディングやモルタルなどの外壁仕上げとの間をシーリングを打つ必要がある。

上枠｜うわわく
サッシの上部の枠のこと。

下枠｜したわく
サッシの下部の枠のこと［図37］。

たて枠｜—わく
サッシの縦に位置する枠のこと［図37］。

框｜かまち
建具の四周を固める部位［図37］。

方立｜ほうだて
サッシが横に連続する場合に、単窓を横方向に連結する際のたて材。連窓の中柱だが、はめ殺しサッシなどの中間にあるたて柱なども含む。なお、縦に連続する場合に中間に取り付ける横桟を無目という。いずれも開口寸法から部材サイズが決まる。

雨戸

戸袋｜とぶくろ
雨戸を引き込むためのスペース。外壁面を2重にして雨戸を引き込む昔ながらの納まりでは、内壁を切り欠いて、引き込んだ雨戸を操作したりする。手先妻板を設けたり、アルミサッシなど既製品もの場合は、サッシの枠と一体になっている製品が多い。

鏡板｜かがみいた
雨戸の戸袋に取り付けるカバー部材［写真6］。鏡板を省略する納まりもある。

図37｜住宅用サッシの部材名称

（たて枠、框、フィン（つば）、下枠、クレセント）

設備 6

設備

電気工事 1

電気設備

契約電力 | けいやくでんりょく
需要家（電力の消費者のこと）が電力会社と契約する使用最大電力。電力会社の供給規定で算出方法が定められている。

需要家 | じゅようか
電気を使用する者のこと。電気を使用する1つの施設（敷地）で電気の供給を受ける、契約者やその施設を指す。基本的には1つの契約家に対して1つの敷地を結ぶ、1敷地に1引込みが基本である。

需要場所とは、電気を使用するために電気設備を設置した場所を含む管理された1つの敷地全体をいう。

受電電圧 | じゅでんでんあつ
電力会社から引き込む電源電圧をいい、契約容量によって異なる。規模店舗などはこの契約になることが多い。

50kWを超え6000Vの電源電圧のものを**高圧受電**、2000kW以上は地域や契約容量により22kV、33kV、66kVなどの受電電圧となり**特別高圧受電**という。高圧以上の受電電圧では、施設内に変電設備が必要になる。

リミッター契約 | けいやく
一般の住宅で最も多く採用されている電気の契約方法。10Aから60Aまで契約容量に応じたリミッターを設置するために、使用電力量が契約したリミッター容量を超えるとリミッターが作動し、回路を開放する。

従量電灯 | じゅうりょうでんとう
電気の使用量に応じて料金を支払う契約方式。従量電灯Bは一般家庭で多く使われる契約で、10～60Aの範囲（リミッター契約）。従量電灯Cは6kVA以上の場合の契約方式で、設備器機の多い家庭や小

主幹ブレーカー契約 | しゅかん―けいやく
一般のリミッター契約の延長上にあるもので、メインのブレーカー容量によって契約内容が決定される電気の契約方法。

回路契約 | かいろけいやく
住宅の電気回路数と200V器具の電気容量の合計により自動的に契約容量が決定される契約方法で、6～49kWが可能。

深夜電力 | しんやでんりょく
電気温水器など夜間蓄熱式を使用する電気の契約。夜間蓄熱式と組み合わせて契約する。従量電灯契約より料金が割安になる。一般の契約によって契約が割安になる。

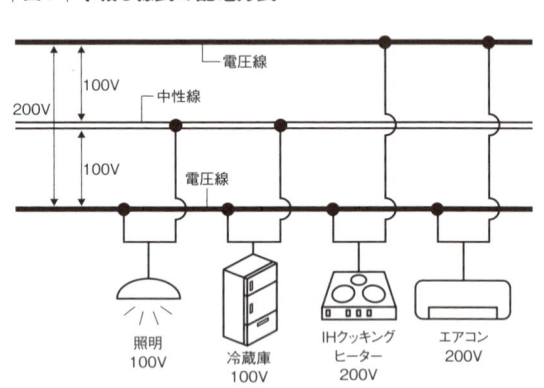

弱電・強電 | じゃくでん・きょうでん
一般呼称であるが、弱電とは通信、制御情報に関連したものを、強電とはエネルギー搬送に関連したシステムを指す。また内線規程では、弱電流回路を電話などの信号、テレビなどの視聴回路、インターホン拡声器などの音声回路、1次電池から供給される使用電圧30V以下の回路、30Vを超える1次電池、2次電池、専用の発電機などから供給される60V以下の電気回路と定義されている。

配電方式 | はいでんほうしき
施設内の配電方式のうち、低圧配電方式には単相と3相がある。単相電源は単相2線105V、単相2線210V、単相3線210－105V、3相電源は3相3線210V、3相4線415－240Vなどがある。単相電源は主に照明やコンセントなど小さい機器への電源供給として、3相電源は空調、衛生や昇降機などへの配電に用いられる。

単相・3相 | たんそう・さんそう
単相は位相が単一である交流電力で、一般的に電灯、コンセントなどの100V電圧として使われる。3相は位相が120度ずつずれた角速度の等しい3つの正弦波交流電力。一

| 図1 | 単相3線式の配電方式

　　　　　　　　　　　電圧線
　　　　　　100V
200V　　　　　　　　中性線
　　　　　　100V
　　　　　　　　　　　電圧線

照明100V　冷蔵庫100V　IHクッキングヒーター200V　エアコン200V

| 図2 | 高圧キャビネット

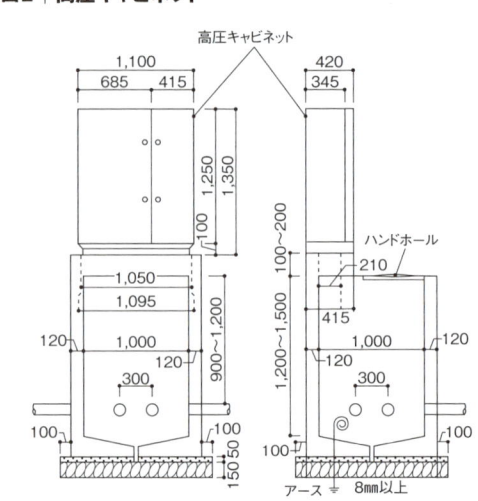

高圧キャビネット
1,100　　420
685　415　345
1,250
1,350
100
1,050
1,095
1,000
120　　　　120
900～1,200
ハンドホール
210
100～200
1,200～1,500
415
1,000
120　300　120
100　　　　100
150 50
アース　8mm以上

250

一般に3相交流を電源とするモーターなどの200V圧電流として使われる。

単相3線式｜たんそうさんせんしき　一般の100V電源と200V電源が同時に利用できるようにした配電方式をいう。200V電圧は電子レンジやエアコン、電気温水器、電磁調理器など電力量の大きな家電製品に必要とされる［図1］。

単相・3相3線式｜たんそう・さんそうさんせんしき　配電方式の種類。単相には2線式と3線式があり、2線式は100V、3線式は100Vと200Vの電気器具が利用できる。最近はエアコンや電気温水器、IHクッキングヒーターなどの200V器具に対応し、家庭用では単相3線式が一般的。3相3線式はモーター（動力）などの200V電源として使われる。

動力｜どうりょく　動力回路の略。電動機、電熱器、電力装置に電気を供給するための3相電気回路を指す一般的な呼称。照明器具に電気を供給するための電気回路に対比して使われる［図2］。

引込み口装置｜ひきこみぐちそうち　低圧受電の場合で、電力会社から電源を引き込む部分の近くに設置し、施設内の事故時などに安全に電源を遮断できるようにする装置。一般にブレーカなどを使う。

高圧キャビネット｜こうあつ―　電力会社が高圧需要家の埋設引入れ点に設ける、自立型の断路器箱［図3］。

パッドマウント　Pad-mounted Transformer。正しくは**地上設置型変圧器**のこと。集合住宅用変圧器ともいう。小中規模の共同住宅に使われる変電設備。大型共同住宅で必要な電力設備の借室に相当する。接地場所は配電灯室と同じく、需要家敷地内の屋外とし、保守点検が容易な場所とする［図3］。

ピラー（pillar）ボックス

| 図4 | ピラーボックス

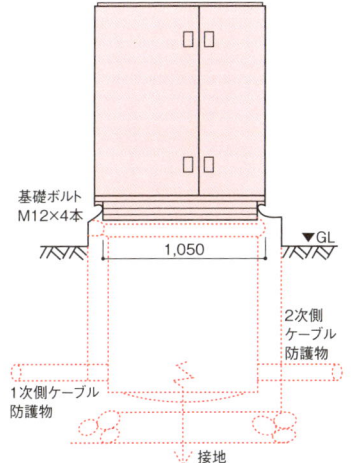

基礎ボルト M12×4本
1,050
▼GL
2次側ケーブル防護物
1次側ケーブル防護物
接地

| 図3 | パッドマウント

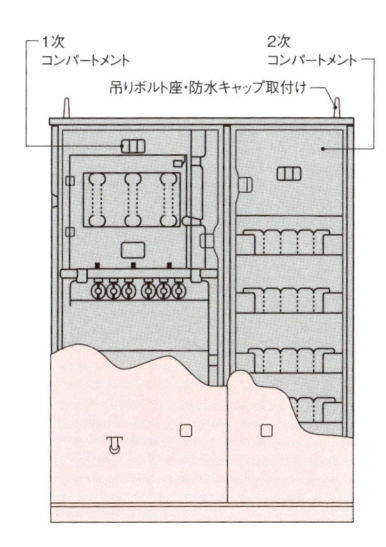

1次コンパートメント　2次コンパートメント
吊りボルト座・防水キャップ取付け

| 図7 | スッキリポール

（パナソニック）

| 図5 | 引込み柱

引込み線 需要家へ
0.1m
亜鉛メッキ鋼より線
30°以上
鋼管小柱
ガイシ
取付け板
電力量計
取付けバンド
ボックス
▼GL
コンクリート根巻き
需要家へ
接地用端子
ケーブル地中埋設

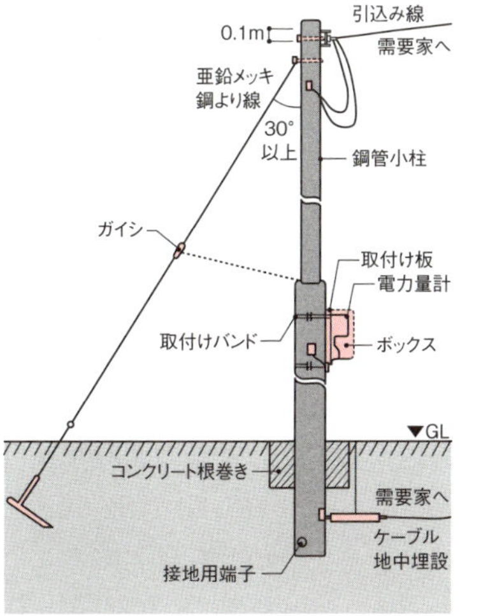

| 図6 | キュービクル

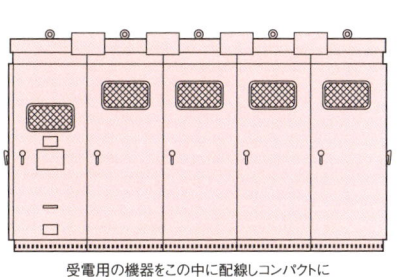

受電用の機器をこの中に配線しコンパクトに収めている。このタイプで幅4m程度

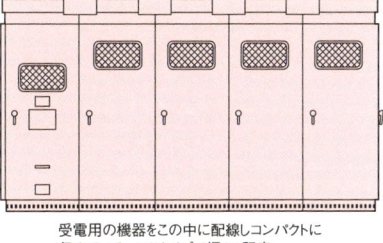

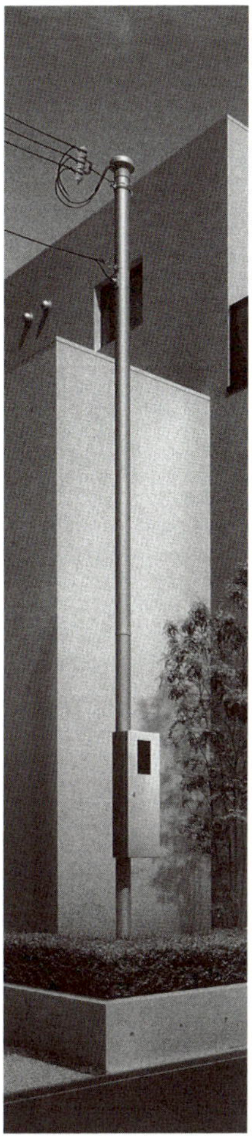

高圧の配電塔で**高圧キャビネット**あるいは配電塔ともいう。地中配電線の高圧機器を内蔵する屋外の鋼板製の箱で、電力会社と需要家の責任敷地境界の近傍で分界点として設置される。ピラーボックスの設置は需要家敷地内で展開した屋外とし、保守および点検の容易な場所とする［251頁図4］。

引込み柱｜ひきこみちゅう

主にコンクリート製で電力会社や電話局からの電線引込みに使用される［251頁図5］。**架空引込み**（電柱から直接引込むこと）で低圧・高圧受電の場合に需要家の敷地内に設ける。電柱は、高圧受電の場合は区分開閉器を設置し、**責任分界点**（電力会社と需要家の保安の責任が区分される点）となる。電話やCATV回線なども同一の柱に共架し引き込むこともある。

キュービクル

cubicle。一般呼称で**高圧変電設備**を表す［251頁図6］。鋼板製の函型で、受変電の主要機器類（遮断機などの開閉装置、変圧器などの主回路機器や計器類）を一括して収納した受配電盤の総称で、**閉鎖型配電盤**ともいう。建物内や屋上、屋外に設置する。電気の関連法規により、消防法、建築基準法で設置に関する規制がある。

薄型キュービクル

うすがた一変電設備には開放型と閉鎖型（一般的にはキュービクル型）があるが、閉鎖型配電盤のなかで点検を前面からのみとした標準分電盤に比べて奥行きが薄い。

スッキリポール

メーカーの商品名で、住宅用鋼管引込み小柱［251頁図7］。引き込む電線の種類によってサイズが選べる。

接地｜せっち

アース、グランドともいう。電力用と通信用がある。電力用は電気回路は大地から絶縁して使用しなければならないが、一方、保安のため電路の1部を接地することになっている。接地した場合、その抵抗値が高いと保安の目的が達せなくなる。一般には接地された導体と大地の間の抵抗と定義される規制がある。

止を目的としたものとがある。通信用はノイズを低減させたり、機器の動作を安定させたりするために用いられる。最下階の床施工の前に接地極を施工することもある。最近は、**統合接地**や**構造体接地**など鉄骨やデッキスラブの金属を接地媒体として利用するものもある［図8］。

図8｜接地

板状接地極　　　　　垂直接地極

引下げ導線
▼GL
0.75m以上
0.5L
d
板状接地極　　　　　垂直接地極
d

放射状接地極

試験用接続端子箱
▼GL
放射状接地極
L(m)　L(m)

接地抵抗｜せっちていこう

電気回路は大地から絶縁して使用しなければならないが、一方、保安のため電路の1部を接地することになっている。接地した場合、その抵抗値が高いと保安の目的が達せなくなる。一般には接地された導体と大地の間の抵抗と定義されている。高圧機器の外箱、避雷器などのA種接地の場合は10Ω以下が規定値である［図9］。

誘導電動機｜ゆうどうでんどうき

建築物に使用される電動機は、エレベータを除きほとんどが交流誘導電動機である。誘導電動機は直流電動機と違い、回転速度を直線的に変化させることが難しいが、インバータがそれを可能にした。

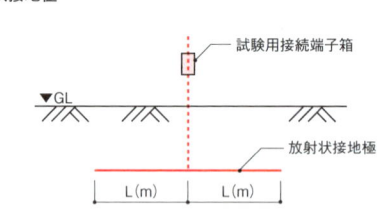

図9｜接地抵抗測定の結線図

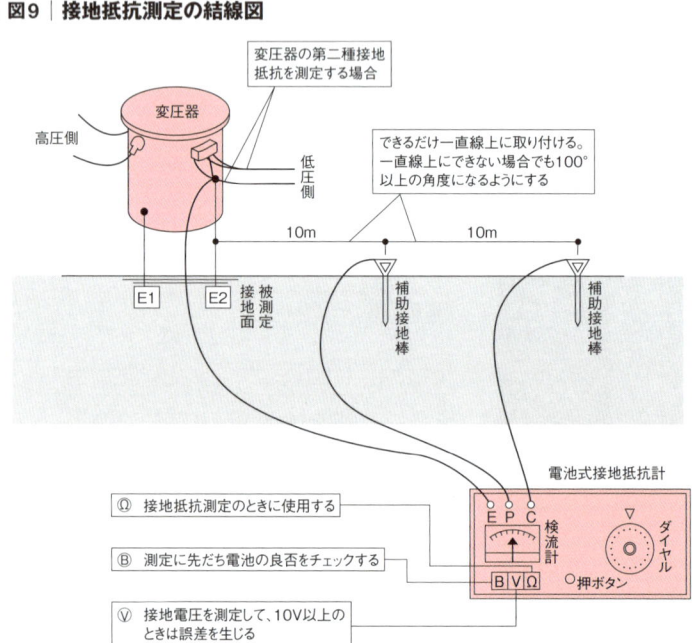

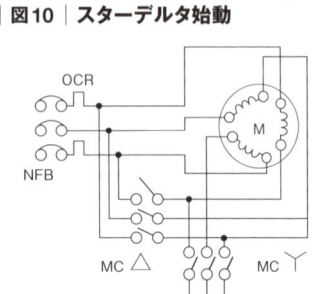

変圧器の第二種接地抵抗を測定する場合
変圧器
高圧側
低圧側
できるだけ一直線上に取り付ける。一直線上にできない場合でも100°以上の角度になるようにする
10m　10m
E1　E2　被測定接地面
補助接地棒　補助接地棒

電池式接地抵抗計
Ω 接地抵抗測定のときに使用する
B 測定に先だち電池の良否をチェックする
V 接地電圧を測定して、10V以上のときは誤差を生じる
E P C　検流計　ダイヤル
B V Ω　押ボタン

図10｜スターデルタ始動

OCR
M
NFB
MC △　MC Y

252

写真1 | UPS

図11 | UPS

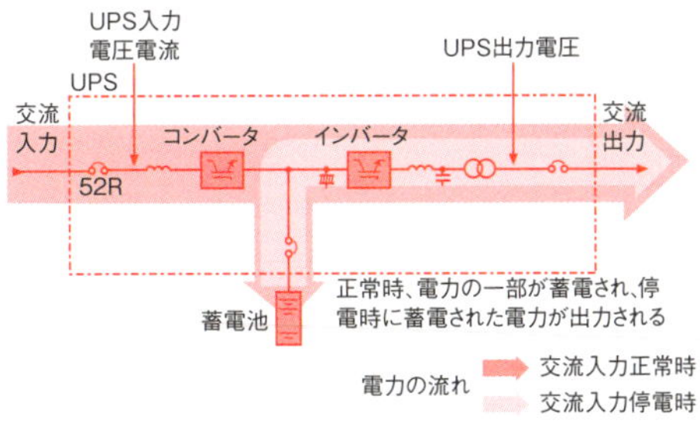

正常時、電力の一部が蓄電され、停電時に蓄電された電力が出力される

電力の流れ
■ 交流入力正常時
■ 交流入力停電時

図12 | 分電盤の構成

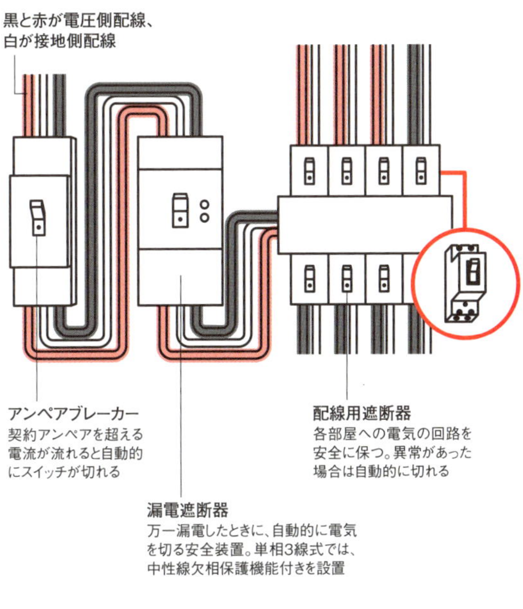

黒と赤が電圧側配線、白が接地側配線

アンペアブレーカー
契約アンペアを超える電流が流れると自動的にスイッチが切れる

配線用遮断器
各部屋への電気の回路を安全に保つ。異常があった場合は自動的に切れる

漏電遮断器
万一漏電したときに、自動的に電気を切る安全装置。単相3線式では、中性線欠相保護機能付きを設置

表1 | 分電盤の回路数の目安

住宅面積[㎡]	一般回路 コンセント回路 キッチン	一般回路 コンセント回路 キッチン以外	照明回路	専用回路	合計
50（15坪）以下	2	2	1	α	5+α
70（20坪）以下	2	3	2	α	7+α
100（30坪）以下	2	4	2	α	8+α
130（40坪）以下	2	5	3	α	10+α
170（50坪）以下	2	7	4	α	13+α

誘導電動機は電源の供給電圧、周波数が関係する。トルクは電圧の2乗に比例するので、電圧が定格電圧の70％に低下すればトルクは定格値の49％になる。

始動器 | しどうき
誘導電動機は電源を入れた始動時は交流抵抗（インピーダンス）が小さく、定常運転時の5～7倍の電流（始動電流）が流れる。ポンプでは数秒後、ファンでは10数秒後に定常運転に入る。始動電流による電圧降下が軽減できず、機械的ショックがあり始動電流および始動時のトルクの調整はできない[図10]。

スターデルタ始動 | しどう
デルタ結線で運転する電動機を、始動時のみスター結線して始動し、始動電力、トルクとも直入れ始動の1/3に抑える始動方法で、電圧に降圧したりする。動力設備などには3相3線200V、電灯電源には単相3線200～100Vなどの電源種別ごとに変圧器を設置しなければならない。

変圧器 | へんあつき
受電した電圧を必要な電圧に変換する装置。高圧電源を低圧電源に降圧したり、特別高圧電源を高圧電源に降圧したりする。動力設備などには3相3線200V、電灯電源には単相3線200～100Vなどの電源種別ごとに変圧器を設置しなければならない。

UPS | ゆーぴーえす
Uninterruptible Power Supply Systemの略で、そのまま訳せば無停電電源装置となる[図11、写真1]。インバータ、コンバータ、バッテリーなどから構成される。停電が起きた場合にも、無瞬断で電力を安定して供給できる装置で、コンピュータルームや病院などの重要施設などを、停電によってシステムが停止する事故から守る。

MCCB | えむしーしーびー
Molded Case Circuit Breakerの略で、配線用遮断機のこと。電気回路の保護用に用いられ、過負荷（使いすぎ）、短絡（ショート）などに対し回路を自動的に遮断する。熱動式、電磁式があり、配線用遮断器ともいう。NFB（no-fuse breaker）とも。

ELCB | いーえるしーびー
Earth Leakage Circuit Breakerの略、漏電遮断機のこと。電気回路や誘導性負荷機器（電動機類）に交流電力を供給すると、遅れ電流が流れるために力率（電気の使用効率）が低下する。この負荷の力

分電盤 | ぶんでんばん
鋼製あるいは樹脂製の箱のなかに母線、分岐回路過電流遮断器などを組み込んだもの。幹線から配線を分岐する個所に設ける。用途に応じて電灯用、動力用がある[図12、表1、254頁写真2]。

進相コンデンサー | しんそう
人体、家屋建物の保護のため、水廻りや湿気のある部分の回路に設置する。

機器が始動器である。

写真2 | 分電盤

を改善するために、負荷の遅れ無効成分をコンデンサーの進み成分で相殺させるコンデンサーのことを行う[図13]。

ハンドホール | hand hole。マンホールを小形化して地下に埋設した施設。ケーブルの接続、試験、点検、修理などを行う。[図14]。

直流電源装置 | ちょくりゅうでんげんそうち。プラスとマイナスが変化しない直流電源を供給する装置で、建築電気設備では、防災用として非常用照明装置や受変電の操作、監視用の電源設備として計画され、電気室内に設置されることが多い。

電力ケーブル | でんりょくケーブル。電力を伝送するために用いるケーブルをいう[図15]。ケーブルはそのサイズによって、流せる電流値が決まっている。これを許容電流と言い、許容電流の大きな電力ケーブルはその断面が大きくなる。

VVFケーブル | 600Vビニル絶縁ビニルシースケーブル。単線で絶縁ビニルシースケーブル。単線で照明やコンセントなどの電源配線は、VVFケーブル[図16]。600V絶縁ビニルシースケーブル。単線で

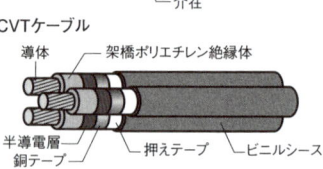

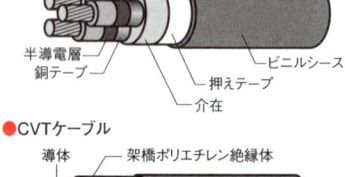

電線管 | でんせんかん。電線を収めて施設する管のこと[図17]。ケーブルは2重天井内、2重壁内や露出させて配線することができるが、電線は電線管内に配線しなければならない。電線管の内部では、電線に接続点を設けてはならないことが定められ、接続する場合はボックス内や盤内で行う。電線管には、金属製のもの(PF管、CD管など)があり、それぞれ定められた工法で施工を行う必要がある。特にコンクリート駆体内に並行して配管する場合には、適切な離隔距離を確保し、構造的に支障が起きないようにすること。

CD管・PF管 | しーでぃーかん・ぴーえふかん。合成樹脂可とう電線管のこと。最も一般的な電気配管。耐燃性があるものがPF管 (Plastic Flexible con-duit)、耐燃性がないものがCD管 (Combined Duct)。CD管

図16 | 電気配線の種類

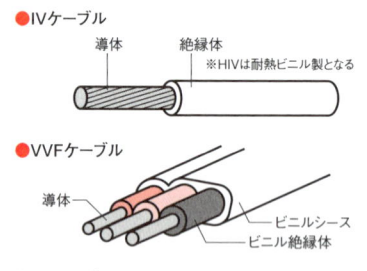

- IVケーブル
  導体 / 絶縁体
  ※HIVは耐熱ビニル製となる
- VVFケーブル
  導体 / ビニルシース / ビニル絶縁体
- CVケーブル
  導体 / 架橋ポリエチレン絶縁体 / 半導電層 銅テープ / 押えテープ / 介在 / ビニルシース
- CVTケーブル
  導体 / 架橋ポリエチレン絶縁体 / 半導電層 銅テープ / 押えテープ / ビニルシース

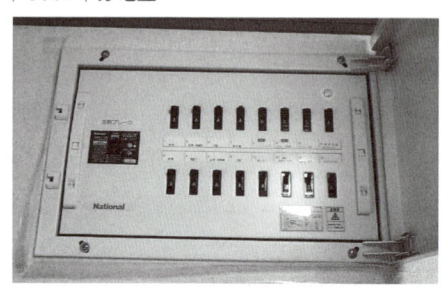

図13 | 進相コンデンサー

3φ3W6600V

SOG(地絡付気中負荷開閉器) — G(地絡継電器)

計器用変成器 — 電力量計

MOF — WH

LBS(気中負荷開閉器)
PF(電力ヒューズ)

Tr(変圧器) — Tr(変圧器) — SC(進相コンデンサ)
動力 — 電灯

図17 | 電線管

パイプハンガーなど
フレームパイプなど
金属管
アースクランプ
接地線 — 外部接続端子
金属製可撓電線管

図14 | ハンドホール

屋内 | 止水ブロック壁 | 屋外
外壁 — ケーブル折込み
標識シート — GL
FEP管 — FEP管
管路孔防水処理 — ベルマウス
異種管路接続処理 — ハンドホールまたはマンホール
防水鋳鉄管

図15 | 電力ケーブル

絶縁電線
導体 / 絶縁体(ビニル)

VVFケーブル(2C)
導体 / 絶縁体(ビニル) / ビニルシース

254

| 写真4 | プルボックス

| 写真3 | CD管

| 図18 | FEP管の構造

| 図19 | ケーブルラック

| 図20 | ワイアリングダクト

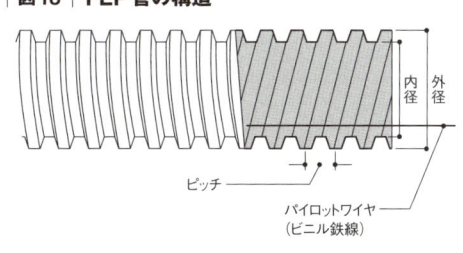

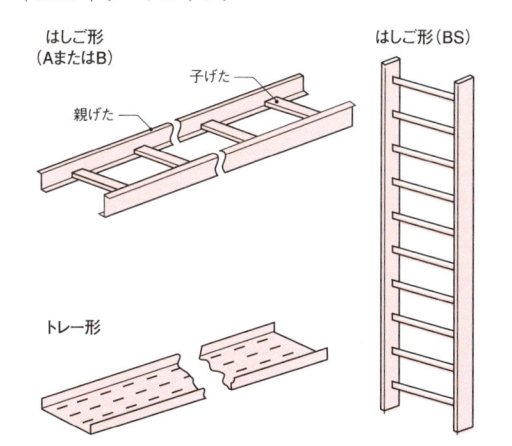

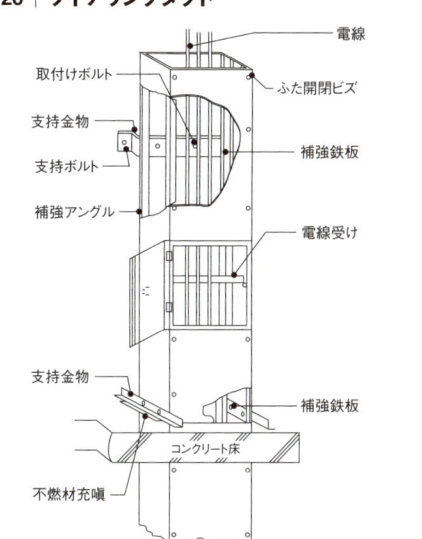

はオレンジ色などで区別されており、コンクリート埋設用で、露出配管はできない[写真3]。

金属管｜きんぞくかん
金属製の電線管。露出配管などで多く使用される。

ライニング鋼管｜こうかん
金属管表面にエポキシコーティングなどで防食処理を施した電線管。地中埋設や薬品、塩害地域などで使われる。

FEP管｜えふいーぴーかん
波付硬質ポリエチレン管のことで、地中ケーブルの埋設保護管に使用される。「エフレックス」は古河電工の商品名[図18]。

アウトレットボックス
電線管用付属品。電気設備の壁、電線管などの配管工事で電線の接続や取出し、器具の取付けのために使用される鋼板製の箱で、電線管の分岐個所、集合個所、配管の長い個所の途中に設ける[写真4]。

呼び線｜よびせん
電線管工事で、本設電線あるいはケーブルを通線するために、あらかじめ入れておく予備の線。

ケーブルラック
ケーブル工事に用いられる工法で、同一経路に複数のケーブルを設置する場合に使われる[図19]。大量の電線をまとめて収容するもの[図20]。

Fケーブル｜えふーflat cable（フラットケーブル）の略。

ワイアリングダクト
金属ダクトのことで、厚さ1.2㎜以上の鋼板製ダクトで、なかに多数の回線などの広帯域の信号伝送に使われる不平衡通信ケーブル。伝送用の中心導体とそれを覆う円筒形の外部導体からなり、それらの中間を絶縁体でくるみ、外部導体の外側を金属シールドで覆い、さら

天井などの位置ボックスまたは末端の取出し口として用いられる。

のケーブル配線を支持する梯子状の材料のこともさす。ケーブルラックの上にはケーブル用の電線を直接施工できるが、接地配線用の電線を除き、ほかの電線を直接施工することは内線規定[※]で認められていない。電気室・機械室などの露出部分以外に天井裏や床下ピットなどに設ける。材質は鋼板製やアルミ製、ステンレス製などがある。

シールドケーブル
静電誘導や電磁誘導防止のために遮蔽層を施したケーブル。

同軸ケーブル｜どうじく
電話回線やLAN、有線テレビ

ビニル絶縁ビニルシースのうち平らな長円形につくったもの。丸形のものはVVRという。天井裏などの隠蔽部に電線管なしで配線する経済的で簡易な電気の配線工法に多く使用される[256頁図21]。

※：電気工作物の設計、施工、維持、検査の技術的事項を定めた民間の自主規格。電気事業者の間で広く普及している

図23 | バスダクト

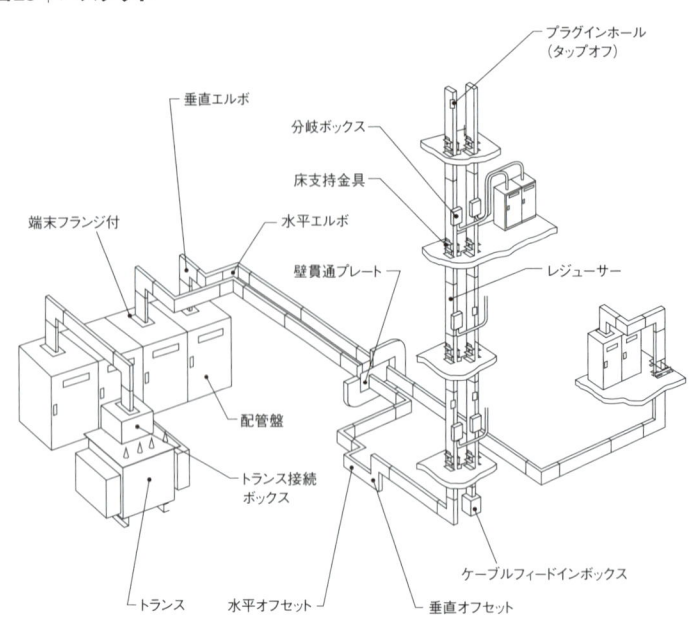

（図：バスダクトの構成図。プラグインホール（タップオフ）、垂直エルボ、分岐ボックス、床支持金具、水平エルボ、壁貫通プレート、レジューサー、ケーブルフィードインボックス、垂直オフセット、水平オフセット、トランス、トランス接続ボックス、配管盤、端末フランジ付などのラベル付き）

図21 | Fケーブル

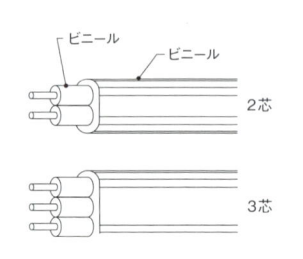

（図：2芯・3芯のFケーブルの断面図。ビニールのラベル付き）

図22 | 同軸ケーブルの構造

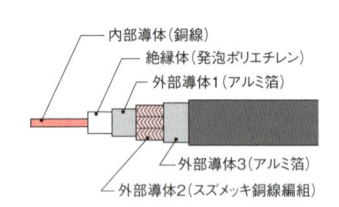

（図：内部導体（銅線）、絶縁体（発泡ポリエチレン）、外部導体1（アルミ箔）、外部導体2（スズメッキ銅線編組）、外部導体3（アルミ箔））

写真5 | 動力制御盤

（写真：動力制御盤）

図24 | 電灯分電盤

（図：2重天井仕上げ面、分電盤部、端子盤部、2重床仕上げ面のラベル付き。2つとも分電盤部、端子盤部を設けているタイプである）

バスダクト bus duct。電力の送電に使用され、鋼板あるいはアルミ板でつくられたダクト（ハウジングという）内に、帯状、管状もしくは丸棒状の銅またはアルミの導体を絶縁材で固定したもの［図23］。

セルラーダクト RC造や鉄骨造でコンクリート型枠として使用するデッキプレートの溝を利用して配線を行い、下面から特殊カバープレートを取り付けて配線ダクトにしたもの。

ブッシング Bushing。金属管付属品の1種で、管端に設け、管に電線の引入れや引出しをする場合に電線の絶縁物を傷めないために使用するもので、使用場所によって金属製のものと絶縁性のものとがある。

フロアダクト配線 はいせん オフィスビルなどにおいて、間仕切り変動に対して床コンセント（あるいは電話）などの引出しに対応できるようにフロアダクト内に通した配線。

スリーウェイフロアダクト フロアダクトの1種で、電話、電源、通信の3種類の配線を別々に配線できるもの。

コンジットパイプ rigid metal conduit の略。電線管（電線、ケーブルを保護して配線するための管）のなかで金属製のもの。

可撓電線管 かとうでんせんかん flexible conduit。電線管の中で、容易にたわませることができるフレキシブル電線管の総称。

金属管工事の直角屈曲個所に使用する屈曲した金属性の配管。金属管付属品の1つ。

ノーマルベンド に全体を保護外筒で被覆し、1対の往復線路を形成している［図22］。

動力制御盤 どうりょくせいぎょばん

動力盤 ともいう。空調ファンや衛生用ポンプなどの運転を制御するために設置する盤。ブレーカ、スイッチ、保護装置やリレーなどを制御するための機器が収納されている。盤は、機械室やポンプ室などファ

領域レベルとしてLPZ（雷保護領域）0～3の区分がある。雷による被害は直撃雷による物理的損傷に留まらず、同時に発生する誘導現象（雷の放電によって、雷の巨大な電気エネルギーが電線などの中に誘導されて、高電圧の電気が発生すること）によって情報機器などに障害を与えることがある。避雷針や接地の設置はもとより、雷電流を安全に除去したり、空間からの誘導を遮断したりするシールドや接地ボンディング[※]などの装置を設置することにより、これらの影響を低減させる必要がある。

2P・3P | つーぴー・すりーぴー 2極、3極形開閉器の略称で、同時に開閉できる部分（極）が2個または3個あるもの。電灯スイッチ、コンセント、ブレーカーの種類を示すのに使われる。通信用ケーブルの本数を示す場合もあり、こちらはペアの略で、2Pといえば2対、つまり4本の芯線をもつという意味になる。

アウトレット | Outlet。電灯、コンセントなどの電力を消費する装置に対する電気配線中の電気供給口。一般にはアウトレットボックスの略。金属管工事の付属品の1種で、金属製の箱。硬質ビニル電線管用には硬質ビニル製

照明

調光装置 | ちょうこうそうち 壁スイッチに調光機能をもったものや、多数の調光回路を収納した盤形式のもの（調光盤）まである。個別のものは、単独で調光操作する単一機能のものが多い。調光盤の場合は、調光盤と同じ程度から照度を検知して自動的に調光シーンを再生するものまである［図25］。調光盤は、分電盤と同じ程度から以上の大きなものであるので、設置場所を確保する必要がある。

色温度 | いろおんど 物体の温度を高めて400～500℃になると、暗所で赤く光り出す。さらに高めると光り方や輝度が急に高まって白熱する。このように物体の温度を高めると物体の表面からさまざまな波長をもった電磁波が放射される。照明器具の各種光源の発光色は放射波長の集まりとし

インバータ 周波数変換器のこと。住宅などの一般電源は通常、周波数は50Hzか60Hzであるが、その交流を1度直流に変えて、この直流をトランジスタなどのスイッチでオン・オフさせることによって再び交流に戻す（すばやく切り替えるとオン・オフの時間の長さを変えることにより周波数を変化させることにより周波数を変化させる（すばやく切り替えると波の幅が小さくなり、高周波となる）。まためスイッチの組合せを変えることで電流の向きを変える。それらのスイッチのオン・オフをしているのがマイコンである。

ンやポンプが設置されている場所の近くに設置する［写真5］。

電動機 | でんどうき 空調ファンや衛生用ポンプなどを動作させるためのもので、容量に応じて、3相電源の200Vから、高圧（6.6kV）で動作するものまである。これらの機器は、動力制御盤のなかにある制御回路でコントロールされる。

開閉器 | かいへいき 電源を安全に切断するために設置するもので、ポンプやファンなどの動力機器とそれを制御する動力制御盤の距離が離れている場合などに、動力機器の側近に配置する。開閉器があることで、緊急時の電源切断による事故や、保守作業時の不慮の事故を与えることを防止し、安全性を確保できる。

電灯分電盤 | でんとうぶんでんばん 照明、コンセントや小型の100・200Vの機器へ電源供給するためのもの［図24］。機能的には負荷の中心に配置することが望ましく、主に各階のEPS（電気配管スペース）内や事務室内に設置される。

雷保護 | らいほご 雷によって発生する被害を低減させるためのシステムで、保護する

|図25| スイッチの種類

●一般的な ON/OFFスイッチ

●シーン記憶式調光スイッチ
さまざまな光のシーンを設定しておき、ボタン1つでそれを再現できる

●手動調光スイッチ
つまみなどで1回路ごとに調光できる

ロータリー式　スライド式

|図26| 色温度と空間の雰囲気

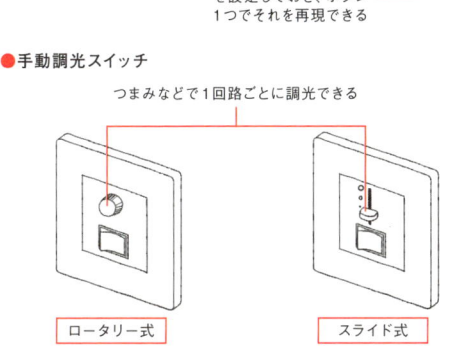

低い　色温度　高い

赤　黄　光色　白　青白

色温度 3,000K　色温度 5,000K　色温度 6,700K
暖かい色（電球色）　自然な色（昼白色）　涼しい色（昼光色）
落ち着いた雰囲気　自然な雰囲気　クールな雰囲気

※：避雷針接地と電気設備接地をまとめるための装置

図27｜口金の種類

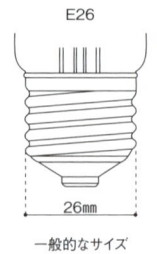

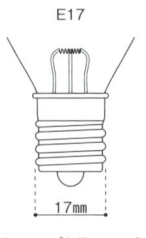

E26　一般的なサイズ　26mm
E17　ミニランプなどのサイズ　17mm

写真6｜逆富士型

逆富士型｜ぎゃくふじがた｜蛍光灯照明器具の1種で、反射板の形状が逆富士型になっているため、その色度が黒体のある温度のときの見え方とほぼ一致したとき、その黒体の温度（絶対温度）を使って表すもの。単位はK（ケルビン）。光は温度が低いときは赤く、温度が高くなるほど赤から黄、白、青白となる［257頁図26］。

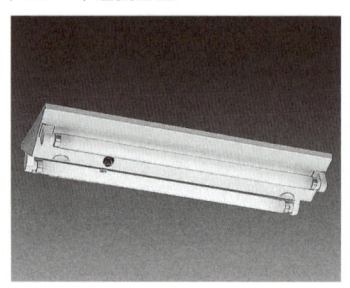

表2｜ランプの特徴

	基本的な特徴	ランプの種類		特徴	主な用途
白熱電球	●点光源に近く、光を制御しやすい ●演色性がよく、暖かい白色光 ●点灯しやすく、瞬時点灯も可。安定器が不要 ●連続調光できる ●小形、軽量、安価 ●周囲温度の影響が小さい ●光束の低下が少ない ●ちらつきが少ない ●低効率、短寿命 ●熱線が多い ●ガラス球の温度が高い ●電源電圧変換が寿命・光束に影響を与える	一般照明用電球		ガラス球は、白色塗装拡散形と透明形がある	住宅や店頭などの一般照明など
		ボール電球		ガラス球は、白色塗装拡散形と透明形がある	住宅、店舗、飲食店など
		反射形電球		アルミ蒸着の反射膜が付き、集光性がよく、熱線もカットされている	住宅、店舗、工場、看板照明など
		小形ハロゲン電球		赤外反射膜付が中心。光源色がよく、熱線もカットされている	店舗、飲食店などのスポット照明やダウンライトなど
		ミラー付ハロゲン電球		ダイクロイックミラーと組み合わせ、シャープな配光にできる。熱線もカットされている	店舗、飲食店などのスポット照明やダウンライトなど
蛍光ランプ	●高効率、長寿命 ●光源色の種類が豊富 ●低輝度、拡散光 ●連続調光できる ●ガラス管の温度が低い ●安定器が必要 ●周囲温度の影響を受ける ●寸法当たりの光束が少ない ●光を制御しづらい ●ちらつきが少しある ●高周波雑音がある	電球形蛍光ランプ		電球代替用。安定器が内臓され、電球口金が付いている	住宅、店舗、ホテル、飲食店などのダウンライト
		スターター形蛍光ランプ		スターター（点灯管）と安定器で点灯する	住宅、店舗、事務所、工場などの一般照明。高演色形は美術館など
		ラピッドスタート形蛍光ランプ		スターターなしで即時点灯する	事務所、店舗、工場などの一般照明
		Hf（高周波点灯専用）蛍光ランプ		高周波点灯専用安定器で点灯。効率がよい	事務所、工場、店舗などの一般照明
		コンパクト形蛍光ランプ		U形、ダブルU形のコンパクトなランプ	店舗などのベース照明やダウンライトなど
高輝度放電ランプ（HIDランプ）	●高効率。高圧ナトリウムランプが最高効率 ●長寿命。メタルハライドランプはやや短い ●光束が大きい ●点光源に近く、配光を制御しやすい ●周囲温度の影響が少ない ●安定器が必要。初期価格が高い ●ガラス管の温度が高い ●始動、再始動に時間がかかる	蛍光水銀ランプ		水銀の発光と蛍光体で、赤色成分を補っている	公園、広場、商店街、道路、高天井の工場、看板照明など
		メタルハライドランプ		スカンジウムとナトリウムの発光を利用。効率がよい	スポーツ施設、商店街、高天井の工場など
		高演色形メタルハライドランプ		自然光に近い。ジスプロシウム系と錫（すず）系がある	店舗のダウンライト、スポーツ施設、玄関ロビーなど
		高圧ナトリウムランプ		透光性アルミナ発光管を使用。橙白色の光	道路、高速道路、街路、スポーツ施設、高天井の工場など
低圧ナトリウムランプ	●単色光 ●ランプ効率が最大	ナトリウムランプ		U形の発光管、ナトリウムのD線の橙黄色の光	トンネル、高速道路など

出典：「照明基礎講座テキスト」（(社)照明学会）をもとに作成

めにこう呼ばれる[写真6]。

ハロゲンランプ | 管内に封入したハロゲン元素（フッ素、塩素、臭素、ヨウ素、アスタチンの5つの元素）の働きによって、白熱電球に比べてランプ効率と色温度を高めると同時に、長寿命を実現したコンパクト光源である。

白熱電球 | はくねつでんきゅう フィラメントの熱の温度放射で可視光線を出す光源。ガラスバルブ内に封入されるガス（クリプトン、ハロゲンなど）によって特性が違う[表2]。

口金 | くちがね 白熱灯のソケット部分のことで直径17mm、26mmなどのサイズがある[図27]。

無電極ランプ | むでんきょく コイルに高周波電力を流すことで、電磁誘導によりランプ内のガスを放電させて発光させるもの。ランプは通常、電極部分の劣化やフィラメントの劣化によって寿命が決まることが多いが、電極劣化がないので、HID灯の2倍以上（約3万時間）と長寿命で発光効率もHID灯と同等。保守点検が容易にできない部分に用いる。

HID灯 | えっちあいでぃーとう High Intensity Discharge lightの略。高圧放電灯のことで**高圧ナトリウムランプ、メタルハライドランプ、水銀ランプ**などがある[表2]。ランプのガラス管の中に不活性ガスと水銀などの金属が封入され、ガラス管内の電極間放電現象によって発光するランプ。水銀灯や高圧ナトリウムランプ、メタルハライドランプ（メタハラ）などもこのランプの1種である。

白熱ランプよりも発光効率は高く省エネルギー効果があるが、**演色性**[えんしょくせい]（太陽光線で見たときの色の見え方の差）は劣る。しかし、最近では演色性の高いものも提供されており、商業施設や大空間などの施設にも使われている。価格は高価だが、**ミニクリプトン球**（一般の白熱電球に封入されているアルゴンガスより原子量の大きいクリプトンガスを封入し、ランプ効率を向上した小形電球）に比べて2～5倍の発光効率、3～6倍以上の寿命がある。高輝度放電管ともいう。

メタルハライドランプ | HID灯の1種で石英製の発光管のなかに水銀とアルゴンガス、金属ハロゲン化物を封入したランプ。を拡散させないようにする。視環境を向上するため、まぶしさを低減し、不要な場所へ光ランプ効率が高く、高天井で広い空間の照明に使われることが多い。封入する金属の種類によりさまざまな色温度のものがある[写真7]。

シリカ電球 | でんきゅう シリカ粒子をバルブの内面に静電塗装した電球。ナス球ともいう[写真8]。

LED | えるいーでぃー Light-Emitting Diodeの略。発光ダイオードのこと。半導体を発光させ、長寿命、低消費電力、フルカラーなどが特色。最近ではこれを利用した照明器具が多く販売されている。

ルーバー | 照明器具の1部で、器具の下部に取り付けて光を効率よく制御し、必要な照射面に光を集める部材である。視環境を向上するため、まぶしさを低減し、不要な場所へ光を拡散させないようにする。ルーバーの表面を鏡面仕上げにすることによって高品質な光の制御が可能となるが、取り付けたときの見え掛かりとして暗い印象を受ける、という特性があるので照明計画の検討に用いる。

輝度 | きど 発光面のある方向に対する単位面積当たりの光の量を表す単位。単位はcd/m²（カンデラ平方メートル）。輝度の異なるものが同一視界に存在するとき、その比率（輝度比）の大きさによってまぶしさを感じる、という特性があるので照明計画の検討に用いる[図28]。

遮光角 | しゃこうかく 配光特性により、横方向へ拡散するのを防ぐことができる角度。一般的に、照明器具を取り付けた状態でランプが直接見えない角度を表す。ランプが直接見えないことから、まぶしさを低減できる範囲や位置を検討するために利用する。**カットオフアングル**ともいう。

け、また、指紋などの跡が残りやすいので取扱いには注意が必要である[写真9]。

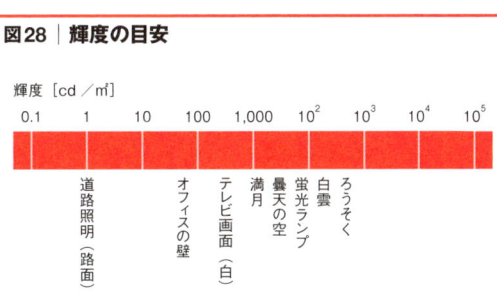

照度 | しょうど 照射面における単位面積当たりの光の量を表す[260頁図29、表3]。単位はルクス（lx）である。作業内容や場所ごとの必要照度はJIS規格（JISZ9110）で規定さ

| 写真7 | メタルハライドランプ

| 写真8 | シリカ電球

| 写真9 | ルーバー

| 図28 | 輝度の目安

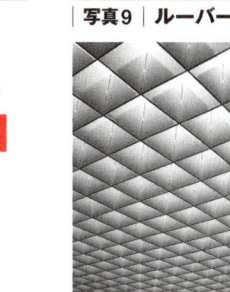

輝度 [cd/m²]
0.1　1　10　100　1,000　10²　10³　10⁴　10⁵

道路照明（路面）
オフィスの壁
テレビ画面（白）
満月
曇天の空
蛍光ランプ
白雲
ろうそく

図30 | 弱電端子盤の仕組み

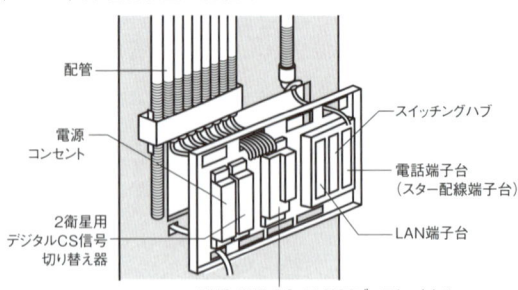

- 配管
- 電源コンセント
- 2衛星用デジタルCS信号切り替え器
- スイッチングハブ
- 電話端子台（スター配線端子台）
- LAN端子台
- VHF、UHF、BS、110°CSブースターまたは双方向用CATV、BS、110°CSブースター

図31 | 通信ケーブル

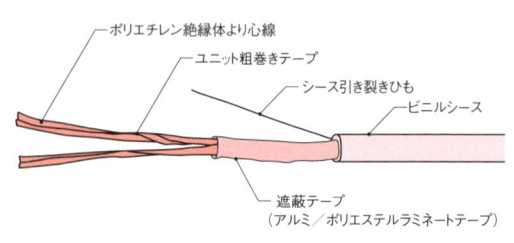

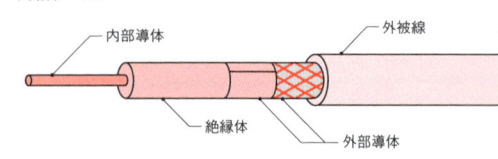

ボタン電話用ケーブル
- ポリエチレン絶縁体より心線
- ユニット粗巻きテープ
- シース引き裂きひも
- ビニルシース
- 遮蔽テープ（アルミ／ポリエステルラミネートテープ）

同軸ケーブル
- 内部導体
- 絶縁体
- 外部導体
- 外被線

図29 | 照度の目安

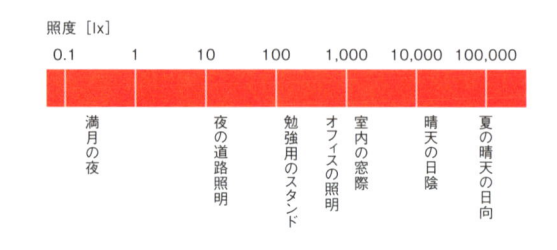

照度 [lx]: 0.1, 1, 10, 100, 1,000, 10,000, 100,000

- 満月の夜
- 夜の道路照明
- 勉強用のスタンド
- オフィスの照明
- 室内の窓際
- 晴天の日陰
- 夏の晴天の日向

表3 | 必要照度

照度(lx)	公共会館	宿泊施設（旅館・ホテル）	美容・理髪店	食堂・レストラン軽飲食店
1,500	支度部屋の鏡、特別展示品	フロント帳場	結髪・毛染セット・メーキャップ	サンプルケース
1,000				
750	図書閲覧室、教室	車寄せ、玄関、事務室、調理室、荷物受渡台、客室机、洗面鏡	調髪、顔剃、着付、レジスター	集会室、調理室、食堂、レジスター、帳場、荷物受渡台
500	宴会場、大会議場、展示会場、集会場、食堂	宴会場		
300	講堂、結婚式場の控え室、書庫、楽屋、洗面所、便所	広間、食堂	店内便所	玄関、待合室、客室、洗面所
200		ロビー、洗面所、便所		
150	結婚式場、ロビー、サロン、廊下、階段	娯楽室、脱衣室、客室（全般）、廊下、階段、浴室	廊下、階段	廊下、階段
100	—	庭の重点	—	—
75	雑品置場			
50		防犯		
30〜2				

弱電設備

位置表示灯付スイッチ｜いちひょうじとうつきスイッチ｜動作状態が一目で分かるパイロットランプ付スイッチ。

フル2線式リモコンスイッチ｜にせんしき｜24Vの信号線2線ですべてのスイッチをネットワーク化し、パルス信号で照明制御するシステム。

遅れ消灯スイッチ｜おくれしょうとう｜スイッチを切っても点灯し続け、一定時間後消灯する機能の付いたスイッチ。

タイマースイッチ｜設定した時間後に自動的に止まるスイッチ。

3路・4路スイッチ｜さんろ・よんろ｜2カ所もしくは3カ所以上の場所から点滅できるスイッチ。

トイレ換気スイッチ｜かんき｜スイッチを入れると換気扇・照明が作動し、スイッチを消すと照明はすぐに消灯になるが換気扇は一定時間後に止まるスイッチ。

通信回線引込み｜つうしんかいせんひきこみ｜施設の外部から通信回線を引き込むこと。電話、CATV、光ケーブル、専用通信回線などの通信ケーブルがあり、主に地中引込みと架空引込みがある。通信回線の種類によっては、引込み後、借室電気室に通信会社の機器を設置する必要がある。

架空引込み｜引込みと同じ電柱から引き込むこともある。

弱電端子盤｜じゃくでんたんしばん｜通信配線の幹線と端末配線を接続する装置で、ケーブルの接続端子が収納される［図30］。電話、放送、インターホン、電気時計などの端子接続の用途で利用され、テレビの分配・分岐器や増幅器などと同一の盤に収納されることもある。EPS内などで電灯分電盤などと同一場所に配置されることが多い。

弱電用ケーブル｜じゃくでんよう｜

照明器具を設置した時の照度は初期照度であり、時間の経過とともにランプの特性や器具の汚れなどの要因で低下してくる。照度は初期照度ではなく、時間経過した後でも保たれる照度で計画することが重要である。

図34 | 32bitと128bitの比較

IPv6（128bit）

IPv4(32bit) 43億 × 43億 × 43億 × 43億

32bitのIPv4では43億個のアドレス数しかないが、128bitのIPv6では43億の4乗個という膨大なアドレス数が確保できる

図33 | 衛星放送アンテナ

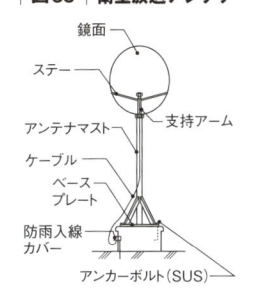

鏡面／ステー／支持アーム／アンテナマスト／ケーブル／ベースプレート／防雨入線カバー／アンカーボルト（SUS）

図32 | 光ケーブルの構造

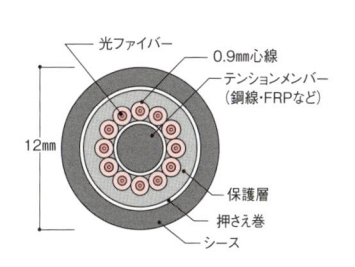

光ファイバー／0.9mm心線／テンションメンバー（鋼線・FRPなど）／保護層／押さえ巻／シース／12mm

図36 | 自動火災報知受信機

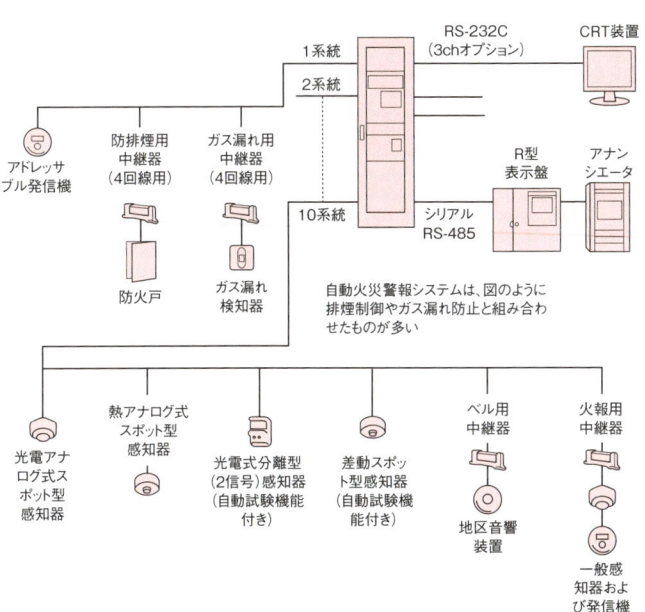

1系統／2系統／10系統／RS-232C（3chオプション）／CRT装置／R型表示盤／アナンシエータ／シリアルRS-485／アドレッサブル発信機／防排煙用中継器（4回線用）／ガス漏れ用中継器（4回線用）／防火戸／ガス漏れ検知器／光電アナログ式スポット型感知器／熱アナログ式スポット型感知器／光電式分離型（2信号）感知器（自動試験機能付き）／差動スポット型感知器（自動試験機能付き）／ベル用中継器／地区音響装置／火報用中継器／一般感知器および発信機

自動火災警報システムは、図のように排煙制御やガス漏れ防止と組み合わせたものが多い

図35 | マルチメディアコンセント

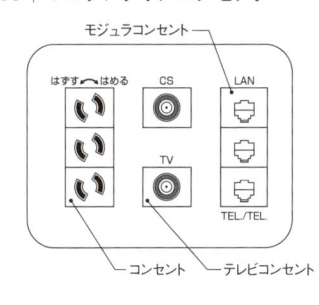

モジュラコンセント／はずす／はめる／CS／LAN／TV／TEL/TEL／コンセント／テレビコンセント

必要となる。

H-I配線｜えっちあいあいはいせん　Home Information Infrastructureの略。住宅情報配線のことで、家庭内情報ネットワークインフラとして、BS放送、CS放送、CATV、一般放送、電話通信回線と電源コンセントを一体とした情報コンセントを各部屋に設置して同軸ケーブル、ツイストペアケーブル、電源線を用いて情報用分電盤を結び、どの部屋からでも情報の取出し・発信ができる。

FTTH｜えふてぃーてぃーえいち　Fiber To The Homeの略で、家庭用光ファイバーのこと。電話回線の2千倍の容量の情報を運べる光ケーブル（光ファイバーを皮膜で覆ったもの）を家庭までつなげるサービスをいう［図32］。

衛生放送｜えいせいほうそう　送信塔ではなく、衛星軌道上の衛星が電波を送信する放送。衛星によってチャンネルが異なる（BS、CS、CS110度、BS110度など）［図33］。

地上デジタル放送｜ちじょうーほうそう　高画質映像の視聴、双方向サービスやデータ放送など付加価値の高

い放送システムで、2011年には原則国内すべての地上波はデジタル信号で配信され、従来のアナログ放送は停波となった。デジタル放送のサービスは、専用チューナーを使用しないと受信できない。なお、使用される周波数はUHF帯であることから、UHFテレビアンテナで信号を受信可能である。

IPv6｜あいぴーぶいろく（あいぴーぶいしっくす）　インターネットプロトコルヴァージョン6（Internet Protocol Version 6）の略。**次世代ネットワーク**のこと。セキュリティに強く、割り振られるアドレス数が多くなりネット家電や情報サービスの幅が増える［図34］。

マルチメディアコンセント｜1枚のプレートにコンセント、テレビ、インターネットの取出し口が設置されているもの［図35］。

顔認証入退室管理システム｜かおにんしょうにゅうたいしつかんり　個人の顔という生体情報を利用して本人照合を行い、電気錠により入退室を行うシステム。防犯システムとしてはほかに指紋、眼球の虹彩などを利用するものもある。

図37 │ 住宅用火災警報器の取付位置

●天井に設置する場合

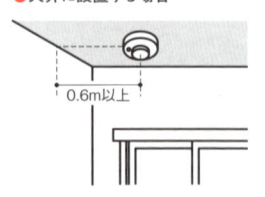

- 0.6m以上
  警報器の中心を壁から0.6m以上離す
  ※ 熱を感知するものは0.4m以上離す

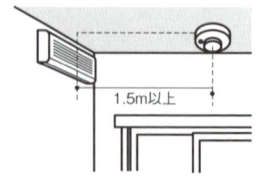

- 1.5m以上
  エアコンなどの吹出し口がある場合は、吹出し口から1.5m以上離す

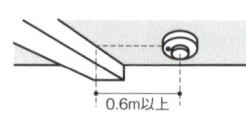

- 0.6m以上
  0.6m以上の梁などがある場合は、梁から0.6m以上離す
  ※熱を感知するものは、0.4m以上の梁などから0.4m以上離す

●壁に設置する場合

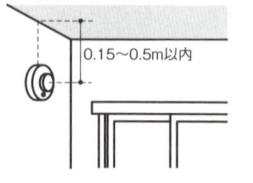

- 0.15〜0.5m以内
  警報器の中心が天井から0.15〜0.5m以内の位置に取り付ける

図40 │ 家庭用コージェネの構成

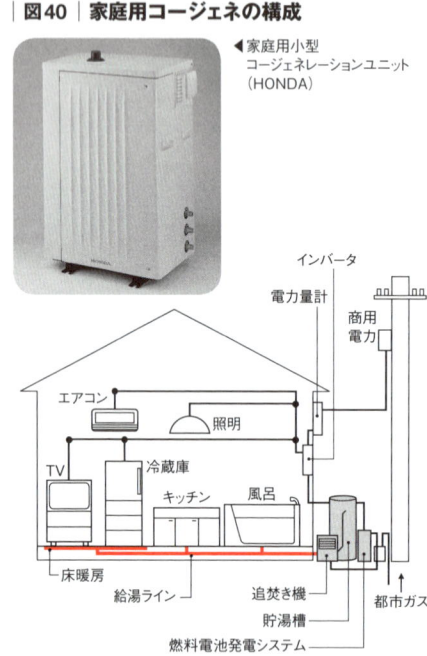

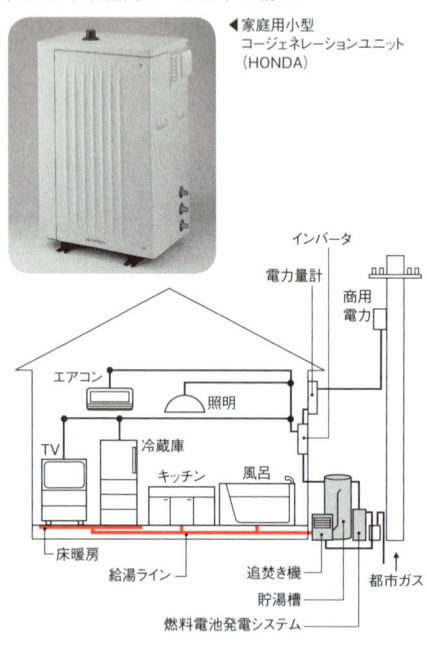

◀家庭用小型コージェネレーションユニット（HONDA）

（図：インバータ、電力量計、商用電力、エアコン、照明、TV、冷蔵庫、キッチン、風呂、床暖房、給湯ライン、追焚き機、貯湯槽、燃料電池発電システム、都市ガス）

図38 │ BEMS

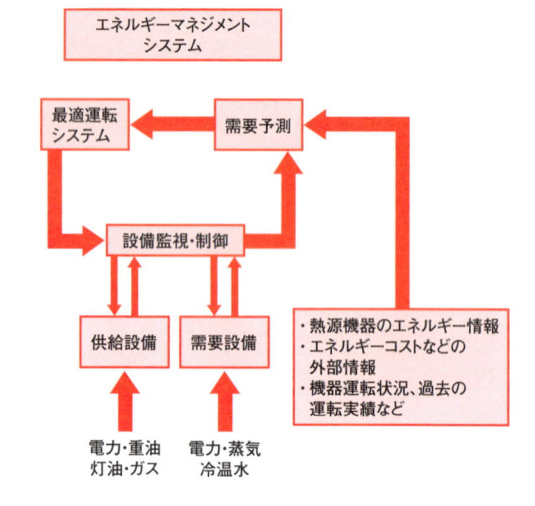

エネルギーマネジメントシステム
→ 最適運転システム ⇄ 需要予測
→ 設備監視・制御
→ 供給設備／需要設備
→ 電力・重油・灯油・ガス／電力・蒸気・冷温水
・熱源機器のエネルギー情報
・エネルギーコストなどの外部情報
・機器運転状況、過去の運転実績など

図39 │ コージェネ

買電・ガス → 受変電設備／ガスタービン・発電機 → 電力
排ガス → 排熱ボイラ → 熱交換器 → 温水（給湯用）、蒸気（暖房用）
→ 吸収式冷凍機 → 冷水（冷房用）

エネルギー関連

BMS ｜ びーえむえす
Building Management Systemの略で、建物内の空調・衛生・受変電設備などの機器を集中させて監視制御を行うもの。監視モニタ、操作部、制御部、入出力装置などから構成され、壁掛け型やデスクトップコンピュータの形状のものがある。中央監視室や防災センター、守衛室などに設置される。

BEMS ｜ べむす
Building Energy Management Systemの略で、施設内で消費されるエネルギー（電力、ガス、水道など）を効率的に利用するために、機器の最適な運転・管理を補助する装置である。BMSから収集したデータをパソコンに取り込み、分析できる。

コージェネ

防災関連（右列）

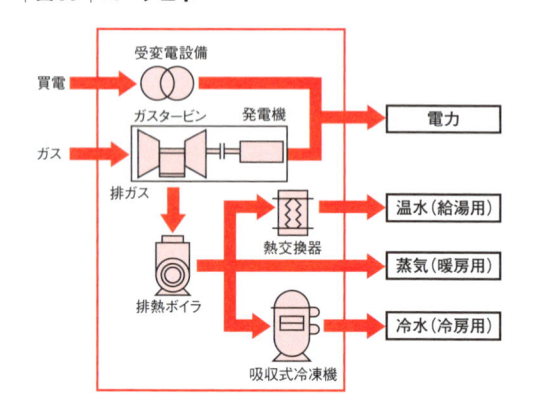

人感センサー ｜ じんかん
人が近づくと自動的に点灯し、一定時間後に消灯するスイッチ。赤外線で範囲内の熱を感知する。

自動火災報知受信機 ｜ じどうかさいほうちじゅしんき
受信機は、警報を表示する部分と、防災機器を制御する操作部で構成され、壁掛けや自立盤の形状がある。火災発生時には自動的に警報を鳴動し、ほかの機器や設備と連動制御を行う。機器は、常時人がいる場所に設置しなければならない。受信機には、接点信号で処理するP型と、デジタル伝送のR型の種別がある。排煙の制御やガス漏れ検知を組み合わせたものもある［261頁図36］。

火災警報器 ｜ かさいけいほうき
感知器と自動火災報知受信機で構成され、感知器で火災を判断して信号を発信、自動火災報知受信機へ送る。感知器と自動火災報知受信機からの信号を受けて、警報を発する［図37］。2006年より消防法で戸建住宅にも設置が義務付けられている（新築戸建住宅のみ。既存住宅は5年間の猶予期間がある）。感知方法により、煙の濃度から判断する**煙感知器**と、熱の温度上昇から判断する**熱感知器**に分けられる。

262

図42｜太陽光発電

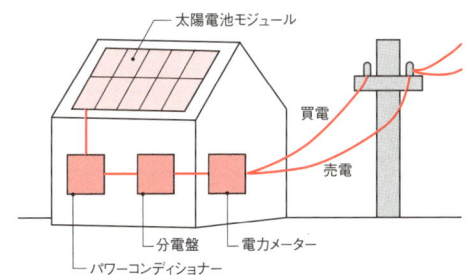

図41｜燃料電池の発電原理

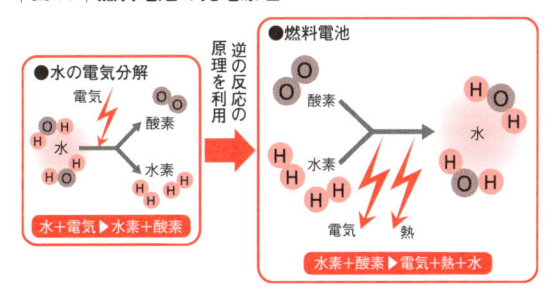

写真6｜太陽光発電

図43｜バイオマス発電

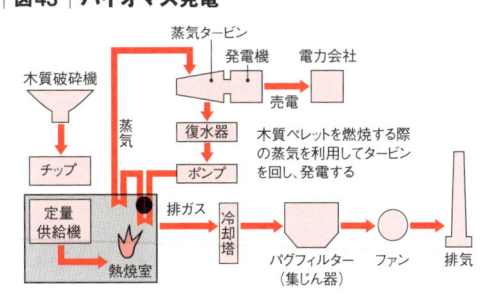

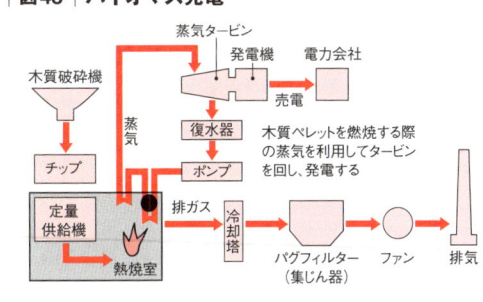

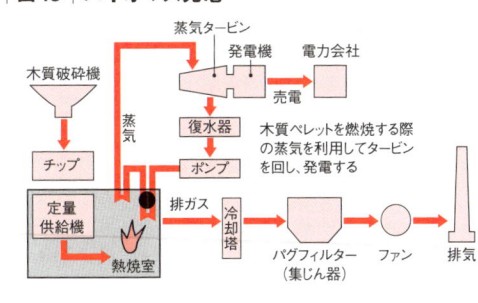

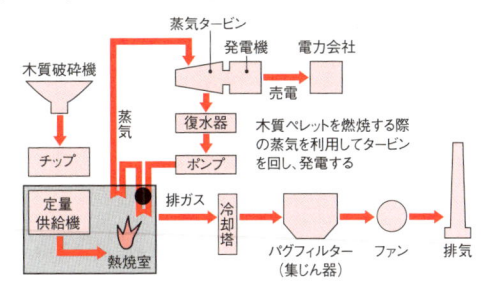

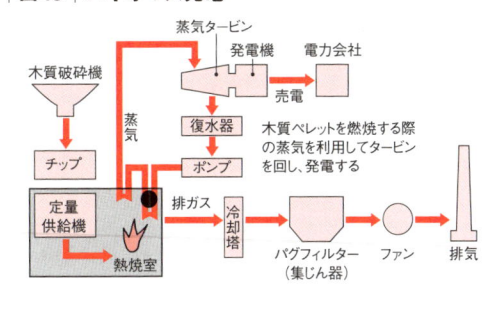

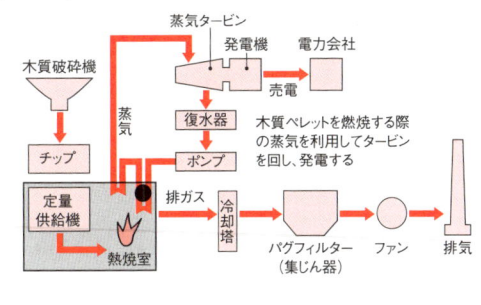

写真7｜木質ペレット

写真8｜電磁調理器

正式には**コージェネレーション・システム**という[図39]。ガスや油などの単一エネルギーから、電気と熱の2つのエネルギーを取り出す装置である。エンジン機関をガスで運転し、電気エネルギーと空調用な

どの熱エネルギーを取り出すとともに、これら機関の排熱を冷暖房・給湯・産業用熱源として利用するシステム。熱効率としては、発電のみで使用する発電機の場合が25〜35％であるのに対してコージェネでは70〜80％を確保できる。ディーゼルエンジン、ガスエンジン、ガスタービン、燃料電池などのシステムがあり、家庭用のものも市販されている[図40]。

燃料電池｜ねんりょうでんち
通常の電気分解とは逆に、都市ガスなどに含まれる水素と酸素などの電気化学反応によって、電力と熱（給湯用など）を発生する発電装置[図41]。コージェネ装置の1つであり、エネルギー利用効率は80％程度と高い。
現在は小規模用途のものが市販化されているが、高価である。導入にあたっては、新エネルギー財

団や各自治体の補助金制度が利用できる。

太陽光発電｜たいようこうはつでん
太陽光のエネルギーを電気エネルギーに変換する装置で、シリコンの単結晶、多結晶、アモルファスなどの方式がある[図42、写真6]。発電効率は、80〜160W/㎡程度である。ただし、雨天や曇天時には発電できないことから、バッテリーで蓄電したり、風力発電と組み合わせたりしてシステムを構成することが多い。
住宅などでは、昼間の晴天時に発電した電力を電力会社へ売却する（**売電**）こともできるが、コストバランスを考えると家庭内の電気をすべてまかなうことは不可能で、基本的には補助的な電源として考える。
屋根面や屋上に設置するときには、

最大風速に耐えられるように適切な取付け支持材を選定する必要がある。

バイオマス発電｜はつでん
木材、食品廃棄物、畜産廃棄物などゴミとして廃棄されてきたもの木質廃材や林地残材、古紙といった木質系の副産物、廃棄物をおが屑などの製材廃材や林地残材、古紙といった木質系の副産物を粉砕・圧縮・成型した固形燃料）[写真7]、メタノール、メタンなどに加工、燃料化してエンジンやタービンを駆動して発電するシステム[図43]。発電と同時に熱の利用も行うことで、エネルギー効率を高めることができる。

電磁調理器｜でんじちょうりき
一般に、IH（アイ・エイチ／Induction Heating＝電磁誘導加熱）調理器と呼ばれる。直火を使わない調理器なので、ガスコンロなどに比べて安全性が高い。磁力発生コイルに20〜60kHzの高周波電流を流すと、コイル周囲に磁力線が発生し、鍋部分に渦電流ができる。このとき鍋がもつ電気抵抗により鍋自体を発熱させる。火気使用室における内装制限を設けていない自治体もある。ただし、消費電力が比較的大きく、専用の分岐回路を設けなければならないことから、住宅などでは契約電力を考慮する[写真8]。

設備

空調工事 2

空調計画

熱伝導|ねつでんどう
物質内を温度差により熱エネルギーが移動する現象で、主に固体内部や流体の伝熱をいう。物体の熱伝導率が低いものは断熱材に使われ、主な種類には熱伝導率の低い気体の特性を利用した繊維質材や気泡分散材などがある。壁体などの負荷計算には単位厚さ・単位時間当たりの移動熱量として、熱伝導率が用いられる[図1・2]。

熱伝達|ねつでんたつ
流体と固体表面間において熱エネルギーが移動する現象で、主に対流、放射、沸騰や凝縮などの相変化（状態変化）による熱伝達に分類される。壁体などの負荷計算に、単位面積・単位時間当たりに伝達される熱量として**熱伝達率**が用いられる。

熱放射（熱輻射）|ねつほうしゃ
（ねつふくしゃ）

物体が放出している熱エネルギーのこと。熱放射は、物体と物体の間で直接やりとりされる熱移動で、空調では総合熱伝達率に含まれ、負荷計算に利用されている。床暖房やパネルヒーターなどはこの効果を利用したものである。

熱貫流（熱通過）|ねつかんりゅう
（ねつつうか）
熱伝導、熱伝達、熱放射を考慮したもので、単位面積・単位時間・単位温度当たりの壁体などを移動する熱量。一般的な負荷計算では、対象とする壁などについてこの値を求め、それぞれの面積と内外温度差などにより負荷を算出する。

自然対流|しぜんたいりゅう
機器を用いず温度差や圧力差により生じる熱や空気などの移動[図3]。空気が暖められて軽くなり上昇したり、冷えた空気が下降したりする現象で、この効果を1部利用している暖冷房設備に、ストーブ（ファンなし）や電気ヒーター、床暖房などが挙げられる。

強制対流|きょうせいたいりゅう
ファンなどによって空気を強制的に攪拌し対流を起こすこと[図3]。この効果を利用している暖冷房設備に、一般のエアコンやファンヒーターなどが挙げられる。

潜熱|せんねつ
水が氷に変化する、溶液が凝固する、気体中の水分量が変化するなど、液体や気体や固体の相変化によりそれぞれに貯えられたり、放出される熱量[図4]。人間は、一般に潜熱で53W／人の発熱がある。（顕熱発熱は69W／人）。室内に人間が

いると空気中の水分量が上昇するのも潜熱変化の例である。氷蓄熱は潜熱変化を利用しているため、蓄熱槽容量が小さい。

顕熱|けんねつ
物質の相変化[※]や化学変化を伴わず、温度上昇や降下に関わった熱[図4]。乾球温度の変化で表される熱量。1kgの水の温度が1℃上がると4・18kJの熱が必要。外気温度や発熱により室温が上昇するのも顕熱変化の例。

蓄熱|ちくねつ
熱エネルギーを何らかのかたちで

| 図1 | 熱貫流率と熱伝導率の関係

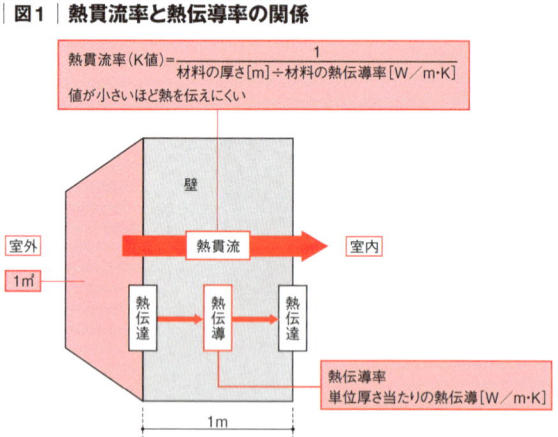

熱貫流率(K値)＝ $\frac{1}{材料の厚さ[m] ÷ 材料の熱伝導率[W／m·K]}$
値が小さいほど熱を伝えにくい

壁／室外／室内／1㎡／熱貫流／熱伝達／熱伝導／熱伝達／熱伝導率　単位厚さ当たりの熱伝導[W／m·K]／1m

| 図2 | 素材別の熱伝導率[W／m·K]

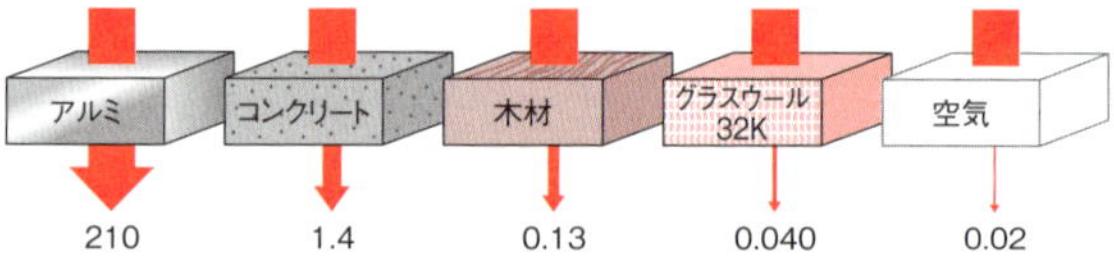

アルミ 210 ／ コンクリート 1.4 ／ 木材 0.13 ／ グラスウール32K 0.040 ／ 空気 0.02

| 図4 | 潜熱と顕熱

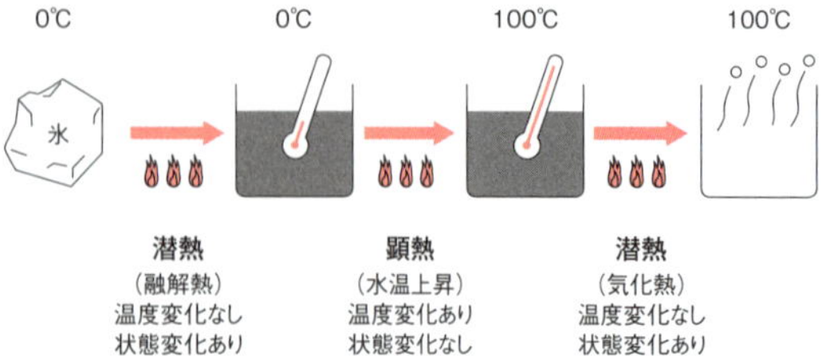

0℃ → 0℃ → 100℃ → 100℃
氷 → 水 → 水 → 水蒸気
潜熱（融解熱）温度変化なし 状態変化あり ／ 顕熱（水温上昇）温度変化あり 状態変化なし ／ 潜熱（気化熱）温度変化なし 状態変化あり

| 図3 | 自然対流と強制対流

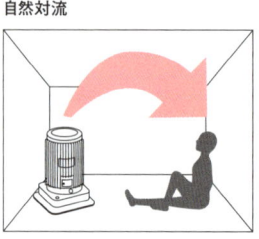

自然対流 ／ 強制対流

※：液体が気体になるなど、固体、液体、気体の間の変化

図5 | コールドドラフト

不適切な暖房機器の設置位置
- 開口部
- 熱
- コールドドラフト
- 暖房機器
- コールドドラフトが室内に侵入

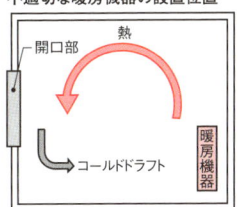

適切な暖房機器の設置位置
- 開口部
- 熱
- 暖房機器
- コールドドラフトは窓面の暖房器具で止まる

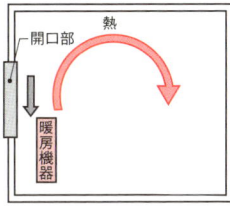

図6 | ペリメーターゾーン

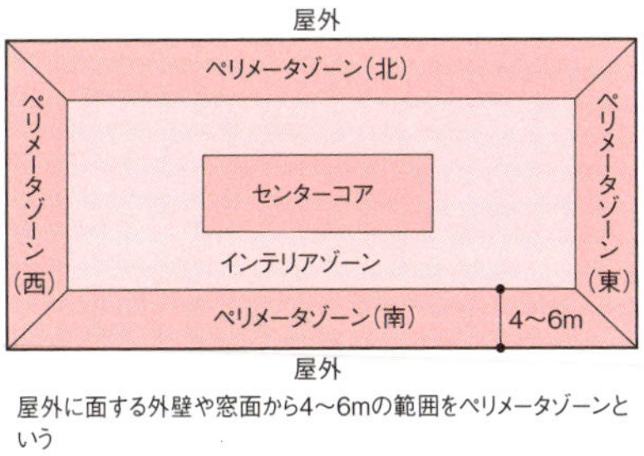

屋外
- ペリメーターゾーン（北）
- ペリメーターゾーン（西）
- センターコア インテリアゾーン
- ペリメーターゾーン（東）
- ペリメーターゾーン（南） 4〜6m
屋外

屋外に面する外壁や窓面から4〜6mの範囲をペリメーターゾーンという

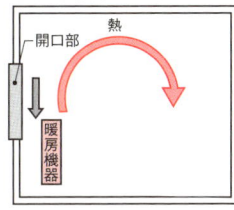

図8 | 庇などの日射遮蔽係数

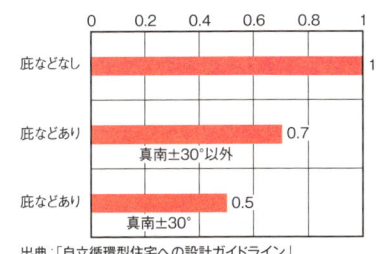

	係数
庇などなし	1
庇などあり（真南±30°以外）	0.7
庇などあり（真南±30°）	0.5

出典：「自立循環型住宅への設計ガイドライン」（(財)建築環境・省エネルギー機構）

図7 | 開口部（ガラス面）の方位別日射熱取得率

単位：W/㎡

方位 \ 時刻	9	12	14	16
トップライト	654	843	722	419
北	42	43	42	38
北東	245	43	42	36
東	491	43	42	36
南東	409	93	42	36
南	77	180	108	36
南西	42	147	377	402
西	42	50	400	639
北西	42	43	152	410

注　東京の場合（7月23日測定）

夏期にガラス面1㎡より、室内に入る日射熱量を示す。東〜南東面の9時、西〜南西面の16時が圧倒的に大きい。また、夏期はトップライトから熱エネルギーが終日室内に入る

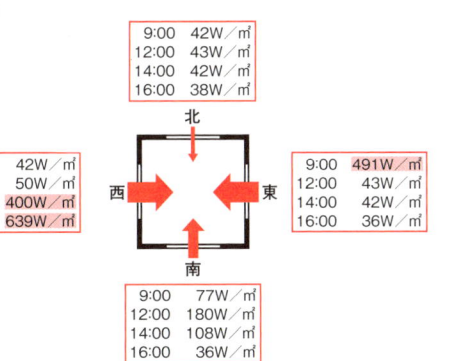

北
- 9:00　42W/㎡
- 12:00　43W/㎡
- 14:00　42W/㎡
- 16:00　38W/㎡

西
- 9:00　42W/㎡
- 12:00　50W/㎡
- 14:00　400W/㎡
- 16:00　639W/㎡

東
- 9:00　491W/㎡
- 12:00　43W/㎡
- 14:00　42W/㎡
- 16:00　36W/㎡

南
- 9:00　77W/㎡
- 12:00　180W/㎡
- 14:00　108W/㎡
- 16:00　36W/㎡

水平
- 9:00　654W/㎡
- 12:00　843W/㎡
- 14:00　722W/㎡
- 16:00　419W/㎡

蓄えること。蓄熱のかたちには顕熱・潜熱・化学反応熱があり、主に水・氷・砕石・潜熱蓄熱材などが蓄熱材として利用されている。特殊な例として地盤や躯体を蓄熱材として利用するシステムもある。

暖房負荷｜だんぼうふか　暖房のために加えるべき熱量のこと。つまり加熱、加湿するために必要な熱量を指す。

ヒートロス｜暖房中に壁や窓などから熱が逃げていくこと。

ヒートゲイン｜冷房中に外の熱が窓などを伝わって入ってくること。

冷房負荷｜れいぼうふか　冷房のために取り去るべき熱量のこと。つまり冷却、減湿するため外に取り去るべき熱量のこと。

日射取得率｜にっしゃしゅとくりつ　ガラス外面に入射した日射熱のうちガラス面を透過し、特に窓に面する部分は日射の影響を受けやすい。そのため、ペリメーターゾーンは方位ごとにゾーニングを行い、屋内の影響を壁に比べて高くないため、断熱性能も壁に比べて高くない。そのため、ペリメーターゾーンは方位ごとにゾーニングを行い、それぞれ単独の空調とする対策を行う。

コールドドラフト｜ダウンドラフトともいう。不快な空気の流れのことで、エアコンの吹出口からの冷風や、冬期に窓面で冷やされた空気が人体に直接当たる現象を指す。後者は輻射熱タイプの冷暖房を導入することで、窓面に暖房機を設置することで対応できる［図5］。

ペリメーターゾーン｜空調を行う部屋の屋外に面する外壁や窓面から4〜6m以内で、屋外の影響を受ける範囲をいう［図6］。特に窓に面する部分は日射が透過し、屋内の影響を壁に比べて高くないため、断熱性能も壁に比べて高くない。そのため、ペリメーターゾーンは方位ごとにゾーニングを行い、屋内に面する壁にファンコイルを設置するなど、それぞれ単独の空調とする対策を行う。

ヒートブリッジ｜本来断熱材で縁が切れている物質どうしが直接接触することで起こる熱の移動のこと。

265

図10 | 空調方式の決め方

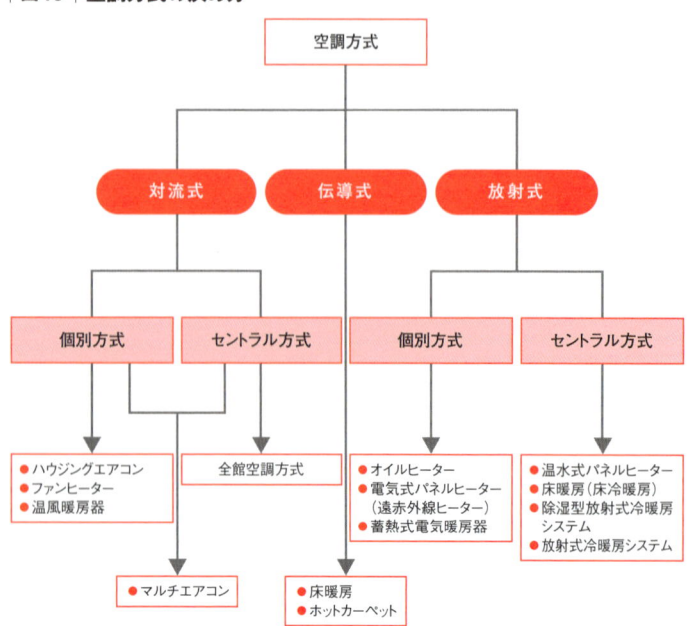

空調方式
- 対流式
  - 個別方式
    - ハウジングエアコン
    - ファンヒーター
    - 温風暖房器
  - セントラル方式
    - 全館空調方式
    - マルチエアコン
- 伝導式
  - 個別方式
    - オイルヒーター
    - 電気式パネルヒーター（遠赤外線ヒーター）
    - 蓄熱式電気暖房器
  - 床暖房
  - ホットカーペット
- 放射式
  - セントラル方式
    - 温水式パネルヒーター
    - 床冷房（床冷暖房）
    - 除湿型放射式冷暖房システム
    - 放射式冷暖房システム

図9 | 主にダクトの圧力損失が発生する部位

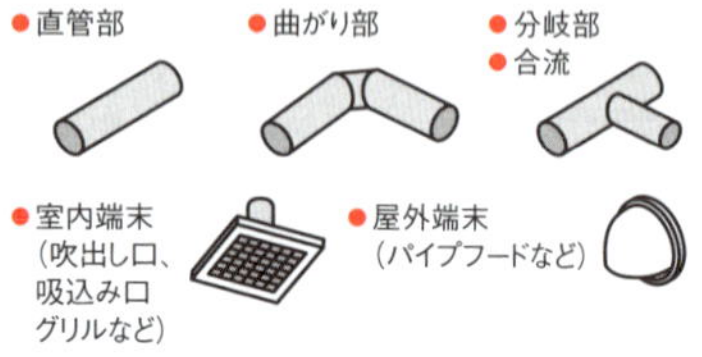

- 直管部
- 曲がり部
- 分岐部
- 合流
- 室内端末（吹出し口、吸込み口、グリルなど）
- 屋外端末（パイプフードなど）

図11 | セントラル方式

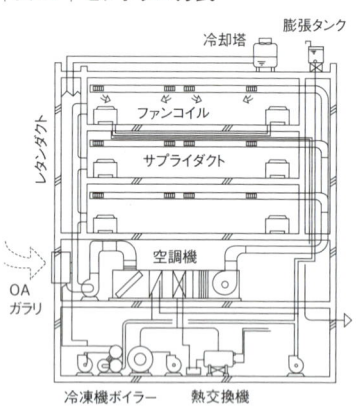

膨張タンク / 冷却塔 / ファンコイル / サブライダクト / 空調機 / OAガラリ / 冷凍機ボイラー / 熱交換機

図12 | ヒートポンプの原理

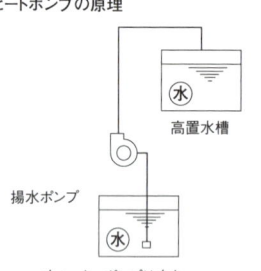

ヒートポンプの原理

高置水槽 / 揚水ポンプ / 水

ウォーターポンプは水を低い所から高い所に汲み上げる

ヒートポンプは熱を低温から高温側へ汲み上げる

高温 / 低温 / ヒートポンプ

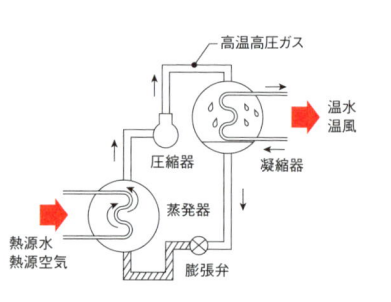

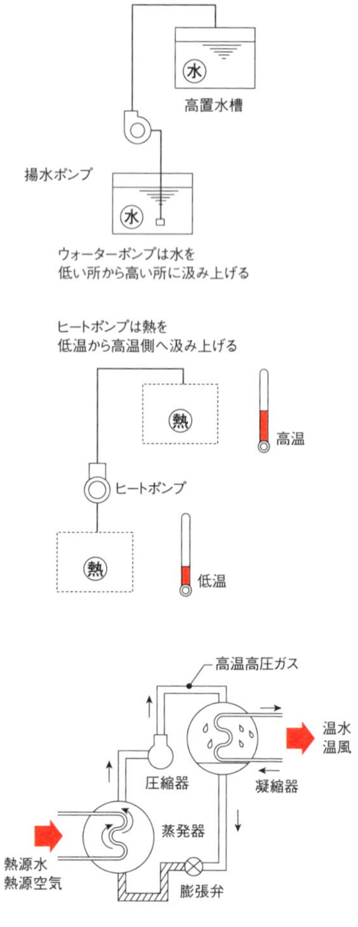

高温高圧ガス / 温水・温風 / 圧縮器 / 凝縮器 / 蒸発器 / 熱源水・熱源空気 / 膨張弁

ち、透過および吸収後の放熱により室内に入る比率[図7]。

遮蔽係数 しゃへいけいすう
日射遮蔽装置あるいは特殊ガラスの遮蔽性能を表す指標[265頁図8]。

相当外気温度 そうとうがいきおんど
日射量をそれと等価な温度に換算し外気温度に加えた温度。

非定常計算法 ひていじょうけいさんほう
年間の空調負荷を計算する方法のこと。毎日・毎時刻に変動する室内外温湿度、日射、風速、風向、部屋の使い方や、休日などの空調運転停止時の影響も考慮したシミュレーションで、膨大な計算量をコンピュータによって計算する。

周期定常計算法 しゅうきていじょうけいさんほう
温度や熱流が周期的（一般に1日周期）に変動するものとして、壁体の熱容量に起因する熱流の時間遅れや振幅減衰を考慮した負荷計算方法。

TAC手法 たっくしゅほう
アメリカの暖房空調冷凍学会（ASHRAE）の技術諮問委員会が提案した、一定期間の観測記録の超過確率にもとづく統計手法による設計外界条件。

PMV ぴーえむぶい
予想温冷感申告（Predicted Mean Vote）のことでP・O・ファンガー教授が提唱した快適性を表す指標。居室の温熱環境を評価するために用いられる。

人体の熱的快適感に影響する要素は6つあるが、室温・平均放射温度・相対湿度・平均風速の4つの物理的要素と2つの人間側の要素である在室者の着衣量と作業量が関係する。これらの要素に関して、その複合効果をどのように評価するかについての理論である。快適方程式に、この6つの要素を代入すると、人間がその時暖かいと感じるか、寒いと感じるかを「7段階評価尺度による数値」で表している。

圧力損失 あつりょくそんしつ
空気がダクト内を流れるときや水が配管内を流れるときの摩擦抵抗を、空気や水がもつ圧力の低下（圧力の損失）で表したもの。換気の場合、吹出し孔・吸込み孔などから受ける抵抗で、抵抗値はそれぞれの仕様・形状によって異なる。抵抗の

空調方式

24時間換気システム

じかんかんき―
常時換気を行うシステム。方式には、ダクトを利用して1台の換気器機で住宅全体を換気するセントラル換気システムやダクトを利用しない壁付けタイプの個別換気システムがある。

個別空調

こべつくうちょう
1台の空調機で複数の部屋を空調するのではなく、各部屋に空調機器を配置し、部屋ごとに空調のオン・オフや温度・湿度制御ができる方式[図10]。
個別空調は、各室の個別の温度要求に対応するフレキシビリティがあるが、機器が増えるためメンテナンスが増える。

セントラル

セントラル方式の略。熱源機器、空調機、送排風機、自動制御監視・操作機器などを中央に集中した方式で、1つの熱源で住宅全体の暖房を行う。主にボイラーや給湯機でつくった温水を利用して、床暖房やパネルヒーターで暖房を行う。

パーソナル空調方式

くうちょうほうしき
空調設備の制御を個人の快適感に対応させてきめ細かく制御する方式。イニシャルコストが高く、メンテナンス点検個所も増えるため維持管理コストも増大する。

VAV方式

ぶいえーぶいほうしき
可変風量方式(Variable Air Volume System)の略。空調機から送られてくる一定温度の空気の送風量を、室内の負荷変動に応じて変化させる空調方式。空調機の給気ファンの風量をインバータで回転数制御を行うためにファンの動力の低減が可能な省エネルギーシステム。

ヒートポンプ方式

ほうしき

図13 | ヒートポンプ方式

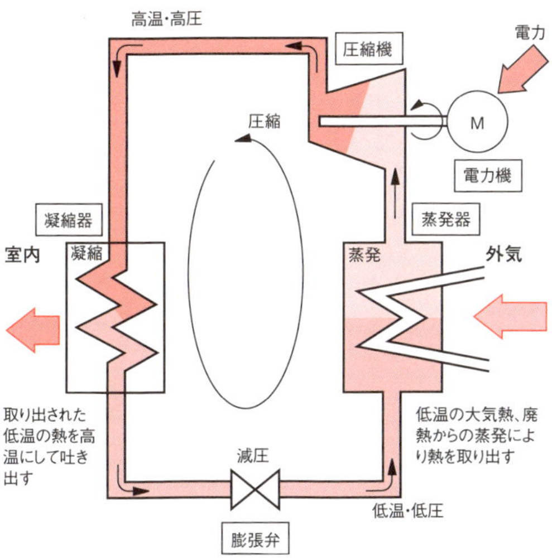

ゾーニング

建物を1台の空調機で空調するのではなく、階別、負荷別、用途別、時間別または方位別に分割して空調を行うこと。
ゾーニングにより必要な部分のみ運転できるので、残業運転対応が容易になる。空調負荷の大きい部分の温度設定を変更できるなど、小回りの利く運転や省エネルギー

放射冷暖房

ほうしゃれいだんぼう
対流ではなく固体面間の熱放射により冷房や暖房を行うもの。輻射冷暖房「ふくしゃれいだんぼう」ともいう。ドラフトを感じさせずに空調できるが、放射冷房の場合は表面結露が発生するため、冷房をすべて放射で行うのは難しい。放射暖房の例としては、パネルヒーティングがある。

適切な算定が機器選定において重要である[図9]。

運転が可能。
低温の空気や水から熱を取り出し昇温して高温の熱として取り出す機械[図12・13]。蒸発器で採熱する場所と凝縮器で放熱する場所を入れ替えることで温水や温風を取り出す。冷凍機は室内の熱を外部に排出しているが、ヒートポンプは低温の外気から熱を取り出し室内を暖房している。

セミセントラルヒーティング

住宅の暖房方式の1つで、1つの熱源で複数個所の暖房を行うシステムをいう。主にボイラーや給湯機を利用してつくった温水を利用して、床暖房やパネルヒーターで暖房を行う。

氷蓄熱方式

こおりちくねつほうしき
蓄熱方式の1つで、氷の潜熱を利用して蓄熱する蓄熱方式[図14]。水蓄熱方式と比較して蓄熱に必要な体積が小さく、建築工事への影響が少ない。しかし、水蓄熱を製造するためシステム効率は下がる。熱源機と氷蓄熱槽を別々に設置するセパレート式と、一体化させたユニット式がある。なお、蓄熱方式は深夜に運転されるので、近隣に住宅がある場合、熱源機器の騒音値と地域の騒音規制値を確認し、防音壁などの対策を行う。

熱回収方式

ねつかいしゅうほうしき
建物の余剰熱や、ムダに捨てられている排熱を回収し、建物内の熱の不足している場所へ搬送して、暖房や給湯の熱源として利用する方法。空気と空気を熱交換する全

図14 | 氷蓄熱方式
セパレート式 ／ ユニット式

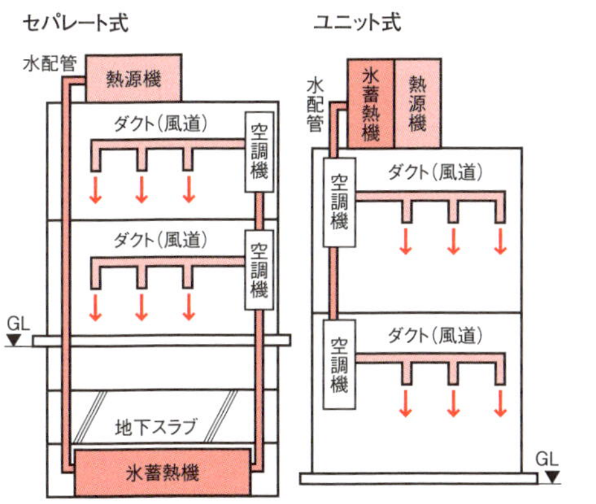

図15｜エアコンの機能

除湿機能

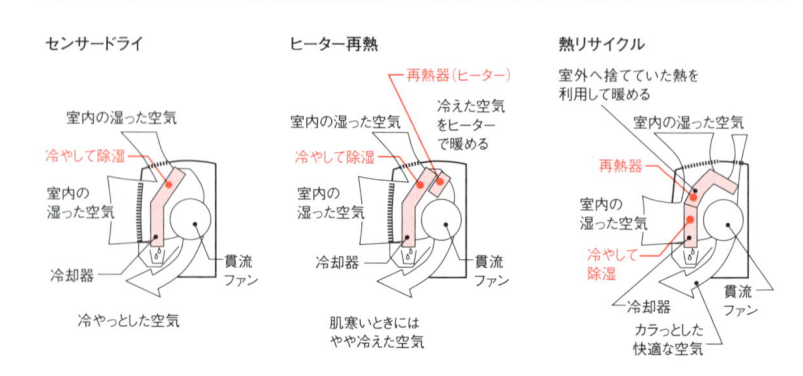

センサードライ

室内の湿った空気 / 冷やして除湿 / 室内の湿った空気 / 冷却器 / 貫流ファン / 冷やっとした空気

ヒーター再熱

再熱器（ヒーター）/ 室内の湿った空気 / 冷えた空気をヒーターで暖める / 冷やして除湿 / 室内の湿った空気 / 冷却器 / 貫流ファン / 肌寒いときにはやや冷えた空気

熱リサイクル

室外へ捨てていた熱を利用して暖める / 室内の湿った空気 / 再熱器 / 室内の湿った空気 / 冷やして除湿 / 冷却器 / 貫流ファン / カラっとした快適な空気

除湿方法には、①センサードライ（弱冷房を繰り返し除湿するが、吹出し温度が低く室温が下がる）、②ヒーター再熱方式（除湿のために冷やした空気を電気ヒーターで再熱し供給する）、③熱リサイクル方式（除湿のために冷やした空気を排熱を利用して再熱し供給する）、の3方式ある。省エネ・高性能を売りにした機種では③が主流

酸素供給機能

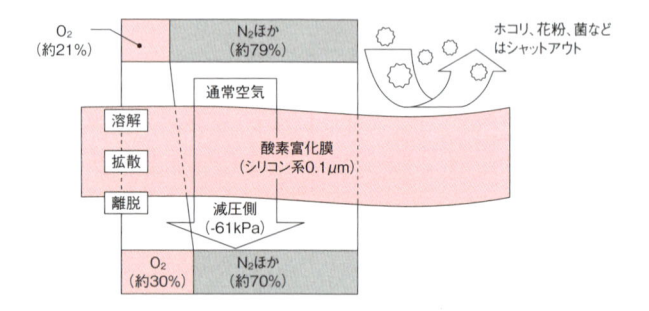

O_2（約21%）/ N_2ほか（約79%）/ 通常空気 / ホコリ、花粉、菌などはシャットアウト / 溶解 / 拡散 / 離脱 / 酸素富化膜（シリコン系0.1μm）/ 減圧側（-61kPa）/ O_2（約30%）/ N_2ほか（約70%）

酸素富化膜を通る空気成分の速度の違い（酸素のほうが窒素より早い）を利用して高濃度の酸素を供給し、酸素濃度21%を維持する

空気清浄機能

臭い・細菌・ウイルスなどに対しては酸化チタンと紫外線で分解する光触媒方式、ホコリ・花粉・たばこの煙などに対してはフィルターで捕集する方式、電気的に帯電させ集じんする電気式集じん方式、また吸着させるイオン式などがある

床暖房機能

1つの室外機でエアコンと床暖房が利用でき、室温や快適性をそれぞれの組合せで自動制御できる

熱交換器　「ぜんねつこうかんき」を利用するものと、ヒートポンプを利用するものとがある。

熱し、温度を上げて室内に供給する除湿方式［図15］。

熱リサイクル方式　ねつりさいくるほうしき　エアコンにおける除湿方式の1つ。除湿効果を高めるには空気を冷やす必要があるが、室温を下げすぎないために冷やされた空気を室外機から排出される熱を利用して再

高温水暖房　こうおんすいだんぼう　水は密閉容器のなかで圧力を加えて熱すると、沸騰点が100℃以上の温水が得られる原理を利用した方式。大量の熱搬送が可能なところから、主に工場や大学キャンパス、地域暖房に利用されている。

輻射冷暖房　ふくしゃれいだんぼう　輻射（放射）によって暖冷房を行うシステム。輻射暖房とは放射暖房のことで、室内から外部に逃げる熱を、室内に設置した加熱面からの熱を、主に放射面によって補償する方式。天井、壁などの建築体そのものを用いるものや、高温放射板や赤外線加熱器を用いるものなどがある。床暖房や暖炉などは、物体を直接暖めたり冷ましたりする効果があることから、熱源から離れた場所でも効果があり、気流のないマイルドな温熱感を得られる。天井面（パネル）を冷やし、輻射暖冷房を

図17｜アクティブシステムの仕組み

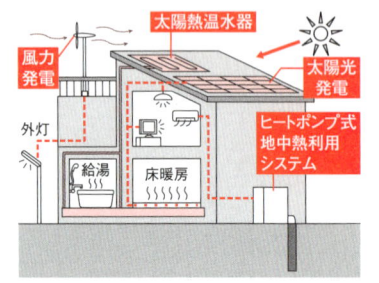

太陽熱温水器 / 風力発電 / 太陽光発電 / 外灯 / 給湯 / 床暖房 / ヒートポンプ式地中熱利用システム

図16｜パッシブシステムの仕組み

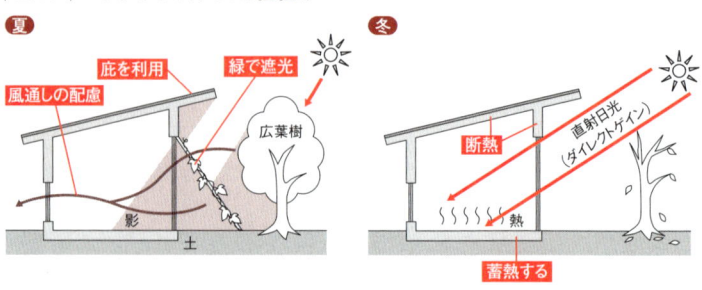

夏　庇を利用 / 緑で遮光 / 風通しの配慮 / 広葉樹 / 影 / 土

冬　直射日光（ダイレクトゲイン）/ 断熱 / 熱 / 蓄熱する

空調機器

空調機｜くうちょうき
室内の空気状態（温度、湿度、清浄度）を制御する装置[図19]。ファン、コイル、フィルター、加湿器や空気混合ボックスで構成されている。形状により、水平型、縦型がある。また、送風量が3千～4万㎥/hとして組み込んだ**システムエアコン**、送風量が2千400～1万5千㎥/hとして設置面積を抑え、オフィスなどで廊下とオフィスの壁の柱間に収納

OMソーラーシステム｜おーえむそーらーしすてむ
OMソーラー協会が販売する軒先から外気を取り込み、屋根面の集熱装置で暖めて建物内に取り込むシステム。冬は温まった暖気を床下の蓄熱コンクリートに送り、夜間利用される。夏は温まった暖気利用して給湯の補助熱源とするとともに、屋根裏の放射冷却によって冷やされた空気を取り込む。集熱パネル、集熱ダクト、ハンドリングボックス、蓄熱コンクリートなどから構成される[図18]。

アクティブソーラーシステム｜
太陽熱を室内環境のために有効利用したシステムで、何らかの動力装置を使って太陽熱を給湯の熱源に利用したり、空調の熱源としたりする。換気のために機械を用いるもの、暖冷房に機械設備を併用するもの、太陽熱で水を温めて給湯したり、ポンプで循環させて暖房に利用するものなど、さまざまなシステムが開発されている[図17]。

パッシブソーラーシステム｜
太陽熱を室内環境のために有効利用したシステムで、太陽熱を直接取り込みリアルタイムで熱として利用する方法や壁や床に蓄熱させて有効に利用する方法がある。パッシブソーラーシステムを検討する場合、建物方位、開口部の面積、種。主に大規模な建物において、

リバースリターン｜
冷温水配管における配管方式の1種。主に大規模な建物において、分岐配管の流体の循環量を均一にするための配管方式。各系統の抵抗が均一になるように、往管また返り管の一方を一度逆方向に流してから、元に戻すような配管方式。仕様、外壁などの仕様が大きく関わるため、十分検討する[図16]。

遠赤外線暖房｜えんせきがいせんだんぼう
ガスまたは電気を熱エネルギー源として遠赤外線を放出する暖房方式。熱放射面が比較的低い表面温度（200～400℃）から人体そのほかに吸収されやすい長波長の赤外線、いわゆる遠赤外線を放出する材料でつくられているもの。行う例もある。

図18｜OMソーラーシステムの仕組み

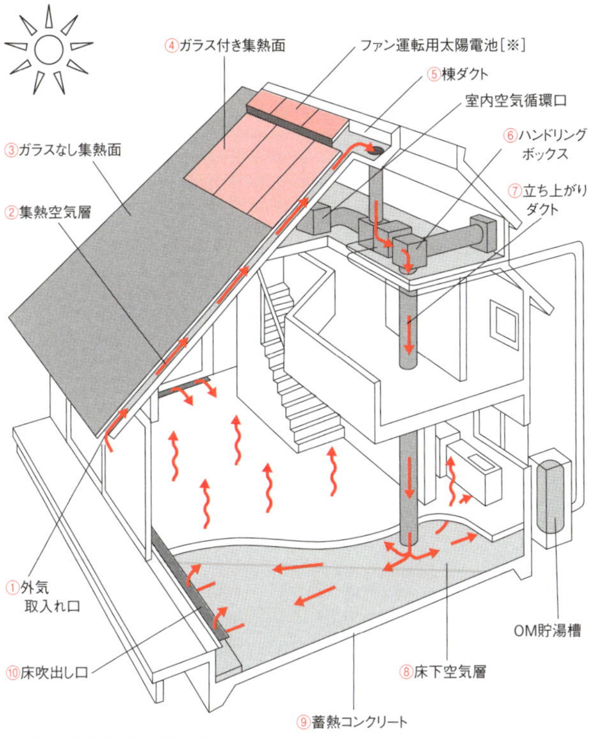

- ④ガラス付き集熱面
- ファン運転用太陽電池[※]
- ⑤棟ダクト
- 室内空気循環口
- ③ガラスなし集熱面
- ⑥ハンドリングボックス
- ②集熱空気層
- ⑦立ち上がりダクト
- ①外気取入れ口
- ⑩床吹出し口
- OM貯湯槽
- ⑧床下空気層
- ⑨蓄熱コンクリート

※自立運転型ハンドリングの場合

図19｜空調機

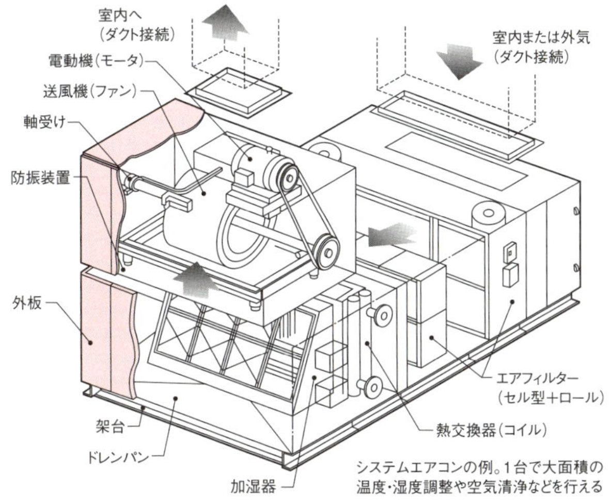

- 室内へ（ダクト接続）
- 電動機（モータ）
- 送風機（ファン）
- 軸受け
- 防振装置
- 外板
- 架台
- ドレンパン
- 加湿器
- 室内または外気（ダクト接続）
- エアフィルター（セル型＋ロール）
- 熱交換器（コイル）

システムエアコンの例。1台で大面積の温度・湿度調整や空気清浄などを行える

図20｜エアコンのタイプ

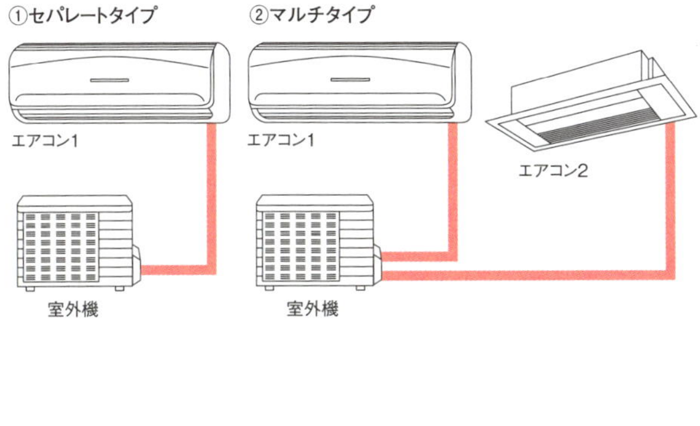

①セパレートタイプ　②マルチタイプ

- エアコン1
- エアコン1／エアコン2
- 室外機

図23 | ファンコイル

カセット形

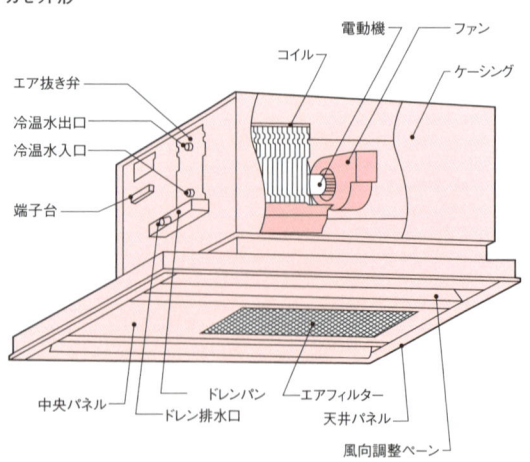

（図中ラベル：電動機、ファン、コイル、ケーシング、エア抜き弁、冷温水出口、冷温水入口、端子台、中央パネル、ドレンパン、ドレン排水口、エアフィルター、天井パネル、風向調整ベーン）

床置き露出型

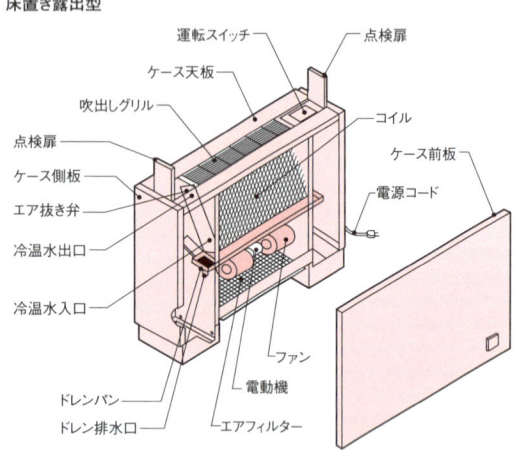

（図中ラベル：運転スイッチ、点検扉、ケース天板、吹出しグリル、点検扉、ケース側板、エア抜き弁、冷温水出口、冷温水入口、コイル、ケース前板、電源コード、ファン、電動機、ドレンパン、ドレン排水口、エアフィルター）

図21 | パッケージ

（図中ラベル：吹出しグリル、ケーシング、送風機電動機、エアフィルター、膨張弁、凝縮器、送風機、蒸発器、コントロールボックス、スイッチボックス、圧縮機）

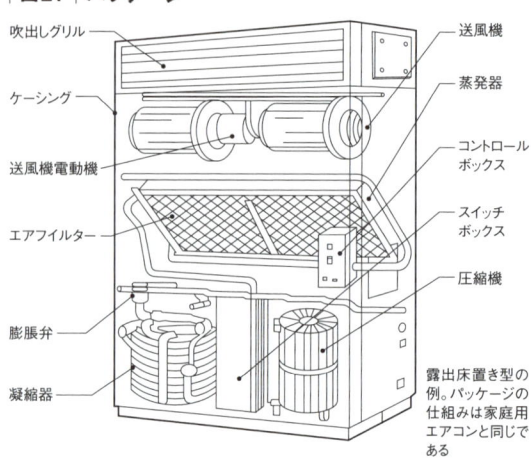

露出床置き型の例。パッケージの仕組みは家庭用エアコンと同じである

図22 | GHP

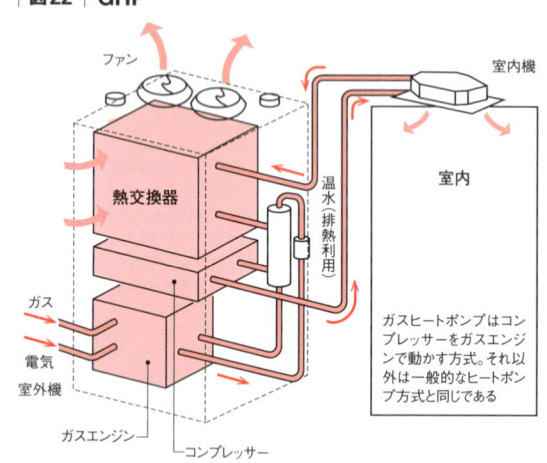

（図中ラベル：ファン、熱交換器、ガス、電気、室外機、ガスエンジン、コンプレッサー、温水（排熱利用）、室内機、室内）

ガスヒートポンプはコンプレッサーをガスエンジンで動かす方式。それ以外は一般的なヒートポンプ方式と同じである

図24 | ビルマルチ

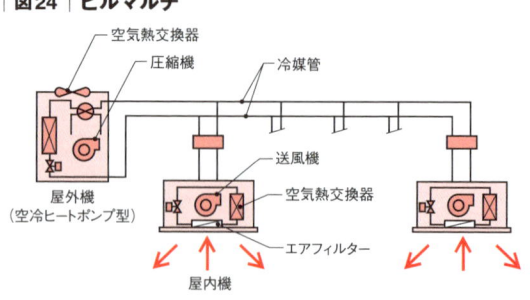

（図中ラベル：空気熱交換器、圧縮機、冷媒管、屋外機（空冷ヒートポンプ型）、送風機、空気熱交換器、エアフィルター、屋内機）

エアコン エアーコンディショナーの略で、室内機と室外機および冷媒管から構成され、冷房・除湿・暖房など室内の空気を調整できる機械で家庭用に使用されているものをいう。原理は、室外機のコンプレッサーで圧縮した冷媒に、室内（室外）の熱を吸収・気化させ室外（室内）に放出することで暖冷房を行う。

パッケージ パッケージ型空気調和機の略。構成は家庭用エアコンと同じ仕組みで、送風機、熱交換器、圧縮機、フィルター、制御機器などをパッケージ型空調機の屋内機に応用される。それぞれの空調機能にフィルター、吸込み口、吹出し口、コントローラを一体に組み合わせて現場の施工性を向上させた機器。

天カセ てんじょうつりがたカセットの略称で、ファンコイルユニットあるいはパッケージ型空調機の屋内機に応用される。それぞれの空調機能にフィルター、吸込み口、吹出し口、コントローラを一体に組み合わせて現場の施工性を向上させた機器。

コンパクトエアコンがある。エアコンディショナーの略で、送風量が大きくなるほど空調機のサイズも大きくなる。そのため、送風量が1万5千㎥/h以下になるようにゾーニングすると、搬入・搬出が容易とされている。

マルチタイプ 1台の室外機に対して複数台の室内機が接続できるエアコン[269頁図20②]。

セパレートタイプ 1台の室外機に対して室内機が1台のエアコン[269頁図20①]。

基本的には外気と室内の熱のやりとりである。住宅用では壁掛け型が一般的だが、天井カセット型や天井隠蔽型、また床置き型、天井吊り型などがある。能力は主に2.2〜5.0kWで6段階あり、多くは「対応する部屋の広さ○畳」と表示されている。木造の場合2.2kWは6畳、5.0kWは16畳が能力の目安である[268頁図15・269頁図20]。

GHP | じーえいちぴー
Gas Heat Pump（ガスヒートポンプ）

ガスエンジン駆動のヒートポンプシステムのことで、空気熱源ヒートポンプパッケージ方式の電気モーター駆動のEHP（Electric Heat Pump）や灯油エンジン駆動のKHP（Kerosine）に対する略語である[図22]。暖房時は、燃焼廃熱も利用するため効率が高くなる。

エアハン

中央空調方式に用いられる空調機で、主な構成部品はエアフィルター、熱交換器、加湿器、送風機、ケーシングなどからできている。

システムエアハン

全熱交換器をエアハンドリングユニットに組み込み、自動制御装置や熱源装置を別途、製造し、ポンプと配管で送る。別途、冷凍機やボイラなどの熱源装置と、ポンプと配管で送る。露出型、床置き隠蔽型、天吊露出型、吹出し口をダクトで接続する天吊隠蔽型、天井カセット型がある。ファンコイルの空調能力は一般の空調機の1/10程度である。

ファンコイル

ファンコイルユニットの略称で、冷温水コイル、送風機、フィルタ、ケーシングから構成されており、冷水・温水の供給を受けて冷暖房を行うユニット[図23]。空調を行う室の床や天井に設置し、室に設置された

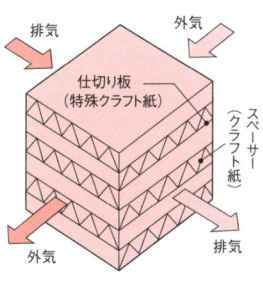

ビルマルチ

1台の屋外機と複数の屋内機を冷媒管で接続して1つのシステムを構成する個別空調方式[図24]。中小規模の建物を中心として用いられる。個別運転ができるため、残業運転などの対応が容易。冷暖房を同時に行う方式もある。室内機の形式としては、天井カセット型、床置型、天井隠蔽型、天吊露出型がある。屋外機の容量があれば室内機の増設も容易である。

フィルター

空調する循環空気中の塵埃を取り除く目的で空調機内部に設置するもの。フィルターの種類としては、中性能フィルターが使用される。3千㎡以上の特定建築物ではビル管法（建物の衛生的環境確保に関する法律）が適用され、室内の浮遊粉じん量が0.15mg/㎡以下となるような換気量とフィルターの設定が必要。なお、厨房などからの

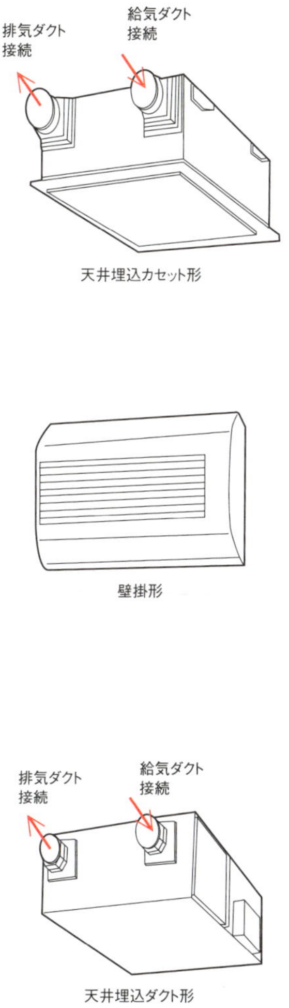

図26 | 全熱交換器

図25 | 全熱交換器の種類
天井埋込カセット形
壁掛形

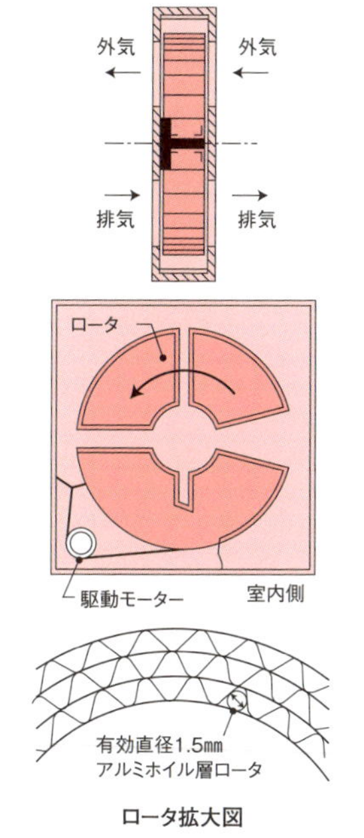

図27 | 静止型全熱交換器
天井埋込ダクト形

排気される油煙に含まれる油脂分やダストを取り除くものを特にグリースフィルターという。

熱交換器 | ねつこうかんき

エアコンの冷媒から空気に熱を伝えるコイル部分で、熱交換効率を高めるためコイルの周囲に多数のフィンが設置されている。熱交換器に通すことで室内空気を冷却・加熱し、暖冷房を行う。

全熱交換器 | ぜんねつこうかんき

空調に使用される排熱回収用の空気対空気熱交換器で、室内からの排気と取り入れた外気との間で、顕熱のみならず空気中の水分すなわち潜熱も同時に交換するもの。第1種換気方式である。省エネルギー効果が大きく、熱回収は回転式（吸熱再生型）で80％程度、静止型（透過型）で60～70％程度と公称されている。全熱は顕熱と潜熱の両方という意味で、空気のエンタルピーに相当する[図25・26]。夏など高温で高湿度な外気を室内に取り入れる際、室内の乾燥した冷えた空気と温度・湿度が交換されるため、温度・湿度が外気よりも低い状態で室内に取り込むことができる。ロスナイなどはこの方式に当たる。

ロスナイ

静止型全熱交換器の商品名で、透湿

写真1 | 温水式床暖房

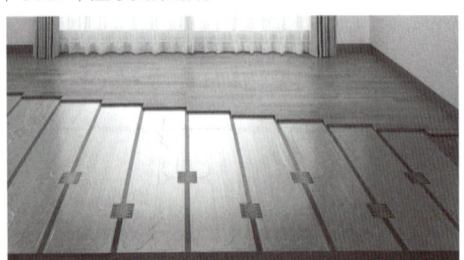

温水マット(小根太入り)フローリング仕上げ

図28 | COP

COP Coefficient of Performance

- エネルギー消費効率
- 一定の温度条件のもとでの消費電力1kW当たりの能力
- COP = 定格能力[kW] / 低格消費電力[kW]
- ヒートポンプのみの効率を示す

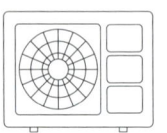

室外機

図29 | 床暖房の種類

床暖房
- 温水式(銅管 架橋ポリエチレン管 ポリブデン管)
  - 熱源※1
    - ガス石油類
      - ボイラー
        - 暖房熱源器 → 床暖房：ガスで湯をつくり床暖房する(床暖房専用)
        - 給湯暖房機※2 → 床暖房：ガスで湯をつくり床暖房する(給湯もできる)
    - 電気
      - ヒートポンプ※3
        - ヒートポンプ → 貯湯タンク → 床暖房：大気と水を熱交換させ貯蓄し、床暖房する(給湯もできる)
        - ヒートポンプ → 床暖房：大気と水を熱交換させ貯蓄し、床暖房する(床暖房専用)
      - 電気温水器※3
        - 電気温水器 → 床暖房：ヒーターで湯をつくり床暖房する(給湯もできる)

※1 ほかにも太陽熱を利用するものもある
※2 発電できるものもある
※3 夜間電力利用型もある

- 電気式
  - 放熱部材 | 特徴
  - 炭素繊維：発熱体が薄く(0.5mm厚)、その分断熱材が強化できるため、暖まりやすい。一番安価
  - ニクロム線：歴史が長く、電気床暖房といえばこれ。発熱体が厚い(6mm厚)
  - 潜熱蓄熱材+ヒーター：夜間に放熱部材を暖め、潜熱蓄熱材に熱を蓄え、昼間に放熱する。ランニングコストが安い
  - PTC：発熱体が薄い。温度自己制御が付いているため、ある部分の床温が高くなった場合にその部分の発熱を抑えることができ、発火の危険性が少ない。省エネルギーである
  - カーボンヒーター：カーボン粉末をフィルムに印刷するため、発熱体が薄い。温度が高くなっても自己抑制がないため、温度制御の仕組みを計画することが重要

ほかに、コンクリートに電気放熱材または温水を埋設して蓄熱する床暖房もある(顕熱蓄熱)。また、温風を床下に通し床面を暖める「オンドル」がある

顕熱交換型換気扇｜けんねつこうかんがたかんきせん　換気時の排気から顕熱を回収して給気する換気扇。外気と室温の差が大きいほど熱回収効果が高い。熱のみ回収するため湿気や臭気は移らないが、潜熱を回収しない

チラー｜冷温水をつくる冷凍機のこと。圧縮機、凝縮器、電動機と冷却器(蒸発器)を組み合わせたもので、チ性のある特殊紙などで流路を仕切り、給気と排気を隣り合わせに流す全熱交換器[271頁図27]。

コンベクター｜対流放熱機のことで、対流によって熱の大部分を放熱する暖房などに用いる装置。

コンプレッサー｜冷媒を圧縮するヒートポンプを成立させ、効率よく熱放出させるための重要な要素である。

インバータ｜圧縮機の回転数を空調負荷に応じて変化させ、容量制御を可能にしめ全熱交換型よりも効果は小さい。

リングユニットの略称。

COP｜しーおーぴー　成績係数と呼ばれ、機器の入力に対する出力の比である。エアコンのCOPは消費電力に対する暖冷房能力の比となり、数値が大きいほど能力が高い[図28]。

HEPAフィルター｜へぱーふぃるたー　High Efficiency Particulate Air Filterの略語。空気清浄のための高性能微粒子フィルター。定格風量で粒径が0.3μmのDOP粒子に対して99.97%以上の粒子補修率をもつ。

半密閉式ガス燃焼機器｜はんみっぺいしきがすねんしょうきき　燃焼用の空気を屋内から取り、燃焼排ガスを排気筒で屋外に出す方式で、自然通気力による自然排気方式(CoVentional Flue=CF)と、排気ファンを用いる強制排気方式(Forced Exhaust=FE)方式がある。半密閉式ガス燃焼機器を設置するときは、正しく排気筒および換気口の設置をしないと、不完全燃焼や一酸化炭素中毒の原因ともなる。一般に強制排気方式のガス燃焼機器はガス機器自体に排気ファンを備えており、それに排気筒を取りたを一定にして回転数を制御するPWM制御と、電圧を変化させることにより回転数を制御するPAM制御がある。

写真2・図31 | 顕熱蓄熱床暖房システムの例

根太間に蓄熱材を設置する

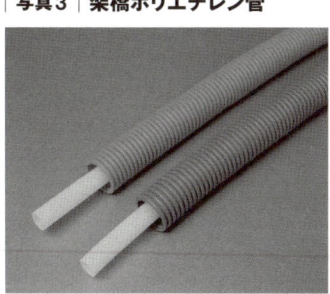

図30 | ヒーター式床暖房

● 電熱線式

電気カーペットなどに使用されている電熱線を発熱体として使用。サーモスタットや温度ヒューズを内蔵したパネルを敷く

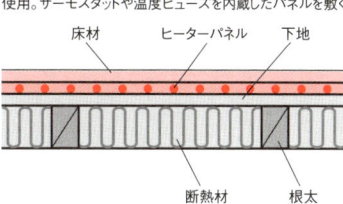

床材　ヒーターパネル　下地
断熱材　根太

● PTC[※]ヒーター式

ヒーター自体が周囲の温度によって発熱量をコントロールする。温度が高い部分は電気が流れにくくなるため、部分的な過度の温度上昇を抑える

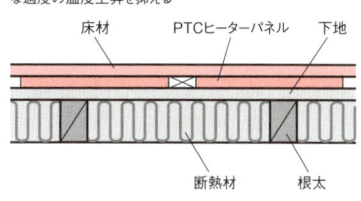

床材　PTCヒーターパネル　下地
断熱材　根太

※ヒーター温度が上がると、電気抵抗値が上昇すること。Positive Temperature Coefficientの略

写真4 | 温水ラジエーター

写真3 | 架橋ポリエチレン管

FF式燃焼機器｜えふえふしきねんしょうき

Forced draught balanced flue typeの略。強制給排気型暖房機のことで、燃焼機器への給排気を送風機によって強制的に行う密閉燃焼方式で室内の空気に関係なく燃焼させるので室内の換気は特別必要なく、室内空気が汚染されないという特徴がある。強制対流または放射+強制対流により効果を得る。

RF式ガス燃焼機器｜あーるえふしきねんしょうき

Roof top Flue式の略。屋外用ガス燃焼機器は機器本体を屋外に設置し、屋外で給排気することを前提とするものを総称しており、これらの機器は機器の上部に排気装置が設置されているものが多い。室内空気を汚染しないので、保安上の問題がなく、排気筒の設置が不要で軒下などのあいたスペースに設置できるなど長所が多い。

床暖房｜ゆかだんぼう

床面を暖め、熱放射、接触による熱伝導、および自然対流により温熱感を得るシステム。大きく温水式とヒーター式に分類できる[図29]。

温水式床暖房｜おんすいしきゆか

床内部に配管を敷設して温水を供給する配管で温水を供給される配管で、可とう性があり施工が容易であるという特徴をもつ。配管は在来で配管を施工する方法と、ユニット化されたパネルを敷設する方法がある[写真1]。

ヒーター式床暖房｜しきゆかだんぼう

床内部に電気ヒーターを敷設して床表面を暖める方式で、ユニット化されたパネルを敷設する。一般的なヒーターユニットと自己温度制御性のあるPTC型式がある[図30]。

蓄熱式床暖房｜ちくねつしきゆかだんぼう

床下の発熱部周辺に蓄熱材を設置し、電気料金が割安な夜間に熱を蓄え、昼間に放熱する方式で、温水式、ヒーター式のどちらにも適用可能。熱材には潜熱蓄熱材を利用したものが主流だが、躯体や水などを利用する方式もある。また、木造床の場合の多層ラミネート材の袋状の蓄熱材とシートヒーターのセットを根太間に設置する方式がある[写真2、図31]。

ボイラ

ガスや灯油を燃焼して温水や蒸気

架橋ポリエチレン管｜かきょう―

床暖房で温水を供給する際に利用される配管で、可とう性があり施工が容易であるという特徴をもち施工が容易で、床暖房用に利用されるほか、給水や給湯配管としても広く利用され、さや管ヘッダー方式などにも利用されている[写真3]。

PTCヒーター｜ぴーてぃーしー―

Positive Temperature Coefficientの略で、チタン酸バリウムを主成分とする半導体セラミック。ある温度（キュリー温度）で急激に電気抵抗が増加するように設定できる。自己温度制御性があり、バイメタルやサーモスタットのように断続的制御ではなく火花やノイズのない無接点作動で長寿命である。

温水ラジエーター｜おんすい―

配管に温水を流し、放射や自然対流によって効果を得る。放熱部分の形状はさまざまあり、壁掛け型、床置き型、インテリア性を考慮したタオル掛け型などがある[写真4]。

写真5 | 暖炉

図32 | ボイラ

図33 | パネルヒーター
前面などに平面状の放熱面をもち、内部に温水を流すことで、輻射放熱を行う

を発生させる機器[図32]。暖房用の熱源として、大規模用途から戸建住宅まで幅広く使われている。ボイラは単独の室に配置するのが原則とし、外開きの扉を原則として2カ所設置する。また、ボイラには燃焼ガスを排出する煙突が必要となる。

なお、ボイラは、機器の保護として軟水処理などの水処理が必要となり周辺の壁も暖められるため、一般的に強制対流式よりも上下温度差が小さく快適性も高い。低温度でパネルヒーターの放熱面を大きくしたほうが輻射暖房の効果

なり、大型になると運転資格が必要となる。方式としては、鋳鉄製のセクショナルボイラ、貫流ボイラ、電気ボイラなどがあり、大型では炉筒煙管ボイラや、水管ボイラがある。中小ビルでは、耐久年数は短いが取扱いが簡単な貫流ボイラや、法規上ボイラに該当せず運転資格の不要な真空温水発生機や無圧温水発生機が多く使用されている。

パネルヒーティング

表面パネルをヒーターや温水、ヒーターで温めたオイルなどで加熱して効果を得る自然対流・放射型の暖房機器[図33]。平面状の放熱面をもち、機器内に温水を流すことで輻射と対流の放熱を行う。放熱面積を増やすために周囲にフィンが設置されたパネルもある。室内に生じる気流速度が小さく、放射

凝縮器で放出するための物質。従来はフロンが使用されていたが、オゾン層の破壊、地球温暖化防止の観点から、R134a、R407CなどのHFCと呼ばれる新冷媒や、CO₂、NH₃（アンモニア）などの自然冷媒が使用されるようになってきた。オゾン破壊係数はいずれもゼロであるが、HFCは地球温暖化係数が比較的高く、自然冷媒はほとんどがゼロである。ビルマルチではR410Aなどが、ターボ冷凍機ではR134aなどが一般に使用されている。

冷媒 | れいばい
冷凍システム中を作動媒体として循環させ、液体から気体、あるいは気体から液体に相変化することで、その容積に応じた大きな潜熱を蒸発器で吸収し、凝縮器で放出することで熱を奪い、蒸発器で放出するための物質

暖炉 | だんろ
主にアメリカやヨーロッパからの輸入品が多い。熱源はガス、薪、電気があり、燃焼ガスを排出する必要がある場合には、煙突の設置が必要となっている。外気導入するFF式が普及している[写真5]。

フロン
冷凍機の冷媒に使用されていたが、成層圏のオゾン層を破壊するとして、地球規模の重大な公害物質となっている。冷凍機の冷媒サイクルに利用されるフロンは空気中に漏れなければ実害はないが、マイクロチップなどをつくる工場などで洗浄に使用されたりスプレー缶の加圧剤に使用されて大気中に放出されるものが最も影響が大きい。「フロン等規制法」により各種フロンの削減スケジュールが決定している。

特定フロンCFC | とくてい—
Chloro Fluoro Carbonの略。塩素を含み、オゾン層破壊の程度が高い化合物で、フロン11、12、113、114、115などの大量に使われている5種を指す。

HFC | えいちえふしー
R410Aと呼ばれるオゾン層破壊係数がゼロの代替フロン。HCFCからの冷媒転換が進んでいる。

HCFC | えいちしーえふしー
R22と呼ばれる冷媒。空調機に広く使用されてきたが、オゾン層保護のために新冷媒R410Aに転換が

自然冷媒 | しぜんれいばい
自然界に存在する物質で冷媒として特性をもつもの。次世代冷媒と呼ばれ、アンモニア、プロパン、CO₂などが研究されている。

進んでいる。先進国では2020年に生産全廃が決まっている。

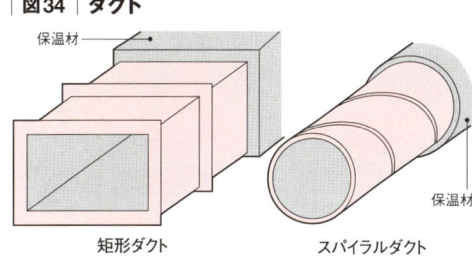

ダクト・配管

ダクト

空調機からの冷風・温風を目的の室まで搬送する、あるいはある部屋から臭気などのある空気を排出するために用いられる[図34]。

部材の材質としては、亜鉛鉄板、ステンレス鋼板、塩ビコーティング鋼板、塩ビが使用される。一般には亜鉛鉄板を使用するが、厨房排気などではステンレス鋼板が、プールなど、腐食が懸念される個所に設置された換気ダクトには塩ビコーティング鋼鈑や塩ビを使用する。矩形、円形が一般的な形状であるが楕円ダクト(オーバルダクト)や三角形のダクトもある。空調設備では、ダクト内風速が15m/s以下、静圧が500Pa以下の低速ダクトで設計されている。ダクトサイズの選定は、摩擦損失は一般に1Pa/m、風速は10m/s以下とされている。

|風道|ふうどう―部屋などから汚染空気を排出するダクト。

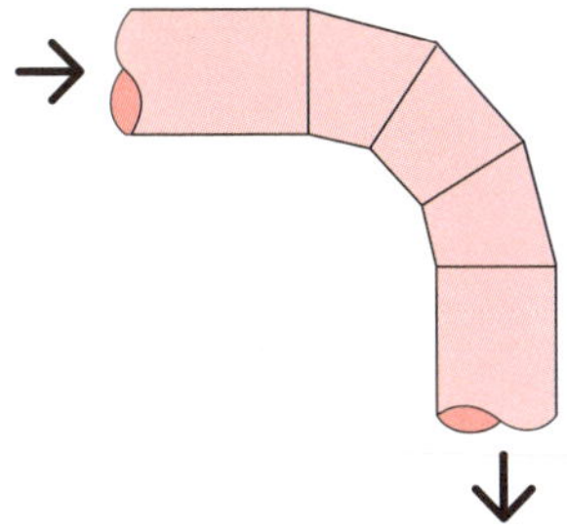

グラスウールダクト

硬質(500kg/m³以上)のグラスウールを角あるいは丸ダクトに成型したもの。外部にはアルミ箔が圧着され軽くて施工性がよい。鋼板ダクトで空調(冷風・温風)に利用する際、ダクト設置後に保温工事を行うが、グラスウールダクトは断熱性があるため、保温工事が不要となる。一方、グラスウールダクトは、鋼板製ダクトに比較して強度がないため、静圧の高いダクト系では使用できない。許容ダクト内静圧は1千200Pa[写真6]。

スパイラルダクト

幅の狭い金属板に傾斜をつけて螺旋状に巻き、板と板を甲ハゼで継ぎ目とした工場製作の円形ダクト[図34]。サイズは直径25〜75mmピッチで製作されている。漏れが少なく、耐圧もあり高速ダクトにも使用される。

フレキシブルダクト

曲げ施工がある程度自由にできるダクトで、材質はアルミ、鉄、樹脂、

ダクトの断面積は、急拡大や急縮小すると大きな圧力損失が発生するため、急拡大は15度以内、急縮小は30度以内としている。また、ダクト曲がりによる抵抗を大きくしないように、回転半径はダクトの幅の1.5倍以上としている。

グラスウールなど、さまざまな材質のものが使われている。レンジフード用には防火の観点から鉄が、セントラル換気用には樹脂が使われることが多い。また、振動伝播防止にも利用される。

吹出口チャンバーとダクトの施工誤差を吸収する目的で、ダクトと吹出口チャンバーの接続部分に用いられる[写真7]。

高速ダクト

こうそく―ダクト内風速が15m/sを超えるもののやダクト内の静圧が500Paを超えるものを指す。送風機の動力がかかるため省エネルギーの観点から排煙ダクト以外では使用されない。

ダクト消火

しょうか―厨房などの油分を含んだ排気により排気ダクト内の表面は油が付着している。ダクト内の油に着火し火災とならないよう、ダクトに消火設備を設置する。この消火設備の起動と同時にダクト系の送風機を停止される。排気フードに設置したものを**フード消火**という。

キャンバス継手

つぎて―ファンの振動をダクトに伝えないように、ファンとダクトを接続する個所に設ける。2つのフランジの間をガラス繊維などを基材としたキャンバスでつなぐ。その間隔は250mm程度。ファンの圧力で変

形しないようにキャンバスの内部にピアノ線が入っている。

海老継ぎ

えびつぎ―円形ダクトにおけるベンドの1つの形式で、円形ダクト自身を台形状に切断した後に組み合わせて接合したもの[図35]。

アスペクト比

ひ―矩形ダクトの縦横比。この数値が大きいほどダクトが扁平となる[次頁図36]。ダクトの縦・横のサイズを変更するとき断面が等しければ同等の性能と考えられがちであるが、ダクト内風速は、風量と断面積で決まるため、ダクトが扁平になるほどダクト内を通過する空気の抵抗係数が急激に大きくなる。それに伴いダクトの空気抵抗も増え、ランニングコストにも影響を与える。さらに、長辺が長くなるとダクトの板振動による騒音の発生原因となるため、一般にはアスペクト比は5以内とされている。

静圧

せいあつ―ダクトの片側をふさいでもう片側から送風機で空気を押し込む時に生じる内部の圧力。空気の流れがないときにも生じる圧力である。また、ダクトを開放すると空気が流れるが、風の速度によって生じる圧力を**動圧**とし、**静圧+動圧**を**全圧**という。

図40｜ダンバー

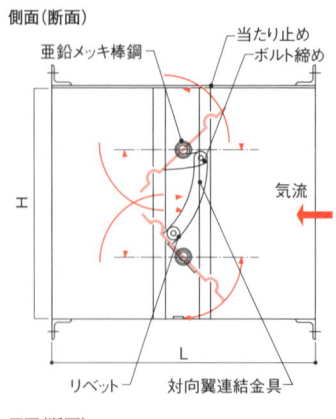

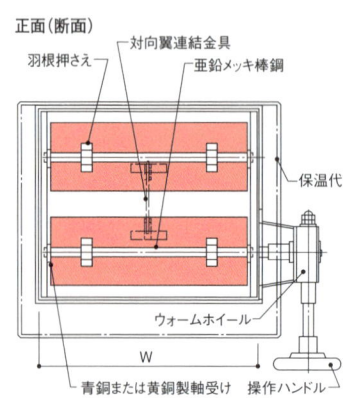

側面（断面）
- 亜鉛メッキ棒鋼
- 当たり止め
- ボルト締め
- 気流
- エ
- L
- リベット
- 対向翼連結金具

正面（断面）
- 羽根押さえ
- 対向翼連結金具
- 亜鉛メッキ棒鋼
- 保温代
- ウォームホイール
- W
- 青銅または黄銅製軸受け
- 操作ハンドル

図41｜FD

空調兼用防煙・防火ダンバー
（SFD-7M）

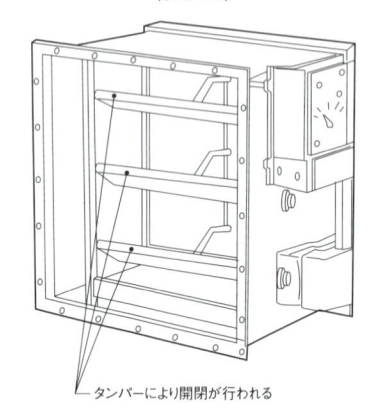

タンバーにより開閉が行われる

図36｜アスペクト比

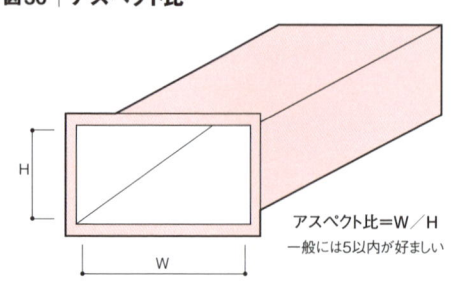

H, W
アスペクト比＝W／H
一般には5以内が好ましい

図37｜チャンバー

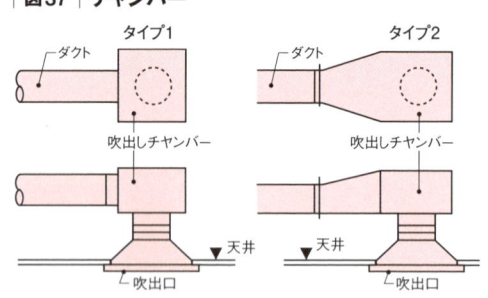

タイプ1／タイプ2
- ダクト
- 吹出しチャンバー
- 天井
- 吹出口

図38｜排煙設備

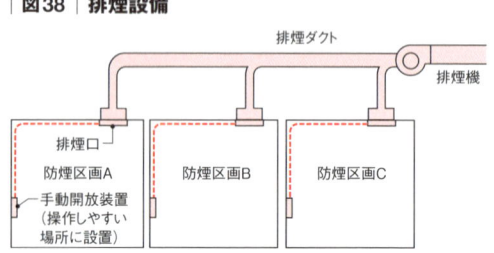

- 排煙ダクト
- 排煙機
- 排煙口
- 防煙区画A／防煙区画B／防煙区画C
- 手動開放装置（操作しやすい場所に設置）

火災時の停電に備えて非常電源設備の設置が必須となる

図39｜自然排煙方式の有効開口

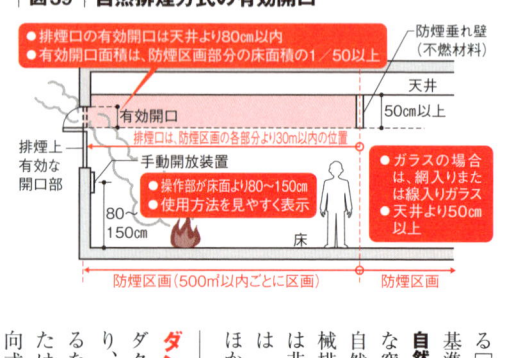

- 排煙口の有効開口は天井より80cm以内
- 有効開口面積は、防煙区画部分の床面積の1／50以上
- 防煙垂れ壁（不燃材料）
- 天井
- 50cm以上
- 有効開口
- 排煙上有効な開口部
- 排煙は、防煙区画の各部分より30m以内の位置
- 手動開放装置
- 操作部が床面より80～150cm
- 使用方法を見やすく表示
- ガラスの場合は、網入りまたは繊入りガラス
- 天井より50cm以上
- 80／150cm
- 床
- 防煙区画（500㎡以内ごとに区画）
- 防煙区画

チャンバー

ダクト系の途中の曲がり、分岐、減速部などに設けられる箱形の空間で、整流や消音に用いられる［図37］。消音する場合は、グラスウールの内張りを行う。チャンバーの大きさはチャンバーに接続するダクトの大きさで決まる。吹出口を取り付ける**吹出口チャンバー**、吸込口を取り付ける**吸込口チャンバー**などがある。

サプライチャンバー方式――ほうしきは、吸込口を天井面に取り付け、天井裏を吸込みチャンバーとして利用することで、空調機に戻るリターンダクトを省略する方式で、事務所ビルなどで多く採用される。

排煙設備

排煙設備――はいえんせつびは、火災時に発生する煙を排出し、人が安全に避難できるように設置する。建築基準法により設置基準が定められている。

機械排煙と**自然排煙**［図39］があり、建築的に確保できる場合は自然換気を、そうでない場合は機械排煙を選択する。機械排煙設備は非常電源設備が必要。機械排煙は一般に吸引方式が採用される［図38］。

ダンパー

ダンパー――ダクト内を流れる風量を調整したり、防火・防煙用に火煙を遮断するなどの役目をもった、羽根状または板状の扉［図40］。構造から対向式、平行式、バタフライ式などがある。また、機能別に、**風量調整ダンパー**（VD）、**防火ダンパー**（FD）、**煙拡散防止ダンパー**（SD）などがある。風量調整ダンパーは、送風機の風量を調節するため、ダクト系の分岐ごとに設置し、各分岐ダクトの風量のバランス調整、室内の風量調整に用いる。防火ダンパーは火災の拡大を防止するもので防火区画を貫通するダクトに設置する。煙拡散防止ダンパーは、火災時のダクトを経由する煙の拡散を防止するもので、煙感知器の信号で閉じる。3階以上の他建物の階をまたがるダクトや異種用途区画部分に設置する。

FD

ファイアダンパーの略。1.6mm厚以上

写真9 | プロペラファン

図42 | シロッコファン
幅の狭い羽が多数ついている

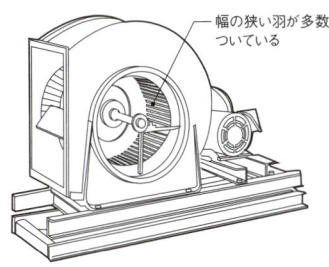

写真8 | シロッコファン

写真10 | 吸込口
- シーリングディフューザー
- ノズルディフューザー
- ラインディフューザー
- マルチディフューザー
- ユニバーサルディフューザー

図43 | プロペラファン
- 外装材:サンドイッチ板 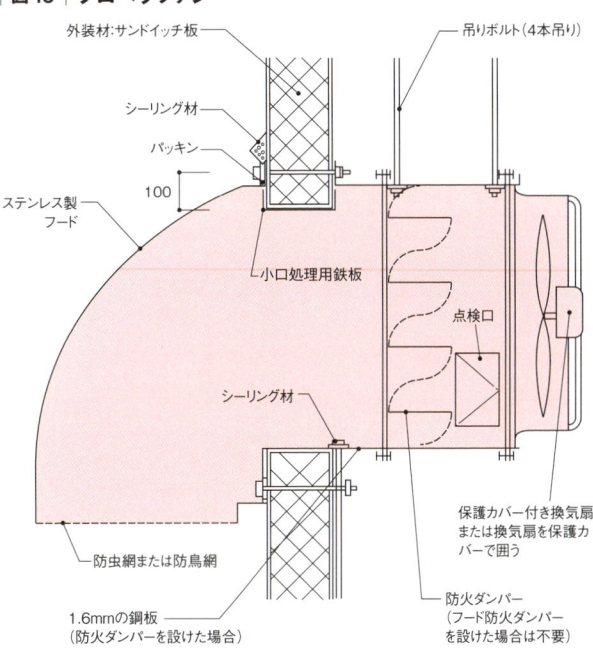
- 吊りボルト(4本吊り)
- シーリング材
- パッキン
- 100
- ステンレス製フード
- 小口処理用鉄板
- 点検口
- シーリング材
- 保護カバー付き換気扇または換気扇を保護カバーで囲う
- 防虫網または防鳥網
- 1.6mmの鋼板(防火ダンパーを設けた場合)
- 防火ダンパー(フード防火ダンパーを設けた場合は不要)

シロッコファン

送風機の形式の1つで、静圧が高く、ダクト式の換気システムで一般的に使用される[図42、写真8]。円筒状の羽を回転させ空気を吸い込み、ダクトを通して排気する換気扇で、中心から空気を吸込み周囲から排出する。多翼ファンとも呼ばれる。羽根車の直径(㎜)を150で除した数字がファンの大きさを表す番手は、羽根車の直径(㎜)を150で除した数字である。送風機の仕様は、形式、送風量(㎥/h)、静圧(Pa)とモータの出力(kW)で示される。米国送風機メーカーの商品名だが、現在では多翼送風機の俗称として多用される。多翼ファンとも呼ばれる。風切り音が低いのが特徴。

FVD
えふぶいでぃー
Fire and Volume Damper(防火兼風量調整ダンパー)の略。建築物の防火区画を貫通するダクトの貫通部に取り付けられ、ダクト内の温度が上昇すると自動的に閉鎖する防火ダンパーと風量調整機構を兼ねもったダンパー。

一般空調では72℃、厨房や排煙用場所では120〜160℃、排煙ダクトに設置する場合は280℃のものを用いる。防火区画を貫通するダクトは区画貫通部にFDを設置し、FDの点検口をその直近に設置することも義務付けられている。防火ダンパーには適合マークが付いている[※]。

プロペラファン
送風機の種類の1つ。プロペラ状の羽を回転させて空気を吸い込み、排気する換気扇[図43、写真9]。壁に設置した換気扇などが代表的である。外部から風を受けると換気能力が落ちるため、高層建築や強い風を受ける建物には適さない。静圧が低いためダクト接続はできない。静圧は低いが風量が大きいのも利点。"換気扇やレンジフードにも採用されている。風量が大きくなるとファンの騒音が大きくなるのも難点。

吸込口 すいこみぐち
室内などに吹き出した空気を空調機に戻したり、排気したりする目的で室内の天井や壁などに取り付けるもの[写真10]。吸込口の配置は吹出口の配置ほど室内の気流分布に与える影響は少ないが、極力均等に配置することが望ましい。吸込口の大きさは面風速で選定され、吸込口の大きさは面風速で選定され、風速が速いほど騒音の発生が大きくなる。一般に吸込口の許容風速は3m/秒程度とされている。

吹出口 ふきだしぐち
空調空気を室内に均一に吹き出す

※:平成12年の改正建築基準法施行に伴い、日本防排煙工業会(略称NBK)が平成14年7月から開始している「防火ダンパー自主管理制度」に、建築基準法施行令112条16項の構造に適合する製品に「自主適合マーク」を貼付できる

図47 | フード

- ロックウール150（ダクトと可燃物との間隔を10以上確保できない場合）
- 排気ダクト
- ダクト点検口
- 吊ボルト
- 風量調整付き防火ダンパー
- 天井
- 天井点検口
- ステンレス製フード
- 火源からフィルタ最下部まで1m以上
- 樋
- グリース回収容器
- グリースフィルター

図45 | アネモ型吹出し口

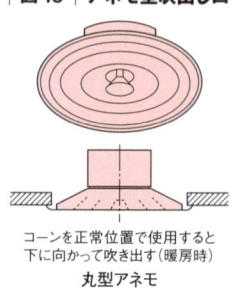

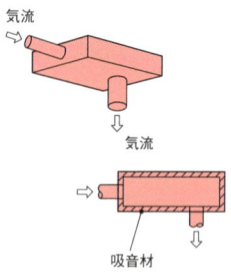

コーンを正常位置で使用すると下に向かって吹き出す（暖房時）

丸型アネモ

図44 | 軸流吹出し口

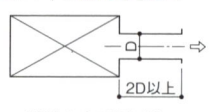

- 2D以上

壁付ノズル形吹出し口

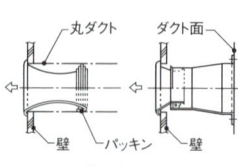

- 丸ダクト
- ダクト面
- 壁
- パッキン
- 壁

ノズル形吹出し口

図46 | 消音ボックス

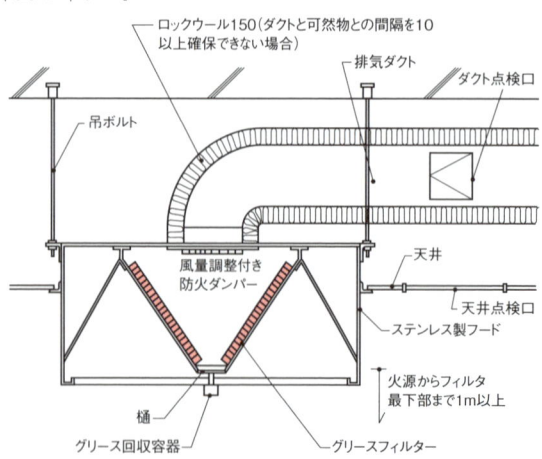

- 気流
- 気流
- 吸音材

- 壁または天井
- ダクト
- 取付け用ビス孔
- ダンパ
- 気流
- 吹出し口

パンカルーバ吹出し口

図49 | コーナーボルト工法

- フランジ押さえ金具（クリープ）
- ガスケット
- コーナ金具

ダクト本体を成形加工しフランジ製作

- フランジ押さえ金具（クリープ）
- ダクト本体で成形したフランジ
- ガスケット

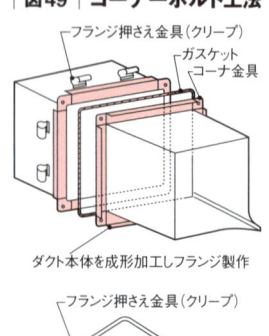

図48 | アングルフランジ工法

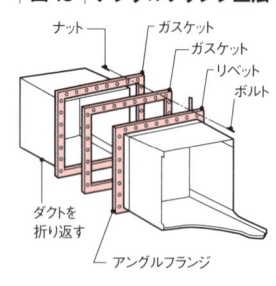

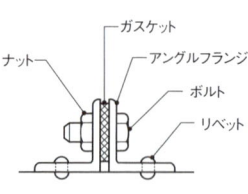

- ナット
- ガスケット
- ガスケット
- リベット
- ボルト
- ダクトを折り返す
- アングルフランジ

- ガスケット
- ナット
- アングルフランジ
- ボルト
- リベット

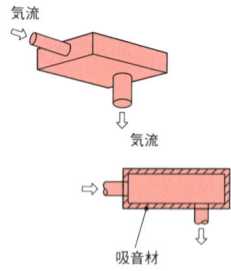

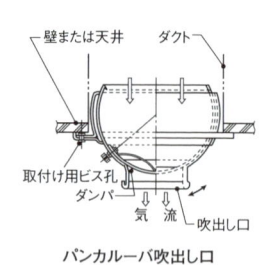

写真11 | 外部フード

ベントキャップ　　パイプフード浅型

軸流吹出し口｜じくりゅうふきだしぐち　吹出し気流が一定の軸方向の周りに分布して流れる吹出し口で、ノズル型、パンカールーバ型吹出し口が代表的［図44］。

幅流型吹出し口｜ふくりゅうがたふきだしぐち　吹出し口の中心軸から全円周の外側方向に吹き出すもので、天井ディフューザーに使用される吹出し口。別名アネモ型吹出し口。

アネモ型吹出し口。内部に数枚のコーン状の羽根をもつ天井設置型の空気吹出し口で、吹出し気流は室内空気を誘引混合して吹き出す。元来は米国アネモスタット社の製品名［図45］。

VHS｜ぶいえいちえす　前面に風向調節用の可動式羽根を

もつグリル型吹出し口で、縦横2重の羽根とシャッターの付いたもの。吹出し気流は室内空気を誘引混合して吹き出される。縦のverticalと横のhorizontalとshutterそれぞれ頭文字を取った呼び名。

アンチスマッジリング　天井吹出し孔の外縁部に取り付ける金属製の輪で、吹出し気流を天井面から離れるように流して天井面の汚れを少なくする。

消音ボックス｜しょうおんボックス　内面に吸音材を張った箱形の消音器で、ダクト系の途中やダクトと吹出し口の間に用いられる。消音量を増すために内部にバッフルを入れたものや、ダクトのエルボ部分に内張りした**消音エルボ**、空調機出口の**プレナムチャンバー**に内張りした**消音チャンバー**などがある［図46］。

フード｜排気フードとも。厨房の排気などの局所換気を行うときに使用されるもので、有害物質や臭気の捕集効率を上げるために用いる［図47］。厨房器具の上部に取り付ける排気フードには、強度・耐熱性・耐食性や、不燃材料であることから一般にステンレス鋼板が用いられる。排気フードの継目を気密にすることと、グリースフィルターが容易に

目的で天井面などに設置される。吹出し口の種類には、拡散性のよい**アネモ型**、線上に吹き出す**ブリーズライン型**や大空間で到達距離が必要なときに使用する**ノズル型**がある。吹出し口の大きさは、吹出し風量、拡散半径、風速、吹出し口での発生騒音を考慮して決める。吹出し口の許容吹出風速は、事務所ビルの場合、一般に5～6m/秒。

278

図50 | 支持間隔

横走り配管の一般的な支持例

- インサート
- 吊ボルト
- 形鋼
- 防振ゴム
- 吊バンド

単管の防振支持　複数の管の共振支持

横走り配管の耐震支持例

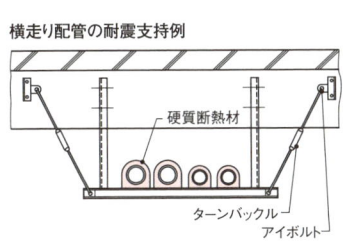

- 硬質断熱材
- ターンバックル
- アイボルト

図51 | ポンプ

- 仕切弁またはバタフライ弁
- 圧力計
- 逆止め弁（並列運転の場合）
- 防振継手
- 防振継手
- コンクリートスラブ
- 排水目皿
- 排水管および弁25A
- 排水管25A

着脱できる構造とすることが求められる。業務用フードは、東京都の場合、東京都火災予防条例（条例65号3条の2第1項）に定められた規定に従う。

外部フード｜がいぶふーど｜室内の排気を外部へ排出する外壁に設置する排気用外壁孔で、材質はアルミ、ステンレス、樹脂など。形状はガラリのみのベントキャップ、一般的な浅型、雨の吹込みを考慮した深型などがある[写真11]。

アングルフランジ工法｜こうほう｜ダクトの接続方法の1つで、接続するダクトのアングルの間にガスケットを挟み、ボルトで締め付け固定する[図48]。漏気が少なく排煙ダクトや厨房排気ダクトに使用される。

支持間隔｜しじかんかく｜配管やダクトを天井から支持する場合の間隔[図50]。支持間隔が長いと配管やダクトの変形を起こす。一般ダクトではアングルフランジ工法の場合3640mm以内、コーナーボルト工法の場合3000mm以内としている。

ポンプ｜冷水・温水を圧送する機器[図51]。口径（㎜）、水量（ℓ/㎜）、揚程（m）で基本仕様が決まる。ポンプの形式では、小型の場合にはラインポンプが、それ以外では遠ポンプを採用する。一般に鋳鉄製のケーシングに黄銅製の歯車を使用し、ステンレスを採用する場合がある。まだ、防振架台として、ゴム防振やスプリング防振のどちらかを選択する。

コーナーボルト工法｜こうほう｜ダクトの接続方法の1つで、従来採用しているアングルフランジ工法よりも施工性を向上させるために開発された工法[図49]。漏気が問題となる厨房の排気ダクトや排煙ダクト以外の一般的ダクトに使用される。

換気設備

自然換気｜しぜんかんき｜ファンなどの動力を用いないで換気すること。外気の風による**風力換気と温度差換気**に分類される。ただし、自然換気は、風圧、風向や室内外の温度差などにより換気量が変動するため、一定した室内環境を確保しにくい。省エネルギーの観点から、エネルギーを使用せずに換気する方式として中間期（春・秋）などでは自然換気による室内環境づくりを行う例もでてきている。自然換気は、気密性に比べて換気量を確保できるが、換気のためにエネルギーを消費する。給気と排気のバランスを計画的に行わないとドアの開閉等に支障をきたす。自然換気設備の設置が義務付けられる機械換気設備の設置が義務付けられる居室においては**常時換気**ができる機械換気方式。外部からの汚染物質の流入を防止する場合に利用される。一般的にはあまり利用されない。住宅では、温度差による浮力や自然風を利用したシステムがあり、多くのパッシブソーラーシステムとの組合せで利用される[280頁図52]。

パッシブ換気｜かんき｜機械的な動力を使わず換気を行うシステム。温度差による浮力や自然風を利用したシステムがあり、多くのパッシブソーラーシステムとの組合せで利用される[280頁図52]。

機械換気｜きかいかんき｜ファンなどの機械を利用して強制的に換気を行うこと。建築基準法は、居室においては**常時換気**ができる機械換気設備の設置が義務付けられる。機械換気設備の設置が義務付けられる。機械換気の方式は、第1種、第2種、第3種換気方式に分類される[280頁図53]。

アクティブ換気とも。

第1種換気方式｜だいいっしゅかんきほうしき｜機械給気と機械排気との併用による換気方式。一般的には外気導入時に**エアフィルタ**を設置する[280頁図53]。給気、排気のそれぞれにファンを配置して行う。ほかの機械換気方式に比べて室内圧を任意に設計できるなど、換気量を確保するうえで最も適した方式である。熱交換器を設置して行う方式が最も一般的な換気方式である。

第2種換気方式｜だいにしゅかんきほうしき｜機械給気と適当な自然排気孔とによる換気方式。外部からの汚染物質の侵入を防止するため、室内は排気孔以外からの空気の侵入を防ぎ、手術室などのように清浄度を保ちたい室に適用される。

第3種換気方式｜だいさんしゅかんきほうしき｜機械排気と適当な自然給気による換気方式。排気系統のみにファンを設けて換気する方式。給気は排気することで室内に導入される。給気経路が確保されなければ、排気機はその能力を発揮できない。臭気、水蒸気や有害ガスが周辺の室に漏れないように直接排気したいところで採用される。

換気回数｜かんきかいすう｜換気量を測る基準。換気量を室体積で除したもので、室内の空気と新鮮空気と入れ替わる1時間あたりの回数。

279

図54 | 換気回数の意味

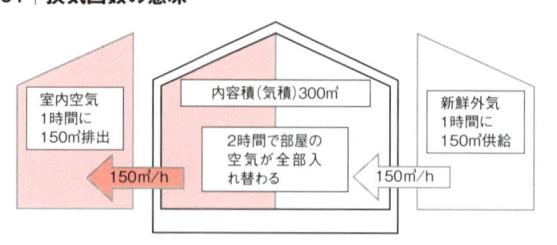

室内空気 1時間に 150㎥排出
内容積（気積）300㎥
2時間で部屋の空気が全部入れ替わる
新鮮外気 1時間に 150㎥供給
150㎥/h ← → 150㎥/h

室内の容積が300㎥の住宅で、換気回数の基準値0.5回/hの意味するのは、室内の空気が150㎥排出され、同量の新鮮外気が供給されることである

図55 | PQ曲線

ファン能力（機種①〜③）を表すP-Q線図

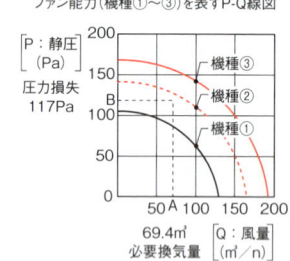

P：静圧（Pa）
圧力損失 117Pa

機種③ 機種② 機種①

69.4㎥ 必要換気量
Q：風量（㎥/h）

図52 | パッシブ換気

パッシブ換気

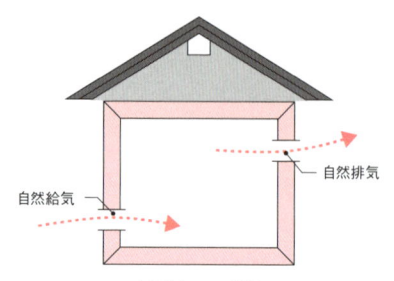

自然給気 → 自然排気

自然動力による給排気

図53 | 換気方式の種類

第1種換気方式

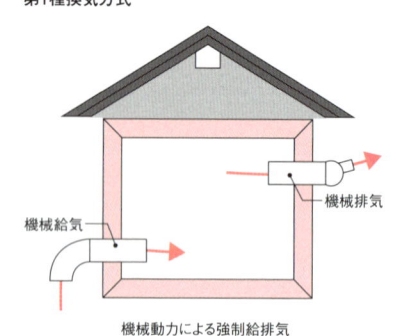

機械給気 → 機械排気

機械動力による強制給排気

第2種換気方式

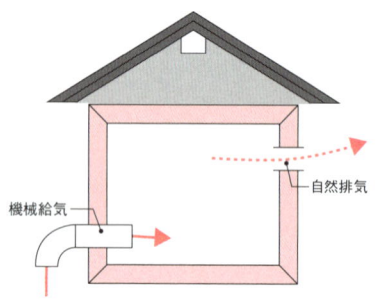

機械給気 → 自然排気

機械動力による給気と自然排気

第3種換気方式

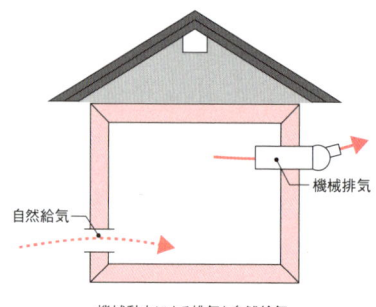

自然給気 → 機械排気

機械動力による排気と自然給気

りの換気能力。建築基準法では0.5回/hの常時換気が義務付けられている[図54]。

PQ曲線｜ぴーきゅーきょくせん 送風機の圧力と風量の関係を示したグラフで、機器選定および能力確認時に利用される。設計圧力と設計風量との交点より選定機種の能力を確認する[図55]。

ダクトレス換気｜ダクトを利用しない換気システムで、壁付けの換気扇などがある。個別換気システムの1種。

局所換気｜きょくしょかんき 部屋全体を換気するのではなく、部分的に換気する方法。浴室、トイレ、キッチンなど局部的なエリアのために専用の換気扇を設置して換気を行う。換気ファンの停止時に排気口から逆流しないように、チャッキダンパー（逆流防止用ダンパー）などを設置する。

風量調整｜ふうりょうちょうせい 換気量を調整することをいい、住宅では、吹出し・吸込み部分で面積の調整を行い風量の調節をする場合が多い。機器本体に強弱ノッチが設置されていて、機器設置時に調整する場合もある[表1]。

正圧・負圧｜せいあつ・ふあつ 2つの圧力差のある空気に対し、圧力が高い空気の状態を正圧、低い状態を負圧という。空気は圧力の高いほうから低いほうへ流れる。

レンジフード 調理器具からの炭酸ガス・水蒸気・臭気・熱などを排出するために設置する換気扇。効果的に捕集できるようにフードが設置され、調理器具の種類（IHクッキングヒーター、ガスコンロなど）、換気扇設置場所、給気方法などによってさまざまな機種がある[図57]。

同時給排気型レンジフード｜どうじきゅうはいきがた 排気と同時に給気される仕組みになっている換気扇で、排気による室内の過度の負圧化を防ぐ効果がある。高気密住宅に適している。

給気孔｜きゅうきこう 室内への新鮮空気取入れ孔。外壁

280

図56 | 給気口と排気口の位置

全般換気では、給気口と排気口を分散させ、できるだけ遠くに設けて均一に換気する

よい ○

- 換気の悪い場所／給気口：換気口を分散して取り付けると、換気の悪い場所が少なくなる
- 給気口

悪い ×

- 給気口：分散させていないと、換気の悪い場所が多くなる
- 給気口：換気口と給気口が近すぎると、ショートサーキットを起こしてしまう

図57 | レンジフードファンによる換気

(単位:mm)

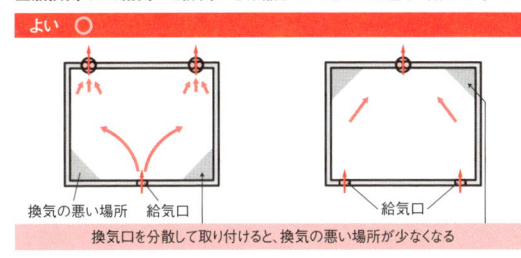

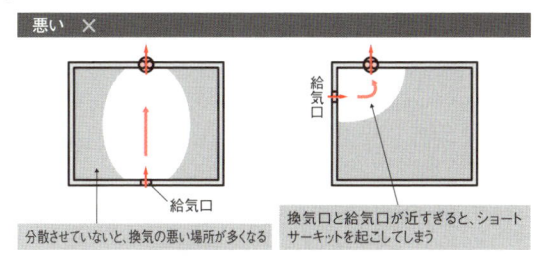

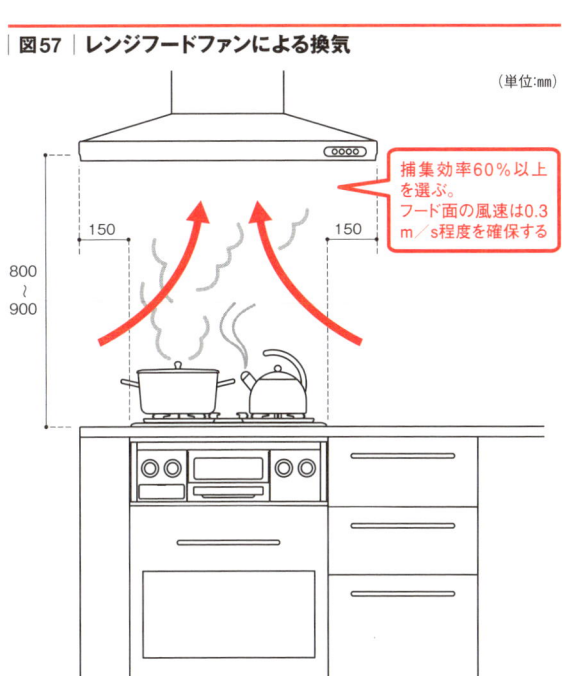

150 / 150 / 800〜900

捕集効率60%以上を選ぶ。
フード面の風速は0.3m/s程度を確保する

表1 | 水廻りの換気に必要な風量

	必要な風量（㎥/h）	備考
浴室	120	一般的な浴室（1〜1.5坪）の場合
洗面・脱衣室	60	浴室の換気量の半分程度
トイレ	20〜30	常に負圧を保つようにする

写真12 | サーキュレーター

省エネルギー

PAL｜ぱる
Perimeter Anual Load（年間熱負荷係数）の略。「エネルギーの使用の合理化に関する法律（**省エネ法**）」にもとづき告示に示された建築主の判断基準で、各種の省エネルギー手法の評価に使われる指標。定義は、ペリメーターゾーンの年間熱負荷（W/年）をペリメーターゾーンの床面積（㎡）で除した値が、規定の値に規模補正係数を乗じた値以下でなければならない。

CEC｜しーいーしー
Cofficient of Energy Consumption（空調エネルギー消費係数）の略。PALと同様に、省エネ法にもとづく告示に示された建築主の判断基準の1つで、空調エネルギー（CEC/AC）、換気エネルギー（CEC/V）、照明用エネルギー（CEC/L）、給湯用エネルギー（CEC/HW）、エレベーター用エネルギー（CEC/EV）についてエネルギー使用の合理化を進める指標。それぞれの年間エネルギー消費量を年間仮想負荷で除した値が規定の値下でなければならない。

サーキュレーター
強制的に気流を発生させる装置で、局所的に気流を必要とする場合に用いられる。小型で床置きタイプのものや、天井に設置するシーリングファンもサーキュレーターと呼ばれる［写真12］。

高捕集タイプ｜こうほしゅう―
吸込み部の流速を高め、気流によって捕集効果を高めたレンジフード。

IHクッキングヒーター用換気
あいえいち―ようかんきせん
ガスコンロ利用時に発生する上昇気流は捕集効率や排気効果を高める働きがあるが、熱源から熱の発生がないIHクッキングヒーターは上昇気流の効果が低い。そのためIHクッキングヒーター利用時に、調理器具上部に強制的に気流をつくり捕集効果や排気効果を高めている。

温室効果ガス｜おんしつこうか―
大気は太陽の波長の短い放射エネルギーを透過させ、これらは地球表面に吸収される。その多くは次に、近赤外線の波長領域で地球から宇宙に向かって再び放射される。しかしこの近赤外放射エネルギーは、大気中の二酸化炭素、メタン、**亜酸化窒素**、**フロン**などのハロゲン化炭化水素類、オゾンのような気体で吸収され、熱に変えられ地上に反射される。このように、地球を暖める効果のある上記の気体をいう。

設備 給排水・衛生工事 3

基本用語

上水｜じょうすい｜人の飲料に適した水。いわゆる水道水［表1］。

下水｜げすい｜人間生活や産業活動から出る排水（汚水）と雨水の総称。

中水｜ちゅうすい｜上水と下水の中間にある、排水や雨水あるいは洗面器、流し、浴槽などからの排水。下水を高度処理して洗浄用水や雑用水として利用する水のこと。

雑排水｜ざっぱいすい｜雨水あるいは洗面器、流し、浴槽などからの排水。

給水設備

給水装置｜きゅうすいそうち｜水道事業者[※]が設けた配水管から分岐して設けられた給水管、止水栓、給水栓（蛇口）、メーターなどのこと。基本的に水道事業者の指定を受けた指定給水装置工事業者以外は、給水装置の新設・増設・改造を行えない。

表1｜水質基準（厚生労働省令より一部抜粋）

1	一般細菌	1 mℓの検水で形成される集落数が100以下であること
2	大腸菌群	検出されないこと
6	鉛	0.01 mg/ℓ以下であること
8	六価クロム	0.05 mg/ℓ以下であること
25	総トリハロメタン	0.1 mg/ℓ以下であること

注　総トリハロメタンは、クロロホルム、ジブロモクロロメタン、ブロモジクロロメタンおよびブロモホルムのそれぞれの濃度の総和を表す

図1｜給水方式を決める流れ

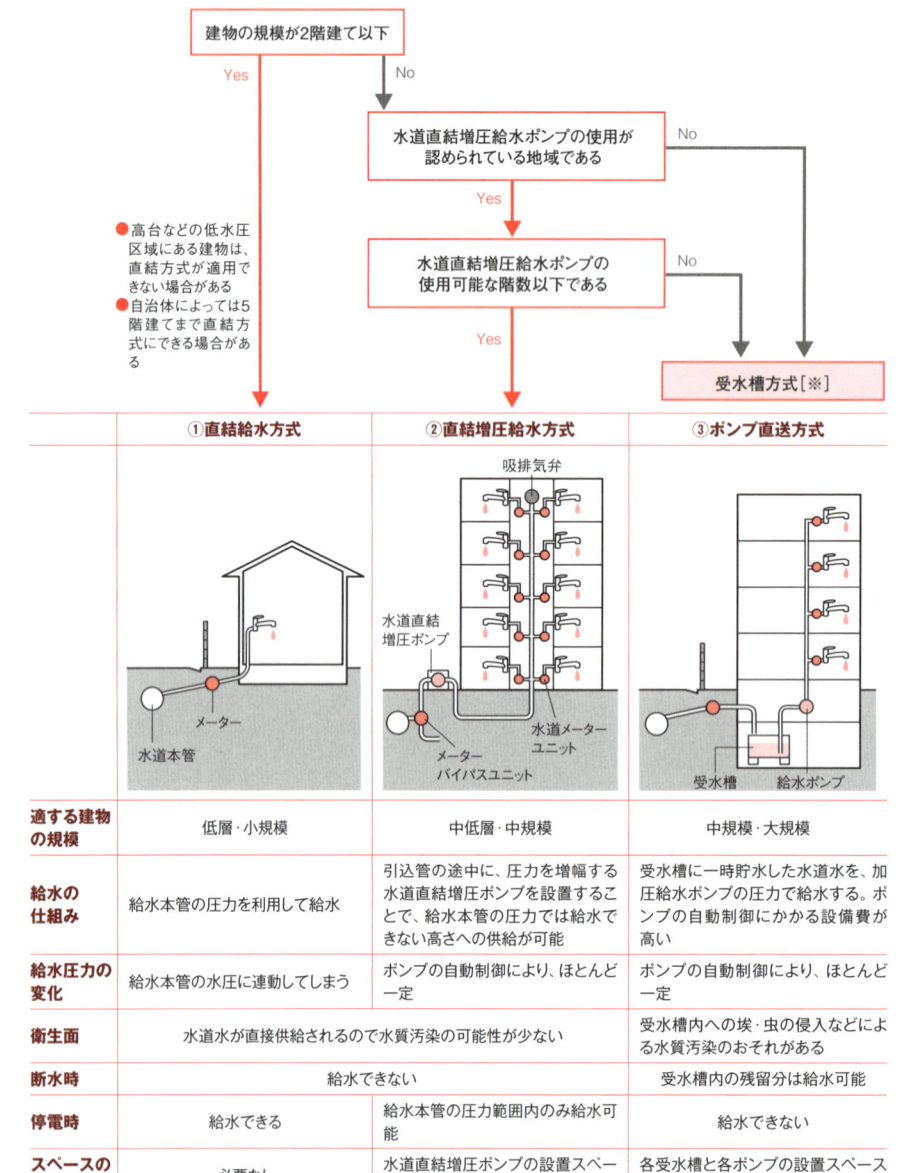

```
建物の規模が2階建て以下
├─Yes→ ①直結給水方式
└─No→ 水道直結増圧給水ポンプの使用が認められている地域である
      ├─Yes→ 水道直結増圧給水ポンプの使用可能な階数以下である
      │       ├─Yes→ ②直結増圧給水方式
      │       └─No→ 受水槽方式［※］
      └─No→ 受水槽方式［※］
```

● 高台などの低水圧区域にある建物は、直結方式が適用できない場合がある
● 自治体によっては5階建てまで直結方式にできる場合がある

	①直結給水方式	②直結増圧給水方式	③ポンプ直送方式
適する建物の規模	低層・小規模	中低層・中規模	中規模・大規模
給水の仕組み	給水本管の圧力を利用して給水	引込管の途中に、圧力を増幅する水道直結増圧ポンプを設置することで、給水本管の圧力では給水できない高さへの供給が可能	受水槽に一時貯水した水道水を、加圧給水ポンプの圧力で給水する。ポンプの自動制御にかかる設備費が高い
給水圧力の変化	給水本管の水圧に連動してしまう	ポンプの自動制御により、ほとんど一定	ポンプの自動制御により、ほとんど一定
衛生面	水道水が直接供給されるので水質汚染の可能性が少ない		受水槽内への埃・虫の侵入などによる水質汚染のおそれがある
断水時	給水できない	給水できない	受水槽内の残留分は給水可能
停電時	給水できる	給水本管の圧力範囲内のみ給水可能	給水できない
スペースの確保	必要なし	水道直結増圧ポンプの設置スペースが必要	各受水槽と各ポンプの設置スペースおよびメンテナンススペースが必要
注意点	水道局によっては、給水本管の水圧や水質などの条件が満されれば、5階まで直結方式が可能な場合もある	多くの水道局で、メーターバイパスユニットの設置を義務付けている	使用水量を検討し、1日分の必要量の1/2程度を目安に受水槽の大きさを決定する

※受水槽方式には、ポンプ直送方式以外に重力給水方式もある

※：厚生労働省の認可を受けて水道事業を経営するもの（水道法3条5項、6条1項）。水道事業は原則として市町村が経営する

給水用具｜きゅうすいようぐ
給水装置の1部で、給水管や継手以外のものを指す。給水管に設置される分水栓、水道直結部に設置される分水栓、水道メーター、水道直結加圧形ポンプユニット、弁類、止水栓、給水栓、ガス給湯器などが当てはまる。

貯水槽水道｜ちょすいそうすいどう
水道から供給される水を一時的に受けるために設けられる受水槽以降の給水設備。

簡易専用水道｜かんいせんようすいどう
貯水槽水道のうち、水槽の有効容量の合計が10㎥を超える給水設備のこと。

直結給水方式｜ちょっけつきゅうすいほうしき
水道本管の圧力を利用して、受水槽を経ず直接建物内に給水する方式［図1①］。

直結増圧給水方式｜ちょっけつぞうあつきゅうすいほうしき
直結給水方式の一種で、水道の配水管から分岐した給水管に直結加圧形ポンプユニットを設置して、水圧の不足分を加圧して高位置まで給水する方式［図1②］。受水槽や高置水槽が必要ないことで衛生面の品質が向上するため、採用例が増えている。この方式が採用できるかどうかは水道事業者が定める規定[※]によらなければならない。なお、水道断水時には給水が不可能となる。

重力給水方式｜じゅうりょくきゅうすいほうしき
揚水ポンプで受水槽の水を高所に設置した給水槽(高置水槽)に揚水し、重力によって給水する方式。

ポンプ直送方式｜ちょくそうほうしき
受水槽の水をポンプによって必要個所に直送する給水方式で、ポンプの出口の圧力または流量によって、ポンプの回転数を変化させて送水量を変えたり、複数のポンプの運転台数を変えて、送水量を変化させる方式が用いられている［図1③］。

ウォーターハンマー
液体が充満して流れている管路で、弁などによって急激に全閉あるいは部分的に閉鎖して、流れを停止あるいは減速させると、ある速度で著しい圧力上昇が生じ、これが圧力波となって管路上流に伝わる。このような急激な圧力変動の波が管路内を伝わる現象で、**水撃**とも呼ばれる［図2］。

水撃防止器｜すいげきぼうしき
ウォーターハンマーの発生や影響を緩和するために設けるショックアブソーバーのことで、窒素ガスやプレチャージ空気をもった機器。給水配管系に設ける［図3］。

トリハロメタン
水道水の原水中の枯れ葉などのフミン質に含まれているメタンと消毒用の塩素が反応して発生するといわれる発ガン性の有機塩素化合物。浄水場での消毒にオゾンを使用することにより解決できる。

遊離残留塩素｜ゆうりざんりゅうえんそ
浄水場で消毒のために投入した水道配管中の塩素が、殺菌のために消費された後にもまだ残って蛇口からの吐水中に存在しているもののこと。

赤水｜あかみず
給水や給湯配管から鉄管の錆が出

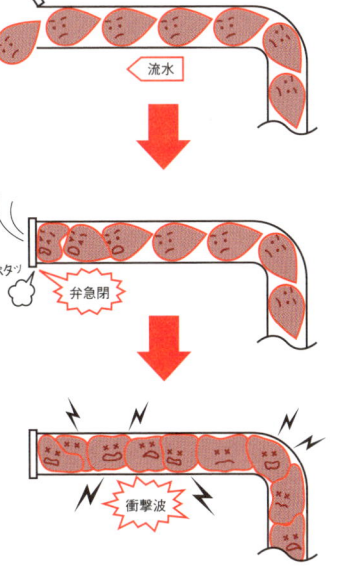

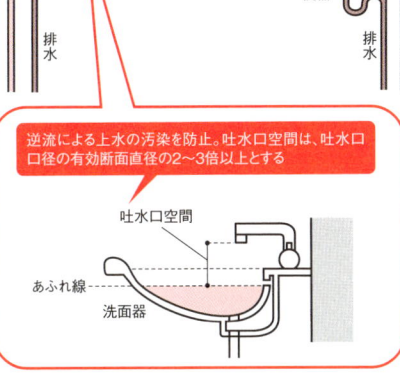

|図4｜クロスコネクション

|図2｜ウォーターハンマーの仕組み

|図3｜水撃防止器

※：東京都の場合は、東京都給水条例および東京都給水条例施行規程

逆流対策

流することで絶対に避けなければならない。河川水などを水源とする上水道では、水原水質の悪化に伴い消毒剤としての塩素の投入量が増え、鉄管を素材とする配管を腐食させるなどして、ますます赤水の発生が多くなってきている。防食に強い樹脂ライニング鋼管も配管接続部の管端で鉄部が露出して赤水を出すこともある。同様に青水、白水、黒水なども配管の種類によって発生する。

クロスコネクション

給水管とそのほかの用途の配管を配管・装置によって直接接続すること、あるいは給水と給水以外の水が混ざる現象のこと。給水管内の圧力低下あるいは真空などにより給水以外の水が給水管内に逆流することで、オーバーフロー管による飲料水給水管の負圧発生時に、吐水口給水管の負圧発生時に、吐水口給水管から給水管へ逆流する**逆サイホン作用**を防止するために

吐水口空間

吐水口空間とすいこうくうかん飲料水給水管の**吐水口端**（蛇口先端などの水の出るところ）と**あふれ縁**（洗い台などの水受け容器の水があふれ落ちる所）との垂直距離をいう[図5]。水受け容器のオーバーフロー[※]の高さとは関係がない。ただし、飲料用水槽の場合には、オーバーフロー管の内底面をあふれ縁とみなす。吐水口空間は、断水などによる飲料水給水管の負圧発生時に、吐水した水が蛇口から給水管へ逆流するのを防止するために設ける。吐水口空間が確保できない場合に使用する。給水先の圧力（逆圧）による逆流は防止できない。大気圧式と圧力式がある[図6]。

逆流防止器 ぎゃくりゅうぼうしき

逆サイホン作用や逆圧による逆流を防止するための装置で、スプリングで弁体を押さえ付けているタイプのものをいう[図7]。種類としては、単式逆流防止器、複式逆流防止器、減圧式逆流防止器、減圧式逆流防止

ること。管内で逆流が生じ、飲料水系統へ汚染物質が混入する危険性がある。逆止め弁が介してあっても、逆止め弁に異物が噛むと逆流を防げない。配管計画・施工の禁じ手である[283頁図4]。

バキュームブレーカー

給水管内部に負圧が発生するとき、自動的に空気を吸引する機構をもった器具で、吐水した水や使用した水が逆サイホン作用により上水系統へ逆流するのを防止する。吐水口空間が確保できない場合に使用する。給水先の圧力（逆圧）による逆流は防止できない。大気圧式と圧力式がある[図6]。

六面点検 ろくめんてんけん

受水槽や高置水槽の周囲を前後左右および上下の6面すべての面に空間（600㎜以上）をあけ常に衛生的であることを確認できるようにすること。

地震対策

スロッシング

水槽などの容器内で、液体の表面が地震などの外力によって揺れ動く現象。液体が強く揺れることで、水槽内に正圧や負圧が生じ、FRP

器などがある。このうち減圧式は、給水管で逆流が生じた際、逆流水が排水管から完全に排水されることで、逆流をほぼ完全に防止することができる。一般に直結加圧形ポンプユニット内に設置されている。

製水槽の場合は水槽自体を破壊してしまうことがある。スロッシングによる破壊を防止するためには、発生する水槽内の正圧や負圧を緩和する工夫をしたり、水槽自体の強度を高める必要がある。

緊急遮断弁 きんきゅうしゃだんべん

地震などの緊急時に水やガスの供給を遮断するための弁。給水用は、給水管が破損した場合に、水槽内の水の流出を防止するために水槽に設置するもので、震度を感知して、自動的に閉じる。

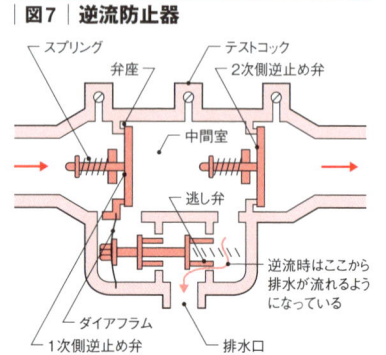

排水・通気設備

トラップ

一般には迷路あるいは罠を意味するが、衛生設備では排水トラップ

|図5| **吐水口空間の例**

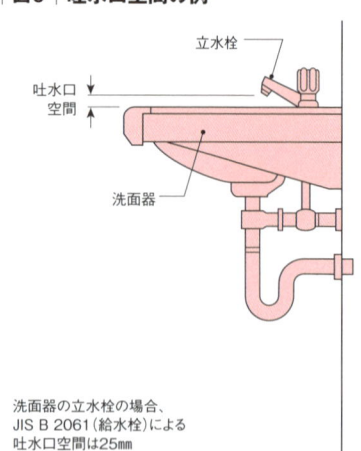

洗面器の立水栓の場合、
JIS B 2061（給水栓）による
吐水口空間は25㎜

|図6| **バキュームブレーカー**

大便器のバキュームブレーカー
給水管が負圧になると吸気弁から空気を吸い込み、便器内の水の吸上げを防止する

大便器洗浄弁用バキュームブレーカー

散水栓のバキュームブレーカー

|図7| **逆流防止器**

※：洗面ボウルや浴槽の水があふれないように、一定の高さを超えた水を流すために設けた排水口

図8 | トラップの仕組みと種類

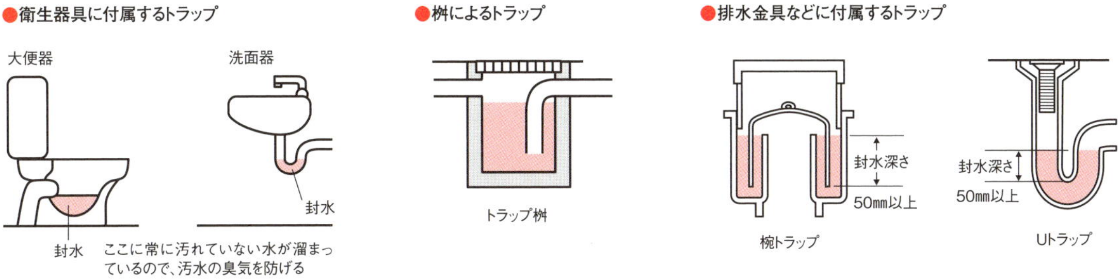

●衛生器具に付属するトラップ
大便器／洗面器
封水
ここに常に汚れていない水が溜まっているので、汚水の臭気を防げる

●桝によるトラップ
トラップ桝

●排水金具などに付属するトラップ
椀トラップ／Uトラップ
封水深さ50mm以上

図11 | 通気管の取り付け

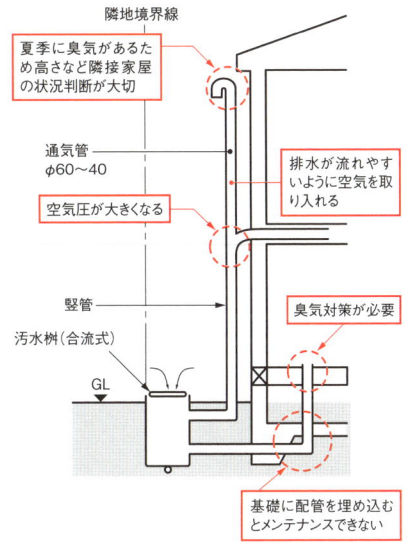

隣地境界線
夏季に臭気があるため高さなど隣接家屋の状況判断が大切
通気管 φ60～40
空気圧が大きくなる
排水が流れやすいように空気を取り入れる
竪管
臭気対策が必要
汚水桝（合流式）
GL
基礎に配管を埋め込むとメンテナンスできない

通気管を配水管に接続すると、空気を取り入れて圧力が高くなるため、水が流れやすくなる。ただし、通気管の出口の高さや向きには、周辺の家屋の状況を判断することが重要

図9 | トラップ各部の名称

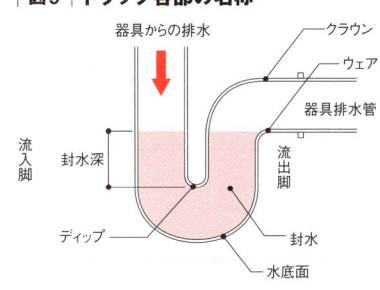

器具からの排水
クラウン／ウェア／器具排水管
流入脚／流出脚
封水深／封水
ディップ／水底面

図10 | 自己サイホン作用

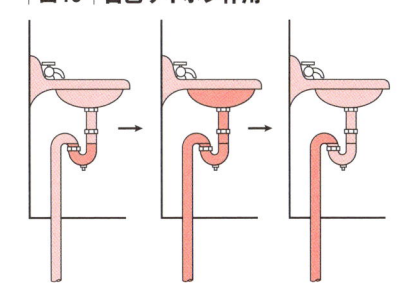

図13 | 湿り通気のとり方の一例

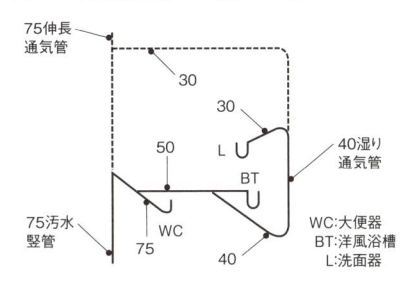

75伸長通気管
30／30
50／L／BT
75汚水竪管
75／WC／40
40湿り通気管
WC：大便器
BT：洋風浴槽
L：洗面器

図12 | 返し通気管の例

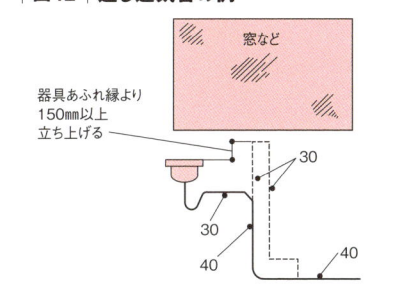

窓など
器具あふれ縁より150mm以上立ち上げる
30／30／40／40

図14 | 通気弁

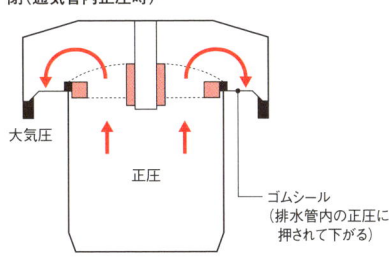

閉（通気管内正圧時）
大気圧／正圧
ゴムシール（排水管内の正圧に押されて下がる）

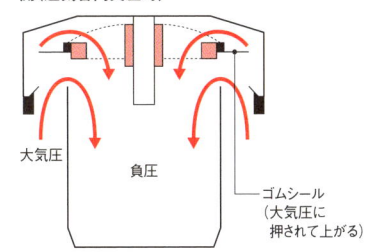

開（通気管内負圧時）
大気圧／負圧
ゴムシール（大気圧に押されて上がる）

のこと［図8・9］。水は自由に流動させ排水できるが、排水管内の下水ガスや衛生害虫が室内に進入するのを防ぐための水封部をもつ装置。水受け容器に内蔵されるか、排水金具としてあるいは排水系中の装置として用いられる下水ガスや害虫などは逆流させないようにするのを防止する。

封水｜ふうすい

排水トラップ内部に溜まっている水のことをいい、この水によって下水からの臭気やガス衛生害虫などが、排水管を通って室内に進入するのを防止する。

自己サイホン作用｜じこーさよう

衛生器具において排水を行う際に、その器具自身の排水により生じるサイホン作用によって、器具トラップの封水が流出し、封水が失われる現象［図10］。

ランニングトラップ

U字型の排水トラップで、**Uトラップ**ともいう。公共下水管からの下水ガスの進入を防ぐために、雨水系統の排水横主管末端に設けられる場合には**家屋トラップ**と称することもある。

285

わんトラップ　ほうしき

ストール小便器、実験用流し、台所流し、床排水などに多く使用されている**排水目トラップ**の1種で、わん形状をした部品を排水口にかぶせてトラップを形成したもの。このわん型金物は取り外して容易に清掃できるが、これを取り外せばトラップとしての機能を失う。ベルトラップともいう。

伸頂通気方式｜しんちょうつうきほうしき

重力式排水方式の排水系統において、排水を円滑にし、かつ排水によって生じる管内気圧変動からトラップ封水を保護する目的、また水槽類において水位変動によって生じる気圧変動を調整する目的で、空気を流通させる配管［285頁図11］。

伸頂通気管｜しんちょうつうきかん

重力式排水方式の排水系統において、排水立て管の管径を太くすることで通気立て主管の管径を太くすることで通気立て主管の配管を省略した方式で特殊通気継手を使用する場合は原則としてこの方式を採る。

各個通気方式、ループ通気方式と並ぶ通気方式の1つで、伸頂通気管のみを採用するものをいう。排水立て管内に空気を導入するためには、管内に空気を導入する必要がある。排水立て管の延長部である伸頂通気管を大気に開口する代わりに、その頂部に設ける弁［285頁図14］。伸頂通気管が負圧のときは開き、正圧のときには閉じて通気立て管を大気に開口しないので、伸頂通気管を大気に開口する建築躯体の穴あけが不要となるメリットがある。

通気弁｜つうきべん

排水立て管内の気圧変動を緩和するために、管内に空気を導入する必要がある。排水立て管の延長部である伸頂通気管を大気に開口する代わりに、その頂部に設ける弁［285頁図14］。

返し通気管｜かえしつうきかん

通気管を通気系統に接続しないで、取出し位置より下流の排水管に接続し、その部位の管内圧力を緩和する通気方式および通気管［285頁図12］。

湿り通気管｜しめりつうきかん

通気管が設けられている器具排水管がほかのトラップの通気の役割を兼ねる場合の通気方式。その器具排水管を湿り通気管という。なお、排水立て管の横管接続部に何本かの排水立て管内に流下下水が排水横管からの流入に影響を与えないように、便器排水管は湿り通気管に接続してはならない［285頁図13］。

単管式排水方式｜たんかんしき

通気立て管を設けないで、伸頂通気による通気のみによる排水方式。排水立て管内に流下下水が排水横管からの流入に影響を与えないように、便器排水管は湿り通気管に接続できる特殊排水継手を使用するものが多い。［図15］。

排水の合流式と分流式｜はいすいのごうりゅうしきとぶんりゅうしき

公共下水道と敷地内排水系統の内容に違いがある。公共下水道では「汚水および雑排水のなかに「雨水」を入れるか入れないかによって区分され、敷地内排水系統では「汚水」と「雑排水[※]」を一緒にするか分けるかによって区分される［図16］。

ビルピット対策｜たいさく

ビルの排水槽（ビルピット）の悪

|図15｜単管式排水方式

|図16｜排水の分類

|図17｜グリーストラップ

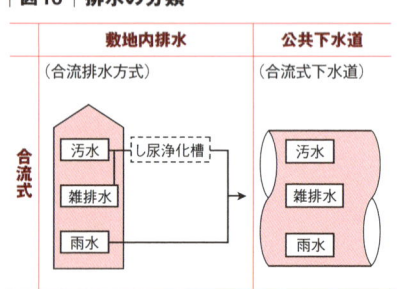

※：生活排水のうち、トイレと雨水以外の排水のこと

グリーストラップ

グリース阻集器[―そしゅうき]のこと。厨房からの排水中に含まれる油脂類（グリース）の除去装置のこと［図17］。飲食店などの営業用厨房の排水には油脂類が多く含まれ、それが排水管内に付着してスライム化し、流水断面積の縮小や管閉塞をもたらす。この油脂類などを排水中から分離除去する。排水の流下によって排水の温度が低下するため、油脂類が固化して排水管壁に付着し、排水管を閉塞させるため、昭50建告1597号で設置を義務付けている。しかし、適切な容量のものが設置されていない、適切な維持管理がなされていないなどの問題点も多い。

BOD

びーおーでぃー Biochemical Oxygen Demand（**生物化学的酸素要求量**）の略。水中の有機物が好気性微生物によって、生物化学的に分解される際に消費される酸素の量で、BODの高い排水ほど水中の有機汚染物質が多い［表2］。

合併処理

[がっぺいしょり] し尿浄化槽において、し尿と雑排水（工場排水、雨水そのほかの特殊な排水を除く）とを一緒に（合併して）処理することをいう。

浄化槽

[じょうかそう] し尿や雑排水を敷地内で1個所に集めて下水道以外に放流するための処理設備である。公共下水道が完備されていない地域などで使用される。近年、し尿のみを処理する**単独浄化槽**の新設が禁止され、浄化槽は**合併処理浄化槽**でなければならない。下水道管理者などでは指導要綱を制定し、指導を行っている。

| 図18 | 浄化槽 |

下水道がない場合は浄化槽で処理し都市下水路に排水する

合併処理浄化槽
雨樋
▼GL
都市下水路（道路側溝）

| 表2 | 生活排水の標準的な水量と水質 |

排水源		汚水量（ℓ／人・日）	BOD量（g／人・日）
汚水（トイレの排水）		50	13
雑排水	キッチン	30	18
	浴室	50	9
	洗面器	20	
	洗濯機	40	
	その他	10	
合計		200	40

| 表3 | 浄化槽サイズの目安 |

戸建住宅

処理対象人数[人]	寸法[mm]		
	縦	横	深さ
5以下	2,450	1,300	1,900
6・7	2,450	1,600	1,900

共同住宅

処理対象人数[人]	寸法[mm]			処理対象人数[人]	寸法[mm]		
	縦	横	深さ		縦	横	深さ
8～10	2,650	1,650	1,800	26～30	4,300	2,000	2,150
11～14	3,100	1,700	2,000	31～35	4,750	2,050	2,150
15～18	3,200	2,000	2,150	36～40	5,200	2,050	2,150
19～21	3,500	2,000	2,150	41～45	5,600	2,050	2,150
22～25	3,850	2,000	2,150	46～50	6,100	2,050	2,150

| 表4 | 配管の種類と使用に適した部位 |

名称	記号	給水		給湯	給水・通気					消火
		住戸内	共用部		汚水	雑排水	雨水	通気	ドレン管	
硬質ポリ塩化ビニルライニング鋼管	VLP	○	○							
耐衝撃性硬質塩化ビニル管	HIVP	○	○							
硬質ポリ塩化ビニル管	VP	○	○		○	○	○	○	○	
耐熱性硬質塩化ビニルライニング鋼管	HTLP			○						
被覆鋼管、銅管	CU			○						
耐熱性硬質塩化ビニル管	HTVP			○						
樹脂管（架橋ポリエチレン管）	―	○		○						
樹脂管（ポリブデン）	―	○		○						
ステンレス鋼管	SUS	○	○	○						
排水用硬質塩化ビニルライニング鋼管	DVLP				○	○	○	○	○	
耐火2層管（トミジ管）	TMP（VP）				○	○				
配管用炭素鋼鋼管	SGP白						○	○		○

らなくなっている。また、平成18年施行の浄化槽法施行規則1条の2において、浄化槽から公共用水域などへの放流水の水質については、「BOD(生物化学的酸素要求量)20mg/ℓ以下、BOD除去率90%以上」と定められている。設置後は法定検査と定期的な清掃が定められている[287頁図18、表3]。

衛生器具・設備

カラン 給水栓、水洗、蛇口のこと。給水・給湯配管の端末に取り付けられる開閉により水または湯を供給、もしくは止水するための器具の総称。

SK えすけー
掃除流しの略称。掃除用の水をバケツで取水したり、掃除後の汚れた水を流したり、掃除道具を洗ったりする大型の衛生陶器。

ストレーナー
水、温水、蒸気配管内に含まれる異物を除くために、配管中または末端の給水栓中に設ける濾過器または濾過装置。

配管類

白ガス管 しろーかん
亜鉛メッキを施した配管用炭素鋼管の俗称[287頁表4]。

黒ガス管 くろーかん
亜鉛メッキを施さない配管用炭素鋼管の俗称。酸化鉄で覆われて黒色になる。ガス・蒸気・油などの配管に多く使われる。

樹脂ライニング鋼管 じゅしーこうかん
鋼管の赤水や出水不良の防止、腐食防止のために、管の内面あるいは外面に合成樹脂をコーティングした管をいう。硬質ポリ塩化ビニルライニング鋼管、ポリエチレン粉体ライニング鋼管などがある。樹脂ライニング鋼管は、切断すると管端に鋼が露出するので、その部分の腐食を防止するため、継手・弁類には**管端防食型**[図19]のものを使用する。

塩ビライニング鋼管 えんこう
鋼管の内側に硬質ポリ塩化ビニル管をライニングした鋼管。ライニングは「内張り」の意味があり、ライニング鋼管は通常鋼管の内面に比較的厚いコーティングを施した製品をいう場合が多いが、明確な定義はなく、広義のコーティング鋼管を指す場合もある。[図20]。

HIVP えいちあいぶいぴー
High Impact unplasticized Vinyl chloride Pipe〔**耐衝撃性硬質ポリ塩化ビニル管**〕の略。主原料であるポリ塩化ビニル樹脂にほかの耐衝撃性樹脂を加えて製造した管で、普通の硬質ポリ塩化ビニル管に比べて外部からの衝撃に強い。

ステンレス鋼管 こうかん
ステンレス鋼を素材とした鋼管の総称。給湯用に多く使われる。鋼種によってフェライト系ステンレス鋼管とオーステナイト系ステンレス鋼管とがある。前者はおもに室内装飾用として用いられるが、後者は耐食性に優れていることから、工業用あるいは建築用配管材料として広く使用されている。

ポリエチレン管 かん
ポリオレフィン系の樹脂でつくられた配管で、屋外の土中などに使用する。軽量で可撓性に優れている。水道水以外の水の輸送に使用する一般用ポリエチレン管(呼び径50〜100mm)、水道用ポリエチレン2層管(呼び径13〜50mm)、ガス用ポリエチレン管(呼び径80・100mm)などがある。

ポリブテン管 かん
ポリエチレン管などと同じポリオレフィン系の樹脂配管。水道水以外の温度90℃以下の水の輸送に使用するポリブテン管。水道水用するポリブテン管(呼び径10〜100mm)や屋内配管用の水道用ポリブテン管(呼び径10〜50mm)がある。呼び径10〜20mmの水道用ポリブテン管はさや管ヘッダー工法に使用されている。

架橋ポリエチレン管 かきょう—かん
ポリエチレン管で、給湯管そのほかの温水配管にも使用できるようにした樹脂配管。耐熱性、耐薬品性、耐クリープ性[※]に優れたポリエチ

図19 │ 管端防食継手

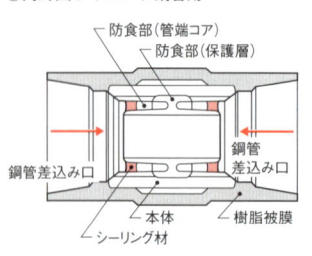

①内面ライニング鋼管用
②内外面ライニング鋼管用

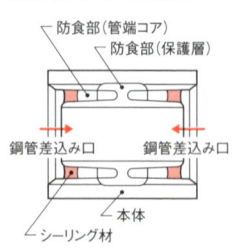

図20 │ 塩ビライニング鋼管

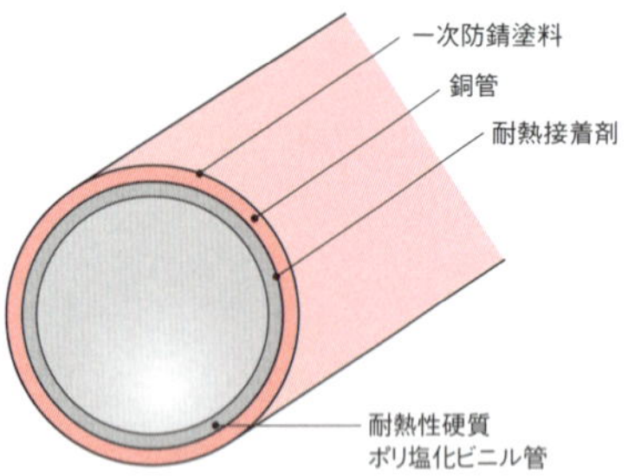

写真1 │ 耐火二層管

図21 │ 耐火二層管の構成

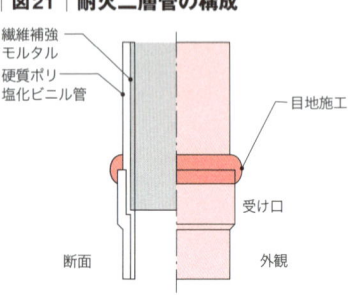

※:クリープとは材料に一定の荷重が長期間にわたって継続的に作用すると、時間とともに変形が増大すること。耐クリープ性はクリープに耐える性能のこと

レン管である。比較的柔らかで継手なしで配管でき、共同住宅用のさや管ヘッダー方式に使用されている。接合方法によって、機械的接合用のM種と電気融着接合用のE種とに分けられる。このうちE種は2層管であり、電気融着ができるように、外側が架橋されていないポリエチレン層である。

また、用途に応じ、水道水以外の温度95℃以下の水の輸送に使用する架橋ポリエチレン管(呼び径6～50㎜)と、水道用架橋ポリエチレン管(呼び径10～50㎜、E種は25㎜まで)がある。特に10～20㎜の水道用架橋ポリエチレン管はさや管ヘッダー工法に使用されている。

排水用鋳鉄管 はいすいようちゅうてつかん
排水・通気用に用いられる直管と異形管の総称。JIS G 5525に規定されているが、この規格の排水管用の受け口部に管を差し込み押しで、ゴム輪を介して受け口部に押し込み、輪をボルト・ナットで締め付けるメカニカル形接合と、竪管用の受け口部および差し口部にシール性滑剤を塗布した後、管を差し込んで接合する差込み形接合とがある。

電縫管 でんぽうかん
コイル状に巻かれた長尺の帯鋼を使用し、これを管状に形成して電気抵抗または電気誘導により、その継目に発生する抵抗熱を利用して溶接、製管した鋼管の総称で電気抵抗溶接鋼管とも呼ばれる。

オフセット
配管経路を平行移動する目的で、エルボまたはベンド継手により構成されている配管の移行部分。排水竪管におけるオフセットは、その角度により管内の水の流れと空気の圧力に大きな影響を及ぼすので注意を要する。

特に開放系のポンプの場合、大気圧よりも負圧になる吸込み配管側をいう。

サージング
ポンプや送風機・圧縮機を低流量で使用すると、渦流や偏流が発生し、振動、騒音する現象。一般にはポンプ配管系では揚程と吐出し量の曲線が右上がり勾配をもち、しかも管中に気相部分が存在し、吐出し弁の位置がその下流にある場合に発生する。

キャビテーション
液体の流れ場である配管の曲がり部などにおいて、流速の増加や渦の形成などによって、固体壁面上あるいは液体の内部静圧が局部的に低下し、ある限界圧力以下になると、そこに気泡が発生する現象のこと。騒音・振動などを引き起こす。

スリーブ
Sleeve。配管類が壁、床などを貫通する場合、その開口を確保するためのさや管。一般にはコンクリート打設前にあらかじめ設置しておく紙筒あるいは金属製の筒、塩ビ管など。

サクション
ポンプ、送排風機における吸込み、機器接続の手前をいう。

インコア
ポリブテン管、架橋ポリエチレン管などの管端をねじ込む場合に、管が潰れないように管内に入れる黄銅製の筒状の部材。

ドレネージ継手 ―つぎて
鋼管を継手にねじ込むと、管と継手の内面が同一面になり、排水管中の固形物が停滞しにくくなる排水鋼管用継手[図24]。

ハウジング接合 ―せつごう
管端に溝を設けた管あるいはそのように加工した継手にガスケットを被せ、半割などのハウジングを掛けてボルト・ナットで締め付ける接合のこと[図23]。

アダプタ
機器に接続する部品の形状が合わないときや、異種管を接続するときに、部品や管に取り付けて接続させる仲介接続器具。

配管部材ほか

使用済みの硬質ポリ塩化ビニル管継手や関連製品をリサイクル材として製造した排水用の硬質ポリ塩化ビニル管[図22]。排水用リサイクル硬質ポリ塩化ビニル管(屋外埋設配管用)、リサイクル硬質ポリ塩化ビニル発泡3層管(屋内配管用)、

耐火二層管 たいかにそうかん
排水用の管で、硬質ポリ塩化ビニル管の外側を繊維補強モルタルで被覆したもの[写真1、図21]。国土交通大臣の認定を受けたものは、防火区画の貫通が可能である。

化ビニル管 かびにるかん
―えんか―かん

排水用リサイクル硬質ポリ塩化ビニル管

リサイクル硬質ポリ塩化ビニル3層管(屋外埋設配管用)がある。

図22 | 排水用リサイクル硬質ポリ塩化ビニル管

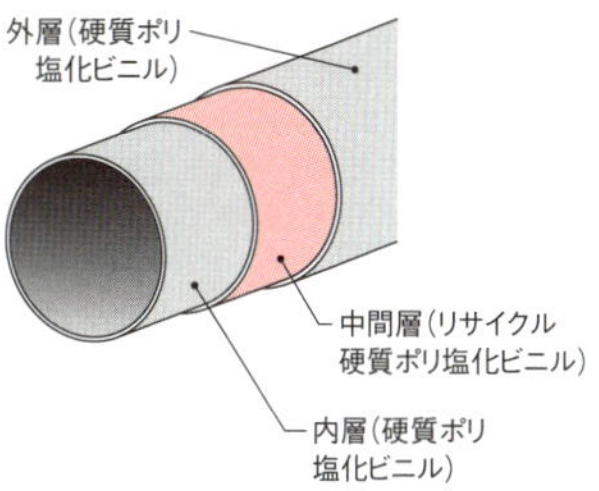

外層(硬質ポリ塩化ビニル)
中間層(リサイクル硬質ポリ塩化ビニル)
内層(硬質ポリ塩化ビニル)

図23 | ハウジング接合

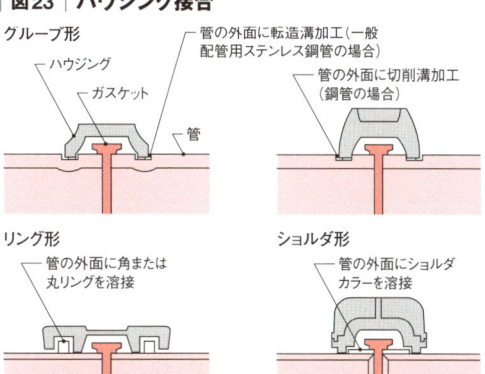

グルーブ形
管の外面に転造溝加工(一般配管用ステンレス鋼管の場合)
ハウジング
ガスケット
管の外面に切削溝加工(鋼管の場合)
管

リング形
管の外面に角または丸リングを溶接

ショルダ形
管の外面にショルダカラーを溶接

図24 | ドレネージ継手

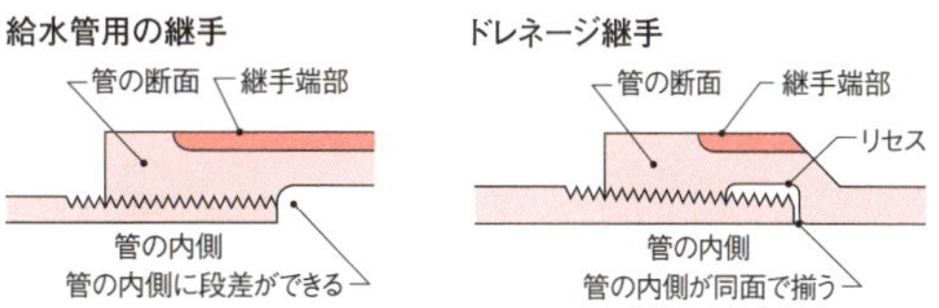

給水管用の継手
管の断面
継手端部
管の内側
管の内側に段差ができる

ドレネージ継手
管の断面
継手端部
リセス
管の内側
管の内側が同面で揃う

図26｜ユニオン継手

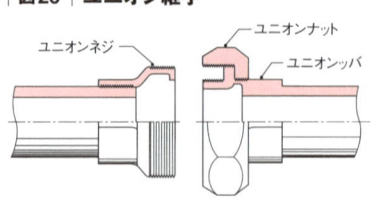

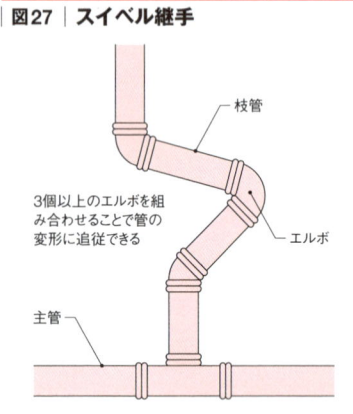

ユニオンネジ／ユニオンナット／ユニオンつば

図25｜アバカス継手

施工前／施工後／ポリエチレン樹脂製リテーナ／SUS製そろばん玉チップ／Cリング／管／バックアップリング／Oリング／ナット／インジケータ／本体／転造ネジ形成

そろばん玉チップによって転造ネジが形成され、管が継手にしっかり固定される

図27｜スイベル継手

枝管／エルボ／主管

3個以上のエルボを組み合わせることで管の変形に追従できる

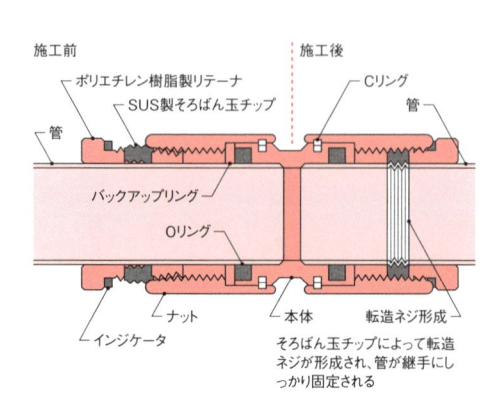

図28｜仕切弁

ハンドル車／パッキン押さえナット／弁棒／蓋／弁箱／弁体／流体の流れ

弁体が流体の通路を垂直に仕切って止水する

アバカス継手――つぎて

一般配管用ステンレス鋼管用の継手で、管を継手のストッパに当たるまで差し込み、ナットをつかんでリテーナを手締めした後、パイプを固定してナットを締めると、管に転造ねじが形成され、管が継手から抜けなくなる機構をもつもの[図25]。銅管の外径が13〜25mmの銅管を使う場合は、一般配管用ステンレス鋼管と同じ外径なので、リテーナ（保持器）は銅管用に交換する必要があるが、本体は銅管にも使用できる。アバカス（abacus）とはそろばんを意味する英語で転造ねじの形状を指す。

ユニオン継手――つぎて

両側からの配管の途中で接続する場合に使用する、配管の取外しが容易な組立て式管継手。組立て式管継手、ユニオンネジ、ユニオンつば、ユニオンナットの3点より構成されている。機器周辺の露出部に使用されるが耐圧力の信頼性に欠けるため、天井裏やシャフトなどの隠蔽部には使用されない［図26］。

ソケット継手――つぎて

両端に雌ねじまたは受口を持つ短い筒状の継手をいい、配管を直線で接合する場合に用いられる。

スイベル継手――つぎて

管の変形に追従して回転する継手［図27］。3個以上のエルボを組み合わせて構成した可撓性のある部分を指す。特に給湯配管、温水配管の枝管取出し部で、熱による主管の伸縮が枝管に影響を受けないようにするために使用する。廻り継手、エルボ返し、スイベルジョイントともいう。

エルボ返し――かえし

通気管などの端部を、エルボ継手を使用して折り返して配管すること。

エルボ

Elbow。互いにある角度をなす管やダクトの接続に用いる継手。45度エルボ、90度エルボがあるが、単にエルボと角度表示がない場合は、90度エルボのこと。T字状の管継手をチーズという。

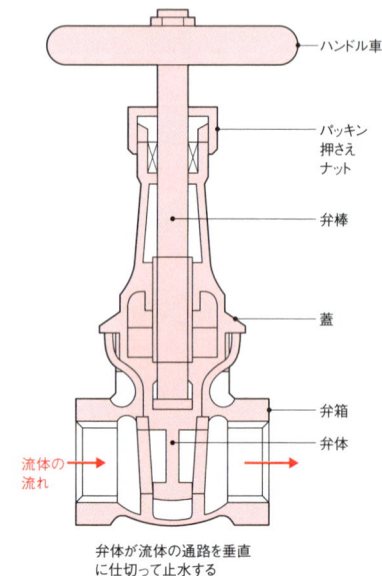

チーズ

配管をT字状に接続し、分岐・合流などの目的に用いる管継手。ティーともいう。

プラグ

配管継手やバルブなど機器類の接続口を閉鎖する目的に用いる栓状の管継手。

たこベンド

配管をループ状に曲げて、曲げ形状により生ずる可撓性を利用し、伸縮を吸収する継手。漏れはなく安価ではあるがスペースを取るので工場などに用いられる。曲げの曲率半径は口径で決まり、形状で伸縮量が決まる。伸縮曲管または伸縮曲がり管ともいう。

ねじゲージ

鋼管の外側に切ったねじが、正しく切れているかをチェックする道具。ねじ先端位置が正しいかどうかで合否を判断する。不合格の場合は、新たにねじを切り直す。

仕切弁――しきりべん

水などの流体の通路を垂直に仕切って開閉を行うバルブ［図28］。バルブの本体（弁箱）に収納された

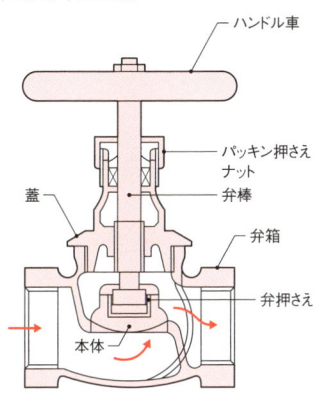

図30 | スイングキャッチ

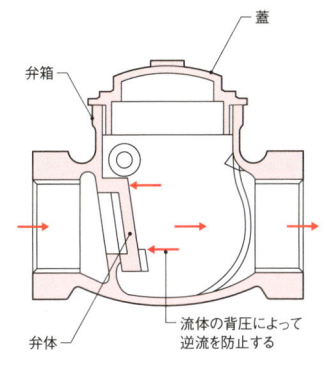

- 蓋
- 弁箱
- 弁体
- 流体の背圧によって逆流を防止する

図29 | 玉型弁

- ハンドル車
- パッキン押さえナット
- 弁棒
- 蓋
- 弁箱
- 弁押さえ
- 本体

図32 | バタフライ弁

- ハンドル
- 弁箱
- 弁体
- 弁体を回転させることで開閉を行う。ほかの弁に比べて小さいため、狭いスペースにも設置できる

図31 | ボール弁

- レバーハンドル
- スプリングワッシャ
- ナット
- スラストワッシャ
- ステム
- Oリング
- ボディ
- シート
- ボール
- キャップ
- 通過孔をもつ弁体が回転することで開閉を行う

図33 | ボールタップ

- 止水位

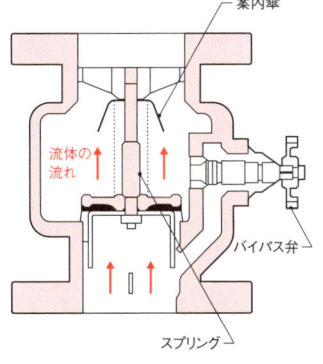

図35 | 水道メーターユニット

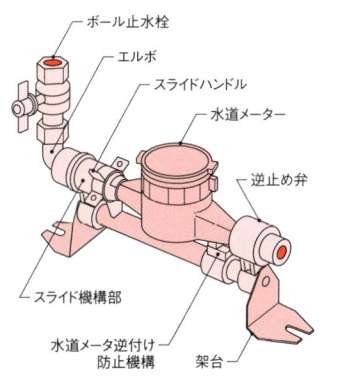

- ボール止水栓
- エルボ
- スライドハンドル
- 水道メーター
- 逆止め弁
- スライド機構部
- 水道メータ逆付け防止機構
- 架台

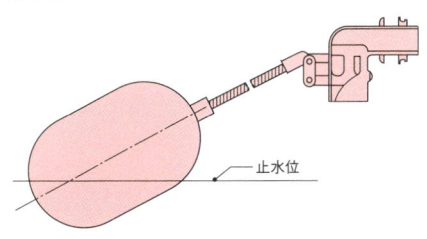

図34 | スモーレンスキーチャッキ弁

- 案内傘
- 流体の流れ
- バイパス弁
- スプリング

円盤状の盤（弁体）が流路に対して直角に移動して開閉を行う。流水管には、排水ポンプの吐出側に設ける。

など）を流す配管に設置する。排水管には、排水ポンプの吐出側に設ける。

体の流れが曲折しないため、流れ抵抗は少ないが、オン-オフ動作に適する一方で、弁を絞って使用すると脈動によって弁体が振動し、弁座が損傷するおそれがあるため、流量調整するには適さない。**ゲート弁**（ゲートバルブ）ともいう。

なお、逆止め弁を除く弁は、給水管、給湯管、冷温水管、冷却水管、油管、蒸気管など流体（水、お湯、蒸気）を流す配管に設置する。

玉型弁 たまがたべん
弁箱が玉形の形状をしたバルブ。弁箱内部に隔壁があり、そのなかをS字状に流体が流れる。流量調整はしやすい。オン-オフ動作にも使用可能である。流れ抵抗は、仕切弁に比較して大きい**グローブ弁**（グローブバルブ）ともいう［図29］。

逆止め弁 ぎゃくどめべん
流体の流れを常に一定方向に保ち、流体が逆流を防止するように作動するバルブ。弁体の形状、作動様式の違いにより、**スイングチャッキ**［図30］、**リフトチャッキ**、**スモーレンスキーチャッキ弁**などがある。

ボール弁 べん
通過孔を有するボール状の弁体を回転させることにより開閉を簡単に行うバルブ［図31］。開閉の操作はレバーハンドル式の場合、レバーハンドルを90度回転させることでボールの台座にソフトシートが組み込まれているため、優れた気密性をもっているが、高温領域の使用には制限がある。オン-オフ動作用に適しているが、流量調整には適さない。

バタフライ弁 べん
弁箱内で弁棒を軸として円板状の弁体が90度回転するバルブ［図32］。その構造から流量調節はしやすく、主として絞りを目的とした場合使用される。オン-オフ動作にも使用することができる。コンパクトで軽く、施工性がよく、管の厚さが薄いので、狭いスペースでの配管が可能。

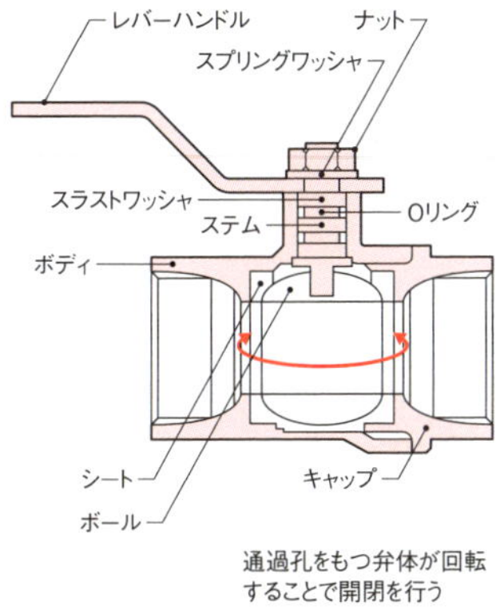

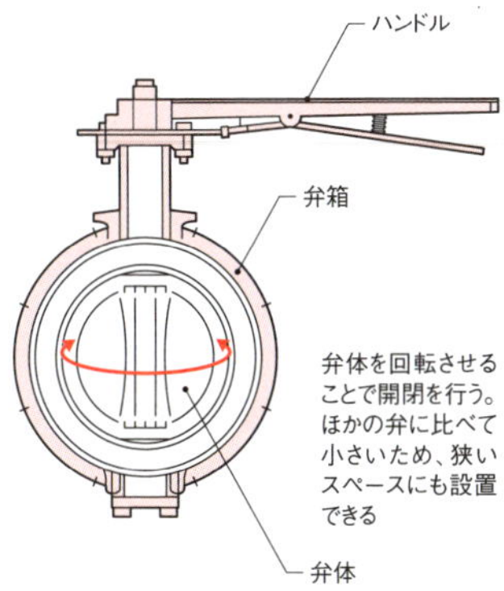

ボールタップ

メーター・水栓類

水道メーターユニット｜すいどうメーターユニット｜集合住宅のPS内の水道メーター廻りに設置されるもので、止水弁、逆止め弁、減圧弁などが一体化したもの[291頁図35]。メーターや逆止弁がワンタッチで着脱可能。東京都の集合住宅では、このユニットの設置が義務化されている。

つば出し加工ルーズフランジ接合｜つばだしかこうルーズフランジせつごう｜鋼管、ステンレス鋼管の管端をつば出し加工機によってつば出しして、つば出し管どうしをルーズフランジによって接合する方法[図37]。溶接と異なり火気は一切使用しないため、防火上安全である。

配管接合

TIG溶接｜てぃぐようせつ｜Tungsten Inert Gas溶接の略称。周囲にアルゴンガスなどの不活性ガス（イナートガス）を流しながら、タングステン電極と金属の母材の間にアークを生じさせ、その熱で溶接する方式[図38]。建築設備では太い径の一般配管用ステンレス鋼管の溶接に適用する。

融着接合｜ゆうちゃくせつごう｜ポリエチレン管、架橋ポリエチレン管の2層管、ポリブテン管の接合

ガスメーターユニット｜メーターガス栓、検圧用プラグ、壁固定金具などをユニット化したもの[図36]。ユニットがガスメーターを支持するかたちとなる。家庭用ガスメーター廻りの配管施工を簡略化できる。

水道用コンセント｜すいどうよう｜ホースをワンタッチで着脱できる水栓。壁埋込み型などが中心。散水や洗濯機など、屋内外でホースで水を使う場所などに設置する。ユニットがガスメーターを支持するかたちとなる。ホースが外れにくい機構になっているが、万一ホースが外れた場合でも水が自動的に止まるようにしている。2ハンドル式の湯水混合水栓もある。

ガスコンセント｜つまみのないガス栓で、専用のガスホース（接続具付き）で接続するもの。既存のゴム管差込み型ガス栓より接続が簡単で、ガスホースを差し込むと接続具の押し棒が円筒栓をスライドさせてガスが流れ、外すとスプリングの力により円筒栓が押されて、ガスが止まるようになっている。ゴム管が外れるとヒューズが働いてガスは止まる。

| 図38 | TIG溶接 |

| 図37 | つば出し加工ルーズフランジ接合 |

| 図36 | ガスメーターユニット |

| 図39 | さや管ヘッダー工法 |

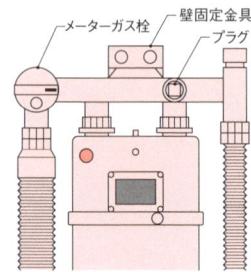

各種タンクなどの自動給水・止水に用いられる給水器具の1種[291頁図33]。水槽に一定量以上の水が入らないように、浮き球の浮力を利用して弁の自動開閉を行う機構となっている。

スモーレンスキーチャッキ弁｜べん｜ポンプの吐出し側に設ける急閉鎖型のウォーターハンマー[※1]防止用の逆止め弁[291頁図34]。ポンプが停止した際に揚水力がなくなると、スプリングによって弁が閉じる。

熱膨張耐火材｜ねつぼうちょうたいかざい｜火災が発生して200℃以上になると、瞬時に5〜40倍膨張することで断熱効果を発揮するプラスチック系耐火材料。防火区画を貫通させる配管などに設置することで、貫通部材を介した火災の延焼を防ぐ。配管には主にブチルゴム系のものが使われる。

ラギング｜屋外などに露出している配管の周囲に巻かれた保温材を被覆するために設置されている。保温材を保護するために設置する金属板。亜鉛鉄板、アルミ板、カラー亜鉛鉄板、ステンレス鋼板などが使用される。

※1：管内の水が急停止することによって起こる騒音・振動現象。水撃ともいう
※2：パイプの両端に差し込まれ、パイプとは独立して回転し、穴合わせが容易にできるフランジ

図41｜泥溜め桝

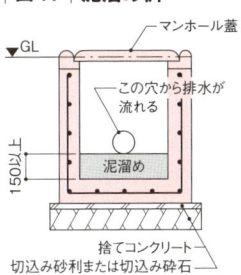

図40｜インバート桝

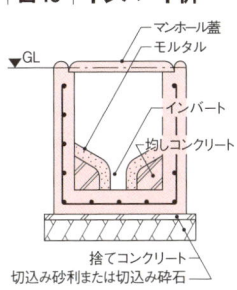

写真3｜パイレン

写真2｜さや管ヘッダー工法

方法。管端と継手とを加熱治具によって加熱した後、管を継手に差し込み融着する熱融着接合と、内面に電熱線を埋め込んだ継手に管を挿入し、継手に電気を流して継手内面と管外面を同時に溶かして融着を行う電気融着接合がある。

使用される[写真2]。共同住宅などの給水や給湯の配管で、各種の器具への配管を一度に合流させる場合に用いられる太い管または胴などのこと。

配管ヘッダー、管寄せとも。

ヘッダー ― Header

主管を1度に多数の配管に分岐するとき、または多数の配管を一度に合流させる場合に用いられる太い管または胴などのこと。

ヘッダー工法 ― こうほう

戸建住宅、集合住宅などの給水・給湯配管において、1カ所にヘッダーを設けて、そこから器具ごとに配管を分岐する配管工法。ヘッダー以降の配管の更新が容易である。ヘッダー以降の配管は床上に配管することが多いが、天井に配管する場合もある。

さや管ヘッダー工法 ― かんこうほう

ヘッダー工法の1つ。各種ヘッダー工法のなかでも、各器具への配管を前もって設置して、さや管内に通管するさや管ヘッダー工法がよく使われている。この場合、さや管にはポリエチレン製の管が、配管にはポリブテン管や架橋ポリエチレン管などの柔軟性のある管がある。

ジュート巻 ― まき

アスファルトを含浸したジュート（黄麻からつくった繊維）布を鉄管の外面に巻き付け、埋設配管類の防食被覆を行うこと。

パイレン

パイプレンチの略称で、配管接続の際に管を継手にねじ込む場合に、一方の管の差口を差し込み、回転させるための道具[写真3]。

いんろう接合 ― せつごう

ソケット接合と呼ばれ、管の受口に一方の管の差口を差し込み、鉛とヤーン（鋳鉄管の場合）あるいはモルタル（ヒューム管の場合）を充填して接合する方法。

水栓ボックス ― すいせん

水栓エルボなどを内蔵し、給水・給湯用のポリブテン管や架橋ポリエチレン管と水栓を接続するボックスのこと。さや管ヘッダー工法を導入した際に使われる。水道用コンセントエルボを内蔵したものもある。

桝

インバート桝 ― ます

汚水中の汚物や、雑排水中の固形物が停滞しないように、底部に排水溝の設けられた排水桝[図40]。汚水、雑排水用に使用される。**汚水桝**ともいう。

樹脂製排水桝 ― じゅしせいはいすい

呼び径150～350㎜の硬質塩化ビニル製、ポリプロピレン製、再生プラスチック製などの樹脂製排水桝[図43]。軽量で、水密性がよく、破損しないなどの観点から、近年、モルタル製の排水桝から切り替わって使用されている。

泥溜め桝 ― どろだめます

雨水排水管に泥などが流出しないように桝の底部に深さ150㎜以上の泥溜めを設けている排水桝[図41]。

トラップ桝 ― ます

下水ガスなどの臭気が侵入しないようにトラップ機能を有する排水桝[図42]。雨水管やトラップ機能のない器具からの排水を汚水管に接続する個所に設置する。

会所桝 ― かいしょます

2本以上の排水桝をまとめて合流させる排水桝[294頁写真4]。

化粧桝 ― けしょうます

屋外に設置する排水桝のマンホールを外観の見栄えをよくするために、周囲の床仕上げと同仕様に仕上げることのできる化粧マンホールの排水桝。**飾り桝**ともいう。

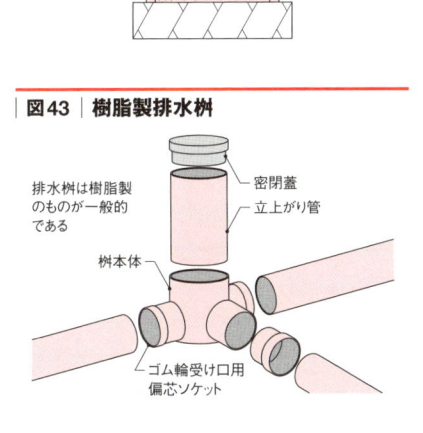

図42｜トラップ桝

図43｜樹脂製排水桝

写真4 ｜ 会所桝

写真5 ｜ 化粧桝

小口径桝｜しょうこうけいます 施工性の悪い場所や狭い場所でも設置しやすいように、軽量・小型にできている樹脂製の排水桝。[写真5]。

キッチン

システムキッチン

台所作業に必要な洗い場（シンクなど）、流し台（天板など）、調理器具（ガスコンロ・IHクッキングヒーターなど）、収納などがセットになったキッチン。おのおのの使い方や用途に合わせて機種の選択ができたり、オーブンやレンジ、食器洗い乾燥機などを組み込むこともできる。

ガスコンロ

ガスを熱源とした調理器具で、燃焼によって熱を発生させる。最も一般的には天板と接触していなければ利用できない。

ハイカロリーバーナー

ガスコンロのうち一般的な発熱量の2倍の能力をもつバーナーを設置した機種。ハイカロリーといわれるのは4千kcalを超えた火力というものが多く、なかには6千～1万kcal以上の機種もある。

電気調理器 ｜ でんきちょうりき

電気ヒーターを利用した調理器具で、ヒーターに通電することで熱を発生させるもの。ヒーター部分はコイル状のものや面状のものがある。一般的な調理器具である[図44]。

IHクッキングヒーター｜あいえいち―

電磁調理器とも呼ばれ、天板と鍋などの間に渦電流を発生させ鍋を直接加熱する[写真6]。機器自体は発熱しないため安全性が高く、熱効率が高い。ただし各機種によって利用できる鍋に制限があり、1部を除いて土鍋や銅鍋は利用できない。また、鍋底が平面で、基本的には天板と接触していなければ利用できない。

食器洗浄乾燥機 ｜ しょっきせんじょうかんそうき

水や湯を食器に噴射することで汚れを落とす。「食洗機」とも略される。「ビルトイン型と床置き型がある。洗浄効果の向上と洗浄時間短縮のために給湯接続する場合もある。水道料金は、手洗いと比較して安いといわれている。

ディスポーザー

生ごみを台所から水とともに粉砕して排水管に流し出し、直接排出できるシステムで、排水孔の下部に設置される。排水孔に投入された生ゴミはカッターによって粉砕され、水と一緒に排出された後、処理槽で処理され下水に放流される。大きな骨や繊維質の多い植物など対応できないごみもある。日本では環境負荷増大の理由から、長らく自治体により使用が禁止されていたが、近年粉砕した後のごみを分離・堆肥化して下水などの負荷を減らす機能を付加した製品が開発される[写真7、図45]。

ディスポーザー排水処理システム ｜ ―はいすいしょり

ディスポーザー（厨芥）によって破砕された生ごみ（厨芥）を含む排水を専用の排水処理設備で浄化するシステムのこと。破砕された厨芥を含む排水が公共下水道の終末処理場や浄化槽へ流入させると、これらの施設の排水処理装置か、浄化槽へ放流する場合には、ディスポーザー対応型浄化槽の設置が必要。

浄水器 ｜ じょうすいき

活性炭、ろ過膜、逆浸透膜、セラミックなどを利用して、水道水のなか

図44 ｜ 主な調理機器の種類

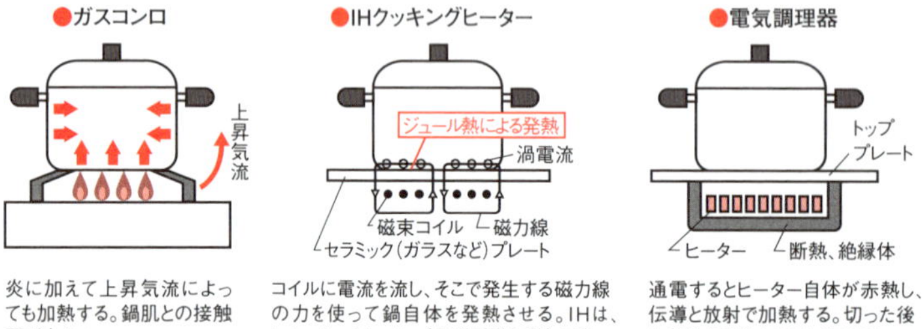

●ガスコンロ
炎に加えて上昇気流によっても加熱する。鍋肌との接触面が大きい

●IHクッキングヒーター
コイルに電流を流し、そこで発生する磁力線の力を使って鍋自体を発熱させる。IHは、Induction Heating（電磁誘導加熱）の略

●電気調理器
通電するとヒーター自体が赤熱し、伝導と放射で加熱する。切った後も余熱を利用することができる

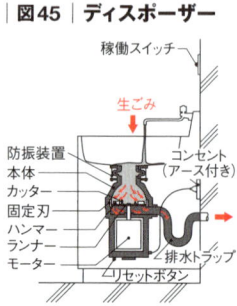

写真7 ｜ ディスポーザー

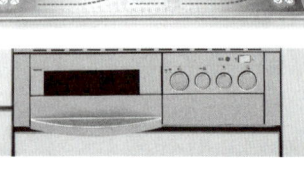

図45 ｜ ディスポーザー

写真6 ｜ IHクッキングヒーター

294

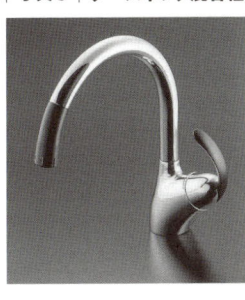

写真8 | グースネック混合栓

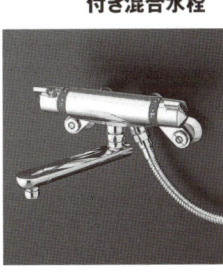

写真9 | サーモスタット付き混合水栓

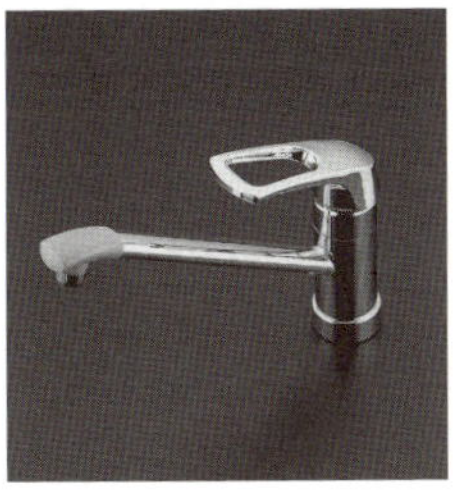

写真10 | シングルレバー混合水栓

整水器｜せいすいき　水道蛇口などに接続し、電解槽の前で原水にカルシウム化合物を加えて、電解することにより連続的にアルカリイオン水をつくる機器。**トリハロメタ**ンなどに含まれる残留塩素を除去または減少させる機器。最も簡易な方式は蛇口直結型で、そのほかにビルトイン型、据置き型などがある。

グースネック混合栓｜こんごうせん　システムキッチンの天板部分で、スガチョウの首のような形状をした混合水栓［写真8］。吐水口高さがとれるため、花瓶など高さのある器に対応できる。

サーモスタット付き混合水栓｜―つきこんごうすいせん　温度調節機構付きの混合水栓で、利用しながら好みの温度に調節ができる。サーモ部の圧力損失が大きいため、水源の水圧が低い場合は、吐水圧力が十分に確保できない場合があり注意が必要である［写真9］。

シングルレバー混合水栓｜―こんごうすいせん　上下に動かすことによって温度・水（湯）量調節が簡単に行える湯水混合水栓［写真10］。水圧によっては、吐水、止水の上下動作時に**ウォーターハンマー**を起こす可能性があるため、ウォーターハンマー防止機能付きの水栓を選ぶのが好ましい。

足元ファンコンベクター｜あしもと―　システムキッチンなどの下部（足元部）に取り付けるファンヒーターで、調理時の足元冷え対策に設置され、温水式や電気式などがある。

給湯設備

即時給湯方式｜そくじきゅうとうほうしき　給湯配管を往きと返りの2本を用意し、給湯循環ポンプで、配管中を常に湯をゆっくり循環させ、給湯栓を捻るとすぐに湯が吐出する給湯方式。ホテルや病院などの中央式給湯方式で用いられており、住宅でも即出湯式湯沸器を使用し往きと返りの配管をすれば可能。

給湯器｜きゅうとうき　給湯器の熱源となる部分で、ガス式や石油式がある。給湯器を利用して床暖房、浴室乾燥、暖房などができる機種もある［写真12］。通称**エコキュート**と呼ばれる、夜間の電気を利用した**ヒートポンプ給湯器**はCOPが高いため省エネ性が高い。

瞬間湯沸器の号数｜しゅんかんゆわかしきのごうすう　瞬間湯沸器の能力を示すもので、給水温度を25℃昇温させたときの1分間の出湯量［表5］。たとえば20号湯沸器とは給水温度が20℃の場合、出湯温度が45℃で1分間に20ℓ出湯するもので、熱量的には3万kℓ／時（34.88kW）。

潜熱回収型給湯器｜せんねつかい―

電気温水器｜でんきおんすいき　夜間の割安な電気を利用して貯湯タンクにお湯を貯める設備。床暖房や浴室乾燥に利用できる機種もある。貯湯タンクの設置スペースが必要［296頁表6］。

写真11 | キッチンパネル

キッチンパネル　キッチン周囲の壁面に設置するパネルで、調理器具の種類によっては不燃材であることが求められる。汚れが付きにくいことや掃除のしやすさなどを売りにした商品がある［写真11］。

シンク　システムキッチンの洗い場部のこと。

キャビネット　システムキッチンの引出しの収納スペースや、ビルトイン機器の収納スペース、吊り戸棚などで箱状に形成された部分。

カウンター　システムキッチンの天板部分で、ステンレス、人造大理石などが多く使われる。

写真12 | 給湯器の例

表5 | 給湯能力算定早見表

浴室	カラン・シャワー 42℃給湯（冬期・水温5℃）、12ℓ／分／個の場合								
	カラン・シャワーの数	1	2	3	4	5	6	7	8
	相当号数	18	36	54	72	90	108	126	144
	浴槽への落とし込み 50℃（水温5℃）のお湯を30分間で給湯する場合								
	容量	300	400	500	600	700	800	900	1000
	相当号数	18	24	30	36	42	48	54	60
厨房・洗面	厨房・洗面 カラン 40℃給湯（冬期・水温5℃）、10ℓ分／個の場合								
	カラン数	1	2	3	4	5	6	7	8
	相当号数	14	28	42	56	70	84	98	112

図46｜潜熱回収型給湯器の仕組み

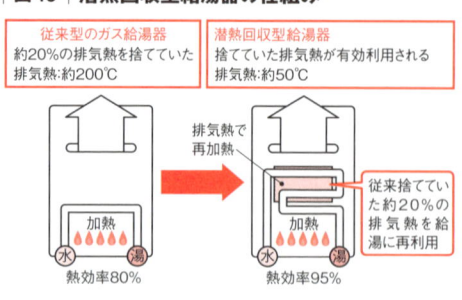

従来型のガス給湯器	潜熱回収型給湯器
約20%の排気熱を捨てていた 排気熱：約200℃	捨てていた排気熱が有効利用される 排気熱：約50℃

熱効率80%　　　熱効率95%

従来捨てていた約20%の排気熱を給湯に再利用

表6｜電気温水器の貯湯量の目安

家族人数	タンク容量[ℓ]	お湯の使用量の目安（42℃換算・冬季）浴槽湯張り＋シャワー＋洗面・キッチン[ℓ]	合計[ℓ]
5〜7人	550	1回(200)＋7回(560)＋洗面・キッチン(150)	910
4〜5人	460	1回(200)＋5回(400)＋洗面・キッチン(150)	750
3〜4人	370	1回(200)＋4回(320)＋洗面・キッチン(150)	670
2〜3人	300	1回(200)＋3回(240)＋洗面・キッチン(150)	590
1人（ワンルームマンション用）	200	1回(150)＋2回(160)＋洗面・キッチン(40)	350
	150	1回(150)＋1回(80)＋洗面・キッチン(40)	270

写真15｜バランス釜

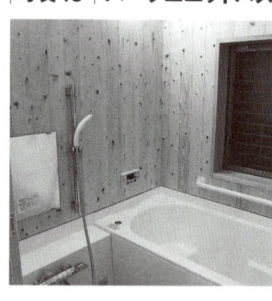

写真14｜追炊き用風呂釜

写真13｜ハーフユニットバス

風呂・洗面

真空ガラス管太陽熱温水器｜しんくうガラスかんたいようねつおんすいき　太陽熱を集熱する集熱部分に真空ガラス管を使用し、日射がなくなっても大気に熱を放出することが少ない温水器。魔法瓶のなかに集熱配管を組み込んだようなもので、配管自身を太くしてこの部分に貯湯させる水道直結型もある。

バランス釜｜がま　湯を沸かすための燃焼に必要な空気を外部から自然に取り入れ、燃焼ガスを外部へ排気する湯沸かし器［写真15］。

気泡浴槽｜きほうよくそう　噴射口から気泡を噴射させて、マッサージ効果をもたらす浴槽。一般的にジャグジーとも呼ばれ、プロア仕様、ジェット仕様などの種類がある。

ジェット風呂｜ぶろ　浴槽内の循環水に空気を取り込み、ノズルから勢いよく噴出すシステム［写真16］。

自動風呂｜じどうぶろ　湯張り、保温、足し湯、昇温などを自動的に行う機能をもつ風呂給湯器。グレードによってフルオート、セミオート、オートタイプなどと呼ばれている。

浴室暖房乾燥機｜よくしつだんぼうかんそうき　浴室内でのヒートショック防止や入浴中の寒さ対策のために電気または温水を利用して暖房を行う機能をもつとともに、浴室を洗濯乾燥室として利用できる換気機能をもつ機種もある。24時間換気機能をもつ機種もある。

定量止水栓｜ていりょうしすいせん　浴槽の湯張りに使われ、水栓に流量制御弁が設置されている。設定した流量が流れると自動的に止水される。

シャワーユニット

しゅうがたきゅうとうき　一般のガス給湯器の排気熱（約200℃）を利用するため、2次熱交換器を設けて、給水の予熱に使用する給湯器。高効率で、家庭用も製品化されている［図46］。2次熱交換器で凝縮する排気中の水蒸気は、中和器で中和されてから排水される。

ハーフユニットバス　腰下までがユニット化された浴室。天井や腰上の壁仕上げを自由に設計できるほか、天井高さのとれないところなどにも対応できる。ユニットバス同様防水性に優れる［写真13］。

ユニットバス　UBと表記する。工場で製作された部材などを現場で組み立てて施工する浴室で、施工性や防水性に優れている。既存の開口部や配管を利用できるリフォーム対応機種もある。

風呂釜｜ふろがま　浴槽に張った水を沸かす機器で、湯が冷めたときは残り湯を沸かし直す［写真14］。ガスや石油を熱源とした機種が一般的であり、浴槽

写真17｜シャワーユニット

写真16｜ジェット風呂

296

トイレ・その他設備

洗落し式便器——あらいおとししきべんき
水の落差による流水作用で汚物を押し流す方式で、構造がシンプルで安価である。水溜まり面（留水面）が狭いため、用便時に水はねが起こりにくい[図47①]。

サイホン式便器——しきべんき
サイホン作用で汚物を吸い込むように排出する方式。水溜まり面が比較的狭く、ボールの乾燥面に汚物が付着する場合がある[図47②]。

サイホンゼット式便器——しきべんき

サイホンボルテックス式便器——しきべんき
水洗式大便器の洗浄方式の1つ。便器とタンクが一体になったワンピースタイプで、サイホン作用と渦巻作用を併用して汚物を排出する[図47④]。洗浄時に空気の混入がほとんどなく洗浄音が最も静かな便器で、水溜まり面が広いため、汚物が水中に沈みやすく臭気の発散が抑えられ、乾燥面への汚物の付着が少ない[図47③]。

ブローアウト便器——べんき
トラップ内に小穴から強力に水を噴出させ、その作用で溜水を排水管のほうへ誘い出し吹き出してしまう便器。排水口が大きく詰まりが少ない。排水経路が比較的上にあり、事務所ビルなど連立して設置するのに便利。

タンクレストイレ
洗浄のための水を貯めるタンクがないタイプの便器で、給水直結方式、3面エプロン式などと呼ばれる。

エプロン
浴槽の側板。浴室と浴槽の設置方法の関係で、浴槽の側面の面数より1面エプロン式、2面エプロン式、3面エプロン式などと呼ばれる。

排水路に設けられたゼット穴から噴き出す水が強いサイホン作用を起こし、汚物を吸い込むように排出する。水溜まり面が広いため、汚物が水中に沈みやすく洗浄面の付着が抑えられ、乾燥面への汚物の付着が少ない[図47③]。

多機能シャワー——たきのう—
1台のシャワーでスプレー吐水、マッサージ吐水、気泡入り吐水など、数種類の水流を噴出させる機能をもつシャワー[写真18]。

シャンプードレッサー
ハンドシャワーが設置され、通常の洗面台よりも洗面器が大きく、シャンプーがしやすい構造になっている洗面台[写真19]。洗髪洗面化粧台ともいう。

アンダーカウンター式洗面器——しきせんめんき
カウンターの下部に洗面ボールが取り付けられている洗面器。洗面ボールの枠がカウンター表面に出ないため、清掃が容易である。

| 写真18 | 多機能シャワーの例 |

| 写真19 | シャンプードレッサー |

| 写真20 | タンクレストイレ |

| 図47 | トイレの種類 |

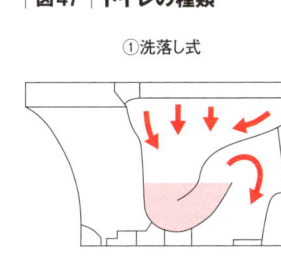

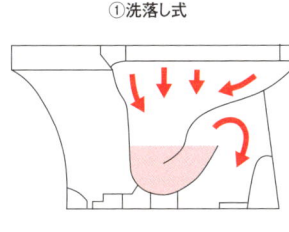

①洗落し式

②サイホン式

③サイホンゼット式

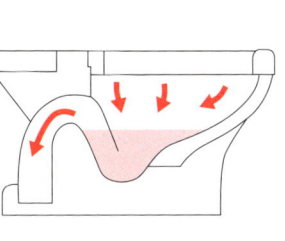

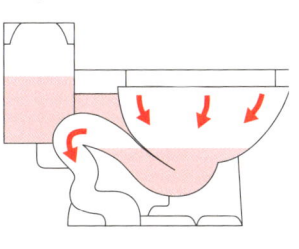

④サイホンボルテックス式

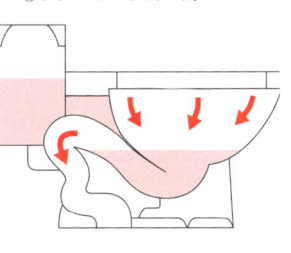

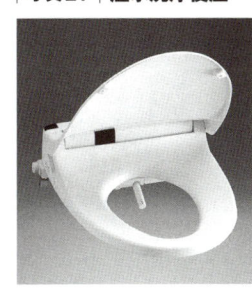

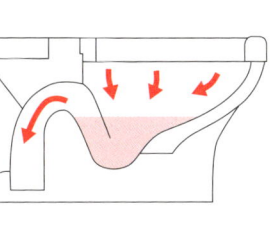

| 写真21 | 温水洗浄便座 |

写真24	個別感知フラッシュバルブ
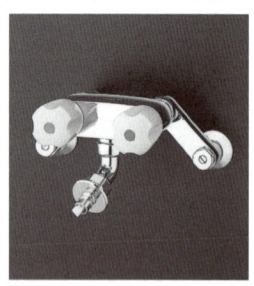 写真23	フラッシュバルブ
写真22	手洗い付きカウンター

| 写真26 | 住宅用自動消火装置 |
| 写真25 | 洗濯機用水栓 |

| 写真27 | 住宅用火災報知設備 |

| 図48 | 住宅用スプリンクラー設備 |

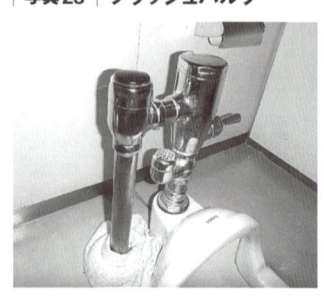

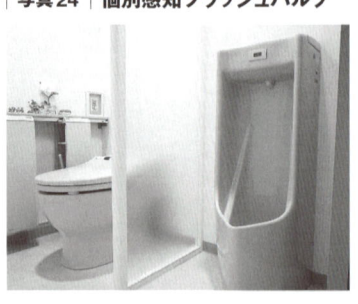

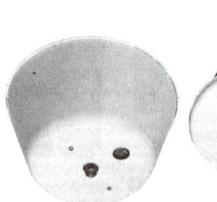

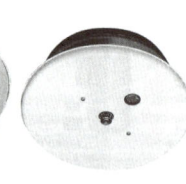

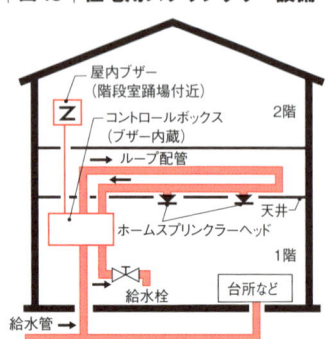

温水洗浄便座 おんすいせんじょうべんざ

一般的にウォッシュレット（TOTO）、シャワートイレ（INAX）と呼ばれ、温水の噴出しによって用便後の洗浄ができる便座[297頁写真21]。マッサージ洗浄、温風乾燥など、さまざまな機能をもつ。

散水栓 さんすいせん

主に外部に設置される水栓で、植栽や洗車のために設置される。土中にボックスとともに設置されたり、コンクリート柱などの立て水栓として設置される。外部からの水質汚染防止のために、逆流防止弁が設置される場合が多い。

手洗い付きカウンター てあらいつき—

手洗いボールや水栓が天板に設置されている小型の手洗い器で、収納や紙巻き器とセットになっている機種もある。小型でスペースをとらないことから主にトイレ内に設置される[写真22]。

フラッシュバルブ

便器用洗浄弁のこと。大便器および小便器の汚物や汚水を洗浄するために用い、ハンドルなどを操作すると一定時間に一定水量の水を流して自動的に閉止する[写真23]。

個別感知フラッシュバルブ こべつかんち—

節水型の小便器の洗浄方式で赤外線で便器の前に立った人を感知して使用したときだけ洗浄するようにしたもの[写真24]。

洗濯機用水栓 せんたくきようすいせん

洗濯機用専用水栓で、単水栓、混合水栓がある[写真25]。洗浄時の給水や止水によるウォーターハンマーを防止する機構が内蔵されており、ホースの着脱に適した水栓式である[297頁写真20]。連続洗浄が可能でスペースをとらないメリットがあるが、給水水圧が低い場合は使用できない。給水管から直接給水されるため、逆流防止のために大便器のあふれ縁よりも上部にバキュームブレーカーが組み込まれている。

防災設備

住宅用火災報知設備 じゅうたくようかさいほうちせつび

居室天井にセンサーを設置し、火災時に警報音などで知らせる装置。センサー部分で完結する簡易タイプや、インターホンなどに連携させるタイプがあり、センサーは熱に反応するもの（熱感）と煙に反応するもの（煙感）がある[写真27]。

住宅用スプリンクラー設備 じゅうたくよう—せつび

居室などの天井部にノズルを設置し、火災時に自動的に水を散布するとともに警報で火災を知らせる設備[図48]。水道直結方式の簡易なものは、ポンプや消火水槽が不要である。

住宅用自動消火装置 じゅうたくようじどうしょうかそうち

主に台所用の火災初期消火用として設置される。火災を自動的に感知し消火剤を散布する仕組みで、タンクと噴出口をつなぐ簡単な施工で設置できる[写真26]。

サイアミューズコネクション

スプリンクラー消火設備などに、消防車の送水により外部から支援するための、ホース接続口が、双口以上の消防隊送水口。

音環境

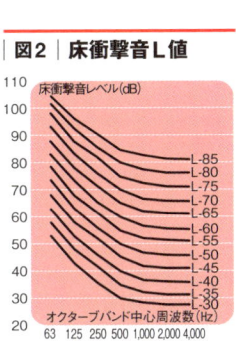

TOPICS | 4

A特性・F特性｜えーとくせい・えふとくせい

A特性とは人間の耳の周波数感度に近い特性として決められたもので、低音域の音に対しては鈍感で中高音域の音に対しては敏感であった等級。F特性とは平坦な周波数特性。

D値（遮音等級D値） ｜（しゃおんとうきゅう）でぃーち

（社）日本建築学会の規定した遮音基準曲線（D曲線）により規定される等級で、現場測定結果にもとづいた性能。中心周波数125～4000Hzの1/1オクターブバンドごとの音圧レベル差を指す[図1]。

Hz ｜へるつ

周波数を表す単位。周波数の大きい音は高く、周波数の小さい音は低く感じる。

オクターブバンド

周波数が2倍の関係を1オクターブという。一般騒音の周波数ごとの音圧レベルを測定する場合、周波数幅をこの1/1または1/3オクターブ幅として測定する。オクターブ幅とはこの幅のこと。

遮音性能 ｜しゃおんせいのう

遮音の度合い。建築現場における遮音性能差の測定方法は、JISで音圧レベル差の測定方法が規定されている。音源側で雑音発生器によりスピーカから再生し、そのときの音源側と受音側の1/1オクターブバンドごとの平均音圧レベルを騒音計により計測し、その差から求める。この値は現場測定値のため、ドアやダクト経路などの対象の面以外からの側路伝搬の影響も含めた性能となる。

音響透過損失 ｜おんきょうとうか そんしつ

壁体単体での遮音性能を表すもので、実験室測定により求められる。

騒音計 ｜そうおんけい

騒音レベルを測定する機器。JISでは普通騒音計と精密騒音計の品質基準が規定されている[写真]。

L値（床衝撃音L値） ｜（ゆかしょうげきおん）えるち

床衝撃音には衝撃源として、重量衝撃源と軽量衝撃源の2種類がある。L値はそれらの下階への影響を評価する基準。衝撃源装置で音源室床を打撃し、直下階での1/1オクターブバンドごとの音圧レベルを測定して求める[図2]。中心周波数63～4000Hzの1/1オクターブバンドごとの床衝撃音レベルに関する、（社）日本建築学会の規定した遮音基準曲線（L曲線）により規定される。

軽量床衝撃源 ｜けいりょうゆかしょうげきげん

子供の飛跳ねなどによる床衝撃音。

LH値 ｜えるえいちち

重量床衝撃音の評価基準。測定にはバングマシンなどを使う。

LL値 ｜えるえるち

軽量床衝撃音の評価基準。測定にはタッピングマシンなどを使う。

バングマシン

重量床衝撃音を発生させるための装置。タイヤを自然落下させる。

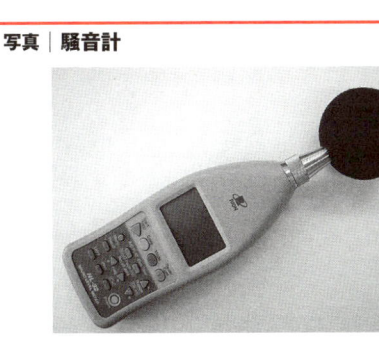

タッピングマシン

軽量床衝撃を発生させる装置。5個のスチール製のハンマーを連続的に自然落下させる機能をもつ。

フラッターエコー

壁など平行に並ぶ反射面が存在する場合、その間で発生した音は平行反射面の間で繰り返し反射する。これにより、その音がプルルなどと特殊な音色をもって聞こえることがある。鳴き竜とも。

質量則・コインシデンス効果 ｜しつりょうそく・ーこうか

緻密で均一な材料からできる壁体の透過損失は、その壁体の単位

遮音 ｜しゃおん

音を反射または吸収し、透過する音のエネルギーを小さくすること。

吸音 ｜きゅうおん

音の反射を低減すること。音源室内で発生した音は吸音により反射音が低減され、室内での音をある程度小さくできる。さらに、遮音により音源室外部に伝わる音を遮断する。吸音は反射音を低減することで室内の響きを抑えることにも用いられる、室内音響でも重要な性能。

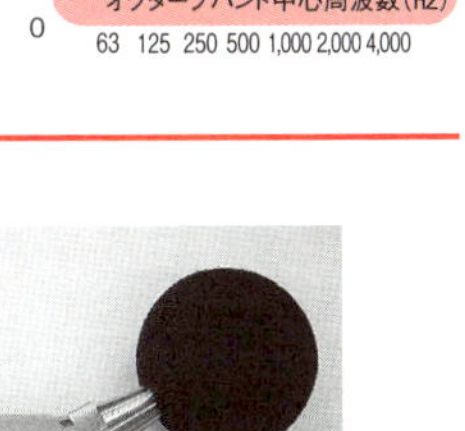

防音 ｜ぼうおん

吸音と遮音によって室内空間を伝搬する音を小さくすること。

dBA・dBF ｜でしべるえー・でしべるえふ

dBAとは騒音計のA特性を用いて測定した値で、これで騒音レベルを示す。またF特性を用いて測定した値の単位はdBFを用いる。

重量床衝撃源 ｜じゅうりょうゆか

| 図2 | 床衝撃音L値

| 図1 | 遮音等級D値

| 写真 | 騒音計

299

TOPICS|5 地震

参考｜騒音値の目安

120dB	ジェット機の騒音
110dB	自動車の警笛
100dB	電車が通るときのガード下
90dB	大声による独唱、騒々しい工場の中
80dB	電車の車内
70dB	騒々しい街頭、騒々しい事務所の中
60dB	静かな乗用車、普通の会話
50dB	静かな事務所
40dB	図書館や静かな住宅地の昼間、コオロギの鳴き声
30dB	郊外の深夜、ささやき声
20dB	木の葉のふれ合う音

当たりの質量と音の周波数の積にほぼ比例する。この関係を質量則と呼ぶ。しかし、ある周波数で透過損失が質量則より顕著に下回る現象が生じる。これは、壁体の剛性材料にある周波数の音波が入射すると、その材料の屈曲振動との共振状態を起こして透過損失が低下する。この透過損失が落ち込む現象をいう。

空気（伝搬）音｜くうき（でんぱ）おんく

空気中を伝搬する音。ステレオなどから発生する音は空気を伝わるが、ステレオのスピーカーの下部から固体音としても伝わる。

固体（伝搬）音｜こたい（でんぱ）おん

固体中を伝搬する音。椅子を引きずったり、釘の打込みなどの振動から発生する。また、空気音が床・壁・天井などを振動させ固体音となることもある。固体音は振動面から空気音として放射されて初めて聞こえる。空気音は隣接しない部屋へは壁などの遮音体を繰り返し通ることで大きく減衰するが、固体音はその性質上あまり減衰しない。マンションなどで、固体音により遠くの部屋で発生した音がすぐ近くの部屋の音のように聞こえることがある。

完全浮室構造｜かんぜんうきしつこうぞう

別名、Box in Box構造。高度な遮音が必要な場合によく用いられる構造。部屋のなかにそれとは別に遮音する層（床・壁・天井・建具など）を防振ゴムなどの緩衝材により浮かせる（防振支持）。

エキスパンションジョイント

完全浮室構造とした場合に、建具などは浮側の構造とする必要があるが、建物の浮側の部分は表面に固定側と浮側の接点が露出するため、振動絶縁ができるように弾性をもつ材料で仕上げられたジョイント。

水平震度｜すいへいしんど

地震による水平方向の揺れの大きさを表す係数。建築基準法では設計上の水平震度を0.2と規定。水平震度（K）、建物の重量（W）、地震力の大きさ（F）の関係式はK＝W/F。

加速度｜かそくど

速度が時間とともに変化し、加速してゆく割合のこと。加速度の単位はガル（gal）で表す。地球の引力（重力）は1Gの加速度で、ガルを1Gという単位で考える。

震度階・震度｜しんどかい・しんど

震度階は地震の揺れの大きさを表した階級。現在10段階分類の気象庁震度階が使われている。震度階を一般的に「震度」というが、厳密には震度階は地震動の加速度を980ガル（1G）で割った値。震度0.2は約200ガルで、震度階では5強に当たる。

固有周期｜こゆうしゅうき

物体のもつ自由振動のときの揺れの周期。建物の固有周期は高い建物ほど長く、硬い建物は周期が短かって立ったときに向かい側が右にずれる、左にずれれば左ずれ断層という。横ずれだけでなく上の建物には横ずれも卓越周期（地盤のもつ固有周期）が長く、上の建物も大きく揺すられる。

共振｜きょうしん

地震など、外部からの振動の周期と建物の揺れの固有周期が一致したとき、建物の揺れの振幅が次第に増し、振幅が大きくなる現象。関東大震災のころの木造建物の固有周期は0.5秒前後といわれ、地盤の周期は東京・山手のローム層では0.3秒前後、下町の沖積層では0.5～0.8秒程度であることから、共振により山手より下町の被害が大きかったとされる。

活断層｜かつだんそう

現在から約200万年前までを地質学では第4紀と呼び、第4紀に活動した断層を活断層という。日本には約2千の活断層がある。活断層は、①A級活断層：平均変位速度1mm以上、②B級活断層：平均変位速度0.1～1mm、③C級活断層：平均変位速度0.01～0.1mmに分類される。

横ずれ断層｜よこずれだんそう

断層の走行する方向にずれる断層［図①］。地震時に主に働く応力が断層のずれる方向でもあるため、人が断層に向かって立ったときに向かい側が右にずれれば右ずれ、左にずれれば左ずれ断層には横ずれだけでなく正断層、逆断層が混ざっている場合が多いが正断層と逆断層が混ざることはない。有名な横ずれ断層に、サンアンドレア断層（アメリカ）、根尾谷断層（岐阜県、左横ずれと南西側隆起の混ざったもの）がある。

正断層｜せいだんそう

地盤に引張力が加わり、断層面が地表に対して垂直となる断層［図②］。どちらかに傾いている場合には、断層から上に載った部分を上盤、下にあるのを下盤という。断層の走行する力の方向に対し垂直で、正断層の場合には上盤が沈下している。

逆断層｜ぎゃくだんそう

地盤に圧縮力が加わり下盤が沈下、上盤側は下盤に沿って隆起する断層［図③］。またそのとき断面層を境に両側が水平短縮する。太平洋側の海溝沿いはほとんどが逆断層。

活褶曲｜かつしゅうきょく

地下に埋没し、地表に出てこない断層。地下に埋もれた断層が活動すると、なんらかの地表変形を生じ、表層の地層だけが褶曲していく

る。日本でも信濃川流域には非常に多くの活褶曲がある。

直下地震｜ちょっかじしん
日本列島の内陸部の直下に起こる地震。15～20km程度までの深さでの地殻内の花崗岩など固い岩石の破壊により生じる。深くなると熱により岩石が柔らかくなり地震になりにくくなる。プレートの沈み込みの影響による地震は深い震源の地震（深発地震）、直下地震でも大きな被害とはなりにくい。

表面波｜ひょうめんは
表面波の速度は実体波（P波、S波）より遅い。表面波のなかでもラヴ波はレイリー波よりも速いが上下方向の変位をもたず、水中には伝播しないが、水平方向の振動は特に建築物の基礎に被害を与えやすい。レイリー波は上下と水平方向に動く。このため上下方向の動きだけを記録している地震計にはP波、S波、レイリー波だけが記録される。

地震波｜じしんは
地震のとき伝わる弾性波のこと。主に3種類あり、第1波（P波）と第2波（S波）は岩体の内部を伝わる実体波で、第3波は地表を伝わる表面波（ラヴ波、レイリー波）。

P波｜ぴー
地震波の第1波。速度が速く（花崗岩では5.5km／秒、水では1.5km／秒）、音波のような性質で、岩盤でもマグマや水のなかでも伝わる。

S波｜えすは
S波はP波より遅く（花崗岩3.0km／秒）、液体のなかを伝わることはできない。通常はP波により突き上げられたような衝撃の後、S波により上下左右に揺すられた。

警戒宣言｜けいかいせんげん
昭和53年制定「大規模地震対策特別措置法」による宣言。宣言を発する過程は、「地域防災対策強化地域」が指定され、その地域において観測に異常が発見された場合、警戒宣言を発し、情報伝達や地震防災の対策を実施する。
予知情報は気象庁長官が内閣総理大臣に報告、内閣総理大臣が警戒宣言を発令する。警戒宣言が発令されると住民の避難、交通規制などの措置がとられる。平成15年5月に東海地震対策の見直しが行われ、大綱がまとめられた。特に住宅の耐震化の緊急実施、避難地、避難路などの周辺建物、学校、病院、消防署、市役所などの公共施設の耐震化の緊急実施の見直しが予知情報の体系も、観測情報→注意情報→予知情報の3段階へ見直された。

図｜断層の種類

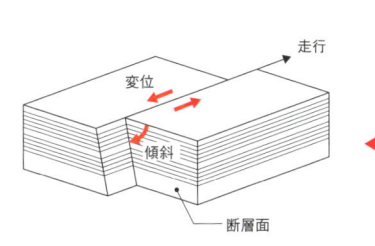

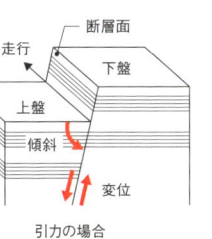

①横ずれ断層　②正断層（引力の場合）　③逆断層（圧縮力の場合）

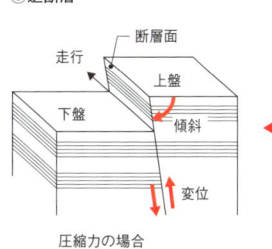

参考｜地震とその時の建物状況[※]

震度	木造住宅の状況 耐震性が低い	木造住宅の状況 耐震性が高い	鉄筋コンクリート造建物の状況 耐震性が低い	鉄筋コンクリート造建物の状況 耐震性が高い
5強	●壁などにひび割れ・亀裂がみられることがある	—	●壁・梁・柱などの部材にひび割れ・亀裂が入ることがある	—
6弱	●壁などのひび割れ・亀裂が多くなる ●大きなひび割れ・亀裂が入ることがある ●瓦が落下したり、建物が傾いたりすることがある	●壁などに軽微なひび割れ・亀裂がみられることがある	●壁・梁・柱などの部材にひび割れ・亀裂が多くなる	●壁・梁・柱などの部材にひび割れ・亀裂が入ることがある
6強	●壁などに大きなひび割れ・亀裂が入るものが多くなる ●傾くものや、倒れるものが多くなる	●壁などにひび割れ・亀裂がみられることがある	●壁・梁・柱などの部材に、斜めやX状のひび割れ・亀裂がみられることがある ●1階あるいは中間階の柱が崩れ、倒れるものがある	●壁・梁・柱などの部材にひび割れ・亀裂が多くなる
7	●傾くものや、倒れるものがさらに多くなる	●壁などのひび割れ・亀裂が多くなる ●稀に傾くことがある	●壁・梁・柱などの部材に、斜めやX状のひび割れ・亀裂が多くなる ●1階あるいは中間階の柱が崩れ、倒れるものが多くなる	●壁・梁・柱などの部材にひび割れ・亀裂がさらに多くなる ●1階あるいは中間階が変形し、稀に傾くものがある

※「気象庁震度階級関連解説表」による

索引 INDEX

項目を立てているもの、本文で太字になっているもの、表中の重要語を拾っています。

あ

- アークエアガウジング 91,92
- アークエアガウジングこうほう 96
- アースアンカーこうほう 156
- アースドリルかくていこうほう 20,21
- アールだし ふしきガスねんしょうき 27
- あいえいちクッキングヒーターよう 12
- かんきせん 294
- あいがき 273
- あいがた 281
- あいがたこう 39
- あいがたふくごうばり 64
- あいじゃくり 87
- あいじゃくりつぎ 57
- あいのま 217,218
- あいびーぶいしっくす 227
- アイランドこうほう 261
- アウトレットボックス 20
- アウトレット 261
- あえんてっぱん 257
- あおみず 255
- あかがわら 154
- あかさびじょうたい 284
- あかみ 144
- 89
- 43

- あかみず 283
- あがりずみ 148
- あき 12
- アキスミンスター 224
- アキスミンスターカーペット 279
- アキレスボード 187
- アクアシール 110
- アクティブかんき 222,225
- アクティブソーラーシステム 269
- アクリル 224
- あくどめシーラー 179
- アクリルウレタンけいシーリングざい 132
- アクリルけいシーリングざい 132
- アクリルけいとまくぼうすいこうほう 126
- アクリルゴムけいぬりまくぼうすいこうほう 126
- アクリルゴムけいぼうすいこうほう 121
- アクリルじゅエマルション 187
- アクリルじゅしばん 194,195
- アクリルシリコーン・ゆしとりょう 233
- アクリルシリコーンじゅしとりょう 196
- アクリルばん 212
- アクリル 194
- あさぎいろ 36
- あさぎうち 180
- あさサ 187
- あさんかちっそ 281
- あしばいた 34

- あぶらへんせい 193
- あぶらしっくい 180
- あばらきん 82
- あばた 71
- アネモ 290
- アネモがた 278
- アネモがたふきだしぐち 278
- あなあきぶれきゃすとぱん 103
- あなあきルーフィング 122
- アドヒジョンしけん 163
- あとばりこうほう 210
- あとうち 176
- あつりょくこんしつ 135
- あつみつちんか 266
- あつづきフローリング 10,11
- あっちゃくばり 222
- あっしゅくすじかい 175
- あついた 55
- あたまようじょう 231
- あたつなぎ 22
- アダプタ 54
- あそび 289,223
- あそぴ 13
- あぜ 220
- アスラックス 192
- アスペクトひ 233
- アスベスト 275
- アスファルトルーフィング 109
- アスファルトぼうすいねつこうほう 142
- アスファルトぼうすいこうほう 123
- アスファルトぼうすいトーチこうほう 125
- アスファルトぼうすいじょうおんこうほう 123
- アスファルトシングル 125
- アスファルトじょうおんこうほう 121
- アスファルトけいぼうすいそう 150
- アスコンほそう 130
- あしもとファンコンベクター 295

- あぶらへんせいじゅしとりょう 193
- アルミ(ハニカムパネル 165
- アルミスパンドレル 165
- あわ 210
- あわせがわら 143,144
- あわせガラス 168
- あまい 192
- あまおさえ 141
- あまかわしくい 148
- あまじまい 40,129
- あまみず 282
- あまようじょう 129
- あみいりいたガラス 169
- あらいおとしきべんき 297
- あらいだしポンプ 185
- あらいだし 188
- あらべぬり 177
- あらべあげ 189
- あらぐみしょうじ 184
- あらきだつち 190
- あらしめ 240
- あらしものしあげ 185
- あらぴき 186,240
- あらま 174
- あらめ 220
- あらゆか 39
- あり 174
- ありあし 153
- ありかけぶき 39
- ありつき 71
- アルカリこつざいはんのう 92
- アルゴンようせつ 154,166
- アルスターはん 165
- アルボリック 157
- アルマイト 166
- アルマイトクラック 156
- アルマスターパネル 164,165
- アルミキャストパネル 245
- アルミクラッドサッシ 154
- アルミごうきん 245
- アルミごうきんぱん 245
- アルミサッシ

い

- いーぜっとこうほう 28
- いーぶいえーじゅしエマルション 187
- いかだきそ 33
- いかだじぎょう 33
- いかだばり 228
- いきぶし 46
- いけぶしたきん 29
- いけがきぞう 32,33
- いしゅぎこう 33
- いしわた 241
- いすかぎり 109
- いすかすぎ 15
- いずむきじゅん 105,235
- いたくみこうほう 242
- いたず 63
- いたそぼ 217,218

- いためん 46
- いためん 165,238
- イタリアみがき 44
- いちきがたとりょう 186
- いちころピンころ 191
- いちじしめ 195
- いちじでんち 101
- いちせいぶんけいシーリングざい 250
- いちひょうじとうつきスイッチ 133
- いちまいばりようしょうじがみ 240,260
- いちもんじぶき 203
- いっしゅケレン 75
- いっぱんさびどめとりょう 148,150,152
- いってこい 197
- いどうしきあしば 35
- いとめん 216
- いなかま 226,215
- いなご 215
- いなりきっち 18
- いなわらどこ 28
- いぬばしり 180
- いぶしがわら 17
- いほうせい 144
- いはばん 226
- いりもや 140
- いりおさえ 129
- いろおんど 212
- いろじくい 206
- いろおとさえ 257
- いろわかれ 181
- いろムラ 209
- いろみほん 209
- いろモルタル 182

- いたどり 152
- イージング 50
- インコア 289
- いろわかれ 209
- いわ 182
- インシュレーションボード 59
- インターロッキング 160

う

インチ 81
インバータ 257
インバーターます 272
インパクト 100
インパクトドライバー 66
インパクトレンチ 100
インレードシート 223
いんろうせつごう 293

ウィービング 293
ウィルキントン 224
ウィルトンカーペット 222, 225
ウーローラー・ミドルローラー 207
ウーローラー 298
ウェザリング 208
ウェス 206
ウェット 137
ウェットオンウェット 201
ウェラ 85
ウェルポイント 18
ウォーターハンマー 283, 295, 298
ウォータースポット 166
ウォッシュプライマー 199
うき 210
うきあがり 131
うきさび 29
うすいれけんさ 89
うすがたキュービクル 80
うすべり 252
うすづけしあげぬりざい 231
うすづけ 215
うたてがえし 180
うちこみかたわく 76
うちこみみかんぬき 117
うちだんねつこうほう 114
うちつぎ 113
うちづけ 135
うちつぎ 75
うちづけ 246

地盤・基礎

え

ウッドプロテクションステイン 195
うってがえし 79
うつくり 233
うちひばた 218
うちはなし 84
うてがえし 214
うめ 238
うめがし 219
うめきじ 68
うみずな 36
うめき 46
うめこみちゅうきゃく 98
うめこみしきこていちゅうきゃく 98
うめこみレール 243
うめもどし 19
うめあてがね 174
うらあし 188
うらがえし 179
うらかべ 189
うらごめ 22
うらし 177
うるし 194
うわぐすり 124
うわわく 248
うわまるがわら 94
うんぼう

躯体

え 144
ウレタンしんなー 177
ウレタンシンナー 202
ウレタンゴムけいとまくぼうすいこう 121
ウレタンゴムけいぼうすい 121
ウレタンけい 186
ウレタンかべしあげ 194
ウワぐき 173
ウワざい 128
エアコン 270
エアーくぎうちき 66
エアスプレー 206

お

エアスプレーこうほう 204
エアスプレーぬり 205
エアハン 271
エアフィルタ 279
エアリフトこうほう 29
エアレススプレー 206
エアレススプレーこうほう 205
エアレススプレーぬり 205
えいきゅうアンカー 33
えいせいちょうごう 261
えいせいほうそう 172
えいぞうゆが 70
えいちすかなもの 163
えーげんすい 70
えーいすい 51
えーこんくりーと 299
えーきゅーにんしょう 49
えーでぃーざい 163
えーじーばん 70
えーとくせい 299
えきしょうかげんしょう 10, 11
エキスパンドメタル 300
エキスパンションジョイント 295
エコキュート 234
エコリよう 199
エコクロス 234
エコロジーかべがみ 62
えすいこうほう 171
えすえすぎー 87
えすえざい 88
えすがたさぬくぎ 144
えすえぬくぎ 60
えすえすじーこうほう 87
えすぬき 26
えすは 301
えすていあーるけいこうほう 127
エスしーじー 132
えすぴーあーるいけいシーリング 127
えすぶいきかく 235

性能

仕上げ

建具・家具

お

えちぜんがわら 144
エチレンさくさんビニルじゅしけい シートぼうすいこうほう 124
エッジ 90
エッジクリアランス 160
エッチング 87
エッチングプライマー 21
えちょこう 87
えっちがたとう 87
えつしょうそう 121
エンジニアドウッド 259
エンジムシーばん 212
エンド 65
エナメルしあり 88
エナメルしあげしししあげ 208
エナメルやけししあげ 208
えどま 199
えぬきぎい 65
エポルコス 275
エビプラン 9
えぬくぎ 59
エナメル 195, 226
えのしーぐい 60
えぬしーくぎ 10
えふあーるびーけいこうほう 275
えふあーるびーけいぼうすいそう 88
えふえーるびーこう 212
えふえふけいさんき 255
えふけーぶる 159
えふてい 144
えふぐい 222
エプロン 174
エフロン 297
エフロレッセンス 71, 200
エプロン 255
えふとくせい 299
エポキシしんなー 297
エポキシじゅしとりょう 194, 196
エマルションけい 194

設備

お

おじょうぎ 212
おおかべ 16
おおがね 16
おおがたタイル 173
おーえふろあ 220
おーえむソーラーシステム 269
おおさかうち 180

エマルションじゅし 195
えむあーるけいこうほう 195
えむあいおーとりょう 197
えむえすあーるランバー 57
えむえーのり 176
えむタイル 187
えむびーじーこうほう 171
えるえるち 299
えるえいいち 299
エルボ 290
エルボがえし 290
エレクトロスラグようせつ 86
エレクションピース 91, 92
えんかビニルじゅしけいシートぼうすい 124
えんかビニルじゅしけいシートぼうすい 125
えんかビニルじゅしけいぼうすいそう 124
えんこうい 221
エンタルピー 95
エンド 156
エンドタブ 119
エンビタイル 259
エンビライニングこうかん 288
エンボスビニルゆかタイル 224

オイルステイン 195
オイルフィニッシュ 39, 64
おおいがれ 219
オール 13
オークターブンバンド 299
おくりしょうとうスイッチ 260
おくれしょうとうだんねつざい 123
おくなわあかがわら 144
おきだたみ 227
おきたがわら 226
おかめ 141
おかぐ 22
おかがみ 189
おおわり 189
オーバレイタイプ 222
オーバルダクト 275
オーバルフロー 131
オーバハング 54
オーバブリッジほうしき 284
オーバングちぐち 131
オートクレーブようじょう 233
おおなみはぜぶき 65
オートレベル 153
おおで 16
おおつ 215
おおつかべ 215
おおつかき 179
おおつひきつち 188
おおつみがき 185
おおつみがき 189, 189

索引
303

見出し	ページ
おさえコンクリート	129
おさえしあげ	185
おさえもの	180
おさまり	12
おしがたかさい	157
おしかたこう	155
おしけいせい	136
おしだしせい	213
おしだしどめ	239
おしだしほうポリエチレンフォーム	163
おしだしほうポリスチレンフォームばん	110 190
おしネジ	60
おしぶちどめ	239
おせい	164
おすい	282
おすいラジエーター	293
おせんせい	137
おっかけだいせんつぎ	192
オゾンれっか	131
おちゃづけ	224
おとしかけ	214
おとしこみ	229
おとしきん	239
おとなり	161
おなま	174
おにがわら	143
おびかなもの	61
おびきん	289
オフセット	81
オムニラてばん	163
オムニカット	222
おやぐいよこかべやいたやまどめこう	21
おやゆいやこうほう	20
おやずみ	12
おやつな	100
おりあげてんじょう	236
おりあげかなもの	155
おりまげかなもの	60

か	
かあつほう	118
カーテンウォール	157
カートうち	73, 74
ガードポスト	36
カーペット	224
がいかくこうかんつきコンクリート	
がいしゃくロープ	26
がいしょす	157
がいそうようタイル	103
がいこくさんざい	43
がいかんけんさ	103
がいざい	43
がいさき	90, 95
かいばい	95
かいだんわく	181
かいてんかんにゅうしゃ	35
かいブード	257
かいへいき	279
がいへいきつきそう	103
かいめんはかい	99
かいりょうああろちゃくばり	137
かいりょうしんど	31
かいりょうしんやく	113
ガウジング	175
カウンター	250
	295

おんどチョーク	102
おんすいせんじょうべんざ	279
おんすいラジエーター	273
おんすいかんき	281
おんきょうとうかんがス	298 273
おりものかべがみ	299
おれフィンかべがみ	209
オレンジピール	234
おりものカーペット	224

かえしかべ	79
かえしこうばい	13
かえしつきかん	12
かえる	192
かえりずみ	286
かおにんしょうにゅうしつかんりシステム	261
かがみいた	226
かがくこうしあげ	180 248
かきおとし	199
かきとおとししあげ	285
かきょうポリエチレンかん	273 288
かぐひきこみ	248
かぐしくぎ	260
かちょうぐい	229
かくふちい	213 248
かけセメント	192
かけや	66
かごだあしば	35
かくみ	26
かくてい	28
かざいほうき	143
かざい	153
かさねしきせっぱんぶき	262
かさねぎり	235
かさねしろ	143
かさねすんぽう	84
かさねつぎ	81
かさねばり	235
かざんせいガラスしつふくそう	129
かしわで	106
かしゆう	129 136 192 205
かしうけ	161
カシューじゅしとりょう	194 196

ガスあっせつきて	62
かすがい	62
ガスかようゆうろ	81 84
カスケード・コースト	45
ガスケット	104
ガスコンセント	132 161
ガスコンロ	294
ガスシールドアークようせつほう	292
ガスせつだん	91
ガスメーターユニット	92
ガスヒートポンプシステム	271
ガスを引く	292
かぜをひく	300
かそく	192
かそい	36
ガセットプレート	87
かせつこうじ	157
かせていひまくしょり	206
かかがま	64
かたい	157
かたさしけん	39
かたながれ	103
かためんフラッシュこうぞう	140
かたわくぞんちきかん	76
かたおしごはん	151
かたおしい	74
かたいたガラス	134
かたおとし	300
カチオンでんちゃくとりょう	168
かて	233
かっしゅうえき	13
かつだんそう	241
カッとオフアングル	300
カットスクリュー	259
カットバイル	61
カットへいしょり	225
	222 287

がっぺいしょりじょうかそう	287
かとうでんせんかん	256
かどかなもの	60 62
かどじめ	79
かどびき	154
かどあみ	187
かなゴテ	152
かなづち	130
かなものおさえ	47 62
かなものこうほう	64
カニクレーン	162
かね	13
かねおり	152
かねおりかなもの	60
かねねじく	10
かねだしせんようまきじゃく	16
カネライトフォーム	110
かねをふる	12
かねをまく	191
かのこずり	86
カバープレート	253
かぶか	13
かぶせほうしき	129
かぶりあつさ	67
かべせんだんほきょうきん	13
かべてっきんコンクリートこうぞう	180
かべつなぎ	34
かべとりあいぶ	36
かべにりつ	142
かべパネル	42
かべまげほきょうきん	83
かべふうりょうほうしき	267
カマス	39
かまち	22
かま	213
かまこ	248
かまど	241
かまちぐみこうぞう	242

おりものカーペット	224
かもい	214
かみかべがみ	234
かもい	18, 19
かまば	39
かまつぎ	
がっぺいしょりじょうかそう	287
ガラ	6
カラーてっぱん	154
カラーフロア	222
からい	232
からくさ	192
ガラスマット	141
ガラスフィルム	123
ガラスてっぱん	172
からとき	206
からぼり	17
ガラリ	241
ガラリとい	161
カラン	288
かりぐみ	36
かりくみたて	103
かりみけんさ	241
かりすじかい	100
かりしちゅうつぎ	63
かりしちゅうほうしき	99
かりボルト	147
かりゅうゴムけいしーとぼうすい	124
かりゅうゴムけいぼうすいそう	125
かりゅうゴムけいぼうすいこうほう	121
かわら	143
かわらカッター	152
かわらさん	146
かわらすんぽう	182
かわずなモルタル	186 207
かわすき	166
ガルバリウムこうばん	154
かわらぼうふき	153 145
かわらぶり	147
かわらわり	147

索引

か（続き）

-地盤・基礎 283
- かんいせんようすいどう 21
- かんいやまどめ 207
- カンカンハンマー 279
- かんかいすう 10
- かんげんしょうすう 43
- かんこうざい 82
- かんさし 227 174
- かんじきうえぬち 130
- かんしきこうほう 288
- かんしきじゅうでんゆか 50
- かんしきパネルしあげ 49
- かんしきりつけ 50
- かんすいりつ 206
- かんすいりょう 144
- かんそうざい 7
- かんそうわれ 76
- かんそうじかん 50
- かんそうローむそう 300
- かんたんぼうしょくがた 288
- かんちゅうコンクリート 144
- カンタブ 80
- かんたくち 7
- かんめんきゅうおんばん 235
- がんばん 6
- かんよせ 293
- がんりょう 216
- かんな 65
- かんなめん 226
- かんとう 193
- かんとうまい 187
- かんれいしゃ 198

き

- キーストンプレート 89
- きうら 46 238
- きおもて 46 238
- きかいかんき 279
- きかいこうさはん 233
- きかいしきつきてアンカー 84
- 躯体
- キトークリップ 99
- キッチンパネル 259
- きど 212 295
- きちょうごモルタル 176
- きちょうごうプラスター 183
- きちょうこうじくい 189
- きちょうこうがた 180 189
- きそそめんしん 182
- きそパッキン 51
- きそスラブ 33
- きそだんねつ 114
- きそぬり 202
- きそうめん 31
- きそ 178
- きずり 12
- きじゅんずみ 204
- きしゃくわりあい 26
- きせいコンクリートぐい 24 26
- きせいコンクリートぐいじぎょう 27
- きせっかいクリーム 181
- きゴテ 187
- きまい 177
- きころし 239
- きさい 133
- きさげ 207
- きじ 63
- きみ 173
- きしゃ 45
- ぎょう 105
- きこう 192
- きはあし 147
- ききあし 147
- きかいボーリング 276
- きかいてきこていこうほう 7・8
- きかいはいえん 91
- きくい 32 26
- きろい 63
- 性能
- キュービクル 252
- きゅうりうち 7
- きんきサイホンさよう 203
- きほしちょうそう 295
- ぎぼしちょうばん 243
- きほうよくそう 296
- きひろいちょう 63
- ぎほんほせいきょう 80
- きみつざい 243
- きみっくてーぷ 248
- きみつぱっきんざい 117
- ぎみつほじょざい 112
- ぎゃくがって 241
- ぎゃくふじばた 258
- ぎゃくリゆうぼうしき 134 199
- ぎゃくサイホン 96
- ぎゃくりうぼうしき
- きゃくどめべん 95
- きゃたつあしば 35
- キャップ 152 243
- キャビテーション 208
- キャビネット 295
- キャラメル 63
- キャニオン 289
- きゃどげきゃむ 51 63
- キャンバー 19 91
- キャンバスつぎて 275
- キャンストリップざい 122
- キャリブレーションテスト 102
- きゅうおん 299
- きゅうおんようあなあきせっこうボード 230
- きゅうきこう 280
- 仕上げ
- きんきゅうしゃだんべん 284
- きわねだ 53
- きわめ 113
- きれつゆうはつめじ 135
- きれいたパネル 165
- きりかえしなかぬり 180
- きりづめ 184 189
- きりど 6
- きりづま 140
- きりしゅん 44
- きりうどめ 191
- きらこ 191
- きらら 191
- きようざ 9
- きようはらいしき 106
- きようしじりょく 280
- きようじりきいしあげ 208
- きょうめんしあげ 226
- きょくせつかんき 250
- きょうどとうきゅうくぶんほう 51
- きょうつうかせっこうじ 36
- きょうせいたいりゅう 264
- きょうせいあつみつ 31
- きょうでん 300
- ぎょうしゅびっち 180
- ぎょうかい 117
- ぎょうけつ 137
- ぎょうしろくい 144
- きょうかせっこうボード 230
- キュービクル 252
- きゅうりうち 7
- きんぞくてくばん 203 295
- きんとうとまく 118
- きゅうすいようぐ 283 282
- きゅうち 63
- きゅうすいせん 288
- 建具・家具
- くちぼそ 259
- くちがね 131
- くだりむね 140
- くだばしら 38
- くずふ 235 54
- くぎ 180
- くぎぬき 64
- ぎみじまい 65
- くじょう 208
- くしびき 59
- くしびきしあげ 146
- くぎ 79
- きょうちょうつき 269
- くうちょうエネルギーしょうひけい 295
- すう 281
- くうちょうてんばおん 300
- くうきれんこうざい 72
- くうきれんよう 300
- くうきぎり 100
- グースネックこんこうせん 18 30
- くいぎり 1・1
- くいとうしょり 29
- くいまさらい 22
- クイックサンド 192 204
- くいつき 95
- くいじょう 27
- くいそ 32
- くいき 32
- くい 23 26
- くぎいき 187
- きんぞくけいサイディング 167
- きんぞくばん 152
- きんぞくかわらぶき 255
- きんぞくかん 143 146
- ぎんなんそう 142
- くぎょう 34 35
- 設備
- く
- 索引 305

く

- くろガスかん 288
- くろくぼあく 291
- グローブべん 248
- グレテックこうほう 62
- グレーチング 248
- グレーチャン 155
- グレーター 137
- グレージングマシン 172
- グレージンガスケット 164 248
- グレイジングチャンネル 155
- グリップかなあみ 61
- クリンプ 259
- クリプトン 67
- グリッドブラスト 228
- グリーンざい 48
- グリースフィルター 287
- グリーストラップ 271 287
- グリースそうじゅうき 195
- グリーラッカー 208
- クリアしあげ 171
- クリアカット 193
- クリア 35
- クランプ 71
- クラック 210
- クラッキング 108
- グラスウールダクト 275
- グラスウール 60
- くらかなもの 56
- くらもすじかい 166
- グライト 223
- くで 239
- くみこ 240
- くみてようぜ 214
- くずり 152
- くつずり
- くっしょんフロア 223

け

ケアマネージャー 126
ケイカルバン 59/230
ケイカルシウムばん 301/211
ケイ酸カルシウム板 59/230
ケイ酸質系塗布防水工法 121
警戒区域 105
蛍光灯 230
ケイ酸ソーダ 183
軽量下地 106
掲示 229
契約電力 301
軽量気泡コンクリート 68
軽量形鋼 89/250
軽量床衝撃音 69
軽量鉄骨下地ブレハブ工法 299
軽量モルタル 182
軽量床衝撃源 229
ゲージ 90
ケーシング 213
ケースロック 244
ケーブルPB 49
ケーブルラック 255
ゲートペン 58
ケーブル 291
けがき 90
蹴込み床 213

けしょうくぎ 228
けしょうせっこうボード 47/233
けしょうます 282
げしょう 293
けた 38
けた 54
けたあげいせだねつ 141/115
けたゆきほうこう 142
けたの花 141
けっとうし 81
けっつろ 120
ケッソンナイン 234
ケナフかべがみ 234
けばけ 165
けばはて 130
ケツロホス 223
ケミカルエンボス 223
ケミカルアンカー 84/223
ケミカルブラスト処理 161/118
ケミカルリサイクル 18
けむり感知器 262
けむり感知機防ダンパー 104/245
けら場 141
ケレン 71/203
ケレン棒 118
けらば 276

こ

コアボード 217
こあな 58
コアンキャビネット 58
こうあつしんでん 250
こうあつしゅつ 192
こうあつふりょう 133
こうかぶりょう 137
こうかいざい 32
こうかんぐい 122
こうきょうどうコンクリート 69
こうきじばんちんか 11
こうおんすいだんぽう 268
こうあつべんでん 104
こうあつナトリウムランプ 71/176
こうあつてつせっびょう 251/252
こうあつけつせつびょう 252
こうあつへんけつせつび 259

けんま 207
げんば 204
げんぼく 44
けんぺい 44
げんばしおうじょう 91
げんばはっぽうちゅうりょうじょう 201
げんばはっぽううっジタンねつっざい 182
げんばすいコンクリートぐい 209
げんばちょうようじょう 80
げんばようじょう 65
げんねつこうかんきせん 108
けんのう 264/271
けんどう 219
けんどうぐい 14

こうしつウレタンフォーム 272
こうしつせんばん 32
こうしつもくへんセメントばん 110
こうしつけっぺんせいセメントばん 58
こうしゃがラス 59
しゃガラス 169
こうしゅうはせいにんていかんすい 180
りつけい 50
こうじょうちょうそう 42
こうじょうけいシート 36
こうしんしょうどっほうしっせつぎょく 201/209
こうしらかたそく 77/105
こうしゅうはとばく 123
こうせいゴムけいシートぼうすいこうほう 125
じちょうせいぬりばん 201
こうせいじゅしエマルションシーラー 201
こうせいじゅしエマルションシーラー 201
こうせいじゅしエマルションパテ 194
こうせいじゅしエマルションペイント 194/200
こうせいけいけいごっペイン 201
こうせいけいようじょうがたパテ 201
こうせいじゅしうわうくがたパテ 194/195
ト 194/195
こうせいスラブ 89
こうせいづか 52
こうせいないた 166
こうせいのうたいばん 169
こうせいベッド 164
こうせきそう 7
こうざい 70
こうさい 47
こうそうたいコンクリート 74
こうぞういがわ 174
こうさい 87
こうぞうステンレスこうざい 89/56
こうぞうようたんばんせきそう 31
こうぞうようしゅうせいざい 59
こうしっけいべんセメントばん 58
こうぞうようシート 35/35
こうじスブレース 35/35
こうすじかい 14

コーナーボルトこうほう 267/279
コールドブリッジ 120/265
コールドドラフト 71/80
コールドエンドタブ 241/171
こけつ 46/239
こくさんざい 43
こぐちちょう 65
こぐちテープ 241/171
こけいえんどタブ 44
こけつ 43/120/265
こくさんざい 232
コーリアン 232
こおりつきねつぼうき 279
コーナークッション 121
コーナーボルト 158
コート 62
コーチボルト 262
コージェネレーションシステム 263
コージェネコート 134
コーキングガン 81/68
コーキング 132
ころもの 132
ころセメント 100
こうりょくろこうかくボルト 20
こうようじゅ 43
こうゆかた 42
こうはいだんねつかべパネル 165
こうはんだんねつかべパネル 165
こうほしゅうタイプ 243
こうまるレール 281
こうみつうどえんまつとりょう 90
こうとうこうそう 31
こうどうさいガラス 169
こうていかんかんかくしかん 197
こうていないかんかくしかん 206/206
こうていスダクト 275
こうやくそう 283
こうそくダクト 57
こうそくはん 57/58
こうぞうたいせっち 252

ごはん 57/142
こうばい 154
こうはいのひりつ 147
こうはい 7
こうとうどかんねつ 117
こうほうはねつかべパネル 117
こうみづ 137
こうもうレール 137
こうゆき 43
こうゆみ 20
こうもきろつろすウール 114
こうりきょろつろこっぼろと 100
こうりょくろこうかくボルト 100
こうりつぽろど 69
ころがしセメント 100
ころがし 81/68
ころもの 132
コーキング 132
コーキングガン 134
コージェネレーションシステム 263
コーチボルト 62
コート 158
コーナークッション 121

ごはんめしげん 208
こぶつや 178
こべつかんきシステム 178
こべつきかんきシステム 210

こべっかんフラッシュバルブ 298
こぼうつよる 267
こなつのまた 187
こなね 187
こてぬり 205
コテぬり 185
コテしあげ 185
コテいた 187
コテ 187
こづらい 67/189
こほぜ 300
こはぜ 300
ごはん 143/191
こはりかごおい 226
こばだて 24
こばり 189
こふきめん 140
ごずみ 12
こしね 12
こじゃや 140
こしぶすま 240/214
こしつか 214
こしずみ 39
こしかけ 31
こけいでんぱおん 95

こ

こま 144
こまい 144
こまいかき 177
こまいなわ 177
こまいはさみ 177
こまいぼう 189
こまいをかく 177
こまラス 177
こみ 204
こみせん 204
ゴムアスファルトけいとまくぼうすい 125
ゴムアスファルトけいふきつけぼうすい 125
ゴムアスファルトけいぼうすい 64
ゴムゴテ 121
ゴムラス 125
こやがみ 40
こやぐみ 55
こやねうらかんき 54
こやばけ 113
ゴラム 131
コルクタイル 130
ころしかたわく 225
ころしゅうき 87
ころび 31
ころびどめ 13
ころびこうばい 53
ころばしねだ 300
ころばしゆか 36
ころばしょうか 227
コロン 221
コンクリート 67
コンクリートおさえ 76
コンクリートうちはなしあげ 75
コンクリートうちちあがりたかさ 84
コンクリートかたわくようようはん 57
コンクリートくい 129
コンクリートじかはりこうほう 32
コンクリートヘッド 75
こんごうセメント 67
こんこうはいきぶつ 104

躯体／性能／仕上げ

サイレントレール 243
サイレイ 80
ザイレイ 80
サイホンボルテックスしきべんき 297
サイホンゼットしきべんき 297
サイディング 188
サイトリほう 166
サイコロ 186
サイせんグラスウール 23
さいしょうかぶりあつさ 206
さいじゅうじょうじかん 137
さいしゅうしょくせつ 105
さいしゅうぶんきょうしゃ 104
さいしゃ 85
さいこうざいりつ 72
サイフェーサー 200
サーマルリサイクル 109
サーモウール 104
サーモスタットつきこんごうすい
せん 295
サイアミューズコネクション 298
サージング 289
サーキュレーター 281

さ

こんわざいりょう 69
こんぽうザイリョウ 189
コンポジションビニルかぼりこうしつビニルタ
イル 223
コンポジションビニルゆかタイル 224
コンベックス 16
コンベクター 272
コンプレッサー 220
コンパネ 272
コンバネただし 59
コンバーター 77
コンバータ 57
ざがね 62
ざかき 45
さがり 215
さぎょう 12
サキソニー 7
さきぎめ 135
さきさうち 222
さきさうちモルタル 165
さきさばりこうほう 73
さきつけこうほう 81
さきみてつきん 117
さきょうゆか 36
サクション 289
さくい 192

さ

さぶろくばん 58
サムラッチハンドル 245
さやかんヘッダーこうほう 20
ざらつき 209
さるぼおかごう 12
されきど 7
さんある 104
さんあらい 156
さんかしょうせい 145
さんがわ 143
さんがわらぶき 142
さんぎょうはいきぶつ 104
さんきょう 79
さんご 174
さんこうざい 43
さんしゅうかわら 203
さんしゅけレン 298
さんしょう 251
さんじゅうきせんしき 250
サンダー 66
さんそうさんせんしき 71
さんちょうばけ 130
さんつかみかんそう 49
サンディング 204
サンドイッチたたみどこ 226
サンドレンこうほう 31
ざんどしょぶん 18
さんど 241
サンプリング 10
サンプラー 208
サンプトタイヤ 10
サンドモルタル 143
サンドブラスト 182
サンドがわら 90
サンマ 152
さんめんせっちゃく 11
ざんりゅうえんそ 135
さんろスイッチ 260
さんろスイッチンカ 135

し

しあげ 189
しあげすんぽう 12
しあげぬりざい 48
しあげぬりようしたじちょうせい 184
いざい 201
じあしば 35
しーえぬくぎ 60
しーえるくぎ 60
じーえるいくぎ 60
しーでぃーかん 89
しーふでぃーぷ 118
しーばり 254
しーぷふてぃーこうそう 85
シートぼうすい 176
シートぼうすいこうほう 121
シーマークひょうじかなもの 124
シーマークかなもの 60
しーぶいケーブル 254
シージングボード 59
シージングせっこうボード 113
シーリング 230
シーコラム 88
シーリングざい 132
シーリングファン 187
シーリング 199
シーリンテープ 167
シーラー 223
シーラント 164
シールドケーブル 257
シールド 281
シールドこうほう 255
しーるどかみがわら 143
しおやきがわら 296
じおてんじょう 144
じかぐみてっきん 81
じかばり 236
じがね 157
しげい 176
しがわら 146
じがわら 227
しきい 203
したしぜんれいばい 190
したじぜんしはいえん 274
しぜんたいりょう 276
じぜんたいりょう 199
しせんかんそう 261
じぜんだいしょうエネえきじゅん 174
じぜんだいしょうネットワーク 118
じしきしょうエネえきじゅん 269
システムエアコン 271
システムエアハン 294
システムてんじょう 236
しずみ 75
じずみ 12
じずみめじ 174
じしんは 10
じしんりょく 206
ししょくかんそう 224
じしょくカーペット 301
じしょくは 10
しっくいこうほう 285
ジグソー 66
じくばわし 38
じくだてほうしき 39
じくさいホンさよう 85
じくざい 238
しくまわし 99
じくぐみ 14
しきりべん 23
しきちょう 99
しきち 250
じぎり 214

しきい 203
したじ 203
しただごり 203
したごすり 190
したぜんれいばい 274
しぜんはいえん 276
しぜんとりょう 199
しぜんたいりょう 279
じせんかんそう 264
じせきしょうエネえきじゅん 261
じせきしょうネットワーク 118

じくいし 278
しぐち 290
じぐみふきだしぐち 278
じぐみ 98
しぐい 23
じくいし 10
しーじーけい 23
じーじーけん 26
じくいん 279
じさいくらんぷ 35
ししゅうこうそう 216
しじばん 10
じしゅうくい 216
しじばん

307

したじじょり 189
したじしょりざい 189
したじちょうせい 216
したぬり 10
したばり 235 177・189・201 203 122
したまるがわら 142
したぶきざい 144
したわく 248
じちんさい 208
しちゅうや 105
じついた 216
しっくい 10
しっくいかべ 181
しっくいけいそう 189
しっくいみがき 181
しつりょうこうほう 174 127
しつりょうそくていけいそうど 183
しつりょうそくていほうちじゅしんき 159
しつりょうそくていほうちじゅしんきこうか 299
じどうかさいほうちじゅしんき 262
じどうぶろ 253
じどうき 296
しどうけし 214
じなげし 231
じなせい 172
シナともしんごうはん 58
シナベヤ 58
しなわはり 14
しにぶし 46
しにがわ 43
しのこまい 177
しのつきねがね 100
しのびくぎ 229

じばん 6
じばんかいりょう 43
じばんちょうさ 6・7
じばんちょうか 31
じばんほきょうおうりょくど 10

じばんほしょう 10
しぶいち 231
しふかべかみ 234
しほう 77
しほりみず 155
シャーリング 166
しゃおんシーラー 192
しまるがわら 148
しみる 18
しめかため 19
しめかためくいこうほう 31
しめためシーラー 154
しめつつきせんず 119
しめつつきせんずコウホウ 24
しめつ 299
しゃおん 170
しゃおんガラス 299
しゃおんフローリング 222
シャギー 222
ジャグジー 288
しゃぐち 296
しゃくてん 250
しゃくでんたんしばん 260
しゃくでんようケーブル 194
しゃくでんようきゅうでぃーち 299
しゃくり 194
しゃくれいほく 43
しゃこう 217
しゃこうかく 259
シャックル 99
しゃねっとりょう 197
シャブイ 204
しゃべい 204
しゃへいけいりょう 99
しゃめん 6・18
じゃり 129
じゃりおさえ 266
じゃりじき 130

じゃりじぎょう 130
じゃりまき 23
シャワートイレ 130
シャワーユニット 298
ジャンカ 7,1
シャンプードレッサー 80
しゅうていじき 296
しゅうぎじき 227
しゅううんぎょうしゃ 298
しゅううんばんけいそうしゃ 104
しゅううんじょうげんざい 47
しゅうたくようじどうしょうか 297
しゅうたくようじどうしょうかそうち 104
しゅうたくようスプリンクラーせつび 266
シュート 298
ジュートまき 74
じゅうほうこうようフローリング 113
じゅうりょうかたきゅうげきけん 293
じゅうりょうがたきゅうすいほうしき 222
じゅうらうかたきゅう 74
じゅかんブレーカーけいやく 250
しゅきん 250
しゅけいないぬりいっかいめ 81
しゅせいないぬりにかいめ 205
しゅうせいはいすい 202
しゅうせいサッシ 202
しゅしぬり 245
しゅしとふオーバーレイごうはん 293
しゅしノロ 233
じゅしプラスター 191
じゅしノロ 182
じゅしライニングこうかん 183
288

しゅでんでんあつ 250
しょうきんかんそうき 250
しょうきせんじょうかんそうき 76
じんこうじかんそう 294
ショットブラスト 90
じんこうだいりせき 49
しんこうだざいせき 6
シングルレバーこんごうすいせん 295

しょちゅうコンクリート 76
ショートビード 95
しょきようじょう 191
しょうもの 47
じょうないしょぶん 18
じょうとうき 39
じょうとう 55
しょうご 259
しょうせかいクリーム 181
しょうせつかい 180
じょうすい 174
じょうじ 282
じょうかんき 294
じょうこき 239
じょうごがたねんどけい 48
じょうこうけいいます 21
しょうこうようじょう 294
じょうこうようけいこうかんあつにゅう 164
しょうこうぼり 31
じょうきすり 21
じょうかそう 191
じょうがいじゅうしょぶん 287
じょうおんチャンバー 18
しょうおんボックス 18
ジョイナー 278
ジョイントコンパウンド 278
ジョイントテープ 231
しょうこうしき 179
しゅんこうようこくさい 106
じゅれい 183
しゅんらくけいそうど 43
じょうらくけいそう 250

シングルバス 94
シングルカッター 152
シングルぶき 121
シンクリッチプライマー 199
ジンクリッチペイント 199
しんくうだんねつざい 110
しんくうガラスかんたいようねつおんすいき 296
しんくうガラス 153 153
しんがわらぼうふき 169
しんがた 131
しんかんセンサー 152
じんかんべ 148
じんかん 149
しんきありかわらぼうふき 262
シンク 212
じんこう 164
しわ 210
しろみず 284
シロッコファン 277
しろがん 241
しろガスかん 169
シリンダー 288
シルト 7・9
シリカでんきゅう 244
シラス 259
しらた 184
しらきとそうしあげ 43
じょれん 204
しりぐわ 22
じれい 209
しんこうだいりせき 19

すい 71
すいぎんランプ 45
すいぎんこう 259
すいけいとりょう 194
すいげき 283
すいこうせい 45
すいこみぐち 192
すいこみこう 277
すいこみどめチャンバー 202
276

しんしん 12
しんすいみ 15
しんそうコンテンサー 12
しんそうせきぬり 130
しんそうせききときだしあげ 253
しんちゅう 184
しんだい 154
しんどかい 300
しんどうローラー 200
しんとうがたシーラー 286
しんちょうつきほうつき 28
しんびき 184
しんもちぎ 46
しんやでんりょく 193
シンナー 45
しんとぎ 43
じんど 300
しんよう 300
しんようじゅ 12
しんようじゅつぎほうはん 58
しんをうつ 12

す

すいせん 288
すいせんボックス 293
すいつきざん 17
すいどうすい 282
すいどうメーターユニット 222
すいどうようコンセント 293
すいぶんけいりょう 50
すいへいあげぼうしき 292
すいへいうみつなぎ 99
すいへいじょうネット 292
すいへいしんど 41
すいへいしんど 300
すいへいせいめん 78
すいへいいしばりょう 222
すいへいきりばりこうほう 21
すいべルジョイント 290
すいべつぎて 36
スイングチャッキ 290
スウェーデンしきサウンディングし
けん 7・8・9
スウェアエッジ 28
スカーフジョイント 57
すかいはけ 44
すがもれ 153
スカラップ 94
スカロール 17
すきとり 209
すけ 209
スケール 16
スケロー 207
スサ 187
すじかい 35
すじかい 38
すじかいプレート 54
すじかいけ 60・61
スクラッチタイル 207
スクリューくぎ 173
スクリューしきパイルこうほう 230
スクレーパー 202
すずめぐち 207
スターター 150
スターターキだら 148
スターラップ 253
スタイロフォーム 82
スタイロフォーム 226
110

躯体

スパイラルダクト 186
スパイラルフープ 81
スパイラルフープ 275
すなりゅうど 71
すなじま 180
すなじづくい 181
すな 9
すな 186
ストレーナー 164
ストック 288
ステンレスサッシ 245
ステンレスコテ 187
ステンレスこうはん 154
ステンレスこうかん 228
すてばりルーフィング 227
すてばりこうほう 223
すてぬり 204
ステッチ 243
スティックシステム 143
ステープル 179
ステーブル 223
すてからくさ 76
すてからくさ 143
すていた 13
すぐい 14
すコンクリートじきょう 13
すコンクリート 25
スタッフボール 66
スタッフようせつ 91
スタッフようせつ 92
スタッドボルト 166
スタッド 230
スタッド 185
スタッコ 196
スタッコ 17
すだち

性能

スプライスプレート 86
スプルースーすばいんふぁー 56
すぷりっとぱふぁ 144
スペースア 144
スペーサー 83
スペースア 169
スペック 159
すべりざい 161
すりーピー 257
スリープ 79
すりうるし 289
すりうるし 194
スロッシング 142
スレートぶき 148
スレート 66
スレーターズ・リッパー 152
スリング 100
スリッパ 66
スリパ 219
ずんどうはけ 284
すんぼうけんさ 207
すんぼうけんさ 103

仕上げ

スラブうけテーパーかなもの 78
スラッシンすい 69
スラグまきこみ 96
スラグ 29
スライムしょり 244
スライドレール 99
スモーレンスキーチャッキべん 292
すみをかえす 12
すみをかえす 14
すみねのびりつ 147
すみねのびりつ 151
すみにくいようせつ 93
すみつぼ 140
すみと 12
すみと 12
すみと 12
すみだし 12
すみうち 151
すみさし 12
すみきり 55
すみぎ 12
すみがね 12
すみ 12
スポンジ 188
すぼり 9
すぼ 17

せ

せあつ 280
せあつ 275
せいこうじょう 47
せいさく 103
せいすい 44
せいじゅんかんほうしき 295
せいだんそう 300
せいでんとそう 158
せいでんとそう 165
せいひんけんとそう 102
せいひんけんとそう 103
せいぶつがくてきさんそようきゅう
りょう 209
せいほう 77
せいほう 174
せいほう 287
せきさいちょうさい 300
せきしゅうがわら 31
せきしゅうがわら 143
せきそうごうはん 144
せきそうせい 195
せきにんぶんかいてん 58
せきにんぶんかいてん 231
ぜえんこうほう 126
セメント 252
セメント 201
セメントけいこうさい 201
セメントけいしたじちょうせいぬり
ざい 67
セメントけいしたじちょうせいあつめ
りざい 182
セメントけいフィラー 189
200

建具・家具

セメントけいぼうすいそう 122
ぜえんようねんちゃくそうつき
ルーフィング 181
せっかい 122
せっかいかぶりあつき 182
せっかいモルタル 122
せっこう 128
せっこうフラスター 91
せつこうフラスター 128
せっこうプラスター 179
せっこうボード 59
せっこうラスボード 178
せっこうラスボード 229
せっこうラスボード 230
せつしょくしきおんどけい 59
せつしょくしきおんどけい 80
せつだん 91
せつだんかこう 128
せつだんめんげんさ 102
せっちゃくこうほう 171
せっちゃくせいしけん 252
せっちゃくばり 257
せっちゃくほきょう 175
せっちゃくほきょう 187
せつどうマークひょうじかなもの 126
せつどうマークひょうじかなもの 227
せっぱんぶき 60
せっぱんぶき 153
せっぱんぶき 153
セパレータ 135
セパレータ 151
セパレートタイプ 270
セミセントラルヒーティング 267
セメントみずし 72
セメントぺースト 68
セメントフィラー 179
セメントたたき 185
セメントスタッコ 122
セメント 31

設備

セメントミルク 31
セラミックプリントガラス 170
セラミックプリント 196
セラミックタイル 173
セラミックしょうばん 212
セラミックしょうばん 28
セラミックファイバー 220
セルローズダクト 256
セルローズファイバー 109
ゼロエミッション 104
ゼロぷいおーしーとりょう 195
せわり 46
ぜんあつ 242
ぜんあつ 215
ぜんあつ 275
ぜんいた 7
せんいほきょうセメントばん 167
せんいほきょうセメントばん 167
せんいほきょうコンクリートばん 163
せんたくきょうすいせん 298
せんつけし 208
せんねつや 208
ぜんねつや 7
ぜんねつ 264
ぜんネジ 60
ぜんネジ 118
ぜんネジ 271
せんねつかいしゅうがたきゅうとう
き 295
せんねつこうかんき 267
せんねつこうかんき 271
せんばり 128

309

そ

ソイルモルタル中詰塊工 31
ソイルセメント 31
ソケット継手 293
ソケットつぎて 290
ソケット接合 275
そくあつ 11
そくしんけい 70
そくしんげんすいざい 70
そくじちんか 235
そくじきゅうとうほうしき 295
そくしょうせい 295
そくしょうてきあげぬりざい 195
ぞうせいせいしあげぬりざい 195
ぞうと月ませめんせき 266
ぞうと月ますきまめんせき 7
そうとうたいしつど 119
そうとうたいしつど 170
そうしなかし 47
そうしながし 213
そうさくさい 47
そうさくさい 288
ぞうさくざい 131
そうかんへんいムーブメント 160
ぞうきんずり 299
そうかんばくり 299
そうおんけい 20
ぞうきんずり 213
ほう 17
そうほり 17
そうば 267
そうば 270
ソーラトン 39
そぎ 39
そぎつぎ 135
そぎばり 118
そうじじゅしっぷ 118
ぞうじゅしあげしっぷ 289
ぞうせいガラス 288
ぞうせいガラス 170
そのりいっていえうちがたう 87
そとひばた 218
そとばりだんねつ 245
そとづけ 246
そだんねつ 114
そじちょうせい 203
そじん 173
そこつさい 67・68
そいつき 203
そこつざい 67・68

た

ぞろ 13
そりやね 157
ソリッドざい 157
そり 13
そらじょう 244
だいみん 216
タイマースイッチ 260
だいねっきょうせつ 152
ダイノックシート 84
だいたんねっこうかガラス 6
だいたんねっこうかガラス 170
だいしゅうきほうしき 279
だいなおし 6
ダイスマーク 165
だいすい 58
ダイス 157
たいすいけんまし 207
たいすいけんまし 22
たいすいペニヤ 207
だいふうきりうクリップ 235
だいふうきあつ 152
だいふうきあつ 153
たいしょくせい 288
たいしょうげきせいこうつえんかビ 240
ダイアフラム 85
たいしょうげきせいこうつえんかビ 44
だいしゅくすま 44
たいしゅくこうしばん 6
たいびき 44
たいこうしょう 182
たいこうしょう 161
たいかめじい 289
たいガラス 165
たいかとり 198
たいボード 170
ダイア 85
タイロートン 235
タイルめじ 176
タイルカーペット 174
タイルガンぬり 176
タイルメぎ 205
たいりょくへきせん 40
たいようこうはつでん 41
タイヤローラ 31
タイヤローラ 272・263

ダクトレスかんき 6
ダクト 280
ダクトしょうか 275
たくちぞうせいとうきせいほう 187
たきのうシャワー 297
たかねじみり 6
たかねジナット 152
たかねじみり 84
たくらスモリサーフ 30
たいおり 62
ダイロートン 235
タイルカーペット 225
タイル 173
タック 136
たっきこうほう 152
たつぎょうしゅほう 189
タッカー 228
たちあげせこう 17
たたんしき 227
ただんしき 222
たたみわり 222
たたみおもて 226
たたみべり 226
たたみぶち 226
たたみどこ 227
たたみよせ 228
ただがし 226
ただぶき 185
だせつ 73
たたき 75
たせつ 73
たこべンド 172
タコ 22
たけこうほう 222
たけごけい 177
たけこまい 177

ちから 34・35
たてどい 34・35
たてつのがら 142
ただくずみ 12
たたき 240
たてしげ 38
たてこみ 63
たてがち 220
たてかだ 38・98
たてかだ 164
たてれなおし 63・99
たているほり 235
タッピングホール 299
タッピングマシン 165
タッピングマシン 204
タッツーガラス 206
タッチアップ 234
ダボ 13
だついけい 31
だついけい 164
タックフリータイム 266
タックフリータイム 136
たっくしゅほう 136
たたく 152
たっきょうほう 189
タンカー 228
たちあげせこう 17
ただんしき 227
たにのぞっていち 7
たにち 7
たに 140
タナクリーム 181
たなあし 34・35
たてわりほうしき 248
たてよこまい 177
たてひらせぶき 153・235
たてはぜぶき 77
たてはめいたばり 230
たてにげほうしき 167
たてにげほうしき 99

だんせいしあげぬりざい 184
たんさんカルシウムはつぼうたい 111
せつ 92
たんさんガスシールドアークよう 91
たんさんかものも 60
たんざくかなもの 175
たんごばり 297
たんクレストイレ 34・36
たんかんしきはいすいほうしき 34
たんかんジョイント 110
たんセメントりょう 72
たんいせい 131
たれ 210
だれ 206
だれい 13
だめばり 129
だめこし 13
だめまり 38・55
たるきどめ 141
たるき 105
たるみやりかた 180
ためごじくい 291
たまごしほうてん 44
たまぐし 99
たまき 105
たまがたべン 192
だめ 13
タペストリーガラス 170
タペストリーガラス 222
ダブルびーしーかこう 60
だぶるえすそぬくぎ 225
タフテッドカーペット 222
タフテッド 14
タフテープ 224
たぬきしっくい 180

ちくねつしきゆかだんぼう 273
ちくねつきしき 31
ちくねつ 264
ちかんこうほう 70
ちえんかい 66
チェーンソー 290
チーズ 268
ちいきだんぼう 43
ちいさい 274
ちろ 253
だんらく 265
だんめんしゅふかふか 119
だんめんつかんう 75
タンピング 17
タンピング 152
だんぼうデグリデー 153
だんぼう 276
ダンパー 112
だんねつサイディング 155
だんねつパネル 111
だんねつファスナー 116
だんねつかたわく 120
だんねつかかとん 155
だんねつこうほう 287
だんねつこうほう 222
だんそう 87
だんそうフローリング 251
だんせいさんそせんしき 250
だんそう 196
だんせいせっちゃくばり 196
だんせいスタッコ 175

ち

ちいず 6,7
ちじょうせっちがたへんあつき 6,7
ちじょうデジタルほうそう 6
ちそうこうせい 6
ちたいりょく 9
ちちゅうれんぞくへきこうほう 251
ちどりかき 177
ちどりばり 127
ちめい 6
ちゃくしょくくぎ 65
ちゃくしょくしきしあげ 206
チャッキべん 134
チャンネル 89
チャンバー 155
チャンバーほうそう 276
ちゅうおうちょうせいざい 276
ちゅうかんそう 28
ちゅうかんちょうせいざい 26
ちゅうきゅうりょうしょ 104
ちゅうじょうしょりきょうしゃ 104
ちゅうしょうばんかいりょう 200
ちゅうしょうばんかいばん 31
ちゅうすい 59
ちゅうせいか 282
ちゅうせきそう 71
ちゅうぞう 7
ちゅうづりきん 82
ちゅうてつ 154
ちゅうづっこう 87
チューブ 77
チューブクリーナー 202
ちゅうボルト 100
ちゅうモジュラス 137
ちょうおんぱたんしょうけんさ 131
ちょうけいりょうぶれきゃすとばん 162
ちょうがい 103
ちょうかく 80
ちょうこうきょうど 257
ちょうごうひょう 72

つ

ツインカーボ 232
つうきべん 286
つうしんかいせんひきこみ 260
つうしんケーブル 261
ツーバイざい 55・56
ツービー 257
つえ 148
つか 38
つかいし 52
つかいてゆか 52
つかみ 152
つかわり 239
つぎいたこうはん 212
つぎかため 231
つきいた 19
つぎおくり 128
つぎきり 85・239
つぎて 39・81
つきつぎ 235
つきつけつぎ 228
つきつけばり 236
つぎばしら 218
つぎひばた 213
つけかもい 214
つけがもい 189
つけかべ 216
つけしっくい 180
つのがら 189
つきがえし 75
つきかんり 80
つきかんしょう 219
つばだしかこうルーズフランジせつごう 187
つばだしかん 292
つぼほり 17
つぼまき 54
つばまり 241
ていそしき 292
ていたん 9
ていた 207
ていちゃく 63
ていちゃく 81
ていちゃく 87
ていちゃくながさ 81

て

つや 208
つやあり 208
つやけし 208
つやなし 13
つらいち 13
つらいちカウンター 216
つりあげほうしき 99
つりあし 34
つりがかね 34
つりクランプ 66
つりこ 143
つりこはぜ 230
つりたなあしば 34
つりわくあしば 34
であらいつきカウンター 298
ていあつガンぬり 205
ていおんふくしゃ 120
ていけいシーリングざい 132
ていじゃく 47
ディスポーザー 202
ディスポーザーはいすいしょりシステム 294
ディスクサンダー 294
ディープウェル 61
ディーブイブル 18
ディー・ジー・こうほう 171
ディー・ティー・エスぬき 60
ディー・エム・シー・ビーこう 88
でいーち 299
でんあつちゅうりょう 205
デザインローラー 207
デシベルえー 299
テストピース 80
てこしゃくい 180
てつくりしっくい 67
てっきん 81
デッキプレート 129
てすりせんこうしきあしば 35
てつきんコンクリートほうそう 89
てっこうファブリケーター 91
てっこうラーメンクランプ 36
てっこうラーメンこうほう 85
てっこうラーメンこうぞう 67
てなおし 13
デニール 223
てはつり 71
ではばき 212
てぼう 93

て

てみず 106
てみずのぎ 6
てもどり 19
テラコッタ 173
テラゾー 184
デラミネーション 172
てり 13
てんあつ 6・19
てんあつちょうせい 31
てんあつちょうせい 31
テンカセ 270
てんかざい 193
テクスチュア 207
てきないたん 24
デコン 81
テーパー 220
テーパーエッジ 230
テーパージョイントこうほう 235
ておりじゅうたん 103
てかいたい 222
ていりょうしせん 296
ディメンションランバー 56
ディメンションランバー 170
ていぼうちょうガラス 195
てんきおんめっき 90
てんきがんい 16・66
てんきちょうりき 66
てんきていこうようせつこうかん 294
てんけいこうようせつこうかん 295
てんしんせい 165
てんじょうなげし 154
てんじょうかくし 214
てんじょうかくしカセット 263
でんじょうだんねつ 115
てんじょうつりがたカセット 294
てんちゃくとそう 254
てんとうせい 165
でんどうだんねつ 66
でんどうドリル 257
でんどうくぎうち 66
でんどうくぎうちき 66
でんねんぼくけしょうこうはん 133
でんねんスレート 148
てんばり 49
テンプレート 98
テンプンのり 235

と

でんぽうかん 289
でんりょくケーブル 254
でんろもの 81
とあつ 242
とあたり 214
とい 141
トイレかんきスイッチ 160
どうあつしゅこうほう 144
とうあつ 275
とうがわら 214
とうきゅう 48
とうけつしゅど 33
どうこ 252
とうごうさし 38,54
とうこうせっち 219
どうじきゅうはいがたレンジフード 280
どうじょうこうか 154
とすいぼうすいシート 120,120,255
とうすいバッカー 134
どうりょくせいきょばん 257
どうりょくきかいろ 251
どうりょくはん 256
どうりょく 251
どうりゅう 230
どうぶち 136
とうばん 167
どおしばしら 54
とおしダイア 187
トーチ 131
トーチバーナー 38,54
ドーナッツ 123,131
とおり 12
とおりがわるい 12
とおりしん 12

とおりをみる 12
どぶづけ 206
とき 184
ときだし 231
とくあつ 184
どくしゅかごうしょうごうはん 233
とくしゅけんのうガラス 169
とくていけんせつしょざい 57
とくていふろんしーえふしー 104
とくていふろんしーえふしー ホーム 274
とくべつこうろこうじんじゅでん 250
とくべつこうろあつじゅでん 211
どぐいつき 31,32
とこ 213
とこがまち 213
とこのま 213
とこわき 214
とし 17
とじしばら 214
とさき 241
どさ 6
とじ 241
どしづくい 180,181
どしつちゅうじょうず 10
どだい 9
とだん 38,52
とどしょうけんう 13
どうしょうけん 130
とそうあげ 77,284
とそうどうかん 233
とそうけんさ 154
とうしあげ 195,202
とっぷしょり 208
トップコート 7
とのこ 204,133
とばいた 17
どばち 17
どぶくろ 248

とぶすま 12
とぶつ 206
とき 203
とくあつ 90,240
とまくけいせいようそ 156
とまくぼうすいこうほう 203
とめ 218
とめばり 143,239
とめつけ 228
ともまわり 181
ともノロ 102
ドライアウト 175
ドライジョイント 158
ドライウォールこうほう 192
ドラフト 126
トラベリングこうほう 235
トラップ 284
トラップます 293
トランシット 14,16
ドラムかいてんしきミキサー 134
とりあい 12
とりのこ 241
トリハロメタン 283,295
とりようシンナーえー 99
トルクけいすうち 265
トルクコントロールほう 102
トルクレンチ 102
トルシアがたこうりょくボルト 100,101
ドレンジつぎて 100
ドレネージつぎて 289
ドレンシート 31
トレンチシート 31
トレミーくち 102
どろだめます 22
ドロマイト 293
ドロマイトブラスター 30
ドロップハンマー 183
ドロマイト 183
トンビ 147
とんぼ 78,147
トンボくぎ 122,187
トンボ 14,152

な

ないそうタイル 137
ないそうふき 109,120
ないぶけつろ 224
ナイロン 173
ナイロンけんまふ 134
なおらい 105
ながご 82
ながしばり 73
ながしこみ 127
なかめ 47
なかめざい 47
なかほねこうほう 27
なかぽりうち 177,189,202
なかぬり 218
なかはばた 189
なかづけムラなおし 180
なかづけこうほう 218,226
なかま 186
なかめ 47
ながれほうこう 143
なげし 13,214
なじみ 19
なじみおこし 180
なじみがよい 13
なじみがわるい 13
なじみつぶきこうほう 147
なぜもの 185
なぜめ 180
ナット 62
ナットかいてんとりょう 194
ななまいた 170
ななめ 13
ななめがね 64
なでぎりしあげ 185
なっとけい 194
などけい 48
なまコン 48
なまざい 13
なまごくい 69
なまし 180
なまとりょう 181
なまとりょう 209

なまり・クロムフリーさびどめとりょう 197
なみいた 155
なみいたぶき 185
なみおおつ 149
なみいた 153
なみがたスレート 178
なみがた 222
なみくぎ 48
なみしょうしくい 185
なみこまい 177
なわばり 48
ならしモルタル 227
なみしょうじ 144
なみがたがわら 135,48
なんぱんしっくい 134
なんねんごうはん 59,109
なんじゃくじばん 6,10
なんしつせいせいばん 57
なんしつせいばん 146,180

に

にかいねだ 244,53
にぎりだま 15
にげ 13
にげぐい 12,15
にげずみ 15
にげとおりしん 15
にげポイント 244
にぎりばんしょうじがみ 195
にさんかたんそとりょう 201
にきがたエポキシじゅとりょう 222,225
にきがたウレタンじゅとりょう 194
ニードルパンチカーペット 201
にじ 209
にじでんけちちゃくしょく 250
にじゅんかいちゃくしょく 158,165
にじさんばんしょうじざい 133
にじシーリングざい 240
にじゅうゆかこうぞう 135
にじゅうサッシ 170
にじゅうよじかんかんきシステム 227
にじゅしケレン 203
にしきシーリングざい 132
にだんかいぼうすい 251
にちょうばけ 130
にっしゃしゅとくりつ 265
にとびき 48
にばんだま 44
にむいちじょうこ 48
にめんせっちゃく 135
にゅうねつバスかんおんどかんり 102
にれんドラムかん 267

ぬ

ぬき 55
ぬきぶせ 190
ぬきぶし 46
ぬけっと 148
ぬすみた 79
ぬすみ 79
ぬの 207
ぬのきそ 32
ぬのじ 34,35
ぬのぼり 17
ぬのわく 35
ぬりおとし 210
ぬりこうぼう 129
ぬりこみメッシュ 178
ぬりじまい 126
ぬりつけりょう 205
ぬりつぼ 180
ぬりつち 206,209
ぬりみほん 192

ね

ねいれ 22

索引

ね
- ねいれながさ 22
- ネオフォーム 111
- ネガティブフリクション 189
- ねがらみ 36, 78
- ねがらみぬき 52, 53
- ねぎり 17
- ねこどだい 290
- ねじゲージ 51
- ねじみしっくい 204
- ネズミ返し 77
- ネタ 180
- ネタがけ 53
- ネタだれ 53
- ネタば 204
- ネタばりこうほう 221
- ネダフォーム 229
- ネダボンド 227
- ねだレスこうほう 42, 53
- ねだけ 267
- ねだけかなもの 61
- ねだかきかなもの 53
- ねつかい 121
- ねつかいこうほう 121
- ねつかんそせいじゅしけいぼうすいそう 120
- ねつかんそせいエラストマーけいぼうすい 194
- ねつかんそせいじゅしけい 193
- ねつかんちき 262
- ねつかんりゅう 118
- ねつかんりゅう 264
- ねつかんりゅうごうばん 118
- ねっきょう 169
- ねっきゅうねっすい 120
- ねつこうほう 123
- ねつしょりガラス 271
- ねっせんきゅうしゅうガラス 168
- ねっせんはんしゃガラス 169
- ねっそんしっけいすう 118
- ねつていこう 264
- ねつでんたつ 118, 264

の
- のじいた 55, 142
- のじ 142
- のきのでき 141
- のきどい 142
- のきさき 141
- のきげた 54
- ノーマルベンド 256
- のうてんシーリング 135
- ノイズレスレール 243
- ねんちゃくそうっきルーフィング 122
- ねんりょうでんち 263
- ねんどがわら 143
- ねんど 9
- ねんせいど 6
- ねりつぎ 191
- ねりまぜ 180
- ねりつけ 231
- ねりこみ 174
- ねりめし 173
- ねりめじ 191
- ねむりめじ 191
- ねむりモルタル 236
- ねまきがたちゅうきゃく 97
- ねまきしこていちゅうきゃく 98
- ねまきコンクリート 98
- ねばい 192
- ねのかんつう 131
- ねわれ 172
- ねつほうしゃ 169, 161
- ねっぽうしゃ 264, 264
- ねっぽうちょうたいかざい 292
- ねっリサイクルほうざい 268
- ねっこうちょうたいかざい 264, 264
- ねっリサイクルほうざい 118, 264
- ねっリサイクルほうざい 118, 264

の
- のれん 181
- のりがけ 191
- ノロ 78
- ノロびき 190
- ノロどめテープ 191
- ノロ 190
- ノン・レールサッシウォーキング 245
- ノンサグ 137
- ノンスクラップ 94
- ノンスリップガラス 170
- ノンブラケット 86
- ノンブラケットこうほう 86
- ノンワーキングジョイント 136
- のみ 65
- のみこみ 81
- のものざい 48
- のり 17
- のりこね 187
- のりこねしあげ 180, 185
- のりさし 187, 190
- のりさしあげ 180, 185
- のりつきオープンカット 17
- のりとそうじょう 105
- のりめん 184, 189
- のりめんようじょう 184, 185
- のぼりさんばし 54
- のぼりようじょう 36
- のび 192
- のどつつ 95
- ノッチタンク 19
- ノッチピン 90
- ノック 100
- ノックダウンカーテンウォール 159
- ノズルがた 278

は
- ハードボード 58
- ハードコート 169
- ハードツイスト 222
- パーティクルボード 58, 232
- パーソナルくうちょうほうしき 267
- パーケットフロア 222
- バイブサポート 77
- バイブ 87
- バイピング 22
- ハイドロテクト 174
- ハイテンションボルト 250
- ハイテン 100
- ハイテンばいせん 263, 180
- はいつち 104
- はいそうろう 104
- えんかビニルかん 289
- はいすいよううリサイクルこうかポリ 289
- はいすいよううリサイクルこうかポリ 253
- はいすいしょうしゃだんき 286
- はいすいのごうりゅうしきとぶん 286
- はいすいトラップ 161
- はいごうひ 72
- はいこうう 81
- はいきん 182
- はいきょうとガラス 169
- はいきぶつ 104
- はいきぶつしょりほう 104
- はいかんヘッダー 73
- はいかんしゃ 293
- はいフード 278
- ハイカロリーバーナー 263
- バイオマスはつでん 276
- バーライトモルタル 182
- バーライト 187
- バーリングこう 154
- バール 65
- バールしあげ 209
- はい 106

は
- ハーフユニットバス 109
- パーマネントサポート 78
- パーフェクトバリア 232
- ノックダウンカーテンウォール 159
- バイブベンダ 90
- バイブレーションしあげ 156, 166
- バイブレータ 74
- バイプレンチ 293
- バイル 187
- バイル 224, 222
- バイルン 293
- バインダー 184
- バイルドラフトきそ 33
- ぱぎょう 27
- ばしょうちコンクリート 24, 26, 32
- ばしょうちコンクリートぐい 20
- ばしょうちれんぞくこうほう 13
- ばしらがらい 188
- はじょうぎ 188
- はしねだ 53
- はしき 210
- はじき 90
- はしかけほうしき 137
- バスダクト 233
- バスパネル 256
- バス 94
- バスかんおんど 94
- はしりじょうぎ 13
- ばせ 143
- バタ 77
- バタフライべん 291
- バタちょうばん 77
- バタばん 243
- パターンしっくい 181
- パターンづけ 191
- ばかにな 16, 66
- ばかじょうぎ 192
- ばかあなもの 16
- ハウジングせつごう 63, 289
- ハウテックかなもの 289
- はがらしかんそう 48, 49
- はがらしかんそう 49
- はがあわせ 218
- バキュームブレーカー 284
- はくしょくポルトランドセメント 68
- はくらいねつぼうすいネット 259
- はくり 131
- はくりざい 199
- はがらしかんそう 49
- はがらしプレカット 48, 63
- はがれ 206
- はけ 131
- はけしあげ 192
- はけびき 186
- はけつぎこうほう 204
- はけぬきしあげ 185
- はこうっち 62
- はこいたホルト 60
- はこじょう 244
- はこぬき 79
- ハザードクラス 44
- はさみ 152
- ハザモルタル 179
- バサモルタル 179
- はしあき 90
- はしかけほうしき 210
- はっぽう 210
- バッドマウント 251
- バッチャープラント 69
- パッシブソーラーシステム 269, 279
- バッシブかんそ 279
- はっこうダイオード 259
- パッケージがたくうきちょうわき 270
- バックアップざい 133, 135
- バックパッキング 84
- パッケージ 270
- はっか 71, 174
- はっかけ 217
- はっかけ 48
- はちめんぎ 131
- はだん 131
- はだわかれ 192
- はたらきすんぽう 291
- はたらきすんぼ 243
- バタフライべん 291
- バタちょうばん 77
- はぜしきせっぱんぶき 153
- はぜ 143

はっぽうガラス 111
はっぽうプラスチックけいだんねつざい
はつり 108・114
はつりあしば 114
はつりだしあしば 114
はりつけこうほう 34
はりつけブラケット 117
はりまほうこう 86
はりわく 36
はる 281
バルコニーしんどう 260
バロア 71
ハロゲンランプ 259
バングマシン 299
ハンググマシン 259
はんだ 181
はんだごて 81
はんだづけ 245・246
はんじどうようせつ 92
パンチングメタル 154
ばんてん 164
ばんづけ 63
はんと 223
ハンドオーガボーリング 9
ハンドグラインダー 254
ハンドソークリート 188
ハンドミキサー 60
ハンドホール 254
ハンドネジ 200
はんのうこうかがたこうせいじゅし
シーラー 201
パテ 201
ばんのうもっこうよう 66
バンブーネットきせいこま 177
はんまっぺいしきガスねんしょうつき 197
ハンマートーンとりょう 22
はんみっぺいしきこま 177
はんらんへいや 7

はふ 141
ばふしあげ 156
はめあわせしきせっぱんぶき 153
はめいた 222
はめおこし 79
はらおこし 22・77
はらきん 82
ばらいた 79
バラス 24
バラスト 160
バラペット 129
バラリ 185
バラリしあげ 185
バランスがま 296
ばり 38・54
はり 71
バリアフリーサッシ 245・199
バリアプライマー 134
はりうけかなもの 61・62
はりじまい 129
はりしろ 174

はっぽうプラスチックけいだんねつざい
バテントスペーサー 82
バテントぶき 203・204
バテしごき 200・204
バテつけ 200
バテがい 179
バテ 71
パネルコート 77
パネル 42
パネルヒーティング 85
パネルゾーン 274
ハニカムコア 71
はなみち 141
はなたれ 155
はははぎ 212
はばどめきん 82
はばひろいた 221

ひ

ビーえふかん 254
ビーきゅーきょくせん
ビーコン 79
ひすいぶんさんがたとりょう 280
ビーズほうポリスチレンフォーム 110
ヒーターしきゆかだんぼう 273
ヒートブリッジ 273
ビータイル 224
ビーティーしーヒーター
ビード 95
ビードがいかん 93
ビードライ 172
ヒートロス 265
ヒートポンプきゅうとうき 267
ヒートソークしけん 265
ヒートゲイン 265
ヒービング 22
ピーリング 77
ビーム 301
ひうちだい 221
ひうちかなもの 60
ひうちばり 38・54
ひかりケーブル 52
ひかりしょくばい 174
ひかりてんじょう 261
ひかりファイバー 241
ひかりゆうゴムけいしーとぼうすい 236
ひかるゴムけいほうすいそう 121・124
ひかる 64
ひきがって 241
ひきこみちゅう 252
ひきこみぐち 251
ひきずり 180
ひきたてすんぽう 185
ひきぬきかこう 48
ひきっち 155
ひきめおもて 226
ひげこ 190
ひげそりあとしあげ 186

ひょうたかなあみ 155
ひしぶき 152
ひしがたかなあみ 148
ビス 59
ビスどめこうほう 152
ビスどめホールダウン 61
ビスマルチ 271
ピスマルチフィラー 99
ひずみなおし 200
びだんせいフィラー 137
ひっかけさんがわらぶき 147
ひっちゃくたいはかほう 266
ひていじょうけいさんぽう 55
ひとかわあしば 34
ひとすじしきい 214
ひとりかなもの 54
ひねりかべがみ 233
ビニルクロス 233
ビニルかべがみ 233
ひばた 218
ピビクル 210・193
ひびわれ 210
ひびわれアークようせつ 92
ひぶくろ 175
ビブラート 175
ビルドボックス 88
ビルビット 204
ビレット 165
ビレットたいさく 286
ひわれ 141
ひろこまい 55
ひろい 216
ヒンジ 50
ピンかど 243
ピンチブロック 248
ひんちょうごうモルタル 182
ピンテル 210
ピンホール 95・100・102・131
ピンぶろっく 131
フィアダンパー 276
ファイバーボード 59
ファズ 223
ファスナー 160・161

ふ

ふあつ 280
ファブランク 280
ファンコイル 91
ファンネルねんどけい 271
ファンネルはたんさほう 28
ひょうめんはたんさほう 8・9
ふいえすびいほうしき 215
ぶいえすびい 59
ぶいぶいぶいケーブル 267
フィッシュテぎ 254
フィラー 86
フィラメント 200
フィルプレート 223
フィルメント 271
フィンガージョイント 243
ぶいレール 158
フィルドジョイント 239
フーチングきそ 57
フード 285
フードしょうか 46
ふうとうぼく 275
ふうりょう 31・32
ふうりょうちょうせい 278
プーム 81
プームしゃ 73
ふかす 13
フォームタイ 78
フェルトフォーム 111
フェノールフォーム 279
ぶかんぞうちょうせいダンパー 276
ふかめい 174
ふかあし 147
ふきこみ 114
ふきこみようだんねつざい 108
ふきだしぐち 117
ふきだしタイル 204
ふきつけこうほう 109・117・126・276
ふきつけ 196
ふきっち 277
ふきっぱなし 208
ふきうち 146

ふ

ふきとり 215 147 204
ふきはば 31
ふきよせ 158 245
ふくごうさっし 123
ふくごうひまく 6·11
ふくごうブライフローリング 222
ふくごうフローリング 222
ふくごうほうすいこうほう 126
ふくごうほうすいかんきょうコーディネーター 211
ふくしゃねつ 120
ふくしょうじしき 267 268
ふくすいこうほう 19
ふくそうガラス 196
ふくそうしあげぬりぐち 278
ふくそうフライフローリング 222
ふくそうフローリング 222
ふくぼうしゅうふきだしぐち 278
ふくりゅうしあげぬりぐち 278
ふくれ 131 137
ふくれぼうしゅうふきだしぐち 126
ふくろばり 128 241
ぶしょうぎじき 206
ふすま 190
ふせごみ 240
ふせよくど 7·9
ぶせっし 227
ふたるさんじゅしとりょう 226
ふたなしだたみ 192
ふちゃく 192
ふちょうごう 192
ぶつ 192
プチルゴムけいシーリングざい 182
ふつうコンクリート 68
ふつうすい 209
ぶっかけばり 127
ブッシング 256
フッそじゅし 256
ふていけいシーリング 132 194 196

躯体

ふていけいシーリングざい 133
ふどうちんか 6·11
ぶどまり 47
ふね 188
ふねんシングル 31
ふみこみどこ 47
フライアッシュセメント 213 150
フライウッド 134 199
フライマー 57
ブラキャップ 35 86
ブラケット 84
ブラケットこうほう 86
ブラケットひとかわあしば 34
ブラグ 290
ブラスター 160
ブラスターボード 183
プラスチックコテ 59 178
ブラストほう 90
プラズマせつだん 187
プラッカ 202
ブラックス 91
フラッシュとびら 52
フラッシュバルブ 93
フラッシュほう 241
フラッターエコー 242
フラッターレール 243 299
フラット 208
フラットデッキ 298
フラットバー 89
フランジ 89
フランスちょうばん 85
フリーアクセスフロア 154
フリーズライン 220
フリージングがた 7·1 134
ブリーディング 75
ブリード 199 209
ブリキ 154
ふりく 13
フリクションパイル 26

性能

仕上げ

ふりこ 192
ブリックタイル 174
プリントごうはん 180
ふるつち 186
フルにせんしきリモコンスイッチ 260
ブルボックス 255
プレート 231
プレートガーダー 102
プレートばり 102
プレーナー 39 51
プレーマレス 170
プレカット 66
プレカット 162
フレキ 275
フレキシブルダクト 162
フレキシブルボード 59 231
ぶれきゃすとばん 233
プレコート 166
プレスかこう 155
プレセッター 62
プレス 77
ブレスプレート 97
ベース 120
ふれどめ 161
フレッシュコンクリート 69
プレナムチャンバー 278
プレバーリング 183
プレミックス 179
プレミックスモルタル 27
プレロードこうほう 21
ブレッドがわら 144
フロアアウトべんさ 256
フロアダクトはいせん 297
フローリングパネル 222
フローイング 168
フローいたガラス 108
フロート 95
ブローホール 13
ふろおさえ 296
ふろがま 13
ふろく 129
フロートおさえ
フロン 281
プロペラファン 277
ブロックおさえ 129
ふんたいとそう 274 158

へ

〈ヘ〉 156 166
〈アガラス 169
〈アラインしあげ 156
〈いこうがんすいりつ 50
〈いさがたはいでんりつ 144
〈いばんがわら 130
〈いばんさいかしけん 252
〈いばんブロックほう 8
〈イマツこうほう 58
〈イマツしあげ 32
〈イマツブロックしあげ 36
ベーク 158
ベース 32
ベースかなぐ 202
ベースぶき 97
ベースプレート
べきないしけっろ 120
ベコ 77
ベコビーム 77
ベタ 13
ベタかだ 31
ベタぬり 32
ベタしん 13
ベタぬり 241
ベタばり 241
ベダー 293
べッター 241
ヘッドおさえ 293
ベットこうほう 208
ベットボトルだんねつざい 207
ベトナイトようえき 109
べにっち 57
べにちり 180 129
ベノトこうほう 27
ベビーサポート 272
ベビーフィルター 78
ベムサポート 188
ベルエッジ 230
ベびじょうぎ 188
ベめす 262
ヘムふぁ 56

建具・家具

ほ

ほあんせっち 252
ホイールクレーン 66
ボイドかたわく 76
ボイラー 273
ボイリング 11 22
ポイント 15
ほうえんごうはん 57
ほうおん 299
ほうかガラス 170
ほうかダンバー 276
ほうカビとりょう 198
ほうきょう 140
ほうけんさけ 106
ほうこう 170
ほうしゃれいだんぼう 43
ほうしゃつめっシート 112
ほうしゃせい 111
ほうじゃみつきこうそう 267
ほうじゅん 131
ぼうすいざい 183

設備

ふんたいやきつけとそう 156
ぶんでんばん 253
ぶんべつかいたい 105

ほ

ほうすいし 179
ぼうすいテープ 206
ぼうせきし 90
ほうだて 299
ほうちじかん 164 248
ほうちょうぞう 223
ボーダーめじ 206
ボードきみつ 112 130 113
ボードじょうだんねつざい 182
ボードブラスター 108
ホームヘルパー 211
ホールインアンカー 183 7
ホールダウンかなもの 84 60 61
ホールダウンいちちょうせいかなもの 60 61
ホールタップ 291
ホーローばん 291
ホーローこうばん 154 166
ほかべ 166
ほきょうじん 39 67
ほきょうきん 64 238
ボックス 87
ボックスコラム 88
ホスゾ 73
ポセ 67
ほじょたん 79
ほじょいた 129
ほぞだんねつぼうすい 127
ほぞモルタル 128 128 122
ほぞあげ 82
ほきょうはかい 154
ほきょうぬり 166
ほきょうばり
ホゾ
ホッパー
ポットライフ
ホモジニアスビニルタイル 224
ポリウレタンけいシーリングざい 132
ポリウレタンじゅしとりょう 195

ま

読み	ページ
ポリエステル	224
ポリエステルウール	109
ポリエステルけいちゅうこうはん	288
ポリエチレンかん	288
ポリエチレンフォーム	112
ポリエチレンシート	110
ポリオレフィンけいシートぼうすい	212
ポリカーボネートじゅしばん	124
ポリカーボネートばん	212, 233
ほりこし	17
ほりこみじょう	132
ポリサルファイドけいシーリング ざい	
ポリッシングコンパウンド	207
ポリブテンかん	235
ポリプロピレン	224, 288
ポリマーセメントけいちょうすいぼうすい	121
ポリマーセメントペーストとまくほうすいこうほう	126
ポリマーディスパージョン	126
ポリマーてんかプラスター	183, 184
ポリマーモルタル	182
ポルシン	100
ボルト	62
ボルトポケット	67, 68
ポルトランドセメント	165
ホロー	157, 164
ほんがわらぶき	143
ほんざい	
ほんざね	218
ほんざねはぎ	
ほんざねばり	235
ほんじっくい	218, 228
ほんじっくいしあげ	180
ほんじめ	
ほんじまりじょう	101, 102
ほんたたみ	226
ボンデこうはん	154, 166

ほんどこ	213
ボンドブレーカー	
ボンバビリティ	
ポンプ	279
ポンプうち	
ほんぶきがわら	73
ほんぷすま	73
ポンプちょくそうほうしき	240
ほんまブルト	143
ほんよつこまい	100
	177

ま

まあいばん	134, 135
マーキング	101, 240
マイティジャックル	99
まきあげばり	127
まきしょうじがみ	240
まきだし	19
まきぜ	55
まきいた	143, 153
まくら	30
まぐさ	55
まぐい	232, 206
まさつぐい	26
まげヤングけいすう	165
まげいたパネル	
まさつそうこう	100
まさつそうこうようこうりょくろうかくボルト	
まさめ	13
まさめめん	46
ましゅう	238
ましうち	44
ましぬり	28
ましばり	128, 128, 142, 206
マスキング	176, 136
マスクばり	
マスチックぬりざい	196
まずみ	12

マット	208
マットしょり	
マッドブレーカー	
マッドバランス	173
マットゆう	165
まとめ	28
まどだい	152
マテリアルリサイクル	55, 215, 246
マニフェスト	104, 240
まなかばん	104
まなかかたち	
まばしら	38, 55
ままこになる	71
まめいた	192
まるあみしょうぞうほう	
まるがわら	143
マルチタイプ	
マルチパス	270
マルチメディアコンセント	94
マルチレベルループ	223
まるめん	73
まわしよう	
まわしうち	177
まわしたけ	93
まわりつぎて	
まわりぶち	212
まわりぶちのチリぎれ	290, 177
まんじゅう	190
まんぼう	18
まんぽう	98
まんぷとり	18

み

みえがかり	12
みえがくれ	13
みえがくれざい	
みえがくれ	180, 203
みがき	
みがきしあげ	180
みがきまるた	44, 185
みきり	217
ミキサー	188

みきりぶち	
みきる	13
ミクようせつ	217, 238
みこみ	13
みじんすな	92
みず	13
みずあわせ	217, 238
みずいと	18
みずかえ	15
みずがえし	189
みずきり	186
みずきりあごタイプ	161
みずしつかべがみ	248
みずしも	129
みずじめ	18
みずじめこうほう	19
みずすみ	21
みずセメントひ	12
みずたまり	140
みずとき	206
みずぬき	15
みずぬきパイプ	131
みずまくら	192
みずもり	128
みせいじゅくざい	15
みつけ	13, 217
みっちゃくばり	238
みつぎて	
みつぎてこうほう	89
みぞきがたこう	44
ミニアースドリルきゅうこうほう	175, 259
ミニクリプトンきゅう	126, 27
みのがわら	144
みみうき	131

む

ミュールコート	
ミルシート	81, 102
ミルスケール	89, 184
ムーブメント	136
ムーブメントのついじゅうせい	136
むがい	104
むかぞうシーリングざい	133
むくり	13
ムクフローリング	47, 231
むくりやね	
むくりりょう	193
むきしつかべがみ	234
むきせんいけいだんねつざい	108
むくいた	221, 222
ムクざい	47
むねあげ	164, 219, 242, 248
むね	140
むねかもい	
むねじきい	214
むねもく	214
むやくがわら	51
むでんきょくランプ	259
むとうきゅうざい	
むなぎ	38, 55
ムラなおし	190
ムラばり	144

め

め	46
めあらし	190
めいたばり	235
めいぼくごうはん	231
メートルばんて	223
めがねスパナ	100
めぎれ	46
めじ	236
めじあわせ	242
めじはば	236
めじわり	236

めすかし	178
めすかしばり	218
めせきおもて	226, 218
メタリックしあげ	209
メタル	178
メタルタッチ	100
メタルハライドランプ	259
メタルラス	178
メタン	281
めちがい	13, 39
めつぎ	
めつぶし	24
めつぶしじゃり	24
めつぶしぬり	128
めどめ	206
めはじき	208
めやせ	210
メルストーン	187
メッシュシート	36
メチルセルロース	
メラミンけいしょうこうはん	212, 232
メラミンじゅしけしょうこうはん	233
メルクリアバランス	224
めん	13
メンコ	192
めんぞろ	216, 216, 238
めんうち	216, 216, 238
めんおち	160
めんちり	13, 216, 238
めんつけじょう	239
めんとり	216, 238
めんなか	244
めんばばき	212

も

もうかんげんしょう	120
モールディング	215
モールド	80
もく	238
もくざいほごちゃくしょくとりょう	103
もくしけんさ	
	194, 195

や

やいた 22
やいづけとそう 30
やきがわら 48
やきつけじかん 201
やきつけとそう 158 201
やきもの 143 146
やく 172
やくもの 30
やけ 48
やさいざねはぎ 218
やといざね 30
やといざねはぎ 218 228
やとこ 235
やなぎば 152
やに 149
やにどめしょり 206
やね 42
やねいた 15
やねこうばい 143 146 180
やねじっくい 116
やねだんねつ 143
やねパネル 42
ヤニ 206
やはずぎり 18
やばずばり 235
やまがたこう 89
やまがたこう 60 61
やまずな 21
やめ 235
やまどめ 21
やまどめこうじ 20
やまとばり 14
やりかたぐい 14
やりかたをだす 14
やりがんな 100
やわめ 190
やわら 100
ヤングけいすう 51

ゆ

ゆう 106
ゆーえすでぃーこうほう 127
ゆうきがんりょう 193
ゆうきけいフィラー 200
ゆうこうこうはん 233

もくしつたじ 229
もくしつしょうへんだんねつざい 110
もくしつせんいボードだんねつざい 110
もくしつへんいボード 263
もくせいサッシ 245
もくせいペレット 263
もくせんいほきょうセメントばん 245
もくたて 245
もくへんセメントばん 59
もくめ 46
もくもうセメントばん 59
もくり 238
もくれん 46
モザイクタイル 173
モザイクタイルばり 174
モザイクパーケットフロア 175
モジュラス 136
モックアップ 222
もっこうきかい 160
もちおくりわく 34 35
もっこう 35
もとこ 65
もとずみ 79
もとづけ 12
もどだま 44
もやいつき 44
もやつか 248
もや 38 55 141
もめ 46
モヘア 248
モノリシックしあげ 84
ももづかローラー 207
もようぬり 206
もよう 54
もりど 6
モルタル 182
モルタルぬり 189
モルタルぼうすいこうほう 121
モルタルぼうすい 126
もろめおもて 42 47
もんがたラーメン 226
モンケン 30

よ

ようがわら 143 144
よくしつだんぼうかんそうき 296
ようもうだんねつざい 154
ようようあえんめっき 90 109
ようようあえんめっきこうりょくボルト 100
ようへんだんねつざい 173
ようはけ 207 279
ようてい 93
ようせつワイヤ 93
ようせつほう 153
ようせつぶき 103
ようせつまえけんさ 93
ようせつごう 91
ようせつざいりょう 97
ようせつしせい 93
ようせつ 97
ようせつきかん 154
ようじょう 156
ようじょうけい 80
ようしゃ 193
ようざい 194
よこさんかひまく 156
よこよくさんかひまく 194
ようきょうけいサイディング 157
ようきょく 167
ゆうちゃくせつごう 95
ゆう 106
ゆーとっぷ 252 257
ゆーとらっぷ 183
ゆうどうでんどうき 292
ゆうどうげんしょう 103
ゆうやく 232
ゆうよくがわら 144
ゆうりさんりゅうえんそ 283
ゆぐみ 40
ゆかタイル 173
ゆかしょうげきおんえるち 52
ゆかしたかんき 113
ゆかねだ 53
ゆかカ 52
ゆかがみ 54
ゆかだんぼう 273
ゆかだんぼうったいねつフローリング 222
ゆかだんぼう 114
ゆかばり 53
ゆかわぐみ 141
ゆがみなおし 99
ゆがみとり 35
ゆきどめ 209
ゆずはだ 132
ゆせいコーキングざい 132
ゆせいコーキング 207
ユーオンナット 290
ユーオンつぎて 290
ユーオンつば 195
ユーオンねじ 290
ユニットカーテンウォール 159
ユニットバス 296

ら

ラーチごうはん 58
ラーチパネル 178
ライニングこうかん 255
ラウファーザー 257
ラギング 292
ラグルーフィング 122
らくがきぼうしとりょう 106
ラス 178 189
ラスきりはさみ 189
ラスこすり 178
ラスシート 179
ラスした 178
ラスタータイル 174
ラスボード 59
ラチェット 100
ラッカー 194
ラッカーシンナー 194
ラッキョ 82

り

リアテック 235
リーマーがけ 102
リーク 27
リバウンド 18
リバースリターン 269
リバースサーキュレーションこうほう 223
リノリウム 89
リップちゅうぞうこう 19
リシン 196
りくやね 140
りくずな 12
りくすな 13
りくすな 186
リフトチャッキ 291
リフプレート 86
リブプレート 178
リミッターけいやく 250
りゃんこばり 228
りゅうかどうはん 154
りゅうきゅうおもて 226

よんろいっかい 98
よろいつり 12
よもり 29 94
よびせん 81
よびけい 255
よびきょうど 80
よねづ 94
よせむね 140
よし 177
よこわりほうしき 153
よこぶき 51
よんめんモルダーしあげ 260
よんろスイッチ 186

ラップルコン 25
ラフタークレーン 66
ラミナ 47 56
らるきじゅん 235
ラワンごうはん 58
ラワンベニヤ 47
ランニンググラップ 230
ランニングトラップ 285
ランバーコアごうはん 58
ランバーコアフローリング 222
らんじゃくばり 47
らんじゃく 150 228
らんぶき 31
ランマ

317

り

りゅうきゅうたたみ 226
りゅうちょう 24
りゅうどうかコンクリート 69,71
りゅうどうかざい 69
りゅうどうちょうせいざいせき 24
りゅうべいたんか 45
りょくせいどうばん 154
りろんのどあつ 95

る

ルーズフランジ 292
ルーター 66
ルートぶ 94
ルーバー 259
ルーフィングるい 122, 123
ルーフパイル 222, 225
ルガゾール 185
ルナファーザー 236
ルミディア 235

れ

れいかんせいけいかくがたこうかん 87
れいきょう 71, 120
れいだんぼうふか 118
れいばい 265
れいほう 106, 274
れいぼうふか 16
レイタンス 16
レーザートランシット
レーザーレベル
レーヨン 9
れき 224

ろ

ろーるえっち 87
ローラーブラシこうほう 205
ローラーブラシ 172
ローラーウェーブ 206
ロームそう 7
ローム 9
ロードローラ 31
ロータリーボーリング 33
ロウソクきそ 9
ろーいーペアガラス 169
ろーいーガラス 169
ロー アイアン 169
ろうすい 131
ろうでんしゃだんき 253
ろうじんほけんしせつ 211
ろ 242
れんしんこうぞう 31
れんが こうぞう 280, 129
レンジフード 223
レベルだし 15
レベル 16
レベル 220
レベリング 16
レバーハンドル 100, 244
レバーブロック
レディーミクストコンクリート 69
れっか 131
レジンテラゾータイル 224

わ

ロールコア 242
ロールフォーミング 166
ろく 13
ろくずみ 12
ろくはちおおがね 16
ろくめんてんけん 284
ろくやね 140
ロケーションぎじゅつ 6
ろしゃがたしきこていちゅう きゃく 98
ろしゅつこうほう 122
ろしゅつようルーフィング 129
ロスナイ 271
ろっかクロムようしゅつしけん 31
ろっきング 160
ロックウール 109
ロット 66
ろてん 120
ろてんおんど 120
ロボットようせつ 91

わ

ワイヤホイル 202
ワイヤブラシ 71
ワイヤシンブル 188, 99
ワイドコース 204
ワイピング 99
ワイヤリングダクト 222, 255
ワーキングジョイント 71
ワーカビリティー 136, 138
わんトラップ 286
われ 210
わりはだタイル 177
わりバンド 82
わりたけ 173
わりぐりじぎょう 23, 24
わりぐりいし 24
わらサ 187
わらう 148
わらう 13
ワックス 194, 195
わしかべがみ 234
わくまわりシーリング 248
わくへんけい 162
わくしんこうぞう 34
わくぐみあしば 242
わく 99
わぎりほうしき 143
わがわら 248
ワイヤメタル 178

アルファベット

BOD 287
BMS 262
BM 14
BH 87
BCR 87, 88
BCP 87, 88
BB 87
AEP 194
ADL 211
AP 15

L L V L 57
L G S 89, 155
L E D 259
K H P 271, 288
H I V P 274
H F C 274
H C F C
G L 15
G H P 271, 277
F V D 261
F T T H 233
F R P 15, 168
F L 196, 276
F E D 51
F D W 194
F W 271
E P S 253
E L C B 271
E H P
E D 51
E C P 51
C W 211
C O P 272, 281, 295
C M 2 201
C M 1 201
C F T 88
C F 223
C E C 281
C-2 201
C-1 201
C W (カーテンウォール) 157

YP 15
WH 246
VP 196
VHS 278, 253
UPS 296
UB 15
TBM
T.P 15
SUS304 154
SUS 154
STKR 88
STK 56
SPF 195
SOP 51
SKD 288
S4S 51
RH 118, 87
R
QOL 211
PT 211
PSL 57, 266
PMV 59
PB 211
OT 58
OSB 195
OS 195
OP 15
MSW 211, 212, 232
MDF 59, 253
MCCB

執筆者一覧(五十音順)

青木良篤[ナイス]｜木造躯体工事
青木義貴[青木クリエイティブ]｜断熱工事、乾式外装工事、建具・サッシ・家具工事
池田浩和[岡庭建設]｜木造躯体工事
犬伏昭｜鉄骨躯体工事
井上雄二[井上建築設計]｜木造躯体工事、乾式外装工事、建具・サッシ・家具工事
植田優[植田優建築工房]｜断熱工事
遠藤和広[EOSplus]｜電気工事、空調工事、給排水・衛生工事
遠藤雅一[日建リース工業]｜足場・仮設工事
大島健二[OCM]｜祭事
笠原基弘[溶接検査]｜鉄骨躯体工事
片岡輝幸[興建社]｜遣り方、土工事、地業・基礎工事
河内孝夫｜電気工事
川岸弘[パルマスティーリザ・ジャパン]｜シーリング工事、乾式外装工事、ガラス工事、タイル工事
川島敏雄｜塗装工事
木元肖吾[日本板硝子環境アメニティ]｜音環境
桑原次男[クワバラ・パンプキン]｜解体・産業廃棄物
小園実[参創ハウテック]｜造作・内装工事
近藤勝[近藤勝設計事務所]｜断熱工事
坂本啓治[坂本啓治計画設計室]｜バリアフリー
順井裕之[柄谷工務店]｜造作・内装工事
鈴木賢一[マサル]｜シーリング工事
鈴木忠彦[共栄塗装工業]｜塗装工事
鈴木光[鈴木建塗工業]｜左官工事
曽根匡史[曽根塗装店]｜塗装工事
平真知子[平真知子一級建築士事務所]｜屋根工事、金属工事、タイル工事
高安正道[やすらぎ]｜地盤調査、地業・基礎工事
高橋孝治｜塗装工事
高橋巧[高橋建築デザイン事務所]｜建具・サッシ・家具工事
田代敦久[田代計画設計工房]｜造作・内装工事
田辺雅弘[佐藤秀]｜地盤調査、遣り方、土工事、地業・基礎工事、鉄骨躯体工事、RC躯体工事
知久昭夫[知久設備計画研究所]｜電気工事、空調工事、給排水・衛生工事
長坂健太郎[長坂建築設計舎]｜RC躯体工事
庭野峰雄｜土工事、地業・基礎工事
早野正寿[はやの意匠]｜建具・サッシ・家具工事
半田雅俊[半田雅俊設計事務所]｜建具・サッシ・家具工事
藤田征利[MAX KENZO]｜屋根工事
藤間秀夫[藤間建築工房]｜木造躯体工事、造作・内装工事
邊見仁｜防水工事
保坂貴司[匠建築]｜地盤調査、遣り方、地業・基礎工事、足場・仮設工事、地震
本田栄二[インテリア文化研究所]｜造作・内装工事
本堂泰治[ビルディング・パフォーマンス・コンサルティング]｜空調工事、給排水・衛生工事
前島健｜給排水・衛生工事
水田敦[SH建築事務所]｜地盤・基礎工事、鉄骨躯体工事、RC躯体工事
水村辰也[水村左官工事]｜左官工事
宮越喜彦[木住研]｜屋根工事
村田博道[森村設計]｜空調工事
柳本康城[ゑるぶす]｜瓦葺き工事
山中清昭[BAUMSTUMPF]｜木造躯体工事
横山太郎[LOW FAT structure]｜鉄骨躯体工事

超図解で
よくわかる
建築現場用語

2014年 3月12日　初版第一刷発行
2021年 4月28日　　　第六刷発行

発行者　澤井聖一

発行所　株式会社エクスナレッジ
　　　　〒106-0032　東京都港区六本木7-2-26
　　　　https://www.xknowledge.co.jp/

問合せ先

編　集　TEL　03-3403-1381
　　　　FAX　03-3403-1345
　　　　info@xknowledge.co.jp

販　売　TEL　03-3403-1321
　　　　FAX　03-3403-1829

本書の内容（本文、図表、イラスト等）を当社および著作権者の承諾なしに無断で転載（翻訳、複写、データベースの入力、インターネットでの掲載等）することを禁じます